KB260029

지은이 **주강현朱剛玄**

문학박사, 한국민속연구소장, 한국역사민속학회장,
해양문화재단이사, 통일문화학회 공동대표.

주요 저술
『제국의 바다 식민의 바다』(2005), 『黃金の海 ・イシモチの海』(2003),
『개고기와 문화제국주의 - 이른바 문명과 야만에 관하여』(2002),
『레드 신드롬과 히딩크 신화 - 붉은축제 : 신명의 거리굿에 관한 보고』(2002),
『왼손과 오른손 - 좌우 상징, 억압과 금기의 문화사』(2002),
『북한의 우리식 문화』(2000), 『한국민속학연구방법론비판』(1999),
『21세기 우리문화』(1999), 『조기에 관한 명상』(1998),
『우리문화의 수수께끼』 I ・II(1996), 『한국의 두레』 I ・II(1996),
『마을로 간 미륵』 I ・II(1995), 『북한의 민족생활풍습』(1994),
『굿의 사회사』(1992), 『북한민속학사』(1991) 외 다수

돛살, 신이 내린 황금그물
ⓒ 주강현 2006

초판 1쇄 발행_2006년 5월 30일
지은이_ 주강현
펴낸이_이정원

주간_ 윤재인
책임편집_ 송인환
편집_ 정미정 · 김인경 · 김상진
디자인_ 배기열 · 김경애
마케팅_ 구본건 · 이도은
관리_ 조철희 · 장성준 · 우유정 · 김대환 · 강성철

펴낸곳_도서출판 들녘
등록일자_1987년 12월 12일
등록번호_10-156
주소_경기도 파주시 교하읍 문발리 출판문화정보산업단지 513-9
전화_마케팅 031-955-7374 편집 031-955-7381
팩시밀리_031-955-7393
홈페이지_www.ddd21.co.kr

값은 뒤표지에 있습니다. 잘못된 책은 구입하신 곳에서 바꿔드립니다.
ISBN 89-7527-538-8 (03380)

神이 내린 황금그물

돌살

주강현 지음

들녘

이 책을
한평생 바다의 돌담을 지키면서 바다를 보듬어온
어민들께 바칩니다.

'살아 있는 화석', 황금그물의 연대기

매혹적인 카리브 해의 쿠바 산티아고에서 조각배를 타고 외로이 고기잡이를 하는 노인의 이야기를 다룬 헤밍웨이의 소설 『노인과 바다』를 모르는 이는 거의 없으리라. 그런데 그런 바닷가 노인들은 한국에서도 도처에서 볼 수 있다. 가령, 태안반도 몽산리에 살던 김의배 옹이나 남해 문항마을의 박봉렬 옹 집안에서는 누대에 걸쳐서 하루도 빠짐없이 '물때'를 보아가며 돌살어업에 종사해왔다. 거친 파도에 돌담이 무너지면 다시 돌을 보충하고 잘 간수하길 적어도 수백 년, 『노인과 바다』에 열렬하고도 절절한 경의를 보내는 이들은 왜 김의배식 · 박봉렬식 대물림 바다노동에는 무관심할까.

이 책은 우리나라는 물론이고 세계의 바다에서 돌을 쌓아 고기를 잡아온 민중의 기록이다. 이 책은 역사적 기록이는 하되 민중생활사 서술에 속하며, 생활문화사이자 돌살에 천착하는 미시사적 연구이기도 하다. 학문상으로는 민속학, 인류학, 고고학, 수산사, 더 나아가서 토착적 원형생태에 천착하는 '우리 생태학'의 범주를 오가고 있다. 방법론상으로는 민중들의 구술에 기초한 구술생애사, 나아가서 문헌과 구술을 결합한 역사민속학 연구방법론 등 돌살을 서술할 수 있는 여러 학문분야를 망라한 학제연구적 입장에 서 있다. 우리의 생활문화사이지만 한반도에만 머무르지 않는다. 육지 중심이 아닌 바다 중심의 사고로 본다면 한반도만의 바다는 의미가 없거나 약하다. 따라서 하나의 단순한 어법인 돌살이 한반도의 바다를 뛰어넘어 세계적 차원에서 장기 지속적으로 적용되고 분포되는 데 관심을 돌리고 있다.

세계의 모든 곳을 답사할 수 없는 처지에서 아센 발리치(Asen Balikci)가 1959~1965년까지 북극에서 수행한 넷실릭 에스키모(Netsilik Eskimo)의 민족지보고서와 캐나다 국립필름보관소(National Film Board)에 소장되어 있는 빛 바랜 흑백사진들, 워싱턴 대학에서 가르치다가 지금은 밴쿠버 쾌드라 섬(Quadra Island) 외딴집에 살고 있는 힐러리 스튜어트(Hilary Stewart)의 북아메리카 태평양 연안의 연어잡이꾼 콰기우틀(Kwagiutl) 인디언의 어로에 관한 보고와 자신이 손수 그린 그림들, 버클리대 인류학 교수로 포에베박물관(Phoebe Anthropology Museum) 관장으로 있으며 태평양 제도에 관한 수많은 글을 발표한 고고학자 패트릭 빈톤 커치(Patrick Vinton Kirch)가 글을 쓰고 테레사 바비뉴(Therese I. Babineau)가 신비로운 흑백사진으로 촬영한 하와이 원주민의 돌살, 니시무라西村 朝日太郎와 다와 마사다카田和正孝, 아키미치 도모야秋道智彌, 미즈노 키케水野紀一, 야노 타카오失野敬生 등이 수행한 태평양의 돌살 및 오키나와 열도, 아마미奄美 군도, 규슈 아리아케有明海 이사하야만諫早灣의 돌살에 관한 보고, 브란트(Andres von Brandt)가 세계어업사 서술 차원에서 정리한 아프리카·아시아 등지의 돌살에 관한 보고 등에 빚지고 있다.

돌살은 '제4세계' 사람들의 역사이며 문화이다. 제1, 제2, 제3의 세계가 있다면 '제4의 세계'가 있으니, 돌살을 사용해온 이들은 '제4세계'의 사람들이다. 아메리카 인디언이나 북극권의 소수민족 등이 그러하다. 그러나 한국이나 일본의 어부들조차, '제4세계'는 아닐지라도 역사문화 서술의 중심에서 벗어난 '제4의 인간'들이 돌살을 이용해왔다. 제4의 문화가 덜 효율적이고, 덜 진보적이고, 덜 발달되어 있어 낙후되고 후진적인 것이라고 한다면, 그렇게 발달되고 효율적이고 선진적인, 이른바 문명의 그늘이 남겨준 것이 무엇인가를 그들은 엄중히 묻고 있다.

이 책은 생태친화적인 서술의도를 지니고 있기는 하지만 관성적인, 특히 '수입학'적인 생태학 범주와 계보에 머물기를 바라지 않는다. 세계 민중들은 오랜 세월 창조하고 경험·적용시켜온 민속지식(folk knowledge)에 기초를 둔 생태학의 원형질(archetype), 즉 '민속과학'이라 할 만한 것들을 가지고 있다. 에스키모인들은 눈(雪) 하나를 가지고도 수십 가지로 표현한다. 그래서 눈의 녹고 내림만 보고도 자연의 이상변동을 쉽게 예감한다. 그러나 현대의 과학자들은 방대한 인력과 실험기자재 없이는 눈앞에 일어날 일도 예견하지 못한다. 바닷가에서 돌살을 운영해온 어민들은 레비-스트로스가 지적한 바대로 '야생의 사고'를 간직한, 이 책을 가능하게 한 '1차적 저작권자들'이기도 하다.

지금의 약탈적 '싹쓸이 어법'은 지속 가능은커녕 리처드 리키와 로저 르윈의 표현대로 '제6의 멸종(The Sixth Extinction)'을 가져올 수 있다. 대안으로 산업적 어업을 축소·지양하고자 하는 노력이 일각에서나마 실낱같이 시작되고 있다. 토착적 고기잡이법에 기초한 지역적 삶의 종다양성은 곧바로 생태어법의 대명사다. 그런 종다양성의 문제는 한편으로는 문화적 종다양성의 문제이기도 하다. 같은 돌살도 서해와 제주도가 다르며, 한반도와 태평양의 것이 다르다. 그런데 다르면서도 같기도 하여 상이한 역사와 환경 속에서 자라난 문화들 가운데서 문화적 친연성이 확인되기도 한다. 상이한 문화와 환경적 조건이라고 표현하지만, 자연을 약탈의 대상으로 보지 않는 환경친화적인 문화, 밀물·썰물의 자연적 순환에 의탁하는 조간대 환경 등으로 인하여 완전히 동일한 문화와 환경이 되는 것이다. 세계문화라는 이름의 단일주의적·폭력적 세계성이 아니라, 문화적 종다양성에 기초한 전통적 세계문화의 공통분모 안에 돌살이 놓이는 셈이다.

갯벌, 사구, 석호 등의 조간대는 육지에서 가깝다는 죄로 인간의 탐욕스런 손길에 가장 먼저 침범을 당했다. 가장 먼저 연근해 조간대에서부터 물고기가 사라졌다. 그 결과 돌살, 어살 등 다양한 이름의 전통적 조간대 어법이 사라져가고 있다. 그런 조건에서 책의 부제를 '신이 내린 황금그물'로 명명한 것은 내우 단순하면서도 명확한 입장에 근거하고 있으니, 70%가 물로 이루어진 수구水球인 지구에서 인류 태초의 황금그물의 시대를 희구하는 바람이다. 수산학자 브란트의 표현을 빌리자면, 돌살은 '살아 있는 인류의 화석'이니 신화시대의 비밀을 간직하고 있는 황금그물인 셈이다.

이 책을 쓰노라고 '오랜 세월이 걸렸다'는 식의 상투적 화법은 쓰지 않기로 하겠다. 무엇보다 힘겨웠던 일은 돌살이 물속에 숨어 있다가 노출되는지라 물때를 맞추어야 하며, '조금' 같은 경우에는 거의 답사를 할 수 없거니와 물이 나고 드는 시간이 밤이면 사진을 찍을 수 없다는 것이었다. 한마디로 고노동·저효율적 연구다. 그래서 이 책을 가지고 현장으로 달려가 돌살을 보려고 하는 이들은 반드시 물때부터 챙겨야 한다. 자연과의 약속시간이 필요하기 때문인데, 자연의 시간을 잃어버리고 자본의 시간에만 익숙한 현대인들에게는 여간 불편한 일이 아닐 수 없다.

초고가 완성되고 출간이 결정되었을 때, 출판사나 필자나 가장 궁금했던 점은 '이 책을 누가 읽지?'였다. 책이 두꺼워진 것은 순전히 '역사적 의무감' 때문이다. 어쩌면 돌살에 관한 최후의 기록일지도 모르기 때문에 가능한 한 상세하고 충실하게 기록하여 후대의 역사자료로 삼고자 하는 고전적 가치에 근거해 필자는 당대 기록자의 역사적 소임에 충실하고자 했다. 필자가 지금까지 확인한 바에 의하면, 이 책은 돌살어법에 관한 한, 전 세계적 차원에서 개괄적이나마 최초의 본격적 집대성이다. 그러나 필자가 미처 챙기지 못한 세계의 돌살들이 아직도 존재하리라 믿으며, 다른 학인들의 작업으로 보완·정리되길 기대한다.

『돌살』과 더불어 『두레』도 동시에 출간하게 되었다. 독자들은 돌살과 두레라는 매개물을 통하여 어업문화와 농업문화의 전모를 마주할 수 있을 것이다. 바다에 관한 책으로서는 세 번째 출간인바, 사라진 조기떼 울음소리를 찾아 서해안을 횡단하면서 미시사적 관점에서 쓴 『조기에 관한 명상』(1997년), 육지 중심이 아니라 바다 중심의 새로운 역사서술을 주창하면서 동아시아의 거시사적 관점에서 쓴 『제국의 바다 식민의 바다』(2005)에 연이은 저작물이다. 이 책은 돌살이라는 지극히 미시사적인 과제를 화두로 하여 생태어법이라고 하는 절박하고도 긴요한 세계사적 과제에 도전하는 입장을 지니고 있어, 필자 자신으로서는 『조기에 관한 명상』에서 여러 발자국 '진화'된 책이기도 하다.

이 책의 출간을 계기로 그나마 남아 있는 몇몇 돌살들이 무형문화유산으로, 어민문화유산으로 보존되고 전승되길 기대해본다. 무덤에서 출토된 금관에는 학계나 매스컴이 스포트라이트를 비추면서, 정작 인류의 살아 있는 화석인 황금그물 돌살에 관해서는 무관심·방치, 심지어 멸시 등으로 일관하는 우리의 편향된 문화관을 무지하다고 할까, 천박하다고 표현해야 옳을까. 이웃 일본에서 중요 돌살들을 모두 문화재로 지정했다는 것은 굳이 말할 필요도 없다. 우리들의 식탁에서 물고기를 맛있게 먹으며 고담준론高談峻論을 논하면서, 정작 그 물고기들을 잡아들인 어민들의 역사와 문화는 여전히 '천한 것'이라 생각하는 이율배반성은 문화적

사시斜視이자 외눈박이 문화관이니까. 그래서 필자의 친한 친구는 "갯것들, 상것들 말고 좀 고상하고 우아한 것을 연구해야 품격 있어 보이지 않겠나" 하며, 우정어린 충고를 십 년 내내 멈추지 않고 있다. 그러나 푸른 바다 속의 좁쌀 하나인 창해일속滄海一粟이 될지언정 이런 민중의 기록이 하나둘 쌓여간다면 종내는 화살이 바위를 뚫고 화살촉까지 들어가는 중석몰촉中石沒鏃이 되지 않을까. 필자는 그런 기대감, 그런 자신감으로 민중생활사의 기록자를 자처하면서 시작한 학인의 초발심을 포기하지 않고자 한다. 늘 염려하는 바이지만, '인문학의 위기'가 아니라 '인문학자의 위기'라는 생각을 저버릴 수 없지만, 지식생산의 라인에서 분업화된 전공이 아니라 총체적이고 실천적인 인문학작업의 일환으로서, 어민들의 세계관과 생활에 기초한 인문학의 한 가지 사례로 이 책을 세상으로 내보낸다.

만만치 않은 분량의 원고와 사진을 한 자리에 묶어내준 들녘출판사의 이정원 대표와 윤재인 주간, 무엇보다 반 년여 원고지와 사진뭉치 속에서 씨름을 벌인 편집부 송인환 님과 디자인실 김경애 님에게 감사드린다. 또한 돌살과 함께 떠나는 바다여행에 함께 동참해준 독자들에게도 감사드린다.

2006년, 만물이 생동하고 물고기도 생동하는 오월
한강 하류의 일산 정발학연鼎鉢學研에서
주 강 현

Chapter 3 어머니그물; 태초에 돌그물이 있었다
살아 있는 그물화석, 돌그물의 연대기

Chapter 4 어민들에게 배움을 청함
조석 · 조간대 인지체계와 민속지식

Chapter 7 서해안의 돌살 Ⅱ

태안반도에서 보고하다; 한국 최대의 돌살군 표본조사

Chapter 8 남해안의 돌살

경상 · 전라, 남해에서 보고하다

밀물과 썰물 ;
신의 선택, 인간의 선택

『일본일사日本逸史』에 이렇게 되어 있다.
"차아천황嵯峨天皇의 칙서에,
'수륙水陸에서 나는 이익은 공사公私가 다같이 필요로 한다.
그러나 그것들을 때 없이 잡으면 번성하지 못한다.
지금 백성들이 소년어를 잡기 좋아하는데,
아무리 많이 잡아도 쓸모가 없다'고 했다."
소년어少年魚란 세 글자가 아주 새롭다.
이는 촘촘한 그물을 웅덩이에 넣지 않는다는 뜻이다.

_ 이덕무, 『청장관전서青莊館全書』

조석과 조간대의 변증; 혹은 월경의 변증

어부의 달

달은 인류의 기나긴 역사를 통해 신비에 싸인 강력한 존재로 여겨져 왔다. '토끼가 방아를 찧고 있음'을 믿어온 옛사람들에게 달의 힘은 의심할 여지가 없는 것이었다. 옛사람들은 자연과 밀착해 생활했기 때문에 삶의 여러 가지 리듬이 달의 차고 기욺과 함께 움직인다는 사실을 이미 알고 있었다. 달이 차고 이지러짐은 그 자체가 점복占卜의 대상이기도 했다. 달의 힘이 가장 강력하게 확인되는 것은 조석이다.

뉴턴이 만유인력의 법칙을 발견하기 1세기 전쯤, 근대 천문학의 아버지인 케플러는 조수간만은 달의 지배를 받고 있다고 주장했다. 다만 인과관계를 제대로 설명할 수 없었기 때문에 당시 천문학의 일인자였던 갈릴레오에게 '점성적 헛소리'라고 배척을 당했다. 역학力學의 기초를 만든 갈릴레오는 조수간만은 지구운동의 불규칙성에 의한 것이라 믿고 있었다. 갈릴레오가 죽은 그 다음 해에 태어난 뉴턴에 이르러서야 달과 조수간만의 관계가 정확하게 해명되었다.

조석潮汐(tide)이란 비단 달만 힘을 가하는 것이 아니다. 조석은 달과 태양, 그리고 지구의 운동에 의해 특정 지점에서의 비교적 짧은 주기의 해수면 변동을 말한다. 조석은 지구 둘레의 반에 해당되는 파장으로, 모든 해파海波 중에서 가장 길다. 이미 기원전 300년 무렵 그리스 탐험가 피테아스(Pytheas)가 달의 위치와 조고潮高의 관계를 기술한 바 있으며, 뉴턴의 중력에 대한 해석 이후에는 조석에 대한 완전한 이해가 가능해졌다. 뉴턴이 1687년 발표한 유명한 만유인력의 법칙(*Philosopiae Naturalis Pricipia Mathematica*)에는 행성, 달, 그리고 중력장에서의 모든 천체들의 운동이 잘 서술되어 있다. 두 물체 사이의 만유인력은 두 물체의 질량에 비례하고 두 물체 간의 거리의 제곱에 반비례한다는 것이다. 해양에서 주로 조석을 일으키는 천체는 달과 태양이며, 실제 조석을 일으키는 힘의 크기는 지구 중심에서 조석을 일으키는 각 천체(달과 태양)의 중심까지의 거리의 3제곱에 반비례한다. 따라서 조석을 일으키는 힘인 기조력起潮力에서는 거리가 매우 중요한 요소이며 다음과 같은 식으로 표시될 수 있다.

$$T = G\frac{m_1 m_2}{r_3}$$

여기서 T는 기조력, G는 만유인력 상수, m_1과 m_2는 두 물체의 질량, r_3은 두 물체 중심 사이의 거리다. 태양의 질량은 달의 질량의 2,700만 배지만 지구에서 거리는 달에 비해 390배나 더 멀리 떨어져 있다. 따라서 태양의 기조력은 달의 기조력의 46%에 지나지 않는다. 달의 힘이 조석에 더 강력한 것은 이런 거리 때문이다.

일직선 위에 배치된 태양, 지구 그리고 달에 의해 일어나는 큰 조석을 대조(사리, spring tides)라 한다. 대조는 초승과 보름에, 즉 대략 2주 간격을 두고 일어난다. 달, 지구, 그리고 태양이 직각을 이룰 때의 작은 조석은 소조(조금, neap tides)라 한다. 소조는 대략 대조 후 1주일, 즉 소조도 2주 간격으로 일어난다.

여러 가지 이유에 의해 하루(조석일)에 비슷한 크기의 두 번의 고조와

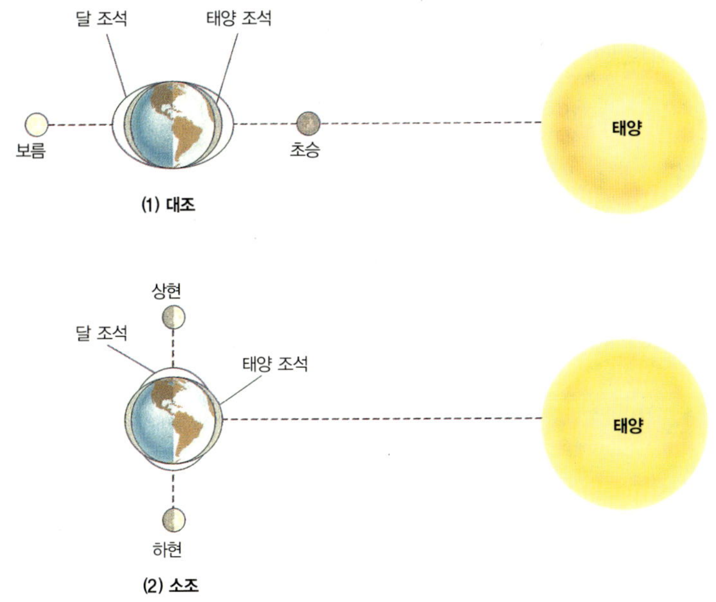

대조 · 소조 시의 태양과 달, 지구의 상대적 위치

(1) 초승과 보름에는 태양 조석과 태음 조석이 서로 더해져 고조는 더 높아지고 저조는 더 낮아지는 대조가 된다.

(2) 상 · 하현 시에는 태양과 지구 그리고 달이 직각을 이루어 가장 낮은 고조와 가장 높은 저조가 일어나는 소조가 된다(Tom Garrison, 강효진 외 옮김, 『해양학』, 시그마프레스, 2002).

두 번의 저조가 일어나는 반일주조(semidiurnal tides)가 있는 반면, 어떤 곳에서는 하루에 한 번의 고조와 저조가 일어나는 일주조(diurnal tides)가 보이기도 한다. 그리고 잇따른 고 · 저조가 많이 다르면 혼합조(mixed tides)라고 한다. 한반도의 경우, 서해안과 남해안, 제주도는 반일주조 권역이라 1일 2번의 정확한 고조와 저조가 반복되는 반면에, 동해안 쪽은 혼합조에 포함된다(뒤쪽의 지도 참조). 이런 현상은 지구에 조석이 없는 무조점이 존재하기 때문이다.[1]

지도에 정확하게 나타나 있듯이 서해안과 남해안은 반일주조의 영향

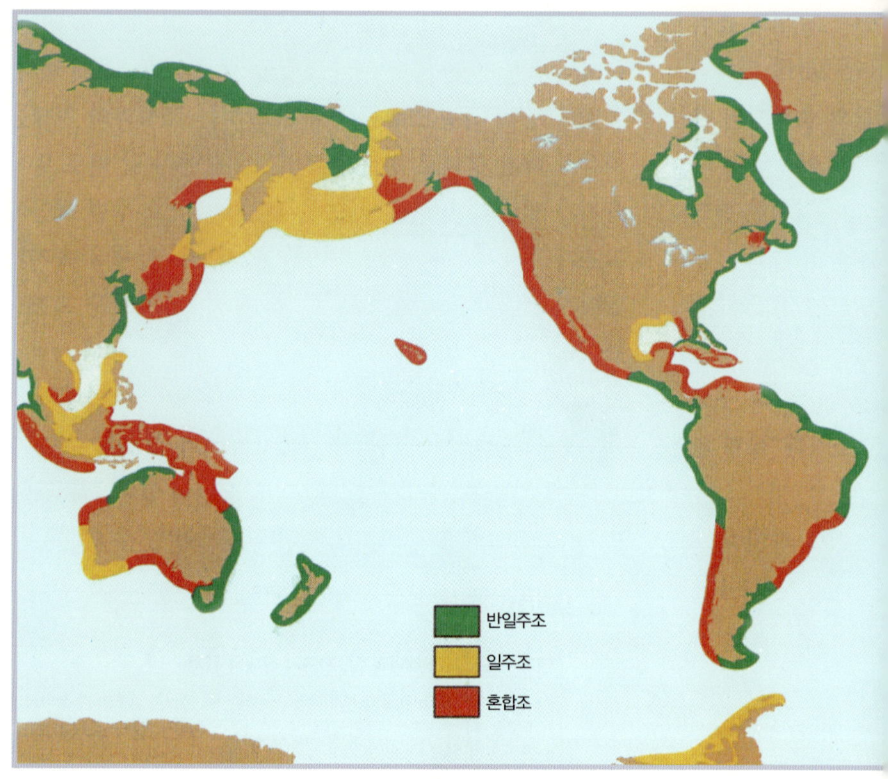

조석 형태의 분포

전 세계적으로 조석은 하루 두 번 바뀌는
반일주조형이 많다(Tom Garrison, 앞의 책).

권인 데 반해 동해안은 혼합조의 영향권이다. 이 책의 주제인 돌살은 반일주조 지역인 서해안과 남해안, 그리고 제주도에 집중되고 있으며 동해안에는 조석간만의 차이가 거의 없어서 돌살이 존재하지 않는다.

달은 사냥꾼과 어부들에게도 힘을 미친다. 노련한 어부는 언제나 월령月齡을 염두에 두고 고기잡이를 나간다. 어떤 고기는 만월에 잘 잡히고, 또 어떤 고기는 상현, 하현에 잘 잡힌다. 사리와 조금 같은 물때의 변화는 물고기에게 영향을 주는데, 어업이 이들 변화에 의존함은 너무도 당연하다.

바이오 타이드 이론(The Lunar effect biological and human emotions)에 의하면, 여러 동물의 신체활동, 대사활동, 공격행동, 성 충동 등이 만월과 신월 시에는 이상하게 높아진다고 한다.[2]

어류의 생식활동은 외부 환경에 의해 자극받는 경우가 많다. 수온, 빛, 조석, 수심, 서식처, 염분, 해류, 바람 등은 모두 직·간접적으로 혹은 복합적으로 어류의 산란에 중대한 영향을 미친다. 조석이 해양생물에 미치는 영향 관계를 설명해주는 다양한 연구결과가 있다. 캘리포니아 연안의 그라니언(grunion, *Leuresthes tenuis*, 색줄멸)은 약 20cm까지 자라며, 2월 하순부터 시작된 산란기가 9월 초순까지 계속된다. 그들은 초승이나 만월의 최고 만조에 파도를 타고 해변으로 밀려와 1~3시간에 걸쳐서 산란을 하며, 수정된 알을 모래 속에 묻어놓고 바다로 돌아간다. 알은 1주일 이내에 부화 준비를 끝내지만, 밀물이 다시 들어올 때까지 기다린다. 수정된 후 2주일이 경과해 다시 최고 만조가 되었을 때, 파도가 알을 흔들면 모래 속에 묻혀 있던 알이 부화되어 작은 자어子魚는 바다로 나간다.[3] 바다거북도 조석 주기에 맞춰 알을 낳는다. 매년 며칠 밤 동안 수만 마리의 암컷이 전 세계적으로 몇몇 해안에 모여 알을 낳는, 아리바다(arribada)라고 하는 장관을 연출한다. 이 아리바다는 항상 상현달이거나 하현달일 때 시작된다. 이때의 물때는 '조금'으로, 파도가 잔잔하고 바닷가가 넓게 노출되는 시기여서 알 낳기에 유리하다.[4]

아키미치 도모야秋道智彌가 파푸아뉴기니·애드미럴티 제도의 마누스 섬에 사는 어로민 티탄의 사례를 현지조사한 보고는 물고기와 조석의 상

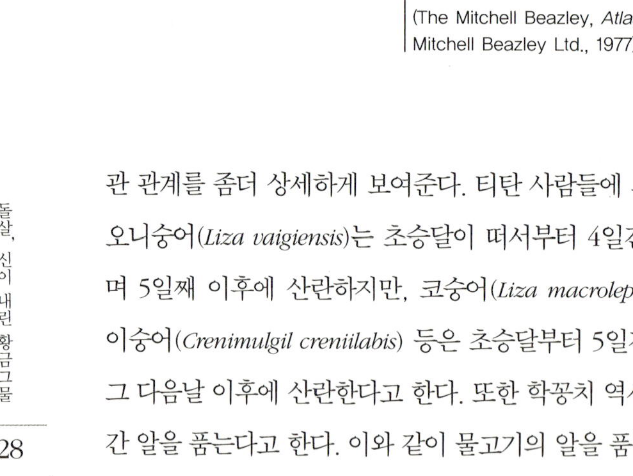

생명 탄생의 경이로움을 연출하는 아리바다(arribada)
(The Mitchell Beazley, *Atlas of the Oceans*,
Mitchell Beazley Ltd., 1977)

관 관계를 좀더 상세하게 보여준다. 티탄 사람들에 의하면, 숭어 중에서 오니숭어(*Liza vaigiensis*)는 초승달이 떠서부터 4일간 뱃속에 알을 품으며 5일째 이후에 산란하지만, 코숭어(*Liza macrolepis*)·가숭어·후우라이숭어(*Crenimulgil creniilabis*) 등은 초승달부터 5일간 알을 품고 있다가 그 다음날 이후에 산란한다고 한다. 또한 학꽁치 역시 초승달로부터 5일간 알을 품는다고 한다. 이와 같이 물고기의 알을 품는 날수는 물고기 종

류에 따라서 다르다. 월령에 관한 마누스 섬 어민들의 지식은 비단 산란기에만 국한되지 않는다. 어로 활동의 적부適否도 조수현상이 아주 중요하다. 보통 초승달과 보름달 시기와 상현달과 하현달 시기에 물고기잡이가 좋다고 여긴다. 더욱이 조수의 상태와 잡히는 물고기 종류, 어법漁法은 계절에 따라 변화하기 때문에 조수와 어로 관계는 매우 복잡하다. 그럼에도 물고기가 잘 잡히는 날과 잡히지 않는 날이 어떤 사회에서는 정해져 있다. 가장 잘 알려진 예가 폴리네시아다.[5]

여성들의 월경도 조석과 마찬가지로 주기성·순환성을 갖는다. 월경은 달이 차고 기우는 것과 같은 이치이며, 여성들의 월경 안에도 '사리'가 있고 '조금'이 있는 식이다. 월경이란 표현 자체에서 달의 힘이 드러난다. 성숙기의 정상적인 여성에게 생기는 생리현상인 월경은 '매월 경과할 때마다 일어나는 현상'이라는 뜻이며, 속어俗語인 멘스(menses)의 어원은 월력月曆을 뜻한다. 월력이라는 표현에서 달과의 깊은 관계를 암시한다. 월경은 일정한 주기를 갖는바, 성숙한 여성의 주기는 28일형과 30일형이 많다. 보통 26~32일의 주기를 정상으로 보고 있다. 이것을 월경형 또는 월경주기라고 한다. 물고기의 산란주기가 다르듯이 이 역시 사람에 따라서 약간의 차이가 난다.

이렇듯이 물고기의 생활에 달의 힘이 미치고 있으니 만월의 달빛이 교교皎皎하게 흐르는 바다에서 산란이 빈번해지는 물고기가 있는가 하면, 그믐의 어두운 밤에 산란하는 놈들도 있다. 인간과 자연, 우주의 변화는 만유일체萬有一體로서 하나로 움직이고 있는 셈이다.

물때와 물때감

조수간만에 의지해 생계를 유지하고 있는 어민들의 갯벌과 바다 생태계에 대한 인지는 대단히 체계적이다. 그네들의 민속지식(folk knowledge)이 오랜 세월의 경험, 그 경험의 축적과 전승에 바탕을 두기 때문이다. 조석에 대한 어민들의 인지는 '물때'라는 상징체계로 나타난다. 돌살은 물때를 전제로 하여 성립되는 어법이며, 돌살의 현주소도 조간대潮間帶이다. 따라서 돌살은 물때를 맞추지 않고는 볼 수 없다. 물밑에 숨겨진 비밀처럼 간직되어 있다가 날물에 제 모습을 드러내곤 한다.

돌살이 집중적으로 발달한 서해안은 대단히 얕은 천수淺水이기 때문에 간조 시에는 보통 수km를 걸어 나갈 수 있을 정도로 해안선이 후퇴하며, 더욱이 강 하구에서 쏟아내는 토사가 쌓이고 있다. 따라서 조세潮勢가 강할 수밖에 없다. 즉, 서해안에서 무엇보다 중요한 것은 조간대와 조류, 물때의 여러 관계이다.[6] 조석에 의해 하루 두 번 드러나는, 조간대에 의지하면서 이루어지는 어업은 가장 오래된 조석 이용 어업이다. 조석은 또한 고기잡이에서도 중요한 요소다. 동력선이 보급되지 않았던 '풍선배 시절'만 해도 어민들은 조류의 힘을 빌려 출항과 귀항 시간을 결정해야 했다. 따라서 물때를 반드시 파악하고 있어야 했고, 어획량의 확보라는 측면에서도 조석에 따른 어류의 이동은 반드시 숙지해야 할 사항이었다. 그 가운데 조수를 이용한 대표적인 어법은 어살(漁箭)이었다. 밀물에는 육지 쪽으로, 썰물에는 바다 쪽으로 들고 나는 어류를 잡기 위해 고기떼가 드나드는 길에 함정을 설치하여 물고기를 잡는 것이 어살이었다. 이처럼 조석은 어민들의 실생활과 직결되는 문제였다. 전오염前熬鹽 · 화염

火鹽 등으로 불리는 전통적 제염製鹽에도 조석은 중요한 요소였다.

물때의 본래 뜻은 조류의 세기를 숫자로 등급화한 것으로서, 조석현상을 하루만 파악하는 것이 아니라 반달로 파악하는 것이다. 즉 '한 물때(썰물)에 고기 잡고 한 물때(밀물)에 돌아온다'는 식이다. 물때는 보름을 주기로 한 달에 두 번 순환하는데, 각각의 주기에는 조금과 사리가 한 번씩 들어 있다. '조금'은 간만의 차가 가장 작게 나타나는 때이고, '사리'는 간만의 차가 가장 크게 나타나는 때이다. 조석현상은 달의 주기에 맞춰 순환하는 것이므로, 물때도 양력으로는 나타낼 수 없고 음력으로만

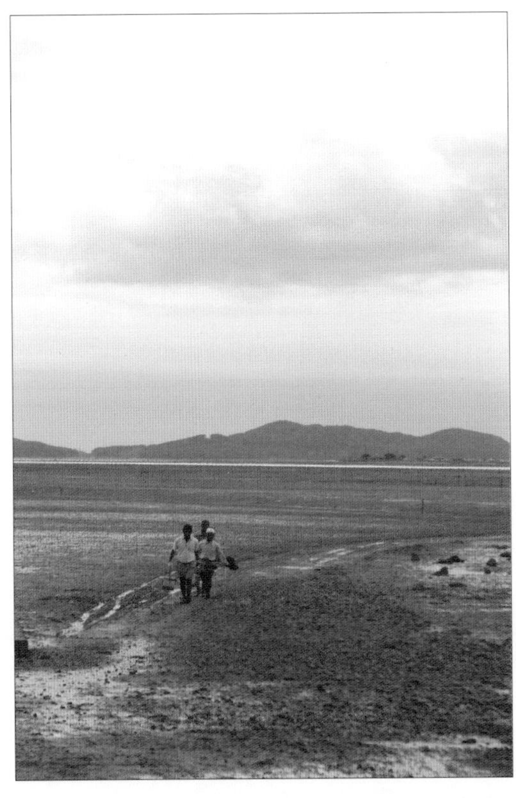

물때에 맞춰 귀환하는 어민들
(태안 웅도, 2004년 9월 7일 찍음)

인지 가능하다. 어민들은 의식적·무의식적으로 오랜 세월 동안 축적된 음력의 '물때감感'에 바탕하여, 어업활동에 유리한 시기와 불리한 시기를 구분한다. 결국 수대에 걸쳐 내려온 물때감이라는 민속지식을 기초로 어민들이 어로활동에 임하는 것이다. 지역 차에도 불구하고, 보름이라는 '한 주기 물때'와 그 하위 물때인 '하루 물때'는 어민들의 삶을 규정하게 되며 물의 양으로서 구분·인지되고 있음을 알 수 있다. 이것은 다시 생업활동과 연계되면서 조업하기 좋은 물때와 좋지 않은 물때로서 인지되고, 결국은 삶의 패턴을 다시 규정 짓는다.

물때의 인지는 옛사람들도 똑같았다. 신경준(1712~1781년)은 영조正祖 46년(1770년)에 편찬한 『도로고道路攷』에서 조석을 중요하게 다루고 있으니,[7] 한 달 동안의 조석 성쇠일을 다음과 같이 적시했다.[8]

『도로고』의 조석 성쇠일

潮汐一月内盛衰之日	한 달 동안의 조석 성쇠일
初一日七水	초하루 일곱 물(강하게 나감)
初二日八水	초이틀 여덟 물(강하게 나감)
初三日九水	초사흘 아홉 물(강하게 나감)
初四日十水	초나흘 열 물(강하게 나감)
初五日一折只	초닷새 한 꺾기(줄어듦)
初六日二折只	초엿새 두 꺾기(줄어듦)
初七日大折只	초이레 큰 꺾기(크게 줆)
初八日遭空 水盜空縮也	초여드레 조공, 물이 공으로 오그라든다(벙벙함).
初九日水衰 不長不衰遭空無壽也	초아흐레 물이 쇠한다. 조공 무수이다.

初十日一水	초열흘 한 물(강하게 나감)
十一日二水	십일일 두 물(강하게 나감)
十二日三水	십이일 세 물(강하게 나감)
十三日四水	십삼일 네 물(강하게 나감)
十四日五水	십사일 다섯 물(강하게 나감)
十五日六水埈 號生伊水極生盛也	십오일 여섯 물(강하게 나감). '생이'라 부름, 물이 극도로 성해진다.
望後如望前日例	보름 이후는 보름 전의 예와 같다.[9]

위의 물때 읽기에서 주목할 것은 물때 표현법이다. 물발이 줄어들기 시작하는 '조금발'을 꺾어진다는 의미의 '꺾기'로 표현하고 있으며, '조공遭空'은 어민들의 인지체계인 '조금'을 '공空을 만나다'는 의미로서 표기한 것이고, 초아흐레의 '무수無壽'는 '무심(무쉬)'을 이두로 표현한 것이다. 또한 보름을 '생이生伊'로 칭한다고 했는데, 현재 어민들은 보름과 그믐을 '사리'로 부르고 있다. '살이'를 이두로 풀면 '生伊'가 되며, 살이는 사리로 변한 것임을 알 수 있다. 즉, 신경준의 기록을 통해 늦어도 조선시대까지의 물때 읽기가 현재까지 그대로 전해지고 있음을 확인할 수 있다. 돌살이 흔한 태안반도 천수만의 물때를 하나의 예로 들어보자. 물때는 6시간 나가고 6시간 들어오는데 그 차이가 심하지는 않다. 태안반도의 가로림만도 별 차이는 없다.

서산의 물때

그믐-여섯 메(물)

초하루-일곱 메(물)

초이틀-아홉 물

초사흘-열 물

나흘-열 물

5일-열한 물

6일-대개끼

7일-아침 조금(아침 들물)

8일-한조금

9일-무시

10일-한 메

11일-두 메

12일-서 메

13일-너 메(느 메)

14일-다섯 메

15일-여섯 물(아침 썰물)

　　돌살이 집중 분포되어 있는 태안반도 의항의 물때는 "한 물-두 물-서 물-너 물-……-무시-한조금-아침 조금-한 물-두 물" 이렇게 헤아려 나가는데, 고기의 활동 시점은 '겪음산짐'이라고 했다. 고기는 '산짐'이라고 서 물부터 너 물, 다섯 물, 여섯 물까지 고기가 많이 들었다. 그리고 물이 죽을 때도 많이 들었다. '겪음'이라고 하는 것은 물살이 셌다가 약간 죽어질 때를 말하는바, 여기는 열 매 날부터 '열 매-열한 매-열두 매'까지 따지면 된다. '산짐'은 물이 산다고 해서 산짐이다. 물도 '낮물'과 '밤물'이 있는데 '낮물'보다 '밤물'에 고기가 많이 든다. 대개 어부들은 그 이유에 대해서, "그게, 그 고기가 야행성인 모냥이야. 밤에 활동을 잘하더라고" 한다. 옛날에는 고기를 잡기 위해 밤물과 낮물, 두 물을 다 봤다. 그래서 옛날에 "우리 쪼끄매서 해수욕하러 나가면 어른들이 해수욕을 못하게 했다. 떠들면 고기가 안 온다 해가지고서. 옛날에 도깨비불이 왔다 갔다할 때, 그때 얘기지"라고 했다. 다음은 태안반도 의항리 소둘마을의 주민 이병운의 증언이다.

> 고기는 밤에 많이 드는데, 그 이유는 과학적으로 확실히는 잘 모르지만, 옛날부터 전해오는 말에 '수지청정무어'라는 얘기가 있잖어요. 수지청정무어, 즉 물이 지극히 맑으면 고기가 없다. 그런디 그게 무작정 생긴 얘기가 아니야. 물이 너무 맑으면 고기가 어디 숨을 곳을 찾아서 숨을려고 하지 거기 노출될라고 하질 않는단 말이야. 거기 따라서 우리가 해석을 하자면 낮에는 너무 물 속이 투명해가지고 고기가 깊은 곳으로 숨을려고 은둔할려고 하고 밤에는 그게 없잖여요. 그러니까 밤에는 활동을 많이 하면서 가까운 바다까지 오는 거지요. ……물때는 주로 산짐하고 겪음무심이라고 하지요. 이 바닷가에 사는 사람들은 지끔도 그것을 굉장히 중시해야 합니다. 산짐이라는 것은 두 매, 서 매 요때를 놓치지 말아야 하고, 겪음무심이라고 하는 것은 아홉 매, 열 매, 열한 매 고때를 잘 이용해라고 하는 거예요.[9]

물때와 조간대

물때에 따라서 노출되었다가 잠기고, 잠겼다가 다시 노출됨을 반복하는 공간을 조간대라 부른다. 조간대는 변증법적으로 '경계의 미학'을 의미하기도 한다. 바다와 땅의 경계, 그러면서도 그들 '들숨과 날숨'의 변화에 적응하면서 독자적인 세계를 꾸리고 있는 곳이 조간대다. 갯벌이나 돌밭, 모래밭, 바위 등이 조간대를 형성하는 지질이며 온갖 생명체가 숨 쉬는 생명의 공간이기도 하다.

| 람사협약(Ramsar convention)의 세계 습지로 지정된 순천만의 갯벌 조간대(2004년 11월 23일 찍음)

그러나 해양생물학적으로 보면 조간대는 아마도 살기에 가장 힘든 장소 가운데 하나일 것이다. 고조선高潮線과 저조선低潮線 사이의 동물과 식물은 매일 밀물과 썰물에 의해서 완전히 바뀌는 환경에서 살고 있다. 따라서 바위 해안의 동식물은 썰물이 되면 건조한 물 밖에 온몸이 놓이게 되어 엄청난 물리적 스트레스를 받는다. 게나 고둥 같은 동물은 이런 문제를 해결하기 위해 조간대의 웅덩이나 축축한 바위틈, 또는 돌출한 바위

| 강화도 남단의 갯벌 조간대(2004년 9월 2일 찍음)

맹그로브로 이루어진 태평양의 조간대
(미크로네시아 팔라우Palau에서 2005년 1월 27일 찍음)

그늘에 은신처를 찾는다. 해조류는 서식처에서 움직일 수 없으므로 썰물 때 습기를 유지할 수 있는 장소에 있을 때만 살아남는다. 생물들이 견뎌내야 하는 것은 단지 건조뿐만이 아니다. 조간대 동식물은 파도에 얻어맞고 썰물 때 높은 온도에 노출될 수 있고, 비가 오면 염분이 떨어지기도 하며, 대다수는 물속에서 먹이를 먹기 때문에 썰물 때는 먹을 수도 없다. 바위 해안의 조간대에서 살아가는 생물들은 이처럼 힘들게 살아가고 있다.[10]

조간대의 동식물에게 조석의 변화는 식품 저장창고의 문을 열었다 닫았다 하는 것과 마찬가지다. 썰물일 때는 육지 동물들이 퇴적물 속에 숨어 있는 먹이를 찾는데, 수많은 섭금류가 갯지렁이나 고둥을 먹기 위해 날아든다. 그러나 밀물 때가 되면 육지동물에게는 식품 저장창고의 문이 닫히는 셈이다. 이제 해양동물이 먹이를 먹을 차례다. 밀물과 썰물은 얕은 해안에 사는 대부분의 동물들에게 식사시간을 알리는 종 역할을 하는 것이다. 그러나 달과 태양의 영향으로 조차가 날마다 달라지므로 특히나 부착식물은 각별하게 적응해야 한다. 조석 주기는 매일 일어나는 썰물과 밀물 이상으로 복잡하다. 한 달 중 어느 때인지, 1년 중 언제인지에 따라 조석의 강도는 크게 다르며, 이것은 바닷가 생물의 분포를 결정하는 중요한 요인이 된다.[11]

조간대에서 살아가는 생물체의 생존 조건이 얼마나 각박한 것인지를 잘 알려주는 증거물로 조개껍질의 기록을 들 수 있을 것이다. 바지락 같은 조개에서 흥미로운 것은 역시 나이테다. 나이테는 식물에만 있는 것이 아니다. 겨울에 생기는 연륜年輪이 뚜렷할 뿐 아니라, 연륜과 연륜 사이에 있는 테두리도 뚜렷하다. 하루에 하나씩 만들어진 것이기도 하지만 여러 날에 걸쳐서 만들어진 것이 서로 겹쳐 있기도 하다. 겉으로 보기에 울퉁불퉁한 테두리를 성장륜成長輪이라고 하거니와 모든 조개들이 성장륜을 가지고 있다. 조개껍질을 가지고 나이인 연륜뿐만 아니라 일륜日輪, 즉 하루에 자란 길이도 알아낼 수 있다. 오른쪽 그림은 하루에 자란 길이가 조개껍질에 나타나 있는 것을 그림으로 표시한 것이다. 조석에 따라 하루에 한 번, 또는 두 번 물이 들어오고 빠질 때 나타나는 성장의 차이까지 알아낼 수 있다. 물이 들어온 동안에는 물속의 먹이를 취하며 자랄 수 있고, 물이 빠진 동안에는 먹이를 취할 수 없어 자랄 수 없다. 따라서 하루 동안의 자라고 자라지 못함이 성장선으로 나타나 있다. 이런 성장선은 조개뿐

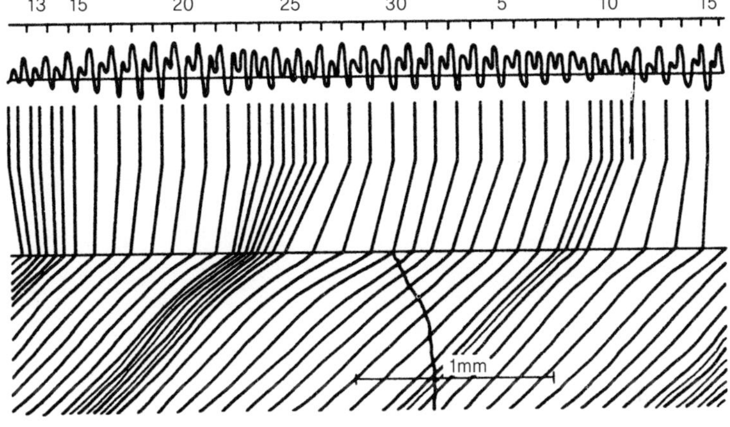

조개껍질에 각인된 들물 · 날물의 역사
하루에 자란 길이가 조개껍질에 나타나 있는 것을 그림으로 표시한 것이다. 조석에 따라 하루에 한 번, 또는 두 번 물이 들어오고 빠질 때 나타나는 성장의 차이까지 알아낼 수 있다(고철환 작성).

아니라 물고기에도 있다. 아가미 위쪽에 있는 이석耳石이 그것이다.

조개껍질에 조석의 역사가 아로새겨져 있듯이 조간대의 들물 · 날물에는 지구와 생명 탄생의 역사가 아로새겨져 있다. 지구의 역사를 돌이켜보면, 조간대는 일찍이 바다에서 살던 생명체가 육지로 올라오던 길목이기도 했다. 우주에서 보면 지구는 늘 푸르게 보인다. 마치 까만 우주 공간에 떠 있는 보석과도 같다. 지구표층을 덮고 있는 광대한 물 표면에서 반사되는 햇빛은 보석처럼 푸른빛을 낸다. 지구는 전체 태양계에서 엄청난 양의 액체 상태인 물을 가지고 있는 유일한 행성이니 지구는 유일한 물의 행성이다. 물은 지구의 46억 년 역사 동안 생명의 요람이었다. 지구의 생물이 존재함은 오직 물과 물이 지닌 특성 덕분이다.

사실 인간이나 다른 동물의 혈액 조성組成은 바닷물 조성과 너무 흡사하다. 이는 생명의 탄생과 진화에 매우 중요한 의미를 갖는 것이라 생각

| 조간대에 형성된 제주도의 소금빌레(북제주군 애월읍 구엄리)

된다. 이와 같은 긴 기간, 바다의 조성이 바뀌지 않았기 때문에 생명이 탄생했으며, 그 이후에도 안정된 가운데서 진화해나갈 수 있었던 것이 틀림없다.[12] 바다에서 생명체가 육지로 옮겨오는 동안, 한편으로 고래 같은 것들은 육지에서 조간대를 거쳐서 바다로 내려가기도 했다. 이처럼 조간대는 생명이 오고가던 길목이며, 오늘날도 끊임없이 많은 생명체들이 밀물과 썰물을 따라 조간대로 몰려왔다가 사라지곤 한다. 어떤 놈들은 밀물에 몸을 드러냈다가 썰물에는 펄이나 모래밭 깊숙이 은신하곤 한다. 이들 생명체들이 신의 선택에 의해 운명 지어졌다면, 인간은 인간 스스로의 선택에 의해 이른바 어법이란 기술을 개발하여 이들 생명체를 잡아들이고 있는 중이다.

조간대 해양환경에 대한 어민들의 인지 내용은 공간과 시간은 물론 그 속에서 삶을 영위하는 해양생물에 대한 주관적인 관념에까지 이른다. 이 것은 다시 시간적 조건으로서의 물때와 공간적 조건으로서의 조간대, 그

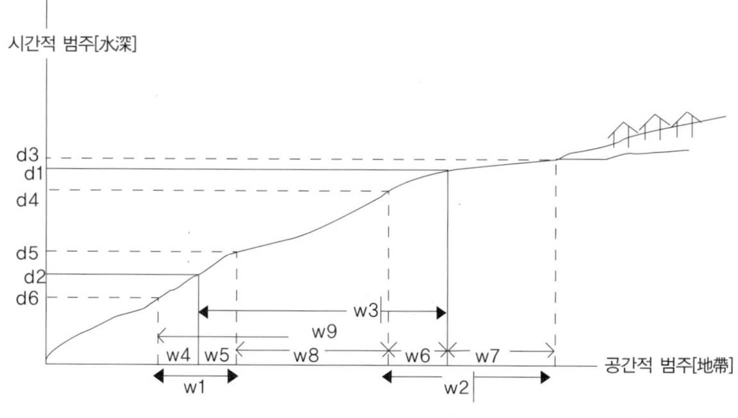

조석과 조간대의 상호 관련성

d1 : 평균 만조선   d2 : 평균 간조선   d3 : 사리 때 만조선
d4 : 조금 때 만조선   d5 : 조금 때 간조선   d6 : 사리 때 간조선
w1 : 간조 유동 영역   w2 : 만조 유동 영역   w3 : 평균 조간대 영역
w8 : 최소 조간대 영역   w9 : 최대 조간대 영역

(이기복, 「조석 · 조간대와 어업생산풍습」, 『역사민속학』 16집, 2003)

리고 바람과 어류에 관한 지식 등으로 확장된다. 어민들의 바다 생태계에 대한 인지는 현대적 용어로 설명할 수 없지만 매우 체계적이다. 그 이유는 민속지식이 오랜 세월의 경험, 그 경험의 축적과 전승을 바탕에 두고 있기 때문이다. 결국 조석 · 조간대는 '불이적不二的' 관계이며, 어민들로 하여금 공생의 삶을 살게 하는 현실적 조건이 된다. 이를 그림으로 나타내면 위의 그림과 같다.[13]

돌살은 바로 이들 조간대를 이용하여 설치된다. 밀물과 썰물이 없다면, 아울러 조간대가 없다면 돌살어법은 불가능하다. 밀물 · 썰물이 있다손 치더라도 순전한 절벽 등으로만 이루어진 곳에서는 돌살을 설치할 수 없다. 완만한 조간대와 여유 있는 공간, 풍부한 돌 따위야말로 돌살이 설치되기에 안성맞춤인 천혜의 조건이다. 어민들은 이들 조건을 이용하여

자신들의 오랜 축적물인 민속지식을 기반으로 자연과의 생존 대결을 벌이는 것이다.

어민들의 바다 공간에 대한 인지의 한 가지 실례로서 제주도의 경우를 살펴보자. 제주도에서는 조간대를 '갯굿'이라 부른다. 돌살이 설치된 완만한 갯굿은 무수기(물때)에 따라서 다르게 드러난다. 간만의 차가 심한 때를 '웨샷', 간만의 차이가 거의 없을 때는 육지와 같이 '조금'이라 부른다. 세 물 날에 드러나는 바다밭을 '웃밧', 다섯 물 날부터 드러나는 바다밭을 '중간밧', 그리고 일곱 물부터, 곧 웨샷 때만 드러나는 갯굿을 '알밭이'라 한다. 수직적 나눔에 따라 생태계는 커다란 차이를 드러내며, 그에 걸맞은 어로기술이 펼쳐진다.[14]

제주도의 사례에서 보듯, 물때와 조간대의 이용관행은 철저하게 지역적 조건에 부합되게 발달해왔으며 그런 자연적 조건 때문에 문화적 종다양성의 보고로 작동하고 있는 중이다. 돌살은 이런 문화적 종다양성의 기반 위에서 가능한 것이다. 그러나 불행하게도 바다라고 하는 존재를 매개로 생물의 다양성과 인간 사회의 문화적 다양성을 고찰하려는 시도는 지금까지 별로 행해지지 않았다. 그것은 인간의 활동이 육상을 중심으로 영위된다는 것과 해양생물이 수중의 존재라는 것이 가지는 단절이 가장 큰 이유다.[15] 그런 면에서 돌살을 매개로 육지 중심이 아니라 바다 중심의 문화적 다양성을 살피는 것은 그 자체로 혁신적인 것이다.

그물코와 소년어

 **촘촘한 그물은 웅덩이에 넣지 않는다**

이덕무는 『청장관전서青莊館全書』에서 이런 글을 소개하고
있다.

> 『일본일사日本逸史』에 이렇게 되어 있다.
>
> "차아천황嵯峨天皇의 칙서에, '수륙水陸에서 나는 이익은 공사公私가 다
> 같이 필요로 한다. 그러나 그것들을 때 없이 잡으면 번성하지 못한다.
> 지금 백성들이 소년이를 잡기 좋아하는데, 아무리 많이 잡아도 쓸모가
> 없다'고 했다."
>
> 소년어少年魚란 세 글자가 아주 새롭다. 이는 촘촘한 그물을 웅덩이에
> 넣지 않는다는 뜻이다.[16]

이덕무가 소개한 이 글을 읽는 순간, '소년어'란 세 글자가 아주 강렬
하게 다가왔다. '소년어'란 단어만큼 인간의 잔인하고도 부도덕한 물고
기 남획을 잘 설명한 단어를 본 적이 없기 때문이다. '촘촘한 그물'을 웅
덩이에 넣어서는 안 된다는 교훈을 주기 위해 이덕무는 굳이 이 글을 인
용·소개한 것이리라.

거대한 상업적 고기잡이가 아니더라도 빈틈없이 고도로 발달된 그물
은 소년어는 물론이고 유아기 단계의 가녀린 물고기까지 '싹쓸이'로 해
치운다. 지난 1세기, 불과 100여 년이 채 안 되는 시기에 전 지구적 차원
에서 물고기들은 급격히 사라졌다. 지금 이 순간에도 물고기들의 소멸

오늘날 널리 쓰이는 촘촘한 그물코
(강화도 분오리포구, 2004년 9월 2일 찍음)

및 급격한 감소의 속도는 늦춰지지 않고 있다. 물고기가 가장 많이 모여 사는, 종다양성도 풍부한 연근해부터 소멸·감소하기 시작하여 비교적 먼 외해는 물론이고 망망대해에 이르기까지 파장이 미치고 있다.

돌살은 그런 점에서 가장 생태적인 어법의 하나다. 물고기들이 조간대까지 몰려 들어올 수 있는 자연환경이 대단히 경이롭다. 그러나 조간대의 돌살에 고기가 물때마다 그득그득 찼었다는 사실은 오늘날 그야말로 역사 속에서나 찾아볼 수 있는 기록일 뿐이다. 그렇다면 이 책에서 돌살을 왜 '제4의 문화'라고 표현했을까? '제4의 문화'란 표현은 다음의 몇 가지 진실을 내포한다.

첫째, 모든 문화 중에서, 어떤 계층의 문화 중에서도 어민문화는 가장 소외된 문화다. 노동자·농민의 계급성을 강조하는 계급이론의 도그마 속에서도 어민은 아예 존재 자체가 없다. 농민의 역사도 기록되지 않기는 마찬가지지만 그래도 양반층은 농민에 관해서는 역사서술의 지면을 늘 일정 부분 할애했다. 그러나 어민은 역사의 뒤안길에 놓여졌으며 그야말로 '기록되지 않은 역사'의 대표격이라 우리가 매 시기의 어민사 및 어민생활사에 관해서는 아는 것보다는 모르는 것이 훨씬 많다. 그래서 어민의 문화는 제1, 2세계는 물론이고 제3세계의 문화 범주에서도 밀려난 '제4의 문화'라고 정의내리지 않을 수 없다. 물론 어민은 양적量的 개념에서 농민에 비할 바가 못 된다. 그러나 어민들이 상대하는 바다가 전 지구의 70%를 차지한다는 점은 매우 시사적이다.

둘째, 최근까지 돌살이 행해지고 있거나 흔적이라도 남아 있는 나라와 민족들은 대부분 인디언 · 에스키모 · 하와이언 등 제4세계에 집중적으로

1910년대 함경북도 청진에서 어구를 제작하는 모습
근대적 그물의 도입은 '싹쓸이 어법'의 시작을 알렸다(김민영 옮김, 『근대식민지 산업풍경』, 선인, 2005).

나타난다. 돌살은 그 자체로 '살아 있는 화석'이며 고고학적 탐구의 대상
이기도 하다. 돌살이 제3세계에도 끼어들지 못하는 제4세계 사람들의 주
된 생업도구였다는 점을 인식한다면 새삼 '제4'를 강조하지 않을 수 없다.

셋째, 그런 점에서 돌살들이 한반도에 약간이나마 남아 있음은 매우 주
목할 만한 일이다. 어민문화 자체가 소외된 터에 자연생태적으로 살아가
지 않을 수 없는 바다환경이 돌살의 장기지속을 가능하게 했음직하다. 한
반도의 돌살은 엄청난 양의 물량 공세로 그물들이 바다로 퍼지는 와중에
도 미미한 흔적이나마 남아 있어 풍요로웠던 그 옛날의 바다를 증언해주
고 있다.

한국은 물론이고 전 세계적 규모에서 돌살의 소멸은 두말할 것 없이
개발로 인한 자연환경의 파괴와 어족자원의 고갈, 약탈적 상업어업의 발
달에 따른 강력한 어로도구의 확산 등에서 비롯되었다. 인디언이나 하와
이언 등의 돌살은 인종 자체의 소멸·축소, 나아가 그나마 생존한 이들
도 생활양식이 전반적으로 바뀜에 따라 점차 사라졌다. 그래서 돌살어법
뿐 아니라 모든 전통어로는 점점 소멸했다.

한국의 경우, 남획은 물론이고 간척지의 개발, 모래장벌의 소멸 등 개
발에 따른 해안의 지형변화도 돌살이 사라지게 된 주요 원인이다. 이에
관해서는 재론이 필요없을 것이다. 돌살은 일제시대나 해방 전후에 일찍
사라진 것도 있으나 대개 1960년대 이래의 산업화와 나일론 그물로 인한
'싹쓸이 어법'의 등장으로 거의 사라졌다. 즉 돌살 소멸의 시점은 2000년
대를 기점으로 30~40여 년 전이다. 인디언·하와이 등 제4세계의 돌살
에 비해서는 그래도 생명력이 길었던 셈이다. 전통어법의 거의 모두가

엄청난 속도로 보급된 1960년대의 나일론 그물(부산, 1965년. 구와바라 시세이桑
原史成, 『가까운 옛날-사진으로 기록한 민중생활』, 20세기 민중생활사 연구단, 2004)

이른바 선진어법, 즉 '무한대 자원약탈어법'의 도입시점과 더불어 사라진 것으로 확인된다. 가령, 태안반도 의항 돌살의 경우, 어민들은 돌살 소멸의 과정을 이렇게 정리하여 들려준다.

그렇게 많이 잡히던 물고기가 안 잡힌 것은 1970년대 후반부터 1980년대부터지요. 1970년대에 닻배잡이할 때도 무지하게 잡혔습니다. 낭강망, 이강망 하는 어구들이 들어오면서부터 '갓고기(해변 주변의 고기)'를 다 잡으면서 고기들이 사라졌다고 봅니다. 그물이 생겨 들어오면서부터 고기가 줄어들기 시작했지요. '낭장망'이 들어온 것은 20년 넘었구요. '삼마이' 같은 그물은 대개 그렇게 오래는 안 됐습니다. 대개 엇비슷한 시기에 들어왔습니다. 통발이 제일 늦게 들어왔지요. 통발은 나일론 통발 이전에 싸리나무로 만든 통발도 있었는데 우리 마을은 본디 통발을 하지 않다가 후에 나일론 통발이 들어오면서 통발이 시작되었지요. 통발은 막판에 들어온 셈입니다. 대개 그물이 싹쓸이하면서 고기씨를 말린 것이지요.[17]

돌살이 언제 정확하게 사라진 것인지는 연도가 불분명하다. 어민의 관습적 관행어법인지라 어떤 통계자료가 있는 것도 아니고 대개 "몇 살까지는 독살에서 고기 잡는 것을 본 적이 있다"는 식이다. 더 정확한 경우는 "본인이 몇 살 때까지 독살에서 고기를 잡았지요"라는 식으로 실제 독살 주인이 살아 있어 증언하는 경우이다. 같은 지역에서도 독살의 상태에 따라 소멸시점이 다르다. 가령, 안면도 두여 돌살의 경우, 다른 것에 비하여 일찍 사라졌다. 물이 깊어 번거롭고 고기가 덜 드는 탓에 다른 좋은 조건의 독살에 비해 소멸 연대가 빨랐다. 이처럼 돌살의 소멸시점은 조건에 따라 다소 차이가 난다.

　돌살은 대개 그 원형은 사라졌으나 흔적만은 강하게 남아 있다. 지난 1세기 전에 사라진 밴쿠버 인디언의 돌살도 흔적이 남아 있다. 돌이라는 불변물질로 말미암아 가능한 것이다. 그러나 자연적인 파도에 의한 무너짐 말고도 간척사업, 방파제 공사, 굴 양식장사업 등으로 돌을 이용하면서 흔적조차 급격히 사라지고 있다. 가령 태안반도 학암포 분점도의 경우에 방파제를 쌓으면서 돌을 대거 실어가서 흔적도 지극히 일부만 남았을 뿐 거의 사라졌다. 현존 방파제의 콘크리트 밑에 예전의 돌살 돌들이 깔려 있는 셈이다.

　한국의 경우, 현재도 조업이 이루어지는 돌살은 한반도 육지부 전체에서 태안반도의 몽산리 굴업, 서천의 장포리, 해남의 중리, 남해의 문항리 4곳뿐이며, 제주도에 일부 잔존할 뿐이다. 현행 돌살이 존재하는 근거는 무엇보다 자연적 환경파괴로부터 상대적으로 영향을 덜 받은 지역에 국한된다. 가령 굴업 돌살은 조그마한 모래장벌로 여름철에 해수욕객이 조금 찾아오기는 하나 전형적인 해수욕장은 아니다. 또한 마을의 양식장으로 이용되는 곳인지라 주민들의 각별한 주의를 받는 지역이다. 이런 조건 때문에 겨우 돌살이 유지되고 있다.

　그러나 돌살 존립의 제1의 조건은 위의 조건들 외에도 돌살 주인의 '의지'이다. 사실 돌살로 얻어지는 어획량이란 보잘것없다. 예전에야 엄청난 양의 고기가 들었지만 지금은 간간이 집에서 먹을 만큼의 물고기가 들 뿐이다. 따라서 돌살의 상업성은 전혀 없다. 그럼에도 불구하고 돌살 주인의 일관된 '지킴이'적인 자세가 돌살을 보존시켜온 것으로 여겨진다. 돌살 주인의 의지가 없다면 귀찮은 노력이 들어가는 보수를 해가면서 유지할 이유가 없는 것이다.

자연 인지체계의 전승

한국의 돌살은 조석간만의 차이가 심한 조간대에나 알맞은 어법이므로 동해안에는 없다. 따라서 같은 한반도에도 서해안과 남해안에만 존재하며, 같은 남해안이라도 남해군 정도가 분포 끝선으로 확인된다. 마산·진해·부산 쪽으로는 아직 확인되지 않는다. 반면에 가까운 일본 규슈와 오키나와에는 돌살이 폭넓게 존재해왔다. 아직까지 북방 발해만 등에서는 돌살이 확인되지 않았다. 좀더 정확하게 말한다면, 중국 학계의 연구가 이 방면의 연구에까지 미치지 못하고 있으며 일제시대에 작성된 중국 어법에도 등장하지 않는다. 그렇다면 돌살은 일본 등지에서 전파된 것일까? 만약에 남쪽에서 남방루트를 타고 전파해온 것이라면, 그 전파의 진원지인 규슈·오키나와 등은 스스로 자생적으로 발전시킨 것일까? 그것도 아니면 한민족 스스로 창조한 어법인가?

여러 소수민족의 문화를 연구하는 민족학자들은 때로 원시적이라고 불리는 전통적인 고기잡이 방법들이 서로 놀랄 만한 유사성을 가지고 있음에 주목한다. 이런 현상은 문화적 교류, 혹은 교섭의 결과라기보다는 어떤 문제에 직면했을 때 인간의 반응이 유사하기 때문이라고 보는 것이 더 타당할 것이다. 우리가 기억할 수도 없는 시대부터 고기잡이는 존재했고 유사한 문제에 수없이 직면했을 것이다. 그리고 그런 문제가 일어난 곳에서는 어디에서나 그것에 대처하는 인간의 방법 또한 똑같거나 유사했을 것이다. 물론 아주 오래 전부터 어구에 대한 직접적인 지식의 교환이 이웃 지역뿐 아니라 대륙 간에도 이루어졌을 것으로 생각된다. 그렇지만 고기잡이 방법이나 어구가 확산된 경로는 잘 알려져 있는 경우가 극히 드물며, 이런 경우도 실은 현대에 들어와 발생한 일들이 많다. 이런 견지에서 볼 때 돌살의 기원은 어떤 문화전파설에 의한 것이라기보다는 동시 발생설로 보는 것이 더 과학적일 것이다.

폴리네시아인들 가운데 유독 하와이로 진출한 이들이 돌살을 제대로 운영한 것으로 보고되고 있다. 그렇다면 하와이의 선주민들은 도대체 어디서 그 돌살을 배운 것일까? 북극권의 넷실릭(Netsilik) 에스키모 돌살은 누구에게 배운 것일까? 더 나아가 아프리카 기니(Guinea) 해안의 돌살은 누구에게 배운 것일까? 전 지구적으로 전혀 상관이 없을 법한 조건에서 각기 형성되어온 돌살은 기원 문제에서도 자기 정체성을 강조한다. 스스로 자신들의 환경조건에 알맞게 돌살을 개발하고 자신들의 환경에 알맞게 축조기술을 설정하여 스스로 창조한 것으로 간주된다. 다만, 같은 권역 안에서는 일정한 문화전파가 국지적으로는 존재했을 법하다. 뒤에서 설명할 내용대로 북극권 넷실릭 에스키모의 돌살과 북서아메리카 인디언들의 돌살은 별 상관이 없는 것으로 여겨지지만, 아메리카 인디언 사이에서는 권역 안의 문화전파가 이루어졌음이 확인된다.

일찍이 한반도 서해안에 정착한 선주민들도 매우 정확히 조석의 변화에 주목했을 것이다. 인디언들이 놀랄 만큼 정확하게 자연을 인지하고 그 인지된 자연을 이용하여 다양한 어법을 발전시키고 있음은 전근대사회 전통어법의 수준과 발전단계가 최상에까지 도달하고 있음을 암시한다. 이른바 '현대어법'이란 선조들의 전통어법을 거의 그대로 반복하거나 그야말로 현대적으로 차용하여 발전시킨 것 이상이 아니다. 날마다 교차하는 조석의 차이, 그리고 한 달을 기준으로 물때에 맞춘 변화, 물때와 계절에 따른 어종의 변화 등을 선사인들은 매우 날카롭게 인지하고 있었을 것이며, 그런 자연 인지체계에 걸맞은 어법을 발달시켜 대대로 전승시켰을 것이다. 돌살의 탄생은 이 같은 여러 조건에서 비롯된 것이라고 할 수 있다.

사실 고기잡이의 역사는 농업보다 더 오래된 것이며 인류 역사와 함께 시작되었다고 할 수 있다. 민물이나 바닷물에서 필요한 산물들을 모두

얻기 위해서 처음에 인간들은 손이나 발, 혹은 이에 의지해야만 했다. 물고기란 매우 빠르게 빠져나가게 마련이며 손발에 의한 조업은 대단히 조악한 방식이라 필요한 양을 채우기에 역부족이었을 것이다. 그래서 곧 고기잡이 능력을 증가시키기 위해 간단한 도구들이 발명되었다. 이런 도구들 가운데 몇 가지는 매우 효율적이어서 오늘날에도 쓰이고 있다. 이렇듯 간단한 도구들이 더 좋은 도구가 나오는 기초가 되었다. 그러나 특수한 어구들이 개발되기까지는 적어도 수천 년이 흘러야 했다. 사람들은 기술의 발전을 늘 이야기하고 있고 실제로 어구의 발전은 실로 경이롭기까지 하다. 그렇지만 과거의 전통적 어법이 그대로 존속되는 경우도 많다. 영세한 어민들에게는 큰 규모의 어업에서 사용되는 복잡한 어구보다는 좀더 단순한 방법이 더 요긴할 수도 있다. 수산학자 폰 브란트(Andres von Brandt)는 다음과 같은 결론을 내린 바 있다.

모든 고기잡이 방법들은 각각 똑같은 중요성을 가진다는 점이 매우 중요하다.[18]

돌살이 최근년까지도 이용되어왔으며 지금까지도 미약하게나마 운영되고 있는 사례는 각각의 어로도구들은 '똑같은 중요성을 가진다'는 점을 역설적으로 설명해준다.

세계의 돌살이 일찍이 사라져가는 조건에서 어쩌면 한반도의 돌살은 세계 해양문화사적으로도 유례가 없을 정도로 이어져왔다. 가령, 본문에서 다루게 될 태안반도의 돌살군群은 지금까지 확인된 것으로는 한반도 최대의 돌살군이며, 여타 나라에서 이만큼 조밀하게 돌살이 밀집된 보고서는 나오지 않았다.

최적의 조건에서 돌살들이 이어져왔지만 20세기에 들어오면서 자원

고갈로 서서히 퇴장하기 시작했으며, 특히 1960년대 이래 산업화의 결과로 거의 사라지고 겨우 몇 군데서만 생업으로 이어지고 있는 중이다. 그럼에도 불구하고 돌살이 생업에서 퇴장한 역사가 불과 수십 년을 넘지 않기 때문에 곳곳에 흔적을 남기고 있으며 구술채록도 가능하여 적어도 누가 운영했던 돌살인지는 규명할 수 있다. 아전인수격 해석이 아니라, 한국의 돌살은 지금까지 확인된 것만 가지고도 유례가 없을 정도로 소중한 세계 어업 문화유산인 셈이다.

그러나 한국의 돌살이 지니고 있는 세계 문화사적 가치는 정작 한국에서는 인정받지 못하고 있다. 한국의 생태환경론자들은 '수입이론'에 발목이 잡혀 전통어법의 생태적 원리를 이해하지 못할뿐더러 이해하려고도 하지 않는다. 해양수산 정책 결정자들은 선진 과학기술 신화에 사로잡혀 있을 뿐 해당 어구의 첨예한 발달이 바다에는 핵무기와 같은 것임을 인지하려고 하지 않는다. 문화 정책 결정자들은 육지 중심 사고에 젖어 해양 문화유산에 관해서는 무지하거나 무시한다. 이런 상황과 조건에서 문화유산으로 지정하고자 하는 일각의 노력이 그나마 있었고, 실제로 무창포 돌살의 경우에는 충남 지방문화재로 지정이 되기도 했으나 해양문화에 대한 인식의 저급성으로 말미암아 좀처럼 국가문화재 지정은 이루어지지 않고 있다. 몽산리 굴업 돌살을 지켜온 김의배 옹은 2004년에 사망하는 등 마지막 지킴이들도 서서히 사라지고 있다.

최근에는 재미있는 현상도 있다. 안면도 밧개 돌살의 경우, 1999년에 밧개에서 멀리 떨어진 정당리에 거주하는 정봉한 씨가 다시 복원한다고 돌살을 고친 사례가 있다. 돌살을 관리해본다고 하다가 그만 둔 사례이기는 하지만 돌살을 재건하겠다는 의지가 있었다. 복원 시점이 근년이므로 어쩌면 TV 등에서 돌살에 관한 새로운 인식을 홍보하자 이루어진 시도로 보인다. 지방자치단체에서 '체험형 돌살'을 관광자원 차원에서 개발하려고 하는 것도 같은 맥락이다. 방송의 부추김이 돌살에 대한 세인의 관심을 조금씩 불러모으고 있다. 그러나 사태의 본질은 문화재 지정이나 문화관광 자원화 등에 있지 않다. 돌살을 복원시켜놓아도 물고기가 전혀 들지 않는 고갈의 시대가 문제이다.

연안의 전통어업

오늘날 전통어법은 거의 사라졌다. 20세기 100여 년 동안, 적어도 수천 년 동안 인류가 해오던 바다에서의 삶의 방식 대부분이 사라졌다. 처음에는 증기기관에서 출발하여 나중에는 기름을 쓰는 기계화된 배의 등장으로 말미암아 연안에서 '기다리는 어법'이 아니라 '쫓아가면서 잡는 어법'이 가시화되면서 전 세계 바닷가 토착적 연안어업의 풍부한 다양성이 급격히 사라졌다. 가령, 서부 아프리카 연안에서 매우 성공적이었던, 노련한 어민들이 이끌어온 카누어업은 값싼 수입 냉동어로 말미암아 속된 말로 그만 '작살'이 나고 말았다. 유럽에서도 좀더 이득을 많이 가져다주는 이른바 선진어법이 각광을 받으면서 전통적인 고기잡이 기술은 아주 간단히 파기되었다. 연안어법이 대부분을 차지하던 한국의 연안에서도 더 이상 연안으로 몰려올 고기들이 사라졌으니, 미리미리 남중국해 같은 먼바다까지 쫓아가서 잡아들였기 때문이다.

연안의 전통어업이 전 세계 어업생산에서 차지하는 비중을 정확하게 계산하기는 쉽지 않다. 그렇지만 적어도 다음의 두 가지 측면에서 주목을 요한다. 제3세계 대부분의 어촌사회는 농업이 결부된 반농반어半農半漁적인 형식을 갖추고 있는바, 계절적이라거나 짬을 이용한 시간제 어업노동이 농업에서 부족한 부분들을 상호 보완적으로 메워주었다. 그러나 연안의 전통어업이 소멸하면서 이들 보완체계가 무너졌다. 제3세계 연안

소박한 그물을 이용하는 옛 어부
(북한지역, 1920년대. 『일본지리풍속
대계』 조선편, 1930)

에서는 매우 심각한 사회문제가 된 지 오래다. 또한 더 강력한 자본주의 체제에 돌입한 나라들에서는 더 이상 연안으로 몰려드는 고기를 마냥 기다리고만 있을 수 없게 되었다. 바다가재나 새우같이 상업적으로 높은 이득을 가져다주는 어종을 찾아 먼바다로 나가야 했으며 넓은 어장을 석권하고 수심 깊은 곳에 적합한 기계화된 어법을 사용하게 되었다. 반면에 어업상의 이 같은 기계화는 반대로 어족자원의 고갈을 불러왔으며 연안해역을 더욱 황폐화하는 데 기여했다.

한국의 돌살도 같은 운명이다. 돌살은 거의 죽은 문화로 가고 있다. 그나마 몇몇 가구에 의해 이어지던 어업도 끊겨가고 있다. 돌살은 민속어법의 대표격으로 자연 친화적인 어법이며, 그 자체로 문화적 종다양성을 확보하면서, 동시에 세계적 보편성도 확보하고 있는 경우다. 한창때,

돌살로 몰려드는 고기를 우마차로 퍼날라도 모자랐다는 증언이 곳곳에서 나올 정도로 엄청난 어획량을 자랑했다. '논하고도 바꾸지 않는다'는 말 속에는 돌살이 제대로 유지되던, 파괴되지 않은 자연조건을 웅변해 준다.

어업관리에서 어민의 경험적 생태정보가 중요하게 활용되는 추세다. 그런 점에서 돌살의 교훈은 의미심장하다. 선진 어업국에서 벌어지고 있는 어업관리 재구축의 주요 관심사는 부족한 어업관리정보에 어민의 경험적 생태정보를 활용하자는 것이다. 이런 시도는 고대로부터 내려오는 전통적인 고기잡이가 지니는 어업관리정보의 중요성과 이를 활용하려는 새로운 어업관리의 생태정보적 접근인 셈이다. 남획과 고갈에 따른 자원지대의 소멸과 같은 자유어업의 고질적인 문제를 해결하기 위한 일환으로 새로운 방향 선회를 하고 있는 가운데, 어민의 생태지식에서 흘러나오는 경험적 자연정보를 어업관리의 과학적 정보와 결합하여 현실적으로 더 합리적인 어업관리의 의사결정에 반영할 필요가 있다. 고대로부터 내려오는 토속적인 고기잡이는 자연과 더불어 인간이 살아가는 데 필요하고 긴요한 정보를 제공한다. 토속적 고기잡이에서 얻을 수 있는 다양한 생태적 지식의 면면을 자세히 들여다보면 현실적으로 어업관리에 유용하게 이용될 수 있는 경험적 자연정보가 듬뿍 들어 있기 때문이다.[19] 세계화는 어업에서도 더 이상 미래의 대안, 희망의 대안이 될 수 없다. 역으로 세계화된 어로기술을 혁파하고 대안의 기술을 되찾는 일은 반드시 필요할 것이다.[20]

서구에서는 토속적 고기잡이를 민속적 경영(Folk management)이라고 명명하고 이를 대대적으로 재평가하기 시작했다. 민속적 경영시스템의 중요성은 그것들을 구성하는 제도, 관행, 그리고 지식에 있다. 민속적 경영시스템은 자신들의 생존에 필요한 물고기잡이와 상업적 어업을 모두 포함하는, 전형적으로 더 소규모로 연근해에서 이루어지는 어업이다. 상업적 어업과 생존을 위한 어업을 상호 배타적으로 볼 필요는 없다. 어부들 스스로 상업적 어업에 종사하면서 동시에 먹을거리를 장만하기 위해 고기를 잡으며, 반대로 먹을거리를 잡기 위해 어업에 종사하면서 동시에 내다팔기도 한다. 고갈되는 어획자원 환경 속에서 민속경영과 비집중화된 경영은 토착 지식과 전통적 관행, 지역적 제도 등에 더욱 의존할 것이며 미래를 위한 어업의 새로운 좌표로 설정되고 있다.[21] 소수이지만 뜻있는 이론가들이 이런 주장을 펴고 있다.

세계에서 떠오르고 있는 민속경영과 어민들의 공동경영 고기잡이 제도는 오늘날 수산업의 미래를 어둡게 하는 지속 가능성에 대한 하나의 희망으로 받아들여진다. 그러나 이 같은 경영으로의 전환은 자동적으로 되는 것도 아니고 간단한 문제도 아니다.[22]

간단한 문제가 아님에 동의하지 않을 수 없다. 사실 바다 속에는 온갖 쓰레기그물이 떠돌고 있다. 수많은 바다 생물들이 이런 폐그물에 의해 죽임을 당하고 심한 상처를 입는다. '유령그물(Ghost net)'이라고도 할 수 있다. 바다에 버려진 낚싯줄은 분해되는 데 600년 이상의 세월이 소요된다. 유령그물은 바다 속으로 빛이 통과하는 것을 방해하고, 독과 병을 일으키는 물질들로 물고기들을 집단 학살하기도 한다. 바닥의 쓰레기들로 물고기들은 알을 낳는 장소와 어린 물고기들이 커가는 성장 터를 빼앗기고 있다. 그런 점에서 돌그물이 가르치는 생태친화의 교훈과 미래적 지도지침은 더 이상 설명이 필요없을 것이다.

이제 생태학도 막연하게 'Ecology'로만 번역·정의되어온 바에 대해 '생태'라는 자기 확인으로부터 재출발해야 한다.[23] 용어 선택의 기준은 단순한 '말장난' 이상의 학문적 함의를 지니기 때문이다. 서구에서는 이미 전통생태지식(Traditional ecological knowledge)이 뿌리를 내리고 있다. 서구에서 전통생태학의 출발 기반에 민속지학(Ethnography)적인 지식 기반이 바탕이 되었음을 고려해본다면, 돌살 같은 것은 그런 민속지학적인 지식의 으뜸이 아닐 수 없다. 돌이켜보면, 우리는 근대라는 전대미문의 압도적인 담론 속에서 우리 안의 정체성을 멸시받게끔 교육되었으며, 이는 '영성靈性의 문화'를 '물성物性의 문화'가 지배한 과정이었다.[24] 전통생태와 문화 종다양성을 실천하는 문제는 결국 영성의 문화를 재인식하는 것이기도 하다. 영성의 문화란 그야말로 혼이 깃든 문화다. 레비-스트로스가 『야생의 사고』에서 지적했듯이, 북극해의 시베리아인은 눈과 얼음을 수십 종류로 구분한다.[25] 우리 눈에는 그렇고 그렇게 보이는 눈과 얼음을 일일이 구분해내는 그들의 안목은 우리가 흔히 말하는 '과학적'이란 이름의 잣대와는 전혀 다르다. 과학자들이 시간과 노력을 들여서 북극의 오염을 다양한 방식으로 확인하고 있을 때, 북극인들은 생활로서 마주하는 자연의 오묘한 변화를 일상적으로 깨닫고 오염의 시작을 가장 먼저 알아차린다.

우리 인류는 지구 전체의 생물학 시스템과 환경 시스템에 날로 파멸적인 영향을 주고 있지만, 동시에 우리 자신의 존재를 지속하기 위해서 전 지구적 시스템의 온전성(integrity)에 절실하게 의존하고 있다. 그러므로 인류는 전 지구적 시스템이 우리에게 어떤 영향을 미치는지 이해해야 할 뿐더러 우리 자신이 그 시스템에 어떻게 영향을 주는지도 알아야 한다. 그럴 때에만 인류는 '제6의 멸종'이 인류에게 일으키는 매우 실제적인 위협을 이해할 수 있다. 즉, 인류는 인류 자신과 자연계 사이에서 균형적인 해결책을 찾아야 한다.[26] 그런 측면에서 돌살은 인류 자신과 자연계 사이의 균형적인 관계, 즉 생태환경조건이 균형을 이룬 조건을 웅변해준다.

돌살은 그 자체로 문화적 종다양성을 뜻한다. 문화적 종다양성이 되었건, 생물 다양성이 되었건, 그것들은 모두 민중의 자원이다. 풍요로운 선진 산업국가들이 다양성을 외면하고, 다양성에 등을 돌리고 있는 동안에도 제3세계의 가난한 민중들은 식량과 영양공급, 그리고 의료와 땔감, 의복, 주거를 위해서 다양한 생물자원에 계속 의존해오고 있다. 생물 다양성은 언제나 지역의 공동자원이었으며, 문화적 종다양성은 지역문화의 표징 같은 것이다. 그러나 민속지식과 다양성의 사유화는 토착지식의 가치를 절하하고, 지역적 권리를 박탈한다.[27]

전통적 작은 규모의 어법만으로도 풍요로웠던 돌그물을 '신이 내린 황금그물'로 명명하지 않을 수 없다. 신이 인간에게 축복을 내려 가장 자연적인 그물인 돌살을 마련해주었다. 우리는 인간의 기술과 물고기들이 공존하던 저 황금그물의 시대를 기억하고 있다. 잃어버린 황금그물의 시대, 그 황금시대의 의미망을 찾아나서고자 한다.

문화적 종다양성과 전 지구적 분포

여름답지 않게 대단히 찬 물에 옷 벗고 들어가는 식의 고난이 있을지라도 돌살 고기잡이는 즐겁기만 하다. 대부분의 고기잡이는 새벽 전의 이른 시각, 또는 오후 늦게 벌어진다. 여름철의 백야 덕분에 일상적으로 작업이 가능하다. 돌살은 끊임없이 감시되며 고기들이 빠져나가지 못하도록 한다. 연어떼가 돌살 가운데 웅덩이에 머리를 박으며 몰려들 때 남자나 여자나 급히 채비를 갖춘다. 여자들이 옷을 입는 동안에 남자들은 무릎 아래 다리 주위를 단단히 여며서 차가운 물이 안으로 들어가지 않도록 코트와 물개가죽신을 신고 코트를 입는다. 그리고는 텐트에서 가장 나이가 많을뿐더러 큰 가족집단의 선임 우두머리인, 지역명으로 '어부 감독관'으로 불리는 사내의 텐트 앞으로 모든 어부들이 몰려든다. 우두머리는 오랜 삶의 지혜와 경륜으로 돌살에서의 고기잡이에 관한 전권을 지니고 어로명령을 내린다. 그의 민속지식(Folk knowledge)은 종족의 생존에 절대적이다.

_북극 넷실릭(Netsilik) 에스키모의 돌살, 아센 발리치(Asen Balikci)의 보고(1959~65년)

물개잡이꾼 넷실릭 에스키모의 돌살 ;

북극—아센 발리치의 보고

최북단인 북극에서 연어 잡는 사람들

북아메리카 북극해의 대서양 연안에는 넷실릭 에스키모 (Netsilik Eskimo)라 불리는 사냥꾼들이 있다. 넷실릭은 얼음집 이글루 (Igloo)에 거주하는 물개와 순록사냥꾼 에스키모 집단이다. 에스키모 중앙 계통(the Central branch of the Eskimo family)에 속하며, 주거지는 북극권, 즉 88°E~100°W, 68°S~73°N에 위치한다. 이른바 물개잡이꾼(The people of the Seal)으로 불리는 그네들은 작살질에 의지하여 살아나간다. 동시에 가죽배를 타고 쏜살같이 달려나가 강이나 좁은 호수에서 가벼운 창으로 순록을 잡으며, 북극 사향소나 북극곰을 화살과 무거운 창으로 잡는다. 한편 그네들은 잘 발달된 작살로 연어를 잡는다. 한겨울부터 봄까지의 물개와 북극곰 사냥, 짧기만 한 여름 한 철의 연어잡이, 가을철의 순록사냥, 이렇게 사냥과 어로의 순환이 그네들의 삶이다. 그런데 넷실릭들은 지구의 최북단에서 돌살(stone weirs)을 이용하는 사람들이기도 하다.

넷실릭이 사는 곳은 대단히 추운지라 눈과 얼음으로 짓는 이글루 없이는 살 수가 없으며, 혹한을 견디기 위해서라도 모피옷을 입는다. 대개의 시베리아 사람이나 에스키모들이 그렇듯이 샤머니즘에 속하는 다양한 속신을 믿는다. 사냥꾼과 동물의 영혼, 다양한 유령들, 악과 선의 영혼

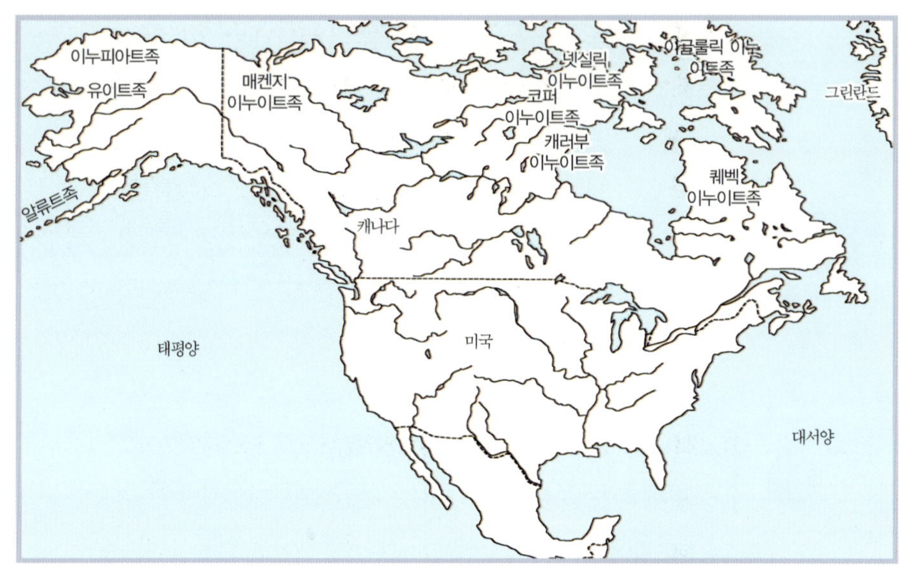

북극권 에스키모 분포도

돌살을 이용하는 넷실릭은 최북단에 거주함을 알 수 있다.

들, 괴물 따위가 그것이다. 숨막히도록 오래 지속되는 어두운 겨울과 기나긴 밤, 얼어붙은 강철 같은 추위, 눈을 뜰 수 없는 맹렬한 눈보라, 쨍쨍 갈라지는 얼음, 물개 울음소리와 무서운 북극곰의 배회, 오로지 물개와 순록고기, 연어 따위로만 연명해야 하는 고난 속에서 무수한 터부(taboo)가 생겨나 종교적 신념으로 고착되는 것은 매우 자연스러운 일이기도 하다.

넷실릭에 관해서는 노르웨이의 극지탐험가 아문센(Roald Amundsen, 1872~1928년)의 보고[1]에 등장한다. 아문센은 1901년에 그린란드 해양을 조사하면서 넷실릭을 만난 것으로 확인된다. 그리고 20세기 전반기에 라스무센(Rasmussen)의 이글루 에스키모에 대한 보고,[2] 중앙에스키모에 대한 버켓 스미스(Birket-Smith, Kaj)의 인류학적 보고[3] 등이 눈에 띈다. 그러나 넷실릭 에스키모에 대한 본격적인 보고를 수행한 이는 20세기 후반의 아센 발리치(Asen Balikci)일 것이다. 그가 1959~65년까지 북극에서 수행한 민족지적 보고서들은 돌살이 멀리 북극까지 분포됨을 처음으로 확인시켜주고 있다. 물론 그의 연구는 돌살 자체에 있지 않았으므로 돌살에 할애된 지면은 불과 10여 쪽을 넘지 못한다. 그러나 인간을 둘러싼 환경과 협동, 사회적 긴장과 초월적 신앙 등을 다루면서 돌살어업이 그네들의 여름철 삶에서 대단히 중요한 일임을 박진감 넘치게 서술했다.

넷실릭은 여름철만 되면 연어를 잡으러 먼길을 떠났다. 그들은 돌살을 설치하고 연어를 잡았다. 돌살은 '부업'이 아니라 생존이 걸려 있는 절대적인 생업수단이었으니, 발리치의 애초 목적은 보고서가 아니라 필름기록이었다.[4] 펠리 만(Pelly Bay)에서의 에스키모 연구는 1959년에 시작해 총 9편의 필름을 찍는다. 1959년부터 1965년까지 펠리 만에서 현지조사를 수행하며 전통적으로 살아가는 넷실릭 에스키모의 계절 캠프, 즉 물개잡이나 순록잡이, 그리고 돌살에서의 물고기잡이 등을 필름 속에 담았다. 1969년에 공개된 필름은 캐나다 교육진흥센터(Education Development Center)와 국립필름보관소(National Film Board)에 소장되어 있다. 아래의 내용들은 이 같은 현지보고 작업에 기초하고 있으며,[5] 빛 바랜 흑백사진들은 국립필름보관소에 소장되어 있는 것들이다.

북극권의 겨울은 길고도 잔인하다. 온도계가 얼어붙을 지경인 데다가 태양은 빛나고 추운 공기는 삐걱삐걱 소리를 내는 듯하며, 온 세상이 쥐 죽은 듯하다. 지구에서 겨울과 여름의 온도차가 100도씩 나는 곳은 없을 것이다. 겨울에는 최하 60도까지 내려가다가 여름에는 최고 40도까지 오른다. 그래서 북극 사람들이 가장 기다리는 계절은 역시나 봄이다. 정확하게 말하면 봄은 없으며, 봄이 올 듯하다가 바로 여름이 다가온다. 그래서 짧은 여름이야말로 북극권 사람들에게는 생명의 계절, 환희의 계절 그

넷실릭 에스키모 남자 옷의 앞(위)**과 뒤**(아래)
(Asen Balikci, *The Netsilik Eskimo*, Natural History Press, 1970)

자체다. 여름은 온갖 꽃들의 향연으로 무채색 들판을 채색으로 물들이며 야성의 아름다움으로 빛난다. 백야白夜에 접어들어 박명薄明이 계속되는 여름밤은 정말 붉고 밝고 길다. 넷실릭들이 사는 곳에서는 경험하지 못했어도 필자 역시 그와 같은 경험을 했다. 1993년 여름 비슷한 위도의 시베리아 사하(Sakha) 공화국 레나 강가에서 보낸 적이 있다. 긴긴 낮과도 같은 밤이 계속되는 여름은 그야말로 환상적이었다. 대륙성 기후답게 날씨도 제법 더워서 짧기만 한 여름 한 철은 반팔에도 땀을 흘릴 만하다.

여름철 연어는 넷실릭들에게 절대적으로 필요한 식량이다. 연어, 'Oncorhynchus keta'는 청어목(Clupeida), 연어과(Salmonidae) 연어속(Oncorhyunchus)에 속하는 냉수성 어류로 한국의 동해안을 비롯 일본 연안, 북해도, 캄차카 반도, 알래스카, 캐나다, 쿠릴 열도 연안까지 널리 분포한다. 세계의

(위) **북태평양의 연어 회유도**(국립수산연구원 동
　　해수산연구소 연어연구센터 자료)

(아래) **일명 송어로 불리는 연어**(*Salmon trout*)

연어, 특히 태평양 연어들은 위 지도에서 보듯이 아시아 전역과 서부 베
링 해에 분포하며, 멀리 캐나다와 미국 서부까지 진출했다가 회유하는
아시아연어계군, 그리고 아시아측에만 분포하며 캄차카 반도 주변에 많
은 시마연어계군, 미국 워싱턴 주와 오리건 주 등 미국 서부 연안으로부
터 캐나다 브리티시컬럼비아 서부 연안과 베링 해에 광범위하게 분포하
는 알래스카(북미)연어계군 등으로 나뉜다. 북극권 넷실릭들이 잡는 연어
는 이들 세계의 대표적 연어군과 무관한 바다연어(*Salmon trout*)[6]와 호수
연어(*Lake trout*)들이다.

　넷실릭들이 잡는 연어는 조금 각별하다. 북극이란 엄혹한 조건, 즉 여
름이 지극히 짧고 늘상 얼어붙어 있는 북극빙의 조건에서 연어들은 아주
짧은 기간만 바다로 나갔다가 강과 호수가 결빙되기 전에 돌아와 월동하

고 이듬해 여름에 다시금 짧은 회유를 시작한다. 따라서 멀고 먼 대양을 나다니는 다른 연어계군들과 달리 북극권역의 토착성을 말해준다. 즉, 넷실릭들이 잡아들이는 연어들은 7월에 바다로 떼지어 내려가 아주 짧은 기간 동안만 바다에 머물다가 8월 중순이면 섬 안의 호수로 곧바로 되돌아오는 회유종이다. 북극의 강과 호수들이 얼어붙기 때문에 해빙이 되자마자 내려갔다가 결빙이 되기 전에 급히 올라와야 하는 것이다. 북극권에서는 연어의 회유주기도 인간의 계절적 생체리듬과 다를 게 없으며, 인간들 역시 연어 회유주기에 맞추어 연어잡이에 나선다. 그러나 이런 회유로를 따라하는 연어잡이는 넷실릭들의 일차 목적이 아니다. 그들은 회유 순간을 따라가면서 연어를 노리기보다 고정적 돌살을 이용한 어로가 더 효율적이라는 것을 알기 때문이다.[7]

문헌상으로, 넷실릭들은 지금까지 확인된 바로 지구의 가장 북쪽에서 돌살을 이용하는 사람들이다. 더 북쪽에는 사람이 살 수도 없을뿐더러 아직까지 더 북쪽, 정확하게 말해 북극권에서 돌살을 이용한다는 사실은 확인되지 않았다.[8] 넷실릭 돌살은 다음의 몇 가지 점에서 두드러진 특징을 보여준다.

첫째, 넷실릭은 앞에서 언급했듯이 북극권에서 돌살을 사용하는, 지금까지 확인할 수 있는바, 유일한 종족으로 간주된다. 물론, 북아메리카 북서 해안의 인디언들도 돌살을 사용해왔으므로 어떤 연관성이 있는지는 확인되지 않았으나 넷실릭의 돌살은 대단히 특별하다. 넷실릭의 돌살을 통해 돌살의 문화지리적 분포권역도 멀리 북극권까지 외연 확장이 가능하다. 이로써 돌살은 적도 근역부터 북극권까지 분포되어 있는 세계적인 어법임이 확인된다. 그동안 열대 및 아열대, 온대권의 돌살들은 브란트(Andres von Brandt) 등의 보고[9]에 의해 개략적으로 알려졌으나 북극권에 위치한 돌살은 미처 알려지지 않았었다.

둘째, 유목민처럼 이동하는 사냥꾼인 넷실릭들에게 순록·곰·물개 사냥에 이은 또 하나의 계절적 생업으로서 연어잡이가 채택되었다는 점이다. 연어잡이가 이루어지는 곳은 겨울이 오면 사람이 살기 어렵다. 넷실릭은 겨울에는 물개를 잡고 가을에는 순록사냥을 하기 때문에 여름 한 철에만 강과 바다가 만나는 곳에서 연어를 잡는다. 연어 잡는 곳으로 가기 위해 전체가 원거리 이동을 하고 돌살터에 여름캠프를 설치하는 것이니, 돌살을 위해 종족 전체가 이동하는 유일한 사례일 것이다. 이 경우에 어로와 수렵은 포획한다는 차원에서는 같은 문화적 동질성을 확보하게 되며, 자신이 일상적으로 거주하는 곳에 설치한 돌살과 다르게 사냥터처럼 옮겨가는 노마드(Nomad)적인 특징을 보여준다.

셋째, 넷실릭들은 독특하게 돌살을 설치해 다량으로 연어를 잡는 기술을 선승하고 있었다는 점이다. 그네들은 여름 한 철에 이동하여 집기는 하지만 돌살을 특정 위치에 고정적으로 설치하여 연어를 잡는다. 돌살이 고정적으로 설치되어 있고 고정적으로 계절별 이동이 이루어짐은 이동어업이 고고민속적으로 상당히 오랜 역사 속에서 이루어져온 전승체계임을 알려준다. 무문자無文字 사회의 특성상 연대 예측은 어려워도 넷실릭 돌살의 기원은 적어도 신석기시대부터는 그네들이 그곳에서 살아왔다는 고고학적 흔적이 증명되는 이상 그만큼 높게 소급된다.

넷째, 그네들은 일단 돌살에 고기를 가두고 난 다음에 다시 작살을 이용하여 잡는, 즉 사냥꾼다운 어로관행을 병행하고 있다는 점이다. 사냥에 쓰이는 작살류의 창과 관계가 있는 도구들이 어업에도 쓰인다. 문화적 기원상 사냥과 어로는 때로는 하나일 수도 있음을 잘 설명해준다. 또한 한반도에 펼쳐진 돌살들이 조간대의 어종을 사둘 같은 손도구로 잡는 것에 반해, 그네들은 바닷가 가까운 하구에 돌살을 설치하여 거슬러 올라오는 연어를 작살로 잡는다는 민족지적 변별성도 보여준다.

다섯째, 돌살은 협동작업으로 이루어졌다. 협동작업은 먹이 축적, 소비 등 모든 영역에 걸쳐 있어 협동이 넷실릭 에스키모들의 뿌리 깊은 행동 기준임을 알려준다. 돌살어로는 돌담을 세우는 데서부터 집단적 노력 동원을 요구하며 돌담 유지 및 보수도 마찬가지다. 작살로 고기를 잡아올릴 때도 개별적으로 들어갈 수 없으며 반드시 한꺼번에 일시에 웅덩이로 뛰어듦도 이런 공동체적 관행의 소산이다.[10] 사적 소유관행으로 넘어온 한국의 돌살과 다르게 공동체적 소유에 입각한 공동체적 노동이 확인된다. 그런데 재미있는 것은 공동체적 조업이지만 작살을 쓸 수 없는 노인층 같은 이들이 작살 없이 돌살 외곽에 설치한 통발 따위로 잡아들인 어획물에 대해서는 개인적 권한을 인정한다는 점이다. 공동체 내부에서의 일정한 복지정책으로 인정된다.

여섯째, 돌살터(Sapulit)는 신성공간이다. 일터가 종교적 신성공간으로 병행됨은 돌살터의 성속聖俗의 변증을 말해준다. 넷실릭들은 곰의 영혼에 대한 강력한 터부가 있다.[11] 연어와 관련된 터부는 곰에 비한다면 훨씬 덜한 셈이다. 그러나 순록 사냥터가 신성공간으로 여겨지는 것처럼 돌살에서 일하는 여성과 남성 모두에게 일반적인 터부가 존재한다. 어떤 단순한 바느질이나 수선도 돌살터에서는 불가하다. 어떤 임산부도 돌살로 접근할 수 없다.[12] 신성공간에 임산부나 월경하는 여성이 들어가지 못하는 관습은 이웃 알래스카의 에스키모들에게도 공통적이다. 그네들은 해산이 임박해진 여자를 집에서 격리시켜 조그마한 오두막에서 지내게 하는데, 해산 상태에서 사냥꾼을 대함은 불경스러울뿐더러 사냥감을 몰아내는 결과를 불러온다고 믿기 때문이다.[13] 한국에서 당제를 지낼 때 임산부를 피신시키는 피막避幕, 혹은 해막解幕의 존재와 완전 일치하는 대목이다.[14] 한반도의 경우, 돌살을 신성스럽게 생각하는 경우는 없으나, 오랫동안 돌살을 지켜온 노인들은 바로 얼마 전까지 돌살에서 돌살고사

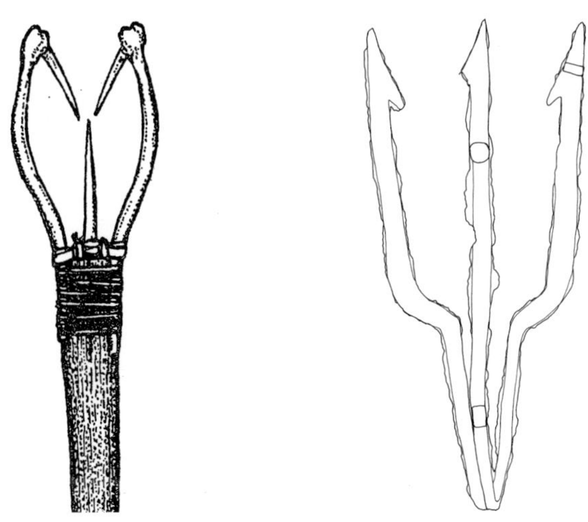

왼쪽의 넷실릭 작살과 오른쪽의 복천동 10호분의 삼지三호 작살(찌르개)은 형태적 유사성을 보여준다.

를 올려 물참봉에게 풍어를 기원했다. 넷실릭들이 돌살터를 신성공간으로 간주하는 것을 볼 때, 아주 오래 전에는 신성공간이었던 일터가 이제는 돌살고사 정도의 잔존된 양태로 축약된 형식이나마 전해지는 것이 아닌가 하는 고고학적 유추도 가능하다.

일곱째, 위 그림에서 보듯이 넷실릭들이 쓰는 정교한 작살(Leister)은 한국의 복천동 10호분에서 출토된 삼지로 나뉜 찌르개와 거의 흡사하다. 상당한 거리가 있으며 문명사적으로 별 상관이 없는 지역에서 이 같은 공통점이 나타남은 민족지학적으로 볼 때 매우 흥미로운 대목이다. 일찍이 레비-스트로스가 자신의 구조인류학 방법론을 제시하면서 아시아와 아메리카 예술에서 도상표현의 분할성이 너무도 유사하다는 점에 놀라움을 표현했던 것과 같다.[15] 그는 전혀 문화적 상관관계 없이 진행되어온 두 지역의 도상표현상의 분할성이 너무도 같다는 사실에 주목하면서, 그 외면성이 아니라 내적 여러 원리에 강조점을 찍었다.[16] 레비-스트로스의 구조주의는 각각의 문화권의 내재적 맥락을 무시한다는 점에서 뒷날 수 많은 비판에 직면하기는 하지만, 그가 제시한 '전혀 상관없는 지역의 문화들도 근원적으로는 유사할 수 있다'는 논리는 일면 수긍할 만하다. 그런 점에서 넷실릭의 돌살과 돌살도구는 문화전파론에 의해 형성되었다기보다는 스스로 '발명'해낸 기술체계로 인정된다.

돌살터를 찾아 유목하는 기나긴 여름

북극에 6월이 오면 얼음이 급속히 녹기 시작한다. 위험한 얼음편들이 사방으로 흩어지고 얼음벌판은 물로 뒤덮여서 차츰 여행을 어렵고 힘들게 만든다. 대지 위의 평지에 뒤덮인 눈이 급속히 녹아내리면 이끼와 관목들이 나타난다. 강렬히 빛나는 총천연색 들꽃으로 툰드라가 뒤덮이고 강둑을 따라 봄빛이 완연해진다. 녹아내린 얼음덩이로 뒤덮인 강물이 바다로 흘러들고 호수의 얼음들도 덩어리째 녹아내린다. 곧 수많은 물새들이 호수에서 헤엄칠 것이다. 새들과 더불어 툰드라의 다른 동물들도 출현할 것이니 토끼와 부엉이는 그네들의 흰 보호색을 벗어던지고 갈색의 여름옷으로 갈아입는다.

바다연어와 호수연어는 이 시기에 에스키모인들의 생존에 절대적이다. 얼음이 녹기 시작하자마자 바다연어는 한겨울을 보냈던 큰 호수를 떠나 떼지어 바다로 이동하기 시작한다. 연어를 따라서 넷실릭 에스키모들도 이동한다. 이동을 위해서는 일정한 준비가 필요하다. 늦봄에 끝나는 물개사냥에서 얻은 물개가죽으로 새 텐트를 마련하고 가죽배(Kayak)에 새 가죽을 씌운다. 그리고 7월이 시작되어 얼음이 완전히 깨지기 전에 넷실릭은 마지막 이동을 시작한다. 물개 사냥터를 포기하고 물개 기름을 포함한 전 재산을 챙겨서 해변으로 나간다. 킹 윌리엄(King William) 섬이

넷실릭 에스키모의 겨울 이글루(Igloo)와
원주형 여름텐트(Asen Balikci, 앞의 책)

나 북극 해변에 여름캠프를 치는데, 대개 돌살 고기잡이터에서 가까운 곳이다. 겨울 장비들은 가을에 다시 쓸 수 있게끔 안전하게 보관하며, 이런 목적을 위해 큰 저장고를 지어 쓰지 않는 물건들을 보관하게 된다.

여자들은 가족들의 텐트에 가장 큰 관심을 돌린다. 대부분의 가족들은 지난 여름에 쓰던 오래된 가죽텐트를 가지고 있지만 늘 그렇듯이 수리를 요한다. 새로운 가죽텐트를 만들자면 당연히 새 가죽이 필요하다. 여름철에 빨리 녹는 이글루를 위에서 덮어두는 가죽덮개, 아니면 부서진 가죽썰매에서 헌 가죽을 확보한다. 그러나 여름철에 필요한 대부분의 텐트 가죽은 그해에 잡은 물개가죽으로 충당한다.

바빠진 여자재봉사는 헌 텐트를 사오거나, 새 텐트를 만들기 위해 신선한 가죽으로 낡은 텐트를 수리하여 아예 새롭게 만든다. 각 가정의 필요와 재력에 달린 문제들이다. 20세기 초에 넷실릭 에스키모들은 최소한 두 종류의 텐트를 가지고 있었으니, 그 하나는 밑이 원주형으로 되어 있고 가운데를 1개의 기둥으로 버티는 방식이며, 다른 하나는 서북쪽 허드슨 만에서 도입된 H형의 프레임을 갖는 텐트이다.

여자들이 텐트에서 이런저런 세간을 정리하고 살림 채비를 갖추는 동안 남자들은 식량을 구하기 위해 사냥에 나선다. 작은 순록떼가 여기저기서 눈에 띄지만 여름철에는 매우 야윈 데다가 털도 보잘것없다. 그래도 사냥을 해야 당분간 버틸 수 있다. 다행히 캠프에는 식량용 저장 물개고기가 비축되어 있다. 7월 이후에 넷실릭 에스키모의 주 식량은 역시 물고기이며, 고기잡이는 모두 남성들 몫이다.

바다연어는 7월이 되면 떼를 지어 바닷가로 헤엄쳐 내려간다. 해마다 연중행사로 벌어지는 대이동을 위해 넷실릭들은 오래 전부터 돌살을 세워왔으며, 이는 일종의 댐과도 같다. 이 돌살들을 이용하여 연어를 작살로 찍어 잡는다. 돌살은 바닷가 가까운 곳에 위치한다. 7월에 바다로 내려가는 연어를 따라가면서 잡는 것이 그네들에게 근본적인 일감은 아니며 더 중요한 것은 8월의 돌살작업으로, 일명 '사퍼티트(Saputit)'라 부른다.

돌살 이외에 두 번째로 특별한 고기잡이 방법은 계절적으로 이루어지는 호수에서의 연어잡이다. 늦은 봄, 호수의 얼음이 큰 조각으로 깨져나가고 해협이 생겨 호수물이 빠져나갈 때, 호수연어는 대단한 규모로 떼를 지어 먹잇감 많은 곳에 모여든다. 일단 연어들이 어느 한곳으로 모여들면 넷실릭 사람들은 얼음에서 손쉽게 작살질을 할 수 있다.

세 번째 고기잡이법은 한결 어렵다. 특수한 작살무기를 다루는 데는 상당한 기술을 요한다. 긴 가시날이 붙어 있는 뼈로 만든 작살날이 나무 장대에 붙어 있다. 바위 해변에서 여름 내내 물고기작살로 연어를 잡아들인다. 작살꾼은 고기가 잘 보이게끔 물가 높은 곳에 위치한다. 어려움은 굴절 각도에 있다. 작살은 언제나 사냥꾼이 인지하는 시각의 포착점과 다르게 물고기 밑으로 꽂히게 마련이다. 이 무기는 긴 물개가죽끈으

로 연결되어 있어 다시금 작살꾼에게
로 되돌아온다.

연어들이 휴식을 취할 수 있는 강구
江口는 조수가 미치는 편편한 조간대로
높은 조수潮水의 물로 넘치며 연어들
이 자유롭게 뛰놀 수 있다. 조수가 빠
질 때, 때때로 바다연어는 조수 웅덩이
에 갇히기도 한다. 갇힌 물고기들은 상
대적으로 작살질에 유리하다. 봄의 얼
음 아래에 있는 연어도 작살로 잡으며
모두 개별적인 어로행위다. 돌살에서
처럼 어떤 집단적인 협동을 요구하지
는 않는다.

7월에 이루어지는 물고기잡이는 넷
실릭 사람들에게 가장 중요하다. 대부

**물고기가 올라올 때 특별히 쓰게 되는
틀링깃**(Tlingit) **인디언의 가면**(William
W. Fitzlung and Aron Crowell,
Crossroads of Continents, 1988)

분의 생선은 날로 먹으며 약간은 비누같이 부드러운 돌로 만든 단지
(soapstone pot)에 넣어 요리하거나 건어물로 만든다. 돌살처럼 물고기가
많이 잡히는 경우에는 깨끗하게 처리하여 가죽끈에 매달아 건조시킨다.
겨우내 물개고기로만 버텨야 할 때, 말린 연어는 대단히 고마운 식량이
며 특히 어린이들이 좋아한다.

여름철이 다가오면 고기잡이 말고도 다른 여러 가지 생업활동으로 바
빠지는데, 그 모든 것은 다가오는 섬에서의 긴 여행과 관련된다. 여성들
은 개에게 운반시킬 짐을 꾸리고 방수가 되는 물개가죽 부츠를 챙긴다.
남자들은 가죽배의 프레임을 고치며 새로운 작살을 만든다. 가죽배와 연
관된 제반 일에 신경이 집중되는데 가죽배는 나무썰매와 더불어 넷실릭

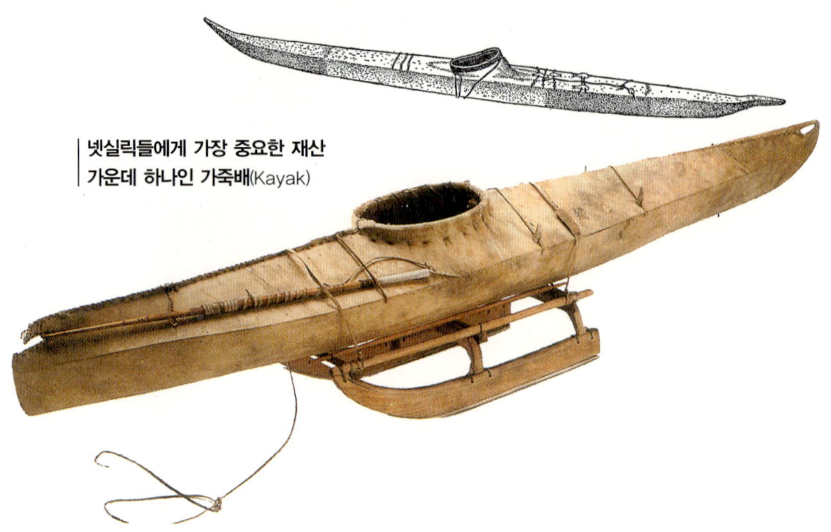

사람들에게 가장 값나가는 재산목록이기 때문이다. 가을 순록 사냥철에 가죽배는 순록 사냥터 근처에 가죽을 벗긴 채 돌 위에 올려둔다. 여름에 썰매를 이용하여 가죽배를 여름캠프로 가져온다. 가죽배의 다양한 부분이 점검되는바, 어떤 늑재肋材는 교체하고 어떤 결합 부위는 새롭게 갈아 끼우며, 새 물개가죽이 다시 씌워진다. 나무와 뼈와 연계된 모든 수리공정은 남자들에 의해 수행되며 가죽 씌우기만큼은 여성들 몫이다.

마침내 8월이 시작되면서 모든 준비가 완료되면 사람들은 여름 내내 일할 돌살터를 향해 섬 여행을 시작한다. 바다연어의 선발대가 도착하기 전에 미리 사람들이 도착해 돌살을 수리하고 채비를 갖추기 위해 급히 서두른다. 어떤 돌살은 해변에서 불과 수마일 떨어져 있어 당일치기 일정이나, 대부분의 돌살은 섬 깊숙이 있어 반드시 숙박을 요한다.[17]

가죽배를 가진 사내는 배를 물에 띄우는 것만으로 매우 손쉽게 돌살터에 당도할 수 있다. 가죽배 선창에는 다양한 장비들로 빼곡하여 대단히 무거우며, 따라서 무거워진 배를 능숙하게 다루어야 한다. 급류에 당도

하면 가죽배는 부하가 걸린 과잉 짐을 처리하기 위해 두어 번쯤 나누어
실어 날라야 한다. 강의 꼬불꼬불한 굴곡을 따라서 가죽배는 나아간다.
여성과 어린이들은 가죽배를 갖고 있지 않는 남자들과 함께 걸어서 따라
간다. 그러나 가죽배 소유자들은 흔히 자신의 가족들과 동반하여 돌살터
로 향한다.

　오지의 섬에서 이런 여행은 남녀를 막론하고 버겁다. 등에는 잠자리용
가죽을 지고 여분의 옷과 다양한 도구, 그리고 음식도 챙겨서 지고 간다.
작살은 손에 쥐고 어린아이는 아버지의 등에 업힌다. 개들도 2개의 큰 짐
을 지고 가는데 가족들이 조심스럽게 접은 텐트와 무겁고도 부드러운 돌
단지를 운반한다. 도로도 없는 섬을 걸어나감은 대단한 일이며, 그 자체
가 탐험의 길이다. 사람과 개들이 걸을 때마다 질퍽한 늪지대로 수 인치
씩 빠지곤 한다. 개도 등에 매달린 2개의 짐 꾸러미 사이에서 균형을 잡
기란 쉬운 일이 아니다. 이렇게 때문에 동물이나 사람이나 자주 쉬어야
한다.

언제나 그렇듯이 도착하자마자 사람들이 해야 할 첫 번째 일은 텐트 세우기다. 남자들은 돌살 상태를 점검하기 위해 강으로 들어간다. 떠돌아다니는 얼음에 의해 돌살의 윗부분은 언제나 파괴되며 피해를 입게 마련이다. 다음날부터 돌살 수리가 시작되는데, 이는 길고도 고통스러운 일로 보통 2~3일 걸리며 작업공정은 참여하는 남자들 숫자에 달려 있다. 허리까지 차는 얼음물에서 거의 절반은 벗은 몸으로 긴 시간 돌을 쌓는데, 때때로 몸을 덥히고 무언가를 먹기 위해 쉬곤 한다. 작업은 대단히 빨리 진행된다. 8월 1~2주에 바다로부터 돌아오는 선발대 연어의 첫 번째 회유에 맞추어야 하기 때문이다.

돌살은 상대적으로 큰 돌담인데 그 길이는 강폭에 달려 있으며 한쪽에서 다른 쪽으로 둥글게 돈다. 돌살의 최적지는 상대적으로 얕은 강의 밑바닥인데 바위로 뒤덮여 있으며 본디 돌담이 있던 곳이다. 돌담 그 자체는 발자국 길이를 기준으로 수면보다도 1~2폭 높게 쌓아올린다. 담의 끝은 해변에 다다르며 물줄기를 따라서 고기들이 갇히도록 유도하고, 둥글게 쌓은 가운데 웅덩이에서 작살질이 행해진다. 강줄기 가운데의 웅덩이 같은 함몰된 깊은 곳의 돌담은 어느 정도 높게 쌓아야 물고기가 뛰어넘지 못하며, 돌담에는 좁은 출구가 있어 물고기들이 가운데 웅덩이로 들어가게 되어 있다. 일단 웅덩이로 들어오면 빠져나갈 수가 없는데, 이는 물고기의 생리상 본질적으로 거슬러 오르기만 하지 후퇴를 모르기 때문이다. 그에 따라 물고기들은 가운데 웅덩이로 안전하게 갇히며 작살에 노출된다.

돌살에는 함정어구陷穽漁具(Traps)인 덫[18] 같은 것도 설치된다. 웅덩이 끝에 설치되어 V자형 입구에 입을 벌리고 있다. 물고기덫은 간단한 구조로 만들어 돌로 만들어진 물밑 터널의 좁은 곳에 설치된다. 고기들은 도

(위) 여러 개의 돌살이 바다와 접한 기수대氣水帶에 설치되어 있다.
(아래) 돌살에서 작살을 이용하여 연어를 잡고 있다(Asen Balikci, 앞의 책).

망갈 구멍을 찾으면서 웅덩이의 덫으로 기어드는데, 기를 쓰고 거슬러 올라가려고 하기 때문에 사람들이 돌을 치우고 손으로 잡을 때까지 갇혀 있게 된다. 한국의 돌살에서 V자형 입구에 물 빠지는 구멍을 설치하고 여기에 대나무발 등을 설치해두는 것과 거의 같은 원리다.

돌살은 고기잡이터에 처음 도착한 사람들이 수리한다. 돌담이 완성되고 첫 번째 선발대 연어들이 돌아올 즈음에는 뒤늦게 따라온 가족들이 합세한다. 여름캠프의 구성은 매우 다양하다. 보통 두세 가족이 뭉친 집단은 어린이를 포함하여 20~30명이다. 그러나 단일 가족으로만 돌살을 경영하기도 한다. 각 개별 가족은 자신들의 텐트를 보유하며 가까운 친척들끼리 모여서 돌살 옆에 자리 잡는다. 돌살 바로 옆에 캠프를 치는 것이 중요한데, 그래야만 텐트에서 늘 웅덩이를 지켜볼 수 있고 고기가 오는 것이 확인 가능하기 때문이다.

돌살에서의 모든 물고기는 두 가닥으로 갈라진 작살로 잡는다. 이 대단히 값진 도구는 돌살에서뿐 아니라 어떤 계절에라도 바다연어를 찔러야 할 때 쓰인다. 긴 나무장대 끝에 북극 사향소(musk-ox) 뿔을 달고 가죽끈으로 단단히 묶는다. 사향소 뿔은 순록의 가지 친 뿔처럼 탄력성이 뛰어나다. 곰뼈로 만든 2개의 작은 갈고리가 삽입되며, 가지 사이로 곰뼈로 만든 날카로운 창이 하나 더 붙어 있다. 20세기 후반에 들어와 이들 작살들이 쇠붙이로 만들어지기 시작했다. 이곳에서 철기문화는 매우 낯선 '새로움'이며 동물뼈로 충분히 생존이 가능한 독자적 문명이기 때문이다. 실제 작살을 사용할 때 작살이 물고기 밑으로 가라앉을 수 있기 때문에 2개의 갈고리로 물고기를 잡고 도망치지 못하게 한다. 아주 간단하면서도 대단히 현명한 도구인데 매우 빠르고 효과적으로 사용된다. 돌살에서 작살은 고기바늘과 연계되어 사용된다. 매우 날카로운 날끝에 단단한 곰뼈로 만든 길고 강력한 바늘이다. 바늘의 다른 끝에는 긴 물개가죽

끈이 달려 있다. 이는 작살꾼이 고기를 쏘는 데 쓴다.

여름답지 않게 대단히 찬 물에 옷 벗고 들어가는 식의 고난이 있을지라도 돌살 고기잡이는 즐겁기만 하다. 대부분의 고기잡이는 새벽 전의 이른 시각, 또는 오후 늦게 벌어진다. 여름철의 백야 덕분에 일상적으로 작업이 가능하다. 돌살은 끊임없이 감시되며 고기들이 빠져나가지 못하도록 한다. 연어떼가 돌살 가운데 웅덩이에 머리를 박으며 몰려들 때 남자나 여자나 급히 채비를 갖춘다. 여자들이 옷을 입는 동안에 남자들은 무릎 아래 다리 주위를 단단히 여미서 차가운 물이 안으로 들어가지 않도록 코트와 물개가죽신을 신고 코트를 입는다. 그리고는 텐트에서 가장 나이가 많을뿐더러 큰 가족집단의 선임 우두머리인, 지역명으로 '어부감독관'으로 불리는 사내의 텐트 앞으로 모든 어부들이 몰려든다. 우두머리는 오랜 삶의 지혜와 경륜으로 돌살에서의 고기잡이에 관한 선권을 지니고 어로명령을 내린다. 그의 민속지식(Folk knowledge)은 종족의 생존에 절대적이다.

부푼 기대로 설레이는 분위기 속에서 흥분된 말과 웃음이 뒤따른다. 모든 눈들은 일제히 돌살의 웅덩이로 집중된다. 모든 고기떼가 웅덩이로 들어오는 결정적인 순간, 우두머리는 명령을 내린다. 그 결정적 순간을 정확히 포착하는 것은 실로 오랜 경륜의 힘이다. 사람들은 치고받을 각오를 하면서 모두들 땅 위에 놓인 작살 있는 해변으로 돌진하여 무기를 잡고 급히 가운데 웅덩이를 겨냥한다. 가운데 웅덩이에 맨 처음 도착하는 이는 언제나 우두머리인데 그는 돌살의 출입구부터 큰 돌로 막아버린다. 그리고 모든 남자들이 웅덩이로 들어가서 물고기를 작살로 찌르기 시작한다. 거기에는 어떤 질서 있는 양식도, 노동관행도 없다. 대단히 빠르고 경쟁적으로 자신들이 할 수 있는 최대한의 속도로 물고기를 찍어 올리게 되며 정황 없이 물고기가 가는 방향으로 작살질을 한다. 남자들이 허리까지 차오르는 차가운 물속 웅덩이 가운데를 점령하고 있는 동안에 여자들과 소년들은 돌살 위에 서 있다. 작살을 맞은 물고기는 물에서 끌어올려진다. 이 같은 모든 작동과정은 대단히 빠르고 정확하게 진행되어 1시간이 채 되지 않아 50여 마리를 잡게 된다.

돌살로 들어온 고기가 잊혀지는 법은 없다. 일단 작살질이 끝나면 사람들은 천천히 가운데 웅덩이를 떠나며 추위에 감각을 잃게 된다. 고기들은 강둑으로 끌어올려져 어부들 텐트 주변에 펼쳐진다. 그러면 부인네들이 바빠진다. 고기를 씻고 날카로운 칼로 능숙하게 잘라서 창자를 제거하고 건조하게 된다. 성별의 분업뿐 아니라 세대별 분업도 이루어진다. 나이가 들고 돌살 일하기가 어려운 남자들은 작살을 다룰 수 없기 때문에 덫을 놓아 연어를 잡는데 잡힌 물고기는 전적으로 덫 소유자의 몫이다. 이는 어로공동체에서 인정되는 일정한 복지정책과도 같은 것인바, 세대를 뛰어넘어 모든 이들이 연어잡이에서 득을 볼 수 있게 하려는 균등한 사회적 장치다. 소년들의 경우에는 작은 작살로 놀이를 하면서 땅 위의 고기들을 작살질하는 흉내를 낸다. 이같이 아이들은 놀이화된 모의어로를 통해 아버지들의 행동을 배우는데, 이는 민속지식이 전수되는 중요한 방식이기도 하다.

신성한 공간

여름철은 넷실릭 사람들에게는 연중 가장 행복한 순간이다. 먹을거리가 풍부하고 날씨는 따뜻하며 화낼 일이 없는 절기다. 많은 일들이 기다리고는 있지만 함께 놀고 웃으며, 음식을 나누는 시간이다. 생선은 사람들의 손에서 손으로 전달되며 대부분 날로 먹는데 사진에서처럼 입 앞에서 칼로 잘라서 베어 먹는 풍습을 따르고 있다.

| 입 근처에서 칼로 날생선을 베어 먹는다(Asen Balikci, 앞의 책).

어느 태양 그득한 날, 여성들은 이끼를 채취하여 생선을 돌단지에서 조리한다. 불은 쇳조각에 황철광을 마찰시켜 얻으며 마른 이끼나 북극솜(arctic cotton)에 옮겨붙여 얻는다. 혹은 2개의 마른나무를 부벼 불을 일으킨다. 평평한 판자를 땅 위에 놓고 한 사람이 둥근 막대기를 강렬하게 누른다. 두 번째 사람이 그가 할 수 있는 최대한의 빠른 속도로 가죽끈으로 감싼 막대를 돌린다. 오른쪽 그림의 화살이 드릴처럼 작동하여 상당한 마찰을 일으켜 불을 얻는 방식이다. 연기가 보이자마자 북극 솜을 마찰부에 갖다 대면

나무를 심하게 비벼서 불을 일으키는 화살(Bow Drill)(Asen Balikci, 앞의 책)

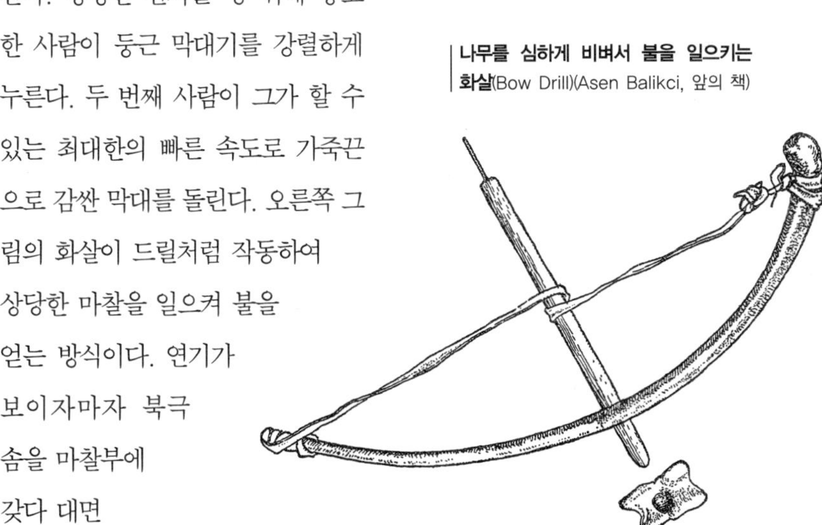

침시안(Tsimshian) 샤먼의 축제 도구들

첫 번째 연어잡이 축제에서 샤먼은 이들 카누와 연어를 상징
하는 도구들로 소중한 연어잡이의 풍요 주술을 행한다
(William W. Fitzlung and Aron Crowell, 앞의 책).

불꽃이 올라 마침내 불을 얻는다. 캠프 전체가 먹기 위해서는 생선을 보통 여러 시간 조리해야 한다. 2개 그룹의 상호적인 식사자리가 마련되면 부인네와 어린아이들은 남자들로부터 떨어져서 식사한다. 요리된 생선의 큰 조각이 그룹 사이로 전달되며 각 개인들은 조각 일부를 잘라내고 다음 사람에게 넘긴다. 대단히 균등하고 예의 바른 식사법이다.

돌살터에서는 많은 다른 행위들이 벌어진다. 작살은 자주 수선을 요하며 때때로 재봉질을 해야 한다. 그러나 돌살터에서 곧바로 이 같은 일을 하는 것은 일종의 터부다. 돌살터(Sapulit)는 사냥터와 마찬가지로 신성공간으로 간주되며 수많은 터부가 지켜져야 한다. 돌살일을 위해 사람들은 산나빅(Sannavik)이라 부르는 특별한 장소로 가야 하며 남자와 여자들은 낮에 자주 그곳에 모여서 작살을 들고 부츠를 신고 즐겁게 떠든다. 산나빅은 독살터 주변의 일정한 절대적 신성공간이다. 절대적 신성공간이 별도로 있는 조건 아래서 작업현장도 일정한 터부로 감싸는 이중의 구조로 신성성이 지켜진다.

사람들은 자주 캠프 주위를 걷는데 여자들은 히이드꽃(hiather)을 모으고 남자들은 주위를 살펴본다. 가끔 그런 나돌음 도중에 뇌조雷鳥 (ptarmigan) 떼를 마주친다. 뇌조는 낮게 나는 새로 철새가 아니며 겨우내

북극에서 산다. 뇌조는 고기맛도 좋고 다이어트에도 좋지만 넷실릭들은
뇌조사냥을 특별히 조직적으로 하는 습관이 없다. 그럼에도 불구하고 뇌
조를 만나게 되면 그들은 반드시 추적하여 잡는다. 활과 무딘 화살로 잡
는데 이는 소년들의 유쾌한 몫이다.

8월이 끝나갈 무렵이면 물고기 회유가 뜸해지고 캠프를 끝낼 시간이
다가온다. 철수는 매우 빠르게 진행된다. 이 시기에 사람들은 다가올 순
록사냥을 염두에 두기 때문이다. 남자들이 바쁘게 커다란 달걀모양의 보
관창고를 짓는 동안에 여자들은 말린 물고기를 쌓는다. 1개의 창고를 만
드는데 남자 2~3명의 인력이 필요하다. 먼저 바닥에는 자갈을 쌓아서
덮으며 물고기가 안에 쌓인다. 일단 보관창고가 채워지면 창고는 돌로
덮어 무겁게 고기를 누른다. 조심스럽게 덮어나가는 이유는 여우가 들어
오지 않도록 빈틈없이 마무리해야 하기 때문이다. 여우나 북극곰 같은
것들이 은신창고를 침범할 수 있기 때문에 대단히 두려워한다.

해마다 잡을 수 있는 생선 총량은 상당한 차이가 있다. 보통 한 가족이
살찐 물고기를 3~5개의 커다란 은신창고를 채울 수 있는 양으로 500파
운드 정도다. 1파운드가 0.45kg이므로 대략 225kg에 이르는 상당한 양
의 말린 연어를 비축할 수 있다. 이런 비축물들은 물개고기로 전환하는
동안의 식량으로, 또한 개들의 먹잇감으로도 쓰인다. 8월이 끝나기 전에
모든 고기잡이는 끝이 난다. 텐트는 철거되고 사람들과 개들은 다시금
무거운 짐을 싣고 길을 떠난다.

아센 발리치의 보고서는 1959~65년에서 끝나므로 이미 40여 년이 넘
게 흘렀다. 그네들 넷실릭 에스키모의 현재적 삶에 관해서는 필자 역시
아는 바가 별로 없다. 그가 보고서를 쓸 당시에도 이들의 삶의 조건은 지
극히 어려워져가고 있었다. 북극권의 얼음이 녹고 있다는 불행한 소식도
들려온다. 추정컨대, 북극 돌살터의 돌맹이들이야 그대로 남아 있을 법

하고 연어도 해마다 회유하겠지만 예전과 똑같이 돌살로 고기를 잡고 있는지는 확인할 길이 없다. 다만, 이른바 기술의 진보와 과학 만능적 도구 발달에 관한 맹신, 소수인종을 둘러싼 생태적 환경파괴를 감안한다면 돌살어업은 그 자체 기록으로만 남게 되었을 가능성이 높다. 그러나 분명한 것은 그의 보고서를 통해 멀리 북극권에도 돌살어업이 행해지고 있음을 확인하게 되었다는 점이다. 아울러 아주 우연한 기회에 스탠퍼드 대학 부근의 고서점에서 불과 5달러를 주고 산 보고서에 필자가 그토록 찾아 헤매던 북극권 돌살의 편린이 담겨져 있음을 행운의 신에게 감사드린다. 이제 조금 아래로 내려와 태평양가의 인디언을 찾아나설 시간이다.

| 연어잡이꾼 콰기우틀 인디언의 돌살 ;

밴쿠버—힐러리 스튜어트의 보고

아메리카 북서부 인디언들의 상생문화

빙하시대에 고아시아인들이 시베리아에서 대륙을 건너 북아메리카로 들어가 북미 인디언이 되었다. 그들은 구석기 인디언(Paleo-Indians)으로서 대규모 사냥, 가령 매머드 떼나 큰 뿔의 순록 떼, 들소같이 북아메리카 들판을 누비는 큰 동물들을 사냥했다. 후기 인디언들의 사냥기술도 이들로부터 전승된 것이다. 그네들은 씨앗이나 뿌리, 열매 등을 채취하여 식량을 마련했다. 동시에 초보적인 수준의 어업도 행해졌다. 신석기로 접어들면서 불의 사용이 매우 중요해졌다. 빙하기 후기가

지나면서 얼음이 녹아
나가고 해변과 강가의
인구가 급증하자 고인
디언(Archaic-Indians)
의 고기잡이 기술은 더
정교해지기 시작했다.[19]
고인디언의 고기잡이
법은 20세기 초반까지
도 잔재를 남겼으며 오
늘날에도 인디언들의
어법에 미력하게나마
잔흔을 남기고 있다.

　시베리아로부터 북미
로 넘어오는 과정과 넘
어온 다음에 이루어진
인디언문화 전반에 걸
친 매우 친절하고도 정

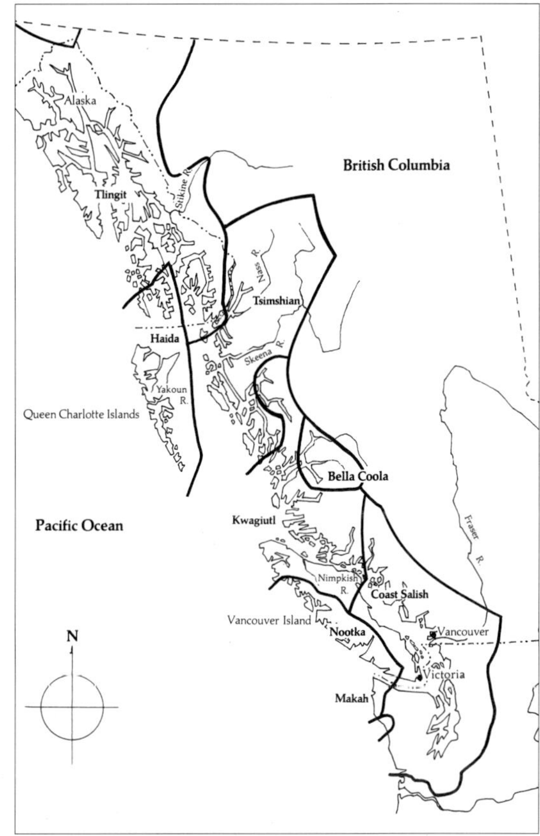

북아메리카 북서 해안 밴쿠버 섬 주변의 인디언 분포도
(Hilary Stewart, *Indian Fishing*, Univ. of Washington Press, 1977)

확한 스미스소니언박물관의 보고서를 보면 그네들에게 돌살이나 어살은
매우 중요한 어법이었다.[20] 연어는 베링 해로부터 북미 인디언에 이르기
까지 모두에게 가장 중요한 수산물이었다. 여름철의 식량으로서만이 아
니라 가을철과 겨울철에 대비하는 의미도 지녔다. 7월 중순, 연어들이 회
유를 시작하면 그들은 방수된 가죽옷을 입고 물에 들어가 연어를 잡았
다. 틀링깃(Tlingit) 인디언과 태평양 에스키모인들은 연어를 V자 모양으
로 생긴 강의 어살에서 작살을 이용하여 잡았다. 틀링깃은 통발도 썼으
며 에스키모 지역에서 돌이나 나무로 만든 댐으로 연어를 몰아넣은 다음

에 그물이나 세 가닥으로 갈라진 작살로 잡았다. 전반적으로 볼 때, 북미 연어잡이는 10월이나 11월에 끝난다. 훈제청어도 북미 인디언들에게 매우 중요했다. 청어는 여름철에 그네들이 얕은 해변에서 수초나 바위에 알을 낳을 때 잡아들였다.

인디언의 모든 문화전통이 그러하듯 탄압과 소멸, 쇠퇴의 과정을 거쳐서 결국 망각의 늪으로 사라지고 아메리카의 역사에서 지워졌다. 그 대신에 신대륙의 서부개척사가 역사의 빈 공간을 차지했다. 그나마 일군의 학자들이 그네들 문화전통을 찾아나서며 일생을 바쳤다. 인디언들의 고기잡이를 가장 정확하게 묘사한 힐러리 스튜어트(Hilary Stewart) 같은 이도 그 가운데 한 사람이 아닐까. 책을 통해서나마 힐러리를 만난 것은 매우 다행스런 일이었다. 워싱턴대학의 인류학 교수로 오래 봉직한 그녀에게 연락을 취했지만 그녀는 밴쿠버의 쿼드라 섬(Quadra Island)의 외딴집에 살고 있다는 답변만 돌아왔다.[21] 그녀는 인디언 신앙은 물론이고,[22] 고기잡이 역시 꼼꼼한 자신의 그림으로 생활상을 복원시키고 있었다. 심지어는 아메리카 삼나무 하나만 가지고도 노동 · 제의 · 의생활 등을 총체적으로 복원시켜왔다.[23] 이미 세월이 흘러가버려 흔적조차 사라진 인디언들의 어업생활상이 구술자들의 증언과 힐러리의 그림을 통해 다시 살아났다.[24]

첫째, 힐러리의 조사에 의하면 밴쿠버에서 돌살을 쓰는 이들은 주로 콰기우틀(Kwagiutl) 사람들이다.[25] 그들이 돌살을 널리 사용하면서 연안 지역 전체에 퍼지게 되었으며, 연안의 주요 지역에 있는 거의 모든 작은 만灣이나 시내에서 돌살을 볼 수 있다고 했다. 외부의 이입문화가 아니라 콰기우틀에 의해 개발되고 이것이 밴쿠버 주변에 전파된 것으로 여겨진다. 그러나 앞의 스미스소니언 보고서나 북극권의 돌살로 미루어보아 돌살은 북아메리카에 전반적으로, 동시적으로 발생하기 시작한 동시기원설이 유력하

며, 다만 콰기우틀의 사례에서
볼 수 있듯이 권역별로는 권역
내부에서 일정한 범위에서의
문화전파가 이루어진 사실도
확인된다.

둘째, 연어는 인디언에게도
예외 없는 주식이었으니, 북아
메리카 밴쿠버 일대의 인디언
들은 연어 회귀가 절정에 이르
렀을 때 사용하는 덫(Traps)과
어살(Weirs)로 효율적으로 잡아
들였다. 덫과 어살은 여러 도구
들 가운데 연어를 한꺼번에 가
장 많이 잡을 수 있는 가장 효율
적인 도구들이다. 정교하게 발
달한 어살을 운영하고 있었으
며 동시에 돌살 역시 운영했다.

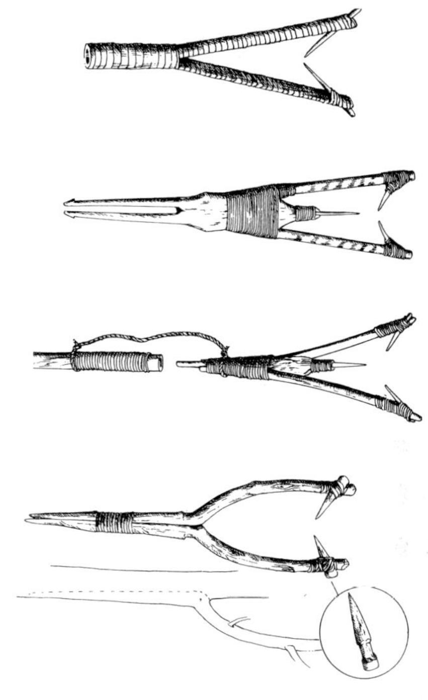

북미 태평양 연안 거주 인디언들의 작살
(Hilary Stewart, 앞의 책)

어살과 돌살이 상황에 알맞게 동시에 이용되었다.

셋째, 강 하구에 조석의 힘이 미치는 조간대에 말굽(U)형으로 돌살을
세웠다. 돌살은 여러 개가 집중적으로 겹쳐서 나타나고 있으니 이는 한
반도 갯벌지대에 나타나는 돌살과 유사한 축조방식이다. 조수를 향해 말
굽형으로 돌담을 쌓아서 고기들이 자연스럽게 담 안으로 들어오고 물이
빠지면 잡아내는 어로기술은 한반도와 동일하다.

넷째, 북극권 에스키모 돌살과 마찬가지로 물고기를 돌살에 몰아넣은
다음에 작살로 잡았다. 이 점은 북미 인디언들의 공통적인 어로기술이었

다. 한국의 돌살이 주로 작은 물고기를 포획하는 것이기 때문에 작살보다는 사둘 같은 도구를 쓰는 데 비해, 연어같이 대형 물고기를 잡는 조건에서 작살은 필연적이었을 것이다.

다섯째, 인디언들에게도 고기잡이는 그 자체가 신령스런 행위로 간주되었으니 세속적인 고기잡이에서도 강과 물고기의 신에게 경배했다. 따라서 어살을 박는 말뚝박이조차도 신령성을 각인했으며 낚시의 찌조차도 물고기 형상을 조각했다. 인디언들의 생산기술에서의 의례적 절차와 일상적 제의는 매우 뿌리깊고 넓은 영역에 걸쳐 있어 자연과 인간, 기술과 자원의 균형과 상생조화를 상징하는 것이니 돌살어업에서도 예외가 아니었다.

매우 정교한 어살기술

앞에서 언급된 몇 가지 점을 감안하면서 우선적으로 인디언들의 어살부터 살펴보기로 한다. 인디언 어살은 매우 정교하게 다양한 양태를 보여준다. 물 흐름을 따라 세우는 어살은 얕은 강을 가로질러 치거나 비스듬히 쳐서 회귀하는 물고기를 덫으로 유인한다. 얕은 강이나 강어귀, 그리고 시냇물 등에 어살을 세웠다. 연어가 거슬러 올라가는 길목을 막아서 그물로 유인하거나, 덫 혹은 작살을 들고 연어를 기다리는 낚시꾼이 있는 곳으로 끌어들였다. 어떤 울타리형 어살은 강에 세워놓은 견고한 얼거리의 상류 쪽 면에 적당한 크기의 격자 조각을 붙여 만들었다. 고기잡이철이 되면 격자를 대었다가 필요할 때는 고쳐 쓰곤 했다. 전나무 가지, 덩굴나무 묘목 등으로도 울타리를 만들 수 있었다.

덫은 막대기와 노끈 등으로 바구니 짜듯이 만들어 강바닥에 임시로 세워놓거나 고정시켜놓기도 했다. 돌로 된 덫은 기본적으로 강이나 강어귀, 썰물로 물이 빠진 만灣 등에 하나 혹은 여러 개의 바위를 함께 열을 맞추어 벽처럼 쌓아 만들었다. 이런 돌벽은 물고기를 잡는 덫의 역할뿐만 아니라 물고기를 그 입구로 모아들이는 통로의 역할도 했다. 돌살과 비슷한 것이다.

어살과 덫을 써서 물고기를 효과적으로 잡는 데는 거의 예외 없이 적용되는 두 가지 기본 원칙이 있었다. 하나는 연어 산란처를 향해 거침없이 몰아치듯 강을 거슬러 올라가야 한다는 것과 다른 하나는 썰물·밀물의 물때를 잘 맞추어야 한다는 것이다. 많은 종류의 물고기들이 밀려드는 조류를 타고 해안으로 떠밀려왔다가 썰물이 되면 깊은 바다 속으로 되돌아가곤 한다. 눈이 녹거나 비가 많이 내려 강어귀의 물이 불기를 기다리며 한데 모이곤 하는 연어가 특히 그렇다. 연어는 밀물을 타고 덫이 있는 곳으로 몰려들었다가 썰물로 물이 빠져버리면 옴짝달싹 못하게 된다.

물고기의 종류, 주변 환경, 만드는 재료, 사람들의 문화적 습성 등에 따라 다양한 덫들이 나왔다. 덫의 다양성은 바다의 여러 생명체들에 대한 인디언들의 예리한 관찰력을 한층 돋보이게 하며, 바다로부터 수산물을 어획하는 그들의 독창성을 반영하고 있다.

덫과 어살의 소유관념은 종족에 따라 달랐으나, 대개 연어가 주로 올라오는 강을 가로질러 친 커다란 어살은 마을 전체의 공동 소유였다. 어살은 마을 사람 전체의 노력으로 이루어진 것이었다. 큰 어살을 만들기 위해서는 협동이 유리했고, 잡은 물고기를 나눌 때도 그랬다. 그러나 작은 시내를 가로지르는 어살 등은 부유하거나 지체가 높은 사람이 개인적으로 소유할 수 있었다. 그런 사람은 어살로 물고기가 가장 많이 활동하는 밤에 낚시를 했고, 낮에는 다른 사람들이 어살을 쓸 수 있도록 했다. 필자의 생각에 공동체적 소유와 개인적 소유의 유기적 결합이 어살에서 확인되는바, 인디언들의 이 같은 변별적 소유관계는 자본주의와 사회주

의라는 관점에서도 깊은 관찰을 요한다는 생각이 든다.

아마도 가장 효과적인 고기잡이법은 연어가 가장 많이 올라왔을 때 덫과 어살로 한꺼번에 잡아버리는 것이다. 어살을 소유한 하류 마을에는 회귀 물고기를 맨 처음에 거두어들일 수 있는 특권이 있었다. 그들이 연어를 충분히 잡고 나면, 물고기가 상류로 올라갈 수 있게 어살을 열어서 다음 마을의 어살에도 이르도록 했다. 하류 마을 사람들이 좀처럼 어살을 열지 않으면, 성난 상류 마을 사람들이 큰 통나무를 강물에 떠내려보내 어살에 부딪히도록 하여 결국은 어살이 열리도록 하고 마는 경우도 있었다. 필자의 생각에, 자원을 둘러싼 마을공동체 사이의 일정한 갈등과 욕심의 충돌이 엿보이는 대목이다.

오늘날에도 밴쿠버에 가면 여전히 시내나 강둑, 강어귀에 있는 해변 등에 오랫동안 쓰지 않은 채 버려진 어살을 볼 수 있다. 한때 어살이 있었

밴쿠버(Vancouver) 섬, 코위칸(Cowichan) 강의 연어 잡이 어살(Circa 1867. 11. CS)(Hilary Stewart, 앞의 책)

연어를 잡기 위한 울타리 어살

장대를 세워 나눈 격자 울타리의 구획은 강을 가로질러 친 얼거리를 지탱하는 역할도 한다. 물고기들은 울타리의 틈으로 돌아다니기에는 너무도 길고 좁은 평행한 양 측면이 둘러싼 덫에 들어오는 것이다. 하류로 향하는 물길은 울타리가 제자리를 유지하는 데 도움이 된다.

조류를 이용한 어살

격자 울타리는 얼거리의 아랫부분을 매달아 돌로 눌러 놓는다. 조류가 밀려오는 동안 뉘어놓는다. 물고기는 조류를 타고 만으로 들어온다. 만조가 되면 줄을 당긴다. 물이 빠지고 나면 물고기가 덫에 잡히는 것이다 (Hilary Stewart, 앞의 책).

던 곳에 풍파에 닳은 나무 말뚝만이 말 없이 흔적을 남기고 서 있다. 봄철 홍수와 겨울 폭풍을 계속해서 견디어낸 꼭대기가 잘린 말뚝에서, 강바닥에 말뚝을 박기 위해 연장을 휘두르던 팔에서 뿜어나오던 힘이 전해진다. 밴쿠버 섬의 동쪽 연안 리틀퀠리컴(Little Qualicum) 강어귀에서는 한때 어살의 일부였던 말뚝들을 볼 수 있다. 그리고 해변에는 2m 길이의 말뚝이 자갈 속에 묻혀 그 한쪽 끝을 위로 향하고 있다. 상류에는 인조 부화장孵化場을 갖춘 캐나다 정부의 물고기 양식장이 있다. 북쪽으로 10마일 떨어진 다른 강어귀, 지금은 퀠리컴 인디언들이 소유하고 야영지로 쓰는 풀이 무성하게 자란 해변 위에도 울타리형 어살 흔적이 남아 있다. 그 강들도 그들과 세월의 변화를 함께 겪어왔던 것이다.

그들은 말뚝박개로 어살을 만들었는바, 말뚝박개조차도 함부로 만들

통나무 둑 덫
통나무를 넘어오더라도 돌담에 갇히며 작살로 잡아낸다
(Hilary Stewart, 앞의 책).

말뚝박개(Pile Drivers)**로 말뚝을 박아서 어살 만들기**
(Hilary Stewart, 앞의 책)

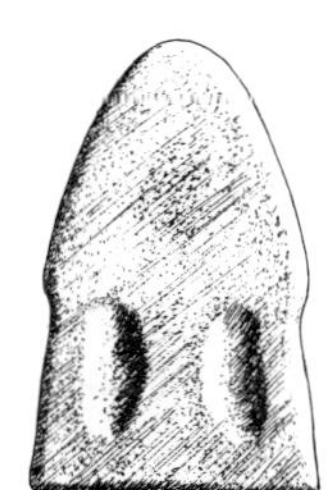

이음새 엮기

어살로 쓰이는 격자 울타리와
단풍나무 껍질을 이용한 엮기

말뚝박개

간단한 도구에도 신들의
영적인 모습이 각인되어
있다.

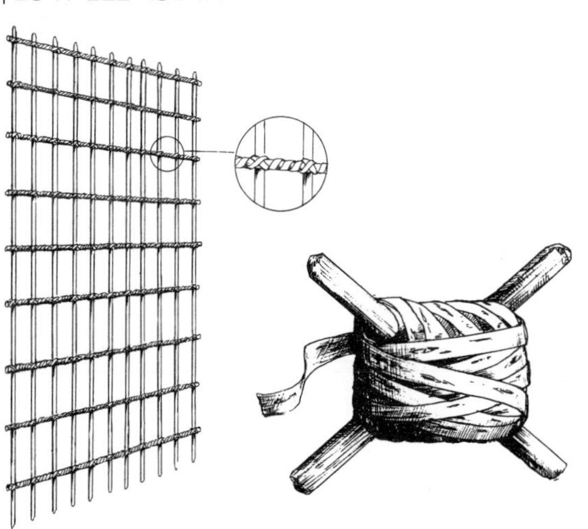

지 않았다. 돔발상어의 눈을 닮은
홈을 만들어 두 손가락으로 쥐고
내리쳐서 말뚝을 박았다. 단순하
게 울타리를 쳐서 잡는 방식이 아
니라 어살 위에 삼발이를 세우고
그 위에 올라서서 사둘로 연어를
폈다. 그림(조류를 이용한 어살)에
서처럼 조류를 이용하기도 했으
니, 어살의 울타리가 조류에 따라
서 뉘여졌다 일어서는 방식으로,
매우 과학적이고 효과적으로 조
석을 이용하는 지혜를 지녔다. 어
살 중에는 얕은 강에서 쓰는 이중
어살(Double Weir Trap)도 있다.
이것은 유연한 가지로 강바닥에
세워둔 말뚝 사이사이를 엮어서
틈을 막은 장치다. 강을 거슬러
회귀하던 연어는 첫 번째 울타리
는 넘어서지만 두 번째 울타리는
넘지 못하고 그 사이에 갇히게 된
다. 이 역시 인디언들의 물고기와
싸우는 생활의 지혜를 잘 설명해

물고기 덫 조상(Fish Trap Figures)

기록되기를, "둥근 돌에 앉아 '죽음의 창(Killing Stick)'을 들고 있는 틀링깃(Tlingit)
사람이 마치 곰처럼 조각되어 있음." 이와 같은 조상들을 물고기 잡는 덫에 붙여 연어를
덫으로 끌어들인다. 연어 안에 들어 있는 조상은 연어가 실제로 물고기로 둔갑한 사람
이라고 믿는 인디언들의 생각을 드러내준다(Hilary Stewart, 앞의 책).

준다. 또는 통나무 살(Log Dam Trap)을 이용하여 통나무 둑을 높게 쌓아 물고기가 넘어가지 못하게 한다. 물고기는 웅덩이나 혹은 돌살 안으로 들어가더라도 결국 작살로 잡힌다. 통나무를 타고 넘는 원리와 돌살의 가두어두는 원리, 작살질의 원리를 모두 배합한, 고도로 발달한 어법이다.

격조와 품격이 넘치는 삶의 현장

물고기를 잡는데 돌살을 가장 효과적으로 다루는 콰기우틀 사람들이 돌살을 널리 사용하면서, 돌살은 연안 지역 전체에 퍼지게 되었다. 같은 문화권역 안에서의 문화전파란 측면에서 주목된다. 그리하여 연안의 주요 지역에 있는 거의 모든 작은 만이나 시내에서 이 돌살을 볼 수 있다. 공들여 돌을 벽처럼 쌓아 만드는 이 많은 살들은 오로지 '조류'에 성공 여부가 달려 있다. 봄의 홍수나 늦여름에 내리는 비로 강물이 불어나서 거슬러 올라갈 만큼 강이 충분히 깊어질 즈음이 되면, 연어는 흔히 시내 입구나 작은 만에 모인다. 조류가 밀려들면서 모여 있던 물고기들은 물결을 타고 해안으로 들어와 덫의 꼭대기까지 헤엄쳐 왔다가는, 물이 빠지는 바람에 돌담에 갇혀서 바다로 돌아가지 못하게 된다.

이런 방식은 매우 효과적이기 때문에, 일련의 돌담을 강어귀에 줄지어 세워놓기도 했다. 둥그런 돌들은 적절한 크기였고, 언제든지 손쉽게 구할 수 있었다. 몇 톤이나 되는 바위들을 옮기고 다량의 물고기들을 잡기 위해서는 많은 일손이 필요했으므로, 마을 사람들은 자연히 돌살을 공동으로 사용하고 소유했다. 작은 돌살을 마땅한 곳에 따로 세워 미끼로 쓸 은빛 나는 작은 물고기나 다른 조그만 물고기들을 잡곤 했다.

퀠리컴 족의 나이 많고 지혜로운 알프레드 뤼캘머(Alfred Recalma)는 한때는 바다에 회귀하는 연어가 하도 많아 굳이 강 입구로 갈 필요없이,

해변 주변을 따라 어디에서고 연어를 잡을 수 있었다고 했다. 그는 "연어는 한데 모여 강을 거슬러 올라가곤 했는데, 한 마리도 더 들어갈 틈이 없는 듯했다"고 말했다. 그는 오늘날 연어가 감소한 것이 강 유역에서의 벌목과 그 파괴로 말미암은 것이라고 비난했다. 벌목한 산에 폭우가 내리면 강물은 금세 불어 급류가 형성되고 부화하는 연어 알들을 쓸어가는 것이다.

한때는 더욱 높이 솟아 있었던 돌살들이 많은 세월에 걸쳐 닳기는 했지만, 만과 강어귀 여기저기에서 여전히 돌살 흔적을 찾아볼 수 있다. 존슨(Johnson) 해협의 코티즈(Cortes) 섬 남부의 마이텔넷치(Mitelnatch) 섬은

돌살 어로
돌살에서 고기를 '잡는 것'이 아니라 '줍는'
생활상을 보여준다(Hilary Stewart, 앞의 책).

썰물 때는 물이 빠져나가는 큰 만 안에 있는데, 그 위에는 바위들이 거의 분명한 V자 형태를 이루며 늘어서 있다. 이것은 원주민들이 세워놓은 일종의 표시물로, 물이 빠지면 눈에 들어오는 것이다. 비록 덜 뚜렷하기는 하지만, 만에는 작은 반달 모양을 이루고 있는 바위들도 남아 있다. 이 돌살의 바깥쪽 면에 굴들이 집중 서식하지만, 안쪽 면에는 굴이 드문드문하다는 사실 때문에 더욱 두드러져 보인다. 흔히 표석 하나 높이인 이 오래된 돌담을 이루는 바위들은 대개 인근 지역의 바위들보다 컸는데, 인디언들은 이를 직선이나 곡선 모양으로 비교적 고르게 배열했다.

밴쿠버 섬의 '깊은 만(Deep Bay)'에서도 돌살 흔적이 분명한데, 일련의 커다란 둥근 바위들이 수면 바로 위로 나타날 정도의 조수일 때 가장 잘 보인다. 이 섬의 외부 서쪽 연안에 있는 프렌들리 만(Friendly Cove) 남부의 바조 곶(Bajo Point)에서는 커다란 만에서 물이 빠져나가고 난 뒤 남아 있는 일련의 돌살이 보인다. 이 해변에도 고대 인디언 마을의 유적이 있다. 비교적 어린 가문비나무들은 한때 집 마루가 있었던 직사각형 터에서 자라고 있고, 이제 그 바깥으로는 축축한 풀이 길게 자란 흙 언덕이 자리 잡고 있다.

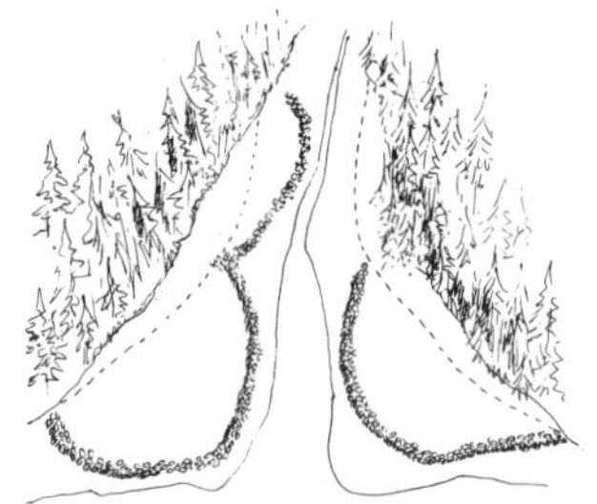
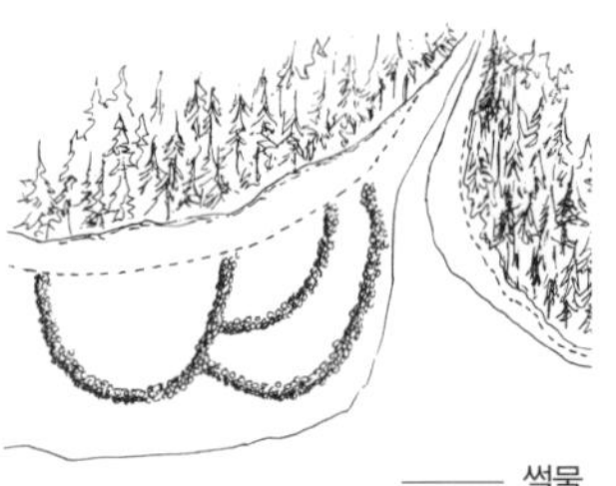

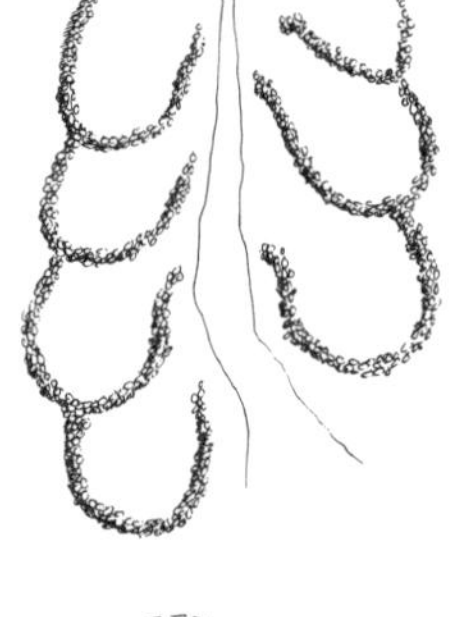

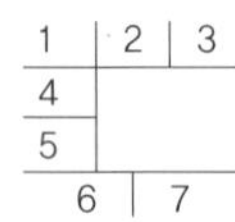

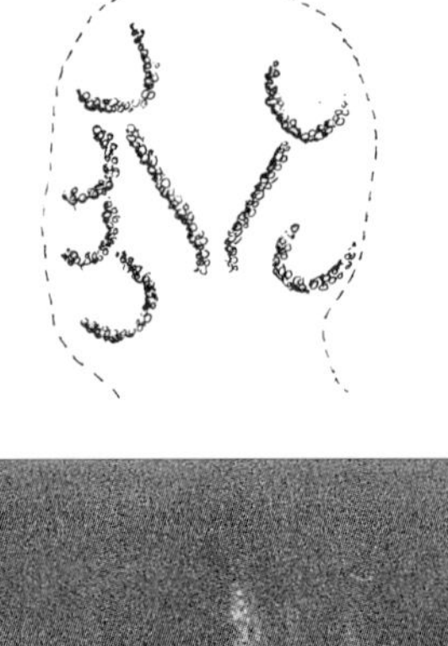

다양한 구조의 돌살(Fish traps)(Hilary Stewart, 앞의 책)

1 조수가 드는 강 입구, 연어가 상류로 회귀하기 전에 한데 모이는 곳에 세운다.
  물고기들은 밀물을 타고 돌로 된 벽을 넘어갔다가 물이 빠지면 덫 안에 갇힌다.

2 강 입구에 여러 줄로 이룬 돌살이 썰물에 제 모습을 드러낸다.

3 좁은 강 입구에서 돌들을 바구니 덫(Basket traps)과 함께 사용하기에 알맞
  은 모양으로 배열된 모습

4 강기슭에다 날개 모양의 둑을 여러 겹으로 쌓기도 한다.

5 덫들이 마이텔넷치(Mitelnatch) 섬의 한 만에서 서로 인접하게 배열되어 있는
  모습. V 모양의 입구는 바구니 덫으로 물고기를 모으기 위한 것이다.

6 에번스(Evans) 강 어귀에 있는 조수가 드나들게 배열된 중층적인 돌살

7 요 만(Yeo Bay)의 강 입구 측면에 늘어선 돌살(사진; Anthony Pomoroy)

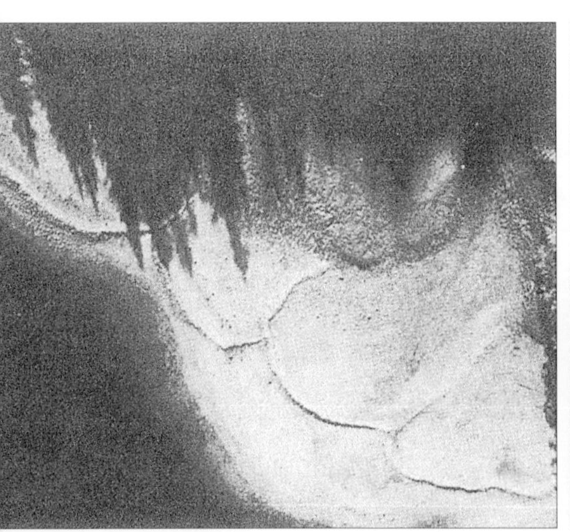

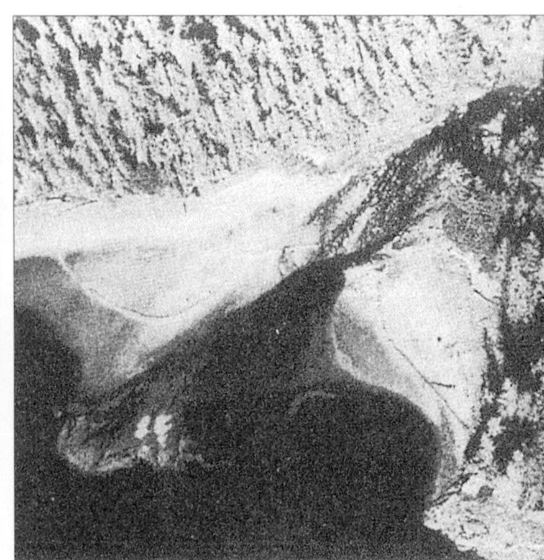

밴쿠버 섬의 '깊은 만(Deep Bay)'의
드러난 강바닥에 돌살 흔적이 있다.

시냇물 입구에서 은빛 나는 작은 물고기들을 잡기 위한 돌살

물고기들은 밀물을 타고 개울가로 몰려온다. 물이 빠지고 나면, 입구를
나뭇가지로 막아 물고기를 둑 안에 가둔다(Hilary Stewart, 앞의 책).

연안의 후미에서 사용하는 돌 덫(Stone Trap for Slough)

물고기들은 밀물을 타고 돌살을 넘어 들어왔다가 물이 빠지면 갇히게 된다. 연안의 후미에 있는 강 입구에 쌓은 돌들로 썰물 때 물고기를 잡는다(초창기 사진을 본뜬 그림. Hilary Stewart, 앞의 책).

이런 어살과 돌살들을 보고 있으면 인디언들의 고기잡이법은 전근대 사회 어로기술사 발전 단계에서 최고의 단계까지 도달했음을 알 수 있게 한다. 이는 전 세계 어로기술사의 일반적 정황에 견주어서도 세계적인 수준으로 판별되며, 인디언문화의 수준에 관한 재성찰을 요구하게 만든다. 더군다나 그네들은 자원의 포획과 신성한 의례라는 관점에서도

생산과 제의가 동떨어져 있지 않은 불이성不二性을 온전하게 획득함으로
써 문명의 높은 격조와 품격을 보여주고 있다는 것이 필자의 생각이다.
더군다나 돌살에서의 공동체성은 제4세계 문명권의 보편성으로 여겨지
며, 한때 한반도의 돌살도 그런 공동체성에서 비롯되었을 개연성을 말
해준다.

| 폴리네시아 하와이 왕족들의 돌살 ;

태평양—패트릭 빈톤 커치의 보고

슬픈 하와이 왕조의 구술사와 연관된 물고기 못

하와이는 대략적으로 기원후 1000년 무렵, 즉 지금부터 1,000
여 년 전에 폴리네시아인들이 섬에 들어오면서 역사가 시작된다. 하와이
가 오늘날처럼 미국령이 된 것은 1893년에 미국 상인들과 선교사들이 반
란을 일으켜 왕조를 전복시킨 뒤로부터다.[26] 하와이는 1898년에 합병되
고, 1900년에 미 의회에 의하여 법으로 통과된다.[27] 일찍이 하와이에서는
1830년 이래로 사탕수수 농업이 크게 번성하기 시작했으니 자본이 왕조
를 탈취하게 된 것이다. 노동력이 부족하자 1852년부터 중국 광둥廣東에
서 쿨리苦力(coolie)라는 노동자들을 수입해오다가 전체 노동자 숫자에서
중국인 비율이 너무 높아지자 결국 1898년에는 중국인 입국금지법이 제
정된다. 그 여파로 일본인 노동자들이 대거 유입되다가 일본인 비율 역
시 높아지자 이번에는 한국으로 눈길을 돌린다.[28] 20세기 초 하와이 원주

민 인구는 15,400명으로 전체 인구의 1/4에 불과했으며 그나마 외국인의 급증으로 급격히 소수민족으로 전락한다. 20세기 초반에 아시아 이민자는 인구의 1/3을 넘었으며 일본계가 40%, 중국계가 17%를 차지한다.

버클리대 인류학 교수로 포에베박물관(Phoebe A. Hearst Anthropology Museum)의 관장으로 있으며 태평양 제도에 관한 수많은 글을 발표한 패트릭 빈톤 커치(Patrick Vinton Kirch)가 글을 쓰고 테레사 바비뉴(Therese I. Babineau)가 지극히 신비롭게 흑백사진으로 연출한 책자에 태평양 하와이인의 돌살이 잘 드러난다.[29] 고고학자답게 그의 주 연구목적은 어업 자체에 있기보다는 선사시대의 하와이인들의 역사적 궤적 찾기에 있다. 물론 그가 말하는 선사시대는 미국이 하와이를 접수하여 문자가 시작되기 이전의 무문자 사회로, 불과 200~300년 전의 역사도 포함하고 있음을 유의할 일이다. 따라서 이 책에서 자주 쓰이는 선사시대의 의미는 글자 그대로 '문헌기록 없다'는 뜻의 'Pre-history'인데 하와이 원주민들의 역사를 무조건 선사로 잡아나가는 미국학계의 일반적 관행, 즉 '제국주의적' 시각에 동의하기 어려운 점이 있다. 그러나 하와이 제도에 폴리네시언이 당도한 역사 자체가 일천하므로 선사시대라고 한들 고작 1천 년을 넘지 못하는 점도 고려해야 할 것이다.

하와이 제도는 카우아이(Kauaa`i), 오아후(O`ahu), 몰로카이(Moloka`i), 하와이(Hawaii Big) 섬 등이 태평양 위에 밀집대형으로 늘어서 있는바, 이들 섬마다 대개 돌살이 전해진다. 물고기 못 형태가 아니라 한반도의 돌살과 거의 흡사한 돌살은 몰로카이 남쪽에 위치한다. 하와이 돌살은 다음 몇 가지 점에서 주목된다.

첫째, 하와이 돌살은 화산활동과 깊은 연관을 맺는다. 이 점은 한반도의 제주도 용암과 연계된 원담의 존재와 일치한다. 하와이는 화산으로 생겨난 '태평양의 배꼽'과도 같은 존재이다.[30] 킬라우에아, 마우나로아 등의

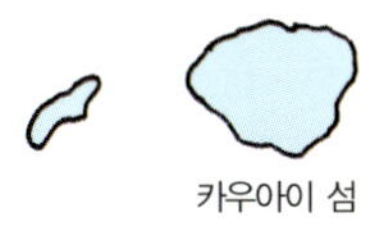

| 하와이 제도

활화산은 지금도 분화를 계속한다. 다량의 용암을 자주 뿜어내고 있으나 마그마(magma)는 점성이 작아 술술 미끄러져 흘러가기 때문에 다행히 큰 폭발의 위험성은 낮다. 용암이 바다 속으로 흘러 들어가면, 표면이 해수에 의해 급속히 냉각되어 유리 같은, 마치 베개를 굴려놓은 것과 같은 둥근 바위가 형성되므로 이를 침상용암枕狀溶岩이라고 부른다. 돌살은 이들 침상용암을 이용하여 때로는 자연적으로, 때로는 적절한 인공을 가해 조성되었다.

둘째, 하와이 돌살은 전반적으로 돌로 막은 '고기잡이 못(Fish pond)'이다. 화산지대의 높은 산에서 세계 최다 강수량을 보여주듯이 엄청난 물들이 계곡으로 흘러들어 강을 만들며, 그 강의 하구에 적절하게 댐을 막아 웅덩이를 조성했다. 때로는 화산 함몰지대에 화산암을 통해 스며들어 온 바닷물이 고여서 형성된 자연적 웅덩이도 있다. 이런 웅덩이에서는 숭어 따위를 자연적으로 키우기도 하는데 필요할 때마다 양어장에서 잡아내듯이 즉석에서 잡아서 왕족들의 파티 등에 쓰기도 했다.

셋째, 하와이 군도의 몰로카이 남쪽 바닷가에 대규모로 건설된 돌살은 한반도의 돌살과 다를 바 없이 많은 인력을 동원하여 화산암과 산호암으

문화적 종다양성과 전 지구적 분포

로 축조했다. 명실상부하게 돌살로 부를 만한 것들이다. 이 경우에도 고기잡이 못으로 명명하고 있다. 이런 돌살은 앞의 양어장 같은 돌살과는 성격이 다른 것으로 전형적인 돌살 유형이다.

넷째, 돌살이 어떤 형태를 취하더라도 일단 작살을 이용하여 잡는다. 말하자면 고기를 웅덩이에 몰아넣은 다음에 작살을 이용하는 격이다. 조수를 이용하여 물고기를 몰아넣고 담 밖으로 탈출하지 못하게 하는 원리는 세계 여느 돌살의 조간대 이용 방법과 일치한다. 아울러 대형 못에서는 대형 후릿그물을 사용해야 했다. 고기잡이 못이라는 표현에서 알 수 있듯 물이 많이 괸 상태에서는 일정한 도구의 도움 없이는 고기를 포획할 수 없었을 것이다.

다섯째, 하와이 돌살은 축조연대가 대략적으로 밝혀져 있다는 점이다. 두말할 것도 없이 폴리네시언들이 입도入島한 기원후 1000년 이후에 축조되었으며, 특히 하와이 선사시대 후기에 집중적으로 세워졌다. 이 같은 사실은 거꾸로 인류 초기에 지형적 조건만 갖추어졌다면 능히 돌살을 시작했을 것이란 유추가 가능하다. 동시에, 그네들 폴리네시언들이 입도하기 전에 자신들의 섬에서도 돌살어업을 행했을 가능성도 배제할 수 없다. 폴리네시아의 다른 섬에서 하와이로 주민 이동과 더불어 돌살어법도 이동했을 가능성을 내포한다.

여섯째, 돌살을 집중적으로 세워나간 선사시대 후기는 하와이에서도 도시 집중화가 벌어졌으며 이는 왕권 강화와도 밀접한 관련이 있다. 서구, 즉 미국 침략 이전의 하와이 역사를 말해주는 구술사(Oral History)를 정리한 역사책에 다음과 같은 대목이 등장한다. 왕조의 구술 역사에 물고기 못이 등장할 정도로 국가통치상 소중하게 다루어졌던 어법이자 기념비적 축조물이었던 셈이다.

카우호라누이마후(Kauholanuimahu)는 마우이(Maui) 섬의 호노아우라 (Honoaula)에서 생애의 대부분을 보냈는데 그곳에 살면서 제왕적 권위를 시험했으니, 그 중에는 지금도 전해지는 케오네오이오(Keoneʻōio)에서 '물고기 못'을 건설한 일도 포함된다.[31]

칼라이마누이아(Kalaimanuia)는 그녀의 어머니를 따라서 오아후의 모이 (Moi)로 갔다. 그녀는 하와이언 왕족들의 출생지로 유명한 쿠카닐로코 (Kūkaniloko)에서 태어났다. 그녀는 카파케아(Kapaakea), 오푸(Opu), 그리고 파이아우(Paaiau)에서 거대한 '물고기 못'을 건설했다.[32]

당대의 사회적 생산력이 낮았던 조건에서 대형 돌살로 얻어지는 어획의 안정적 확보는 왕권의 위엄을 돋보이게 하는 데 도움을 주었을 것이다. 무엇보다 거대한 돌살을 건설하기 위해 막대한 인력을 동원했는바, 그 인력 동원의 힘은 왕권의 힘과 일맥상통했다. '제왕적 권위를 시험'했다는 대목이 매우 인상적으로 다가온다.

바다와 강을 내통하는 카우아이 섬의 기수대 물고기잡이

대부분의 하와이 고기잡이 못은 몰로카이 남부 해안처럼 태평양과 접한 평평한 모래해변에 설치되었다. 그러나 때로는 전혀 다른 자연적 환경을 활용하기도 하는데 카우아이 섬의 메네휴네(Menehune) 고기잡이 못 같은 것이 그것이다.[33] 그 돌살들은 신화적인 메네휴네 덕분에 메네휴네 고기잡이 못으로 알려져 있으나 엄밀하게 말하면 알레코코 (Alekoko)나 니아말루(Niamalu) 고기잡이 못으로 불러야 맞을 것이다. 섬의 푸히(Puhi) 도로 남쪽에서 바라보자면 아래쪽에 굽어보인다. 흡사 작

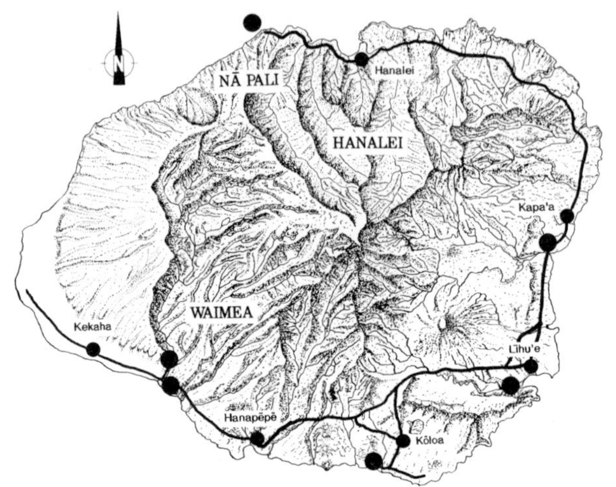

카우아이(Kaua`i) 섬 전도(Patrick Vinton Kirch, *Legacy of the Landscape*, Univ. of Hawaii Press, 1996)

은 저수지처럼 보이는데 강의 한쪽을 막아서 연못을 만든 셈이다. 이 못은 나윌리윌리(Nawiliwili) 만으로 흘러드는 휼레이아(Hule`ia) 강의 거대한 굴곡을 이용하고 있다. 카우아이는 하와이 군도에서 가장 먼저(약 550만 년 전) 생성되었으며 섬 중앙에 위치한 와이알레알레 산(1,570m)은 무려 일곱 개의 강에 충분한 수량을 공급하고 있다. 세계 3대 다우지역에 걸맞은 풍부한 강물 덕분에 섬 전체가 수목으로 뒤덮여 있어 '정원의 섬'으로 불리기도 한다. 스필버그 감독의 〈쥬라기공원〉 등이 이 섬에서 촬영되었다. 따라서 이같이 풍부한 강을 막아서 바다와 강을 내통하는 기수대의 물고기들을 잡았던 것으로 추정된다.

　표면을 돌로 덮고 흙으로 축조된 900야드(약 823m) 길이의 이 댐은 강을 막아서 못을 고립시키며 숭어와 다른 기수대의 물고기들을 정착시킨다. 지역에서 전승되는 구전으로는 메네휴네가 단 하룻밤 만에 댐을 완성했다고 한다. 한 번도 고고학적으로 발굴되거나 연대 측정이 이루어지

훌레이아(Hulềia) 강에 세워진 거대한 메네휴네(Menehume)
물고기 못(Fish pond)(Patrick Vinton Kirch, 앞의 책)

지 않아 정확한 연대는 알려지지 않고 있다. 카우아이 섬에 최초로 이주해온 이들은 기원후 800년 무렵이고, 1796년 카메하메하(Kamehameha) 대왕은 카우아이 섬을 정복하기 위해 출전했으나 갑작스런 태풍으로 좌절된다. 그 후 1810년 무역상인 나단 원십의 주선으로 회담을 열어 카우아이 섬을 하와이 왕국에 편입한다. 이 같은 역사로 미루어보건대 최대 9세기부터 19세기 사이에 축조된 못으로 여겨진다.

공주가 세운 오아후 섬의 물고기 못

호놀룰루가 자리 잡은 하와이의 행정적 중추를 담당하는 주도인 번화한 오아후 섬에는 적어도 184개의 물고기 못이 있던 것으로 추정된다. 오아후는 와이키키 해변과 하나무아 헤드, 다이아몬드 헤드, 민속촌, 진주만 등 관광지로 널리 알려진 섬이며 태평양커뮤니티의 중추로 작동하고 있지만 어업사적으로도 중요한 곳이다. 184개의 물고기 못 중에서 적어도 23개는 카네오헤(Kānee'ohe)에 자리 잡고 있으며, 대단히 집중적으로 개발된 와이카네(Waikane) · 와이아홀(Waiahole) · 헤에이아(He'eia) · 하이쿠(Haiku) 계곡의 오아후에서 가장 기름진 타로농장지대에 위치한다. 오늘날 대부분의 못이 파괴되었고 오직 4개만이 카네오헤 해변에 남아 있을 뿐이다. 가장 잘 보존된 못은 헤에이아 못이며 헤에이아 주립공원에서 손쉽게 눈에 뜨인다.

헤에이아(He'eia) 못은 하와이 제도의 고전적인 로코 큐아파(Loko kuapa) 형이다. 5,000피트(약 1,500m) 길이의 거대한 활처럼 생긴 바다에 접한 댐은 무려 88에이커의 못이 형성되고 있다. 고고학자 길버트 맥얼

| 오아후 섬 전도

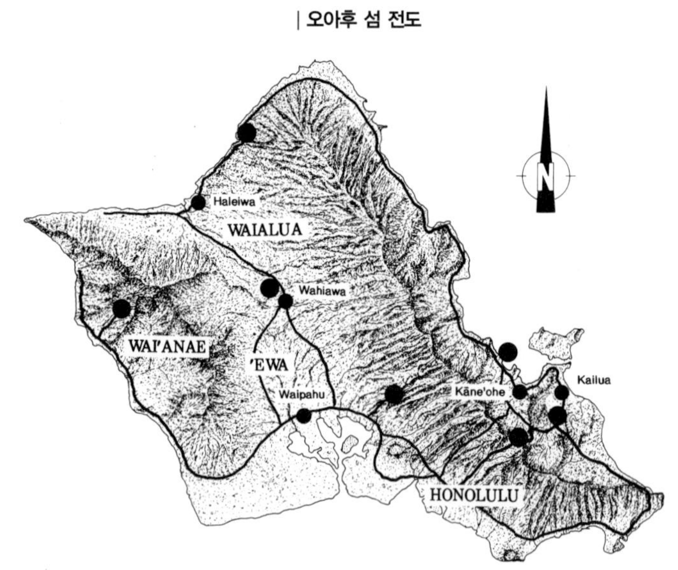

리스터(J. Gilbert McAllister)가 일찍이 1933년에 보고했으며 당시에는 댐 위에 4개의 감시소가 있었고, 여러 개의 배출구와 수문('Makah'라 부름)이 있었다. 안타깝게도 최근년 사이에 이들 못은 사용되지 않기 시작했으며 맹그로브 나무들이 못 영역을 침범하기 시작했다.

물고기 못은 전적으로 특별한 지위에 있던 상층부 소유물이었으며, 싱싱한 숭어와 밀크피시(milkfish)[34]를 기수대에서 키웠다. 헤에이아 못도 예외가 아니었으니 하와이 왕국의 카메하메하 1세 자신이 오아후를 정복한 이후에 자신의 소유로 만든 것이다. 땅과 못은 훗날 아브너 파키(Abner Pākī) 추장의 통제에 들어갔으며 그의 딸인 비숍 공주(Bernice Pauahi Bishop)에게 넘어갔다. 19세기 말에서 20세기 초까지만 해도 공주는 그녀의 친구들을 초청하여 이곳에서 파티를 자주 열었으며, 두말할 것도 없이 못의 싱싱한 숭어가 식단에 올랐고 덕분에 못의 명성도 높아졌다고 전해 진다. 지금은 주변에 주택들이 빼곡하게 들어섰으며 다만 그 흔적만이 고 스란히 전해질 뿐이다.

한국의 돌살과 흡사한 몰로카이 섬의 물고기 못

몰로카이는 거대기업 델몬트와 돌의 파인애플농장으로 활기 찬 섬이었으나 대만 · 필리핀 · 중남미의 저가 공세에 밀려 낙후된 섬이 되었다. 섬의 반 이상이 원주민들로서 주로 농업에 의존하며 자연을 지 켜가고 있다. 이곳의 물고기 못은 한반도에 형성된 전형적인 돌살과 100% 일치한다. 몰로카이 남부 해변에는 완만하게 굽은 선사시대의 못 이 있는데 수천 개의 현무암과 산호석으로 축조되었다.

물고기 못은 대지를 아름답게 하며, 많은 물고기 못이 있는 대지는 풍요 롭다.

이 격언과도 같은 명언은 19세기 하와이의 학자 사무엘 카마카우가 하 와이 해양문명의 핵심을 짚어서 말한 대목이다. 고기잡이에서 어떤 신비 적 제의성이 돋보이며, 이는 태평양 사람들의 자연관이기도 하다. 하와이 제도의 어떤 섬도 몰로카이만큼 많은 못을 가지고 있는 곳이 없으며 아름 다움에서도 비교가 되지 않는다. 숫자로야 오아후가 훨씬 많지만 너무도 일찍이 파괴되었으니 몰로카이의 전통어로 지속력은 대단히 소중하다. 적어도 73개의 못이 콜로(Kolo) 서부와 카나하(Kanaha) 동부 해변의 바람 부는 쪽으로 향해 있다. 이들 못은 카우나카카이(Kaunakakai) 마을로부터 동쪽으로 내뻗는 카메하메하 5세 고속도로상에서 굽어보인다.

태평양의 부지런한 사람들 중에서 오직 하와이언들만이 단순 낚시어법을 벗어나서 못을 이용하여 물고기를 가두는 해양문명을 발달시켰다. 하와이 물고기잡이 못인 로코이아(Lokoi'a)는 대체로 숭어나 밀크피시 등을 기르는 곳이다. 이들 물고기는 기수대 종이라 모두 소금기가 있어야 산다. 옵아에(Opae)라 부르는 작은 새우도 주기적으로 잡아들였다. 못 축조는 지역의 지형적 조건과 적당한 재료에 달려 있는데 대부분 돌을 이용하여 해변의 한쪽에서 다른 쪽으로 반원형을 그리며 축조된다. 그런 로코이아의 면적은 100~500에이커에 달한다. 땅에서 나온 화산돌과 해변의 커다란 산호석으로 돌담을 쌓는데 만조에 맞게끔 2~3피트(약 60~90cm) 높이로 축조한다. 한두 군데에 수문을 터주어 조류가 들어오고 나가게끔 한다. 설치된 니부핀은 작은 물고기가 못으로 뛰어들 수 있게 하며, 반면에 큰 물고기가 도망치지 못하게 한다. 고기들은 주기적으로 잡히며 보통 고기를 끌어올리는 커다란 후릿그물을 이용한다.

로코이아 축제는 상당한 노동력을 요하며, 긴 돌담 축조에 필요한 수천 개의 돌을 끌어올릴 수 있도록 많은 사람들에게 명령을 내릴 수 있는 추장들이 주동이 되어 만든다. 그러나 일단 축조가 되면 전문적인 몇 사람에 의해 매우 효과적으로 운영되며, 추장을 위해서 일하는 일가족에 의해 운영되기도 한다. 잡힌 물고기들은 추장과 식솔들을 위해 사용되며 일반에게는 지극히 일부만 주어질 뿐이다. 앞의 인디언문명과 달리 어떤 국가적 왕권이 확립된 사회의 층위가 엿보인다.

몰라카이의 대부분의 못은 로코 큐아파 형이다. 그 가운데 몇 개는 지금도 사용되고 있으며 대부분은 폐쇄되었다. 조석이 낮을 때는 태풍으로 파괴된 댐의 잔흔을 볼 수 있다. 하와이 제도에서의 못 축조가 오래되었으며, 못의 대부분이 역사시대가 열리는 침략기(기원후 1000년, 유럽인 접

축기)에 건조되었음을 알고 있었음에도 불구하고 고고학자들에 의하여 잘 인식되지 못했다. 몰로카이 같은 섬에서 이루어진 이 같은 대규모의 돌살들은 하와이 선사시대 후기의 도시 집중화 및 위계서열의 강화와 깊은 관련을 맺는다. 그리하여 돌살을 설치할 수 있는 조건만 맞는 곳이라면 어디에서건 돌살을 세워나갔다.[35]

삭막한 용암지대의 오아시스, 하와이 섬의 물고기 못

하와이 섬은 하와이 제도에서 가장 큰 섬으로 세계 최대의 활화산 킬라우에아, 마카다미아 넛과 난초의 세계적인 재배지다. 하와이 제도의 최남단으로 가장 늦게 생성되었으며 1779년 제임스 쿡 선장이 '발견'했다. 활화산이 용틀임치는 화산국립공원이 장관이며 이 섬의 수도 힐로(Hilo)는 '난초의 도시'로 소문났다.

하와이 섬의 바람 부는 코할라(Kohala) 남부지역은 하와이 제도에서도 가장 건조한 곳이다. 머나먼 마우나 케아(Mauna Kea)를 향하여 한낮에도 강렬하게 빛나

몰로카이 물고기 못을 만든 이들이 남긴 암각화

| **하와이**(Hawaii Big) **섬 전도**

는 용암들이 끊임없이 흘러간다. 이런 해변의 여기저기에 몇 개의 좁은 만들이 있어 바닷물을 품은 못과 코코넛 숲으로 둘러싸여 있다. 하와이 주민들이 절기에 따라 고기를 잡고 주변에서 살아가기도 하는 일종의 오아시스 같은 곳이다. 삭막한 용암사막 와중에 한 줌의 물과 공존하는 삶이 칼라후이푸아(Kalāhuipuaʻa)에 버티고 있는 중이다.

칼라후이푸아의 매력은 역시나 말할 수 없이 들쑥날쑥한 캐니쿠(Kaniku) 용암류 바로 옆의 용암지대에서 자연적인 물동이 구실을 하는 연못, 그리고 그 연못의 배출구를 채워주는 신선한 바닷물 연못들이 포도송이처럼 밀집해 있다는 점이다. 고고학이나 지질학적 증거들은 하와이 섬이 100년에 8인치(약 20.32cm)씩 태평양 바닥으로 가라앉고 있음을 보여준다. 하와이 섬을 둘러싼 해변에서 용암의 자연적인 함몰이 이루어지고 그 공간을 신선한 바닷물이 채운다. 소금물은 기공 많은 용암석을 통해 스며들게 마련이

| **칼라후이푸아**(Kalāhuipuaʻa) **물고기 못**

다. 이런 과정을 통해 형성된, 물리적으로 바닷물에 가까운 짠 연못은 안치알라인(Anchialine)이라고 부른다.

안치알라인 못은 하와이 섬 고유종인 작고 붉은 새우의 서식지다. 칼라후이푸아에서 거대한 못은 부분적으로 바다로 열려져 있으며 하와이 섬 사람들은 바다로 열려진 그 못을 숭어와 밀크피시를 위한 물고기 못으로 바꾸었다. 못의 바다로 열려진 틈을 가로지르는 돌담을 축조하고 몰로카이에서처럼 마카하라하라고 부르는 수문을 세우며, 신선한 물이 못 가까이의 다공질 용암석을 통해 들어오게 한다. 신선한 바닷물은 코코넛야자나 고급 목재용인 미로(milo)나무, 약재로 쓰이는 노니(noni)나무, 매트를 만드는 할라(hala) 같은 못 주변의 나무들을 빠르게 자라게 한다.

칼라후이푸아에 대한 고고학적 발굴은 1970년대에 이루어졌으며 집중된 지역에 무려 212개의 못이 확인되었다. 이들 가운데 몇 개는 용암굴과 가스주머니로 만들어진 은신동굴을 갖고 있다. 그런 동굴들은 건조한 바람으로부터의 바람막이용 시원한 그늘과 은신처로 활용되었다. 칼라후이푸아를 처음 방문했던 선사시대 하와이인의 거주장소였다. 은신처 몇 개의 바닥을 고고학적으로 발굴한 결과, 뼈와 조개로 만든 낚싯바늘, 산호와 화산암 찌꺼기로 만든 연마기구, 현무암 까뀌, 그 밖의 여러 살림도구들이 발굴되었다. 이들 지역은 1200년대부터 약 500여 년 동안 사용되었다. 어떤 저장동굴에서는 옛 어부들이 쓰던 16개의 커다란 나무낚시

몰로카이(Moloka`i) **물고기 못**
한반도의 돌살과 너무도 흡사한 물고기 못이다(Patrick Vinton Kirch, 앞의 책).

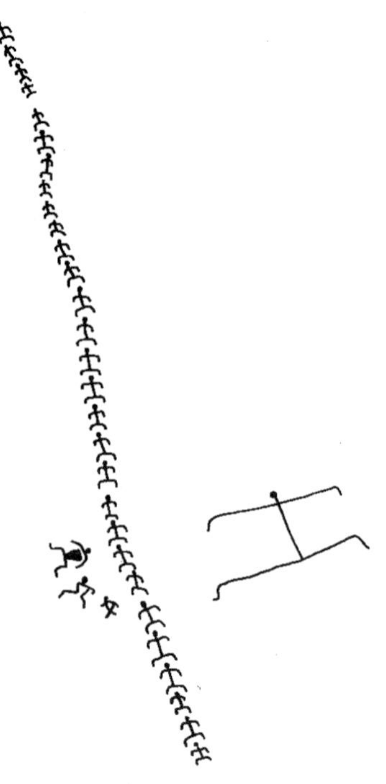
하와이 섬의 물고기 못을 축조한 선대 인들이 남긴 암각화

바늘이 발굴되었는데 커다란 수컷 연어와 상어를 잡던 전문가들이었음이 확인되었다.

그 밖의 다른 동굴들은 해변 가까운 거대한 캐니쿨(Kanikul) 용암류의 들쑥날쑥한 지표면에서 발견되었다. 해변에 돌로 놓여진 옛 길은 대부분 옛 하와이인의 발자취이며 작은 돌무더기 구조는 어부들의 집자리를 가리킨다. 돌이 깔린 길은 1820~30년대에 죄수들의 노동으로 건설되었으며 당대 하와이의 지배자였던 쿠아키니(Kuakini)[36]가 진두지휘했다.

하와이 섬의 칼로코(Kaloko) 못은 대단히 메마른 땅에 위치한다. 코나(Kona)의 카일루아(Kailua) 북부에서 뻗친 태양에 그을린 용암지대는 하와이 사람들에게는 케카하(Kekaha)로 잘 알려진 메마른 땅이다. 건조한 땅임에도 불구하고 이들 땅은 해변에 널린 연못 덕분에 최고로 대접받는다. 1848년 로트 카메하메하(Lot Kamehameha, 카메하메하의 손자로 뒤에 카메하메하 5세가 됨) 왕의 소유가 된다. 카우이케아오울리(Kauikeaouli, 카메하메하 3세)는 근처의 큰 연못을 상속받았다. 칼로코 지역은 카메하메하 집안과 참으로 밀접한 관계를 맺고 있는 셈이며 왕족들끼리 연못을 상속시켰음이 드러난다.

그런데 칼로코 고기잡이 못은 몰로카이 남부에서 보았던 것과 다른 특별한 모습을 보여준다. 해변으로부터 돌로 바닷가를 타원형으로 곧바로 막아나가기보다는 둘쑥날쑥한 해변을 돌로 좀더 자연스럽게 막아나가는 방식이다. 이런 방법은 여타 섬에 비해 한창 젊은 하와이 섬 해변인지라

| **칼로코**(Kaloko) **물고기 못**(Patrick Vinton Kirch, 앞의 책)

얕고 평평한 해변이 없다는 지질학적 조건을 잘 반영한다.

1978년에 칼로코 자연사공원이 법에 의해 선포되며, 이들 못들도 법정 구역 안에서 보호받게 된다. 일부는 관광업자들의 리조트시설 안에 위치하여 그네들에 의하여 보호되고 있다. 연못뿐 아니라 대부분의 고고학적 잔재들도 보호를 받게 되었다. 로스 커디(Ross Cordy)와 그의 학생들이 1970~71년에 이 지역들을 집중적으로 연구한 바 있다. 그 결과, 수백 개의 돌 구조물과 석상을 찾아냈다. 탄소연대측정으로 그들 발굴품이 초기 하와이언들이 들어온 기원후 1000년 무렵부터 시작되었음을 알려준다.

하와이언의 신전과 그 주변의 헬레
팔랄라(He-lei-pālala) 물고기 못
(Patrick Vinton Kirch, 앞의 책)

남태평양에서 오키나와, 아마미 제도에서 규슈 아리아케까지 ;

일본에서의 보고

폴리네시아와 미크로네시아, 멜라네시아의 돌살

태평양의 어로기술에 관한 연구는 국제적으로 일본이 가장 많은 신경을 쏟고 있다. 일본의 국제적 연구수준을 말해주는 대목이다. 그런데 일본의 태평양에 관한 지대한 관심은 자신들의 영역이 오키나와를 포함한 북태평양의 일원에 걸쳐 있다는 데서 비롯되는 것만은 아니다. 일찍이 독립왕국 류큐琉球를 자신들의 반半식민지로 만들었다가 종래는 메이지유신 이후의 류큐처분으로 자국에 편입시킨 역사 자체가 일면 불순하며, 20세기 들어와서도 태평양을 향한 일본의 야망은 끊임이 없었다. 이른바 대동아공영권에 관한 환상은 하루아침에 만들어진 것이 아니다. 따라서 일본의 태평양에 관한 깊은 관심은 순수한 학문적 입장도 있겠지만 동시에 해양제국을 지향하는 일본의 오랜 지향점과 맞물린다.

1914년 10월, 일본은 영국과 연대하여 독일에 대항하면서 미크로네시아를 넘본다. 그러나 독일 통치기간(1899~1914년)에 독일의 금지노력에도 불구하고 일본은 이미 야자과육을 말린 코프라(Copra)를 무역했으며 팔라우(Palau)에서 상업적 어업을 행했다. 독일에게 선전포고한 지 두 달도 채 되지 않아 일본 해군은 캐롤라인(Caroline)과 마리아나(Mariana), 마셜(Marshall) 군도의 주요 섬에 상륙한다. 1914년 10월 7일에 수백 명의 군인들이 폰페이(Pohnpei) 섬의 성당에 들이닥쳤으며 기관총으로 팔라우도 공격한다. 드디어 1919년에 국제연맹은 일본의 지배를 인정하여 위임

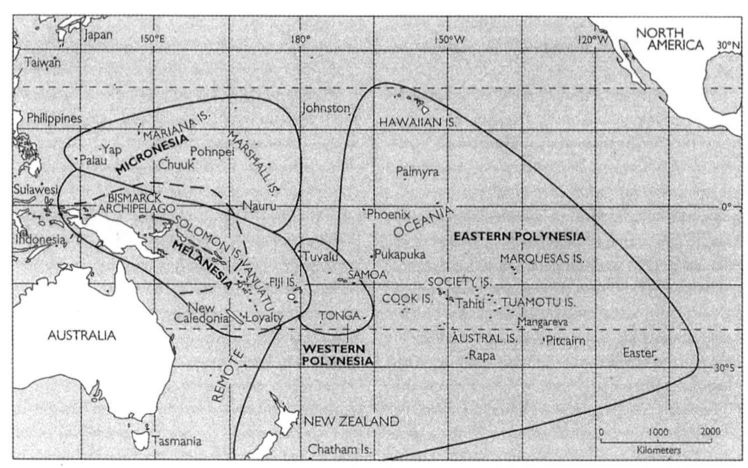

태평양 제도의 역사·문화 권역(Patrick Vinton Kirch, *On the Road of the Winds*, Univ. of California Press, 2002)

통치권을 부여한다. 1922년에 남양정부(Civilian South Seas Government)가 성립되고 팔라우의 코로는 미크로네시아에서 일본의 중심지가 된다.

일본의 태평양 탐욕은 훨씬 전부터였다. 청일전쟁과 러일전쟁 등을 거치면서 북방 대륙진출에 여념이 없었기에 남쪽을 잠시 유보했을 뿐이다. 남양군도로의 강력한 남진은 해군성의 의지였으며 미크로네시아 정책은 일본의 대양 지배를 위한 통로였다. 타케코시 요사부로는 "적도를 얻는 자, 세계를 지배한다"고 했다. 제1차 세계대전의 전리품으로 남양군도를 획득하였으니 일본의 태평양 식민사는 근 100년에 육박하는 것이다.[37]

태평양 지도를 유심히 들여다보자. 태평양 왼쪽의 미크로네시아에는 여러 주권국가가 있으니 팔라우, 얍(Yap)·축(Chuk)·폰페이·코스래(Kosrae)로 이루어진 미크로네시아(Micronesia) 연방, 북마리아나 군도(Northern Marina Islands), 괌(Guam), 마셜 군도, 나우루(Nauru), 그리고 상당히 멀리 떨어진 피닉스(Phoenix), 라인(Line), 길버트(Gilbert) 군도를 포함하는 키리바티(Kiribati) 등 일곱 나라다. 제2차 세계대전 당시의 이른 바 '남양군도'란 오늘날 미크로네시아를 의미한다. 괌, 사이판 등이 포함된 북마리아나 군도가 있고 그 밑으로 얍과 팔라우 등이 있다. 동쪽으로는 마셜 군도가 있는데 이네들을 총칭하여 미크로네시아라 부르며 2,106개의 섬을 포함한다. 적도 북쪽, 날짜변경선 서쪽의 서태평양에 놓이는 바, 하와이에서 필리핀에 이르는 드넓게 흩어진 산호섬들이다. 그리고 태평양상에는 뉴기니와 솔로몬 제도, 피지, 뉴칼레도니아 등을 포함한 멜라네시아(Melanesia), 그리고 하와이를 포함하고 사모아, 퉁가, 피닉스 등이 포함된 거대한 넓이의 폴리네시아가 있다.

　폴리네시아의 제도의 중심부인 마와네시아의 산호초 제도에서는 석타 石打어법이 전해지고 있다.[38] 뒤쪽의 사진에서 보듯이 해안에 길게 인공적인 띠를 이룬다. 야자나무 같은 흔한 재료를 엮어서 줄다리기를 하듯이 길게 만들고, 그것으로 해안에서 말굽형으로 둥글게 에워싼다. 100여 명의 남녀노소가 총동원되어 바다를 둘러막는다. 원은 수백 미터에 달하는 엄청나게 큰 크기이다. 원 밖에서는 마을 청년들이 배를 타고 꽝꽝거리면서 끈에 매단 돌멩이를 수면에 들이쳐서 고기들을 놀라게 한다. 고기들은 갈피를 못 잡고 원 안으로 들어오게 된다. 수렵에서의 몰이를 연상하면 좋을 것이다. 일단 고기들이 원 안으로 들어오면 사람들은 사력을 다해 고기를 해변으로 내몰게 되며 직접 손으로 고기를 잡게 된다. 물론 이 같은 전통어법은 돌살과는 무관하다. 그러나 그물이 발달·보급되기 이전에 원초적인 야자수잎그물을 보여준다는 점에서, 그리고 둥글게 원을 만들어 고기를 몰아넣어 잡는다는 점에서 돌살의 기본 원리와 연계되는 의미심장한 어법이다. 앞의 하와이로 이주한 폴리네시언들이 돌살을 경영한 것으로 미루어, 폴리네시아에서 돌살이 분명히 존재한다. 이는 브란트의 조사에서도 대략 확인된다.

(위) 석타어법이 전해지는 미와네시아
　　의 산호초 제도

(아래) 미와네시아의 산호초 제도의 야
　　자수 잎그물로 에워싼 인공 어
　　살(石毛直道　編, 『民族探險の旅』,
　　學習研究社, 1976)

| 끈에 돌멩이를 매달아 두드리기(石毛直道 編, 앞의 책)

뒤쪽의 미크로네시아의 돌살 사진은 좀더 분명하게 돌살의 모습을 확인시켜준다.[39]

미크로네시아의 작은 군도인 수시야루 제도는 산호섬으로 이루어져 있다. 산호가 깨져서 조성된 산호모래밭이 섬을 감싸고 있는 가운데 야자숲이 우거져서 원주민들은 그 속에서 살아가고 있다. 군도는 여러 개의 작은 섬들이 집결되어 있어 끊임없이 배로 이동하면서 살아왔다. 나무로 짠 거대한 통발 같은 함정어법이 전통어업으로 행해져왔으며 돌들이 섞여 있는 얕은 산호모래밭에서는 돌살이 행해졌다. 일본인 조사자 이시모리 수조石森秀三는 이를 '석간견石干見'이라 칭했다. 수심이 지극히 얕기 때문에 돌살이 높을 이유가 없다. 미크로네시아의 돌살 사진에서 보듯이 말굽형 돌살이 모래밭을 중심으로 타원형을 그리며 축조되어 있고 4명이 어구를 이용하여 고기를 잡고 있다.

멜라네시아의 피지 제도에도 돌살이 분포한다. 여기에서는 다소 경사진 모래사장에 말굽형 돌살을 설치하고, 들물에 들어온 고기가 날물에

| **미크로네시아의 돌살**(大島襄二 編, 『魚と人と海』, 日本放送出版協會, 1997)

기울기가 지극히 완만한 피지제도의 돌살
밀물과 썰물의 상태를 설명해준다(*The Atlas of Oceans*, 1977).

잡힌다. 왼쪽 그림은 물이 들어온 상태에서 고기들이 돌살 안에서 놀고 있는 모습이며, 오른쪽 그림은 물이 나간 상태에서 돌살 안에 고기들이 남아 있음을 보여준다. 피지 제도는 대개 모래사장으로 해변이 이루어져 있기 때문에 타원형이나 일자형 돌살은 불가하며 이같이 말굽형으로 만든다. 해면의 기울기가 지극히 완만하기 때문에 돌살이 담벼락같이 높을 이유가 없으며 위 미크로네시아의 돌살 사진처럼 쌓는다.[40]

태평양 어업에 관해 많은 관심을 기울이는 나라 가운데 하나인 일본인 연구자들에 의해 이처럼 일정한 연구사 진척이 이루어졌다. 물론 돌살

1	2
	3

1 바라쇼와라고 불리는 석간견. 호리시아스 섬. 다란 · 고부네떼.
2 필리핀 카라카센에서는 돌살 사이로 함정을 파고 작은 그물
　을 드리워 고기를 잡는 임통 역할을 하기도 한다. 돌살의
　일종.
3 마라이따 섬의 돌살이 수중에 잠긴 모습(大島襄二 編, 앞의 책)

자체보다는 더 포괄적인 어민문화사 연구라는 관점에서 연구가 이루어
지고 있는 중이다.[41] 구라타 도루慉田亨는 조간대의 건간建干어법에 관해,
"건간어법은 어로기술사상에서 말하자면 초기적인 것이다. 어법전개에
서 가장 원형으로서의 위치를 가지고 있어서 중요하다. 조수간만의 차를
이용하는 어법으로 간조시에 해안선(수면)이 깊은 곳으로 후퇴하는 것으
로 전개되었다. 만조시에 들어오는 물고기들은 모래해변과 들어오는 원
리를 이용한다. 대나무나 망을 가지고 반월형으로 막아서 조수간만 차가
작을 때와 간만에 의한 해안선 이동이 들어나는 곳에 세운다"고 주장한
바 있다. 즉, 어구발달사에서 건간어법을 원초적 어법으로 정의했다. 그
는 건간어법의 기술적 전개가 계보론적으로 동남아시아, 대륙 남부의 습
윤한 해안지대를 기점으로 하나는 대륙연안의 섬으로 전래된 것이고 다
른 하나는 대륙 내부로 농경문화 가운데로 전파되었다는 문화전파론을
주장했다.[42]

127

일본에서 돌살에 관심을 깊게 표명한 시기는 한국의 경우와 비슷한 연대에 걸쳐 있다. 생태환경의 급변으로 돌살이 소멸·축소되면서 소중한 가치가 새삼스럽게 재평가되는 측면과 부합된다. 국내에서의 돌살에 관한 관심이 대개 민속학상에서 전통 어로기술사적 측면에 초점을 맞추고 있는 반면에 생태어법이란 측면에 관심을 기울이고 있으며, 이는 필자가 오래 전부터 강조해온 대목과도 일치한다. 그런 점에서 한·일 양국은 돌살에 관한 한 상호 내적 연계는 없는 상태에서도 나름의 공동적 연구 관점을 유지하고 있는 셈이다. 그런데 일본 연구의 대개의 경향성은 지나칠 정도로 태평양으로부터 오키나와, 아마마 군도, 일본 규슈에 이르는 일맥의 선을 강조하다보니 한국에 지천으로 널려 있는 수많은 돌살들, 그리고 여타 외국의 돌살들과의 비교는 고려하지 않는 매우 뚜렷한 제한성을 보여주고 있다. 이런 일본학계의 한계를 인식하면서, 그러면서도 그네들의 성과를 십분 받아들여 우리 역시 잠시 동안이나마 오키나와로부터 규슈까지 긴 여행을 떠날 필요가 있을 것이다.

오키나와 열도의 '가키'

류큐 열도는 일본과 타이완 사이, 약 1,200km 해양 안에 위치한 여러 섬으로 형성되어 있다. 이 섬들은 야큐시마, 다네가시마를 중심으로 하는 북부권, 아마미 제도에서 오키나와 제도까지의 중부권, 미야코지마宮古島·아에야마八重山 제도로 이루어진 남부권의 셋으로 가를 수 있다. 그 가운데 북부권은 기본적으로 일본문화권에 속하고, 중부권은 일본의 영향을 받았지만 독자적인 문화를 형성하고, 중세의 단계에서는 독립한 류큐 왕국을 형성했다. 남부권은 선사문화에 있어서 북·중부권과 전혀 달랐으며, 중세에 이르러 중부권에 성립된 류큐 왕국으로 포

오키나와 풍경

쿠로시오 해류가 흐르는 아름다운 섬이다(오키나와 본섬 앞의 토카시키渡嘉敷 섬 아레나阿波連 해변에서 2006년 2월 17일 찍음).

함되었다. 이후 얼마 동안의 변천을 거쳐, 오늘날 이들의 오키나와 열도의 문화권은 일본에 속하게 되었다. 적어도, 선대의 류큐 열도의 문화권은 일본과는 다름을 알 수 있다.[45]

이들 오키나와 열도에 관한 어업기술사에 관해서는 해양민족학 분야에서, 10여 년 전에 세상을 떠난 니시무라西村 朝日太郞(1909~1997년)의 연구가 주목된다.[46] 그는 간만의 차를 이용한 '석간견'의 연구를 오키나와와 동남아시아로 확장하고 있으며, '살아 있는 화석'으로 간주하고 있음은 브란트의 시각과 다를 것이 없다. 지리학 분야에서는 어업지리학 분야에 관심을 쏟고 있는 다와 마사다카田和正孝의 연구가 주목된다. 1998년에 아키미치 도모야秋道智彌와 공저로 간행한 책자에서 '석간견'

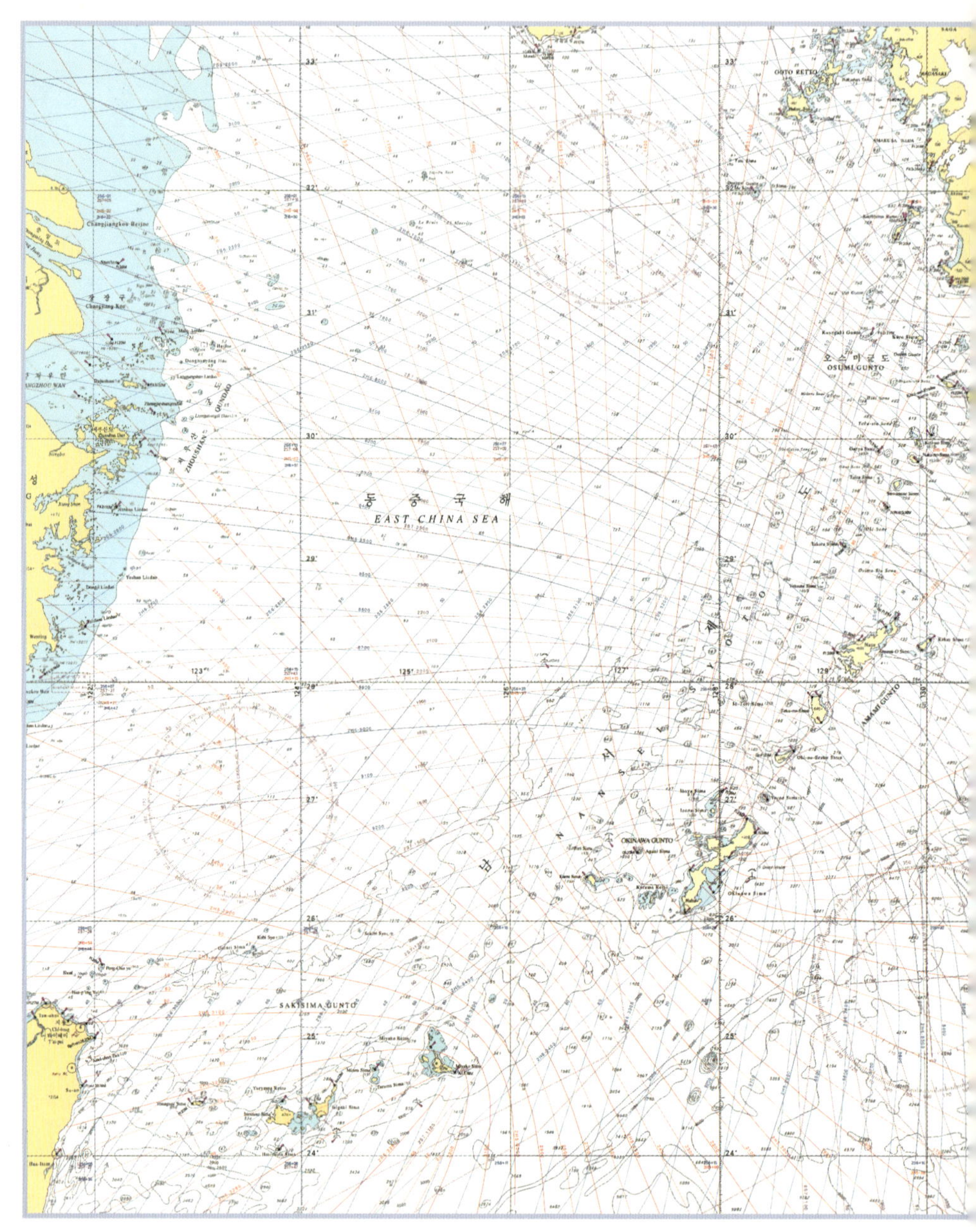

규슈 남단 가고시마에서 아마미 군도, 오키나와 제도를
거쳐 중국에 이른다(도엽번호 L−No. 850, 국립해양조사원).
모두 돌살 문화권이자 쿠로시오 문화권이다.

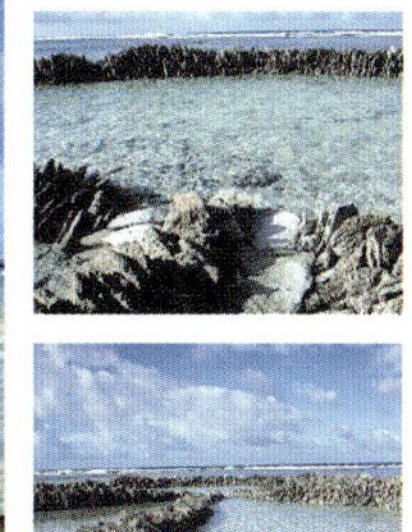

1 | 2 / 3

1 부아리키무라(ブアリキ村) 석간견의 야트마한 모습
2 연못처럼 고인 수조. 그물이나 작살 같은 도구로 잡는다.
3 물고기가 빠져나가는 어도

에 관하여 약술한 바 있다.[47] 2002년에 단행본으로 간행된 다와 마사다카의 석간견과 전통어법의 비교연구도 주목된다. 오사카의 국립민족학박물관에서 미즈노 키케水野紀一이 행한 규슈 연안에서 아마미 군도와 오키나와에 이르는 석간견에 관한 고찰, 그리고 야노 타카오矢野敬生에 의해 오키나와 제도 코하마지마小浜島 석간견에 관한 고찰도 이루어졌다.[48]

오키나와 제도는 기본적으로 석회암 지대이다. 즉, 산호초가 퇴적된 지역으로 어느 섬이나 주변에 산호초가 둘러싸고 있으며, 그들 산호초 지대는 방파제 구실도 하고 내만을 얕고도 아늑한 환경으로 만들어준다. 아래 사진에서 보듯이 잔잔할뿐더러 수심이 불과 10여 cm에 불과한 곳도 있어 물고기들이 노닐기에 안성맞춤이다. 이는 같은 일본 내에서도 규슈의 갯벌지대 돌살과 그 성격을 달리한다.

뒤쪽 도표에서 보듯이 오키나와 최남단으로부터 아마미 군도, 그리고 규슈 서부 연안인 아리아케有明海에 이르는 드넓은 태평양권에 모두 '석간견'이 분포하고 있다. 오키나와에서는 '나가키, 가키, 카치, 카키, 하

133

시쿠미' 같은 명칭이 많이 쓰이고, 아마미 군도에서는 '가키'와 '하쟈마', 아리아케에서는 '수키·수쿠이·가키' 등이 널리 쓰인다. 대략적으로 '가키'라는 명칭이 오키나와 제도로부터 아마미 군도, 더 나아가서 규슈의 아리아케와 규슈 북서부인 고토 열도에까지 두루 쓰이고 있다. 이런 명칭상의 일관성 때문에 일본학계에서는 남방 기원설과 쿠로시오 해류를 따라서 올라가는 전파설을 주장하기도 한다. 대부분의 학자들은 통합명칭으로 '石干見'을 즐겨 쓰며, 이시히미(いしひみ)라 호칭한다. 한자로는 '垣·石垣·魚垣' 등으로 서술하는데 조간대의 운동성을 충분히 반영한 '潮垣'이란 명칭도 더러 쓰인다. 한반도의 돌살이 독살·돌발·돌살·원담·갯담 등으로 지명마다 다양하게 지역명칭(Folk term)으로 쓰이는 것과 같은 이치이다. 그런데 지역에 따라서는 단순하게 지역명칭상의 차이 때문만이 아니라, 어로기술상의 차이, 즉 축조방식 자체에서 드러나는 명칭의 차이도 존재한다. 가령, 섬세하게 장벽을 쌓은 어원魚垣인 '나가키'와 단순하게 돌무더기를 쌓아놓은 원垣인 '가키'를 구분하여 해석하고 있는 오키나와 열도 아에야마 제도에서의 연구보고를 중시할 필요가 있다.[49]

재미있는 것은 한반도의 제주도에서도 원垣이란 돌살 명칭이 분포한다는 사실이다. 류큐도 한자문화권이므로 원이라는 한자를 씀은 당연히 이해되지만, 같은 한반도 내에서도 육지부는 원이라는 말을 쓰지 않고 있다. 따라서 제주도만 떼놓고 본다면 쿠로시오 해류권의 돌살 명칭과 한자 표기에서는 같음을 알 수 있다. 다만 조심해야 할 것은 제주도 내에서도 원이라는 명칭을 쓰는 곳과 갯담이라는 명칭을 쓰는 곳이 별도로 존재함을 고려할 때, 흥미로운 일치점을 찾는 것은 정당하지만 같은 제주도 안에서도 이칭이 병존함을 반드시 고려해야 할 것이다. 즉, 문화적 친연성을 강조하면서 어느 하나만을, 가령 원담과 갯담이란 두 가지 명칭 가운

규슈 서부에서 아마미 군도, 오키나와 제도까지의 돌살 명칭들[50]

지 역	세부 지역	지역 명칭(Folk term)	비 고
오키나와沖繩 제도	본토 쿠니가미손 國頭郡	나가키(ながき, 石垣)	촌락공동체 아리 (アヅ) 공동노동
	구메지마久米島	가찌(ガキ, 垣)	8개 지역별 명칭 존재
	미야코지마宮古島 본섬	가키	
	미야코지마의 시모지지마地下島	가키(魚垣, 魚の石垣 潮垣), 나가키(ながき)	
	코하마지마小浜島	나가키(ながき)	
아마미奄美 군도	아마미오시마奄美大島, 가케로지마加計呂麻島, 목자木慈어촌 및 삼포三浦어촌	가키(がき)	섬의 북부, 마을공동 관리 및 음력 5월 5일 공동노동
	아마미오시마 가사리초笠利町 및 다쓰고초龍郷町	海垣, 하쟈마(ハジャミャ), 하지바(ハジバ)	섬의 남부, 개인 소유
	토쿠노시마德之島 송원松原	海垣, 하쟈마(ハジャミャ), 혹은 하지바(ハジバ)	
아리아케有明海	나가사키현長崎縣 다카키高來町 수지포水之浦	수키(スキ)	이사하야만諫早灣 간척지 일대
	나가사키현 타카키高來町와 코나가이小長井町 경계 지점	수쿠이(すくい) 혹은 석간견石干見, 즉 이와호시미(いわほしみ)	이사하야만 간척지 일대

데서 원만을 선택하여 친연성을 강조하는 방식은 위험할 수도 있을 것이다. 그럼에도 불구하고 일단 같은 한자문화권인 류큐에서 '원'을 쓰고 있고 제주도에서도 '원'을 쓰고 있음은 문화사적으로 매우 의미가 깊다.

135

오키나와 본토의 '나가키'

오키나와 본토는 남북으로 길게 형성되어 있다. 오키나와는 아마미 군도나 규슈 서쪽 해안과 더불어 쿠로시오 해류의 영향을 강하게 받는 제도이다. 지형적으로 서부 해변은 파도가 더 거칠고 모래해변이 형성되어 있으며 현금에 해수욕장이 가장 많은 곳이기도 하다. 반면에 동쪽은 상대적으로 평지가 많아서 논 같은 경작지가 형성된 곳이며 어업에서도 조간대를 이용한 건강망어법이 이루어지고 있다. 최남단 서부에 해당되는 이토망(系滿)에는 자망刺網과 예망曳網이 많다. 본디 이토망의 어민은 나잠裸潛으로 세계적으로 알려졌다. 최성기에는 동남아시아 미크로네시아에도 많은 어업기지를 설치했다. 그들이 집단이주하던 어로지역은 일본의 지바현千葉縣, 대만 등 각지에 걸쳐 있다. 배를 타고 타마우키(タマウーキ)라 부르는 수경을 통하여 어패류를 포획하는 어법과 1884년에 이토망에서 처음 만들어졌다는 잠수용의 수중안경인 미카강(ミーカガン) 등 잠수와 관련된 어법이 발전한 곳이다. 그만큼 물이 맑고 투명하기 때문에 가능한 대목이다.[51]

반면에 중부 서쪽 해변인 기노자무라宣野座村에서는 자망과 건망健網이 행해지고 있다. 중부의 기노자무라나 그 바로 아래의 긴쵸金武町는 반농반어, 좀더 엄밀하게 따지면 농업이 주업이고 어업이 보조적 수단으로 영위되고 있을 뿐이다. 메이지 38년(1905년)의 자료에 의하면, 당시 긴쵸 전역의 어업인구가 180명 180여 호이고, 1호 당 1명이란 것은 어업이 단순 겸업의 일환이었음을 잘 보여주는 것이다.[52] 이는 선단어업 중심이 아니라 단순하게 조간대를 이용한 건강망어법이 반농반어의 일환으로 이루어지고 있었음을 뜻한다. 나하那覇시에서 북쪽으로 연결된 고속도로를 달리다보면 긴쵸 전역에 걸쳐 논밭이 다수 등장하는바, 바람이 강하고 모래밭으로 험난한 지형인 서편과 대비된다.

　　서부 해안을 따라 오키나와 북쪽으로 가
면 북단인 쿠니가미손國頭郡이 나오는데 여
기도 예외없이 건강망이 널리 행해지고 있
었다. 쿠니가미손은 산이 높고 숲이 좋은 곳
이라 아직도 교통의 오지이며, 개발된 남쪽
에 비해 자연적 상태를 비교적 잘 간직하고
있는 곳이다. 쿠니가미손의 건강망은 과거
의 나가키(ながき, 石垣), 즉 돌살의 전통을 잇
고 있다.[53] 나가키란 명칭은 여타 오키나와
제도와 다를 바가 없다. 현금에는 건강망이
널리 이루어지고 있으나 본디 조간대를 이

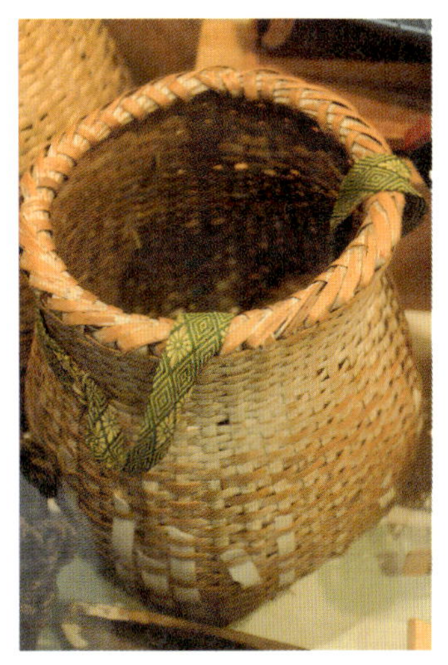

물고기를 담는 대나무 조롱
(오키나와　토나키지마　역사민속
자료관, 2006년 1월 21일 찍음)

오키나와의 어구들(오키나와 현립박물관, 2006년 1월 22일 찍음)
오른쪽 위에 미야코지마의 돌살(가키) 사진이 걸려 있다.

용한 나가키가 널리 이루어지던 해역이다. 촌락공동체를 뜻하는 아리(ア
ジ)가 있어 공동그물을 공동으로 이용하여 조간대에서 건강망을 운영해
왔다. 공동그물의 존재는 어업공동체의 공동체적 소유와 이용관행의 풍
습이 남아 있었음을 암시한다. 다만 오키나와 본토는 여타 외양의 섬들
에 비해 개발의 속도가 빨랐던 탓으로 '나가키'의 잔흔이 거의 사라지고
말았다. 본토에서 '나가키'란 명칭을 쓰고 있음이 주목된다.

구메지마의 '가키'

구메지마久米島는 오키나와 본도의 서방 약 90km 지점에 떠
있다. 주위 54km, 면적 58.5㎢인데 중신세中新世에 화산활동으로 형성된
화산섬이다. 아득히 먼 해상에서 보면 2개의 섬처럼 보이지만 사실은 가
운데 지형이 낮기 때문에 그렇게 보일 뿐이다. 해안은 산호석회암으로
둘러쌓여 있으며 특히 동쪽으로 길게 뻗어 있다. 동북부는 표고 200m의
단애이나 섬의 남서부에서 남부, 동부로 발달한 광대한 면적을 차지하는
이노(イノ-, 內海)는 고대부터 현재까지 어류와 해초류가 풍족하여 윤택한
곳이다. 내해에 수많은 지명들이 존재하는 것은 사람들의 생활과 밀접했
던 공간임을 의미한다. 구메지마에는 유가찌(イユガチ, 魚垣)란 방언이 전
해진다. 물고기(イユ, 魚), 낮은 울타리(ガキ, 垣)를 뜻한다(ガキ는 ガチ와 같
이 쓰임). '가키(ガキ)' 어법은 얕은 여울에 돌을 운반해와서 돌 울타리(石
垣い)를 만들고 만조시에 어군이 들어오기를 기다린다. 간조가 시작되면
울타리 안에 들어와 있는 고기가 외부로 도망가는 것을 막고 집단으로
돌 울타리 주변에서 몰아넣는다. 조수가 마르면 어획한다.[54]

한반도의 돌살과 다를 게 없다. 조수가 밖으로 흘러나가는 구역에 2개
의 대나무로 손잡이를 붙인 자루그물을 만들어 외부로 도망치는 고기를

구메지마久米島
유가찌와 연관된 지명들이 보인다.

떠올린다고 했으니 남해안의 쪽지 같은 모양이다.[55] 잡은 고기는 균등하게 분배하는 전통이 전해진다. "구메지마 해변에서는 자주 볼 수 있었지만 오늘날은 이 어법은 모습을 감추어서 볼 수 없다"고 했으니 일찍이 사라진 전통이다. 다만 지명과 돌그물 흔적만큼은 전해지고 있다. 각각의 촌락 명칭을 딴 '가키'가 지명에 남아 있는 것으로 보아 촌락공동체의 공동체적 소유와 공동체적 이용관행이 존재했다. 지금은 어족자원이 고갈되어 외해로 나가고 있지만 지금처럼 인구가 많지 않았고 자원이 풍부했던 예전에는 이들 돌살이 상대적으로 중요한 역할을 했다. 상당히 많은 양이 돌살에서 어획되었기 때문이다. 아래의 '西銘の繩張, 仲地の繩張, 嘉手繩刈の繩張, 比屋定の繩張, 眞謝の繩張, 宇根の繩張, 儀間の繩張, 島尻の繩張' 등은 구메지마의 주요 촌락들로 현재의 행정구역에서도 중요한 지명들이다. 각각의 촌락단위로 독자적인 돌살을 운영하면서 공동으로 이용했음이 확인된다.

구메지마의 유가찌(가키) 분포지역

잇짜찌(イッチャチ, 西銘の繩張)

에라가찌(エーガチ, 仲地の繩張)

가찌먀마(ガジャマー, 嘉手繩刈の繩張)

잇짜찌도우마이(イッチャチドゥマイ, 比屋定の繩張)

시르가찌(シールガチ, 眞謝の繩張)

응니가찌(ンニガチ, 宇根の繩張)

아라가찌(アーラガチ, 儀間の繩張)

위나테가찌(ウィナテーガチ, 島尻の繩張)

미야코지마의 '가키' 및 '나가키'

수리성首里城 아래에 있는 오키나와 현립박물관 민속실에 들어서면 배와 어구들을 모아놓은 전시대가 있다. 그 벽면에 걸려 있는 말

| 미야코지마宮古島

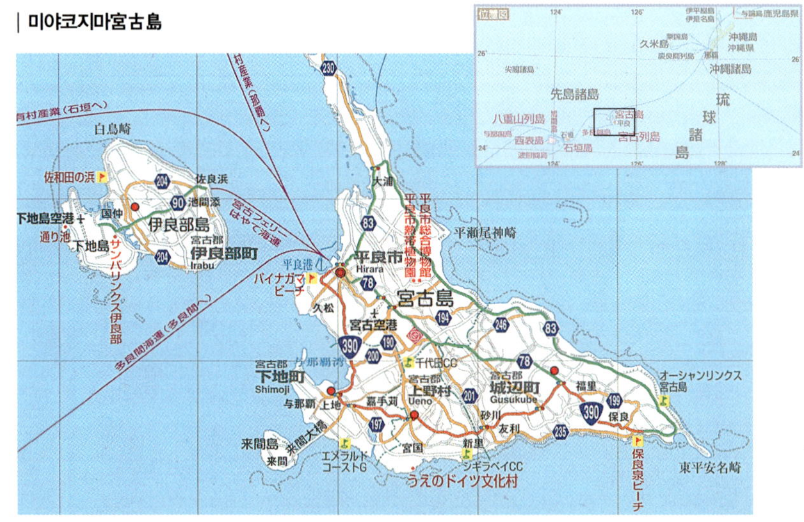

| **미야코지마의 말굽형 가키**(오키나와 현립박물관 전시실)

굽형 돌살이 바로 미야코지마宮古島의 돌살이다. 미야코지마는 오키나와 본도로부터 남서쪽으로 약 310km 떨어져 있으며 아름다운 경관을 자랑한다. 미야코지마의 돌살에 관해서는 니시무라西村 朝日太郎의 단행본에 사진과 더불어 실려 있다.[56] 미야코지마에서는 앞의 구메지마의 가키(ガキ)와 같은 발음으로 불리고 있으며, 니시무라는 이를 'Kaki'로 표현한 바 있다.[57] 현립박물관의 전시사진에서 보듯이 말굽형 돌살이 둥글게 해변을 두르고 있다. 평탄한 해변에 야무지고 단단한 돌들을 야트마하게 쌓았으며 단순한 말굽형이 아니라 중간에 들쑥날쑥하게 만들었다.

미야코지마에서는 본디 '가키'뿐 아니라 나가키(ながき)라 부르며, 이와 별도로 '석간견'이란 뜻으로 풀어서 이시히미(いしひみ)라고도 한다. 얕은 연안에 돌담을 쌓고 조수간만의 차이를 이용하여 고기를 잡는 것은 다른 곳과 다를 바 없다. 가운데의 임통 부분에 해당되는 곳을 길게 빼어서 고

미야코지마의 **사둘**(오키나와 현립박
물관 소장, 2006년 1월 25일 찍음)

기들이 썰물에 빠져나가 때 몰리는
어도魚道로 설계했다. 그런데 사진을
유심히 보면 알 수 있듯이 한쪽 구석
이 터져 있어서 물이 드나들게끔 되
어 있다. 여기에 그물을 설치하여 고
기를 낚아올리는 것이다.

미야코지마의 본도에만 '가키'가
있던 것은 아니다. 미야코지마의 관
문인 히라라의 항구에서 바로 건너
편으로 페리를 타고 가면 이라부지
마伊良部島에 닿으며, 그 이라부지마
와 연륙된 시모지지마地下島에 가도
'가키'가 완연하다. 시모지지마에는 석회암이 융기하면서 산호초의 지하
가 함몰되어 거대한 못(通り池)이 만들어졌으며, 이는 이계異界로 건너가
는 통로라는 오랜 전설이 전해지고 있어 민간신앙으로 받들어지는 유서

미야코지마의 중심지인 **하라라**平良市의
나가키漁垣(『沖繩大百科事典』下卷, 1983)

깊은 섬이다.[58] 시모지지마에는 1972년에 일본에서 유일하게 훈련비행장이 들어섰는바, 그 활주로 동쪽에 '魚垣' '魚の石垣', 혹은 조석을 이용한다는 뜻에서 '潮垣'이라 불리는 '가키'가 전해진다. 아주 진귀한 돌그물이다.

유형문화재 입간판
일본에서는 돌살들이 속속 문화재로 지정되고 있다.

이곳에서는 '가키'가 아니라 나가키(ながき)라 호칭한다. 간조시에 돌담이 해면에 드러나면 육지 쪽을 향해 방사형으로 쌓아진 형태가 나타난다. 고기가 도망갈 수 있는 길을 만들어놓고 그 끝에 그물을 설치하여 어획하는 독특한 방식이다. 이는 앞의 히라라에서 볼 수 있는 '가키'와 유사한 축조방식이다. 사진에서 보듯이 돌담이 좌우로 벌어져 있으며 가운데 물이 빠져나가는 길이 있어 간조시에 고기들도 그곳으로 빠져나가게끔 유도된다. 축조방식에서 그 진귀성이 인정된다.

유형문화재로 지정되어 있으며, 지금은 고기가 들지 않는 대신에 학생들의 체험어장으로 활용되고 있다. 사라져가는 전통어법에 관한 관심이 지역의 문화재 지정으로 나타나고 있다. 현실적으로 가까운 근해에 고기가 들지 않는 것은 오키나와도 같은 입장이므로 체험어장으로서 학습효과나 관광객 증대효과를 기대할 뿐이다.

아에야마 제도 코하마지마의 '나가키'

코하마지마는 오키나와 제도의 최남단인 하테루지마波照間島의 북단, 즉 이시가카지마石垣島와 이리오모테지마西表島 사이, 좀더 정확하게는 이리오모테지마 쪽에 붙어 있는 지극히 작은 섬이다. 이 섬에는 오키나와에서는 물론 세계에서도 최내급으로 지칭되는 어원魚垣인

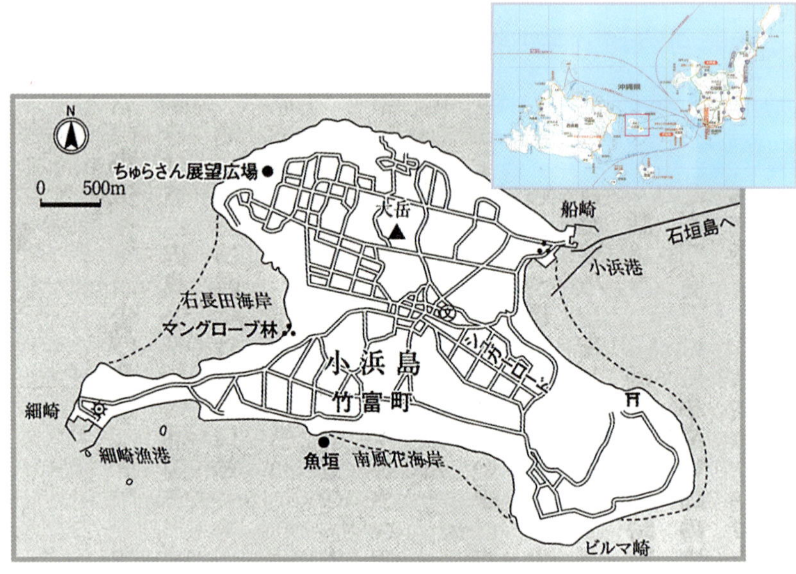

아에야마八重山 **제도의 코하마지마**小浜島
나가키漁垣가 지도에 표시되어 있다.

'나가키'가 있는바, 도본해원島本海垣, 즉 시만다카카(ミマンダカキイ)라 호칭한다. 남쪽 해안의 끝에 거대한 돌담이 보인다.[59] 원의 길이는 무려 1200m에 이르고 폭은 12m이다. 섬 출신으로 왕부王府에 봉공奉公했던 여관女官인 츠카사파아(つかさばあ)의 어채용御菜用 어개류魚介類를 채포하기 위하여 구축했다고 한다.

이런 돌담은 종교와 지배자와의 관계도 갖는다. 돌담 가운데 노로(ノロ垣), 아지(アジ垣)로 불렸던 것들이 그것이다.[60] 돌살을 둘러싼 정치권력과의 제 관계를 잘 말해주며 이는 하와이의 돌살을 축조한 주체세력이 왕권과 관계가 깊으며, 한반도의 대형 어살들도 권문세가와 관계가 깊음을 연상케 해준다. 1,200m에 달하는 어마어마한 규모의 돌살을 쌓기 위해서는 엄청난 노력동원이 요구되었으며, 보수에도 많은 노동력이 필요

했으니 그 지역의 권문세가
가 아니면 쌓을 수 없었을
것이다.

코하마지마를 비롯한 아
에야마 제도의 나가키는 담
의 중앙부에 입을 열고 어군
이 들어오면 그 입을 그물로
닫는다. 이런 입구(口垣)를
후취카키(フチィカキ)라 했
다. 입구를 열어놓고 그물로
잡아들이는 방식은 미야코

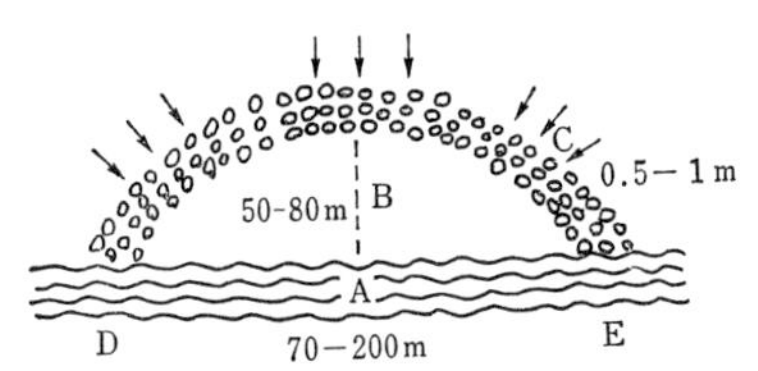

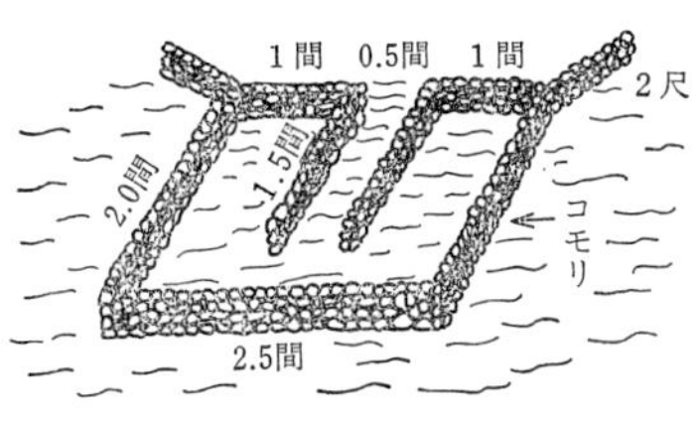

│아에야마八重山 **제도의 가키와 나가키**漁垣(龜山
慶一, 『漁民文化の民俗研究』, 弘文堂, 1986)

지마 일대의 나가키와 일치한다. 이로써 아에야마 제도로부터 미야코지
마에 이르는 넓은 지역에 입을 벌린 후취카키 형이 분포됨을 알 수 있다.
또한 이곳의 나가키는 조수간만을 최대한 이용하기 위하여 소조小潮 시
에 설치하는 안담(內垣)은 연안 가까이에, 대조大潮 시에 이용하는 바깥담
(外垣)은 좀더 깊은 쪽에 설치했다. 조간대의 높낮이를 이용하여 사리와
조금의 조차에 적합한 돌담을 이용할 수 있게끔 배려하고 있는바, 이같
이 조간대의 높낮이를 이용한 차별적인 축성방식은 제주도에서도 흔히
보이는 방식이다. 제주도에서 높은 물, 중간 물, 낮은 물을 나누어 층위를
달리하면서 원을 설치한 것과 동일하다.

그런데 어원魚垣인 '나가키'와 단순한 원垣인 '가키'를 구분하여 해석하
고 있는 연구보고를 중시할 필요가 있다.[61] 아에야마 제도의 원인 '가키'
는 뒤의 그림 1에서 보듯이, AB 사이는 50~80m, DE 사이는 70~200m
이며, 담의 높이는 0.5~1m이다. C방향에서 들어온 조수가 B에 갇히면
서 고기가 잡히는 전형적인 말굽형, 타원형 돌살이 존재한다. 석회암(산

호초) 지대로 산호초 내만은 대단히 얕은 천해이기에 돌담이 높을 이유가 없다. 만조 시에 낮은 담을 통과한 고기들이 간조 시에 잡히게끔 축조되어 있다. 가장 원초적·원시적 어법인 셈이다.

반면에 어원魚垣인 '나가키'는 소조에 잡는 것과 대조에 잡는 것을 구분하여 축조되어 있다. 나가키는 돌담을 정치망 방식으로 쌓아올린 것으로 정연한 축조방식을 보여준다. 그림에서처럼 물고기가 들어오는 길이 존재하며 들어온 물고기들이 놀 수 있는 수조와도 같은 공간이 마련되어 있다. 물론 앞의 가키에 비하면 엄청난 노력이 요구되는 축조방식으로 좀더 진화된 어법임을 알 수 있다. 앞의 코하마지마의 나가키는 이와 같이 좀더 진화된 형식의 것으로 간주된다.

● ▌아마미 군도의 '가키'와 '하자마'

일본 규슈의 최남단인 가고시마鹿兒島의 메이지유신기념관인 레이메이칸黎明館에 가면 2층 전시실 끝자락에 어구들을 모아놓은 작은 전시실이 있다. 그 방에 대형 사진판넬을 걸어두었는바, 돌살이 분명하다. 야트마한 산들이 펼쳐진 해변에 말굽형 돌살이 축조되어 있는데 형태가 대단히 완벽하여 현재도 사용되고 있음을 알 수 있다. 세 명의 어부들이 사둘 비슷한 것으로 물이 빠진 돌살 안에서 무언가를 잡고 있고 3명의 어린아이들이 뒤쪽에 서 있다. 조석간만의 차이를 이용하여 물빠진 돌살에 들어가 고기잡는 모습이 한반도 돌살과 거의 똑같다.

그런데 이 돌살은 가고시마현 본토의 것은 아니다. 가고시마현 남단인 이브스키指宿에서 보면 남쪽 오키나와 방면으로 점점이 연이어져 있는, 거리 치수로 따지면 가고시마에서 남쪽으로 약 380km 떨어진 태평양상에 아마미奄美 군도가 펼쳐져 있으니 그 군도의 돌살이 사진으로 찍혀 걸려 있는 것이다. 이브스키 항구를 떠나면 포루투갈로부터 총포가 처음으로 전래된 다네가시마種子島가 나타나고, 천 년 이상 된 스기(杉)나무들이 우거진 유네스코 지정 세계자연유산인 야큐시마屋久島가 나타난다. 그 밑으로 '푸른 바다에 떠 있는 남해의 낙원'으로 불리는 아마미 군도가 있으니. 아마미에서 최대의 섬인 아마미오시마奄美大島, 투우로 유명한 도쿠노시마德之島, 꽃과 종유동의 섬으로 유명한 오키노에라부지마沖永良部島, 가고시마현 최남단의 융기산호초인 요론토與論島 등이 있다. 이들 섬에 돌살이 존재함은 매우 의미심장하다.

다음 쪽의 사진은 아마미 군도의 가장 큰 섬인 아마미오시마 북부 해

아마미오시마의 남쪽인 목자木慈어촌의 돌살로 추청됨(가고시마현 鹿兒島縣 레이메이칸尙古集成館 소장, 2004년 12월 6일 찍음)

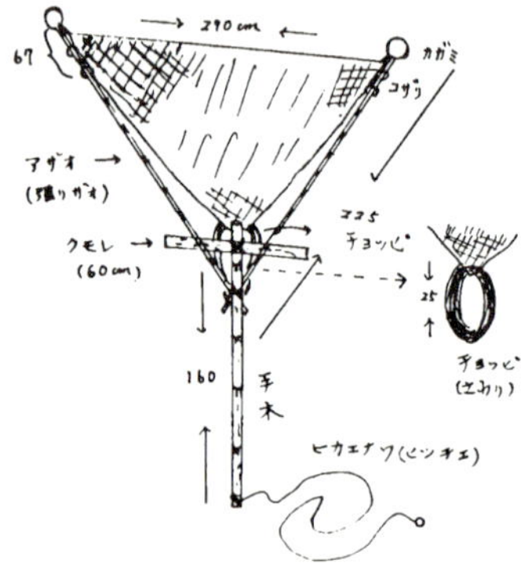

아미미 군도의 가장 큰 섬인 아마미오시마 북부 해변의 돌살에서 쪽대질하는 모습(『かごしまの民具』, 1991)

변의 돌살에서 쪽대질하는 모습이다.[62] 앞 쪽의 말굽형 사진도 아마미 군도의 돌살이다.[63] 아마미 군도에서 가장 큰 섬인 아마미오시마 남쪽에 딸려 있는 가케로마지마加計呂麻島 목자木慈어촌과 삼포三浦어촌에도 돌살이 위치한다. 목자의 돌살은 반파되어 있으나 1978년 12월 15일부로 세도우치초瀨戸內町 지정문화재(기념물)로 지정되었다. 지금은 세도우치초의 도서관·향토관 등이 주동이 되어 보존활동 및 체험활동에 나서고 있다. 또한 아마미오시마의 북부인 가사리초笠利町와 타쓰고초龍郷町에도 돌살이 존재한다. 항구를 확충하면서 많이 깨져나갔으나 이곳 역시 보존활동에 열심이다.

그런데 같은 섬 안에서도 소유 방식에서는 차이가 존재한다. 가사리초, 타쓰고초 등 섬의 북부는 원의 소유가 사적 소유인데 반해 가케로지

| **아마미 군도 아마미오시마 목자어촌의 돌살**(「かごしまの民具」, 1991)

마에서는 집단적 소유이다. 즉, 목자에서는 매년 음력 5월 5일, 즉 단오 날에 부락민 전원이 나와서 돌담을 보수하거나 새로 쌓는다. 사람들이 전부 바다로 몰려나가서 돌담을 쌓았다. 공동체적 운영의 기풍이 전해지고 있다.

가케로마지마의 돌살 축조방식이나 조업방식은 한국의 것과 다를 바 없다. 목자의 경우, 여느 곳과 다를 게 없이 돌담을 쌓아서 만조 시에 돌담 내로 들어오는 고기를 간조시에 잡아들이는 아주 단순한 어법이다. 위 돌살은 약 90m의 길이로 빙 둘러서 해안을 에워싸는데 바위톱이 외해로 진출한 만의 안쪽에서 나무그늘을 받고 있다. 만조시에 고기들 군집이 원 담 안으로 들어오면 중앙의 입통 부분에서 간단한 그물로 포획하거나 간조 시에 도망가려는 물고기를 잡는다. 카니(ヵ=) 같은 물고기는 돌담 사

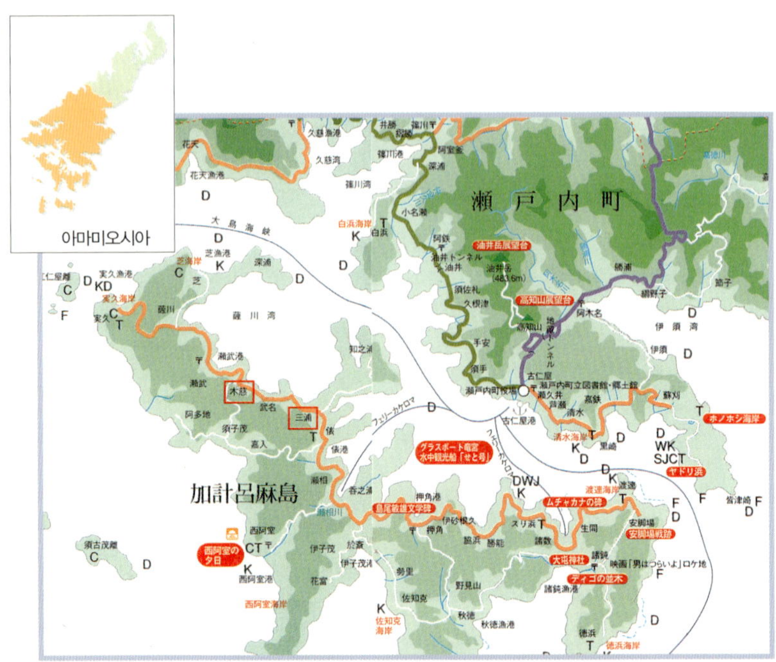

| 돌살이 널리 행해진 가케로지마加計呂麻島의 목자와 삼포 어촌

이에 숨어 있기를 좋아하는데 이들은 한국에서 쪽대에 해당되는 크고 작은 대나무 카고(ヵゴ)와 그물로 건져올리거나, 한국의 사둘에 해당되는 도구를 V자형으로 벌리고 전진하면서 잡아올렸다. 마을 출신 여성들의 체험담을 들어보면, 소학교 무렵(1970년)에 언니가 고기잡는 것을 좋아해서 날이 밝기 전에 함께 바닷가로 나갔다고 한다. 돌담의 양옆으로는 물이 적게 고여 있어서 거기서 고기를 쫓아 돌담 안으로 몰아넣었는데 이카(イカ, 오징어)도 때때로 잡혔다. 한국의 임통에 해당되는 돌담의 혈穴 가운데는 물이 빠지고 모이는 곳이다. 고기를 잡으러 갈 때의 말은 "가키에 가자!"였다고 한다.[64] 왼쪽 사진에서 보듯이 한국의 쪽대와

물 빠진 돌담 안에서 고기를 건지는 풍경
(세도우치초 사진)

거의 똑같이 생긴 어구를 가지고 고기를 떠서 제주도의 구덕과 흡사한 도구에 담는 모습이 보인다.

가케로마지마의 삼포어촌에서도 이전에는 원어로를 했는데 약 50~60cm의 폭으로 돌을 L자형으로 쌓았다고 한다. 이곳 역시 목자마을의 어법과 다를 것이 없었는바, 돌담이 제2차 세계대전 당시의 치열

| 섬들이 좁은 해협을 만들어 아늑해 보이는 세도우치초瀬戸内町

한 포격 속에서 형태가 사라졌다. 앞의 목자와 삼포는 바로 옆 동네로 살천만薩川灣의 아늑한 만에 놓여 있어 파도가 심하지 않은 곳이다. 목자와 삼천이 속한 세도우치초는 가케로마지마 사이에 아늑한 해협을 끼고 있어 매우 안정적인 만으로 지도에서 보듯이 무수한 어촌들이 해변도로를 따라서 발달했다.

아마미오시마의 북부인 가사리초笠利町는 다쓰고초龍郷町와 더불어 카사리만笠利灣이 가운데에 움푹 패어들어가 있어 거친 파도로부터 매우 안정적인 곳으로 그런 자연적 입지조건을 이용하여 전통적인 돌담이 세워졌다. 가사리초와 다쓰고초의 '가키'는 '蒲生左衛門'과 '今井權太夫'란 인물이 가키 어법을 가르쳤다는 전설이 있다. 그 전설이 사실이라면, 아마미 군도에서 '가키'가 전파되는 계통을 밝히는 데 도움을 줄 것이다. 아마미 군도의 가키라는 명칭은 오키나와에서 전파된 것으로 간주되는데, 아리아케의 입구에 해당되는 구마모토현熊本縣의 우도宇土반도로부

터 그 건너편의 시마바라島原, 그리고 규슈 북서부에 줄지어 있는 고토五島 열도에 이르기까지 '가키'가 분포된다는 점이다.

가사리초의 어부들 증언에 따르자면, 가사리초 수화부手花部 해안에서 1966~67년 무렵까지 행해졌다고 한다.[65] 한국에서의 돌살의 소멸 연대와 비슷함을 알 수 있으며, 기계식 선단어업이나 고도로 발달한 그물의 전면적 보급 시기와 일치함을 알 수 있다. 조업 방식은 조수시간에 맞추어 바다로 나가면서 "해변으로 가자!"고 외치면서 나갔다고 한다. 잡힌 어획물은 가정과 마을 내에서 소비하고 판매하는 일은 거의 없었다. 아이들이 고기를 잡으러 나가는 것은 훨씬 후년의 일로서 생활의 방편으로 고기잡이를 하는 것은 아니었다고 한다.

아마미오시마의 토쿠노시마 '하쟈마'

아마미오시마에서 오키나와 본토 쪽으로 향한 토쿠노시마德之島 공항에서 비행기가 뜨고 내릴 때 굽어보이는 어항이 마쓰바라松原인데, 그 마쓰바라에서도 돌담을 쌓아 고기를 잡았다. 그곳에서는 돌살을 '海垣'이라 명기하고 하쟈마(ハジャミャ), 혹은 하지바(ハジバ)라 호칭했다.

아리아케의 '수키'

헤이세이 4년(1992년), 일약 전국적으로 알려진 나가사키長崎 현의 보현악普賢岳은 간신히 활화산 활동을 멈췄다. 보현악은 운젠雲仙의 쿠니미國見岳를 중심으로 한 산들과 함께 시마바라반도島原半島의 중심에 우뚝 솟아 있다. 맞은편에는 구마모토熊本縣의 해안선이 연이어 있고, 그 구마모토 사이에 있는 것이 시마바라만島原灣인데, 여기서 사가현佐賀縣

아리아케有明海**의 돌살**(「大島襄二 編, 앞의 책)

(위) 돌이 흩어진 해변을 따라서 비스듬한 원을 그리고 있다.

(아래) 아리아케 돌살에서의 어로, 뒤에 돌살이 보이는데 현재 굴을 따는 것으로 보아 돌살어업은 쇠퇴하고 돌살 내의 돌밭에 붙은 굴을 채취하는 것으로 보인다. 이는 한반도와 흡사하다.

까지 넓게 걸쳐 있는 것이 그 유명한 아리아케有明海이다. 아리아케는 규슈에서도 유수의 갯벌해안으로 유명하며 이사하야만諫早灣에서 대대적인 간척이 이루어지는 곳이라 '한국의 새만금'에 비견되기도 한다. 사가현, 구마모토현, 나가사키현 등 3개의 현이 둘러싸인 천혜의 만으로 예로부터 고기들이 알을 낳으러 몰려들었던 어족자원이 풍부한 만이다. 시마바라만에서부터 좁은 물목이 시작되어 사가현에 이르는 광활한 만이 형성되어 대단히 아늑한 곳으로 내만어업이 활발한 곳이다. 쿠로시오 해류가 아리아케의 내만으로 흘러들어 수온이 따뜻하며 사철 온화한 기후를 자랑한다.

아리아케에는 한반도 서해안과 거의 흡사한 형태의 돌살이 널리 분포되어 있다. 무려 200여 개의 돌살이 집중적으로 산재했으나 이곳의 돌살도 한국과 거의 비슷한 시점에 소멸하기 시작했다. 아리아케에서는 돌살을 지역 명칭으로 '수키(スキ)', 혹은 '수쿠이'라고 부른다. 돌을 쌓아 만든 이 '수키'는 구마모토현, 사가현, 나가사키현 등 아리아케의 해안선에 위치해 있고 이들 지방 특유의 풍물이다. 무엇이 아리아케를 돌살의 본향으로 만들어주고 있을까. 무엇보다 아리아케는 조수 간만의 차가 크다. 조차는 보통 6~7m가 된다. 이는 일본의 다른 지역에서는 볼 수 없는 특이한 현상이다. 시마바라만의 좁은 물목으로 들어온 조류는 사가현까지 치달아 올라가지만 아라아케의 닫힌 내만에 갇혀서 커다란 조차를 형성한다. 6~7m의 조차는 한반도의 서해안과 비슷하며, 이는 돌살이 집중 분포된 충남 서해안의 경우와 비슷하다. 이런 조차를 이용한 것이 수키라 불리는 어법이다.

아리아케 수지포의 '수키'

타무라 이사무田村 勇이 보고한 아리아케 타카키의 수지포水之浦 돌살은 한반도의 것과 너무도 흡사하여 눈길을 끈다.[66] 그곳에서는 간조시에 연안에서 큰 '円 형의 돌담(石垣)을 쌓는다. '円 형이라 함은 말굽형같이 자루모양으로 담을 수 있는 형태를 말함이며, '石垣'은 앞의 오키나와 군도 구메지마久米島에서 돌살을 유가찌(イュガチ, 魚垣), 즉 낮은 울타리(ガキ, 垣)라 부르는 것과 비슷하다. 구메지마에서 '가키'라 부르는 것을 아리

아케에서는 '수키'라 부르는, 민속 용례(Folk term)의 차이가 있는 것 같다.

아리아케의 수키는 돌담을 쌓고 돌담에 튀어나온 부분의 하부에 배수구를 만들어놓는다. 한반도에서 돌담의 외해로 진출한 부분을 돌출시켜서 임통을 만드는 것과 거의 똑같다. 배수구에 대나무를 잘게 잘라서 헤엄쳐 들어온 고기가 도망가지 못하도록 막는다. 돌담은 대단히 조밀하게 쌓아서 태풍이나 큰 파도에도 쉽게 무너지지 않을 정도의 견고성을 갖추고 있다. 돌담은 조수가 만조가 되면 눈 깜짝할 사이에 몇 미터가 훨씬 넘게 된다. 돌담은 바다 밑으로 제 모습을 감추고 파도가 들이치게 되는 것이며, 고기가 모여서 노는 훌륭한 장소가 된다. 머지않아 곧 물이 나가게 되며 썰물 때까지 확실히 남겨진 고기들은 돌담으로 나가지 못하게 되어 배수구 근처에 남겨지게 된다. 어부들은 물때를 계산해서 테보(テボ, 籠)

│아리아케의 돌살인 수키

한반도의 돌살과 거의 흡사하게 생겼다(長岐縣 北高來郡 高來町 水之浦, 中島安伊 소유. 田村 勇, 『海の文化誌』, 雄山閣出版社, 1996).

와 타부(タブ, たも網)를 가지고 돌담에 갇힌 고기를 건지러 나간다. 이처럼 수키어법의 원리는 지극히 원시적이다.

돌담에 이용되는 돌은 멀리서부터 운반해 오기 때문에 돌담의 소유자가 그 비용을 지출한다. 한반도 서해안처럼 돌이 흔한 곳이 아니기 때문에 돌을 운반해서라도 수키를 쌓는 적극성이 엿보인다. 그만큼 수키의 어획량이 좋았다는 증거이다. '수키(スキ)'의 경영은 여러 가지 방식이 있다.

① 소유자와 어로자가 같은 경우
② 소유자가 복수이고 낮·밤에 걸쳐 (교대로) 어로에 종사하는 경우
③ 소유자와 어로자가 별개이고 어로자가 고용되어 있는 경우

①은 어민들이 소생산자 입장에서 소소하게 수키에서 적은 양의 물고기를 어획하면서 살림에 보탬을 받는 경우이다. ②는 공동적 이용관행의 잔흔이 남아 있는 경우이며 물때를 밤낮으로 보면서 100% 가동시키는 경우이다. ③은 비교적 대규모의 수키로서 어획량이 많은 요지에 위치하여 사람을 고용하지 않고서는 불가한 경우이다. 아니면, 소유와 경영의 분리 원칙에 의거하여 어로자가 고용된 형태이다. 아리아케에서는 근년에는 소유권이 어로자에게 있지만 어업권은 어업공동조합에 있는 예가 많이 보인다고 한다. 본디 개인소유였으나 수키의 중요성이 떨어지면서 공동조합으로 넘기는 방식이다.

수키도 양식업 등의 이유로 훼손되고 사라져가고 있는 실정이라 1990년 타무라 이사무가 조사할 당시, 실제로 조업중에 있는 것이 1개소에 불과한 실정이었다. 당시에 마지막 남은 수키는 사가현에 가까운 나가사키현 타카키마초高來町 수지포水之浦 연안에 있었으며, 소유자는 나카시마中島安伊 씨다. 수지포 앞의 이사하야만諫早灣은 대규모 간척지가 조성되

어 만입灣入이 사라졌다. 타카키마초 연안은 높은 산악지대에서 심해천深海川, 소강천小江川, 전도천田島川 등이 바다로 흘러내리는 위치다. 연안을 따라서 나가사키 철도와 도로가 지나갈 뿐 해안 평지가 좁기 때문에 간척의 유혹을 쉽게 받는 위치인지라 곳곳에서 간척문제를 일으키고 있다. 돌살의 쇠퇴는 이 같은 환경조건의 변화와 유관하다. 그나마 수키가 보존되고 있음도 초町문화재로서 그 보호를 위탁했기 때문에 보존되고 있을 뿐, 경제성은 이미 상실하고 있었다. 한반도의 돌살이 처한 위기의 시점과 거의 일치하는 대목이다.

그런데 타무라 이사무는 아주 재미있는 근대적 설화 한 편을 소개하고 있다. '하룻밤에 일대를 쌓은 숭어돈 이야기'가 그것인바, 시마바라 반도 아리아케초有名町 대야빈大野浜에 메이지 12년(1879년)에 상상을 초월하는 대량의 숭어를 한 사람이 포획하여 하룻밤에 보라풍어(통칭 보라돈)를 한 '마쓰모토松本榮三郎'라 불리는 사람이 있었다. 이 지역에서는 숭어를 보라라고 불렀다. 그는 돌살에 엄청난 숭어가 들어온 대풍어, 즉 보라돈을 기념하여 숭어 공양비供養碑를 건설했으며, 이 이야기는 지금도 이 지역에 전해지고 있다. 애초에 숭어를 잡아들였던 '수키'의 최초 현장에 세웠던 이 공양비의 위치가 바뀌었을 뿐, 그대로 기념비가 전해지고 있다. 어촌에 전해지는 설화지만 사실 정확한 연도가 나오므로 연대 고증이 분명하고, 과거에 얼마나 많은 고기들이 수키에 들었던가를 웅변해주고 있다.[67]

때는 1879년 1월 2일, 한밤중인 2시 무렵, 그 야심한 밤에 마쓰모토는 멀리서 수키를 바라보면서 불가사의하다는 생각을 하게 되었다. 간조 시에 스스로 순찰을 돌아보는 대야빈의 관기昔崎에 있는 수키가 끝없이 확 트이면서 막막할 정도로 물을 가득 채우고 있는 것도 같고, 물에서 빛을 발광하는 것만 같았다. 그는 간밤에 꾸었던 불가사의한 그 사건을 생각했다. 신붕神棚에 받쳐진 등불이 이상하게 흔들렸으며 매화꽃이 휘날렸다. 그리고 한밤중에 한 사람이 많은 금화를 가지고 와서 자기에게 가져다주는 꿈을 꾸는 등 그 무렵에 일어났던 기묘한 일들이 자꾸 생각났다. 그랬는데 바로 눈앞에 믿을 수 없는 일들이 펼쳐지고 있었다.

급기야 마쓰모토는 가까이에 살고 있는 친척집에 가서 사정을 이야기했다. 그리고 나서 다시 재차 수키를 찾아가 보았더니 수키는 눈부시게 빛나고 있는 것이 아닌가. 함께 간 친척도 깜짝 놀랐다. 잘 보면 눈부시게 빛나고 있는 것은 무게가 2kg도 더 되는 큼직한 숭어가 5정보(500㎡) 되는 수키 안을 온통 뒤덮고 있고, 흰 배를 드러내고 있었다. 두 사람은 기분이 우쭐해지면서 멍하기도 하여 잠깐 동안 아무 생각 없이 멍멍하게 서 있었다. 있을 수 없는 일이었으며, 무언가 꿈과 연결된 일이었다.

본디 마쓰모토는 남자형제가 있었는데, 그의 아버지(平太郎)가 재산상속 문제를 아들들에게 물었다. 밭 2정보가 좋을는지, 아니면 수키를 상속받을는지를 물었을 때, 마쓰모토는 수키를 택했다. 결과적으로 마쓰모토의 선택은 훌륭했다. 1월 2일 밤에 들어온 숭어를 운반하는데 5일까지, 즉 4일을 꽉 채운 노력이 들었다. 어획된 고기가 최초 상인에게 매도가 되었을 때, 무려 23만 근(약 140톤)이었다고 한다. 당시에는 5월까지 숭어를 염장하여 팔았는데 당시 기준으로 1근이 600g이므로 총수입은 5천 엔이었다. 인부비와 용기대, 기타 비용, 빌려쓴 돈 등 2천 엔을 제하고 남은 순수익이 3천 엔이었다. 이 무렵에 쌀 가치는 1표(俵)(80g)에 2엔 63전이었으니 무려 쌀 1,140표에 해당하는 금액이다. 한마디로 수키에 들어온 숭어가 엄청났다는 이야기다.

이 전설 같은 실화에서 수키에 엄청나게 숭어가 들어온 것을 신령이 감지한 듯한, 신비로운 경우로 해석하고는 있지만 그만큼 고기가 많이 들 수 있음을 보여준다. 한반도에서도 '우마차로 여러 차례 실어날랐다'는 구전이 다수 쏟아져나오는바, 며칠째 '대박'을 터뜨린 위의 사례는 사실 특수한 것도 아닐 수 있다. 500㎡ 규모의 수키라면 한반도 돌살을 기준으로 하면 보편적으로 있을 수 있는 크기로 별다르게 엄청난 규모가 아니다. 그런 정도에 위와 같이 엄청난 양이 산처럼 쌓였으므로 공양비까지 세웠을 것이다.

아리아케 타카기의 '수쿠이'

이사하야만諫早灣의 북부 배수갑문이 보이는 곳에 대나무창살이 빼곡한 '석간견'이 있다. 행정구역상으로 타카키高來町와 코나가이小長井町의 경계에 해당되며, 207번 옛 국도와 나가사키 철도변 해변에 위치한다. 석간견이 위치한 이곳에 북부 배수문이 있으며 이사하야만을 가로질러서 건너편 아주마吾妻町에 남부 배수문이 위치한다.

구마모토熊本 항구에서 배를 타고 시마바라 반도에 당도하여 다시금 버스를 타고 아리아케를 오른쪽으로 바라보면서 지나간 적이 있다. 한적한 어촌들이 계속 나타나며 반농반어에 적합한 농토가 풍부하고 광활한 갯벌이 이어져서 간척의 유혹을 쉽게 받는 곳이다. 현재 이사하야만 간척지는 사가佐賀지방법원에 주민들에 의하여 소송이 제기되어 있는 상태이다. 수문 바깥쪽 바다에까지 콘크리트를 깔아서 방파제 바깥까지 엉망이 된 현실이며 숱하게 잡히던 숭어 · 꽃게 등 어족자원이 고갈되어가는 상태이다.

타카키의 유형민속문화재로 지정되어 있으며 '수쿠이'그물이라 부른다. 지역 명칭으로 앞의 '수키(スキ)'와 비슷한 수쿠이(すくい)를 쓰고 있어 수키, 수쿠이 등은 모두 아리아케에서 돌살을 지칭하는 발음들임을 알 수 있다. 타카키의 수쿠이는 석간견石干見, 즉 이와호시미(いわほしみ)이라고도 부르는데 아리아케 특유의 모습이다.

아리아케有明海 원경

아리아케 이사하야만 주변의 간척지와
돌살이 발달한 수지포水之浦 주변

| 아리아케 돌살의 다양한 모습들

사진 1은 타카키의 수쿠이에서 물이 서서히 빠져나가면서 말굽형의 돌담을 보여주고 있다. 완만한 평지에 잔돌이 깔려 있으며 지질은 갯벌이다. 주변의 돌들을 모아서 축성했으며 높이는 매우 낮다. 사진 2는 큰돌을 요소요소에 배치하고 그 사이를 사람 머리보다 큰 돌로 제방처럼 쌓은 모습을 모여주고 있다. 사진 3에서 돌담의 축성방식이 드러난다. 사진 4는 물이 빠진 해변에서 수쿠이로 물 보러 가는 어민이다. 사진 5는 수쿠이 안쪽의 다소 '살벌한' 풍경을 보여준다. 수쿠이 내측은 물고기들이 살기에 좋은 조건이지만 날카로운 대나무가 죽창처럼 솟아 있어 고기들은 창살에 꽂히곤 한다. 작살 따위를 사용하지 않고 이같이 말뚝처럼 촘촘히 박아둔 죽창으로 고기를 잡는다. 물일을 보는 어민들이 다쳐서는 안 되기 때문에 죽창 사이로 사진에서 보듯이 디딤돌을 놓았으니 이를 카고미이시(かごみ石)이라 부른다.

외국인의 입장에서 아리아케 수키의 정확한 분포도와 역사적 변천에 관해서 정화하게 알 수 없지만, 한반도의 서해안과 지형적 조건에서 비슷한 친연성을 지니며 어업기술상으로도 친연성을 지닌다. 그런 점에서 아리아케의 수쿠이는 오키나와 제도 산호초 지대의 조수간만의 차이가 낮은 곳과 다르며, 오히려 한반도와 가깝다고 볼 수 있다.

아리아케의 200여 개에 달하던 수쿠이들이 사라지면서 흔적만 남긴 마당에 타카키의 수쿠이는 원형을 보여준다는 점에서 특별한 의미가 있다. 이사하야만의 갯벌 매립문제로 말미암아 환경적 조건이 파괴되는 측면은 우리와 너무도 흡사하다. 다만 수쿠이를 보존하려는 노력이 치열하게 이루어지는 데 반해, 한국에서는 문화재적 가치조차 모르고 있는 실정이니 대단히 부끄러운 일이 아닐 수 없다.

아프리카, 동남아시아, 유럽 등지의 돌살들 ;
세계 각지 — 폰 브란트의 보고

영구적인 담과 일시적인 담

앞의 아센 발리치나 힐러리 스튜어트, 패트릭 빈톤 커치가 민족지적 고고학이나 민족지적 민속학 · 인류학 입장에서 조사를 수행했다면 어구분류학자 브란트는 수산학자답게 세계의 물고기잡이를 총체적으로 개괄하는 가운데 어살의 큰 범주 안에서 돌살을 설명했다.[68] 그는 고기잡이에 사용되는 '영구적인 담'과 '일시적인 담'을 구분하여 설명했다. 즉, 영구적인 담은 돌살을, 일시적인 담은 어살을 뜻하고 있다.

사실 원시적인 고기잡이 도구를 사용한 고기잡이는 얕은 물에서만 가능하다는 한계가 있다. 이런 공간적 조건의 제한성은 고대부터 그래왔었고 오늘날에도 세계의 여러 지역에서 그렇다. 수면이 유동적인 지역에 살았던 고대의 어부들은 해안에 따라 분포된 조간대뿐 아니라 민물 침수지역에까지 두루 관심을 갖게 되었다. 조간대나 기수대에서 좋은 어획을 올림은 그리 어려운 일이 아니었다. 물이 범람하는 기간에 고기들은 새로운 침수지역으로 확산되었고 물이 빠질 때 그곳을 떠나게 된다. 침수로 생긴 조그만 웅덩이에는 많은 고기들이 남게 되었고 이런 고기들은 쉽게 잡을 수 있었다. 이런 웅덩이 수를 늘리기 위해 침수가 일어날 만한 지역에 구덩이를 팠고 이런 구덩이들은 웅덩이가 되었다. 어부들은 물이 빠질 때 고기들이 도망가는 것을 막기 위해 최초의 담을 고안해냈다고 브란트는 보았다. 웅덩이를 이용한 고기잡이는 앞에서 설명한 하와이의 고기잡이 못을 연상케 한다.

브란트의 연구는 이 책의 앞에서 다룬 하와이나 북극, 인디언 돌살 등을 모두 누락시키고 있으며 매우 간단하게 설명하고 있는 제한성이 뒤따르지만 세계의 돌살을 총체적으로 개괄한다는 점에서 유익하다. 그가 제시한 사진과 글을 분석해보면 대략 다음의 여러 가지 복잡한 유형이 엿보인다.

첫째, 말굽형으로 돌담을 쌓아서 만든 돌살이다.

즉, 기니(Guinea)의 돌살은 한반도의 말굽형 돌살과 거의 흡사하다. 원경에서 찍은 사진을 보면 약간 만입灣入된 부분에 6개 이상의 돌살이 연속적으로 몰려 있어 한반도 태안반도의 신진도에 위치한 돌살군群을 연상케 한다(사진 6).[69] 바위와 자잘한 돌, 갯벌 등이 펼쳐진 완만한 조간대에 원을 두르고 있다(사진 7).

둘째, 단순한 '말굽형'이 아니라 정교하게 쌓은 돌담의 미로로 유인하는 돌살이다.

이는 앞의 말굽형 돌살보다 기술적으로 진화한 것임에는 틀림없으나,

사진 6 기니 해변의 돌살을 멀리서 보면 6개 정도의 말굽형 돌살이 연속적으로 이어져 있다(Andres von Brandt, 앞의 책).

사진 7 조수가 빠질 때 고기를 포획하기 위해 기니 해안에 설치된 돌살(Andres von Brandt, *Fish Catching Methods of the World*, Fishing News Books Ltd, 1971).

사진 8 물이 빠져나갈 때 뱀장어를 잡는 방이 설치된 구조물들.
마다가스카르의 이태시(Ithasy) 호수(왼쪽; 1963년
Kiener 작성, 오른쪽; 1964년에 von Brandt 작성)

사실 '기술적 진화'라기보다는 돌살 위치의 자연적 조건의 상이함과 대
상 물고기의 상이함 등에서 비롯된 것으로 여겨진다. 즉, 지극히 정교하
게 물고기 회유노선을 따라 쌓아올린 돌담인 마다가스카르의 뱀장어잡
이 돌살이 그것이다. 미로게임같이 물고기방을 만들어 잡는 방식인데 전
형적인 함정어법이다(사진 8). 마다가스카르의 민물 고기잡이 어부들은
고기(뱀장어)들이 거슬러 올라오는 장소에 고기들이 도망칠 수 없도록 하
는 방을 만들었다. 엄격하게 말해서, 세계의 다른 곳에서도 잘 알려져 있
는 이런 장치는 고기를 잡는 것이 아니라 단순히 죽이는 장치다. 아프리
카에서는 고기를 담에 가둔 뒤, 창이나 도끼로 죽였다고 기록되어 있다.
유럽의 경우에도 우나강에서 곤봉과 줄에 납덩어리를 단 기구로 이동 중
인 연어를 잡았다는 기록이 있다.

셋째, 물고기 못 형식의 물고기 못이다.

인도네시아 돌살은 브란트 자신도 '못(pond)'이라고 명명했다. 조수간

사진 9 인도네시아의 조간대 지역에서 고기를 잡는 데 사용되는 연못(Andres von Brandt, 앞의 책)

만의 차이를 이용하여 물고기를 가두어두는 일종의 물웅덩이 같은 방식이다(사진 9). 조수지역에서 돌살은 인도네시아의 서부 플로어에서와 유사한 방법으로 사용될 수 있다. 이곳에서 돌살은 해안선과 평행을 이루는 얕은 물에 설치된다. 일본의 돌살처럼 인도네시아에도 고기가 물이 찰 때 들어올 수 있는 통로가 있다. 이 통로는 썰물 때 고기들이 도망치는 것을 막아준다. 배수구가 닫히고 고기들은 물이 있는 수로에 남아 결국은 잡히게 된다.

넷째, 아예 자연적으로 만들어진 자연방파제형의 돌살도 있다. 일정한 자갈댐이 만들어지고 고기들이 댐을 넘어와 잡히는 방식으로 일종의 물고기 못인데, 앞의 인도네시아 못과는 다르다. 돌이 그리 효과적이지 않을 때는 흙과 같은 다른 재료들도 이용된다. 돌살 운영으로 유명한 뉴질랜드 마오리 족은 오늘날까지도 뱀장어 돌살을 이용하고 있다. 이 돌살은 인공이 아니라 강한 파도에 의해 자연적으로 생겨난다. 뉴질랜드 남부에 있는 포사이드 호수의 강어귀는 대부분 자갈로 된 높은 벽에 의해 바다와 분리되어 있다. 물은 어느 정도 담을 넘어 흘러나갈 수 있지만 뱀장어들은 담을 빠져나갈 수 없다. 마오리 족은 이 자갈 벽에다 10~15m 길이에 1~2m 너비의 도랑을 판다. 물살을 따라 밤에 이주한 뱀장어들이 도랑 속에 모이면 맨손이나 갈고릿대, 또는 다른 도구들을 이용해서 잡을 수 있다(사진 10).

다섯째, 돌 이외의 재료를 사용하는 경우이다.

돌살은 영구적인 돌로 축조하는 것이 보편적이지만 흙 · 진흙 · 짚 · 판자 등 다양한 재료들이 동원되며 이는 일시적 어구에 해당된다. 돌을 사용하지 않으므로 이런 경우에는 사실 '돌살'이란 명칭을 달 수 없을 것이다. 담은 이동하는 물고기를 멈추게 하는 역할을 할 뿐만 아니라 여기에

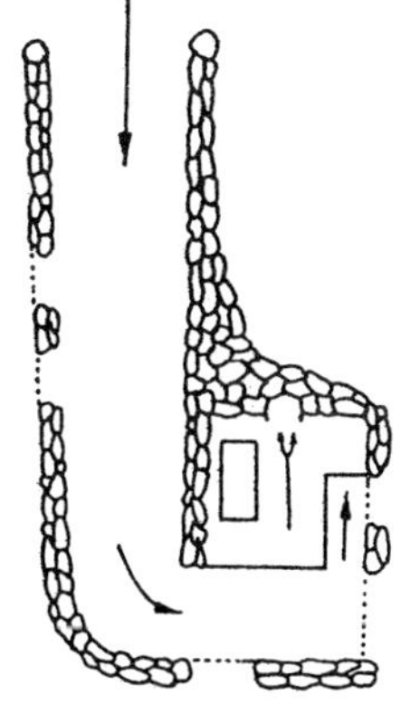
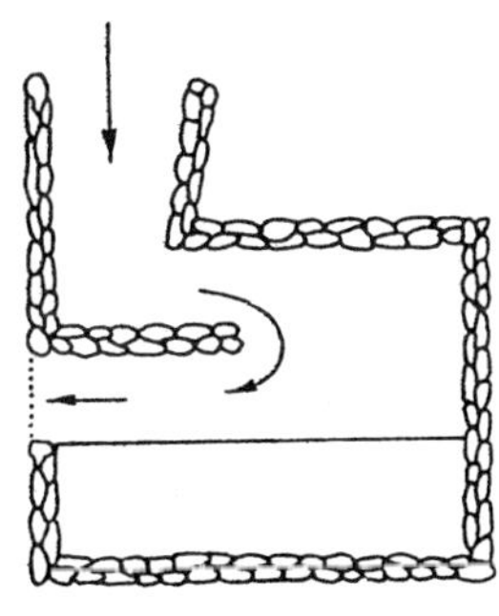

사진 10 마오리 족 어부들이 뱀장어를 모으기 위해 자갈로 된 벽 뒤에다 만든 인공 도랑. 뉴질랜드의 포사이드(Forsyth) 호수에 있다(1981)(Andres von Brandt, 앞의 책).

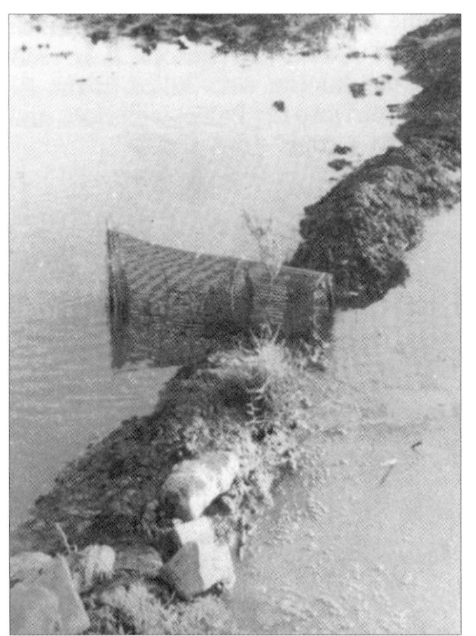

사진 12 덫을 설치한 진흙과 돌로 만들어진 일시적인 돌살
(타일랜드, 1960년)(Andres von Brandt, 앞의 책)

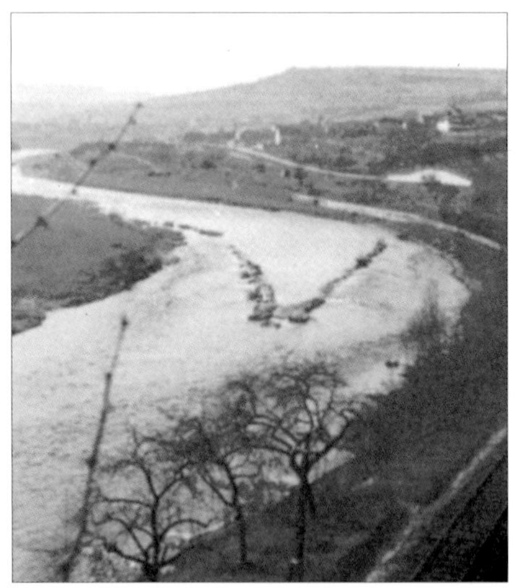

사진 13 나무격자와 돌담으로 이루어진 독일 사우에르
(Sauer) **강의 돌살**(G. Jens 찍음)

덫이나 그물을 설치하여 고기를 잡을 수도 있다. 이런 담들은 다른 고기잡이 도구들과 함께 사용되기도 한다(사진 12). 영구적인 담은 대부분 돌을 쌓아서 만들지만 흙이나 진흙, 또는 짚을 가지고 만들 수도 있다. 매우 무거운 판자로 만들 수도 있고 굵은 나무나 널판지로 만들기도 한다. 가볍게 만들어진 담들은 옮길 수도 있고 때론 일시적인 것이 될 수도 있다. 이런 종류의 담들은 대나무나 갈대, 관목, 고리버들, 거적이나 그물들로 만들어진다. 가령, 나무 울타리로 된 고기잡이 담(어살)은 유럽에서 핀란드의 핀(Finn) 족과 우가리아 족의 전형적인 고기잡이 기술이다. 돌살은 결국은 이동이 가능한 임시적인 어살로 전환했다는 주장을 브란트는 펴고 있다(사진 13).

사진 14 대만의 타이텅(Taitung) **근처에 있는 장치들**

물살을 거슬러 올라오는 작은 고기들을 잡는다. 물살이 센 폭포 가운데 부분에서는 고기가 잡히지 않지만 물이 천천히 흐르는 양쪽 끝에서 잡힌다(Andres von Brandt, 앞의 책).

여섯째, 장벽을 거스르는 물고기를 잡는 장치이다.

물고기가 뛰어넘는 일정한 장벽을 만들고 장벽을 기어오르는 고기들이 돌담에 모이게끔 유인하는 방식인데 인디언들의 어법과 거의 흡사하다(사진 14). 작은 담을 쌓아서 폭포가 되게 함으로써 강을 거슬러 올라오는 작은 고기들을 잡을 수 있도록 만들어진 돌로 된 덫을 보여준다. 이런 어법은 강가에서 쓰이며 거슬러 오르는 물고기에만 쓰일 수 있다. 물고기들은 장치를 넘어오지 못하기 때문에 장치의 양 끝 쪽으로 올라온다. 이 부분은 물살이 약하긴 하지만 자연스럽게 흘러나가는 물이 넘어갈 수 있을 정도다. 폭포 아래에는 나무로 만들어진 반半타원형의 관이 있어서 그 덫 바로 아래상자로 고기가 들어가게 한다. 이런 방법은 일본에서뿐

사진 15 조간대의 고기울타리(어살) 끝에서 고기들이 잡힌다(Madagascar)(Andres von Brandt, 앞의 책).

아니라 대만에서도 사용된다. 대만에서는 이런 장치가 토착적인 고기잡이 방법으로 인식되고 있다. 물 흐름에 따라 역행하여 설치하는 민물고기잡이도 다양한 형태가 있다. 경사가 올라가는 나무로 만들어진 격자와 고기를 격자로 모으는 긴 돌살을 이용한 민물고기잡이는 강의 흐름을 역으로 이용한다. 같은 돌담과 격자방식은 전 세계에 널리 퍼져 있으며 한국의 산간지방 냇물에서도 비슷한 것들이 발견된다(사진 15).

여섯째, 20세기에 등장한 반영구적인 콘크리트 담이다.

돌담도 아니면서, 그렇다고 일시적인 담도 아닌 반영구적인 담이 출현했으니, 20세기에 들어와 축조된 콘크리트형의 현대적 장벽이 그것이다. 조수지역에서 물고기와 다른 어패류는 썰물을 따라 나가다 이런 자연적이거나 인공적인 장애물에 갇히게 된다. 그 다음에는 손으로 모으기만 하면 되는 것이다. 이런 방식의 고기잡이는 과거는 물론이고 오늘날에도 여전히 행해진다. 담은 움직이지 않는 물뿐 아니라 흐르는 물에도 세워질 수 있다. 흐르는 물에 설치된 담은 고기들을 도망가지 못하게 하여 잡

사진 16 북부 독일의 아이더(Eider) 강의 호수 배수구에 설치된 영구적인 담
배수출구에 철로 된 불뚝을 매달아 고기를 모은다(Andres von Brandt, 앞의 책).

기 쉬운 장소에 모이게 함으로써 쉽게 잡을 수 있게 해준다. 그러나 이같이 영구적 콘크리트 구조물이라고 하더라도 조석의 차이를 이용하고 영구적인 재료를 이용한다는 점에서 돌살의 원리를 이어받았을 뿐 전혀 새로운 어법은 아닌 셈이다(사진 16).

공동체의 단결을 과시하다

대부분의 경우에 돌살은 조수지역에서 담으로 사용된다. 돌살은 영구적 장치로 만들어지기 때문에 '조수를 막는 댐'이라 불리기도 한다. 이 돌담들은 고기들이 그 안으로 들어올 수 있도록 물을 가득 담고 있다. 그러나 물이 빠지면 고기들은 댐 뒤에 님게 된다. 이때 돌남이 제대로 만들어졌어야 기능을 발휘할 수 있다. 고기들을 가두어두기 위해 조수를 막는 담은 반원형이나 편자모양으로 만들어진다. 담들은 길이가 다양하다. 수백 m에 달하는 조수를 막는 담은 가장 긴 것으로 보여지는데 일본에서 이런 담들이 발견된다. 일본에는 수백 년 전에 만들어진 1천 m 이상의 돌살도 있다. 조수 차가 낮을 때, 물은 쌓여진 돌 사이로 쉽게 나갈 수 있다. 그러나 큰 고기들은 물과 함께 나갈 수 없고 돌살 뒤에 남아 포획된다. 일본의 돌살은 배수 속도를 증가시키기 위한 배수구를 가지고 있는 것도 있다. 이런 배수구는 간단한 고기잡이 방법으로도 고기를 잡을 수 있는 좋은 장소라고 브란트는 보았다. 그의 지적처럼 한반도의 돌살도 일본의 돌살과 매우 유사하게 배수구를 가지고 있으며 그 배수구에서 고기를 사둘로 건져내는 방식을 취하고 있다.

돌로 된 구조물들은 조수를 막는 댐으로 사용될 뿐 아니라 고기잡이 덫 역할을 하기도 한다. 고기잡이 덫 역할을 하는 돌 구조물은 고기가 저절로 들어오는 조수를 막는 댐과는 반대로 고기가 그 안으로 따라 들어오게 하는 수동적인 장치다. 그러나 돌로 실질적인 덫을 만드는 것은 나무로 된 구조물을 만드는 것보다 어렵다. 돌로 만들어진 고기잡이 덫이 효과적인 장치가 되기 위해서는 거기에 다른 재료들이 첨가되어야 한다.

담의 크기도 지역적 조건에 따라 다르다. 쭉 뻗은 모양의 벽이나 울타리가 될 수도 있고 휜 모양일 수도 있다. 휜 모양의 경우 그 끝은 효용성을 증진시키는 나선 모양이 된다. 좁은 물에서 고기는 어떤 장치가 되어 있는 담 안에 갇히게 된다. 종종 그런 담들은 좁은 통로를 가지고 있어서 어부들이 그곳에서 기다렸다가 물고기를 포획한다. 손으로 고기를 잡을 수 없을 경우엔 창이나 주머니처럼 생긴 그물이나 손으로 작동시키는 도구들로 잡게 된다. 어떤 담들은 울타리들로 만들어져 있고 큰 V자 모양의 형태로 세워진다. 이때 어부는 V자 모양의 모서리 부분에 고기잡이

도구를 가지고 숨는다. 고기를 잡는 지점이 되는 이 구석 부분은 매우 안락할 수 있으며 어부에게 은신처가 되어 고기들은 도망치지 못하고 잡히게 된다.

돌담이나 흙담은 수세기 동안 고기잡이에서 사용된 영구적인 구조물이다. 이런 영구적 구조물은 일시적인 담들과 함께 사용되었다. 그러나 영구적 담은 비영구적인 고기잡이 울타리, 즉 우리가 통념상으로 이해하는 어살에 의해 대부분 대체되었다. 이 고기잡이 울타리들은 쉽게 제거할 수 있고 필요할 때마다 옮길 수 있는 장치다. 그런 비영구적인 고기잡이 울타리들은 세계의 많은 곳에서 여전히 사용된다. 이런 장치는 조심스럽게 엮어진 매트나 강한 대나무 벽이나 관목들로 만들어진 튼튼한 울타리로 구성된다. 그런 고기잡이 울타리는 돌살처럼 조수를 막는 둑으로 사용되기도 한다. 물이 그 울타리를 넘어가지 못하는 경우가 자주 있지만 고기들은 물살과 함께 들어와서 해안선에 비스듬한 각도로 설치된 울타리 너머로 헤엄쳐 들어온다. 이처럼 브란트는 영구적인 담과 일시적 담을 구분하여 설명하고 있다.

더 나아가 큰 돌살을 만들기 위해서는 공동체의 단결과 외부로부터의 압력이 필요하다. 이제 돌살은 이전만큼 많이 사용되지는 않는다. 공동체적 단결의 부족이 그 주된 원인일 것이다. 따라서 조수를 막는 돌살은 이제 역사적, 경제적 역할을 완수했다고 볼 수 있을 것이다.

이상이 브란트가 세계의 어법을 총괄하는 조건에서 제시한 견해이다.

그러나 고정적인 담과 비고정적인 담에 관한 그의 주장은 전면 동의하기는 어렵다. 고정적인 돌살에서 어살로의 전환이 이루어진 경우도 있지만, 어살이 가능한 지역과 돌살이 가능한 지역은 어업의 자연환경적 조건에서부터 차이가 나기 때문이다. 그의 연구는 세계사적 견지에서 돌살 어업사를 큰 틀로 조망한다는 장점이 있다. 세계 곳곳에 유사한 어법이 이루어지고 있으며, 한국의 돌살도 그런 세계적 범주 속에 규정됨을 알게 한다. 그러나 세계적 차원을 다루면서 역시나 각 개별 나라와 민족마다 자연적 조건의 상이함에서 비롯되는 구체적인 사례와 어로기술상의 변별성은 미처 다루지 못하고 있다.

가령, 한국의 경우에 태안반도를 예로 설명해보자. 태안반도의 외해는 거친 파도로 말미암아 그물을 이용한 어살 같은 어법은 예전에도 매우 제한적으로 모래사장 등을 이용하여 이루어졌으며 대개의 만에는 돌살을 설치했다. 반면에 태안반도 안쪽, 즉 천수만이나 가로림만 쪽은 상대적으로 잔잔하고 만입灣入보다는 펑퍼짐한 갯벌이 형성된 곳인바, 이런 곳에는 돌도 귀할뿐더러 애초부터 돌살보다는 어살이 설치되었다. 돌살이 어살로 바뀐 것은 아니라는 것이다.

즉, 브란트의 학설은 전 세계적 차원에서 연구를 수행하다보니 생길 수밖에 없는 '일반화의 오류'로 여겨진다. 그러나 '일반화의 오류'가 존재한다고 하여 세계적 차원에서 어구를 분류하고자 한 그의 입장마저 부정될 필요는 없을 것이다. 왜냐하면 그가 천착한 대상연구는 대만, 마오리 족, 인도네시아 등 민속지식에 기초한 어업지식으로 어법의 문화 종다양성을 이해하는 데 큰 도움을 주기 때문이다.

살아 있는 그물화석,
돌그물의 연대기

이에 사관이 이르기를, 온 나라가 봉공奉公하는데
어찌 반드시 어살이 있은 뒤에야 용도에 부족함이 없겠는가.
부끄럽게도 어살은 단지 홍리興利의 도구일 뿐으로 민간에 폐단됨은 막심했으니
실로 임금이 사사로 소유할 것이 아니다.
그러므로 권벌의 이런 아룀이 있었던 것이다.

_『명종실록明宗實錄』 1권, 명종 원년 8월 6일

그물의 어머니인 돌살;

모태도구인 돌살과 갈돌 · 따비의 변증

가장 오래된 고기잡이 도구

· 선인들은 배를 타고 나가 낚시나 그물로 물고기를 잡았을까?

· 배도 타지 않고, 그물도 없이 고기를 잔뜩 잡는 방법은 없었을까?

초등학교 저학년에게나 던져줄 만한 과제다. 그러나 답변은 결코 간단하지 않다. 과연 배 타고 멀리 나가 낚시나 그물로만 잡았을까? 정답은 '아니다'가 맞다. 무엇보다도 어족자원이 풍부했기 때문에 배 타고 악착같이 멀리까지 나가서 잡을 이유가 없었다. 늘 위험이 도사리는 먼 외해까지 나갈 만한 선단어업이 없던 것은 아니지만,[1] 굳이 위험을 무릅쓰고 나아가는 외해어업은 아예 필요 없었다. 당장 먹을 만큼만 잡아들였으므로 풍부한 어족자원을 모조리 잡아들일 필요가 없었다. 건어물을 비롯한 약간의 비축물만 있으면 족했다. 또 해산물 말고도 크고 작은 강에서 잡히는 민물고기도 있었다.

선사시대 사람들은 조개잡이처럼 간단한 손도구를 이용한 채취어법, 작살을 이용한 고기찍기, 뼈와 금속낚시, 그리고 신석기 유구遺構에서 확인되는 방추차 등으로 미루어 볼 때 처음으로 등장했을 그물 따위를 이용했으리라고 추측된다. 이구 발진 경로에서 그물이 가장 늦은 난계일 것이다. 연근해를 벗어나 멀리까지 나가서 대형그물로 잡는 중선배가 등장해서 중선망으로 어획량을 획기적으로 끌어올리는 단계는 조선 후기에 이르러서야 본격적으로 가능했다. 따라서 '예로부터 먼바다로 나가 그물로 고기를 잡았다'는, 막연하고도 천편일률적인 교과서 서술은 마땅히 수정되어야 한다.

어업기술사적 측면에서, '그물'은 다른 어법에 비하여 상대적으로 뒤늦게 발생했다. 포세이돈 같은 그리스 신화의 영웅들이 그물 대신에 창을 들고 있음은 매우 상징적이다. 유럽에서도 19세기 후반까지 그물을 기계로 만들지 못하고 손으로 일일이 짜야 했으니 그물은 모든 어구발달사에서 '막둥이'다. 20세기 들어와서도 여전히 짚그물, 혹은 칡그물(葛網) 같은 원시적 그물이 일부에서 쓰이다가, 면사綿絲그물이 일제강점기 중엽에 첫 선을 보였다. 명주그물 같은 값비싼 그물도 없지 않았지만 면그물이 등장하면서 비로소 그물이 넓게 퍼져나갔다. 그러나 면사조차도 매우 귀했다. 처음에 면사가 보급될 때는 그물이 아니라 글자 그대로 실이 보급되어, 그 실을 사다가 일일이 손으로 그물을 짰다. 매우 귀한 물건인지라 번화한 포구부터, 그것도 부산 같은 남쪽에서부터 보급되기 시작하여 북상했으며, 오지 어촌에서는 면사를 구경조차 못했다. 면사의 북상은 속도가 매우 더디어 심지어 해방 이후에도 짚그물·칡그물을 쓰는 곳이 있었을 정도다. 그물이 지천이 된 시점은 1960년대 나일론이 본격적으로 보급되면서부터다. 나일론그물의 전면적 보급은 바다 '갯것'의 전면적 패배를 동시에 의미했다.

전근대사회에서는 낚시와 그물 못지않게 연근해 어살漁箭(혹은 魚梁)이 중요했다. 어살이란 조수간만의 차이가 많고 오목하게 들어간 포구에 대나무나 싸리나무, 돌멩이 따위로 보를 막아서 고기를 잡던 어로방식으로 어구 구분상 함정어법陷穽漁法(Traps)에 속한다. 그 자체가 천연적인 함정

그물이다. 밀물에 밀려온 고
기들이 썰물에 빠져나가면서
'독 안에 든 쥐'가 된다. 돌살
도 그런 어살류의 하나로 볼
수 있다. 당연히 정교한 어살
들보다는 자연적인 돌살이 훨
씬 먼저 생겼을 것이다.

대나무로 만든 죽살, 돌로
만든 돌살 등 다양한 어구들
이 모두 광의의 어살에 포함
되기는 하나 돌살은 선사시
대부터 전승되었으며 전 세
계적으로 분포한다는 점에서
는 별개의 논의틀에서 다루
어야 마땅하다. 나무 한 점 없

짚그물(가고시마현鹿兒島縣 레이메이칸尚古
集成館 소장. 2004년 12월 6일 찍음)

고 폭풍과 눈이 퍼붓는 북극에도, 화산암 이글거리는 태평양 해변에도
돌살은 존재한다. 말하자면 돌살은 오늘날 쓰이는 그물들의 모태이다.
브란트는 돌그물에서 현대적 그물까지 이어져온 발달사를 이렇게 설명
하고 있다.

돌담은 세계 어느 곳에서나 잘 알려져 있다. 돌담은 대부분 조수지역이
나 범람지역에서 썰물에 고기가 빠져나가지 못하도록 붙잡는데 이용된
다. 이런 경우에 그 돌담은 영구적인 방책이 된다. 그러나 그것은 오세
아니아인들이 하는 것처럼 고기를 잡는 동안에 만들어질 수도 있다. 때
로는 백 명이 넘는 많은 사람들에게 포위되어 얕은 물에서 맴돌던 고기

는 순식간에 만들어진 산호석 벽에 감금되어 도망칠 기회를 잃는다. 그
것은 바로 그 고기들이 붙잡혔다는 것을 의미한다. 돌담 또한 오스트레
일리아 원주민들이 사용했던 것처럼 복잡한 미궁처럼 만들어질 수도 있
다. 그런 까닭에 돌담이 가장 오래된 고기잡이도구의 '살아있는 화석'으
로 간주되는 것은 당연하다. 돌담은 나중에 여러 지역에서 작은 가지나
갈대, 대나무 등으로 만들어진 운반이 가능하고 가벼운 고기잡이 울타
리로 대체되기도 했다.[2]

단순하게 돌을 쌓아서 만든 돌살은 세계의 여러 곳에서 다양한 방법으
로 사용된다. 이런 돌살은 동남아시아, 폴리네시아, 멜라네시아, 오스트
레일리아, 아프리카의 고기잡이에서 알려져 있고 유럽에서도 그러하다.
브란트는 이런 모든 지역에서 돌살을 사용한 고기잡이를 아주 오래된 고
기잡이 방법으로 간주하면서 오늘날까지 존재하는 돌살들 가운데는 신
석기 초기에 만들어진 것도 있다는 주장을 폈다. 심지어 인간이 현생 인
류로 진화되기 전前시기에 만들어진 것도 전해 내려오고 있다는 주장까
지 내놓았다. 그러므로 이런 돌살 가운데 어떤 것은 일본에서 쓰는 표현
처럼 '가장 오래된 고기잡이 장치의 살아 있는 화석'으로 생각될 수 있으
며, 오스트레일리아에서는 이것을 원시시대부터 시작된 일들 가운데 지
금까지 사용되는 영구성을 가진 '유일한 작업'이라는 학설을 제시한 바
있다.

견사 그물을 손질하는 노인(1950년대. 속초시 · 속초문화원, 『옛 사진으로 엮은 속초의 발자취』, 2001)

어로도구에서 돌살의 역사적 위상은 농업도구에서 갈돌과 따비의 위상과 같다. 결론부터 말한다면, 돌살과 따비·갈돌은 각각의 분야별 도구사에서 모태도구母胎道具에 해당한다. '어머니그물'로서의 돌그물을 설명하기 위해 모태도구란 학술상의 신조어를 이끌어내 비교 검토하고자 한다. '모태도구'가 생경스럽게 느껴진다면, '문화적 원형질을 간직한 도구', 아니면 '도구 원류' 정도도 가능할 것이다.

이제는 그 흔하던 '디딜방아질'이나 '연자매질'을 좀처럼 보기 어렵다. 민속박물관이나 민속촌에서 어쩌다 '골동품'으로 만날 뿐이다. 한국의 재래 농기구 가운데 탈곡이나 정곡, 또는 제분에 이용된 도구로는 돌확·맷돌·매통·절구·디딜방아·연자매·물레방아 등이 있는데 유물로서만 남아 있을 뿐 거의 작동을 중지했다. 그런데 이들 농기구는 종류는 다르지만 원뿌리는 하나이다. 단지 각기 다른 방식으로 진화해온 것이다.

갈돌은 연석碾石이라고도 부르며, 위에서 열거한 정곡·제분도구의 원형이다. 즉, 갈돌은 이 분야 살림도구의 원형질이다. 갈돌이 발달하여 절구화하거나 돌확화되었다. 절구로 나간 놈은 디딜방아, 통(물)방아, 물레방아로 거듭 발전했다. 돌확으로 나간 놈은 맷돌이나 연자매 등으로 거듭 발전했다. 양측의 발전 경로는 달랐으나 귀결점은 한결같이 기계화·동력화·전기화 등의 이른바 과학기술의 발전으로 종착했으니, 발동기·발전기 등을 이용한 방앗간이나 농업현장에서의 즉석 가공시스템으로 대체되었다.

재미있는 점은 절구나 돌확들이 디딜방아나 연자매로 발전했다고 하여 기존의 절구나 돌확이 포기된 것은 아니다. 다음 그림에서,[3] 갈돌에서 두 갈래로 발전되었다고 생각되는 것들 중에서 위의 것들은 하석下石이 계속 절구형으로 남아 있는데 반해 아래 계통에서는 상석의 변화가 뚜렷

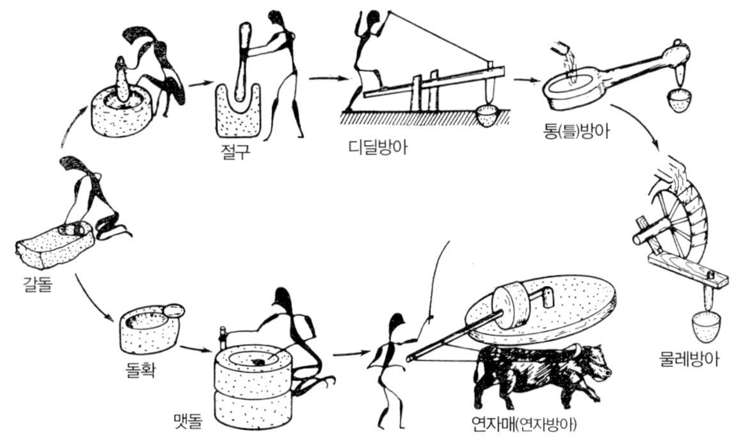

| 알곡 내는 도구의 분화 과정(이춘녕, 『한국의 물레방아』, 서울대출판부, 1986)

하다. 즉, 상석은 맷돌의 회전석으로 확대되고 이윽고는 다시 상석이 하석에 대하여 직립이 되어 롤러식으로 돌아 하석 위의 곡류를 갈게 된 것이다. 연자매는 주로 축력을 이용하지만 물방아, 물레방아는 수력을 이용하는데 외국의 예로는 축력, 또는 풍력을 이용하는 경우도 있다. 디딜방아, 물방아, 물레방아는 한국뿐 아니라 중국, 일본, 그리고 아시아 각지에서 오래 전부터 써왔고 현재도 잔존하는 것이니 정곡·제분도구의 장기지속성은 인류의 발전과정과 궤를 같이한다. 그래서 우리는 박물관에 놓여져 있는 '문화적 원형질로서의 석기시대 갈돌'을 바라보면서 그 하찮은 갈돌이 오늘에까지 뿌리내린 것에 의미심장함을 느낀다.

밭갈이 도구의 문화적 원형질이라 할 만한 따비는 어떠한가. 중국에서 최초로 이용된 주요 농기구가 바로 따비였다. 따비는 『주역』 「계사조」에 언급되고 있으며, 왕정도 『농서』에서도 이렇게 언급되어 있다.

신농씨가 처음으로 나무를 깎아 보습을 만들고 나무를 굽혀서 굽정이를 만들었으며 온 천하에 밭갈고 김매는 방법을 가르쳤다(『주역』, 「계사」).

농경무늬 청동의기
발가벗고 성기를 드러낸 사내가 따비질을 하고
있다(청동기시대, 대전 출토 추정, 12.8cm).

옛적에 신농씨가 따비를 만들어 농사짓는 법을 가르친 이후부터 후세사
람들도 이를 본받게 되었다. 따라서 그 후 농구가 비록 많이 제작되기는
했으나 누구나 따비를 농구의 시초로 인정하고 있다.[4]

구태여 이런저런 선사시대 따비들을 물적 증거로 들이밀 것도 없이 농
경문청동기(대전 출토)에 따비질이 엿보임은 가장 확실한 증거일 것이다.
조선 후기의 박지원도 『과농소초課農小抄』에서 이르길, '따비는 신농씨의
유제이며 밭갈이 도구의 비조라 부른다'[5]고 했다.

즉, 따비는 갈돌의 지위에 버금가는 도구사적 원형성을 보여준다. 그
따비도 끊임없는 노력을 거치면서 쟁기로 발전했으며, 쟁기의 기본적 원
리를 응용하여 트랙터 같은 기계 농기구로까지 발전했다. 그러나 '따비→
쟁기'로의 직선 노선만 존재하는 것은 결코 아니다. 따비와 쟁기 사이에
는 후치, 극젱이 등 다양한 농기구가 존재하지만 대단한 전문가나 해당
농부가 아니면 오로지 한가지로 보일 뿐이다. 밭을 가는 후치나 산골에

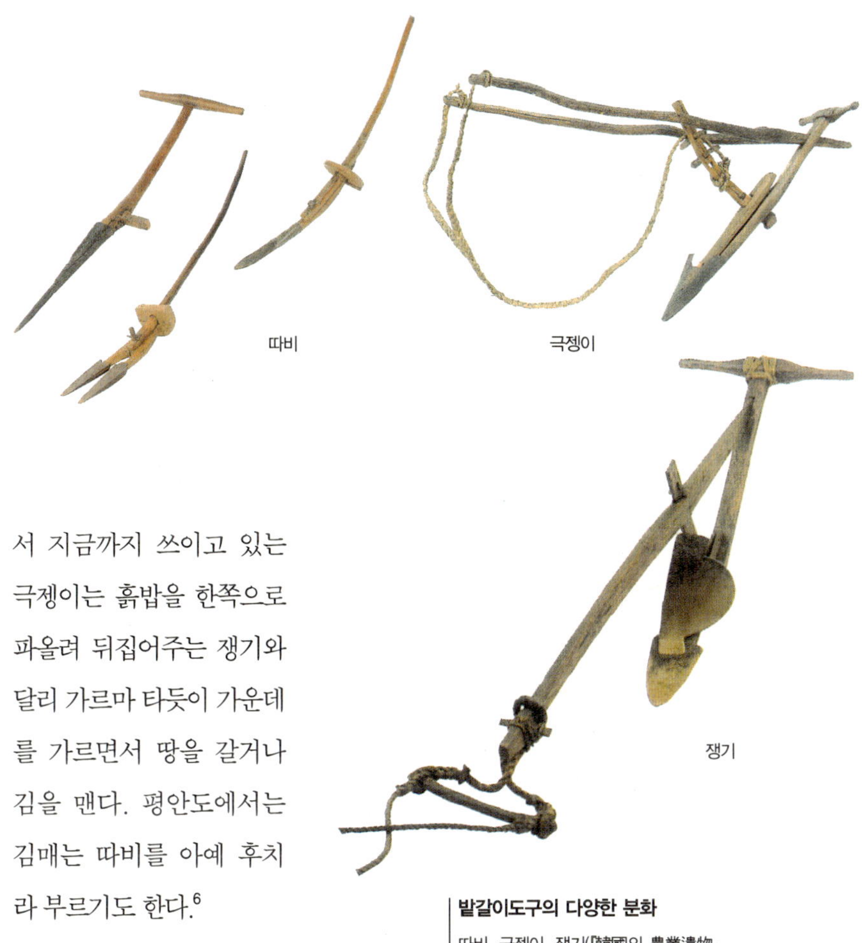

밭갈이도구의 다양한 분화
따비, 극젱이, 쟁기(『韓國의 農業遺物』,
농업박물관, 1997)

서 지금까지 쓰이고 있는
극젱이는 흙밥을 한쪽으로
파올려 뒤집어주는 쟁기와
달리 가르마 타듯이 가운데
를 가르면서 땅을 갈거나
김을 맨다. 평안도에서는
김매는 따비를 아예 후치
라 부르기도 한다.[6]

1990년에 대전시를 조사
해보았더니 아직도 산골동

네인 산내면 일원에서는 땅이 팍팍하고 비탈이 진 곳이라 극젱이를 쓰는
데 반해, 대전시내 평지에 자리 잡아 토질이 부드러운 유천동에서는 쟁기
를 썼다.[7] 즉 같은 대전시 권역에서도 극젱이문화권과 쟁기문화권으로 판
이하게 갈린다. 쟁기도 기존의 조선쟁기가 쓰여지다가 일본쟁기가 들어와
왜쟁기가 휩쓸게 되었다. 같은 쟁기도 소가 한 마리 끄는 외겨리, 두 마리
가 끄는 쌍겨리가 별도로 존재하며, 그에 따라 문화권이 바뀌기도 한다.[8]

문화적 원형성을 간직하는 따비는 신석기시대쯤에 역사의 무대에 전

면 등장한 이래 뒷날 쟁기에게 권좌를 내어주고 난 다음에도 장기 지속성을 보이며 거의 20세기 말까지도 쓰였다. 1983년에 필자는 덕적군도 일대를 답사하면서 따비로 밭가는 모습을 실제로 본 적이 있으며, 1993년에는 보령의 녹도에서 '현장에서 발견한 마지막 따비'를 사진으로 촬영한 적도 있다.[9] 따비는 청동기시대 청동의기에만 그림으로 흔적을 남긴 것이 아니라 20세기 말까지도 현역으로 활동하다가 전면 은퇴한 셈이다.

농기구 갈돌과 따비에 버금가는 어로도구의 원형질이 바로 돌살이다. 즉, 돌살은 그물로 치자면 가장 먼저 생겨난 그물의 원형질이다. 유년기에 누구나 강가에 모래성을 쌓아 송사리를 잡던 추억을 가지고 있으리라. 인간의 유년기에 이루어지던 그 행위가 인류사의 유년기에도 똑같이 이루어졌을 것이다. 단순하게 돌을 막아 고기를 잡는 돌살에서 이후에 더 정교한 형태의 어살이 출현하고 이 같은 함정어법은 다양한 방식으로 현대적·산업적 수산에도 응용되고 있다. 즉, 돌살류의 초기적 어법은 오늘날 다양한 어살류 함정어법의 모태인 셈이다.

갈돌과 따비가 분화·발전을 거듭하는 과정을 유심히 지켜보면 돌살 역시 거의 흡사한 길을 걸었음을 알 수 있다. 물론 뭍의 농업과 바다의 어업은 조건 자체가 전혀 다르다. 또한 도구의 생성조건도 상이하여 갈돌과 따비, 돌살을 맞비교함은 정당하지 않다. 그러나 문화사적 포괄 비교라는 측면에서 갈돌과 돌살의 문화적 원형성 비교는 충분히 가능하다.

둑을 쌓아 고기를 몰아넣던 유아기적 추억

태초의 인간 활동에서 그물은 그 존재가치가 미미했다. 복잡다단한 기술을 요구하는 그물 만들기는 예지가 발달하지 못한 상태에서는 불가능한 일이었다. 오늘날에도 점차 기계식 그물을 사다가 쓰게 되면서 전통적으로 그물을 만드는 기술은 거의 소멸되어 가고 있다. 그물짜기는 장인적 전문성을 요하기 때문이다.

그물은 애초부터 어업용이라기보다는 사냥용이었다. 그물이라는 발명품이 얼마나 '최근의 것'이냐는 유럽의 고기잡이 상징이 그물이 아니라 고기잡이창, 즉 넵튠이나 포세이돈의 삼지창이었다는 사실에서도 알 수 있다. 이들의 삼지창은 지중해에서 사용했던 고대의 다랑어잡이창에 다름 아니다. 그

해신 포세이돈과 삼지창
그물보다는 작살류가 좀더
오래된 모태도구임을 말해준다.

러므로 그물이 아니라 창이 그리스인이나 로마인에게 고기잡이 도구의 대표로 인식되었다. 창이 해신海神의 상징이었음은 매우 중요하다.

고기잡이에서 창이 중시되었음은 원래 사냥과 고기잡이가 같은 도구를 사용하는 하나의 행위였을 가능성을 열어준다. 창이 고기잡이를 위해서 만들어지고 사용되었는지, 사냥이나 싸움 혹은 축제의 상징으로 만들어지고 사용되었는지 구별하기가 불가능한 경우도 종종 있다. 창이나 작살, 사격, 올가미 등을 이용하거나 함정으로 잡는 방법 등의 포획방법이 고기잡이와 사냥에서 공통적으로 사용되고 있다.

어업은 인류가 농경생활양식을 채택한 이후, 포기했던 수렵 채취 생활양식의 마지막 잔존물이다.[10] 따라서 어로도구에는 인류사의 초기적 비밀이 숨겨져 있다. 고대의 사냥꾼과 어부들은 원시적 도구만을 가지고 있었지만 그 결과물은 현대의 어부들이 보기에도 매우 놀랄 만한 것이었

다. 고대 어부들은 산업적 어업을 하는 현대인과 비교해볼 때 먹이의 행동에 대한 기본 지식면에서 놀랄 만큼 뛰어났다. 이것은 전통어로에 의존하는 오늘날의 영세 어부들도 마찬가지다. 포획 대상물에 대한 풍부한 민속지식을 가지고 있기 때문에 그들은 단순 도구를 가지고도 쉽게 물고기를 잡을 수 있었다.

고기잡이에 그물이 상대적으로 최근에 도입되었다는 사실은 태평양이나 인도양 주변의 해안뿐 아니라 북해 연안의 신화에 등장하는 신과 영웅들이 그물 만드는 방법을 가르치는 사람으로 등장한다는 사실에 의해서 추론된다. 그물짜기는 배를 짓거나 검을 만드는 것과 같은 특수기술이다. 그물 만드는 기술이 그 당시에 모든 사람들에게 알려져 있지 않았기 때문에 어부들은 도제가 되어 그 기술을 배워야만 했다는 사실을 신화 스스로 드러내고 있다. 아마도 신화와 민담 속에서 신적 능력을 가지고 인간에게

이 특별한 기술을 가르쳐준 존재는 찬양의 대상이 되었을 것이다.

　사냥에서와 같이 그물의 원초적인 기원은 물고기가 물에서 도망치는 것을 막고 물에서 물고기를 걸러내거나 추출해내는 데 있었다. 그러나 그런 목적을 위해 현대적 의미의 그물이 필요한 것만은 아니다. 만이나 해안의 만곡부, 또는 흐르는 물에서 고기의 경로를 차단하거나 막는 것은 토담이나 돌담에 의해서도 행해질 수 있는 것이다. 돌살의 탄생은 이같은 과정에서 비롯된 것이다.

　아래에 펼쳐진 그림들은 돌살이 어로기술사에서 역사적으로 정점에 있음을 말해준다. 『세계해양백과사전(*The Atlas of Oceans*)』에 실린 이 그림은 물론 전 세계를 상대로 한 세계적 보편성에 입각한 도해이다. 우리의 바다어법도 예외가 아니다. 아래의 그림들은 모두 연안어업의 도상들인바, 전통적 어법은 역시 왼쪽에 펼쳐져 있다.

　이처럼 돌살은 선사시대 이래로 가장 오랜 어업이다. 어업도구에서의 '모태도구'인 셈이다. 고무신으로 송사리를 잡던 아련한 추억을 간직하는 이들이 많을 것이다. 파도가 밀리면 허물어지고, 다시금 둑을 쌓아 고기를 몰아넣던 유아기적 추억이 사실상 돌살에 고스란히 반영되어 있다.

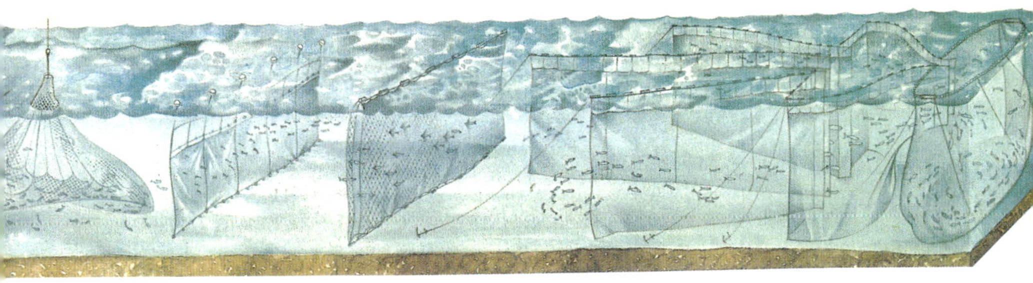

│ 세계 어로기술사의 다양한 분화(*The Atlas of Oceans*, 1977)
왼쪽에 돌살, 어살, 후리, 사둘, 통발 등이 보이고, 오른쪽에 자망, 정치망 등이 보인다.

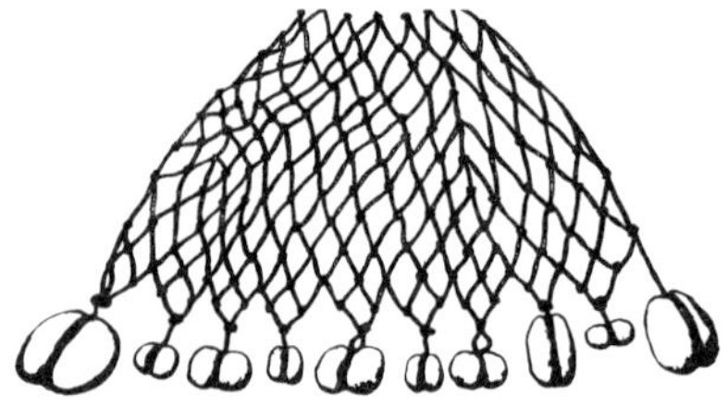

| **선시시대 그물 복원도**(국립중앙박물관)

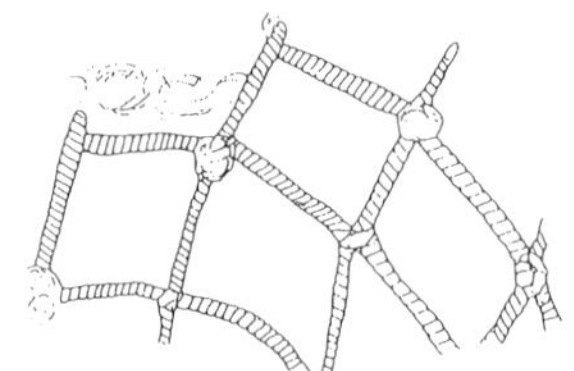

| **그물흔**(부산 동삼동 패총 출토)

이다. 또한 과거 인간의 모든 행위를 오늘날의 민족지적 관찰에서 찾을 수 있다고 생각하는 것도 오산일 것이다.[13] 그렇다고 해서 돌살이 역사시대 어느 한 순간, 가령 고려시대나 조선시대 어느 시점에서 갑자기 시작되었다고는 서술할 수 없다. 예나 지금이나 돌 많고 물목 좋은 곳은 고기가 꾀기 마련이며 그런 곳에는 어김없이 돌살이 들어섰기 때문이다.

따라서 한반도의 대표적 어로 도구 및 기술로 빗창, 어망추, 낚시, 자돌류에 국한함은 세계적 규모에서 확인되는 민족지적 방법론을 무시한 단선적 결론이라고 할 수밖에 없다. 분명히, 그리고 확신하건대, 선사 및 고대에도 한반도 서해와 남해, 그리고 제주도의 조간대에 돌살이 존재했을 것이다.

한반도인들이 즐겨 써온 자돌류조차 새삼스럽게 재해석해야 할 것이다. 선사시대에 가장 발달된 보편적인 어구는 사실 일반적 의미에서의 작살과 찌르개를 포함한 자돌류였다.[14] 자돌류는 외양성 어업이 아니라 내만성 어업의 대표격이다. 작살은 포획물에 명중되었을 때 미늘이 있으므로 빠지지 않고 로프를 가지고 승부할 수 있어 비교적 깊은 바다에서 사용할 수 있으나 찌르개는 미늘이 없으므로 사람의 손이 미늘 역할을 대신한다. 따라서 찌르개는 수심이 얕은 곳에서만 사용할 수 있다. 작살류는 아무데나 그대로 찌르면 되는 것으로 알지만 사실과 다르다. 냇물이나 바닷가에서 모여든 고기를 무작위로 겨냥하여 찌르기도 하지만 고기를 더 많이 잡고 작살질의 효율성을 높이기 위해서는 일정한 웅덩이에 고기를 가두어놓고 '독안에 든 쥐'를 찌르는 편이 훨씬 효과적이다. 따라서 한반도에서 가장 많이 출토되는 작살류는 돌살 내지는 댐을 쌓아 만든 웅덩이에서의 작살질이 널리 이루어졌을 가능성을 배제할 수 없다. 이는 세계적으로 확인되는 고기잡이 못(pond)에서의 작살질과 유사하다.

빙하기와 해빙기에 해안선 변화가 있었으므로 이 점은 유의해야 할 것이다.[15] 그러나 세계적으로 해수면은 약 2,500년 동안 현재의 높이를 갖고 있으므로(0.5m 내외의 범위), 적어도 2,500년 동안은 변화가 없던 셈이다. 지난 2백만 년 동안 전 세계의 해수면은 현재의 위치보다 6m 이상에서 125m 이하까지 변해왔다. 최근에 해수면이 가장 낮았던 시기는 빙하기가 절정이었던 약 18,000년 전이었다.[16] 한반도의 경우, 서해와 남해의 연안 해역은 전형적인 리아스식 해안으로서 현세 해수면 상승(약 11,000년 BP) 동안 침수되어 형성된 크고 작은 만(bay), 염하구(estuary) 및 조수분지(submerged) 등 다양한 해양환경을 나타내는 특징을 지닌다. 즉 제4기학第四期學의 관점에서 제4기(Quaternary)의 고환경에 관해 주목할 필요가 있다. 그러나 4기를 벗어나 신석기시대로 접어들면 대략적으로 오늘의 형태의 해안이 완성된다(지도 참조).[17] 따라서 만약에 현존 돌살터에 선사시대의 돌살이 존재했다면, 해안선 이동에 따른 장소 이동은 거의 없던 것으로 간주해도 좋을 것 같다.

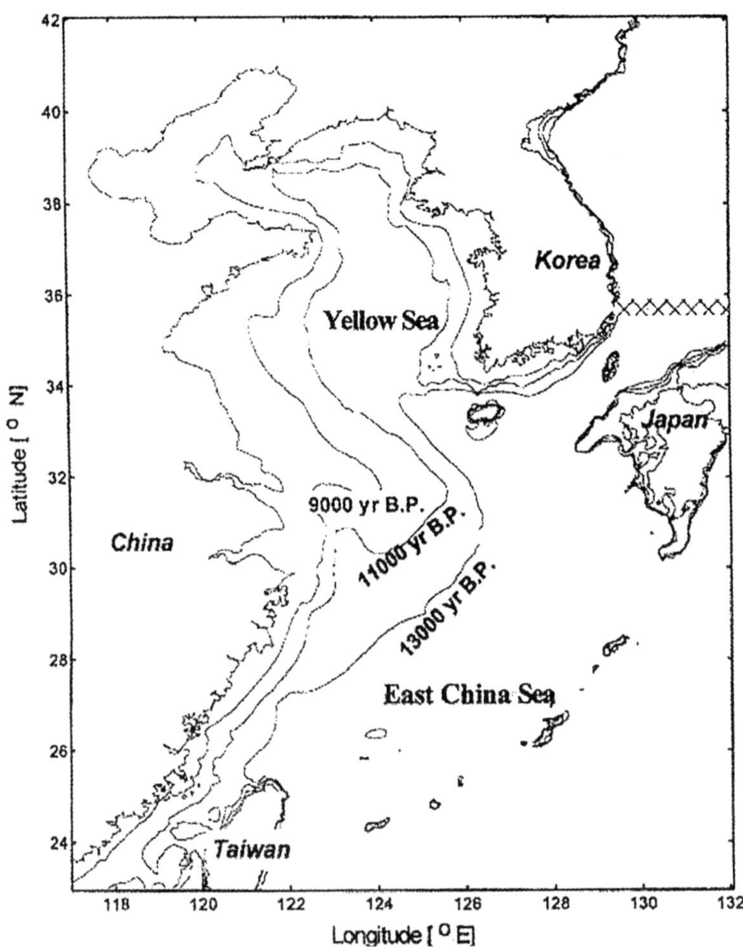

| 연대별 고해안선의 변화(박용안 · 공우석 외, 『한국의 제4기 환경』, 서울대학교출판부, 2001)

풀리지 않는 수수께끼를 민족지적 유추로 풀다

현행 돌살이 고고학적으로 시기가 올라간다는 유추類推적 방법론에 문제는 없을까? 사실 고고학적 추론은 대개 현존 민족지적 문화에 기초하여 유추라는 논리적 형태를 빌려 이루어진다. 유추에 관한 다양한 이론적 입장 차이에도 불구하고 적합하고 엄준한 유추의 활용은 체계적으로 발전시킬 가치가 있는 중요한 고고학의 과제라고 볼 수 있으며, 고고학에서 유추란 고고학 해석의 통합된 형태로 간주될 수 있을 것이다. 가령, 추연식이 고고학 추론에 있어서 문화특수적 상관유추相關類推와 귀납추리歸納推理의 중요성을 강조하면서 사례로 들은 기원후 4세기 무렵의 합천 저포리의 경우를 살펴보자.[18] 그는 청동기시대 이후 한반도에 보이는 물질문화형태가 오늘날 한국의 것과 비교해서 별 다른 큰 변화없이 존속해오는 예를 주목하면서 합천의 삼국시대와 가야시대 유적인 저포지역을 표본으로 잡고 현행 월잠리 민속조사와 대비시켰다. 그 결과, 저포리 사람들의 어업은 합천 월잠리의 전통어법과 동일하며, 물고기 생태에 따라 그들의 생계를 꾸려갔으며 월잠리 주민의 전통적 삶의 방식인 반농반어와 동일한 생업방식을 영위하던 것으로 간주했다. 저포리 사람들은 가는 실로써 걸그물 같은 대형 그물도 제작할 수 있었다. 위와 같은 결론에 도달하면서 유추에 의한 논법이 귀납추리에 속한다는 사실은 결론의 참(Truth)이 항상 보장되는 것은 아니라는 것을 인식하면서도, 여러 관련 지식들이 문화적으로 특수한 상황 속에서 기능적·인과적 연관성 아래 체계적으로 활용될 때, 문화특수성 상관유추에 의한 결론들이 강한 개연성을 지니게 될 것이며, 이 같은 강한 개연성을 함축한 결론들은 현재 통용되는 가설 가운데 가장 설득력 있는 가설로 평가되고 받아들여질 것이라고 주장했다.

고고학자가 땅에서 유물을 파고 '이것이 도끼'라고 말할 때, 그는 어떻게 그 유물이 도끼인줄 알았을까? 진실은, 그는 정말로 알지 못한다는 것이다. 그는 과거의 유물이 그 자신, 또는 다른 동시대의 사회에서 보이는 도끼와 같이 보인다는 사실을 기반으로 추측을 한 것뿐이다. 즉, 그는 유추를 이용하여 추측한다. 그래서 땅에서 기둥 구멍의 원형을 발굴하고 "이것은 집이다"고 말할 때, 고고학자는 아프리카나 아메리카의 원주민들이 사는 원형주거의 증거에서 영향을 받게 되어 유추한 것이다. 즉, 단편적인 고고학적 증거로 선사시대의 사회관계·교환·매장의식·관념들의 재현을 시도할 때, 고고학자들은 오늘날의 전통적인 사회를 연구한다. 그래서 고고학자는 과거를 다시금 만들어가는 많은 해석에서 그의 지식, 또는 다른 동시대의 사회에서 지식을 빌려와야만 한다. 여기서 유추는 고고학적 추론에 중심적 역할을 수행하는 것처럼 보인다. 그러나 많은 고고학자들은 유추의 사용을 줄이려고 노력한다. 왜냐하면 유추는 믿을 수 없고 비과학적이며 제한적이기 때문이다. 유추의 비신뢰성, 비과학성, 제한성을 인정하고 있다.

그러나 고고학에서 유추를 이용해 내려진 결론에 비판이 따르는 경우는 잘못된 유추의 결과물일 때다. 즉, 유추에 의한 해석은 비교되어진 것 사이에 유사성이 적거나 비교의 적절성이 적당하게 논증되어질 수 없을 때, 부정확하다고 비판한다. 고고학자가 조건들과 맥락을 전체적으로 이해할 때, 유추의 이용은 신뢰할 만하고 정확도가 높다. 과학적 고고학의 진정한 핵심은 특성의 결과적 추론에 있고, 서로 연관된 고고학적 증거에 대한 연관관계의 검사에 있을 것이다.[19]

인류의 역사와 생산관계는 변화했어도 물고기의 회유는 여전하다. 돌살이 설치된 목 좋은 곳은 예나 지금이나 동일하게 좋다. 물고기 자원이 소멸했을 뿐이지 물고기가 선호하는 곳은 비슷하다. 오늘날 고기가 많이 잡히는 돌살터는 예전에도 고기가 많이 들던 곳이다. 고고학적으로 증명하지는 못해도 역사적으로 최소한 지난 수백 년 동안의 돌살 역사는 고구할 수 있다. 지난 수백 년 간 돌살이 행해졌다고 하여 그 돌살이 선사시대에도 있었다고 강변할 수는 없다. 그렇지만 역으로, 선사시대 사람들이 그 돌살터에서 고기를 잡지 않았다고 할 수 있는 증거가 있을까. 어구학자 브란트가 현행 돌살에서도 얼마든지 신석기 초기까지 소급되는 돌살이 존재함을 세계적 차원에서 정리했을 때, 그런 가설이 유독 한반도에서만 예외일 수 있을까? 풀리지 않는 수수께끼이기는 하지만 돌살은 한반도의 선사시대에도 '분명히' 존재했을 것으로 믿어진다.

지질학에서 유래한 고고학개념인 제일성齊一性의 법칙(Uniformitarianism)은 과거와 현재를 관통하는 공통된 성질로 풀이된다. 제일성은 시간과 공간에 구속받지 않는 불변의 법칙으로 작용한다. 그러나 고고학자들은 현재적인 관찰을 과거에 대한 의미 있는 진술로 변화시켜야만 한다. 이런 일반법칙을 도출하기 위해서는 중간단계이론(Middle-range research)이 필요하다. 중간단계이론화 작업은 과거 문화에 대한 특성을 측정하기 위한 믿을 만한 인지도구가 된다. 즉, 중간단계이론은 정적인 고고학 자료를 통해 동적인 과거행위를 밝힐 수 있는 '로제타석(Rosetta stone)'인 것이다.[20] 돌살에서의 로제타석은 아무래도 구술로 확인되는 지난 수백 년 간의 증언들이 아닐까.

 ## 수백 년 동안 구술로만 전해오다

분명히, 모든 돌살들이 선사시대로 소급된다고는 언명하지 않았다. 좀더 구체적으로 들어가보자. 대개의 돌살은 정확한 설치연도를 알 수 없다. 간혹 후대에 만들어진 돌살로 '본인이 언제 만들었다'는 식은 발견되나 대개의 경우는 '증조 때도 했다'거나 '할아버지 때도 했다'

는 식이다. 이 책에서 특별히 표본조사를 수행한 태안반도 돌살의 경우, 그 설치연대는 다음의 두 가지로 나누어 생각해볼 수 있다.

첫째, 현존 모든 돌살터가 그런 것은 결코 아니겠지만 개중에는 고고학적으로 소급될 수 있을 만한 것들도 존재할 것이다. 다시 강조하건대, 선사시대에 좋았던 물목은 오늘에도 좋은 것이므로 좋은 고기목에는 어김없이 돌살이 설치되었을 법하다. 적어도 삼국시대나 고려시대에도 돌살이 있었을 것으로 추정된다.

둘째, 앞의 추론이 지나치게 허황된 것이라면, 적어도 설촌設村과 동시에 독살이 이루어졌을 것으로 추측되므로, 대개 그 해안마을이 언제 시작되었으며 최초 설촌자가 언제 그 마을에 들어왔는가 등을 미루어 유추해볼 수 있을 것이다. 설촌의 역사를 고려한다면 아무리 후대로 잡아도 조선 후기에는 대부분 규모가 큰 돌살들이 제 기능을 했을 것이며, 이후에 돌살들이 추가로 연장되어 건설되었을 것이다.

태안반도 의항의 경우, 어민들이 어렸을 적부터 돌살을 보아왔으며, 부모세대들이 운영하는 것을 지켜보았다는 증언으로 미루어보아 그 상한 연대는 최소한 부모세대를 뛰어넘는다. 연로한 어민들은 한결같이, "만드는 것을 본 것은 잘 모르겠고 만든 것을 보수하는 것은 많이 봤다"고 한다. 가령 호랑이모가지의 돌살은 일명 '보리쟁이'라고 부르며, 김관수네 독살인바, "어르신대. 우리 할아버지 때의 얘기. 그 윗대 김대현 증조할아버지 때도 독살을 했고 그 윗대로도 독살을 했었다고 들었다"고 한다. 축조 연대가 조선 후기로 올라감을 알 수 있다. 태안 의항의 소둘에 사는 전주이씨 익령군파 이병운은 9대조에 걸쳐 살아왔다. 그들이 9대조 때 들어오기 전에도 마을에는 다른 성씨인 김씨네들이 이미 들어와 있었다. 김씨가 얼마나 먼저 들어왔는지는 모르겠으나, 거의 같은 대를 이루고 있다고 한다. 이 같은 증언으로 미루어, 이곳의 돌살은 최소한 9대조, 즉 300여 년 정도의 역사를 지닌 것으로 유추되며 바로 그 시점에 마련되지 않았을까 하는 유추가 가능하다. 이병운의 경우, 돌살을 마지막으로 한 것이 약 30년 전이며, 조부 이전부터 했을 것으로 짐작하고 있다. 부친은 이장춘, 조부는 이태우, 증조부는 이혜진인데 적어도 증조부부터는 했다고 한다. 300년 이전에는 누가 살았는지 모르지만, 그 사람들이 고기가 잘 꾀는 목 좋은 곳에서 돌살을 하지 않았다는 확실한 증거는 없다.

현존 독살로 유일한 굴업독살의 경우, 운영해온 집안의 계보를 족보를 근거로 따져보자. 태안반도에 유일하게 살아남은 돌살인 굴업 돌살의 경우, 2004년에 사망한 김의배 옹의 경우를 살펴보자.

고조: 金周鉉(순조 12년 壬申生) → 1812년생
증조: 金濟文(헌종 5년 己亥生) → 1839년생
조부: 金廷植(고종 8년 己巳生) → 1869년생
친부: 金顯默(고종 22년 丙申生) → 1896년생
본인: 金義培(乙丑生) → 1925년생
(金義培의 사후에 아들에게 전승됨)

김의배 옹은 생전에 돌살을 고조부터 이어왔다고 증언했다. 그의 족보 상에 고조부터 따져서 현재까지 6대에 걸쳐서 돌살을 한 장소에서 운영해왔음을 말해주며, 최소 200여 년에 걸쳐서 돌살이 전승되었음을 말해준다. 김해김씨네는 조선 후기에 이곳으로 이사온 것으로 말해지며, 이로써 이곳에 민촌이 형성되고 문씨네와 더불어 다성을 이루며 살아왔음을 알 수 있다.

그렇지만 김해김씨네 이전에, 가령 조선 전기라거나 고려시기에 이곳에서 돌살을 하며 살아가던 민중들이 없었을까. 구술로 확인할 수 있는

| 굴헐 독살을 지켜온 김의배 옹(2004년 1월 사망)

연대는 제한적이며, 돌살의 역사 규명도 제한적일 수밖에 없기에 역사시대 역시 선사시대 만큼이나 수수께끼로 남을 뿐이다. 다만 수백 년의 증언을 통해 돌살이 설치된 최소한의 중간단계이론은 확립되었다. 우리는 그 '로제타석'을 가지고 좀더 오랜 시기로 소급해 올라갈 수 있다.

돌살의 다양한 이름들 ; 역사성과 지역성에 관하여

어살, 어량, 돌살의 관계 ; 시간성의 문제

돌살은 그 주소 성명이 어디에 있을까? 즉, 돌살의 족보와 그 친인척들은 무엇일까? 돌살은 함정어구다. 어구분류학자 브란트는 어구를 총 16개로 구분하고 있다.[21] 즉, 돌살은 물고기를 유인하여 잡는 함정어구다.

함정어구류는 대상생물이 많이 회유하여 오는 장소에 대상생물의 은신처 역할을 하거나, 일단 들어간 대상생물이 되돌아나올 수 없도록 장치한 어구를 부설하여 대상생물이 자기 스스로 함정에 빠지도록 한다.

세계 어구분류법은 다음과 같다.

① 구인拘引 · 상해傷害 어구류(Grappling and Wounding Gear)

② 마취법(Stupefying Devices)

③ 낚기 어구류(Lines)

④ 함정 어구류(Traps)

⑤ 도약어받이류(Aerial Traps)

⑥ 입구일정 어구류(Bag Nets)

⑦ 끌어구류(Dragged Gear)

⑧ 인망류(Sein Nets)

⑨ 선망류(Surrounding Nets)

⑩ 몰이 어구류(Drive-in Nets)

⑪ 부망류(Lift Nets)

⑫ 덮치기 어구류(Falling Gear)

⑬ 걸 어구류(Gill Nets)

⑭ 얽애 어구류(Trangle Nets)

⑮ 기계적 어구류(Havesting Machines)

④함정어구류는 은신함정류, 장벽함정류(Barriers), 기계적 함정류, 관함정류, 바구니함정류, 함정망류 등 6가지로 구분된다.[22] 돌살은 장벽함정류 가운데 담장류(Walls or Dams)에 속한다.[23] 따라서 돌살의 정확한 주소성명은 함정어구류 중에서 장벽함정류에 속한다. 한국식 분류법에 따를 경우에도 돌살은 함정어구에 속한다.[24]

돌살은 만이나 해안의 만곡부彎曲部에서 고기의 경로를 차단하거나 막기 위해 돌담을 쌓은 것이다. 이것은 조석간만의 차가 커서, 물이 썰면 밑바닥까지 드러나는 서해안의 조간대 갯벌에서 주로 이루어졌다. 그렇다면 돌살과 밀접한 연관을 맺고 있는 어살, 그리고 어량의 여러 관계부터 살펴볼 필요가 있다. 돌살과 어살, 어량은 자주 혼동되어 쓰기도 하고 때로는 같은 뜻을 지니기 때문이다. 『시경詩經』에는 다음 같은 구절이 있다.

① 내 량에 가지 말고 내 통발 열지 말라.[25]

② 해진 통발이 량에 있으니 그 고기는 방어와 환어이다. 해진 통발이 량에 있으니 그 고기는 방어와 연어이다. 해진 통발이 량에 있으니 그 고기가 들락날락한다.[26]

③ '량梁'은 돌을 쌓아 물을 막고 그 가운데를 비워놓아 고기가 왕래하도록 하게 한 것이고, '구'는 대나무로써 기구를 만들어 어량의 빈곳에 잇대어서 고기를 잡는 것이다.[27]

②는 통발에 고기가 드나드는 모습을 묘사한 것이고, ①은 통발이 설치되어 있는 량梁으로의 접근을 차단하는 것이다. 여기서 우리는 통발에 고기가 제법 많이 든다는 사실을 간접 유추할 수 있으며, 량에 통발이 설치되어 있는 사실도 알 수 있다. 한편, 량과 통발(筍)에 대한 ③의 설명에서 고기를 잡기 위해 돌담을 쌓고, 통발을 설치해서 임통으로 삼은 모습을 짐작할 수 있다. 즉『시경』에서 말하는 '돌을 쌓아 물을 막은 량'은 돌살과 흡사한 것이다.[28] 즉, 고대에는 어살·돌살이라는 표현보다는 량이 많이 쓰였음이 확인된다. 한국사에서도 량은 매우 일찍부터 등장하고 있다. '어량'이 등장하는 금와 이야기가 그것이다.

고기잡이(漁師)가 금와金蛙에게 고하기를, "근래 량梁 가운데 있는 고기를 훔쳐 가는 것이 있는데, 어떤 짐승인지 알지 못하겠나이다" 하매, 왕이 곧 고기잡이로 하여금 그물로 끌어내게 하니, 그 그물이 찢어지므로, 다시 쇠그물을 만들어 끌어내니, 그제야 비로소 한 여자가 돌 위에 앉아서 끌려 나왔는데, 그 여자가 입술이 길어서 말을 하지 못하므로, 세 번 그 입술을 끊어내니, 그제야 비로소 말을 했다. 왕이 천제天帝의 아들의 비妃임을 알고 별실別室에 거처하게 했는데, 그 여인이 창 가운데로 들어오는 햇볕을 품어서 아들을 배어, 한漢나라 신작神雀 4년 계축 4월에 주몽朱蒙을 낳으니, 우는 소리가 매우 크고, 골표骨表가 영기英奇했다.[29]

고구려 영양왕嬰陽王 24년(613년)에는 수나라 양제가 성곽 높이의 어량魚梁식 대로大路를 만들었다.[30] 수나라 병사들이 요동성을 공격할 때, 흙을 넣은 포낭 100여만 부대로서 어량과 같은 대도를 만들고 병사가 여기에 올라가 대승했다는 기록이 있다. 물론 하나의 비유라 하겠으나 어량이 오래된 어구임을 분명히 알려준다.[31] 이것은 어량의 모습처럼 흙을 쌓

아 길을 닦았다는 의미로, 당시에 어량이 그만큼 많았다는 반증이다.[32]
『동국이상국집』「동명왕편東明王篇」과 『세종실록지리지世宗實錄地理志』에
는 다음과 같은 기록이 전한다.

> 어사漁師 강력부추强力扶鄒가 이르기를, "근자에 어량漁梁 속의 고기를
> 도둑질해 가는 것이 있는데 무슨 짐승인지 알 수 없습니다" 했다. 왕이
> 어사를 시켜 그물로 끌어내니 그물이 찢어졌다. 다시 쇠그물을 만들어
> 당겨서 돌에 앉아 있는 여자를 얻었다. 그 여자는 입술이 길어 말을 못
> 하므로 입술을 세 번 잘라내게 한 뒤에야 말을 했다.

위의 기록을 통해, 고구려시대에도 분명히 '梁'을 통한 어업이 활발했
었다는 점과 그 '梁'은 돌로 만들어진 살을 지칭하고 있음을 알 수 있다.
그런 '魚梁'이라는 용어는 고려시대까지 사용되었으며,[33] 조선 초에는
'魚梁'과 더불어 '漁梁'도 사용되었다. 그러다가 세종 19년(1437년)에는
'漁箭'과 '漁梁'이 함께 사용됨이 확인된다.[34] 성종(1469년)부터는 漁梁
대신에 어전漁箭(혹은 魚箭)이라는 용어만이 확인된다.[35] '漁梁'에서 '漁
箭'으로 용례가 바뀌고 있다는 느낌이 든다. 『세종실록지리지』에 의하면,
어량의 수는 충청도 136, 황해도 127, 전라도 50, 경기도 34, 경상도 7,
함길도 2다. 정다산의 『경세유표經世遺表』에 의하면, 세종 19년에 이르러
서 어전과 어량이 혼용되다가 성종 원년부터는 어전으로 불렀으며 어세
를 논하면서 箭稅라고 기록했다. 다산의 지적대로 대략 조선 초기부터
고대적 어량이 자취를 감추고 어전이 보편적으로 쓰이고 있다.

세계적으로 돌담은 가장 오래된 어로방법 가운데 하나였다. 이것은 나
중에 운반이 편리하고 가벼운 잔가지나 갈대, 대나무 등을 이용한 울타
리류로 대체되기도 했다.[36] 결국 우리나라에서도 신석기시대부터 돌과

청양도 어살

왼쪽의 소박한 어살과 오른쪽의 오두막집이 인상적
이다(1930년대. 『일본지리풍속대계』 조선편, 1930).

흙을 쌓아 고기를 거두다가,[37] 차츰 그 재료가 대나무나 잔가지로 바뀌면
서 '梁'이 '箭'으로 대체되었다고 볼 수 있다. 그러나 魚梁이 반드시 돌
과 흙을 쌓은 '살'만을 지칭했고, 魚箭이 '나무살'만을 의미한 것은 아니
었을 것이다. 환경과 조건에 맞게 돌과 흙, 그리고 나무 등을 이용한 다양
한 형식의 살들이 있었을 것이며, 적어도 조선 초기 이후에는 그네들을
모두 뭉뚱거려 '어살(漁箭)'로 명기했음은 이미 앞에서 살펴본 바와 같다.

이상을 재정리해보면 다음과 같다. 魚梁은 애초에 강에서 비롯되었으
나 차츰 바다에서도 널리 쓰이게 되었다. 그래서 고려시대의 경우, 魚梁
이라 하면 강과 바다에서 두루 이용되는 어법을 지칭했다. 그러다가 조
선 전기에 이르러 어량과 어살의 쓰임새가 구분되어 어량은 강, 어살은
바다에 한정되어 쓰였다. 한말에 일본인에 의해 저술된 『한국수산지』에

의하면, 우리나라의 대표적인 전통어법으로 어살과 어장魚帳을 꼽으면
서, 어살을 설명하기를,

나무, 대, 갈대 또는 돌, 흙 등을 사용하여 장병障屛을 설치하고 대개 그
한 구석에 함정장치를 한다. 방렴防簾 · 건방렴乾防簾 · 전箭 · 석방렴石防
簾 · 토방렴土防簾과 같은 것들이 모두 이에 속하며 어장魚帳과 함께 고
래로 본방에서 가장 널리 행해지는 어구이다.[38]

석방렴이 바로 돌살(石箭)인 것이니 민간에서 돌살이나 대나무살이나
모두 어살로 부르는 것과 일치한다. 위의 언급에서 전箭은 협의의 어전漁
箭을 뜻하며, 이는 광의의 어전에 대칭되는 말일 것이다. 위『한국수산
지』에 서술된 돌살의 경우, 만입灣入한 간석지 가운데 지반의 경사가 약
간 급한 해면을 고조계高潮界로부터 점차 육지로 향해 구부러지게 돌담을
축조하여 육지에 접하도록 했다. 돌담 너비는 2척, 길이는 지형에 따라
다르나 짧은 것은 30~40간, 긴 것은 100간 이상이었다. 높이는 만조 시
에 수면 아래로 1~2척 정도에 있는 정도다. 만곡부灣曲部의 밑부분에는
지름 1척 내외의 구멍을 뚫고 바깥에서 통발을 넣어두었다가 간조 시에
이를 인양하여 통발 안에 든 고기를 잡았다. 지방에 따라서는 통발을 넣
지 않고 돌담 안에 조수가 절반 이상 감소할 때 그 안에 들어가 갇힌 어류
를 사둘로 떠올렸다. 100여 년이 지난 21세기 초반에 조사된 자료에서도
거의 같은 내용이 확인되고 있다.

그러나 1908년 어업법이 제정되면서 자연적인 어업행위를 국가적인
통치의 대상으로 제도화시키면서 어살에 관한 규정도 새롭게 정해진다.
종전에 어살에 포함되었던 돌살 · 토전 및 방렴류는 빠지고 협의의 어살
만을 어살어업이라고 부르게 되었다. 이는 어업의 경제성만을 따진 결과

이며, 경제성 있는 어법을 식민지 수산 통제정책의 범주에 넣기 위해 비경제적인 돌살들을 누락시킨 결과이다.

그렇다면, 고문서에 자주 등장하는 토전이란 무엇일까? 흙으로 만든 살일까? 그렇지는 않은 것 같다. 토전은 '흙으로 만든 살'이라는 뜻보다는 작은 어살를 뜻했음직하고, 방렴류는 비교적 큰 어살, 석방렴은 돌로 쌓은 어살을 지칭했을 것이다. 가령 『균역사목均役事目』에서는 해서지방과 경기도의 토전을 이렇게 말하고 있다.

해서토전海西土箭은 마죽麻竹으로써 발을 설치한 것인데 어획물이 게와 새우에 불과하여 이익이 매우 적으므로 세금을 정하지 않으며, 경기도 역시 이 예를 적용한다.

오늘의 시점에서 어업현장에 나가서 주민들의 견해를 청취해보면, 어살은 대나무, 싸리나무 등을 활용하여 고기를 잡는 '어살'에 국한해 사용하고 있다. 조선시대에 포괄적으로 쓰였던 어살 개념에서 돌살 따위는 별도로 취급받게 된 것이다. 그러면서도 여전히 '살을 먹는다', '살로 잡는다' 따위의 관용어가 어살이건 돌살이건 두루 쓰인다. 이 같은 용례의 혼란과 교잡은 앞에서 살펴본 바와 같이 오랜 역사적 전통에서 비롯되었다.

돌살만 아니라 과거의 전통적인 어살도 모두 사라지고 말았다. 돌살은 돌 흔적이라도 남기지만 어살은 대나무 같은 나무를 이용했기 때문에 말목 정도의 흔적을 남길 뿐이다. 그러나 예전에 어살이 있던 곳은 오늘날에도 여전히 '목 좋은 곳'일 가능성이 높으며, 그 형식은 바뀌었으나 명칭과 방식만 바꿔가면서 지금껏 이어진다. 즉 어살문화의 장기 지속성이 확인된다. 1987년에 화성에서 조사한 바에 따르면, 기존의 어살은 이미 사라진 상태였지만 나일론 그물을 이용한 신식 어살, 동시에 어살의 형식을 본뜬 건강망(일명 숭어잡이그물), 어살의 전통을 이어받은 주걱망이 존재했다.

화성지역의 예를 든다면, 예로부터 싸리나무를 이용해왔다. 이는 인근에서 대나무를 쉽게 구하기 어려웠던 탓이다. 밀물과 썰물의 차이를 이용하여 고기가 망으로 들어가게 하는 방식이었다. 현재는 싸리나무 대신 나일론그물을 둥글게 배치하는 방식으로 바뀌었으나 통발을 세 군데 배치하는 어법은 지금도 전해지고 있다. 주로 조수간만의 차이가 심한 굴곡진 만에서 어살이 행해지고 있으며 마을 공동어장에서 어촌계의 공동 작업으로 수행되고 있다.[39]

어로문화의 장기 지속성

앞에서 어량 명칭의 변화를 설명하면서, 漁梁(또는 魚梁)은 어구를 하천에 가로질러 설치한 모양이 교량과 유사한 것에서 유래한 표현으로서 어로漁路가 하천과 멀어지면서, 즉 해양어량이 발달하면서 어량이란 표현이 줄어든 것으로 설명했다.[40] 강가에서 민물고기를 주로 잡던 어량에서 바닷가로 진출하게 됨으로써 줄어들었다는 주장이다.[41] 그렇다면 어살의 또 다른 원조를 찾기 위해서는 바다보다 오히려 강으로 나가야 할 것이다.

사실 어민들은 바다에서 살건, 강에서 살건, 그 재료가 무엇이 되었건 간에 모두 '살'로 부른다. 다만 돌로 만든 살은 특수하게 취급하여 '독살'이나 '돌살', 대나무나 싸리나무 등의 나뭇가지로 세운 살은 '어살'로 규정하기도 한다. 어살이 좀더 포괄적인 명칭으로 쓰이는 경향성을 보여주며, 반면에 돌살은 돌로 된 것에만 한정적으로 쓰인다. 즉, '어민'에게는 '漁箭'과 '漁梁'이란 호칭상의 구분이 중요한 것이 아니므로 '살'이라는 한 단어에 드넓게 모두 포괄시키고 있다.

지금도 강에서 살막이 따위의 어살 명칭이 여전히 쓰이고 있으며, 북한 지역에서도 널리 행해진다.[42] 참고로 북한학계에서 보고한 바 있는, 강의 물살을 이용한 어살의 일종인 '살발담'과 '살막이'에 관해 살펴보자.

살발담: 여울쪽으로 내려가면서 점점 좁아지게 돌담을 쌓고 그 아래쪽 물이 낙차처럼 떨어지는 곳에 장목을 박아 덕을 만들고 떨어지는 물고기를 받을 수 있도록 덕 위에 발을 펴놓아 만들었다. 발의 크기는 약 2발 정도로 되게 했다. 이것은 물의 흐름을 이용한 어로시설이었다. 바닥을 기초로 이용하는 것인 만큼 이런 어로시설도 수심이 얕은 강하천에서만 이용할 수 있었다.

살막이: 처서가 지나 성기가 나서 강면에 서늘한 바람이 불기 시작하면 어족들은 강 하류로 내린다. 그러므로 살막이는 처서 전에 착수하여 처서까지는 다 막아야 한다. 설치방법은 '오를통막이'와 같은 원리이지만 오를통은 고기들이 여울을 거슬러 올라가다가 힘이 진하여 통에 들도록 여울이 끝나는 맨 뒷목에 막는데 반하여, 살은 고기들이 내리다가 바로 소에 들어가려는 여울 아랫목에 친다. 자작나무 또는 옅은 데서는 돌로도 건너막는데 통막이와 같이 일직선으로 건너막지 않고 V자형으로 수류의 방향으로 내리막고 중간에 2미터 정도 넓이의 문을 낸다. 문 밑에는 목나무를 30~40cm 정도 높이로 놓아서 물이 내려쫓게 하고 이 목나무 아래에 철사 또는 나무로 살을 엮어서 쳐놓는다. 고기들은 살에 들면 물살에 쌔워 다시 올라가지 못한다. 이 살은 초가을부터 얼음이 얼 때까지 계속 잡는데 자재와 노력이 오를통보다는 덜 들고도 적지 않은 수익을 올릴 수 있다.[43]

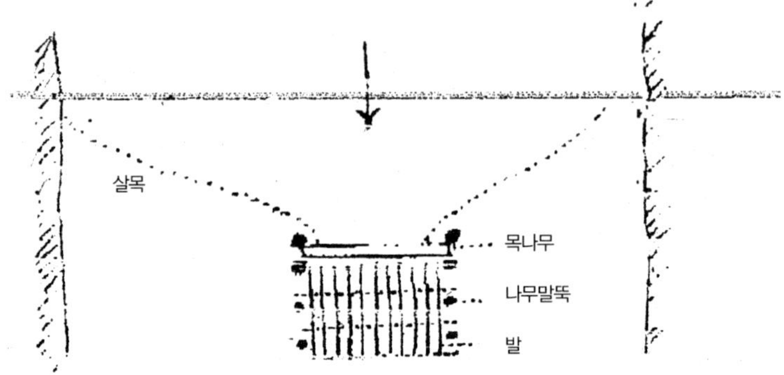

· 살목은 돌 또는 발을 설치하여 물은 약간 흐르나 고기는 넘지 못하도록 해야 한다.
· 목나무는 길이 약 3m로서 나무말뚝으로 고정시켜 놓는다.
· 발(수수대발)은 목나무 밑에서 틈이 없이 수평으로 놓여 있어야 하며 높이는 수면에서
  10cm 정도 높아야 한다. 넓이, 길이는 각각 3m이다.

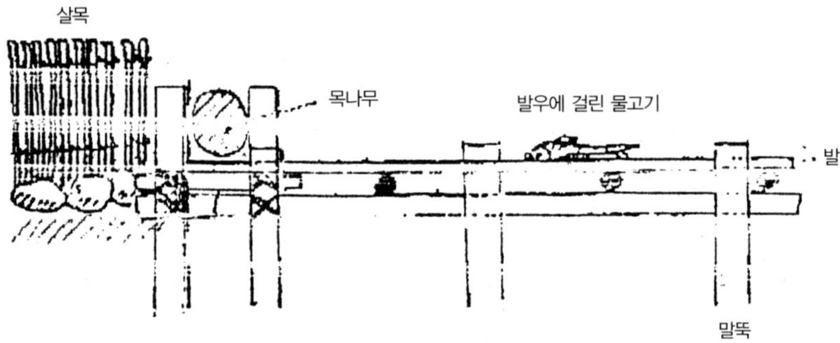

· 살로 잡는 방식
삼목으로 몰려서 흐르는 물과 함께 목나무를 넘는 고기는 손쉽게 발우에 걸린다. 목나문
위의 물 깊이는 15cm 정도가 적당하며 이것을 조절하는 데 요령이 있어야 한다. 장소는
여울 등이 좋으며 하루의 어획량이 50~100여 마리에 이를 수도 있다.

| 어울의 살 설치도(위), **살의 측면도**(아래)

| (북한 민속학연구소 소장 자료)

　북한의 민속학연구소에서 1955년에 조사된 자료에 의하면, 위의 살발
담과 거의 같은 살들이 청천강 일대에 널리 퍼져 있었음을 알려준다.[44]
청천강에서는 '살'이라 부르며 위 그림과 같이 강변의 여울을 가로막아
돌, 또는 발을 설치하여 살목을 만든다. 살목으로 물은 흐르게 하나 고기
는 넘지 않도록 해야 한다. 돌살에서 돌담의 높이를 적절하게 맞추는 것
과 비슷한 원리이다. 가운데를 길이 3m의 나무말뚝으로 고정시켜놓고
그 목나무 밑에서 부터 틈이 없이 수평으로 발(수수대발)을 수평으로 놓
되, 수면에서 10cm 정도 높여야 한다. 발의 넓이와 길이는 각각 3m이다.
살목으로 내려오다가 진로가 막힌 물고기는 목나무에 걸친 발로 걸려들
게 마련이다. 살을 설치하는 장소는 여울이 좋으며 하루의 어획량은
50~100여 마리에 달할 수도 있다.

　강에서의 살막이는 현재에도 행해진다. 현행어법상으로도 살막이는
곳곳에서 보고된다. 재미있는 것은 돌살과 거의 흡사한 모습의 살들이
보고된다는 점이다. 전남 곡성군 입면을 흐르는 섬진강의 지류에 설치된
살뿌리 어전(일명 도깨비살)은 본디 3개였으나 지금은 1개가 전해지고 있

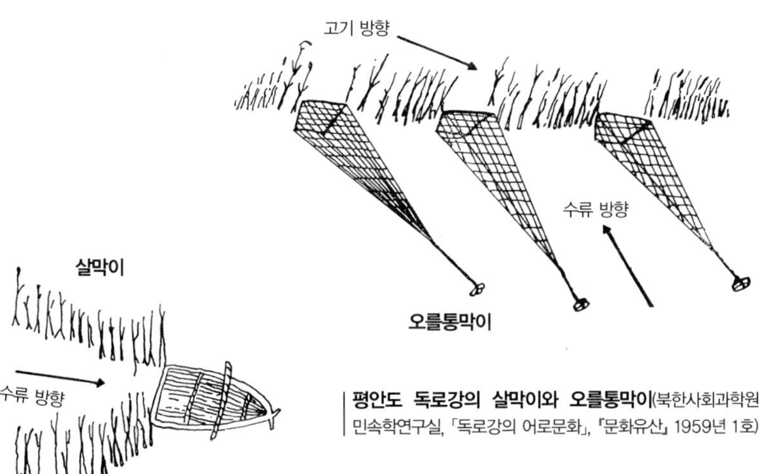

평안도 독로강의 살막이와 오를통막이(북한사회과학원
민속학연구실, 「독로강의 어로문화」, 『문화유산』 1959년 1호)

다. 김재남의 증조부가 이 어전을 고안하여 설치했다고 전해지며, 그 뒤 3대를 이어서 관리했다. 중년에 윤기태에게 어전을 팔아 넘겼다고 전해진다. 살뿌리 어전은 흐르는 강물을 일정한 방향으로 흐르게 해 정치성 어구처럼 물고기를 유인하는 그물 역할을 하는 돌보狀가 있다. 돌보는 큰 바위를 이용하는데 떠내려가지 않도록 바닥에 묻히게끔 가로질러서 물의 저항을 막는다. 무거운 돌을 쌓기 때문에 많은 인력과 자금이 요구된다. 돌보의 끝인 물이 낙하하는 지점에는 어살을 설치하여 고기들이 대

도깨비어살
(朴九秉·李相高·柳廷坤, 「谷城 살뿌리漁箭에 관한 調査」, 『水産業史研究』, 제1권, 水産業史 研究所, 1994)

나무발에 떨어지도록 유인해 통대로 잡는다.[45] 대나무발은 앞의 청천강의 어로에서 수수대발을 설치하는 것과 거의 같은 원리이다.

강원도에도 크고 작은 강과 냇가 곳곳에 살이 설치되어 있다. 가령, 영월군 주천면 금마4리, 남한강 중류지역인 주천강가에도 '삽'이라는 돌그물이 설치되어 있다. 가을이 되어 강물이 줄어들면 삽을 설치했다가 봄이 되어 강물이 불면 걷는다. 말하자면 삽은 계절용 그물인 것이다. 강가에 있는 사람 머리만큼 한 돌들을 W자 모양으로 30~40cm 높이의 담을 쌓고 그 가운데쯤에 발을 받쳐놓는다. 그러면 물살에 밀려온 큰 고기들은 두 곳에 있는 발에 차곡차곡 쌓이고 작은 물고기들은 돌 틈으로 삽을 빠져나간다. 동네 사람들은 발에 걸려든 물고기 가운데 큰 것들만 건져내고 작은 놈들은 도로 놓아준다. '삽'은 '살'의 방언으로 여겨진다. W자 돌담은 영락없는 돌살의 모습 그대로이며, 강에서의 어량이 바다의 어살로 진화되었다는 주장에 설득력을 부여한다.[46]

돌살, 돌발, 독살의 관계 ; 공간성의 문제

돌살은 석방렴石防簾 · 석제石堤 · 석전石箭 · 독살 · 돌살 · 돌발 · 원담 · 갯담 · 돌성 등으로 불린다.[47] 그러나 어민들은 석방렴과 석제 · 석전이라는 말을 사용하지 않았다.[48] 『한국수산지韓國水産誌』에서 독살은 석방렴[49] · 석제[50] · 석전으로 제시되어 있다.[51] 일본의 연구성과에서 자유로울 수 없었던 한국 학계는 방렴防簾(죽방렴竹防簾)에 대한 상대어인 석방렴을 여전히 우리의 전통어법인 돌살의 고유명사로 통용하고 있다. 『한국수산지』에는 독살을 석방렴으로 표기하고 있다. 석방렴은 일제시대에 일본인들이 한자음으로 표기하면서 불려진 명칭으로 정작 어민들은 석방렴이라고 하면 잘 모른다. 어민들이 인지하지 못한다는 것은 석방렴이란 명칭이 일제에 의해 '관변적'으로 정해진 것임을 증명한다. 따라서 돌살·독살과 다르게 석방렴이란 용례는 그리 적절한 용례가 아니다. 그러나 제주도의 '원담'(일부에서는 '돌성', 갯담, 개)[52]을 석방렴으로 통칭하지 않듯, 개별 지역의 고유명사를 그대로 사용함이 문화 종다양성을 위해서 더 합당하다고 판단된다. 이는 어민들의 민속지식에 기초하여 학술용례를 정하는 일반적 관례를 따르자는 의의도 있다.

서해안지역의 방언으로 짐작되는 독살은 '돌로 만든 살'이란 뜻의 '돌살'을 의미한다. '돌로 막은 살'에서 비롯되었지만, 어민들 사이에는 '독안에 든 쥐'처럼 고기가 돌그물에 갇혀서 잡히기 때문에 '독살'로 되었다는 주장도 있으나 불분명하다. 오히려 돌살보다는 독살이 발음하기 편하기 때문에 독살이란 명칭이 등장한 것으로 여겨진다. '돌'이 '독'으로 불림은 매우 보편적인 것으로, 논란 많은 독도의 명칭도 실은 돌섬에서 나온 것이다. 독도와 돌섬의 관계에 관해서는 아래와 같은 자료가 있다.

> 독도란 명칭은 1906년 울릉군수 심흥택의 내부 보고문에 독도가 올라 있다. 울릉도 옆의 우산도를 독도라고 부르게 되는 것은 1980년 울릉군을 설치하면서 울릉군 관할구역을 울릉도와 석도石島로 한다는 정부고시에서 비롯되었다. 석도가 독도로 변하게된 것은 전라도 주민들이 울릉도에 많이 이주하여 살면서 그들은 석을 돌, 독으로 부르기 때문에 석도를 독도라고 부르고 이것이 한역되어 독도가 되었다는 것이다. 본도에서 독도 표기가 처음 사용된 것은 이러한 사실을 뒷받침해주는 좋은 증거이다.[53]

독과 돌의 혼효는 독도 사례에서 분명해진다. 가령, 태안반도 의항리의 경우, 돌살 명칭이 옛날부터 '독살'이라고 불렸지만 돌살도 같은 뜻이다. "그것을 이제 하나의 풀이로 했을 때 돌살이 맞는 얘기고 독살이라는 것은 하나의 약어, 보통 부르기 싫게 맨들어진 얘기요"라고 제보자들은 증언한다. 따라서 태안반도에 국한하여 호칭을 정한다면 독살이 맞을 것이고, 전국적 차원에서 본다면 돌살로 명기함이 옳을 것이다.

경상남도 남해군 설촌면 문항마을의 경우, 돌발이라고 부른다. '돌로 친 발'이라는 뜻이니 돌살과 같은 뜻이다. 그러나 이 경우에도 문항마을의 사례조사에서는 당연히 돌발로 불러야 옳을 것이다. 제주도의 경우, 원담·갯담이라고 부른다. '원으로 둘러쌓은 담', '갯가의 담'이라는 뜻이다.

따라서 전국적으로 통일하여 하나의 명칭을 정한다면 일괄하여 돌살이 근접된 답일 것이다. 이는 어살이 보편적인 용례라는 데서 비롯되는 것이다. 민중들이 쓰던 민속적 용례를 그대로 쓰는 것이 타당하다고 여겨지기 때문에 독살·돌발·원 등의 명칭이 알맞겠으나, 전국으로 확대되었을 경우에는 '돌로 만든 살'이란 뜻에 가장 부합되는 '돌살', 한자음으로는 석전石箭을 돌살의 전국적 통칭어로 쓰는 것이 타당하다.

그물과 정치권력 ; 그물을 둘러싼 투쟁

국가적 이권이었던 어살

어살은 '정치적' 싸움의 대상이었다. 어살은 줄기차게 소금과 더불어 엄정한 국가관리 대상이었다. 그러나 그 '엄정성'은 사실상 당대 사회마다 편의적인 '엄정성'이기도 했다. 권문세가는 끊임없이 어살을 차지하려고 했고, 국가적인 통제가 이루어지기는 했으나 하부단위에서는 통제가 어려웠다. 게다가 왕 자신이 어살을 점거하는 일이 자주 벌어졌으니 어살은 역사적으로 일관되게 정치적 함의를 지니고 있었다.

'고구려 영양왕孁陽王 24년(613년)에 수나라 양제가 성곽 높이의 어량魚梁식 대로大路를 만들었다'는 기사[54]나 『시경』 등의 자료에 어량이 자주 등장함은 그만큼 중국에서도 국가적 통치력과 어량이 관계 깊음을 뜻한다. 앞의 하와이의 민족지적 사례에서 언급되었듯이 국가권력의 권위의 상징이기도 했다. 이는 일시에 많은 노동력을 요구한다는 점에서, 더 나아가 일시에 많은 양의 고기를 잡을 수 있다는 점에서 권력에 결부되었다. 노동력 동원이라는 사회적 문제, 일정한 부를 보장한다는 경제적 문제 등이 두루 어살에 권력이 개입하게끔 했다. 한국사의 경우도 예외는 아니다.

고려 현종 7년(1016년)에 '궁인 김씨가 왕자를 낳았는데 이름을 흠欽이라고 사명賜名하고 연경원延慶院·금은기金銀器·필단匹段·전장田莊·노비奴婢·염분塩盆·어량漁梁을 하사했다'고 했다.[55] 금은보화와 논밭, 노비 등에 견줄 만한 이권을 왕자에게 주었다는 말이니 어량이 그만한 대접을 받았음은 어량어업에서 생기는 이득이 만만치 않았음을 말해준다. 이처럼 고려시기에 어량은 권문세가에게 사점私占되었으며 경제적 이권을 둘러싼 피아간의 싸움이 적지 않았다. 이로 말미암아 어량에 속한 어민들은 가렴주구에 시달렸으며 이 같은 착취는 조선시대에 들어와서도 변함이 없었다.

『만기요람萬機要覽』[56]「어채명색漁採名色」에, "대개 어채의 명목이 세 가지가 있으니, 어장漁場·어조漁條·방렴防簾이다"고 하면서 장소의 편리함과 그렇지 못함과 어리漁利의 많고 적음에 따라서 등수를 나누어 세금을 정한다고 했다. 어살이 권문세가의 재산으로서, 또한 부세의 대상으로서 널리 행해지고 있었음을 말해준다. 그만큼 어살을 통한 어획량이 상당했음을 입증하며, 동시에 어살이 전통어법의 중심이었음을 말해준다. 이 같은 권문세가의 독점현상을 몇 가지로 분석해본다.

첫째, 국가적 재원을 확보하려는 국가적 통제

끊임없이 어살을 조사하고 이를 국가적 통제권에 두려고 했다. 이태조는 토지제도를 개혁함과 동시에 어량제도의 시정을 전개하여 그의 즉위년인 1392년에 사재감司宰監을 두고 어량과 산택의 일(魚梁山澤之事)을 전담케 했다.[57] 태조 6년(1397년) 1월에는 권세에 의하여 수량水梁을 취리한다든가 독점하는 폐해를 막고자 했다.[58] 그리하여 태종 13년에는 전체 어량을 산대감에 전속시키고 수세하여 국용케 했다.[59] 세종 19년에는 경차관敬差官을 팔도에 나누어 보내어 염장鹽場과 어량漁梁을 살피게 했다. 어량은 상·중·하 세 등에서 어살 및 고깃배 그물로 잡는 고기와 민간에 바꾸는 포화布貨·미곡米穀의 수량도 조사하여 아뢰게 건의했다.[60] 그러나 이권이 달려 있는 상태에서 독점의 시정은 쉽지 않았다. 특정인에게 사급하거나 권가의 독점으로 흘러갔으며 여러 번 이에 대한 혁파론이 번번이 대두했으나 탐학은 끊이질 않았다.

권문세가의 사점을 가능한 한 막아내면서 국가적인 통제에 두려했음은 그만큼 어살어업의 어획량이 대단히 중요했음을 반증하며, 이를 국가적인 재원으로 활용하려고 했음을 알 수 있다. 조선 전기 세종 13년에 실화 대책으로 별요別窯의 설치와 기와 공급 등의 방도를 건의한다. 각 도 어살을 세 등等으로 나누어 세 요窯에 분속分屬시키고, 자원自願하여 나무를 준비하여 요에 바치는 자는 어살 얽기(結箭)를 허락하되, 이름만 빙자하여 영리營利를 행하는 자는 교지불종률敎旨不從律로써 논죄論罪하고, 모리謀利한 물건을 몰수할 것을 건의한다.[61] 이는 국가적인 통제에 두고 요에 복속시키려고 했으나 하부단위에서 법망을 피해가는 이들이 존재했음을 암시하고 있다.

성종 6년에는 여러 역驛의 역리驛吏가 객지에서 우거寓居하면서 역사役事가 괴로워 살기가 어려우니 적당히 어살(魚箭)을 주어서 보탬을 주라고 명한다. 이익이 많은 어살은 2, 3사肆를 합치고 이익이 적은 어살은 1사肆를 전체로, 햇수를 한정하여 제사題辭를 매겨서 주고, 있는 곳의 수령으로 하여금 어살의 이익을 낱낱이 계산하여 찰방察訪에게 공문公文을 보내며, 혹시 어살이 적어서 한꺼번에 모두 줄 수가 없다면, 그 공역功役을 마치는 데에 따라 다른 역驛에 옮겨서 주고, 별도로 부지런하고 검소한 사람을 골라 찰방察訪을 위하여 고찰考察을 전담하게 해서 그 잘하고 못한 것을 검사檢查하되, 만약 기한 안에 만들기를 마치지도 못하면서 헛된 비용만 썼다면 찰방과 어살을 주관한 사람을 모두 중죄重罪로 논정論定하여 이익을 소급해서 징수徵收하도록 시행했다.

둘째, 왕족 및 중신에 대한 재원

고려 제8대 현종 7년 궁인 김씨가 왕자를 낳자 이때 어량을 하사했음은 앞에서 살펴본 바와 같고, 『신증동국여지승람』에는 어량소를 하사했다고 했다.[62] 이미 고려시대에 국가권력이 어량을 직접 관할함이 드러난다. 국가를 운영하기 위한 세금의 재원으로서만이 아니라 왕족 및 중신에 대한 하사를 위해 반드시 어살을 확보해둘 필요가 있었다. 하사 항목에는 궁방토만 존재한 것이 아니었다.

조선조 성종 13년, 충훈부忠勳府 당상堂上 노사신盧思慎 등이 공신功臣으로서 묵은 병이 있는 자가 많으나 약재藥材의 수량이 적으므로 치료에 도움을 주기 위해 제도諸道의 어살을 하사하여 부족함을 보태게 할 것을 건의한다. 그러자 임금은 "어살은 마땅히 가난한 백성에게 주는 것인데 재상이 어찌 구해서 얻으려 하는가?"라고 반대했다. 오죽하면 『실록』에서 사신史臣이 이렇게 논평했을까.

제도諸道의 어살은 가난한 백성에게 주었다가 3년 만에 바꾸도록 되어 있는 것이 영갑令甲에 실려 있으니, 이것은 국가의 어진 정사의 하나인데, 노사신 등이 법을 무시하고 청하니 백성을 위해 동산(苑)을 청한 것에 비하면 얼마나 거리가 먼 것인가?[63]

어살이 '가난한 백성'들의 것임을 잘 알고 있음에도 현실은 그렇지 못했다. 성종 23년에는 사옹원司饔院 제조提調 유자광柳子光이 은구어銀口魚의 봉진에 관해 청하는 대목이 등장한다. 싱싱한 은구어를 구하기 위해 "은구어를 어살로 잡은 것 중에서 싱싱하고 좋은 것으로 골라, 얼음에 담거나 소금을 약간 뿌려서 두세 차례 별도로 보내게 하라" 했다.[64] 연산군 5년에는 왜인倭人이 어살을 쟁탈한 일에 대해서 불문하고 도주에게 서계書契를 보내자는 의견이 거론된다. 즉, 왜인 직선職宣이 어살(漁梁)을 쟁탈한 일을 의정부와 육조六曹에 의논할 것을 명했다.[65]

현종 4년에는 부제학 유계 등이 군정 개혁과 승려 환속 및 도성의 이원 혁파에 관한 차자箚子를 올린다.[66] 여러 궁가와 아문의 염분이나 어살을 모두 폐지하여 해당 고을에서 세를 거두어 군국軍國의 재정에 쓰도록 한다. 숙종 7년에도 어살(漁箭)을 아울러 혁파하여 지부地部에 돌려서 국용國用에 보탬이 되게 하자는 상소가 올라온다.[67] 영조 3년에는 임금이 해민海民의 편부便否를 묻자 홍자가 아뢴다.

균역법均役法을 시행하기 이전에는 배와 어살은 영읍에서 그 자재資財를 도와서 제때에 고쳤으나, 한 번 균청均廳에 속한 뒤로는 모두 그 전대로 버려두고 있습니다. 그래도 해민은 고할 데가 없으니 참으로 민망스럽습니다.[68]

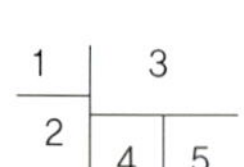

1 보성 득량만 개막이(2004년 11월 21일 찍음)

2 강화도 석모도 주목망(2004년 8월 29일 찍음)

3 당진 어살(2000년 8월 23일 찍음)

4 태안 의항 어살(1998년 7월 2일 찍음)

5 순천만의 살(2004년 11월 24일 찍음)

지방 징수 폐단과 인재 등용, 과거제, 국방 전반에 대한 윤면동尹冕東의 상소문이 올라온다.[69] 사직司直 윤면동이 상소했다.

연해沿海에는 물선보인物膳保人이 있는데, 작은 그물을 가진 조각배, 부서진 어살, 무너진 염분鹽盆 및 산등성이에 저절로 자란 보잘것없는 초목草木도 모두 금하지 않는 것이 없어서 또한 죄다 주인이 있습니다. 기타의 명색으로 법에서 벗어나 거두어들이는 것을 조정에서 죄다 알고 있는 것이 아니어서 이루 다 거론하여 지적할 수가 없습니다. 이로써 살펴보면 백성들이 받는 폐해가 또한 많고도 참혹스럽습니다. 이렇게 된 이유는 오로지 겸병兼幷한 데 있는 것만은 아닙니다만, 오늘날을 위한 계책은 겸병하지 못한다 하더라도 백성으로 하여금 각기 전지를 소유하

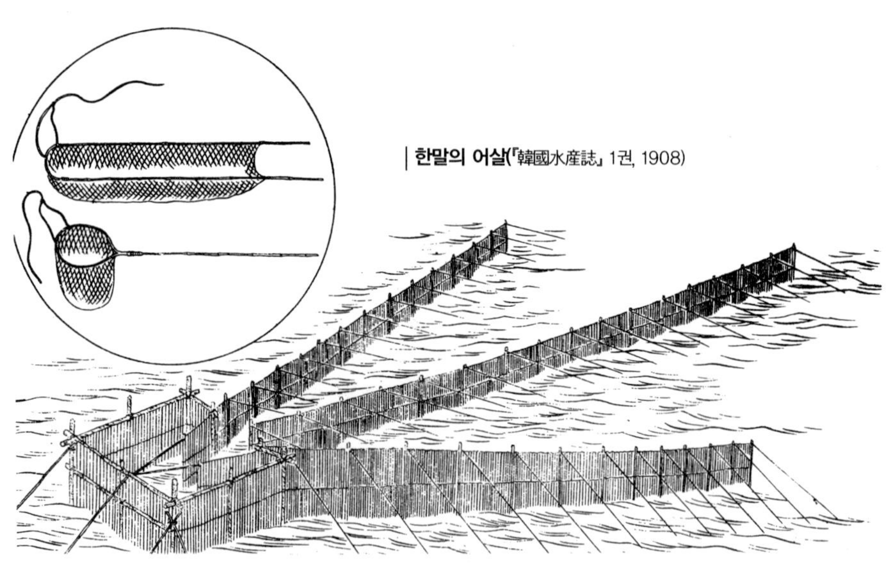

| 한말의 어살(『韓國水産誌』 1권, 1908)

한말의 어살
(『韓國水産誌』 1권, 1908)

게 해야 합니다. 이 폐해를 제거하지 않으면 불쌍한 이 백성들이 장차 그 재산을 보전하여 살아갈 수가 없게 될 것입니다.

정조 16년에는 각 도와 개성·강화의 대장에 올라 있는 배와 소금가마·어살 등의 세금을 조정한다.[70] 이와 같이 어살을 둘러싼 논란은 끊이지 않았다.

충청도: 그물터가 2백 76개소로 세금이 6백 1냥이다. 온돌溫突─온돌은 바닷가의 고기를 잡는 곳이다─의 세는 37냥이고, 그물(綱子) 1백 43개 중에서 13개는 오래되어 못 쓰게 되었고 남은 1백 30개에 세가 86냥이고, 청어淸魚 어살 32개소에 세가 1천 1백 47냥이고, 민어民魚 어장 한 곳에 세가 6냥이고, 방구렴防口簾 12개소에 5개소는 오래되어 못 쓰고 남은 7개소에 세가 13냥이니, 도합해서 세로 거두는 돈이 8천 2백 57냥이다.

평안도: 어살은 오래되어 못 쓰는 것이 2개소이고, 새우 어살은 오래되어 못 쓰는 곳이 3개소이다.

225

전라도: 어살이 46개소이고, 어조漁條가 1개소이고, 파손된 어망이 1백 7개이고, 어렴漁簾이 2건件이고, 세를 낮추어 준 소금가마가 37좌이고, 어살이 30개소이다.

경상도: 방렴은 8백 95개소 내에서 새 것과 낡은 것에서 축난 것이 1백 17개소이고 더 나타난 것이 28개소이며, 어장은 23개소이다.

황해도: 여러 어살은 3백 7개 내에서 22개소가 오래되어 못 쓰며 더 나타난 것이 도합 28좌이고, 방구렴防口簾 12개소에 5개소는 오래되어 못 쓰고 남은 7개소에 세가 13냥이니, 도합해서 세로 거두는 돈이 8천 2백 57냥이다.

어살은 조수간만의 차이에 의한 조류를 이용한 어법으로서 조기·청어를 비롯해 조수간만에 따라 내유하는 모든 수족을 어획했다. 즉 어살의 분포는 충청도·황해도·경기도 및 전라도 서해안을 중심으로 조수간만의 차가 심한 곳에 몰려 있었다. 이 지역에 어살이 발달한 것은 비단 조수간만의 차이 외에도 수심이 얕고 만이 잘 발달되어 있어 설치가 용이한데다가 한양 등의 인구 조밀지역과 접하고 있어 수산물 수요가 많았던 점도 무시할 수 없다. 그러므로 이들 지역에서는 모두 어살에 대한 착취가 이루어졌음을 쉽게 짐작할 수 있다.

왕과 신하들이 어살을 놓고 다투다

어살이 얼마나 이권과 관련이 깊은지를 알려주는 하나의 구체적 사례를 들어본다. 연산군조에 수년간 어살을 둘러싼 왕과 신하의 싸움이 벌어진다. 이 싸움은 연산군이 물러나고 중종이 즉위한 다음에도 계속 이어진다. 무엇이 왕들로 하여금 이토록 대를 이어가면서까지 신하들과 싸우게 만들었을까? 아래의 미묘한 시각 차이를 섬세하게 살펴볼 필요가 있다. 연산군 4년에 헌납 정환鄭渙이 아뢴다,

> 해주海州에서 천진薦進하는 것은 모두 건항乾項 지방에서 나는 것이온데, 지금 천진하는 일은 전대로 하면서 어살은 내수사內需司에 이관移管했으니, 매우 온당치 못합니다.[71]

정환이 재차 왕에게 건의하나 왕은 이를 들어주지 않는다. 그러자 홍문관이 나서서 어살의 관할管轄을 바꾸는 것은 손해가 반드시 백성에게 미침을 상소한다. 지평 김습은 아뢰기를, "내수사를 비록 개혁은 않을망정 공용公用의 어살을 빼앗아서 줄 필요는 없다"고 간언한다. 여름에 시작된 어살을 둘러싼 왕과 신하들의 논쟁은 이듬해까지 계속되었던 것 같다. 이듬해 1월에 이르러, 승지 장순손이 재차 어살을 내수사에 개속改屬하는 것의 부당함을 아뢴다.

> 사목事目 안에 습항濕項에 소속된 어살(魚箭)은 내수사에 개속하기를 정했는데, 다만 습항에 소속된 어살은 모두가 민간의 사유 어살로 해주海州에서는 이를 힘입어 진상進上을 하고 있는데, 지금 만약 빼앗아 내수사에 주게 된다면 폐해가 백성들에게 미치게 되며, 해주에서도 또한 진상하지 못할 것이니, 예전 그대로 두고 내수사에 소속시키지 말기를 청합니다.[72]

그해 봄에 연산군은 이렇게 말한다.

어살은 국가에서 가난한 백성에게 주고 차례로 세를 거두는 것이니, 백성을 위한 뜻이 지극한 것이다. 그러나 겉으로는 빈민貧民들에게 준다고 하면서 다른 사람이 몰래 이익을 얻는다면 아뢴 본의에 어긋남이 있지 않겠는가?[73]

겉으로만 빈민에게 준다고 하면서 사점할 수 있는 가능성을 연산군이 지적한 것이다. 이에 승지들도 중간의 농간을 걱정하면서 아뢰었다.

어살의 일은 중간에서 농간부리는 것을 알 수 없어 조정에서도 그 폐단을 걱정하고 있으므로, 호조의 낭청郞廳을 나누어 보내어 단속하고 있습니다. …… 각처各處의 어살을 진상한다고 거의 모두 빼앗아 차지하므로, 주州·부府에서는 도리어 달라고 빌어서 겨우 진상을 합니다. 내수사에 소속된 사람의 한 해 동안 바치는 어물魚物이 반드시 많지 않으므로 양민良民 중에 세력 있는 부자들이 무사無事함을 좋아하여 하는 사람이 많으니, 어찌 국가에 이익이 되겠습니까?

연산군 7년에 장령 이효문 등이 건항乾項 지방 백성의 어살을 내수사에 이관한 잘못이 크다고 아뢰고 있다. 장령 이효문李孝文과 정언 조세당曹世唐이 아뢰기를,

진상進上 어물魚物과 사재감司宰監에서 바치는 어물은 오로지 건항 지방의 어살(魚箭)에 의해 잡는 것입니다. 지금 그 어살은 내수사에 이관되었는데, 경비는 전일과 다름이 없으므로, 부득이 백성들로 하여금 자담自擔케 한 것입니다. 폐단이 이보다 큰 것이 없습니다.

백성들의 자담을 걱정하지만 왕은 이에 답하지 않는다.[74] 연산군조에 시작된 내수사로 이관된 어살의 소유 문제를 둘러싼 논쟁은 중종조에까지 이어진다. 중종조에 이어진 논쟁은 중종 4년(1509년)에 4월부터 6월까지 불과 3개월여의 짧은 기간 동안 무려 32차례나 등장할 정도로 초미의 관심사였다. 왕위 교체 이후에도 논쟁이 이어질 정도로 어살 문제는 중요 사안이었다. 중종이 즉위하고 수년이 경과하자 대간이 아뢴다.

> 『대전大典』에 이르기를, '어살은 가난한 백성에게 주어 세를 거둔다' 했으되, 지금은 반은 내수사에 있고 반은 종재宗宰·대신에게 있습니다. 대저 임금에게는 스스로 올바른 공상供上이 있고, 대신에게는 또한 자봉自奉하는 녹이 있어서, 백성과 더불어 이를 다투어서는 안 되니, 청컨대 『대전』에 의하여 시행케 하소서.[75]

같은 4월에 양사兩司에서 어살의 일을 아뢰니, 전교하기를,

> 내수사에는 본래 어살이 없고, 다만 조종조로부터 제사를 위하여 함흥咸興 땅에 겨우 한 곳을 두었을 뿐이다.

임금의 이런 발언이 있은 뒤에 재차 그 다음 달에 대간이 나서서 어살을 백성에게 주어야 한다고 따진다. 대간이 "이문移文을 보니, 방생어살(放生魚箭)이 있기에 어제 아뢴 것입니다" 하고, 인하여 다음과 같이 아뢰었다.

> 상교에 '어살은 조종조의 일이므로 고치지 못한다' 하셨으나, 신 등은 비록 조종조의 일이더라도 이제 이미 폐단이 된다면 인순因循하여서는

안 된다고 생각되는데, 하물며 국록을 먹는 집에서 백성과 이를 다툰단 말입니까? 그리고 이 일이 모두 선왕조에 나온 것은 아니요, 폐조에서 어지럽게 정사하던 때에 사급賜給한 것이 대부분이니, 청컨대 속히 도로 주어 가난한 백성에게 업을 삼게 하소서.

왕은 반대의 뜻을 분명히 하여 다음과 같이 전교한다.

방생어살은 내수사 소유가 아니라, 새 본궁本宮에 소속되어 봉보부인奉保夫人에게 준 것인데, 대간이 상세히 살피지 않고 말하는 것이다. 다만 종재와 각사에게는 조종조로부터 예대로 반사頒賜한 것이니, 추탈해서는 안 된다.[76]

임금이 반대의 뜻을 분명히 나타내자 다시금 대간이 아뢴다.

어살의 일은 여러 날 논계論啓했으되 윤허하시지 않으니, 결망함을 이기지 못하겠습니다. 종재에게 반사하는 것이 사체에 맞지 않을 뿐만 아니라 재상을 중히 여기는 뜻도 아닙니다. 만약 재상을 중히 여기신다면 공경하여 예우하실 일이지, 어찌 어살의 이익으로 인도하십니까? 폐정弊政 끝에 공사公私 모두 고갈되었으니, 청컨대 궁한 백성으로 하여금 이를 힘입어 살게 하고, 또 세금을 거두어 군국의 수요에 충당하소서.

임금은 마지못해 실태를 파악할 것을 지시한다. 그러나 임금은 대신에게 지급한 어살문제를 또다시 반박하고 나선다.[77]

어살을 대신에게 사여한 것은 얼마 안 된다. 박원종 · 성희안 · 유순정에게는 죄인의 물건으로써 공으로 인하여 사급했고, 기타 대군과 의빈儀賓의 과부 중에도 또한 하사 받은 사람이 있으나, 혹 값을 치루어서 준 것도 있고, 혹은 상언上言을 하기 때문에 돈령부敦寧府에서 3년을 한하여 주기도 한 것이다. 이 뜻을 대간에게 말하라.

논쟁은 뜨겁게 계속된다. 드디어 대간이 나서서 단호하게 어살의 일을 고칠 것을 재차 권한다.[78]

전교에 이르기를 '어살 일은 성종조로부터 종실에게 사급한 것이다' 하셨으니, 설령 그때 한두 사람에게 잘못 하사되었더라도, 그 후의 사왕嗣王으로서는 마땅히 『대전』을 준수해야 할 뿐이요, 모름지기 선왕의 일시적인 사사로운 은혜에 구애되어 법을 삼을 것은 없습니다.

그해 6월에도 대간은 어살을 백성에게 지급하자는 직설적인 진언을 올린다.

선왕께서는 어살이 생민에게 이익이 되므로, 영전令典을 만들어서 빈민에게 주어 3년마다 바꾸게 하셨으니, 이는 후사 자손이 마땅히 준수하여 잃지 말아야 할 바입니다. 전하께서는 선왕의 한때의 명령을 따르면서 만세의 법은 버리시니, 바로 그 따르는 바는 사사로운 것이요, 버리는 바는 공변된 것입니다. 전하께서는 그 뜻을 잘 계승했다고 스스로 말씀하실 수 있습니까?

국가적 통제권에 놓여 있는 어살에 대한 논란은 그 이후로도 계속된다. 명종 1년에 잠저潛邸 시의 노비 등은 내수사로 이속하고 어살은 소속

고을에 지급하게 하는 조처가 취해진다.[79]

내가 잠저에 있을 때의 노비·전답·어살을 모두 내수사에 이속시켜라.

이에, 원상 권벌이 아뢰기를,

노비와 전답은 그렇게 하더라도 어살만은 소속 고을에 지급하여 왕위를 계승한 처음에 공도公道를 밝히는 것이 마땅합니다.

왕은 다음과 같이 답한다.

아뢴 뜻이 지당하다. 다만 이 어살 또한 제안대군齊安大君 집과 관계되는 것이 있으니 자세히 살펴서 처치해야 한다.

이에 사관이 이르기를,

온 나라가 봉공奉供하는데 어찌 반드시 어살이 있은 뒤에야 용도에 부족함이 없겠는가. 부끄럽게도 어살은 단지 흥리興利의 도구일 뿐으로 민간에 폐단됨은 막심했으니 실로 임금이 사사로 소유할 것이 아니다. 그러므로 권벌의 이런 아룀이 있었던 것이다.

지방권력과 어민도 다툼에 나서다

조선시대 어살 가운데는 앞에서 살펴본 대로 대단히 큰 것도 있었다. 그러나 좀더 보편적으로 일반화된 어살은 어느 곳에나 있었고,

가난한 사람들도 공동의 노력으로 매우 간편한 방법으로 고기를 잡을 수 있는 극히 원시적인 방법까지 포함하고 있었다. 문제는 그런 소소한 어살에까지 지방권력의 착취가 미치고 있었다는 점이다. 지방에 미친 권력의 파장이 어떤 양상으로 나타났을까? 광해군 11년(1619년) 태안반도의 풍물을 상세히 기록한 한여현의 『호산록湖山錄』을 살펴보자.

> 대살포大煞浦는 군청 서쪽 40리에 있는데 이 개포에는 가을잡이 어살을 매었으나 도로가 너무 멀고 어살을 매는 모든 기구가 모두 민간6~7월 박농의 시기에 출역해야 하기 때문에 대소의 민간들이 어살의 일로써 폐농이 된다하여 민간에서 심히 고생스러워서 원망했다. 출포出浦는 군청 북쪽 20리에 있는데 관용부지의 가을 어살이 있었으나 지금 폐지되었다.[80]

위 기록은 대살포란 지명에서 거대 어살이 지명으로까지 존재했음을 알려주며 국가적으로 어살을 경영하면서 횡포가 심해 어민들의 삶이 곤궁했음을 말해준다. 이는 반대로 지방에서도 어살을 통한 이득이 상당했음을 말해준다. 조선 후기에 이르러 배를 이용한 근해어업이 본격적으로 전개되면서도 여전히 어살어업 방식은 서해안 곳곳에서 행해졌고 일제 강점기를 거쳐서 오늘에까지 행해지고 있는 곳이 남아 있다. 『호산록』에는 판교천板橋川과 율리포栗里浦, 흑서포黑嶼浦, 출포出浦 등의 대살포와 유사한 사건도 기록해두고 있다.

> 판교천은 군청 남쪽 7리에 있는바, 내의 원천은 성왕산 남쪽에서 시작하여 바다로 흘러간다. 병영에서 설치한 겟살이 있다. 용유천龍游川은 군청 동쪽 15리에 있고 내 아래에는 병영에서 설치한 겟살이 있다.[81] 본읍에는 병영에서 설치한 겟살이 세 곳이 있는데 겟살 주인과 감독 등이 본

읍의 민간에게 작은 협의의 헌극이 있었다. 병영에서 세력을 빙자하고 거짓으로 병사에게 고자질하여 혹은 가두고 곤장도 때리고 혹은 갑절을 징수하여 폐단을 발생하는 것이 무궁무진했다. 비록 겟살 밖에 관계되지 않는 곳까지도 게를 잡는 자가 있으면 모두 겟살 안에서 잡았다 하여 그 빌미로 고소하니 본읍의 백성들은 겟살 주인과 감독 보기를 범이나 이리떼 보듯하고 겟살 보기는 함정 보듯하여 바라다보기는 해도 근처에는 가지 못했다. 석교천은 군청 서쪽 5리에 있고 그 아래에는 역시 병영의 겟살이 있다. 율리포는 군청 남쪽 6리에 있다. 흑서포는 군청 서쪽 20리에 있는데 관용부지의 어살이 있는 곳이다. 인정포仁政浦는 군청 서쪽 20리에 있는데 큰 새우잡이와 붉은 새우잡이의 어살이 있다. 고개정포 古介政浦는 군청 남쪽 35리에 있는데 관용부지의 어살이 있으나 지금은 폐지되었다. 출포는 군청 북쪽 20리에 있는데 관용부지의 가을 어살이 있었으나 지금은 폐지되었다.

태안반도의 사정을 통하여 지방에서도 병영 등의 개입이 있음을 설명해주고 있다. 한양에서 멀리 떨어진 연평도의 경우를 보자. 중종조에 연평도에 있던 제안대군의 어살을 놓고서 또 한번의 논쟁이 벌어진다. 송천희宋千喜가 아뢰었다.

"연평도延平島 어전을 명하여 제안대군에게 주심은 매우 합당하지 않습니다. 이미 빈민貧民에게 주어 세금을 거두고 있으니, 이제 대군에게 줄 수 없습니다."
하고, 대사간 경세창慶世昌이 아뢰기를,
"공신이 받은 어전을 모두 명하여 빈민에게 주게 했고, 대군의 부유함은 어전의 유무에 관계없는데, 하물며 대군이 알지 못하는 일을 그 호

노豪奴가 상언上言하여 청했으니, 법을 무너뜨리는 길을 열어놓을 수 없습니다."

하니, 상이 이르기를,

"어전을 이미 빈민에게 주었지만, 대군의 상언을 보면, 조종조에서도 사급賜給한 예가 있었으니, 도로 대군에게 주는 것이 가하다."

했다.[82]

국가권력이 연평 어살의 풍족한 생산력을 간파하고 있었으며, 머나먼 변방의 섬에까지 개입하여 왕권의 직접적 영향력을 행사하고 있음을 알 수 있다.

착취당하는 어민들

조선시대 어살의 규모는 소규모도 있었지만 대단히 큰 규모도 많았다. 국가로서도 어살을 중요한 수입대상으로 삼고 있었으니 그 규모를 짐작할 만하다. 포천현감으로 있던 이지함이 포천에 곡식이 적어서 민생을 구제할 수 없음을 걱정하고 다른 곳의 어살을 떼어받아 고기를 잡아 곡식과 바꾸고자 했던 사실도 그만큼 어살로부터의 수입이 매우 컸던 것을 시사해준다. 심지어 부를 축적한 자들은 대대적인 어살을 설치하여 임노동 단계에 이르는 상업적 수준의 어로생산을 해내고 있었다. 일정한 돈을 축적하여 이를 땅에 투기하는 일까지 생겨났다.

이렇듯 국가 및 권문세가의 사점 결과, 어민들에게 미친 후과는 어떻했을까? 이는 두말할 것도 없이 극도의 착취와 그로 인한 유리걸식의 어민층 와해를 불러왔다. 명종 14년(1559년)의 기록에 어전민이 궁가세가의 작폐를 참지 못해 사방으로 흩어지는 대목이 등장한다. 어민에 대한 착취는 비단 어살에만 행해진 것은 아니었으니 가히 전반적인 영역에 두루 미치고 있었다. 『만기요람』에 이르길, '망망한 대해까지도 사점해놓고 창해에서 어업하는 어민에게까지 사세를 징수하게 했으니 어민은 어업을 행할 수 없게 되었으며 어렴은 극귀하게 되었다'고 했다. 틈이 들어갈 곳만 있다면 곳곳에 사점私占과 사세私稅 징수가 이루어지고 있었다. 당시에 어살로 인한 실제적인 경제적 이득이 얼마나 되었는지를 밝혀주는 자료로는 역시 세금 관련 자료가 중요하다. 세금을 매기는 방식과 양에 따라 당대의 어살의 풍족했던 생산력을 평가할 수 있다.

지역별로 어살 세금액의 차등을 두었다. 최고 세율은 고군산이고, 그 다음이 위도이며, 그 아래는 영광, 부안 등 3읍이다. 칠산어장 주변이 어살의 세율이 가장 높은 것으로 미루어 조기잡이와 연관성이 확인된다. 그 아래 급수로는 무장, 흥덕, 고부, 옥구이고, 그 다음이 광양, 순천, 보성, 흥양, 강진, 낙안 등 6읍, 마지막으로 장흥, 영암, 해남, 진도, 무안, 나주, 함평 등 7읍이다. 또한 어살 세금은 계절에 따라서도 달랐다. 가을에만 설치한 어살은 봄·가을에 설치한 어전보다 생산성이 낮았으므로 그것도 차등 있게 대·중·소의 3등으로 세액을 규정했다.

이미 『세종실록지리지』에는 서해안의 어살분포가 (15세기) '강령·옹진지역', '인천지역', '태안·홍성지역', '무장·영광지역'으로 대별된다. 즉 대부분의 어살이 서해안의 강령만, 해주만, 경기만, 남양만, 천수만, 곰소만 등 내만을 중심으로 발달했음을 알 수 있다. 이는 이 지역의 수심이 얕고 간만의 차이가 심하고 어살설치가 용이한데다가 대체로 한양과 가까이 있어서 수산물의 수요가 많았기 때문이다. 『세종실록지리지』에도 언급된 무장·영광지역이 조선 후기에는 최고로 중요한 어살 지역이었음이 확인된다. 『균역사목』에는 아주 구체적으로 지방별 어살 현황이 등장하고 있다.

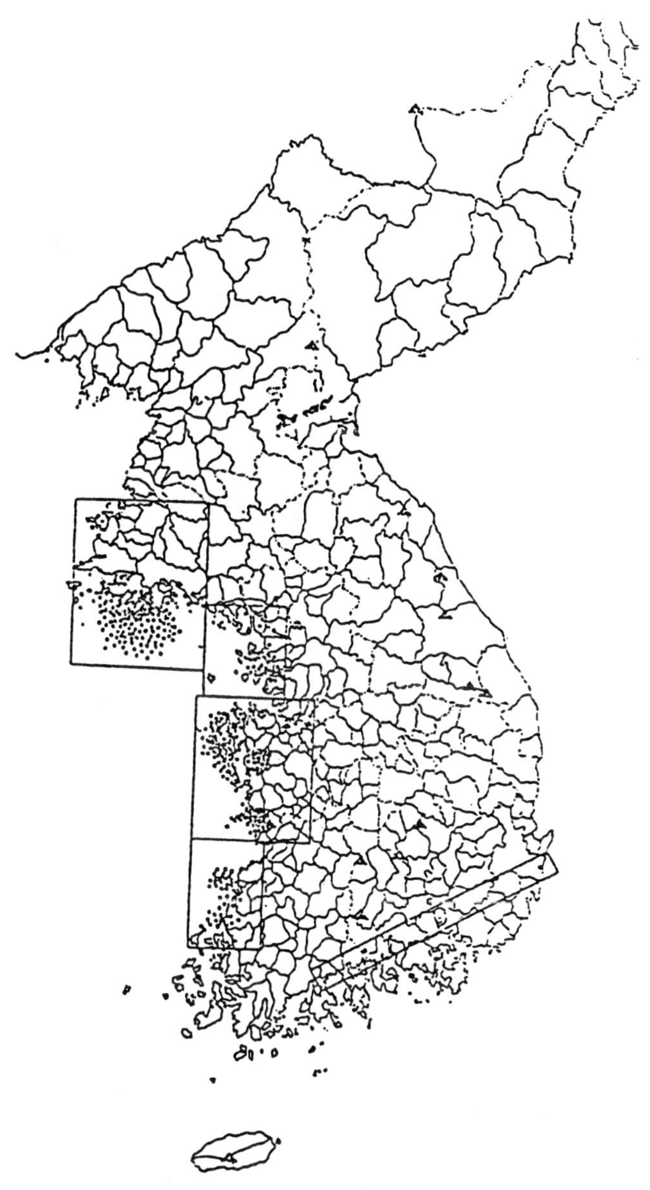

| 서해안 어살분포도(『세종실록지리지』 참조, 김일기 작성)

해서와 경기도에는 토전土箭이 있었다. 토전은 마죽으로써 발을 설치한 것인바, 어획물이 새우와 게에 불과하여 이익이 매우 작으므로 세금을 정하지 않았다고 했다. 인천에는 대소의 어살 3개처가 있는데 토전과는 약간 다르고 세금을 걷는 어살이라고 했다. 『균역청사목均役廳事目』에 등장하는 방렴防廉은 어살의 일종으로 보이는데, 여기서는 세금을 거두었다. 세금을 걷기 곤란한 정도로 작은 토전들은 가난한 어민들이 생계용으로 꾸려가던 아주 작은 어살을 뜻했던 것 같다.

호서湖西의 어살은 청석어살(靑石魚箭)이 가장 많은 이익을 남기고 진잡어살(眞雜魚箭)은 그 이익이 약간 적다고 했다. 청석어살은 청어와 석어(조기)를 어획하는 어살이고, 진잡어살은 준치(眞魚)와 잡어를 어획하는 어살이다. 어살은 어리漁利의 후박厚薄에 따라 11등급으로 등급화하여 세금을 부과했는데 수익이 가장 많은 것은 별1등別一等이라 하여 40량, 수익이 가장 적고 규모도 작은 것은 변소전邊小箭이라 하여 3량으로 정했다고 했다.

전라도에서는 어장을 어전, 어조, 어장, 어기 등으로 나누고 그에 따라 등급을 정했다. 어살은 대ㆍ중ㆍ소의 3등으로 나누었다. 대전렴은 길이 500~600발, 물고기가 들어가는 주머니인 임통의 물 깊이는 20자 되는 것이며, 중전렴은 길이 200여 발, 임통의 물 깊이 10자 되는 것이며, 소전렴은 그 이하의 것이다. 각 등은 어획고에 따라 다시 3등으로 나누어 모두 9등으로 과세액이 규정되었다. 이밖에 살의 길이가 10여 발 되고 임통이 없는 것은 소소전이라고 따로 구별했다. 크기를 정확히 나누어 세금을 거두었던 것으로 보아 상당한 규모의 어살로부터 지극히 작은 어전까지 두루 존재했음을 알 수 있다.

평안도에 관해서는 『균역사목』에는 어업이 누락되어 있으나, 『균역청사목』에는 몇 가지 세액이 명시되어 있다. 어살은 1등급 15량에서 출발하여 차츰 체감하여 7등급은 2량이며, 정주의 새우잡이 어살은 1량이다.

| **어살도**(「단원 김홍도 풍속화첩」, 국립중앙박물관)

평안도만 해도 어살이 남쪽에 비하면 대대적으로 행해지지 못했음을 암시한다. 이처럼 강원도, 경상도 등을 제외한 서남해안 곳곳에 세금의 양이 정확하게 설정되어 있었다는 사실은 세금을 일정액 정해두고 걷어갈 정도로 어살에서의 수입이 안정적이고 경제성이 높았음을 반증해준다.

당시에 어살에서 어민들이 노동하던 풍습은 다행히 단원 김홍도의 풍속화를 통해 살펴볼 수 있다. 물고기들이 발에 갇혀서 바깥으로 빠져나가지 못해 임통에 몰리게 된 것을 광주리 같은 것으로 떠내는 장면이 생동감 넘치게 표현되어 있다. 배에는 큰 독도 실려 있다. 식수통으로 보기에는 너무 크므로 잡은 물고기를 생물로 가둬두는 저장고가 아닌가 한다.

한말의 어살에 관해서는 『한국수산지』에 풍부한 도판으로 남아 있다. 방렴, 건방렴 등의 다양한 어살 가운데 협의의 어살에 관해 다음과 같이 설명했다. 서해안 및 서남해안 일대에 많이 설치했던 정치어구였는데, 조기·새우·갈치·오징어·달강어·병어·가자미·넙치·서대·가오리, 기타 조수의 간만에 따라 연안에 내왕하는 모든 어류를 포획할 목적으로 설치했다. 그 구조는 방사형 또는 만형灣形으로 지주를 세우고 거기에 대, 갈대, 또는 싸리 등으로 만든 발을 둘러치고 중앙의 1개소, 또는 좌우 양 날개에 각각 1개의 임통을 설치했다. 조류를 따라 퇴거하던 어류가 양 날개에 차단되어 임통에 들어갔을 때, 이를 잡았다. 양 날개의 연장 길이는 400간(약 600m)에 달하는 것도 있었다. 높이는 보통 3간 정도로서 만조시에 지주의 선단이 물 속에 잠겼다. 어살 중에는 양 날개에 한하여 지주를 세우지 않고 가지가 붙은 대나무 또는 나무를 세운 것이 있었다. 그리고 임통에 자루그물(囊網)을 설치한 것도 있었다.

이상의 설명으로 미루어보아 한말까지만 해도 길이가 무려 600m에 달하는 것들이 존재했음을 알 수 있다. 『균역사목』에서 언급한 전라도의 대전렴이 그랬을 것이다. 이만한 어살을 설치하자면 엄청난 노동이 요구되었다. 수백 개의 소나무 말뚝을 박고서 발을 엮어서 치고, 더 나아가 파도 등으로부터 어살을 수리해야 했다. 물때마다 물을 보아 고기를 거두어들이는 일도 만만한 일이 아니었다. 이처럼 어살노동은 집단적 노력을 요구했다. 사점私占에 의하여 노동력을 착취당할 수밖에 없었던 어민들의 처지가 드러난다. 균역청의 『해세절목海稅節目』에는 '아침에 모였다가 저녁에 헤어지는' 유리걸식하는 이들의 모습도 등장한다.

조석·조간대 인지체계와 민속지식

산그늘은 곧바로 숲그늘을 의미하기도 한다. 강가에서 물고기들이 수초 우거진 곳을 좋아하는 것과 일치한다. 그동안 바닷가 나무들이 방풍림으로서의 역할만이 강조되어왔다면, 사실 바닷가에 인접한 나무들은 그늘을 만들어 물고기들이 서식하거나 모여들 수 있는 천혜의 조건을 만들어준다. 바다숲은 해변에 바짝 붙어서 운신하는 연안어종의 서식에 결정적이다. 숲이 무성한 바닷가에 고기가 몰려드는 이유는 아주 단순하다. 따라서 바다숲은 풍조風潮를 막는 일차적 기능 이외에 물고기에게 잠자리를 마련해주는 시너지효과도 부여한다. 고기떼는 숲그늘로 몰려드는 근성이 있다. 물고기는 사람과 마찬가지로 숲을 그리워한다. 동물만이 숲으로 가는 것이 아니라 물고기도 해변이나 섬의 숲그늘로 몸을 숨기고 '그늘의 미학'을 즐긴다. 선사시대 인간들이 바위그늘에서 주거처를 마련했듯이 물고기들도 바위그늘이나 숲그늘을 선호한다.

_ 어민들이 들려준 가르침, 주강현 채록

바다에 쌓은 성; 들물과 날물, 산짐과 죽은짐의 변증법

조간대의 경사를 이용한 말굽형 돌살의 축성법

 돌살은 조수간만의 차이, 즉 조차潮差를 이용하여 설치한다. 이 점은 어살류의 보편적 특질이기도 하다. 달과 해와 지구의 역학관계가 빚어내는 조차는 그야말로 신의 선택, 우주의 선택이다. 그러나 역설적으로 인간은 신의 선택, 우주의 선택을 반대로 이용하여 고기를 잡기 시작했다.

오랜 역사 속에서 축적된 어민들의 조석·조간대에 관한 인지체계는 인류 역사가 지속 가능한 사회를 이끌어오게 한 저력이기도 했다. 지속 가능한 사회란 미래 세대의 번영을 파괴시키지 않으면서도 자신들의 요구를 만족시키는 사회를 뜻한다고 볼 때,[1] 어민들의 조석·조간대에 관한 자연적 인지체계는 자연을 거스르지 않는 어법을 채택함으로써 수준 높은 생태적 관점에 서 있는 셈이다.

돌살어법은 그 본질상 서두르거나 무리를 하지 않는다. 오로지 자연적인 흐름에 몸을 맡기고 자연에 순응하면서 오고가는 물고기들을 원초적 방법으로 잡을 뿐이다. 이른바, '현대적 어법'이 의미하는, 질기고도 섬세하고, 촘촘하기 이를 데 없는 그물코가 뿜어내는 집단절멸의 '싹쓸이' 공포와 살기가 돌살에는 애시당초 들어설 자리가 없다.

만약, 조수간만의 차이가 없다면? 두말할 것 없이 돌살은 존재할 수 없다. 한반도는 세계적으로 비교해도 조차가 매우 크다. 조차가 극심한 황해는 북쪽으로 갈수록 커지는바, 황해 자체가 좁고 긴 만灣이라는 사실과 관계 있다. 달과 태양이 끄는 힘에 의해 황해로 끌려 들어온 물이 좁고 긴 만처럼 생긴 황해를 따라 북쪽으로 올라가지만 북쪽이 발해만을 끝으로 대륙에 막혀 있으므로 조력이 밀리게 된다. 밀리는 정도가 북쪽으로 갈수록 심해지는 것은 당연하다. 물이 육지에 막혀 더 이상 흐르지 못해 층층이 쌓이는 것을 연상하면 이해하기 쉽다.

수로국 조석표를 기초로 한 달 평균을 내어보면, 인천이 7.3m, 태안 5.4m, 군산 5.3m, 목포 3.1m, 제주 1.5m이다. 조차가 작은 목포지방만 하더라도 이미 3m에 달하는바, 황해에서 일상적으로 이루어지는 3m 이상의 조차도 세계적으로 흔치 않은 값이니 이를 '대조차 환경'이라 부른다. 돌살을 설치하기에 가히 '환상적'인 조건이라고 할 수 있다. 참고로, 동해안은 조차가 최대 30cm에 불과하고, 남해안은 1~2m이다. 이것은

조간대에 설치된 돌살의 다양한 자리매김

사진 1·2 제주도 평지 돌살
사진 3 태안반도 소원 의항 돌살
사진 4 보령 장포리 돌살
사진 5 신안 안좌도 돌살

곧바로 돌살의 분포에 영향을 미친다. 조차가 1~2m에 이르는 남해안과 제주도까지는 돌살이 가능하지만 조차가 30cm밖에 되지 않는 동해안에는 돌살이 분포할 수 없다.

조차 못지않게 중요한 조건이 적절한 기울기다. 용암이 바닷가로 흘러 들어 완만한 해변이 형성된 제주도의 경우는 평지에 설치된 경우가 많으나(사진 1·2), 육지부 돌살은 제주도에 비하면 조금 심한 기울기를 갖는다. 가령 태안반도의 경우, 파도에 밀려서 쌓인 모래장벌이 펼쳐진 자그마한 만의 양측에 돌담을 쌓는데 이미 모래장벌 자체가 적당한 기울기를 갖고 있다.

조류가 급격히 이동하고 늘 파도가 치는 곳으로 그런 조건 속에서 갑자기 아늑한 만이 형성되면 으레히 모래가 쌓이게 되고 그곳에 돌살이 들어선다(사진 3). 바위섬이나 자그마한 여에 설치하는 경우에도 섬과 여의 경사를 이용하게 마련이다(사진 4·5). 산호 파편이 지극히 얕은 모래 해변을 형성하고 있는 피지제도의 돌살처럼, 대단히 얕고 평평한 해변에 돌살을 축조하는 경우도 있다. 이는 조차가 있는 조건에서 최소한의 기울기만 보장된다면 돌살이 설치될 수 있음을 말해준다. 다만 조차에 따라서 돌담의 높이, 즉 축성법의 차이가 있을 것이다.

과거의 돌담 축성법을 설명해주는 자료로는 한말의 그림이 전해진다. 『한국수산지』에 2개의 돌살이 그려져 있으니 한말에 조사된 자료이다. 하나는(그림 甲) 양쪽으로 삐죽 나온 산뿌리에서 출발한 돌담이 타원형으로 만을 둘러싸고 있으며, 아늑한 만은 모래장벌로 여겨진다. 서해안 일대에 보편적으로 나타나는 돌살을 그렸음직하다. 그런데 아래 그림(乙)은 만을 일직선으로 차단하여 두 줄로 높낮이를 다르게 축조했다. 축조 방식에서도 한쪽은 산뿌리이지만 다른 한쪽은 밋밋한 모래장벌 위에 세웠으며 그것도 사각형으로 각지게 돌담을 쌓았다.

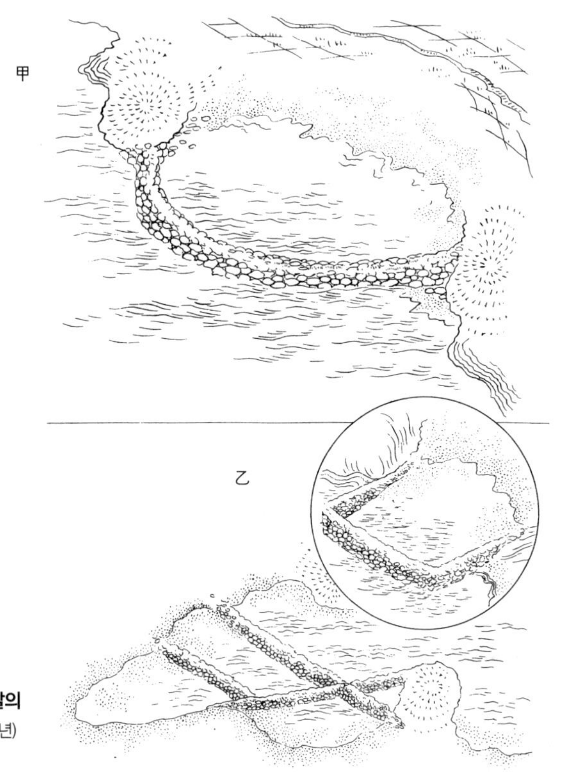

'석방렴'으로 표기된 한말의 돌살들(『한국수산지』, 1908년)

들어왔다가 나가는 물을 역으로 이용하기 때문에 가장 전형적인 돌살 형태는 나가는 물을 받아칠 수 있도록 말굽형이 정상이다(사진 6·7). 그러나 환경적 조건에 따라 삼각형, 일직선, 타원형, ㅁ자형, V자형, 반달형 등 다양한 방식으로 가로막을 수 있다(사진 8). 기본적으로 어떤 돌살도 바닷물이 몰려 들어왔다가 나가면서 임통에 걸려드는 방식을 취하기 때문에 말굽형을 취하는 것이 가장 안정적인 축조방식이다. 물론 보는 방향에 따라서는 그 말굽형이 V자, ㄷ자, ㅁ자, ㄴ자 등 다양한 형태로

말굽형 돌살(경남 남해 문항마을)

(위) 사진 6 근경
(아래) 사진 7 원경

보일 수는 있지만,[2] 이는 돌살을 설치하는 위치의 지형적 조건과 물발이 오고가는 방향을 고려하여 가장 효과적인 방법을 택한 결과일 뿐이다. 또한 제주도에서는 물이 완전히 빠지지 않은 상태에서 손도구를 이용하여 멜(멸치)을 주종으로 잡기 때문에 임통이 불필요하며 실제로 임통이 없다. 소소한 돌살 가운데는 작은 만을 가로질러서 일—자형으로 막는 방식도 있는바, 이는 강가에서 특히 많이 행해진다. 그러나 일자로 직선으로 막을 경우에는 물의 저항을 받기 마련이어서 어떤 경우에도 약간은 휘어져서 변형된 말굽형(혹은 U자형)으로 나타난다.

또한 1개의 돌살로만 이루어진 경우도 있지만 여러 개가 겹쳐지거나 연결되는 방식으로 돌살을 설치하기도 한다. 조간대의 높이를 고려하여

사진 8 일자형 돌살
평탄한 조간대에서 좌우의 바위들을 연결시켰다
(북제주군 구좌읍 하도리, 2004년 1월 26일 찍음).

물이 빠져나가는 방향으로 층층이 여러 개를 쌓기도 한다. 태안반도 마도의 경우, 몇 개가 물높이에 따라서 형성되어 있다. 사진에서 보듯이 조간대의 물높이에 따라 상층·중층·하층을 적절하게 이용하여 물이 빠지게끔 설계되어 있다(사진 9). 남제주군 대정읍 하모리의 운진이원은 '운진이코지'와 '신드러여'를 연결하여 타원을 그리며 세 겹으로 축조했다. 맨 바깥쪽에 위치한 원을 '밧원', 가운데 위치한 원을 '샛원'이라고 한다. 타원형으로 축조된 '밧원'과 '샛원'의 담은 약 50cm 정도이다. 그리고 맨 안쪽에 위치한 원은 '안원'이라고 부른다.[3] 이같이 여러 겹으로 나타나는 돌살은 우리나라만 그런 것이 아니며, 앞 장의 기니 해변이나 밴쿠버 인디언의 돌살에도 동일하다. 밴쿠버에서는 자루형으로 몇 개가

사진 9 중첩된 돌살

가운데의 여를 중심으로 좌우에 겹으로 돌살이 세워졌다(태안반도 마도, 1997년 7월 찍음).

조간대의 물 층위에 따라 설치되어 있다.

돌살은 조간대의 지대가 높은 곳에서 쌓기 시작하여 차츰 낮은 곳으로 높이 쌓기 방식으로 돌담을 설치한다. 돌담이 시작되는 곳은 돌담이랄 것도 없이 돌무더기를 던져놓은 정도의 30cm 미만에서부터 출발한다(사진 10·11). 차츰 높아지면서 물이 깊게 들어차는 곳으로 갈수록 돌담도 상대적으로 높아져야 한다. 그래야만 고기들이 썰물에 빠져나가면서 돌담에 가로막혀 돌살에 걸려든다. 태안반도 굴업 돌살의 경우, 물이 나가면서 돌담의 윗자락이 보이기 시작하는 것을 '꽃난다'고 하거니와, 담장의 위가 먼저 보이는 것은 그 안에 아직도 빠지지 않은 물 속에 고기들이 있음을 말한다. 즉, 물이 빠지면서 돌담은 그 자체 돌그물 역할을 하게 되는 셈이다.

돌담은 잘못하면 쓰러질 수 있음을 고려하여 조수가 들이치는 외곽을 경사지게 쌓기도 한다. 돌살 안쪽은 수직에 가깝게 일반적 돌담처럼 쌓지만 외해外海에 면한 외벽은 경사지게 비스듬히 돌담을 쌓아서 들어차는 물에 견딜 수 있게끔 고려했다(사진 12). 신안군 장산도의 경우, 돌살의 앞벽과 뒷벽이 있다. 앞벽은 돌살의 안쪽 담벽을 말하고, 뒷벽은 바다쪽 담벽을 말한다. 바다쪽 뒷벽은 파도를 직접적으로 받는 곳이기 때문에 안쪽의 앞벽보다 튼튼히 쌓아야 한다.

그리고 앞벽과 뒷벽의 중간에는 돌을 무질서하게 채워넣고 앞벽과 뒷벽을 쌓은 뒤에 잔돌로 앞벽과 뒷벽을 쌓은 돌의 틈을 메워야 한다.[4] 태안반도 의항리의 경우, 큰 돌을 차곡차곡 쌓고 그 틈새에 작은 돌을 '낑겨넣어서' 안전하게 축성한다(사진 13). 서천 비인만의 장포리 돌살의 경우에도 큰 돌을 양쪽에 쌓고 그 틈새에 작은 돌을 채워넣은 축성법을 볼 수 있다. 큰 돌만을 올려놓아서는 거친 파도를 당해낼 수 없기 때문에 견고한 성채를 만들어나가는 축성법이 돌살에 요구되는 것이다.

돌살의 높이 쌓기 방식(서천군 비인만, 1998년 7월 4일 찍음)

(위) 사진 10 근경
(아래) 사진 11 원경

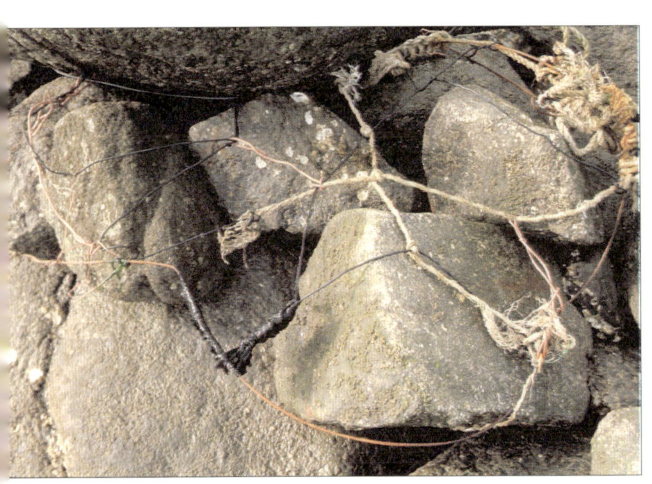

(위) **사진 12 비스듬히 쌓기**(태안반도
굴업 돌살, 1997년 여름 찍음)

(아래) **사진 13 끼워 넣어서 쌓기**
(서천군 장포리)

| **사진 14 굴껍질이 붙어 견고해진 돌살**(해남 중리 쑤기담)

돌살과 패류의 관계도 재미있다. 돌살은 제대로 축조해놓으면 쉽게 무너지지 않는다. 해남 중리 '쑤기담'의 경우, 예전에는 고동이 쑤기담 안에서 많이 잡혔는데 석화가 퍼지면서 돌담에 굴껍질이 붙어버렸다(사진 14). 본디 이곳은 파도가 엄청나게 센 곳인데 석화가 시멘트 역할을 해준 셈이다. 실제로 돌담의 돌 틈에 석화가 붙어서 하나의 콘크리트 축대처럼 여겨진다. 석화 때문에 돌살이 무너지지 않는 것은 아니겠지만, 돌살이 버티는데 돌 틈을 강고하게 메워버린 굴껍질이 도움을 주는 것은 사실이다.

돌살은 물이 나갔을 때만 작업할 수 있기 때문에 매우 제한적인 시간에만 작업이 이루어진다. 따라서 같은 돌담이라도 육지 것에 비하면 여러 배나 힘이 더 든다. 제주시 연대마을의 경우, 일 년 중 간만의 차이가 가장 심한 음력 3월 보름날을 선택하여 보수한다. 그만큼 작업시간을 벌려는 목적에서다. 서귀포 보목의 경우, 간만의 차가 심한 시기 낮물 동안에는 원담을 축조하거나 보수하고, 안물(썰물)에는 두어 시간 어로작업을 한다. 신안군 장산도의 경우,[5] 하루에 물이 완전히 빠져나가는 2~3시간 정도만 작업을 할 수 있으므로 돌살 축조에 보통 20~30일 정도의 시간이 소요된다(인부 10명 기준). 이를 총 작업시간으로 환산하면 다음과 같다.

2~3시간 × 10명 × 20~30일 = 400~900시간

혼자서 쌓는다면, 1일 8시간 노동으로 환산해도 50~110일 정도가 걸리는 노동량이다. 돌살 쌓기가 공동체의 절대적인 협조 없이는 불가하며 개인이 쌓을 때 많은 공력과 인건비가 요구됨은 이 같은 노력 조건 때문이다. 장산도에서는 기초 축석을 보통 2~3m 폭으로 넓게 잡아서 튼튼히 다져서 돌을 넣는다. 기초 축조는 단단한 암반 위나 암반이 없는 곳에서는 암반 역할을 대신할 큰 돌을 심어야 한다. 기초 축조가 튼실해야 돌담이 쉽게 무너지지 않고 파도에도 잘 지탱하는 것은 전국이 동일하다. 문화관광차원에서 복원된 돌살들이 대개 포크레인을 이용하여 단시일 안에 복원할 수 있지만 파도에 약하여 쉽게 쓰러지는 반면에, 전통적인 손노동으로 쌓은 돌살이 더 잘 견디는 이유가 여기에 있다.

돌살은 수백m에 달하는 어살과 달리 그렇게 길 필요가 없다. 길이 50m 내외의 작은 돌담이 많다. 그러나 환경적 조건에 따라서 100여m, 혹은 수백m에 달하는 것도 있다. 물살이 가파른 태안반도의 것은 100여m짜리가 드물게 있으나, 아늑한 충남 비인만의 경우에는 보통 100여m에 달하며, 격포의 것은 300~500여m에 달하는 대규모다. 남해군 문항 마을의 것도 수백m에 달한다.

돌살 높이는 제주도 돌살(사진 15)이 상대적으로 완만한 지형에 알맞게 낮은 반면에 육지부의 어떤 것은 높이 2m를 넘는다. 가령 서천 장포리의 돌살은 바닷가로 진출한 임통 부위는 높이 2m를 넘으며 축조할 당시에 아래쪽 지면에 박아넣은 기초석까지 따지면 높이 3m에 달하는, 가히 바다 위에 솟은 성채 같다(사진 16). 물살 강도에 따라서 사용되는 돌의 크기도 다르다. 조간대의 높은 지대는 작은 돌도 가능하나 일단 임통이 있는 부분, 즉 바다로 돌출한 꼭지점 부분은 돌이 커야 한다. 일반적으로 산뿌리를 이용한 돌살보다 조류를 급격히 막아서 가로막이댐 형태로 설치되는 돌살은 조류의 이동 길목이라 어획량이 많은 대신에 큰 돌로 견고하게 쌓아야 한다. 지금은 사라졌으나 1970년대까지 마량에 있던, 조류를 가로지르는 돌살이 그렇다.

어떤 경우에도 유별나게 신경 써야 할 곳은 중앙에 위치한 고기 잡는

| **사진 15 완만한 지형에 낮게 쌓기**(제주도 하도 서문동)

사진 16 가파른 지형에 높이 쌓기(서천군 장포리) |

불뚝(임통)이다. 임통은 대개 말굽형 돌살의 가운데 꼭지점으로 지형적으로 가장 깊은 곳이다. 물이 썰면서 최종적으로 물이 고이는 장소이자 고기가 모이는 장소이다. 동시에 외해에 노출되어 파도를 가장 강하게 받는다. 그래서 임통은 사진에서 보듯이 돌담의 일반적 두께와 높이보다 매우 두껍고 높이 쌓게 마련이다. 고기들이 고일 수 있게끔 우물형으로 동그랗게 만들어 사둘 따위로 고기를 건져내게끔 설계되어 있다. 효자도 돌살의 경우, 돌 울타리 가운데를 '독문'이라 부르는데 약 4m 높이다. 다른 둑은 높이가 6m에 이른다. 약 2m 정도 차이가 나는데 독문 위에는 나뭇가지로 방벽을 쌓는다. 독문 안에는 둠벙이 2개 설치되어 있다. 독문 바로 앞과 그 둠벙 바로 앞에 또 다른 둠벙이 놓인다. 외장고도 돌살의 경우, 가운데에 수문을 만들어 성문 같이 구축한다. 수문에는 불꼬리를 달아서 고기를 잡았다. 이 같은 돌살을 '둑살'이라고 부른다.

격포 궁항 돌살의 경우, 돌로 둑(제방과 비슷한 모양을 이룸)을 만든 것인데, 두 부분으로 구성된다. 중심인 중앙 임통과 그 좌우 날개로 돌을 쌓아나간 날개 부분이 그것이다. 돌을 쌓을 때는 다음의 두 가지가 가장 중요하다. 첫째, 얼마만큼 돌을 빼곡하게 쌓았는가 하는 문제이다. 돌을 성기게 쌓으면 파도와 바람의 영향으로 곧 씻겨나간다. 그래서 돌은 항상 지그재그 식으로 촘촘히 쌓아야 한다. 특히 수문 부분은 물이 잘 빠져나가면서도 고기가 함께 빠져나가지 않도록 조절하는 세심한 주의가 요구된다. 경우에 따라서는 "수문이 열리고, 터지고 해서" 고기가 다 나가버리기도 했다. 그래서 수문을 아궁이처럼 직사각형으로 쌓고, 대나무발을 쳤다. 둘째, 양쪽 갓살에서 수문까지의 높낮이가 기술적으로 조절되어야 한다는 문제이다. 물이 빠지는 마지막 부분까지 갓살이 비스듬히 흘러내리도록 해야 한다. 따라서 갓살이 시작될 때는 10여cm에 불과할 정도로 낮지만, 수문 근처로 오면 돌살 높이가 가장 높아지게 된다. 물이 써는 방향과 수문의 최고 지점이 향하는 방향이 일치되도록 기술적인 마무리를 해야 한다. 한편, 조금 때는 물이 높게 넘나들기 때문에 고기가 들어와도 쉽게 돌담 위로 빠져나갈 수밖에 없다. 그러나 중간 물때와 사리 때는 물이 빠지는 높이보다 활가지가 더 높기 때문에, 고기는 결국 활가지를 따라 수문으로 모여들게 된다. 이상은 굽은 형 돌살의 축조 방식이다. 일자형인 '독사금 독살'과 '목아래 독살'은 높낮이의 차가 거의 없도록 돌 높이를 일정하게 쌓는 것이 좋다. 이것 역시 수면과 돌살 상단의 돌이 수평을 이루어야 한다.[6]

그러나 앞의 예는 변산반도 궁항의 경우일 뿐이다. 돌담 축성법은 자연적 조건에 따라 상이하므로 일률적으로 논할 수 없다. 가령, 간만의 차이라는 것도 부분적으로 폐쇄된 만같이 물의 흐름이 제한을 받는 곳에서는 조석간만의 차이가 더 커질 수도 있다. 자연적인 암초나 큰 바위들이 흔한 지역에서는 그들 암반을 역이용하여 손쉽게 돌살을 축성하기도 한다. 다만, 어떤 곳에서라도 자연의 질서에 순응하고 자연을 적절하게 이용하여 축성한다는 점만큼은 동일하다. 몇 지역을 선택하여 여러 측면을 살펴볼 필요가 있다.

◑ 연평도 다라이 돌살

자연적인 '줄등'을 이용·축성하여 고기들을 교묘하게 포획하기도 한다. 해안선에 가까운 섬들이 퇴적물의 다리로 육지와 연결된 육계사주(tombolo)가 있는바, 그런 사주에 의지하여 돌살을 말굽형으로 세운다. '줄등'은 자연적인 돌밭으로 그 자체가 방파제 구실을 하며 돌살로 기능한다. '줄등'이 대단히 발전한 연평도 다라이 돌살만이 아니라 남해군 문항 돌살도 줄등에 의존했다.

● 서천 장포리 할미섬의 돌살

할미섬이라는 천혜의 여를 중심으로 2기의 돌살이 여의 바윗돌에 의지하여 축성되었다. 임종호家의 돌살은 테두리를 비교적 큰 돌로 쌓고 가운데를 그보다 작은 돌로 채워나가는 방식이다. 돌을 빈틈없이 차곡차곡 채워 넣는다. 외해의 맞파도가 그대로 들이쳐서 돌살의 벽을 때리므로 상당히 견고하게 쌓는다. 축조기술상 일직선상으로 하기보다 약간 굽이지게 쌓아 파도를 견디게끔 고려된다. 돌살의 가장 깊은 곳인 꺾이는 부분에는 임통 역할을 하게끔 V자로 돌담이 바다 쪽으로 돌출해 있기도 하다. 바깥에서 보면 둥근 돌담을 쌓은 형태이다(사진 17·18·19). 전상복家는 지형적으로 볼 때 돌살 위쪽의 지대가 높으므로 돌살을 얕게 시작하고, 반대로 바다 쪽은 지대가 낮으므로 돌살을 높게 쌓는다. 따라서 썰물 시에 고기가 갇히게 마련이다.

서천 장포리 할미섬 돌살

(왼쪽) 사진 17 위
(가운데) 사진 18 측면
(오른쪽) 사진 19 정면

● 비인만 이홍우家 · 유태식家

밀물 시에도 수심이 1m를 넘지 않을 정도의 모래갯벌로 이루어진 천해
淺海이다. 따라서 돌살도 높게 쌓지 않았으며 여를 중심으로 얕게 1.5m 높
이로 쌓았다. 시작점은 돌을 얕게 깔아놓았을 뿐, 높이가 불과 20여㎝를
넘지 못한다. 차츰 바윗돌을 높게 쌓아가다가 50여m 정도부터는 약 1m
높이로 깊어지고 마지막 단계에서는 1.5m를 넘는다. 돌담은 폭이 1.2~
1.5m 정도다. 자잘한 중돌로 빈틈없이 쌓아올려 견고하게 축성되었다.

루며, 그 안에 담을 축조했으므로 자연과 인공이 가미된 형식이다.

조수간만이 육지에 비해 약한 대신 파도는 더 험하여 외해의 파도를 견딜 수 있게끔 단단하게 쌓을 필요가 있다. 바깥 면을 비스듬히 쌓아야 밀물을 따라서 고기떼들이 더 많이 몰려들 수 있고, 안쪽 담을 일직선으로 곧게 쌓아야 담을 따라 이동하는 고기들을 일정한 어구, 특히 쪽바지 등으로 고기를 쉽게 담아 올릴 수 있다. 또 원담 윗면은 편편하게 해둬야 어부들이 담 위로 오가며 일정한 어로행위를 할 수 있다.

서귀포 보목의 경우, 원담을 축조하거나 보수작업에 참여한 동아리들이 자연적으로 한 조직을 이룬다. 보목의 남자들은 여럿이 모여 동아리를 만든다. 어기漁期가 다가오면 네 개의 동네 단위로 동아리를 이루어 새로운 자리를 찾아서 원담을 축조할 수도 있고 지난 무수기 때 축조한 것을 보수할 수도 있다. 원담 높이가 1m 정도라면, 원 안쪽 바닥에서부터 30~40cm까지는 자그마한 돌멩이로 구멍을 촘촘히 막아나간다. 무리 지어 돌아다니는 멸치들은 돌구멍으로 도망칠 줄을 모르지만, 보목리 돌살 어로의 주 대상은 큰 고기들이기 때문이다. 큰 놈들은 틈만 나면 구멍으로 도망치려고 한다. 즉, 잡는 물고기의 종류가 다르기 때문에 돌구멍을 막아야 하는 것이다.[10]

그런데 자연적인 돌들을 이용한 천연적 원담이 사실 제주도에만 있는 것은 아니다. 어느 곳에서나 여, 혹은 바위 등을 이용하여 적절하게 자연적 조건을 이용하게 마련이다. 가령 안면도 밧개의 경우(사진 21 · 22), 모랫벌 위에 돌출한 지극히 자연적인 여를 이용하여 인공적인 측면과 자연적인 측면을 적절하게 혼용하여 돌살을 설치했다. 결국, 제주도가 되었건, 육지부가 되었건 간에 자연적인 조건만 맞는다면 굳이 인공적인 돌담에만 의존할 필요는 없을 것이다. 제주도의 경우에 순수 자연적인 원담, 즉 물고기잡이 못에 가까운 원담이 산재함은 용암석 해안의 특수한

여에 설치된 돌살

모랫벌 위에 돌출한 지극히 자연적인 여를 이용하여 인공적인 측면과 자연적인 측면을 적절하게 혼용하여 돌살을 설치했다(안면도 밧개).
(위) 사진 21 원경
(아래) 사진 22 근경

조건에서 비롯된 것이다. 제주도 사례는 흡사 같은 화산지대인 하와이의 자연적인 고기잡이 못(Fish pond)과도 일맥상통하는 측면이 있다.

그런데 돌담 축조에서 눈여겨보아야 할 것은 제주도의 원에는 임통이 별도로 존재하지 않는다는 점이다. 물이 빠지기 전에 원에 들어가 멸치 등을 쪽바지로 떠서 잡아내는 어로관행 때문에 불필요한 것으로 여겨진다. 서남해안에는 돌출한 형식의 임통이 존재하지 않을 뿐더러 돌담 높이도 상대적으로 낮다는 특징을 보여준다.

● 제주시 연대마을 원담

'멜케원'은 연대마을 공동소유로 '도그내' 마을과 경계를 이룬다. 언뜻

| 사진 23 자연적인 여를 이용한 물웅덩이 원담(제주시 연대마을)

보기에는 소(웅덩이)로 여겨질 만큼 1천여 평의 큰 물웅덩이를 이룬다. 외해에서 들어온 바닷물이 모래밭의 큰 웅덩이에 고여 있는 상태이다. 바닷물이 들어오는 암반 쪽에 15m쯤 되는 돌담을 쌓아 원을 만들었다. 자연적인 입지를 십분 이용하여 약간의 돌담을 가하여 만든 원인데 주로 멜(멸치)들이 몰려들어와 잡던 곳이기 때문에 '멜케원'이란 명칭이 붙었다. '신통'은 원과 같은 역할을 하고 있는데, 이것은 항상 물이 고여 있는 연못(沼)과 같은 곳이다. 연대마을 서쪽에 위치한다. '큰 신통'과 '작은 신통'이 있으며, '큰 신통'과 '작은 신통' 외에도 다수의 원이 존재한다. '작은 신통'은 하나가 아니라 몇 개씩 된다. 암석이 자연적으로 둘러쳐져 있어서 꼭 인공적으로 돌로 쌓은 원과 같다(사진 23). 그러나 물이 중간 정도만 들어도 그 모습은 사라지고 없다. 일반적인 원담에 비해 조간대 중층에 위치하기 때문이다. 상대적으로 높이가 낮은 돌밭이기 때문에 물이 들어오면 물에 잠겨서 보이지 않고 물이 썰어야 보인다. 물고기가 갇혀서 못 나가는 자연적인 소沼로서 원과 비슷하다.

리아스식 해안의 산뿌리와 숲그늘; 물고기는 그늘을 좋아한다

숲그늘의 미학

그 옛날 인간이 지구상에 모습을 드러내기 훨씬 이전, 거대한 한 그루의 나무가 하늘까지 뻗어 있었다. 우주의 축인 그 나무는 삼 세계를 가로지르고 있었는데, 뿌리는 지하 깊숙이 박혀 있었고 가지들은 천

상에 닿아 있었다. 땅 속에서 길어올려진 물은 수액이 되고 태양은 잎과 꽃, 그리고 열매를 생겨나게 했다. 이 나무를 통해 하늘에서 불이 내려왔고, 나무는 구름들을 모아 엄청난 비를 내리게 했다. 곧게 뻗은 나무는 천상과 지하의 심연 사이를 연결해주고 있었고, 그로써 우주는 영원히 재생될 수 있었다. 모든 생명의 원천인 나무는 수많은 생명체들을 보호했고, 그들에게 양식을 주었다. 뱀은 나무의 뿌리를 휘감고 있었고, 새들은 가지 위에 앉아 있었다. 신들도 나무에서 휴식을 취하곤 했다.[11]

그렇다. 나무에서 쉬고 있는 것은 새만이 아니다. 강이나 바다의 물고기도 나무를 좋아한다. 태평양 미크로네시아 팔라우(Palau)의 맹그로브숲에 가서 나무 밑으로 잠수해 들어가 본 적이 있다. 20여m를 넘는 거대한 맹그로브나무들이 바닷물 속으로 자신의 뿌리를 들이밀고 있었는데 수십m가 넘는 뿌리였다(사진 24). 지상에 드러낸 몫보다 물 속의 몫이 더 길고 깊었다. 깊고 침침한 맹그로브숲은 물가에 짙은 그림자를 드리우고 고기들은 그 그림자와 뿌리 주변을 감돌며 살아가고 있었다. 맹그로브에 모여사는 강력한 크기의 맹그로브게들은 뿌리 틈새를 부지런히 오가면서 먹이사냥을 나섰고 치어들은 잔뿌리를 은신처로 삼고 있었다. 숲은 이처럼 물에 사는 것들과도 깊은 인연을 맺고 있다.

사람에게만 집이 있을까? 그렇지는 않다. 물고기도 정든 집을 그리워하고 아늑하여 천적으로부터 몸을 숨길 수 있는 곳을 좋아한다. 제주도의 자리돔은 아예 '제자리에서 사는 돔'이란 데서 자리돔이란 명칭이 붙었다. 어느 물고기에나 집이 있으며 선호하는 장소가 있게 마련이다. 돌살이 형성되기 위해서는 무엇보다 물고기들이 선호하는 오목한 만이 중요하다. 적절한 크기의 만이 있어야만 고기가 몰려들고, 양옆에서 산그늘을 받을 수 있다. 태안반도의 의항이나 구찌나무골 등에 분포된 돌살들, 그리고 안면도, 신안 자은도의 옥섬 돌살들도 모두 리아스식 해안의 만을 이용하여 발달했다.

| 사진 25 돌살에 드리운 숲그늘(남해 문항마을)

바다로 뻗은 산줄기와 좁은 만은 돌살 입지에 최적의 조건이다. 대개의 만은 양옆으로 돌출한 산자락이 있게 마련이어서 바람과 파도의 직접적 피해를 줄여준다. 게다가 만 복판에 섬이라도 몇 개 있으면 방파제가 된다. 이처럼 만은 물고기에게 알을 낳기에 적당한 서식지로 받아들여진다. 더 나아가 산그늘을 형성한다는 점과 동시에 만에 이르러 모래가 쌓여 모래장벌이 펼쳐져 있거나 갯벌이 형성되어 있으며, 느슨한 경사를 이루어 돌살을 적절한 높이로 조정하여 설치할 수 있다는 장점이 있다. 만에는 으레 산뿌리가 양쪽에 뻗어나와 일단 아늑한 지형을 이루며 바람도 막고 산그늘도 만들어줄 뿐 아니라 산뿌리에서 흘러나온 돌들이 산재하여 돌살을 설치할 수 있는 돌을 제공한다(사진 25). 가령 한국의 대표적인 리아스식 해안인 태안반도의 곳곳에 돌살이 집중적으로 형성될 수밖에 없는 이유를 제공한다. 이를 구체적으로 살펴보자.

해수욕장	돌살 개수
만리포	2
천리포	4
백리포	2
의항	2
구름포	2
학암포	4
구찌나무	2
사목	2
청포대	6
두여	3
밧개	3
방포	4
바람아래	1
계	37

모래밭과 돌살의 관계(태안반도)
오늘날 해수욕장으로 쓰이는 조간대의 대부분이 과거에 돌살이 운영되던 천혜의 장소였다.

대개 모래밭이 펼쳐진 곳에 두드러지는 바위를 적극적으로 이용하여 고기를 유인하게끔 설치한다. 안면도 돌살은 순전한 모래밭에 설치한 경우가 많다. 펄에도 가능하기는 하나 태안반도 돌살의 상당 부분은 오늘의 해수욕장과 상당수 일치한다. 다음 태안반도의 통계치는 오늘날 현행 해수욕장과 모래사장이 돌살과 매우 직접적인 관계를 보여준다.

고기는 아무데서나 노는 것이 아니다. 산그늘 밑에서 놀게 된다. 가령 의항 뒷개너머 돌살(사진 26)은 깊은 산그늘 아래의 모래사장 위로 뻗어 내린 돌무더기 근처에 설치하여 물고기를 끌어들였으며, 같은 태안반도 사목의 돌살도 모래사장 양옆의 산그늘 밑으로 말굽형 돌살을 설치했다(사진 27). 몽산포는 모랫벌 끝의 산그늘을 찾아서 돌살을 설치했다. 태안반도뿐 아니라 대개의 돌살은 그늘을 이용한다는 전국적 공통점을 보여준다. 연평도 맨드라까리 돌살은 가래칠기산뿌리가 바다로 나와 산그늘을 만든 곳에 위치한다. 산뿌리 반대편에는 돌밭이 형성되어 있다. 삼태기처럼 쌓인 상태에서 산그늘과 바위그늘이 형성되어 있고 돌살터 복판으로는 산에서 민물이 내려온다.

산그늘은 곧바로 숲그늘을 의미하기도 한다. 강가에서 물고기들이 수초 우거진 곳을 좋아하는 것과 일치한다. 그동안 바닷가 나무들이 방풍림으로서의 역할만이 강조되어왔다면, 사실 바닷가에 인접한 나무들은 그늘을 만들어 물고기들이 서식하거나 모여들 수 있는 천혜의 조건을 만들어준다. 바다숲은 해변에 바짝 붙어서 운신하는 연안어종의 서식에 결정적이다. 숲이 무성한 바닷가에 고기가 몰려드는 이유는 아주 단순하다. 따라서 바다숲은 풍조風潮를 막는 일차적 기능 이외에 물고기에게 잠자리를 마련해주는 시너지효과도 부여한다. 고기떼는 숲그늘로 몰려드는 근성이 있다. 물고기는 사람과 마찬가지로 숲을 그리워한다. 동물만이 숲으로 가는 것이 아니라 물고기도 해변이나 섬의 숲그늘로 몸을

| (위) 사진 26 태안 의항 돌살의 산그늘
| (아래) 사진 27 태안 원북 사목 돌살의 산그늘

숨기고 '그늘의 미학'을 즐긴다. 선사시대 인간들이 바위그늘에서 주거처를 마련했듯이 물고기들도 바위그늘이나 숲그늘을 선호한다.

그렇다면, 제주도같이 바닷가가 통 바위뿐인 지형에서는 어떨까? 제주도 같은 용암지대에서는 산그늘이 없으므로 바위그늘을 이용한다는 차이가 있다. 삐쭉삐쭉 튀어나온 바위들, 물 속에 웅크린 바위들, 위태롭게 파도를 온몸으로 받고 있는 바위들, 때로는 집채만한 바위들, 혹은 조그마한 파도에도 쉽사리 흔들리면서 요동치는 작은 바위들, 그리고 곳곳에 잠들고 있는 여, 나아가서 다시마 같은 해초들이 있으므로 큰 물고기들은 예외없이 바위그늘이나 해초의 그늘을 즐긴다. 자연생태가 온전했을 때, 산호초를 집 삼아서 살아가는 물고기를 떠올릴 일이니, 산호초도 그 자체 바다숲이기 때문이다.

| **사진 28 멸치떼가 몰려들던 남해 어부림의 숲그늘**

어부림과 바다숲

숲이 얼마나 어업에 중요한지는 이웃 일본의 사례에서 산견散見된다. 일본에서는 막부시대부터 바다숲의 중요성을 간파했으며, 메이지시대에는 본격적으로 인공림을 조성했다. 가령 야마구찌현山口縣에서는 곳곳에 흑송을 조성하여 고기를 유인했다. 오늘날도 어민은 물론이고 부인회, 청년회 등이 주동이 되어 사회운동 차원에서 숲을 조성한다. 남해군 물건리와 미조리 숲모심처럼 식수제植樹祭 같은 제의도 집행하며 '어민의 숲', '바다의 숲', '물고기의 숲' 따위가 붙은 숲을 가히 운동적 차원으로 키워나간다.

일본에서 보안림, 어부림이라 불리는 것들은 대개 이와 같은 바닷가숲으로, 물고기들과 숲그늘이 밀접한 관계가 있음이 속속 밝혀지고 있는 중이다. 일본의 어부림(魚つき林)은 삼림법(소화 26년 제정) 제25조 8항에 의해 보호받고 있으며, 임야청林野廳 통계로 9,354개소의 28,694ha에 달한다. 이미 막부시절부터 어부림에 대한 인식이 존재하여 이를 보호해왔으며 메이지유신 이후에 잠시 이완되었다가 메이지삼림법(明治森林法, 1897년)에서 다시금 보안림이란 개념으로 재탄생한다. 바다숲은 매우 체계적·계획적으로 보호되며 식목일에 나무를 심듯이 매년 나무를 보강하고 있으며 벌목·간벌 등도 법률적 근거에 의하여 실시하고 있다.[12] 오카야마현岡山縣의 소형 정치망 어장을 살펴보자 (오른쪽 지도 참고). 요소요소에 어부림을 지정해놓았으며 그들 어부

보안림 안내판

일본의 해안 곳곳에 인간뿐 아니라 물고기를 위한 숲이 조성되어 있다(오키나와 만좌모에서 2006년 1월 21일 찍음).

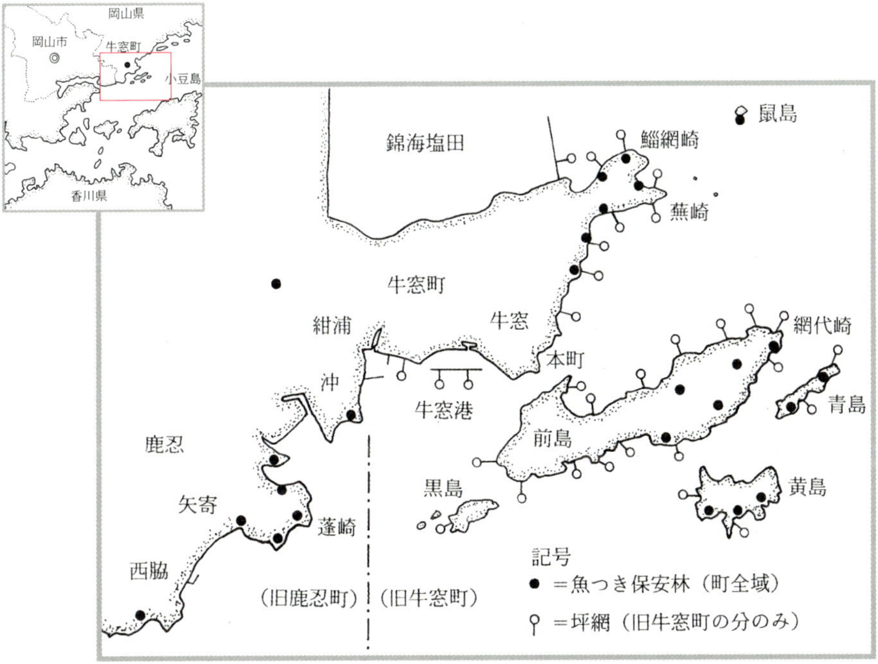

그물과 물고기의 관계를 설명해주는 어장지도(오카야마현岡山縣. 小沼 勇 編, 『魚つき林と漁民の森』, 創造書房, 2000)

| 우창정牛窓町 앞섬의 보안림과 정치 어구(小沼 勇 編, 앞의 책)

위자망도(圍刺網圖, 『日本漁船漁具圖集』, 1965년, 수산청 편)
밀물·썰물을 이용한 정치어구들이 설치된 전형적인 일본 어촌. 한국
의 돌살터와 유사한 조건이다.

림 앞에는 예외없이 고정적인 정치망(坪網)을 설치했다.

히로시마현廣島縣의 사례처럼(『日本漁船漁具圖集』, 1965년, 수산청 편, 위 그림 참조),[13] 숲그늘에 둘러싸인 아늑한 만에 양쪽으로 산뿌리가 뻗어 있고 만에는 모래장벌이 있어 어촌이 형성되어 있다. 밀물 썰물을 이용하여 고기를 잡게끔 그물들이 설치되어 있는바, 이 같은 지형은 곧바로 한국에서 돌살이 설치되어 있는 전형적인 조건과도 일치한다. 바다숲이 방풍防風·방조防潮 이외에도 물고기 서식에 얼마나 소중한지를 잘 말해주는 우리나라의 대표적 사례로 다음의 예시를 들어본다.

🔵 남해군 삼동면 물건리 어부림

　물건리는 돌살과는 상관이 없는 지역이다. 그러나 바닷가숲이 물고기 서식과 밀접함을 잘 말해주는 사례이다. 길이 1,500m, 너비 30m 내외, 7,000여 평에 이르는 광대한 숲이 해변을 가로지른다. 이팝나무 · 모감주나무 · 느티나무 · 팽나무 · 푸조나무 · 상수리나무 · 말채나무 · 후박나무가 윗자리를 차지하고 그 뒤를 따라 산달나무 · 까마귀밥 · 여름나무 · 생강나무 · 화살나무 등이 자란다. 상목 2,000여 주, 하목 80,000여 주, 도합 1만여 그루의 숲을 이룬다. 물건리의 본명은 본디 '물건개'다. 움푹 들어간 만에 너른 평지가 발달하여 촌락이 형성되었는바, 현재 227호에 530여 명의 대촌이다. 문제는 바다로부터 불어오는 해풍과 조류였으니 숲을 조성하지 않을 수 없었다. 물건숲은 물고기들에게는 가히 '호화판 별장'에 준하는 거주조건이기도 하다. 1960년대까지만 해도 숲 바로 앞

사진 29 남해군 삼동면 물건리 어부림
은백색 멸치떼가 몰려들던 숲이다.

으로 봄이면 멸치떼가 몰려들었다. 은백색의 멸치가 몽돌해변으로 몰려들면 후리그물을 둥그렇게 둘러서 전 주민이 몰려나가 양쪽에서 잡아당겨 끌어올렸다. 마을민들은 어부림 연안에서의 멸치잡이가 잘 되지 않는 이유로 마을숲의 쇠락을 꼽았다.[14] 한창때는 숲가에서 드럼통을 개조한 가마솥으로 멸치를 연신 끓여냈고, 들판에 널어 며루치를 만들었다.[15]

🌰 남해군 설촌면 문항

돌발 위치는 뱀섬의 바위가 흘러내린 경사도를 십분 이용하면서 자연석을 활용하여 축조될 수 있는 절묘한 장소다(사진 30). 도랫섬 쪽으로 비교적 깊은 물이 있어 고기 이동에도 유리한 위치다. 지금은 사라졌으나 뱀섬에는 소나무가 울창했으며 고기들은 그 숲그늘로 몰려들었다.

사진 30 숲자락으로 연결된 돌살
남해군 설촌면 문항의 뱀섬 돌발 끝에 숲이 있다.

앞섬과 여의 바위그늘; 물고기는 앞섬을 좋아한다

천혜의 서식지, 앞섬

돌살 설치에서 앞섬과 여(바위섬)의 존재가 중요하다. 앞섬과 여가 돌살 입지의 필요조건은 아니지만 매우 유리한 측면을 조성한다. 앞섬은 어민들의 일터이자 물고기들의 천혜의 서식지이다. 앞섬은 글자 그대로 앞섬이다. 멀리 떨어진 외딴섬과 달리 어민들에게 절대적으로 이용되는 섬이다. 사진에서 보듯이(사진 31) 육계사주로 연결된 서천군 비인의 '뒤통'은 돌살터로서, 또한 어민들이 물일을 나가 조개 등을 캐는 손노동의 현장으로 대단히 중요하다. 돌살이 사라진 조건에서도 앞섬은

사진 31 서천 비인 앞섬
끊어짐과 이어짐을 반복하는 앞섬

여전히 어민들에게 중요하다. 즉, 섬의 효용도 면에서 머나먼 외딴섬에 비할 바 못 된다.

앞섬은 100여m 안쪽, 심지어 수십m 안쪽에 붙어 있어 물이 썰면 걸어 다닐 수 있다. 육계주, 혹은 '등'으로 연결되어 물이 썰면 가장 먼저 드러 난다. 앞섬에는 바위는 물론이고 간혹 숲도 조성되어 그 자체 물고기들 에게 그림자를 제공한다. 아늑한 만에 섬이 버티고 있다면, 그 자체로 방 파제 역할을 해준다. 무엇보다 앞섬은 어촌사람들에게 가장 가까운 현실 의 공간으로서 일터이자 정신적 지주 역할을 하기도 한다.

변산반도 격포 궁항의 경우, 마을 앞을 막고 있는 소리섬 · 개섬 · 서당 승 등의 섬이 강한 파도를 일차적으로 막아주는 포근한 지형이다. 따라 서 돌살이 덜 무너졌고, 그 주위에 돌살이 집중적으로 분포할 수 있었다. 해남 중리의 경우, 2개의 앞섬은 물이 썰면서 가장 먼저 모습을 드러낸 다. 돌살은 앞섬의 안쪽, 즉 육지쪽에 설치되어 고기들이 잡히게 되어 있 다. 천리포에는 물닭섬을 이용하여 돌살이 형성되었다.

신안군 자은도 한운리

해발 150m 깃봉산을 중심으로 좌우로 펼쳐 내려오는 산세로 둘러싸여 있다. 한운리 둔장마을 서북쪽은 길이 4km에 달하는 사빈해변으로 시스 택이 발달했는바, 이곳의 앞섬에 의지하여 중층적으로 돌살이 형성되어 있다. 주변의 암석해변 및 섬에서 풍부한 암석을 공급받을 수 있다. 사진 (사진 32)에서 보듯이 왼쪽에 할미섬이 있고, 그 옆에 자그마한 여인 장군 섬이 있어 그들 사이의 돌밭을 이용하여 돌살을 설치했다(사진 33). 장군 섬 오른쪽으로는 만의 산기슭과 연결하여 대규모의 가로막이 돌살을 설 치했다. 사진 34는 물이 들어오고 나갈 때 섬과 연결된 부위의 돌살이 어 떻게 드러나는지를 잘 보여주고 있다.

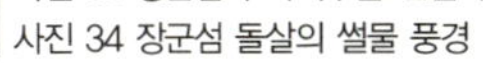

자은도 한운리의 돌살들(2001년 7월 25일 찍음)

사진 32 왼쪽 할미섬과 중앙의 장군섬, 오른쪽의
　　　육지부까지 돌살이 이어진다.
사진 33 장군섬과 육지부를 연결하는 돌살(밀물 시)
사진 34 장군섬 돌살의 썰물 풍경

사진 35 남해군 문항리의 앞섬인 진섬
조류를 막아주어 아늑한 공간에 돌살을 품고 있다.

🌑 부안군 궁항

봉화봉 아래에 위치한 이곳은 개섬 · 소리섬 · 뚝바위 등에서 돌을 쉽게 얻을 수 있었고, 산줄기로부터 흘러 내려온 적절한 높낮이 차이로 돌살 설치에 적지다. 게다가 봉화봉과 뚝바위, 뚝바위와 개섬을 연결하면 3자字의 만형灣形이 되고, 마을 앞을 막고 있는 소리섬 · 개섬 · 서당승 등의 섬이 강한 파도를 일차적으로 막아주는 포근한 지형이다.

🌑 남해군 문항

2개의 '진섬'은 그 자체 바위섬으로 단단한 바위톱이 해변까지 내려와서 돌발을 설치하기에 유리한 조건을 마련해준다. 뱀섬으로부터 외막등 · 물미끝, 그리고 망늘 끝으로 연속적인 만이 형성되게끔 지형이 이루어졌다. 거센 파도를 받지 않게끔 이루어진 탓으로 돌발이 덜 무너지는 지형조건이다. 무엇보다 2개의 진섬이 조류를 막아주는 탓으로 일단 강

한 파도는 일차적으로 걸러지는 방파제 구실을 하고 있다. 작은 섬이지
만 위쪽의 도래섬, 남쪽의 가무여 등이 있는 탓으로 일대의 암반들이 파
도를 막아주는 구실을 한다.

해남군 중리

본 마을에서 바라보자면 정면에 '증도'가 떠 있으며 오른쪽에는 섬 2개
가 떠 있다. 왼쪽에는 각시여가 떠 있다. 증도는 모래가 밀려서 쌓인 '등'
으로 연결되어 있으며, 물이 썰면 등이 먼저 나서 길을 만들기 때문에 어
민들은 물이 썰자마자 등을 걸어서 섬으로 들어간다. 마을 앞의 비교적
큰 섬이기 때문에 '큰 섬'이라고도 부르고, 반면에 오른쪽의 쌍둥이같이

사진 36 해남 중리의 앞섬인 증도
물이 써는 순간 왼쪽에 돌살이 드러나고 있다.

생긴 섬 2개는 '작은 섬'이라 부른다. 작은 섬은 대나무(시누대)가 많아서 '죽도'라고도 부르는데 재릿등이라고 거기도 등이 존재한다. 작은 섬은 행정구역상으로 소죽리에 속한다. 그래서 지명에서도 큰 섬 쪽은 '큰 섬 안', 작은 섬 쪽은 '작은 섬 안'이라 한다. 증도 바깥의 각시여는 간조에만 보이며 행정구역이 갈라지는 경계선이기도 한데 각시여는 중리에 속한다. 이웃 송정마을 앞에는 돌섬이 있고 거기도 갈라지는 등이 있다. 등이라는 것은 '올라가 있는 것'인데 흔히 '칡등'이라고 했다. 이곳에 모두 돌살이 존재했다.

물고기들을 유혹하는 여

바위투성이의 여가 존재한다는 말은 역으로 주변에 돌밭이 있다는 뜻이다. 즉, 암초나 바위섬 등을 이용하여 돌을 쉽게 구할 수 있는 곳에 돌살을 쉽게 설치할 수 있다. 보령의 독대리 '할미섬'과 무창포의 '흙섬', 서천 장포리의 '할미섬', 서천 도둔리의 '검은여'의 경우처럼 전형적인 소규모의 바위섬으로 나타난다. 태안 구찌나무의 돌살은 조수에 따라 돌출과 침몰을 반복하는 '수중여'로, 앞에 '한강여'가 있고 모래장벌 복판에 '외딴여'가 있어 바깥의 여가 일차로 조류를 막아주어 아늑한 환경을 만든다. 이렇듯이 여를 이용한 예는 무수히 많다. 안면도의 두여 돌살도 '종주녀'에 의지하여 설치되었으며, 안면도 밧개 돌살도 모래장벌에 산재한 돌뿌리에 의지하여 설치되었다. 안면도 젓개 돌살은 '할머니바위'에 의지하여 설치되었다. 태안반도 마도 돌살은 모래장벌 앞의 '검은여'에 의지했으며, 의항 상봉 돌살도 상봉이란 비교적 큰 여를 응용했다. 태안 남면의 청포대 돌살도 산이 전혀 없는 드넓은 모래장벌에 숫구친 여를 중심으로 안쪽의 아늑한 곳에 자리 잡았다(사진 37). 태안반도 학암포

| 사진 37 여에 의지하여 설치된 태안 남면의 청포대 돌살

분점도는 모래장벌 위에 솟아 있는 '주락개'라는 여에 의지하여 형성되었다. 태안반도 신진도의 '용오기 돌살'은 작은 돌섬에 설치되었다.

　연평도의 돌살은 '당도'와 '모이도', '군도라이여'가 줄지어 서 있는 가운데 안긴 형태로 '다라이 돌살'이 설치되어 있다. '검은여줄등'이 일종의 방파제 구실을 하며 섬과 여들이 막아주고 있다. '맨드라끼 돌살'은 '용뒤줄등'이 막아주고 있으며 '용이서', '용두' 등의 여들이 버티고 있어 이 역시 방파제 구실을 할 뿐더러 고기를 꼬이게 하는 역할도 담당한다.

　북제주군 구좌읍 하도마을의 경우, 포구 입구에 '족은소여'와 '가름소

여'가 일종의 방파제 구실을 하고 있다. '족은소여'는 톳이 자라는 여로
그 높이가 조간대 중층에 위치하여 조금만 썰물이 되어도 모습을 드러내
기 때문에 북풍막이가 되어준다. 하도마을 서문동에는 '개'의 동쪽 바다
로 흘러 뻗은 암반인 '옷벗는 여'가 있고, 서쪽에는 '넙은빌레' 암반이 있
다. 상코지와 엉숙개가 전면에 버티고 있으며 원은 그 안쪽에 아늑하게
자리 잡고 있다. 사실 제주도는 섬은 거의 없으나 여는 엄청나게 많아서
일일이 재론할 필요가 없을 것이다. 제주도 어민들이나 잠녀들에게 여는
바다밭의 표식이기도 하고 법적인 경계구역, 잘 잡히는 어종 및 해초의
서식지 구분, 방파제 역할 등 어업에 절대적인 요인이기 때문이다.

즉, 여나 앞섬은 산그늘이 없는 지형에서도 그 자체로 나름의 그늘을 만
들어주게 되며 물고기가 여를 좋아하는 특성을 이용하는 것이다. 여나 앞
섬은 바람을 일정 정도 막아주며 조류의 급격한 흐름을 차단해주어 고기
가 안심하고 놀게 한다. 조간대에 여가 형성되어 물고기가 빠져나가지 못
하게 하는 방파제 구실을 하기도 한다. 구체적인 예를 몇 개 더 들어본다.

● 장서천 장포리 할미섬

모래밭이 길게 펼쳐진 해변에 돌로 이루어진 할미섬은 천혜의 어장으
로 인정된다. 고기들이 돌그늘을 찾아서 들어오다가 잡히는 방식이다.
돌살은 할미섬에 의지하여 2개를 설치했다. 밀물에는 물에 잠기므로 온
갖 고기들이 서식하는 바위그늘로서 역할을 하며, 바위틈에 살고 있는
온갖 조간대 동식물들이 활동하는 공간이기도 하다(사진 38). 물이 썰면
어민들이 오갈 수 있는 어장으로 변하며, 돌살도 실제로 여에 산재한 돌
들을 이용하여 축성하고 있음을 잘 보여주고 있다(사진 39 · 40).

할미섬 여에 의지한 서천 장포리 돌살

(위) 사진 38 밀물
(가운데) 사진 39 근경
(아래) 사진 40 썰물

● 무창포의 흙섬 · 독대섬 · 할미섬

석대도와 해변 중간에 있는 흙섬이 중요하다. 흙섬 주위는 무수하게 많은 바위들이 산재하고 있다. 무창포해수욕장과 석대도 사이에 돌밭이 있는 셈이다. 독대섬은 암산으로서 넓은 암초가 해변에까지 이어지며 물고기가 모여들 수밖에 없는 지형이다. 무창포와 독대섬 가운데는 할미섬이 자리 잡고 있다. 할미섬 주위는 불과 1~2m 수심인 천해다. 긴 모랫벌 가운데는 할미섬 외에도 '마여'라고 부르는 우뚝 솟은 암초가 놓여져 있고 그 사이를 바위들이 채우고 있다.

● 비인만 내도둔

내도둔 앞에는 '검은 여'라는 암초가 우뚝 서 있다. 높이는 불과 3m를

넘지 않는 얕은 바위섬이지만 너른 암초밭을 형성하고 있다. 내도둔 돌살은 검은 여를 중심으로 가운데에 1개, 바깥에 1개, 안쪽으로 1개 도합 3개가 설치되었다.

● 태안반도 마도

거대한 돌살이 여에 의지하여 설치되었음을 알 수 있다. 멀리 돌살 끝에 자그마한 여들이 펼쳐져 있으며(사진 41), 그 여에 의지하여 돌살을 설치했음이 근접 사진에서 잘 드러난다(사진 42). 이는 위의 장포리 할미섬 돌살의 축성 방식과 흡사하다.

여에 의지한 태안 마도 돌살
(왼쪽) 사진 41 원경
(오른쪽) 사진 42 근경

태안반도 구찌나무골

모래장벌 왼쪽 방향으로 '딴 바우'라는 여가 돌출되어 있다. '저 혼자 별도로 떨어져 있다'는 뜻에서 붙여진 이름인데 큰 바위와 작은 바위들이 바위톱을 형성하며 모래장벌 가운데에서 바다 쪽으로 돌출되어 있다(사진 43). 구찌나무골의 앞에는 물이 썰어야 보이는 한강여가 있다.

그렇다면 이상의 효과만이 전부일까? 그렇지는 않다. 여는 그 자체가 거대한 암초이며 주변에 풍부한 암반을 거느리고 있다. 여를 중심으로 이루어지는 바위로 이루어진 경성조간대硬性底質(hard bottom)는 모래나 펄로 이루어진 연성조간대軟性底質(soft bottom)보다 생물의 종류가 다양하고 그 양도 풍부하다. 조간대에 사는 동식물에게는 비극적인 일이지만 물고기들로서는 밀물에 조간대에 들어와 해초 따위를 챙겨먹을 수 있는 행운을 제공받는다. 암반조간대의 생물은 대부분 부착하여 생활한다. 바위 표면에 부착하여 생존하므로 인간의 눈은 물론이고 물고기의 눈에도 쉽게 띈다. 사람들은 보이지 않는 바다조차도 '바다밭'이라 이름을 붙이고, 각각의 여마다 작명을 하여 바다밭을 구분했다. 가령, 제주도 함덕리의 경우, 미역이 많이 번식한다고 하여 '미역여', 길다고 하여 '진여', '큰여' 사이에 있는 '작은여'라고 하여 샛여, 맨 끝에 있다고 하여 막여 등의 지명이 붙었다.[16] 전국적으로 검은 바위들은 '검은여', 큰 바위는 '큰여', 작은 바위는 '작은여', 멀리 있다고 '먼여' 등의 이름이 통용되고 있다. 이들 각각의 여는 어민들에게는 소중한 어장일 뿐더러 그들 여가 방파제가 되기도 하고 여에 의지하여 돌살을 설치하기도 한다.

이런 암반 조간대에 서식하는 생물은 대부분이 해조류와 무척추동물이며 물고기들이 좋아하는 것들이다. 돌살이 위치한 곳은 대부분 바위가 많은 곳이다. 암반조간대는 부착기질을 제공하므로 많은 해조류가 착생한다. 파도가 강한 조간대에는 패, 톳, 풀가사리가 전형적으로 출현한다. 섬으로 둘러싸여 있거나 내만역과 같이 파도가 약한 지역의 우점종은 위와는 다르다. 내만역 중에서도 파도에 어느 정도 노출되어 있으면 잎파래, 납작파래, 청각, 불등가사리, 부챗살, 서실 등이 흔하며 파도가 약한 연안에서는 구멍갈파래, 지충이, 바위수염, 작은구술산호말, 진두말, 바위수염, 우뭇가사리 등이 흔하다. 무척추동물은 대부분 해면동물, 말미잘, 연체동물, 절지동물, 극피동물에 속한다. 해면동물이나 말미잘은 조수 웅덩이나 간조선 부근에 서식한다. 연체동물은 암반조간대에서 가장 우점하는 동물이며 그 종류도 다판류, 이매판류, 삿갓조개류, 고둥류 등 다양하다. 절지동물로서는 따개비와 조무래기따개비가 대표적이다.[17] 돌로 이루어진 여와 그 여를 중심으로 한 조간대가 지니는 생태적 환경조건이 이와 같으므로, 돌살은 이들 조건을 십분 활용하여 설치되는 것이다. 아래의 서천 할미섬에서의 증언은 이와 관련하여 매우 흥미롭다. 바위섬의 생명력을 어민들은 증언하고 있다.

할미섬은 바위섬예요. 지금 잡는다면 바지락 돌쟁이죠. 게 종류, 게가 바위서만 사는 것, 돌 속에서만 살지요. 그 바위에는 우럭 새끼가 부화해서 독살이 보일라 그럴까 보면 손가락 크기 정도로 크면 다 나갑니다. 그곳에서 살다가 독살이 날름날름할 할 때 가보면 살다가 물이 다 나가면 돌 속으로 들어가 버리지요. 돌 틈에서 사는 것, 그게 지금 많이 살고 있지요.

물고기는 햇물을 받아먹고 산다

하늘에서 내리는 그 많은 빗물은 어디에서 온 것일까? 내린 빗물은 강으로 모이고, 그 강에서 어디로 가는 것일까? 땅으로 스며든 물은 어디로 갈까? 지구상의 모든 물은 서로 연결되어 있다. 하늘의 구름, 잔잔한 호수, 드넓은 해양, 땅속의 지하수 등 모든 물은 증발과 응축, 비가 내리는 과정을 거쳐 돌고 돈다. 그래서 지구의 물은 절대량이 변하지 않고 순환만 하고 있는 중이다. 아마 오늘 내가 마신 물이 옛날 북극곰이 세수한 물일 수도 있고, 고래가 마신 물일 수도 있고, 나무 속을 흐르던 물이었을 수도 있다. 내가 오늘 세수한 물을

10년 뒤에 내가 다시 마실지도 모른다.[18]

연못이나 냇가에 비가 오면 물고기들은 수면에 입을 내밀고 빗물을 받아먹는다. 물고기들이 동동 떠다니는 모습을 비 오는 날 자주 보게 된다. 그렇다면 민물고기만 '햇물'을 좋아할까? 짠물에 사는 물고기들은 늘 짠물만 좋아하는 것일까? 바닷물 1*l* 중에 녹아 있는 소금의 총량을 g으로 나타낸 것을 염분도라 한다. 1,000g 중에 평균 35g의 소금이 녹아 있다. 먼바다는 염분도의 변화가 거의 없다. 육지의 물이 많이 흘러 들어가는 연안과 강물이 만나는 하구, 밀물과 썰물이 교차하는 지역은 염분의 변화가 심하다. 돌살이 설치되는 조간대는 염분 교차가 심한 곳이다. 그런데 여러 어민들의 증언을 종합해보면, 물고기가 민물을 매우 그리워한다는 점이 재미있다. 연평도에서 이런 증언이 채록되었다.

> 그 놈들이 산밑의 단물줄기 있는 쪽으로, 우거진 산들 밑, 그런 곳에서 알들을 낳아요. 옹진 쪽으로 바짝 들어가서 알을 낳지요. 옹진쪽 단물이, 갯물이 산에서 내려오고, 물이 섞여서 내려오고 하는 놈을 그놈들이 좋아하는 모양이야. 그 놈들이 산기슭물 내려오는데 가서 알을 낳거든. 해주 용당포까지 가서, 용담포 소수압도 강물 내려오는 곳인데 그 놈들이 산란기 때는 민물을 좋아하는가 보지요. 연평도가 산란하기가 좋지요. 산그늘 있는데 가서 알 낳고 하지요. 사람도 은근한 델 좋아하지요. 그놈들도 은근한 데서 알 낳고 하지요.[19]

돌살 설치에서 민물이 내려오는 지점은 필수는 아니지만 돌살에 유리한 조건을 제공한다(사진 44). '고기가 육수를 좋아하므로', '햇물을 받아먹고 산다' 등의 표현에서 민물과 바닷물이 만나는 지점에 돌살을 설치, 민물을 좋아하는 고기들의 생태 등이 드러난다. 실제로 같은 모래장벌에

도 유심히 보면 민물이 조금씩 흘러가는 갯골이 형성되어 있으며 그런 조간대에 돌살이 설치되면 힘을 발휘함을 알 수 있다.

'하늘이 가물면 바다도 가물다'는 표현도 있다. 육지에서 농사짓기 힘들 정도로 가뭄이 계속되면 바다로 내려가는 민물이 줄어들고 바다도 가물기 때문이다. 여기서 큰 강물을 뜻하는 것이 아니다. 갯가로 내려가는 소소한 작은 물줄기들을 의미한다. 돌살은 곳곳에 그들 물줄기가 내려가는 지형을 잘 이용하여 설치하기도 한다.

그러나 소박한 차원에서의 빗물이나 소소한 민물이 내려가는 것만 고려해서는 안 된다. 기본적으로 회유성 어족의 상당수가 바닷물과 민물이 만나는 기수대를 선호한다. 하구에는 강에서 내려온 퇴적층이 펄과 모래밭을 형성하기 마련이고 그런 곳에는 대대적으로 어살이 설치된다. 한국의 강구江口에는 돌이 별로 없으므로 돌살을 설치하기는 어렵다. 따라서 돌살 대신에 어살이 일찍부터 발달했다.

가령, 원담이 많은 제주도의 경우, 제주시내의 유명한 하천인 산지천에는 강으로 올라오는 소하성溯河性 어류가 은어 · 밀어 · 꾹저구 · 문절망둑 · 갈문망둑 · 검정망둑 등 6종이다. 강에서 바다로 내려가는 강하성降河性 어류인 뱀장어 · 무태장어, 바다에서 주로 생활하는 어류가 2종, 바다에서 주로 생활하지만 기수역이나 때로는 담수에도 올라오는 도다리 · 학꽁치 · 숭어 등이 3종이다. 사진(사진 45)에서 보는 원은 서귀포시 하예동 갯가의 물썬원으로 켓어코지와 절선코지 사이의 후미진 곳이다.

| 사진 45 민물과 갯물이 만나는 서귀포시 하예동의 물썬원

이 원은 용천수인 논지물 바로 앞에 있어 단물이 높은 층위를 가지고 바다로 흘러 내려가는 적절한 위치에 원담을 가로질러 설치했다.

또한 주목할 것은 제주도의 경우, 해변에서 솟는 샘(용천수)의 존재이다. 용천수가 솟는 근저리에 돌살이 설치된 경우도 자주 발견된다. 가령, 제주시내만 해도 용천수가 솟는 곳은 지장각물·금산물·산지물(건입동), 가막새미·가락쿳물·통물·우녀천(이도동), 복지물(일도동) 등 20여 군데에 달한다.[20] 북제주군 구좌읍 행원마을의 경우, 앞바당에 아친개가 있는데 개 안에 세 군데서 담수가 솟는다. 끄렁물·몸물, ᄀ는굿물이 그것인바, 담수의 영향으로 고기떼들이 더 많이 몰려든다.[21] 북제주군 구좌읍 하도마을의 한개창 포구 안에는 여기저기서 담수가 솟구친다. 아래 ⑥의 성안통물에서 보듯이 담수와 바닷물이 섞이는 곳은 천혜의 어장이 될 수밖에 없다.

① 기머리알물과 기머리웃물; 포구 안 서쪽에서 솟는 물

② 겡애집알물; 포구 안 서쪽에서 솟는 물

③ 가마귓물

④ 들렁물; 물 양쪽으로 담을 쌓아 갈라놓아 남녀가 구별하여 목욕을 하기도 하고 식수로도 사용하던 물

⑤ 알찍물; 포구 동쪽에서 솟는 물

⑥ 성안통물; 바닷물이 밀려와 형성된 바다호수로 『탐라순력도』에 '호수'라 기록되어 있음. 일명 '펄낭'이라 부르며 여기서 솟는 담수가 성안통물인바, 수량이 풍부하고 바닷물과 담수가 뒤섞여서 민물장어와 숭어가 서식하기에 더 없이 좋은 어장임.[22] 원이 지대가 낮은 조간대에 위치하므로 용출수가 솟을 수밖에 없는 지형조건을 지닌다.

다음의 몇 가지 사례를 통하여 민물을 좋아하는 물고기들의 사례를 살펴본다.

● 태안반도 구찌나무골

구찌나무골은 산골짜기가 길어서 물이 많다. '고기가 육수를 좋아하니까, 그 물이 내려오므로' 고기가 잡혔다고 한다. '육수가 많이 내려오면 (산에서 물이 내려오면) 고기는 햇물을 빨아먹고 산다'고 한다. 육지가 가물면 바다도 가물어서 고기가 움직이질 않고, 장맛비에 산골에서 바다로 물이 흘러 들어가면 그만큼 고기도 몰려든다고 한다.

● 연평도 맨드라까리 돌살

가래칠기산뿌리가 바다로 나와 산그늘을 만든 곳에 위치한다. 산뿌리 반대편에는 돌밭이 형성되어 있다. 삼태기처럼 쌓인 상태에서 산그늘과 바위그늘이 형성되어 있고 돌살터 복판으로는 산에서 민물이 내려온다. 지금은 해안도로가 돌아가는 지역이나 밑으로 흐르는 물줄기가 보인다. 산그늘과 바위그늘, 주위에 산재한 바위들, 그리고 산에서 내려오는 단물을 좋아하는 물고기의 습성, 게다가 앞쪽으로는 검은여를 비롯한 암석지대가 펼쳐져 있고 줄등이 방파제 구실을 하고 있어 고기들이 모여들기 안성맞춤이다.

● 보령 효자도 돌살

고기는 아무데서나 노는 것이 아니다. 큰 산그늘 밑에서 놀게 된다. 높은 산을 기준으로 하면 개울이 다소 있는 부분에 고기가 개울을 따라서 올라온다. 다른 데서 놀던 놈들도 모두 물줄기를 따라서 올라온다.

● 해남 중리 돌살

"고기는 민물 내려오는 곳에 많지라. 숭어가 여기서 완전히 성장해서 나가는디, 물고기가 산란을, 민물 있는 데서 산란하지라. 장마 때 고기가 훨씬 많아요. 홍수 때 물이 많이 내려올 때 가보믄 고기가 훨씬 많아요. 비가 살짝 오고 살짝 새파람이 불었을 때도 고기가 많지라. 이상하게 북서풍이 불면, 그날 수온이 차가와져서 고기가 줄고, 서풍이 불면 따스해서 많아지는 것 같지라. 고기가 날씨를 다 알어뿌러."

● 남제주군의 원

대정읍 신도리 포구의 모살물원에도 '모살물'과 '제물'이라는 담수가 두 곳에서 솟는다. 대정읍 일과리의 경우, 원 일대 여기저기서 모두 12곳에 물이 솟으며 큰물·홍물·상물·하물 같은 물이름이 전해진다. 대정읍 동일리의 '산이물원'은 원 가까이에 '산이물'이라는 단물이 솟는 곳에 위치하기 때문에 그 물의 이름을 따서 산이물원이라고 한다. 동일리의 '히는늪'의 경우, 동남쪽에 '홍물'이라는 단물이 솟는다(사진 46). 히는늪은 천연적으로 조간대 상층에 생긴 바닷물 늪으로 바닥에는 새하얀 모래가 깔려 있는데 수량이 풍부한 홍물이 솟구쳐 바로 히는늪으로 흘러들며, 단물을 좋아하는 어족들이 몰려들었다.[23]

그렇다면 앞에서 설명한 이들 어민들의 민속과학을 우리는 어떻게 받아들여야 할까? 그에 관한 우회적인 답변으로써, 20세기 초반에 동부시베리아 우스리스크를 탐사하면서 선주민인 우데헤 족, 즉 나나이 족에 관한 주옥같은 기록을 남겨준 아르세니에프의 다음 기록으로 답변에 대신하고자 한다.

11월 10일, 사마르기 강에서 내려온 우데헤들을 만났다. 나는 그들에게

사진 46 홍물

엄청난 양의 용천수가 솟구치는 우물가에 설치
된 원담(남제주군 동인리, 2004년 2월 2일 찍음)

소스노프 곶串 북쪽의 해안지대에 대해 물어보았다. 그 중 한 명이 막대
기로 모래 위에 지도를 그렸는데, 세밀한 곳까지 한 눈에 알 수 있었다.
그에게 내가 가지고 다니던 지도를 보여주자 금세 방향을 알아차리고는
지도에 표시된 강과 산, 곶 등을 가리키며 그 명칭과 거리를 일러주었
다. 나는 그의 안목에 탄복했다. 그는 난생 처음으로 지도를 봤다고 했
다. 그런데도 척도의 기준을 알아챘고, 평면도법을 계산하는 공식을 나
름대로 유추해냈다. 문득 허망한 생각이 들었다. 그동안 나는 이런 지도

를 읽기 위해 얼마나 많은 공부를 했던가. 내가 휴대한 지도는 대단히 상세해서 전문가가 아닌 일반인은 감히 해독할 엄두도 내지 못한다. 하지만 태어나서 한 번도 문자를 써본 적이 없는 이 눈앞의 야만인은 자연에서 갈고 닦은 경험과 노련한 눈썰미로 문명이 이룩한 지도를 꿰뚫고 있었다.[24]

노동과 제의

범벅해서 고사 지냈다. 범벅은 떡이 아니고 범벅이라고 동그란 걸 만들어서 그거 갖다가 고사 지냈다. 쌀이 아니고 여러 가지 섞어서 팥 넣고 안에다 팥 삶아서 넣고 쪄서 범벅이라고 고사 지냈다. 독살 가서 고사 지낸다. 밤에 독살 임자 본인이 가서 지내는데 여자들은 안 가고 남자만 간다. 술은 올리지 않고 냉수만 올린다. 도깨비 물참봉 그런 것은 없었다. 참봉이라는 말의 뜻도 모른다. 그렇지만 '물 아래 참봉, 물 위의 참봉' 그런 말은 했다. 참봉이 도깨비란 것도 들어본 적이 없다. 참봉이 팥을 좋아해서 고사 때 범벅해서 바친 듯했다. 고사 지내고 나서는 범벅을 던지면서 독살에 고기 많이 들라고 외친다. 독살고사는 서무날 아니면 열무날 지냈다. 그 이유는 잘 모르겠는데, 서무이면 물이 '산짐한다'고 한다. 물이 막 죽었다가 살아난다는 뜻이다. 열물은 물이 죽을 때를 말한다. 사람마다 제 마음에 드는 때를 정하는데 둘 중에 한 번을 정한다. 일 년에 한 번만 지내는 것이다.

_태안반도 방갈리, 어민 조원호가 들려준 돌살에서의 물참봉 고사

소유와 노동; 공동체와 개인의 관습법

개인 소유라도 품앗이는 하다

 연어잡이꾼 콰기우틀(Kwagiutl) 인디언의 경우, 어살의 소유관념은 종족에 따라 달랐으나 대개 연어가 주로 올라오는 강을 가로질러 친 커다란 어살은 마을 전체의 공동 소유였다. 다만, 작은 시내를 가로지르는 어살 등은 부유하거나 지체가 높은 사람이 개인적으로 소유할 수 있었다. 공동체적 소유를 원칙으로 하면서 개인소유의 복합성이 드러나고 있다. 앞 장에서 다룬 바 있는 일본 아마미오시마奄美大島의 경우, 같은 섬 안에서도 소유 방식에서는 차이가 존재한다. 가사리초笠利町와 타쓰고초龍鄕町 등 섬의 북부는 돌살의 소유가 사적 소유인데 반하여 남부 가케로지마加計呂麻島에서는 집단적 소유이다. 즉, 남부에서는 매년 음력 5월 5일, 즉 단오날에 부락민 전원이 나와서 돌담을 보수하거나 새로 쌓는다. 사람들이 전부 바다로 몰려나가서 돌담을 쌓았다. 공동체적 운영의 기풍이 전해지고 있다.

한국의 경우에도 공동체적 소유의 일반적 원칙, 개인적 점유와 소유권 이전이라는 측면이 동시에 드러나고 있다. 그런데 재미있는 것은 개인적 소유라도 돌살 보수에서의 협동적 관행이라거나 품앗이류의 노동교환이 이루어지고 있다는 점이다. 더 나아가서 관행적 소유, 즉 문서 없이 구전으로, 관행적으로 주고받는 관습법의 영향을 지대하게 받고 있다는 점이

다. 사실 어촌은 그 노동행위의 본질적 속성상 어업공동체라 할 만한 공동체성을 보여주고 있다. 어장의 공유와 마을숲을 비롯한 공유재산, 어업구조의 취약성과 연안어업에서의 공동노력, 어촌계를 비롯한 협업 등이 그것이다.[1]

공동체적 소유와 이용관행이 극적으로 관철되는 곳은 제주도 해안이다. 공동체적 소유라고 해도 모든 원담이 전일적으로 공동체관행에 들어가는 것은 아니다. 공동으로 관리하고 운영하는 책임이 뒤따르며, 그 책임을 다한 조건에서 공동체적 참여가 보장되는 것이다. 육지부의 개인적 관행으로 이루어지는 돌살과는 많이 다르다. 육지부의 경우에도 과거에는 공동소유가 만만치 않게 많았음을 말해주는 사례가 많다. 어살의 경우, 전북 부안의 돈지포구에서는 1960년대 초까지 살을 약 20여 개 먹었는데 모두 마을공동소유였다. 전체조합원을 상대로 제비뽑기를 하여 어살터를 결정하고 돌아가면서 살을 맸다.[2] 원산도 선진마을의 경우, 본디 동네에서 공동으로 하던 돌살을 개인에게 넘기게 되면서 개인소유로 바뀌어갔고, 그러다가 차츰 사라지게 되었다. 원산도 구치마을의 돌살도 과거에는 공동체적 소유였다가 중년에 개인소유로 넘어간 것으로 확인된다. 이는 육지에도 제주도 못지않게 공동소유, 아니면 공동소유는 아니더라도 공동운영의 원칙이 다수 존재했음을 시사한다.

● 제주시 서흘개

공동 어로집단은 둘로 나뉜다. 하나는 '앞개성창城滄'을 중심으로 생활하는 섯(西)동네인 '서카름'(서흘개마을의 서쪽편)이고, 다른 하나는 '동가름성창'을 중심으로 생활하는 동東동네인 '동카름'이다. 마을에는 '숭애원'과 '파래원', 그리고 '상주원'이라는 3개의 원이 있었다. 본디 원의 소유주는 없었다. 개인소유는 아니고, 마을 공동으로 돌을 쌓아서 원을 만들었다. '돌성'을 만들어서 '숭어가 들어왔다 나가지 못한 것 잡아먹으라고' 쌓았다. 원담의 보수는 '동네'서 나가서 공동 보수한다. 무너지면 한 번씩 나가서 보수하지 꼭 언제 보수한다고 정해놓고 하지는 않았다. 소유와 관리운영에서 마을 공동체성이 강하게 남아 있던 원들이다.

◉ 북제주군 행원리

마을을 잠정적으로 4개 동으로 나누는 동시에 바다밭도 넷으로 나눈다. 그것은 고정되어 있지 않으며 4개 동(동동네·섯동네·웃동네·알동네) 사람들이 시계바늘 돌듯이 1년을 주기로 4개의 바다밭 중 한 밭에서 공동으로 일한 만큼 공동 분배한다. 원도 마을공동소유이기 때문에 돌아가면서 원을 관리·운영·배분한다. 행원의 경우에도 멸치가 원에 들어오면 "멜이야!"를 외치면서 온 동네서 가구 당 한 명씩 달려나간다.[3]

◉ 제주시 이호1동

서마을, 동마을, 중앙마을로 나뉘는데 이 가운데서 서마을이 원을 관리한다. 마을의 부락장을 중심으로 주민들이 공동으로 참여하여 생산하고 분배하는 공동체적 생산체계를 갖추고 있다. 부락장과 4개 반으로 구성된 서마을의 반장들이 운영 주체가 된다. 일 년에 한 번씩 마을 주민 모두가 참여하여 원의 보수작업을 한다. 주로 겨울이 지나고 초봄이 되면 날을 잡아 하는데 각 호구 당 1명씩 의무적으로 참여해야 하며 불참 시 벌금을 정한다. 관리인은 부락장을 포함하여 각 반에서 2~3명이 참가하여 약 10명 내외이다. 관리인들은 원에 들어온 고기의 어획 가능한 양이 15말 이하일 경우에는 주민들에게 알리지 않고 관리인들이 어획하여 나누어 가진다. 그러나 그 이상으로 추정될 때는 즉시 마을민에게 고기가 많이 들어왔음을 알려야 한다. 그리고 이를 전달받은 마을 주민들은 즉

시 어획에 참여해야 하고 어획분을 공동으로 분배한다.[4]

둘째, 육지부의 경우에는 대개 개인소유를 원칙으로 하고 있다. 사실 육지부의 어장 중에서 대규모 어살들은 대부분 권문세가의 권한에 속했으며, 중세사회의 자본규모로 볼 때 대규모 자본, 즉 노동력이 요구되었기 때문에 사적 점유에 의해서 운영되었다. 돌살도 공동체적인 것도 있었지만 사고파는 매매 원칙이 적용되기도 하여 '논하고도 바꾸지 않는다'는 곳이 많다. 전남 무안군 해제만 한아지마을 돌살의 경우, 1기의 가치가 논으로 따지면 서 마지기 값을 웃돌았다고 한다.[5] 부안에서 이런 이야기들이 채보되었다.[6]

사진 1 돌살의 대물림
쪽지를 들고 있는 박봉렬 옹도 대대로 돌살을 이어왔다(남해군 문항마을, 2001년 여름 찍음).

"독살 하나만 가지면 예전에는 부자소리 많이 들었어."[7]

"선친(일제 때) 때는 논 닷 마지기하고 바꾸자 해도 바꾸지 않았어."[8]

"일제 때만 해도 이거 하나 있으면 부자 소리 들었죠."

소유관행은 대개 집안에서 대대손손 집안 전통으로 이어가는 경우가 많다. 태안반도 굴혈 돌살처럼 확인할 수 있는 범위에서만도 최소 5대 이상을 이어오는 경우가 많다. 남해 문항마을의 박봉렬 옹의 경우에도 오랜 가업으로 돌살을 운영해온 대표적인 사례이다. 문항마을의 21개에 달하는 엄청난 숫자의 돌살들은 저마다 임자가 있으므로 일종의 가업과도 같다.

변산반도 궁항의 뚝바우치 독살의 경우, 신재욱(曾祖父), 신민자(祖父), 신명철(父親)을 거쳐서 제보자 신강길 씨(1953년생)까지 독살이 상속되어 온다. 부 명철은 1928년생이므로, 조부가 독살을 시작한 시점을 대략 1900년대 초에서 1910년대로 추산한다면, 증조부가 독살을 시작한 시점은 최소 100년을 훨씬 넘긴 1800년대 후반으로 보인다. 늦어도 19세기 초반에 뚝바우치가 시작되었다. 조부가 남에게 사들인 것으로 본다면, 연대를 환산해볼 때 적어도 19세기 전반기에는 돌살이 존재했다. 19세기 전기까지 유추함은 어디까지나 뚝바우치의 경영관계를 환산한 결과일 뿐, 훨씬 이전부터 있었을 가능성을 배제할 수 없다. 다만 어민생활사가 늘 그러하듯, 문헌이 전무하다는 점에서 그렇게 유추될 뿐이다.

비인만 내도둔 김영환家의 경우, 소유자는 팔순이 넘었지만 지금껏 지켜오고 있다. 시집올 무렵에 시부모가 돌살을 사들인 것을 시부모가 사망하고 난 다음에도 돌살을 이어받아 수십 년을 한결같이 지켜왔다. 남편이 세상을 떠난 다음에도 혼자서 돌살을 고집스럽게 보듬어왔다. 김영환家의 돌살은 모두 개인이 책임지고 단독으로 운영했다. 무너질 때도

격으로 거래되기도 한다. 가령 해남군 중리의 박상기家에서 운영하던 돌
살은 이사를 가면서 '예전에 품앗이 빚진 것'을 탕감하고 술 2독인가를
받고서 팔고 떠나는 정도이다.

공동 소유와 개인 소유의 혼용

앞 절에서 공동체적 소유관행에 초점을 맞추었다면, 반면에
어촌에서의 개인적 소유관행도 만만치 않았다. 하나의 구체적인 예를 든
다면 조선시대의 대부분의 곽전藿田들이 그러했으니 공동체적 소유와 개
인적 소유가 혼용되고 있었다.[10] 『경세유표經世遺表』에 의하면, 호남 · 영
남의 곽전들은 거의 토호들이 독점하고 있어 공물로 하지 못하고 있었
다.[11] 반면에 관동지방의 통천 이남과 삼척 이북에서는 본래 사주私主가
없고 또한 관에서 관리하는 일도 없어서 누구나 채취할 수 있었다. 그렇
지만 삼척 이남인 울진과 평해지역은 예부터 미역밭지기(田直), 또는 감
고監考라고 하는 관수가 있어서 이들이 곽세를 거두어들이고 있었다. 같
은 곽전만 해도 사적 소유와 어촌 공동체적 이용관행이 지역에 따라 사
정이 달랐음을 알 수 있다. 돌살의 경우, 제주도의 공동체적 관행과 육지
의 사적 소유관행이 차이가 나는 것도 이와 같이 지역적 특성을 반영하
고 있다.

그런데 아무리 돌살이 개인의 사적 소유로 운영되고 있다손 치더라도
실제 내용, 즉 돌살 보수 및 어획물 분배 관행에서 나타나는 공동체와 개
인성의 결합 · 혼재 양상을 주목한다. 운영관행에서 문제되는 측면은 두
가지다. 보수를 소유주 개인이 하는 경우, 아니면 공동체적으로 하는 경
우이다. 개인이 하는 경우에는 실제로 개인이 혼자서 하는 경우도 있지
만 사람을 사서 하는 경우도 있다. 공동체적으로 하는 경우에는 마을민

이 합심하여 도와주고 나중에 고기가 많이 들면 고기를 얻어가는 방식도 있다. 대개의 돌살은 1년에 1번씩 대대적인 보수를 해야 한다. 겨울에 '놀'이 심하니까 많이 무너지게 마련이며, 봄이 되면 고기들이 '난동할 때'이므로 보수해준다. 착실하게 운영되는 돌살들은 돌살주들이 물일을 보러갈 때마다 조그마한 돌멩이 하나라도 챙겨서 돌담을 보호하곤 한다. "고기를 잡다가도 간간히 파도가 치고 바람이 일어날 때는 겨울처럼 그렇게 무너지는 것이 아니라 약간씩 무너지니까 살 주인이 물 보러 매일 다니니까 다닐 적마다 몇 댕이씩 올려도 놓고 보수도 하는 것"이란 증언이 그것이다. 그러나 역시 대대적인 보수는 겨울철 서북풍이 몰고간 다음이다. 파도가 가장 심한 때가 겨울철인데 겨울에는 고기도 안 잡히고 하니까 그대로 방치해두었다가 고기가 들 때가 되면 일정을 정해가지고 전부 다 합심해서 완전히 복구한다.

서천 장포리 돌살의 경우, 개인소유로 이어진다. 다만 돌살이 위치한 할미섬 주위는 마을에서 공동으로 관리하는 천혜의 자연 굴밭으로 어촌계 공동구역이다. 공동구역 안에 독자적인 개인적 독살권한이 관습적으로 이어지고 있다. 관행적으로 이루어지는 공동어장에 관해서는 마을공동체의 공동이용이 적용되고, 전통적으로 개인적으로 이루어지던 개별 돌살에 관해서는 개인의 권한이 인정되는 복합적인 상태이다. 본디 공동체적 어장관리와 이용이 이루어지던 오랜 전통 속에서, 어느날 개인적인 돌살이 들어서고 이들 돌살의 개인적 이용이 묵인된 상태에서 시간이 흐른 것으로 여겨진다.

아래 의항의 사례는 돌살 보수를 둘러싼 마을의 문화권역이 달랐다는 점이 주목되며 돌살을 둘러싼 '품앗이 노동권역'이 그려질 수 있다. 흡사 제주도에서 권역을 정해놓고 보수를 하는 것과 비슷하다. 육지부도 과거에는 이런 관행이 일반적이었음을 암시하는 흔치 않은, 그러나 과거에는 매우 일반적이었을 사례이다.

● 태안반도 의항

보수는 동민이 합심해서 했는데 돈을 받는 것은 아니다. 다만 고기가 많이 들면 다 같이 가서 잡아먹고 평상시에 조금 들 때는 자기네 혼자 가서 잡아먹는 식이다. 보수에서 식대만 임자가 전부 제공했다. 사리 때, 물 많이 나갔을 때 품앗이를 했다. 사리 때 물 많이 나가면 오늘은 이 집 하고, 내일은 저 집 하는 방식이다. 이웃 사람의 어려움을 도와주는 것이다. 재미있는 것은 의항에서는 날을 하루 정해가지고 온 동네 사람들이 다 와서 도와준다. 많은 수의 돌살을 다 돌아가면서 해줬다. 워낙 돌살이 많으므로 지역권역을 나누어 주로 큰 마을 사람들은 큰 마을 사람이 하는 돌살에 가서 해주고 건넛마을 사람들은 건넛마을 사람이 하는 돌살을 주로 해줬다. 자연마을대로, 큰 마을 사람들은 상봉 쪽, 재 너머 사람들은 태백 쪽으로, 이쪽 건넛마을 사람들은 소둘하고 학교 너머 해수욕장 쪽으로, 지역적으로 갈라졌다.

● 태안반도 몽산리 굴업

연간 3~4회 보수를 했으며 이웃 주민들에게 품을 사서 했다. 재미있는 것은 근래에 포크레인을 이용하여 독살을 보수한 적이 있는데, 인력으로 쌓은 것이 기계로 쌓은 것보다 더 오래간다는 점이다. 사람의 손으로 일일이 틈을 비집고 돌을 채워서 오히려 해수에 강하게 버틸 수 있다고 한다.

● 태안반도 청포대 돌살

소유와 무관하게 인근의 사람들도 이용했다. 사둘을 가지고 와서 고기를 잡아가도 무어라 하지 않았다. 그렇지만 자주 올 경우에는 그만 오라고 말리는 정도였다. 열댓 명이 사둘을 들고 오기도 했으며, 처음 오는 이에게는 잡은 고기를 모두 나누어준 적도 있다.

● 변산반도 궁항 돌살

"멸치 얻어먹기 위하여 싸주곤 했다"고 한다. 품앗이로 밭일도 해주고 대신 돌살을 쌓을 때 노력을 되돌려 받았다. 독사금 독살의 궁여, 소유자 김봉수는 소를 소유하고 있어서 밭갈이를 해주고 그 대신에 돌살을 쌓는 데 도움을 받았다.

어획물의 경우, 자신의 돌살에서 자신이 획득·소비하는 것이 일반적 관행이다. 제주도의 원담이 공동소유라고는 하지만 각자 들어가서 각자의 노동으로 잡는 것이므로 일단 개인적 획득·소비라는 원칙은 공통적이다. 즉 공동체적 소유라고 하더라도 운영에서는 사적 획득과 점유라는 측면을 주목할 필요가 있다.

어떤 돌살에도 으레 고기가 집중적으로 몰려드는 경우가 있다. 이 경우에 같은 지역의 모든 돌살에 일제히 고기가 몰려드는 것은 아니다. 돌살의 입지에 따라 고기의 운동이 다르기 때문이다. 개인소비가 될 수 없을 정도로 고기가 많이 몰려들 때는 그 어떤 돌살이라도 당연히 주민들이 공유했다. 물고기의 상업적 판매가 보장되지 못한 조건에서 저장시설도 별로 없던 조건인지라 마을민이 누구나 참여하여 어획물을 나누어 가졌다. 물론 일상적인 경우에 소소하게 잡힌 어획물은 개인소유인지라 돌살주 개인이 획득·처분함이 일반 관례였다.

사실 전통시대에 돌살에서 잡히는 고기의 양은 엄청났다. '논농사짓는 것보다 나았다' '지게로 져왔다'(태안반도 파도리) 등의 표현이 그것이다.

남해군 문항의 경우, '옛날 옛적'에는 '돌발이 넘어갈 정도로' 들었다. 높이 1.5m를 넘는 돌발에 고기가 가득 차서 퍼낼 수가 없을 정도로 들었던 적도 있었다. 변산반도 궁항의 경우, 가마니로 100여 개까지 든 적이 있다. 대단한 양이 잡혔음을 알 수 있다. 물론 돌살의 위치에 따라 차이가 나기는 했지만 생태계의 균형이 깨어지지 않았던 조건에서 돌살의 생산력은 생각 이상이었다. 태안반도 의항에서의 목격담 하나를 소개하겠다.

한날은 열치가 들었는데 물이 빠지지를 않더라. 고기가 돌막 사이로 전부 끼여서. 물 반 고기 반이었다. 독살 높이가 1m 30~40cm씩 되었는데 그 독살 높이하고 똑같이 고기가 들어 있는 것이 아니었던가. 고기 창고 격이었다. 독살 높이보다 높이 있던 것들은 물이 썰면서 다 빠져나가고 똑같이 평지가 되었던 것이다. 주민들이 광주리로 퍼 나르고 가마니마다 꽉꽉 채우고 난리였다. 그런 것을 보고 "누구네 독살에 무슨 고기가 벌창 됐다"고 한다. 그 고기는 동네 사람들에게 전부 다 나눠준다. 같은 독살이라도 그렇게 많이 드는 독살이 있었다. 모든 독살이 그랬던 것은 아니다. 고기가 흐름이 있고 떼를 지어 다니니까 오늘은 여기서 들다가, 다음에는 저쪽 돌출부로 들어오다가, 조류에 따라 떠다니니까 다 틀린다.

이렇듯 고기가 많이 들면 마을민들이 나누어 먹는 방식으로 해결했다. 유통이 원활하지 못한 조건에서 일시에 들어온 많은 고기를 처분할 수 없기 때문이다. 물론 돌살의 고기를 팔기도 했다. 열치 같은 것은 말리고 멸치는 것을 담그기도 하고 개숭어 같은 것도 다 절여서 팔았다. 옛날에는 냉장시설이 없었기 때문에 소금으로 절여서 간을 해서 많이 팔았다. 말리지 못하면 큰 고기는 소금간해서 팔고, 열치나 까나리·멸치는 것 담고, 개숭어 같은 것은 절여서 팔았다. 농토가 적기 때문에 어른들이 짊어지고 나가서 쌀하고 바꿔다 먹었다.

제주도의 경우, 공동체적 소유라고 하여 모든 것이 공동체적으로만 움직이는 것은 아니다. 천연적인 원은 바닷일에 부지런한 사람들이라면 모두 주인이 되나 인공적인 원은 원을 보수하는 일에 참여한 마을사람만이 원 안에 든 고기를 잡을 자격이 있다. 초저녁에 멸치가 이동하는 것을 관측하여 어느 원으로 그 멸치들이 향할 것인지를 예측하기도 한다. '멜밭'을 확인하여 그 이동상황을 짐작하여 원으로 이동할 채비를 갖춘다. 멸치는 어느 원에나 모두 들어가는 것이 아니다. 따라서 멸치가 들어간 원을 포착하면 재빠르게 움직여서 쪽바지를 들고 좋은 자리를 차지해야 멸치를 많이 잡을 수 있다.[12]

● 태안반도 학암포 분점도

각 개인소유이므로 주민들이 '내 자유로 해오지는 못한다'고 한다. 그러나 일을 해주고 나눠주는 고기를 얻어오는 방식도 이용되었다. 분점도에서는 반을 나누어 주인이 갖고, 나머지 반으로 참여자들에게 나누어 주는 분배방식을 썼다.

● 보령 독대섬 돌살

각각의 임자가 있었다. 벼나 보리를 주고, 혹은 돈을 주고 사고팔았다. 해방 당시를 기준으로 벼 10가마니 값을 주어야 돌살을 샀다. 그렇지만 어떤 일정한 가격이 정해졌던 것은 아니고 쌍방간에 거래를 통해 가격을 정하여 주고 팔았다. 잡은 물고기는 이웃과 나누어 먹기도 했으나, 워낙 먹을거리가 귀한 시절인지라 인근에 팔기도 했다.

자연 달력과 물고기들; 논하고도 바꾸지 않았던 어획량

 ### 꽃바래기 봄철에 고기를 잡다

인간에게만 '시간'이 있는 것일까? 물고기에게는 '시간'이란 것이 없을까? 당연히 물고기에게도 정확한 시간이 있다. 그 시계를 우리는 자연력(Natural almanac)이라 부르는 것이다. 사실 인간의 시간도 자연력이었다. 그러나 오늘의 인간들의 시간은 '자본의 시간'으로 환치되었을 뿐이다. 인간은 자본을 창조하고, 자본은 자본에 적합한 시간을 창조하여, 끝내 자연력을 거세시키고 자본의 시간에 인간을 복속시키고 만다.

아주 오래 전에 『조기에 관한 명상』이란 책자를 펴내면서 조기들의 회유시간을 따져본 적이 있다. 그네들은 무섭도록 정확하게 자신들이 돌아와야 할 고향과 시간, 즉 공간과 시간을 기억하고 있었다. 또한 조기떼가 올라오는 시각을 예견하는 놀라운 삶의 지혜를 칠산어민들은 두루 체득하고 있었다. 칠산바다 시도의 늙은 살구나무에 꽃이 피면 조기가 찾아왔음을 알아차렸다. 법성포 건너편 구수산九岫山의 철쭉꽃이 뚝뚝 떨어져 바다를 물들이면, 조기들은 아름다운 빛깔에 취하여 어쩔 줄을 몰랐다. 칠산어민들은 구수산 철쭉꽃으로 미루어 칠산바다에 조기떼가 왔다는 신호로 알고 이내 배를 내어 고기잡이를 나갔다.[13] 칠산어민들은 자신들의 일정표대로 착착 움직였다. 한 치의 오차도 없었다. 어부들의 삶이란 늘 자연의 질서를 따르는 것이기 때문이었다. 조기들은 자연의 섭리에 따라 곡우 때면 정확히 당도하여 울음으로서 만물의 순환을 통지하고, 어둠이 깔리는 칠산바다에서 아주 성공적으로 알을 낳았다. 이로써 종족 보존의 대드라마가 완성되었다.[14] 해양인류학자 아키미치 도모야秋道智彌

는 자연력을 이렇게 간단히 정의한 바 있다.

> 비와 눈, 번개, 풍향 등의 기상현상의 시기적 변화와 꽃의 개화, 야생과
> 실의 결실, 철새의 도래, 게와 곤충의 대발생 등의 생물현상의 변화를
> 기초로 해서 1년을 구분한 달력을 보통 자연력이라 부른다. 물고기의 산
> 란기와 내유현상, 해조류의 성장 등은 자연력을 주성하는 요소로서 세
> 계의 어민이 즐겨 가늠으로 이용해왔다. 물고기의 맛과 알이 듦 등의 계
> 절과 시기에 따라서 다양한 자연력에 관한 지식을 키워왔다.[15]

돌살은 그 자체 자연적 어법이므로 들어오는 물고기 역시 자연의 온전한 순리를 따를 수밖에 없다. '따라가면서' 잡는 물고기와는 다르다. 자신의 선택에 의하여 선택된 시간에, 선택된 장소로 몰려온 고기를 잡는 어법이기 때문이다.

조업시기는 대개 봄·여름·가을철이며, 그 중에서 봄철이 가장 활발하다. 대략 10월이면 돌살작업은 끝나며 11~2월에는 쓰지 않는다. 겨울에는 고기가 들지 않기 때문이다. 태안반도 구찌나무골의 경우, 봄에 '꽃바래기'라고 고기가 들어오는 시점이 있다. 즉, 진달래꽃이 필 무렵 '꽃바래기'로 고기가 들어오는 출발점이 설정된다. '꽃바래기'는 봄이 오면 고기가 돌아온다는 상징적 의미로 해석된다. 고기는 지역에 따라, 나아가서 계절에 따라 잡히는 종류가 당연히 달라진다. 자연력이라 부를 만한 것이다. 다만 전국 공통으로 사계절 갯가로 출현하는 숭어 같은 어종도 존재한다.

돌살은 다양한 토착 물고기들의 보고

태안반도 의항의 경우, 위치에 따라 조수의 강약이 다르지만 들어오는 고기의 종류는 대체로 비슷하다. 다만 고기의 양이 다를 뿐이다. 옛날에는 돌살에서도 조기·민어·상어·갈치 등 각 종류가 다 들었다. 열치·까나리·멸치·원구(개숭어)·꽁치·농어 등도 들었다. 봄에는 개숭어·농어 새끼(깔대기)·장어, 여름에는 까나리·열치·조기, 가을에 찬바람이 불면서 멸치·갈치·농어, 자구리 새끼가 많이 들고, 그러다가 파도가 심해지면 고기가 깊은 바다로 나가버리므로 고기가 들지 않는다. 옛날에 고기가 아주 많이 들 때는 '구루마'로 실어나르다 못해 아예 버리기까지 했다.

절기에 따라서 잡히는 어족이 달랐다. 변산반도 궁항의 경우, 겨울철인 12~2월까지, 그리고 여름철인 8월에는 고기가 거의 들지 않으며 다만 모치(숭어 새끼)가 들 뿐이다. 3월부터 전어·멸치 등이 들고, 4월에는 반어와 조기, 5월과 6월에는 오징어와 반어·미륵(꼴뚜기의 사촌), 7월에는 멸치와 새병이(멸치 종류), 9월·10월에는 전어와 멸치, 11월에는 숭어와 물메기가 든다. 이처럼 어족은 계절의 변화에 민감하다. 한겨울철에는 북서풍으로 인하여 돌살이 잘 무너져내리며 보수도 힘들기 때문에 전국적으로 돌살어업이 이루어지지 않으며, 한여름에는 다른 어업과 마찬가지로 고기가 들지 않는다. 역시 절기별로 고기가 많이 드는 철은 봄가을, 특히 봄철이다.

돌살에서는 큰 고기와 작은 고기가 모두 들었다. 예전에는 매우 큰 민어 같은 고기들도 많이 들었지만 차츰 큰 고기는 사라지고 자잘한 고기들이 들고 있다. 서해안에서는 숭어나 새우, 제주도·남해안에서는 멸치 같은 것이 대표격이다. 물론 숭어는 어미 숭어를 비롯하여 모치(새끼 숭어)까지 가장 많이 잡히는 어종의 하나이다.

숭어(*Mugil cephalus cephalus*)

멸치(*Engraulis japonicus*)

| 돌살에 많이 들어오는 숭어와 멸치

제주도의 경우 원담에서 큰 고기들을 많이 잡는다. 멜(멸치)도 잡기는 하나 원의 주 어종을 멸치로만 볼 수는 없다. 멜이 들 때면 반드시 갈치가 따라 오는 경우가 많기 때문에 멜이 주 어업이라고 하여 멜만 드는 것은 아니다. 서귀포시 보목동 사람들은 원 안에 무수히 깔린 돌 틈에서 큰 고기를 작살이 아닌 손으로 잡는다. 오키나와의 돌살인 '가키'에서도 돌 틈

에 숨은 큰 고기를 잡는 데 신경을 쓰곤 한다. 같은 원리라고 하겠다.

돌살에 드는 물고기는 같은 물고기라도 그 종류와 명칭이 매우 다양했다. 비슷비슷한 숭어새끼를 부르는데도 지역적 명칭이 모두 달랐으니, 어명에서도 문화적 종다양성이 확인된다. 비인만의 내도둔 김영환家 돌살의 경우, 새우가 가장 많이 들었는데 새우 종류가 다양한 만큼 작은 새우는 거의 들었다. 작은 새우인 자젓을 뜻하는 고개미, 자젓 중에서 가장 큰 백하, 중치 새우로 대하보다 작은 중하, 작은 대하인 숫대하(암대하는 들지 않았음), 그밖에 곤오리(황새개)가 많이 들었다. 주로 젓갈용 물고기나 그밖의 고기 새끼들이 많이 잡혔다.

전국적 공통으로 숭어(*Mugil cephalus cephalus*) · 멸치(*Engraulis japonicus*) 같은 어종이 가장 많이 들고 있다. 숭어는 민물과 바닷물을 오가며 생활하는 어족인지라 해변을 많이 나돈다. 숭어가 얼마나 가생이를 좋아하는지를 알려주는 좋은 자료가 있다.

사진 2 돌살에서 잡은 물고기
(남해군 문항마을, 2001년 여름 찍음)

잡히는 숭어가 굉장히 큰 놈들이 있어요. 고기가 크니까 숭어 머리 위에 굴이 자라요. 바닷것은 안 그런데 섬 가생이에 있는 것은, 석화가 번성할 때는 굴이 잘되면 숭어 머리에 굴이 자라지요. 가에서 산다는 말이에요. 안 떨어져요. 그게 안 떨어져요. 가생이에 굴물이 들 때, 조개들도 물때가 있거든요. 굴 산란기에 숭어가 들어올 때, 굴이 숭어 머리에 실리는 거지요. 보통 7~8kg짜리지요(해남 중리).

지역별 어종의 다양성과 이명異名

지역 및 돌살명	어종의 다양성과 이명
연평도 다라이 돌살	항알치(학꽁치), 전어의 별종인 빈지미, 숭어 등
서천 할미섬 돌살	자하젓, 망둥이, 숭어, 백조기 등
보령 독대섬 돌살	조기, 갈치, 멸치, 전어, 숭어 등
효자도 돌살	멸치 · 숭어 · 조기 · 민어 등
태안반도 파도리	농어 · 숭어 · 광어 · 우럭 · 복어 · 도다리 · 민어 등
태안반도 방갈리	숭어, 열치, 갈치, 전어 등
안면도 밧개	학꽁치, 갱개미, 놀래미, 우럭 등
안면도 두여	오징어, 멸치, 농어, 삼치, 밥주걱 등
변산반도 개목	모치, 멸치, 전어, 잡어. 조기, 오징어, 물메기, 숭어, 방어, 반어 등
무안군 해제면 한아지	부세, 숭어, 새우, 물매기 등
함평군 손불면 해은	숭어, 장대 등
해남군 북평면 서흥리	숭어, 동어(숭어새끼), 농어새끼, 아구사라(멸치 치어), 되미(전어새끼)
남해 문항	멸치 · 꼬시래기(망둥어) · 갈치 · 뻬다오(뼈만 붙어 있는 고기) · 까자메기(가자미) 등
제주시 이호동	멜(멸치), 날치, 학공치, 독가시치, 농어, 숭어 등
서귀포시 대포동	멜, 모도리 · 구릿 · 따치 · 돔 · 오징어 등
서귀포시 보목동	우럭(패감새기), 따치, 구릿 등
북제주군 행원리	멸치 · 구릿 · 모도리 · 감성돔 · 따치 · 논쟁이 · 숭어 등

갈치(*Trichiurus lepturus*)

농어(*Lateolabrax japonicus*)

망둥어(*Acanthogobius flavimanus*)

멸치(*Engraulis japonicus*)

민어(*Nibea imbricata*)

밴댕이(*Harengula zunasi*)

숭어(*Mugil cephalus cephalus*)

전갱이(*Trachurus japonicus*)

전어(*Konosirus punctatus*)

참조기(*Pseudoscidena polyactis*)

참돔(*Pagrus major*)

참서대(*Cynoglossus joyneri*)

청어(*Clupea pallasii*)

겨울에 물이 차지면서 고기들이 외해로 나가며, 그래서 "독살이 제일 먼저 계절을 타요"라고 한다. 가생이로 몰려드는 고기들을 주로 잡았음을 알 수 있다. 멸치는 생태계 먹이사슬에서 낮은 지위에 속하지만 2만 종이 넘는 물고기 중 가장 많은 식구를 거느린 어종으로 돌살에 많이 든다. 때로는 멸치를 따라 들어온 농어 등을 덤으로 잡기도 한다. 먹이사슬 관계를 이용한 것이리라. 그러나 서해, 남해, 제주도에 따라 어종이 다르고, 같은 지역에서도 마을마다 토착 어종이 조금씩 다르게 잡히며, 물론 절기에 따라서도 달리 잡힌다. 예를 들면, 해남군 서홍리에서의 동어(숭어 새끼), 아구사라(멸치 치어), 되미(전어 새끼) 같은 토착명, 즉 어류대사전에도 잘 등장하지 않는 명칭이 곳곳에서 확인된다. 참고로 각 지역별로 많이 잡히던 고기들을 뽑아보면 왼쪽의 사진과 같다.

꽃나면 바다밭으로

어민들은 물이 빠지기 시작하면 곧바로 돌살로 나간다. 굴혈 돌살의 경우, 물이 빠져서 독살의 위쪽이 드러나는 순간을 '꽃난다'(안면도 굴혈)고 한다. 즉, 꽃이 나면 독살 주인은 사둘과 부게를 지고서 조업준비를 하는 것이다.

대개 사리 때 물일이 많이 이루어졌다. 조류가 빠르고 파도가 치므로 "색다른 고기가 뜬다"고 한다. 어민들은 "파도가 쳐야 고기가 뜬다", "바다를 뒤집어버려야 고기가 많다"고 한다. 조금 때는 물고기도 서서히 들어왔다가 서서히 나가므로 고기가 잘 잡히지 않는다.

태안반도 의항의 김관수네 돌살의 경우, 조부가 살아계실 때까지도 했는데 고기가 아주 많이 들어왔다고 한다. 할아버지는 물때에 맞춰서 새벽이고 12시고 물이 써는 시간을 맞춰서 꼭 나가서 고기를 잡았다. 한창때는

3 / 4 / 5 / 6

물이 나면서 돌살의 꽂이 난 순간

사진 3 태안 마도 돌살(근경)
사진 4 태안 마도 돌살(원경)
사진 5 태안 의항 돌살
사진 6 제주도 하도 돌살

조기가 밀려들어 마차로 실어나를 정도로 엄청난 양의 고기를 잡아들이기도 했다. 밤낮으로 2번 물때를 정기적으로 보아야 했으며, 간단한 보수도 신경써주어야 했다. 그만큼 돌살에서 물때가 중요하며 부지런해야 한다.

물이 빠지면서 꽃이 나는 순간, 어민들은 튀는 물고기를 보면서 대략적으로 어떤 고기가 들어왔음을 감 잡는다. 물이 빠지는 상태에서 돌담의 윗선이 일렬로 정갈하게 드러나야 잘 만들어진 돌살이다. 물이 돌살 안에 그득 찬 상태에서 돌그물의 윗선만 드러났다는 말은 고기들이 꼼짝없이 잡혔다는 뜻이기 때문이다.

돌살에 들어온 고기를 잡을 때는 돌담 끝에 움푹하게 들어가게 하거나, 물이 빠질 수 있도록 조금 낮게 돌담을 쌓고 거기에 임통을 설치하거나, 독살 앞에 둠벙을 파서 고기가 고이게 한 다음에 사둘로 퍼낸다. 임통이라고 부르거나 수문, 혹은 이문통(청포대), 우물통(안면도 두여), 불뚝이라고도 부른다. 안면도 밧개의 경우, '독살문'이라는 호칭도 있다. 수문에는 대개 대나무로 발을 쳤는데 반드시 대나무만 쓰인 것은 아니다. 안면도 두여의 경우, 대나무가 약하므로 밤나무를 엮어서 발을 쳤다. 안면도 밧개에서는 싸리나무로 엮는다.

의왕의 경우, 돌살에는 반드시 물 나가는 수문이 있다. 시누대 같은 대나무로 만든 '댓발'로 수문의 물 빠지는 곳에 걸친다. 그리고 거기에 사둘을 대고 있으면 물이 빠지면서 고기가 돌다가 사둘에 쏙 빠진다. 여기는 삼각형 사둘을 쓴다. 물이 안 나갈 때는 사둘에 들어오는 것은 잡더라도 들어가서 잡을 수는 없다. 물이 안 빠지므로 사실상 조업이 어렵다.

의왕의 이생규家 돌살의 경우, "물이 나가면 이렇게 구간구간 만들어 놓은 것이 있다. 독살에는 고기 놀라고 돌로 쌓아 놓은 것이 있는데, 몇 군데 해놓는다. 물이 나가면 거기서 후린다. 거기서 노니까 둠벙 만들어놓으면 물이 나가면 수문턱에서 고기를 다 잡고 거기(둠벙)에 남아 있는 고기는 거

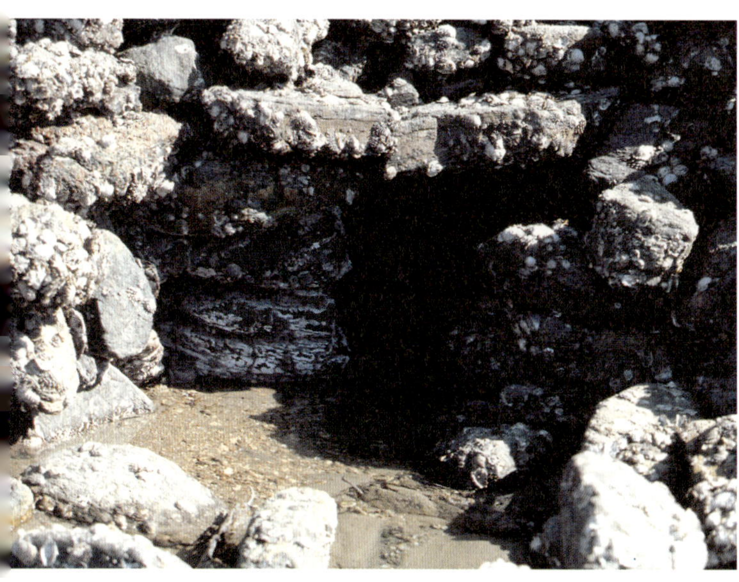

사진 7 물이 고인 임통
물때와 지형에 따라서 고이는 물의 양이 다르다(서천 장포리)

사진 8 수문(태안 의항 돌살)

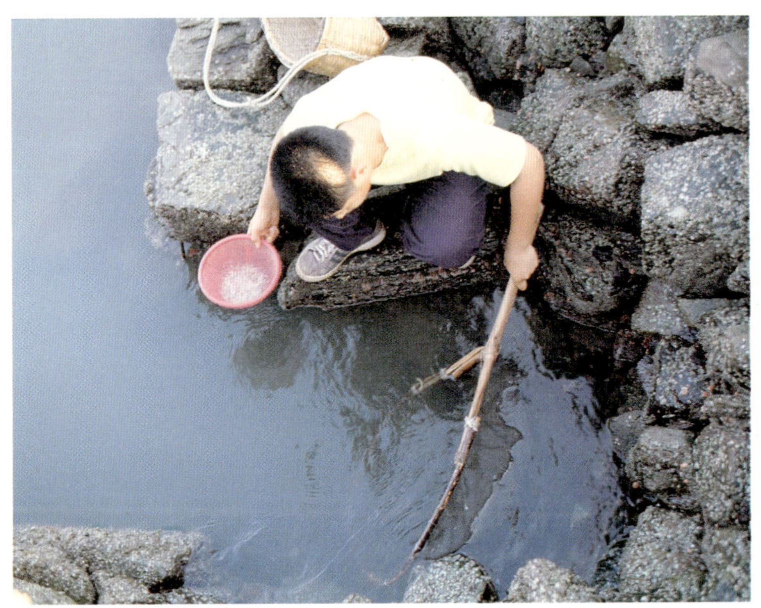

사진 9 사둘질
물이 고인 임통에서 사둘로 고기잡이(태안반도 굴업)

기서 후려 건진다"고 했다. 둠벙은 어느 돌살에나 다 해둔 것은 아니다. 물이 잘 안 빠지는 곳에만 만들어 두었던 것이다. 의항의 신노루 같은 곳은 만들지 않았다. 이생규 돌살은 보통 둠벙을 네 군데 만들었는데 돌살 안의 중간부분에 만들었다. 지금은 메워져서 흔적이 남아 있지 않다. 현장 확인 결과, 호랑이모가지 인근에 둠벙 흔적이 완벽하게 남아 있다.

해남 중리

"몇 십 년이 지나도 똑같지라. 왜 그러니까, 고기가, 사리발 때를 알아부러. 가자미물때, 그 놈은 물때를 몰라. 물이 빠져도 그대로 있어서 가자미물때란 말이 나왔지라. 고기잡이는 밤에도 하지라. 낮에는 물이 맑아서 다 보이니께, 쑤기담은 돌밭이가 물이 언제나 깨끗한께, 아주 어두운 그믐 때 게네들도 달이 밝은면 안 걸려들어요."

| 잡는 도구; 맨손으로 잡기, 사둘과 쪽대, 반두와 후리

어로도구를 이용하지 않고 맨손으로 잡는 방식은 가장 원초적인 어로기술일 것이다. 정확하게 말한다면 기술이랄 것도 없을 것이다. 그러나 돌살에서의 맨손잡이는 멸치나 새우 같은 자잘한 어종에서는 불가하며 손으로 잡을 만한 큰 물고기라야 가능하다. 지난날 돌살에 고기가 '우마차로 나를' 수준으로 잡히던 시절에 조기같이 큰 물고기들이 몰려들면 돌살에 쌓인 고기들을 손으로 퍼담았다. 이런 경우에는 고기를 잡는다기보다는 거의 '고기를 줍는다'는 표현이 가능할 것이다. 그러나 어획자원이 고갈되면서 육지부에서 이같이 큰 물고기들이 몰려드는 경우는 전혀 없으며 현재 맨손으로 어업이 이루어지는 육지부의 돌살은 존재하지 않는다.

반면에 제주도의 일부 돌살에서는 아직도 맨손어업이 전해지고 있다. 대개의 제주도 돌살, 즉 원이나 갯담은 멸발(멸치)이 주 어종이기 때문에 쪽바지 같은 손도구를 쓰지 않으면 불가하다. 그러나 서귀포의 보목마을 같이 큰 물고기를 주로 잡는 원에서는 맨손으로 잡고 있다. 낮물에는 원담을 축조하거나 보수하고, 안물(썰물)에는 맨손으로 어로작업을 한다. 맨손으로 고기를 잡는 일은 환경조건이 다른 데서 오는 차이다. 원 안에는 어느 정도 물이 고여 있게 마련이다. 고기떼들은 돌덩이 밑에 틀어박혀 숨어 있다. 한쪽 손으로 고기 꼬리 쪽을 내몬다. 고기머리는 다른 손바닥에 와닿는다. 바로 이 순간, 고기의 눈 가장자리를 푹 잡는다. 몸둥이만한 돌덩이는 그물이 되는 셈이다. 보목 사람들이 원 안에 몰려든 고기떼를 맨손으로 잡음은 그네들이 처한 환경을 적절히 이용한 어로방법으

로 이해된다.[16] 앞에서 설명한 바 있는, 오키나와의 산호초지대에 있는
'가키'에서 비슷한 손노동이 이루어지고 있다.

돌살에서 임통의 둠벙은 돌살이 서 있는 조간대에서 가장 깊은 곳이므
로 물이 고이게 마련이다. 경우에 따라서는 세숫대야 정도의 지극히 작
은 양이 고여서 작은 새우 같은 고기들은 바가지 정도로 쉽게 떠낼 수 있
기도 하지만 무릎 깊이까지 임통이 들어차는 곳도 있다. 또한 같은 돌살
이라도 사리와 조금이 판이하여, 특히 조금에는 물이 거의 빠지지 않는
경우가 많다. 이런 경우에 고기를 잡아내거나 뜰 수 있는 손도구들이 필
요하다. 인디언문화에서는 대개 연어 같은 큰 고기를 잡기 때문에 작살
질을 하여 둠벙에서 잡아냈다. 그렇지만 한국의 경우에는 큰 고기가 들
기는 하지만 새우나 멸치 같은 어종을 많이 잡았기 때문에 그물코가 작
은 손도구가 필요했다.

첫째, 가장 많이 쓰는 손도구는 손으로 떠내는 사둘 같은 도구이다. 그
런데 사둘의 명칭은 기능이 같
으면서도 명칭이나 크기 · 형태
등에서 약간씩 차이가 있다. 충
청도의 경우, 서천에서는 삼각
대로 쪽대 · 뜰채 · 바자가 쓰이
고, 동그란 형태를 뜰채 · 바자
라 부른다. 당진 성구미에서는
삼각형으로 바디, 혹은 쪽대라
부른다. 태안반도의 청포대에
서는 큰 것은 사둘, 작은 것은
쪽대, 혹은 쪽받이라 부른다.
의항리에서는 사둘이라 부른

채그물로 물고기를 잡는 장면
(고대 멕시코의 벽화, 『해양과 문화』, 2005 Vol.11)

돌살의 사둘

(왼쪽) 사진 10 태안반도 굴업 돌살의 김의배(2001년 6월 19일 찍음)
(오른쪽) 사진 11 태안반도 남면 청포대 돌살의 김종양(2003년 11월 10일 찍음)

다. 변산반도 궁항에서는 쪽받이를 쓰고 있으며, 경상도 문항에서는 Y자형의 삼각대를 쪽지라 부른다. 아마도 쪽지는 쪽대의 방언일 것이다. 문항의 쪽지는 손잡이 부분을 가죽나무로 만들었고 길이 30cm, 총길이 80cm에 이르며 손쉽게 다룰 수 있을 만한 크기이다. Y자형 틀에 가로로 철사를 매달고 거기에 튼튼하게 그물을 고정시켰다. 해남 중리에서는 고기를 건지는 도구를 쪽바지라 부른다. 제주도 연대에서는 쪽받이라는 말이 쓰인다. 즉 제주도의 멸쪽바지(멸치쪽바지라는 뜻)는 국자사둘과 형태가 비슷한 것이다. 나무를 이어서 장경 190cm, 단경 150cm 정도의 어음을 만들고 이를 Y자형 나무에 연결한 것이다.

이상의 민속지를 검토해본 결과에 의하면, 쪽받이 계열 명칭, 즉 쪽대·쪽받이·쪽지가 가장 많이 쓰이고, 더러 사둘도 쓰인다. 그러나 들채에서 보여지듯 '뜰채', 혹은 그냥 '채'로 쓰는 곳도 있는바, 채란 잠자리채·파리채 등의 손도구의 의미로 인정된다.

그런데 이들 손도구류는 기본적으로 두 가지로 구분하여 인식할 필요가

쪽받이계열의 지역별 이명

지 역	명 칭	비 고
충남 서천	쪽대 · 뜰채 · 바자 뜰채 · 바자	삼각형 둥근형
당진 성구미	바디 · 쪽대	삼각형
태안 청포대	사둘	큰 것
쪽대(쪽받이)	작은 것	
태안 의항리	사둘	
변산반도 궁항	쪽받이	
경남 남해 문항	쪽지	Y자형
전남 해남 중리	쪽바지	
제주시 연대	쪽받이	

있다. 글자 그대로 채로 떠내듯이 건져내는 테류, 혹은 쪽받이류가 있으며, Y자형으로 만들어진 쪽대나 그런 기능이 좀더 발전한 사둘류가 있다. 고기를 건져내는 테류 · 쪽받이류는 제주도의 경우처럼 엄청나게 큰 것도 있고 잠자리채 만한 아주 작은 것도 있다. 대개 불로 나무를 둥글게 휘어서 만들어 쓰다가 어구점 · 대장간에서 휘어진 테두리를 사다가 쓰는 식으로 바뀌었다. 오늘날 가장 많이 어구점에서 팔리고 있는 손도구로 낚시꾼들의 필수품이기도 하다. 반면에 쪽대는 Y자형의 나무를 가지고 테두리를 삼아서 그물을 덧대어 새우 · 멸치 등을 떠낼 때 쓴다. 개인 1인용 손도구로 널리 쓰이는데, 쪽대 · 쪽지 등으로 널리 불린다. 쪽대가 확대 · 발전하면 서해안에서 곤쟁이새우 등을 잡는 대형 쪽대로 발전하게 되며 실제로 널리 쓰이고 있는 중이다. 쪽대를 밀어서 새우를 잡아올리며 바가지로 새우를 퍼담아 등뒤의 부게에 넣는다. 돌살에서도 지역이 넓고 수심이 깊은 곳에서는 쪽대를 밀어서 새우 등을 잡아올리기도 한다.

| 사진 12 제주도 사둘(우도 민속박물관)

둘째, 대개의 돌살어업은 개인적으로 1명 노동으로 가능한 곳인데 때로는 반두질이나 후리질같이 2명 이상의 노동력을 요구하기도 한다. 연평도 돌살의 경우, 물의 면적이 매우 넓을뿐더러 물이 빠지더라도 일정 정도 물이 고여 있으므로 사둘 같은 것으로 간단하게 잡을 수 있는 곳은 아니다. 반드시 반두질을 하여 2명이 그물질로 잡아낸다. 깊을 때는 가슴까지 들어차는 물 속에서 작업을 해야 한다. 그 대신에 연평도 '다라이돌살'의 고기들은 상당히 크고 좋다. 반두는 대나무 장대에 그물을 매달아 만들어 쓴다. 그물 아래에는 추를 달아 그물이 가라앉아 뜨지 않게 만들어야 고기들이 빠져나가지 않는다.

공동작업의 경우는 제주도 사례에서도 보이는데, 아예 소형 '후리질'로 멸치 등을 끌어내어 잡는 방식을 쓰기도 한다. 수심이 깊은 곳에서 널리 이루어지는 방식이다. '멸호리치그물'이라고도 부른다. '멸치 잡는 홀치기 어망'이라는 뜻으로 '홀치기'는 일종의 수조망류手繰網類 어망 명칭이었음을 의미한다. 그물코는 2cm이다. 뜸줄에는 '그물버국'이라고 하는 구형舊形의 플라스틱제 뜸이 약 20cm 간격으로 달려 있으며, 발줄에는 '뽕돌'이라고 하는 납추가 약 13cm 간격으로 달려 있다. '버국'은 '버

| **작은 반두의 일반적인 형태**(von Brandt, 앞의 책)

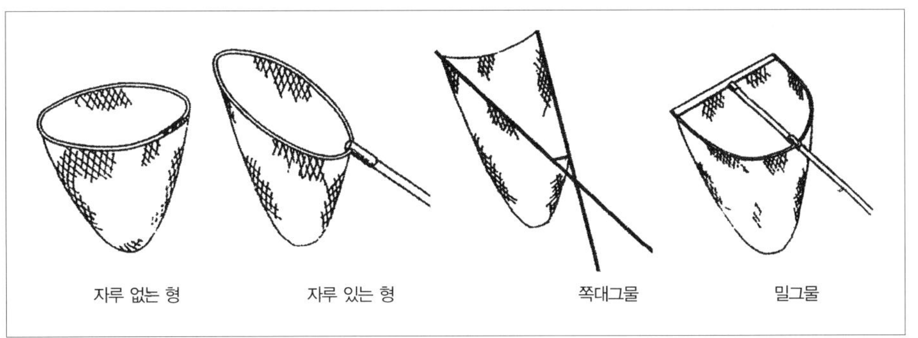

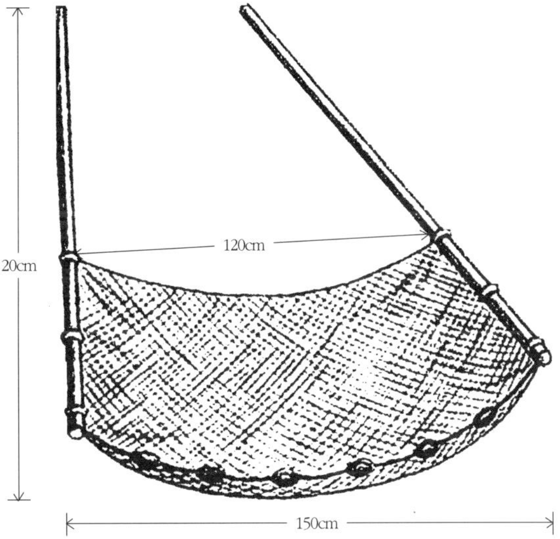

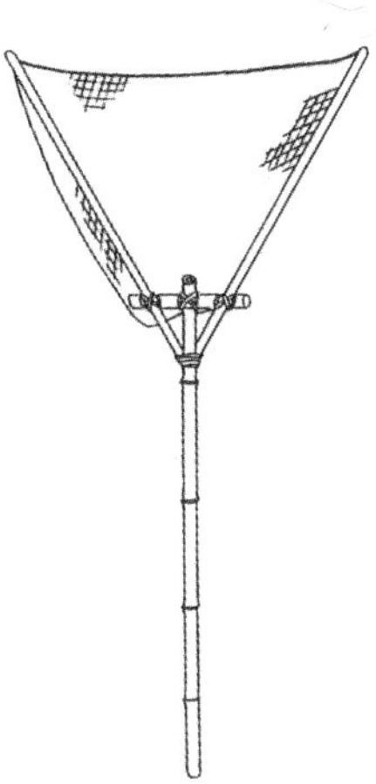

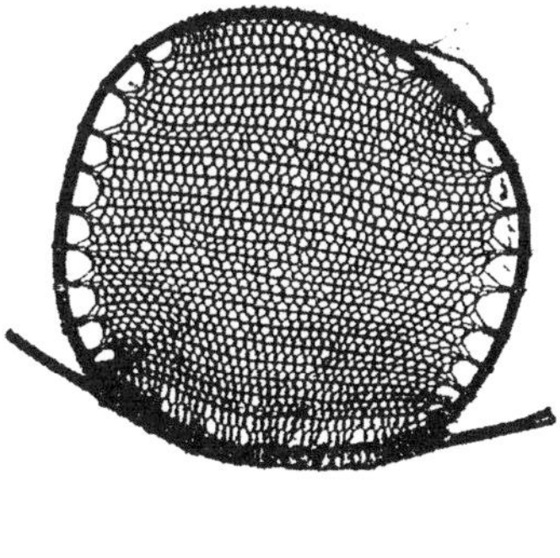

반두

1 북한의 반두(「청천강 상류의 어류에 대한 보고서」
 1955년 1월 1~2일, 북한 민속학연구소 내부자료)
2 말레이시아 동부 해안의 거친 파도에서 숭어를 잡기
 위한 삼각반두
3 뉴기니(New Guinea) 길빅 만(Geelvink Bay)의
 평평한 반두

굿'에서 유래한 말로 순우리말이다. 이 어망으로 돌살 안에 든 멸치를 포위한 뒤에 끌어당겨 잡는데 일종의 '후릿그물'이다.[17]

이런 손도구들은 실로 오랜 역사를 지니고 있는 어구들로서 선사시대까지 소급될 것이다. 선사시대의 하천·호수 등의 내수면에서는 주로 천렵에서 사용되는 쪽대, 또는 반두 등의 어망류가 많이 사용되었을 것이다.[18] 쪽대 또는 반두 등이 바닷가 돌살뿐 아니라 강가에서도 널리 애용되고 있음은 이 계통의 어구 족보가 상당히 보편적일뿐더러 원초적임을 스스로 설명해주고 있다.

● 서천 장포리

"삼각형은 '쪽대', '뜰채', '바자', 둥근 거는 '뜰채'라고도 하고 '바자'라고도 하고요. 독살 안에서도 넓으니까 '포망'으로 끌기도 합니다. 큰 놈 잡을 때는 '후리그물'을 펼쳐놓고 싹 끌기도 합니다. '뜰채'로 일일이 하기는 오래 걸리니까. '내상' 안이 둥그렇게 들어간 곳이 그곳에 다 몰리니까. …… 조개 잡는 사람, 굴 따는 사람도 있고, 고막·바지락·굴, 할미도에 굴양식이 허가되어 있지요."

● 당진군 가곡리 성구미

살에서 고기 뜰 때 사용하던 것을 '바디'라 불렀으며 '쪽대'와 비슷하게 생겼다. 지금은 '쪽대'라 하며 스테인레스로도 나오고 있다. 대나무테 직경 3~40cm, 손잡이 약 2m 된다. 두 손으로 사람이 짚고서 떠야 한다. 손잡이 재질은 소나무로 무거우면 안 되니까 참나무는 안 쓴다. '바디'테는 크지 않지만 손잡이는 좀 길다. '부게'를 지고 '사둘'을 이고 바다로 나간다. 들물에 물이 센 목에 찾아가서 버티고 있는 것이다. '사둘'을 잡고 있으면 고기가 튀는 소리를 감각으로 안다. '부게' 옆에 달린 바가지

사진 13 원담의 멜잡이

원담 안에 들어온 멸치떼를 동네 사람들이 모여들어 반두질과 뜰채로 끌어올리고 있다. 지금은 보기 힘든 장면이다(『사진으로 엮는 20세기 제주시』, 제주시, 2000).

를 가지고 떠서 집어넣는다. '사둘질'한 것은 석문호 막기 전까지는 다했다. 숭어새끼·새우·꽃게, 안 잡는 게 없었다. 주로 새우를 많이 잡았다. '사둘질'은 지금도 무창포 근처에 가면 자새우 잡느라고 밀고 다닌다. '사둘질'은 물발이 세야 하고 들물에 해야 하니까 살에서는 안 했다.

🥔 태안반도 청포대

'사둘'로 고기를 건졌다. 돌살에서 물이 완전히 빠지지 않는 경우가 많으며, 특히 임통 주변에는 약간의 물이 고이게 마련이어서 반드시 '사둘'

로 건져내야 한다. 그런데 청포대에서는 큰 것이 '사둘'이며, 작은 것은 '쪽받이'(혹은 '쪽대')라고 부른다.

태안반도 방갈리

'바주'로 건졌다. '바주'는 테두리를 대어서 자루로 만들어서 한 것이 있는데 둥글게도 생기고 네모나게도 생겼다. 옛날에는 나무로 집에서 만드니까 둥글게 생겼다. 지금은 '승냥간'에 가서 쇠로 용접해서 제대로 만들지만 옛날에는 나무 해다가 말랑말랑한 것으로 불로 구워서 휘어가지고 자루 매달아 썼다. 나일론이 등장하기 전인지라 '마다리'라고 누런 푸대로 그물을 많이 만들어 썼다. 중간에 나일론이 나와서 '하얗게' 만든 적도 있었다.

태안반도 의항

김관수네 돌살의 경우, 물고기 푸는 '사둘'은 '수문뽕당'에서 고기를 떠는 규격에 알맞은 규격이 있다. 너무 커도 안 좋고 너무 작아도 안 좋다. '엉근사둘'이 있고 '벤사둘'이 있다. '엉근그물'은 굵은 고기만을 상대로 해서 떠는 그물이고 그물코가 드물다는 말이다. '벤그물'이라는 것은 까나리가 새지 않을 정도로 촘촘한 그물로 두 가지를 이용했다. '벤그물'은 까나리를 비롯해서 멸치를 주로 많이 잡고 '엉근그물'은 개숭어니 조기니 민어 같은 것을 많이 잡는다.

안면도 두여

'삼발이 사둘'이 쓰였는데, '쪽'으로 되었다고 해서 '쪽받이'라고도 한다. 크기는 대략 1.5~1.8m 정도다. 손잡이가 달린 '쪽받이'를 들고 독살 안에 물이 고여 있으니까 그냥 뜬다. 독살에서 물이 빠지는 데를 '우물

통'이라고 한다. 나무로 발을 엮는데, 대나무는 속이 비어서 약하니까 보통 밤나무 얇은 걸 엮어서 꼬았다. 큰 돌로 양쪽을 세워놓고 앞 턱에 발을 촘촘하게 치고 그 위에는 돌로 눌러놓는다. 그러면 그 앞에는 물이 일정량 고여 있다. 그러면 거기서 '쪽받이'로 뜬다. '쪽받이'는 좀 작은 것을 말하고, '사둘'은 좀 큰 것을 말한다.

남해 문항

임통에 고기가 모여들면 '쪽지'로 건졌다. '쪽지' 작업은 불과 5분여면 끝이 난다. 몇 번 건지고 나면 대개 고기가 건져진다. 고기가 많이 들면 10여 분 정도 소요되었다. '쪽지'는 개인이 만들어 썼다. '쪽지'는 대형과 소

노동과 제의

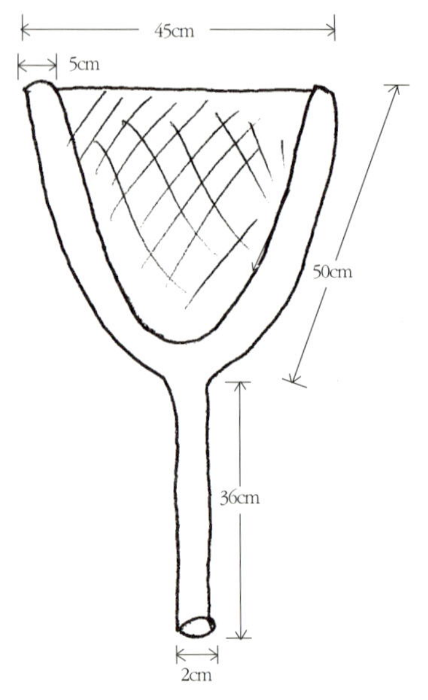

| 남해 문항의 쪽지

형이 각각 1개다. 제보자는 대형은 창고에 보관하고 있으며, 작은 것만 벽에 걸어놓았다. 가죽나무로 Y자형으로 손잡이를 만들고 윗부분을 철사로 가로질러서 그물을 매달았다. 면그물로 만들어 쓰다가 나일론이 등장하면서 바뀐 것이다. 면그물은 60여 년 전, 즉 일제 말기에야 등장했다. 지금은 시장에 나가 촘촘한 그물을 만드는데 고기가 워낙 없다보니 작은 치어 수준까지도 잡아올리게끔 좁은 그물을 쓰는 것이다. 물론 박옹이 소유한 큰 '쪽지'는 큰 고기를 잡는 것으로 그물코가 넓으나 실제로 쓸모가 없어 창고에 보관해두었다. '쪽지'를 만들었음은 '수공업시대'의 마지막 잔흔으로 여겨진다.

변산반도 개목

조석현상으로 인해 하루에 두 번 물이 썰면, 고기 잡으러 나간다. 그러나 내유來遊하는 어류의 양이 줄기 시작하면서부터는 거의 하루에 한 번, 즉 오전 중에만 고기를 보러갔다. 물이 썰고 나면 고기를 '쪽받이'로 건져내기만 하면 된다. '쪽받이'는 개인이 만들어 썼는데, 과거에 사용하던 '쪽받이'가 남아 있지 않지만, 그림과 같은 형태였다고 한다. '쪽받이' 작업은 보통 '1개조'로 했는데, 고기의 양이 많으면 '2개조'로 떴다. 1개조는 '쪽받이'를 하나만 가지고 뜨는 것을 말하고, 2개조는 고기가 아주 많이 들어서 두 개를 가지고 뜨는 것을 말한다. 뜨는 방식은 다음과 같다. 물이 썰면 고기떼는 '쫘—' 하고 회전하면서 수문 쪽으로 이동해 간다. 고기가 적게 들면 고기떼가 몇 m 간격을 두고 수문 쪽으로 이동하지만, 많이 들면 한꺼번에 이동한다. 따라서 독살에 들어온 고기의 양이 적을 때는 수문 앞에서 지키고 있다가 오는 것만 뜨면 되므로 '쪽받이' 하나로도 충분하다. 그러나 밀려오는 고기의 양이 많을 때는 그들의 회전 범위가 넓어지니까 양편으로 나눠서

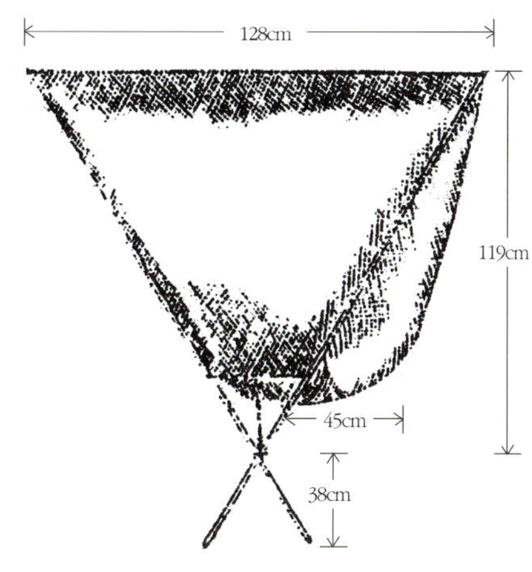

궁항마을의 쪽받이 복원도(이기복, 앞의 논문 참조)

재료: 대나무+마사麻絲 혹은 갈피葛皮

떠야했다. 즉, 양이 적을 때는 고기들이 회전하는 어느 한 지점에 서서, 그리로 들어오는 놈들만 몇 번 뜨면 끝났다. 양이 많을 때는 쉽게 안 끝나니까 두 쪽으로 나눠서 각각의 회전점을 기준으로 고기를 떴다. 이런 작업은 보통 10분 정도면 끝이 나는데, 고기가 많이 들면 20여 분 정도 소요될 때도 있었다.

🟤 서귀포시 보목동

나무를 불로 휘어서 둥그렇게 만든 '사둘'로 고기를 퍼냈다. '사둘'은 큰 것과 작은 것이 있다. 삼각대로 만들어서 밀어가면서 잡는 방식, '둥근 사둘'로 퍼내는 방식 등이 모두 활용된다.

원과 관련하여 '목맥이그물'이 있다. "지금은 잘 안 하지만, 가끔씩 고기가 들었으면 하기도 하죠. 나일론실로 그물(약 50m)을 짜가지고 성창 입구에다 깔아놓고, 숭어나 고기들이 오는지를 봐가지고 있으면 잡는데 원이랑 거의 같은 이치지요. 성창이 원과 같은 돌성 구실을 하지요"란다. 물밑이 훤히 들여다보일 정도로 물이 깨끗했다. 그러기에 가능한 어법일 것이다. 물이 들어온 다음에, 거기에 고기가 모여들면 '목맥이'를 친다. 치고 나서 물이 나가면, 물이 워낙 깨끗해서 물밑이 다 보인다. 물이 싸가면 그물에 걸리는데, 그러면 '쪽바지'로 뜬다. 원 안이 돌밭이기 때문에 숭어가 들어오면 '쪽바지'로 잡는다. '쪽바지'는 집에서 직접 만들었다(사진 이승희 씨 소유). '쪽바지'의 '장대'(쪽바지대)가 아주 긴 것이 특징이다. 그물(혹은 '망사'라 부름)은 나일론 그물인데, 깊이가 73cm, 상하의 폭이 72cm, 좌우의 폭이 65cm, 그물을 에워싸고 있는 '어음'은 재질이 철사이고 약 0.5cm 두께이다. 장대는 재질이 대나무(너비: 약 3cm)이고 길이가 4.75m이다(사진 15 · 16).

원에서 쓰는 도구는 '쪽바지'와 '멜참대'가 있다. '쪽바지'는 원에 가서 멜 같은 것을 뜰 때 사용한다. 어차피 큰 놈들은 안 들어오니까 이것으로도 다 뜰 수 있었다. '멜참대'는 '쪽받이'로 멜이 들어오도록 그물을 벌리고 있으면 멜이 빨리 들어오라고 참대로 밀어줘야 한다. '쪽받이'는 2년마다 한 번씩 직접 만든다. 대가 부러지기도 하므로 비 안 맞게 잘 관리해야 한다. 보통 대로는 스기(杉)나무를 이용하는데 가벼울 뿐만 아니라 물에 들어가도 잘 썩지 않는다는 장점 때문이다. 나무색은 흰색 계통이지만, "이런 하얀색으로는 그냥 물에 담그면 멸치도 들어오다가 알아채고

쪽바지(제주시 삼양동, 2002년 2월 4일 찍음)

(위) 사진 15
(아래) 사진 16

쪽받이와 멜참대(제주도 연대마을,
2002년 2월 5일 찍음)

(위) 사진 17
(아래) 사진 18

다 도망간다 말이지"라고 인식한다. 멸치도 밝은 색은 다 알아채고 도망
간다고 한다. 제보자 박승규 씨는 그래서 멸치에게 정신적 충격을 덜 주
기 위해 '쪽받이'의 대를 비롯한 그물까지도 모두 검은 계열의 색으로 페
인트칠을 해둔 상태이며, 그물도 흰색은 안 되고 불그레한 망을 이용하
고 나무는 검은색으로 직접 페인트칠했다. '쪽받이' 하나 만드는 데 빠르
면 하루 걸리고 보통은 2~3일 정도 걸린다. 집집마다 대개 하나씩은 있
다. 박승규 씨 소유의 '쪽받이' 중 대大자가 마을에서 가장 큰 것이다. 보
통은 그 절반 크기도 있고 더 작은 것도 있다. 제보자는 상·중·하 세 가
지를 모두 소유하고 있어 작은 것은 주로 물이 빠졌을 때에 큰 것이 안 들
어가니까 작은 것을 넣어서 조금씩 조금씩 떠낸다. 그물도 성기면 작은
멸치들이 다 빠져나가버리고 하나도 안 남으니까 언제든 조밀하게 짠 것
으로 해서 큰 것도 되고 작은 것도 잡을 수 있도록 한다. 다만 그물코 간
격이 촘촘한 이유로 물이 빨리 빠지지 않는다는 단점이 있기도 하다. 그
물코가 촘촘하면 반생태적이라는 말을 할 수도 있을 것이나 실제로는 그
렇지 않다. 이곳의 원담들은 주로 자잘한 멜을 잡는 데 이용되기 때문이
다(사진 17·18).

운반도구; 등에 지기, 어깨에 메기

돌살에서의 고기 운반은 등에 지는 '부게'와 어깨에 메는 '둥
우리' 2종류가 주종이다. '바구니'나 '다라이'를 이용하는 경우도 있지만
'부게'가 가장 편리하고 물일에 좋다. 물론 '부게'도 지역에 따라 이름의
차이가 난다. '부게'는 '멜빵'을 달아서 '광주리'처럼 등에 지고 다니는
방식이다. '쪽대' 등으로 밀면서 새우 등을 떠서 '바가지' 따위로 퍼담아
등 뒤의 '부게'로 넣는 작업이 일반적이다. '멜빵'을 만들어 '등짐'을 지

고 부지런히 등뒤로 고기들을 퍼담아낸다. 고기에서 물이 흘러나오므로 '부게'는 반드시 대나무살로 만들어서 물이 빠질 수 있도록 고려했다. 경우에 따라서는 아예 지게에 '부게'를 고정시켜서 지게처럼 지고오는 사례도 있다.

그런데 모든 돌살 작업이 등짐지는 방식으로만 이루어지지는 않으니, '둥우리'가 그것이다. '둥우리'는 사실 돌살에서만 쓰이는 것은 아니다. 멜빵을 달아서 '바구니'처럼 만든 것으로 어깨에 메고 다니는데 대형도 있고, 중형·소형까지 다양한 형태로 만든다. 경상도의 '둥어리'(둥저리), 안면도의 '다람취'·'구럭'처럼 어깨에 메는 운반도구다. 해남 중리에서는 '쪽바지'로 고기를 퍼서 짚으로 가방처럼 엮은 '망태'에 담았다. 같은 해남의 북평면 서홍리에서는 '쪼라기'라고 '대바구리'같이 생긴 것에 퍼 담았으며 지게에 '쪼라기'를 올려서 운반했다. '쪼라기'는 아래의 서천 장포리의 '조라기'와 같은 발음이다.

그런데 제주도에서는 '구럭'같이 아예 밭일부터 갯일까지, 심지어는 '아기 재우는 구덕'에 이르기까지 폭넓게 쓰이기도 한다. 잠녀들도 '구덕'을 쓴다. '구덕'은 '수리대'로 만든다.[19] '수리대'는 제주민의 삶에서 가장 긴요한 재료 중의 하나이니, 육지부의 시누대에 해당된다. 등에 지구 다니는 '구덕'은 '질구덕'이라고 부르며, 지고 다니는 밧줄은 '지는 밧줄'이라는 뜻에서 '질빵'이라 부른다. 제주도에서는 그다지 무겁지 않은 물건도 결코 머리에 이어 나르는 일은 없다. 그래서 둥근 '바구니'보다는 직사각형의 운반도구라야 등에 지고 다니기 편하다.[20]

제주도 운반도구 '구덕'과 비슷한 명칭인 '구럭'이 평안도에서 쓰인다. 속담에 '게도 구럭도 다 잃는다'는 표현에 등장하는 '구럭'이 그것이다. 제주도의 '구덕'에서 평안도의 '구럭',[21] 그리고 충청도 안면도에서도 '구럭'이 등장하고 있다. 같은 운반 계열의 명칭임을 알 수 있다.

| 돌살에서 등에 지는 운반도구와 어깨에 메는 운반도구

돌살 운반도구	지 역	지역 명칭	비 고
등에 지는 운반도구	당진군 가곡리 성구미	부게	
	태안반도 청포대	부게	
	태안반도 의항	부게	
	화성군 독지리	등짐	
	안면도 두여	부게	
어깨에 메는 운반도구	서천 장포리	조라기	당사자가 새로 만든 도구임
	안면도 젓개	다람취 · 구럭	
	변산반도 궁항	둥우리	
	남해 문항	둥저리(둥어리)	
	제주도 전역	구덕(질구덕)	
	평안도 전역	구럭	

● 당진군 가곡리 성구미

'부게'의 지는 끈에는 왼쪽에는 밤에 불을 밝힐 수 있도록 가름으로 피우는 등불이 하나 달려 있고, 오른쪽에는 바가지가 달려 있다.

● 화성군 독지리

1987년에 화성에서 조사한 바에 따르면,[22] 이미 당시에도 서서히 사라지고 있던 도구이다. 화성에서는 '부게'라는 말은 없고 '등짐'이라는 표현을 썼다. 직사각형으로 잘게 쪼갠 대나무로 촘촘히 짜는데 등에 붙는 면보다 앞면이 약간 높게 만들어져 있다. 등판에는 물에 닿지 않게끔 나무판을 댔으며 밑바닥에도 나무판을 대어 흐르는 물을 관리했다. 멜빵을 두 줄로 매달아 등으로 지게 되어 있다.

(위) **사진 19 제주도 구덕**

(아래) **사진 20 구덕짜기**
운반용 키구덕을 짜고 있는 노인(1960년대, 홍정표 찍음)

제주도 구덕의 다양한 쓰임새

(위 오른쪽) 사진 21 신당의 제물을 올리는 구덕
(위 왼쪽) 사진 22 100년 전 구덕과 물허벅(1900년대 물허벅을 진 할머니와
소녀들 모습, 『사진으로 엮는 20세기 제주시』, 제주시, 2000)
(아래) 사진 23 자구네 포구에서 헛무래(어패류 따기)를 준비중인 잠녀들
(한경면 고산리, 1960년대 홍정표 찍음)

사진 23 부게(태안반도 청포대
김종양, 2003년 11월 10일 찍음)

🌑 태안반도 청포대

'부게'는 다른 지역과 달리 바깥쪽 벽이 위로 10cm 정도 높아서 바가지로 고기를 떠서 등뒤의 '부게'에 담을 때 고기가 떨어지지 않게 배려한다. 대개의 '부게'는 대나무로 만들어 멜빵으로 지게끔 만들었다(사진 23).

🌑 태안반도 의항

김관수네 돌살의 경우, 지고 오는 것은 '부게'인데 지게 위에다가 '부게'를 얹어서 온다.

🌑 안면도 젓개

조간대에서의 운반도구로는 '다람쥐'와 '구럭'이 있다. '다람쥐'는 '대바구니'처럼 만들어서 메고 다니는 것을 말한다. '구럭'은 새끼줄로 망같이 엮은 것으로, 여성들의 '빽'같이 만든다.

🌑 안면도 두여

고기를 떠가지고 '부게'에 담았다. '사둘'은 밀고 다니다가, 손잡이로 들고서 '바가지'로 떠서 '부게'에 퍼담았다.

🌑 서천 장포리 할미섬

지게에 짠물이 들어오면 물이 흐르지 않게끔 통나무 가운데를 폭 파서 양쪽으로 흘러내릴 수 있도록 '홈대'를 만들어서 받쳤다. 예전에는 대나

무를 촘촘하게 엮어서 만들었으나
나일론 그물을 안에다 재단하여 넣
고 고기를 뒤집어 틀면 되도록 고안
했다. 다 포함해서 '조라기'라 불렀
다. 끈은 예전에는 짚풀을 엮어서
만들었다. 나무지게는 그냥 지게라
한다.

● 변산반도 궁항

잡은 고기는 '둥우리'로 어깨에 메
고 운반했는데, 엄청나게 고기가 많
이 드는 날이면 짚 가마니에 고기를
담아서 지게로 져다 날랐다. 한편,
고기가 적게 드는 날이면 '쪽받이' 이외에 '남곽'을 이용해서 뜨기도 했
다. '남곽'이란, 박을 파서 만든 바가지의 일종으로서 손잡이는 달지 않았
다. 즉 둥근 박을 골라서 속을 파내고 말리면 그냥 남곽이 된다. '남곽'을
사용하는 경우는 대체로 고기가 적게 든 날이므로, '우끼'에 고기를 담아
서 지게 위에 얹어 집으로 왔다. 그 모습은 '조라기'와 유사하지만 담는
그릇의 형태가 다른데, '둥우리'에서 끈이 없는 '소쿠리'와 비슷하다.

● 남해 문항

잡은 고기는 '둥어리'(둥저리)에 담아서 어깨에 메거나 지게에 지고 온
다. '둥저리'는 대나무로 만든 장방형으로 시장에서 구입해온다. 대나무
바구니이므로 물이 잘 빠지게끔 되어 있다. 바닥에 나무를 덧대어서 바
닥에 놓기 좋게끔 했는데, 오래 쓸 수 있도록 바닥을 덧댄 것이다. 질빵끈

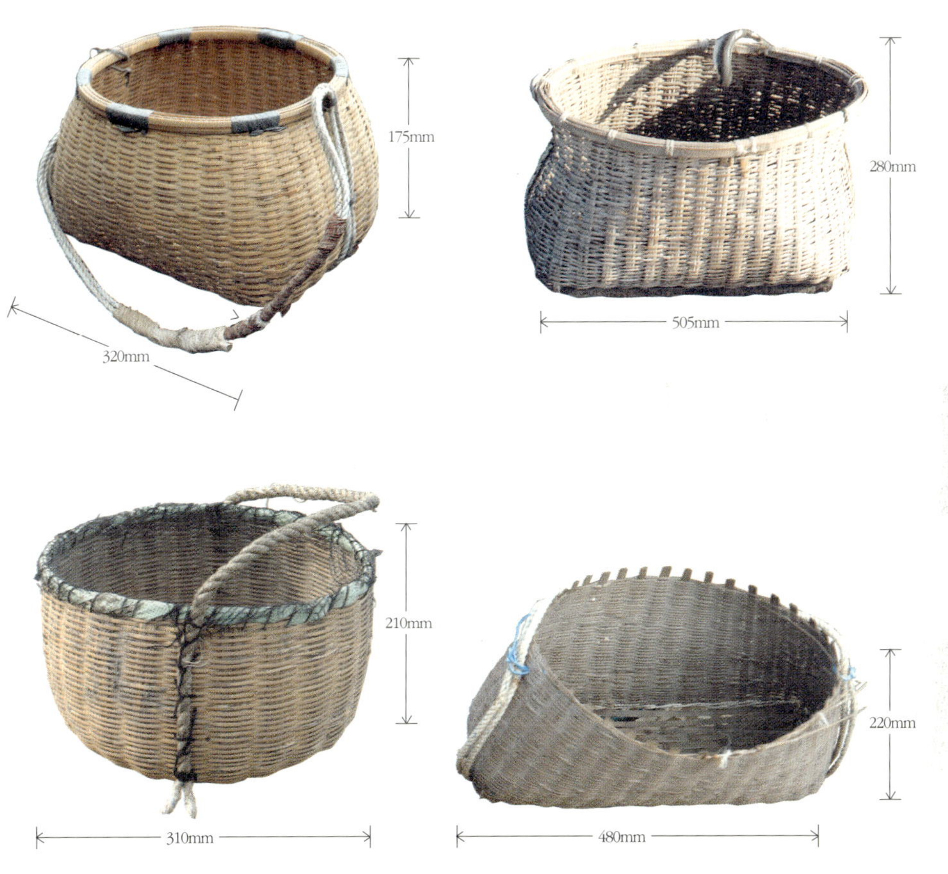

<table>
<tr><td>1</td><td>2</td></tr>
<tr><td>3</td><td>4</td></tr>
</table>

다양한 형태의 담는 도구들

1 신안군 자은도
2 서천 장포리
3 홍성 죽도
4 가로림만 웅도

진 25 고기가 담긴 둥우리(태안반도 굴업 돌살, 1998년 1월 21일 찍음)

을 매달아 들고다니는데 돌발조업뿐 아니라 어업일에 두루 쓰인다. 지금
도 시장에서 판매한다. 제보자 박봉룡 옹은 대소 2개의 '둥저리'를 보유
하고 있다. 작은 '둥저리'는 직경 40cm, 길이 50cm, 높이 45cm다.

돌살고사와 도깨비굿

참봉과 도깨비의 정체

북극권의 넷실릭 사람들에게 돌살터 'Sapulit'는 사냥터와 마
찬가지로 신성공간으로 간주되며 수많은 터부가 지켜져야 한다. 돌살일
을 위해 사람들은 사나빅(sannavik)이라 부르는 특별한 장소로 가야 한
다. 사나빅은 독살터 주변의 일정한 절대적 신성공간이므로 고기잡이 노
동과 신성성의 관계를 웅변해준다. 인디언을 비롯하여 제4세계 사람들은
물고기와 인간의 대화를 강조했다. 고기잡이를 단순하게, 그리고 무차별
적으로 잡아들이기만 하는 현대인의 어법과는 '격'이 다르다. 물고기와
대화를 할 수 있다고 믿는 사람들이 바로 제4세계 사람들이기 때문이다.

오키나와 열도의 아에야마八重山 제도諸島 코하마지마小浜島의 '나가키
魚垣'는 섬 출신으로 왕부王府에 봉공奉公했던 여관女官인 쓰카사파아(つか
さばあ)의 어채용御菜用 어개류魚介類를 채포하기 위하여 구축했다.[23] 종교
와 지배권력의 여러 관계가 엿보인다. 또한 오키나와 열도에는 1개의 촌
에서 수 개의 촌을 담당하는 여성 성직자가 있으니 축녀祝女·무巫 등으
로 불렸다. 나가키를 축조할 때 좋은 취치를 선정해주는 역할도 했으며

나가키에서 잡힌 물고기들을 신에게 받치는 해신제海神祭를 집행했다.[24]

한국의 돌살은 그처럼 본격적으로 신성공간으로 불리는 경우나 해신제를 집행하는 경우는 없다. 그러나 노동과 제의의 결합은 한국에서도 예외가 아니어서 '돌살고사'라는 형식으로 그 자취가 남아 있다. 물론 현재는 돌살 자체가 거의 사라진 조건에서 '돌살고사'도 소멸하고 말았다. 신안군 압해도의 원복룡마을 같은 경우에는 여느 고기를 피하고 가능하면 돌살에서 어획되는 고기를 제사상에 올리는 풍습이 있는데, 이 역시 어떤 신성성의 표징으로 여겨진다. 최소한 우리가 확인할 수 있는 풍습의 잔재들은 다음과 같다.

돌살고사의 신적 대상은 '도깨비', 혹은 '물참봉'이라는 존재이다. 흔히 '물 아래 참봉, 물 위 참봉'이란 존재는 서해안 도처에서 확인된다. 도깨비가 고기를 몰아다주는 풍요의 신으로 등장함은 서해안은 물론이고 제주도에서도 일반적이다. 제주도굿의 영감놀이는 바로 '물도깨비'를 위한 굿놀이다. 도깨비나 물참봉은 정체가 불분명하나 어민들의 속신에서 다양한 형태로 등장하고 있다.[25] 도깨비고사는 지방에 따라 '참봉고사, 덤장고사, 진새고사, 구물코스' 등으로 다양하게 불리는데, 고사를 지내는 지역은 서해안과 남해안 일부지역으로 한정된다. 도깨비고사류의 신앙형태가 나타나는 지역들은 리아스식 해안과 갯벌, 그리고 거기서 파생되는 어업이 발달한 지역이라는 공통점이 있다.

서해안에서는 도깨비참봉, 혹은 물참봉이라고 주로 선착장 주변에 살면서 어민들을 도와주는데 형체가 알려진 바는 없다. 1983년에 덕적도를 답사할 때, 뱃머리에 참봉나무가 서 있었다. 물참봉이 고기 싣고 오는 갯가의 뱃머리에 사는 까닭으로 갯가의 나무를 참봉나무로 정해두고 간단한 고사를 올려준다고 했다. 바다의 큰 신에게는 일 년에 한두 차례 큰 뱃고사를 하는 까닭에 아무 탈이 없지만, '자잘한 신'이자 '신들의 아랫것'

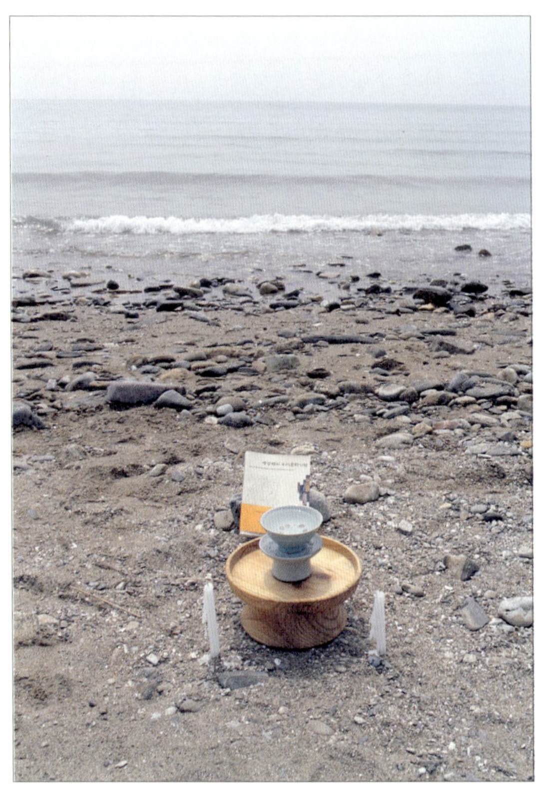

사진 26 1997년 기행문집을 내고, 책에 실린 마도 돌살 앞에서 고사를 지냈다.

인 참봉을 풀어 먹이지 못하면 심술이 나서 이로울 일이 전혀 없다는 믿음에서이다. 대개 밥덩이나 떡 같은 제물 약간을 물가에 뿌려서 참봉을 달래준다. 현재는 거의 사라졌으나 얼마 전까지만 해도 서해안 일대에서 쉽게 마주 대하던 도깨비참봉고사이다. 태안반도 신진도의 경우, 돌살에서 '고사', 혹은 유황님(용왕님) 제사를 올렸으며 물참봉을 달래는 고사였다. 그네들은 물참봉을 '물밑에 사는 도깨비'로 간주하고 있다.

도깨비와 어업의 상관성은 도깨비의 활동공간과 밀접한 관련이 있음을 보여주는 것이지만, 도깨비의 생성공간이 육지보다는 바다 쪽에 그 비중이 있었던 것이 아닐까 하는 생각을 들게 한다. 육지에서 도깨비는

'생산의 풍요'라는 의미보다는 '우연한 획득의 풍요'가 강조되는 반면, 바다에서는 고기를 잡고자 하는 인간행위와 많이 잡기를 원하는 욕망이 일치되는 접점 위에 도깨비가 존재한다는 점에서 뚜렷한 차이를 보이고 있다. 어업적 속성을 반영하는 도깨비는 크게 풍요를 가져다주는 신적 개념이나 산망山望이라 불리는 도깨비불의 형태로 제시된다. 어장풍요의 상징으로서의 도깨비는 아무래도 '도깨비 덕에 고기 잡은 이야기'들이 아닐까 싶다.[26]

그런데 바다에서의 도깨비 및 참봉과 달리 육지, 즉 강가에서도 어살과 도깨비는 깊은 관련을 맺고 있는 사례가 확인된다. 전남 곡성군 입면 '살뿌리 어전', 일명 '도깨비 어전'의 실체가 그것이다. 도깨비들이 홍수가 져도 떠내려가지 않는 돌보洑를 막고 어전을 만들어 동네 사람 부모님 반찬을 얻도록 했다고 한다. 소유자 김씨 가문에서는 아들 딸 혼사 같은 집안 큰일이 있을 때마다 몇 짐씩이나 이 어살에서 물고기가 잡혔다고 한다. 이같이 집안에 큰일을 치를 때마다 물고기가 많이 잡히는 것을 보아 틀림없이 도깨비가 돕는 것이라 하여 이 어살을 '도깨비살'이라 부른다고도 한다. 도깨비가 다리를 축조했다는 설화는 보편적이거니와 이 경우에는 어업의 풍요, 더 나아가 돌보 축조와 수호신 기능까지 겸하고 있음을 말해준다.[27]

풍요와 다산을 비는 제의

조기떼 우는 소리에 밤잠을 못 이루었다는 칠산바다 위도에 가면 띠뱃놀이가 전해진다. 풍어제를 파한 칠산어민들이 짚배를 만들어 제물을 싣고 도깨비 여럿을 선원으로 태워 보낸다. 망망대해로 나간 이들 도깨비 선원들은 어부들의 뱃일도 도와주고 조기떼도 몰아다준다. 학자에 따라서는 도깨비가 아니라 '수부'라고 부르기도 한다. 연평도에서는 돌살의 위치를 정할 때, 불빛이 떨어진 곳, 즉 도깨비불이 떨어진 곳에 정했다는 속신이 전해진다. 바닷가에는 늘 불빛이 횡행했다. 어부들은 이를 도깨비불이라 불렀거니와 그 불빛은 고기를 몰아다주기도 하고, 때로는 안개 속에서 갈피를 못 잡는 배의 항로를 인도하는 등대 역할, 즉 지킴이 역할을 하기도 했다.[28]

풍어를 기원하는 도깨비고사는 경기, 충청, 전라, 경상 등 전역에서 확인된다. 당진의 한진1리의 경우, 참봉고사는 메밀을 뿌리면서 간단하게 지내는데 '물위의 참봉, 물아래 참봉'을 아뢴다. 안면도 황도리에서는 가을에 살을 맨 뒤에 범벅제를 지내며, 남면 몽산리에서는 참봉제를 지낸다. 전북 부안군 줄포리에서는 살을 맨 사람들이 개인적으로 드리는 도채비고사가 있다. "물 아래 김서방, 물 위 박서방, 고기 많이 모아서 우리 살에 넣어주시오"라고 한다. 갯벌이 발달한 전남 무안군 해제면에서는 덤장고사가 행해지며 도채비를 김서방, 김생원이라 부른다.[29]

제주도에서는 아예 영감, 참봉이라 하여 집안을 지켜주거나 물고기를 몰아다준다. 도깨비가 집안의 수호신인 일월日月조상, 어선의 선신, 부신富神, 대장간의 신, 마을의 당신 등으로 등장하며 본향당이나 해신당에 모셔진다. 특히 제주도 도깨비는 멸치와 갈치를 몰아다주는 풍어신이 되고 있다. 어부 수호신으로서는 '선왕신, 뱃선왕, 영감, 도깨비' 등으로 생각하는 경우도 있고, '돈지하르방', 또는 '개하르방'과 같은 막연한 신격으로 호칭되기도 한다. 어부들은 매달 초하루와 보름에 당에 다니며, 당에 갔다와서는 뱃고사를 지내고 해상의 안전을 기원하는데 이 신에게는 반드시 돼지턱뼈를 올린다. 그리고 도채비들이 수수떡과 수수밥을 좋아해서 그것들을 차려놓고 도깨비를 풀어먹인다. '도채비영감놀이'는 그 자체가 제주도의 민속극인 셈이다.[30] 함덕리 등지에서는 멸치를 몰아다주는 '말퉁이영감'이라는 도깨비신을 모시고 있으며, 도깨비신을 모시고 하는 '그물고사' 같은 것도 있어서 제주도의 도깨비신앙은 당굿·풍어제 등의 마을제 이외에도 광범하게 분포되어 있다.

제주도에는 도깨비 본풀이가 있고 도깨비를 모시는 본향당이 있다. 제주도 도깨비가 신의 내력담인 본풀이, 즉 신화로서 존재하는 반면에 육지부는 단편적인 잔존 민간설화로서만 남아 있다. 북제주군 한경면 낙천리 도채비당신화인 '소록낭무돌 午日한집 송씨 하르방 본풀이'는 육지부에 잔존하는 도깨비설화의 선행先行설화, 즉 근원설화로서 오늘날 현존하는 것이란 추론이 가능하다.[31] 한림읍 비양도에는 송씨 영감당이 있고, 제주시 도두동 몰래물(구 사수동) '쇠촐래미 영감참봉또' 등 지금도 확실히 남아 있는 3개의 신당이 있다.

북제주군 애월읍 곽지리에서는 어장 형성시기인 정월과 음력 5월에 '그물접제'를 올린다. 정월에는 미리 정성을 드리는 의미의 제의이고, 5월에는 감사제 같은 성격을 지닌다. 곽지 바닷가의 동쪽과 서쪽에 있는 막(모살접·신접·서접·중접), 즉 각각의 '그물접'에서 '그물접제'를 올린다. 의례는 매우 간단하여 돼지 두 마리와 메를 배에 싣고 바다에 코사(고사)하고 돌아와 그물막에서 접(계)사람들과 나누어 먹는 것으로 끝난다. '그물접제'의 제신이 바로 도채비다.[32]

제주도 도깨비는 변덕도 심하고 골탕도 잘 먹인다. 심지어 병을 일으키기까지 한다. '영감놀이'는 도깨비신이 범접하여 일어난 병을 치료하는 굿이다. 이 굿은 병을 고치는 의례로서 행할 뿐 아니라 어선을 새로 지어 선왕을 모셔 앉힐 경우나 마을신에 대한 당굿으로서도 행해진다. 도깨비의 변덕을 달래주어야 하는 것이다. '영감굿'은 밤에 행해지는데 제주도 심방이 신을 청하면 '영감신'으로 분장한 심방이 등장하여 문제를 극적으로 해결한다. 어두운 밤에 얼굴을 가린 도깨비들이 횃불을 들고서

| **사진 27 도채비영감놀이**(북제주군 송당 테우리고사 전야제, 2004년 8월 27일 찍음)

참으로 재미있는 연극 한 토막을 실연한다. 이처럼 도깨비는 하나의 굿판, 연극판으로 전승되어왔다.

도깨비 혹은 물참봉과 인간의 관계가 의례로 표현된다는 말은 의례에 동참하는 대다수 성원들의 암묵적 합의가 완벽하게 이루어졌음을 뜻한다. 조선 후기 의례에 다수 도깨비가 주인공으로 등장함은 그만큼 집단적 벽사상징으로 도깨비가 영향력을 발휘하게 되었다는 증거가 아닐 수 없다. 의례에 등장한 그들 참봉, 혹은 도깨비들은 벽사적 기능을 잃지 않으면서도 더 서민적이고 자유 분방해진다. 아래의 민속지들은 참봉, 혹은 도깨비들이 어떻게 바다에서 인식되고 있는지를 잘 말해줄 것이다.

화성시 서신면 제부도

제부도에는 '그물고사'가 있었는데 어업을 그만둔 이래로 지내지 않는다고 한다. '그물고사'는 땅에 그물을 묻어두고 지냈다. 해변가에 터주가리를 쭉 늘어놓고서 떡 한 시루, 술 한 동이를 지고 가서 목욕재계한 뒤, 의관을 갖추고 고사를 지냈다. 백지를 접어서 터주가리에 매달고 북어를 질러놓고 입으로 빈다.

> 최○○가 고사를 드립니다.
> 본당 당할아버지 당할머니
> 본동 서낭님[33] 고지도 서낭님[34]
> 오릿골 서낭님[35]
> 물 위 참봉 물 아래 참봉 수지 김첨지
> 많이 운감하시고
> 고기 많이 들게 해주십사.

그 외에 뱃고사를 지낼 때도 도깨비가 '말범벅'을 좋아한다고 갯가에 나가서, 숭어를 구워놓고 술을 부으면서 '고수레' 하고 외치며 숭어 대가리를 집어던져 '많이 운감하시라'고 빈다.[36]

태안반도 의항[37]

"참봉이 뭔지는 모르겠다. 도깨비란 말은 못 들어봤다. 그 전에 참봉이 좋아해서 어떤지는 모르지만 그 전에 고사 지낼 때는 범벅도 많이 했다. 범벅은 수수팥단지를 해서 고사를 많이 지냈다. 독살고사도 범벅으로 지내는 것도 봤다. 도깨비가 고기를 몰아오고 하는 것이니까. 가만히 생각해보면 참봉이 도깨비인 것도 같다. 독살에서 우리 할아버지가 돌아가셨다. 6·25 조금 지나서 혼자 독살 작업을 하시다가 뭐가 자꾸 있는 것 같아서 위를 올려다보니까 육척장군이 떡 하니 내려다보고 있어서 놀라서 돌아가셨다.……참봉이라는 것이 '물 위 참봉 물 아래 참봉'인데, 내가 깊이 생각해 본 적은 없어도 '물 위 참봉 물 아래 참봉' 따지는 것을 보면, 이 가까운 해변에서는 '물 위 참봉이' 관할을 하고, '물 아래 참봉'은 깊은 바다에서 관할을 해가지고, '물 위 참봉'과 '물 아래 참봉'이 합의동심해서 잘 좀 봐달라는 그런 의미를 표현한 것 같다. 옛날에 독살고사에도 그것을 했다."

안면도 밧개

"참봉이라는 것은 이제 도깨비를 홀리는 거 같어. 나도 내용은 모르는데, 참봉이라고 해대니믄서 고기를 많이 잡게 해달라고. 독살이가. 독살에 고기가 많이 들으라 이 얘기지. 다 미신이지. 옛날에는 고기를, 도깨비가 몰아 와서 독살이 많이 좀 갇혀달라는 뜻이여, 그게. 도깨비들이 고기를 몰어서. (조사자: 도깨비들이 왜 고기를 몰고 다닐까요?) 그런께, 물은 원래 도깨비들이 많이 있었어. 물가에는. 옛날이는 여기, 하나의 천지조환데, 여기 안면도가 옛날에는 삼림이 우찌나 많은가, 사람이 낮에 대녀도 컴컴할 정도로 소나무가 많았었다고. 안면도 전체가. 그, 그때는 낮이도 무서워가 못 대녔다고. 흔히 오래된 나무가, 나무가 오래되면 그 인으로 인해서 바람이나 불으믄 날아다닌다고 번쩍번쩍하고 그랬어. 나도 도깨비불 한 번 봤었어.

(조사자: 언제 보셨어요?) 그 전에 어렸을 적에, 황도 바닷가에서 도깨

비들이 여기서 이렇게 서면, 오줌똥 갈기듯이 이리로 쪽 간다고. 불이 다 보여요. 여기서 생겨가꼬 저리로 쪽 따라가요. 그래서 나는 어렸을 때, 열대여섯 살 먹었을 때, 도깨비가 흔히 많이 대니는 데가 있대야. 바닷가 쪽으로다. 물 나가믄은. 물 들어왔다 나가믄은. 내가 언젠가 한번은 내가 문틈으로 한번은 보니까 도깨비들이 바다에서 도깨비불이 이렇게 쫑쫑쫑쫑 가더라고. 물 나갔을 때야. 나 자신이, 지금 생각해도 무서운 것이, 도깨비가 나를 문으로 보는 것 같애가꼬 이불 속으로 막 숨고 그러는 적이 있었어. 도깨비가 여기서 불을 서면은 저짝으로 쫑쫑쫑쫑 막 갔어. 실제 봤어요.

(조사자: 혹시 물고기 아니예요?) 아니요. 그런게 있대요. 도깨비불이. (조사자: 색깔은요?) 이런 불 색깔 같은 이런 색깔. 횃불 쓰면 나는 색깔. 주황색. 줄줄줄줄 막 똥 싼 것처럼. 나이 먹은 사람은 도깨비불 많이 봤지요. 다들 봤지요. (조사자: 도깨비불 보면 좋다고 해요?) 좋다고도 하고. 그게 이제 모어다 준게. 좋은지 뭔지 뭐. (조사자: 도깨비가 물참봉 맞어요?) 물참봉하고는 좀 차이가 있는데, 그게 이상하게 어른들이 도깨비불 보고 나간다 나간다 하더라고. 나도 이상하게 한번 딱 봤어. 도깨비불이라고. (조사자: 물참봉이 도깨비라는 얘기는 들어보셨어요?) 몰라. 그런 소리는 못 듣고, 그 전에 어르신들, 우리 옛날에 할머니들이 도깨비한테 씌어서 밤새 돌아다니고.

(조사자: 바닷가에서 씐 적도 있어요?) 나는 우리 친정 큰어머니 말씀이여. 옛날에는 이렇게 옹댕이, 이렇게 물댕이 이고서 물을 이어다 먹잖었소? 황도 이 섬에. 우리 아버지 고향이 황도예요. 우리는 서울 살다가 6·25 때 황도로 피란왔었어. 이제, 피란오기 전에 우리 큰어머니가 겪었던 얘기야. 새벽에 여자들이 밤중에 물을 날르러 가. 물을 길러 갔다가 도깨비 홀려가지고서 밤새 씌여 대녔대요. 밤새. 그래도 이런 데 다

치지도 않는대. 날 새면 놔준대. 도깨비 홀려서 밤새 쐬여 대닌대요. 옛날에는 그런 게 많았대요.

(조사자: 그런데 왜 없어졌을까요?) 근래와서 이제 전기도 생기고 인제 이렇게 해서 그런지 근래는 그런게 없어. 우들은 생각이, 옛날이는 인가가 드문드문 있고 소나무가 막 울창하고 이, 정신적인 거 뭐 아닌가 몰라. 모깨비한테 홀려서 막 쏘대닌대요. 그 전이는 집이 없고 나무만 울창하고 그래가지고. 또 어른들한테 들은 전설이 도깨비 나오네 뭐하네 하니까 신경적으로. 어느 지점이 난다 이러면 고 근방 가믄은 막 소름이 끼치는 거여. 어떤 때는……."

돌살고사의 의례는 매우 간단한 고사형식으로 전해지고 있다. 간단한 고사형식이라는 것은 '비손'을 말하며, 소소한 개별 어장고사의 형식으로 이루어짐을 말해준다. 태안반도 파도리 돌살의 경우, 개인적으로 밤에 간단하게 떡시루를 받친다. 다른 지역에서도 돌살고사는 밤에 지내게 되는데 신이 현현顯現하는 시간대를 이용하는 것은 다른 제의와 다를 바 없다. 다만 지내는 시점에서 물때가 중요하다.

학암포의 경우, 물이 살아나는 '서무날'이나 물이 죽는 '열무날'에 지냈다. 고사에서 제 지내는 시점은 매우 중요한 의미를 지닌다. 변산반도 궁항의 경우, 독살고사는 매달 하는 것이 아니라 일 년에 한두 번씩 지낸다. 어업이 다시 활기를 띠게 되는 봄이 돌아오면(음력 3월), 독살을 운영하는 사람들이 '고기 잘 들어오라'고 개별적으로 지낸다. 정확한 날짜가 정해진 것은 아니며, 개인의 취향에 따라 '서맛날'이나 '보름 여섯맛날' 밤의 물때를 선택하는데, 보통 '서맛날'(음력 12일과 27일)마다 막걸리·메밀묵·시루떡·찐 생선 등을 준비하여 '도깨비고사'를 지냈다. 돌살에 고기가 많이 들기를 축원하는 것이지만, 돌살 바로 앞에서 지내지는 않고 독살에서 조금 떨어진 바위 위에서 지냈다. 한물 때 안에서도 '서맛날'은 물발이 적당한 시기로서, 이때부터 돌살에 고기가 많이 들기 시작한다. 사리발에는 센 물살을 따라서 고기가 다 나가버리니까, '중간사리'인 '서마'부터 '다섯마' 사이가 좋다고 한다. 이런 어획량과의 관련 속에서 궁항마을의 '돌살고사'는 '서맛날'에 이루어졌다. 한편 고기가 잘 안 들고, 돌이 자주 무너질 때는 돌살에 소금을 뿌리기[38]도 했다.

한편, 어민들이 밤 물때를 선호하는 이유는 '저녁 물때가 좋기 때문'이라고 한다. 그런데 단순한 것처럼 보이는 그 말은 '서마'와 '여섯마' 사이의 물때에는 해가 지고 난 저녁에 물이 밀려들어오므로, 도깨비나 용왕님이 물과 함께 들어온다고 인식하는 민중들의 물때감感을 반영하고 있다. 또한 '작업하기 가장 좋은 물때가 서 마부터 여섯 마까지'라는 말 속에서 한물 때(15일) 안의 호어기好漁期 시작점인 '서마'에 고사를 지내려는 어민들의 복합적인 물때감 양상을 짐작할 수 있다. 또한 돌살에 고기를 물어다 주는 도깨비가 밤에 활동을 한다는 원초적 심성, 더나아가 고기들이 밝을 때보다는 어두울 때 더 활발히 움직인다는 어민들 나름의 민속과학에서도 말미암는다.[39]

돌살에는 범벅을 받치는 것이 중요하다. 도깨비가 범벅을 좋아함은 전국적이다. 돌살고사 위치는 아무래도 고기가 괴는 수문(임통) 쪽이 선호된다. 다만 그 절차에서는 각각의 돌살마다 약간씩 사례를 달리하는 차이가 있으므로 다양한 사례들을 두루 훑어볼 필요가 있다.

🌑 태안반도 의항

'서무날', '열무날'에 고사를 올렸는바, '산짐'과 '꺾음', 즉 '시작날'인 셈이다. 제보자에 따라서는 이에 대해, "독살고사는 고때를 이용한 것은 아니고 주로 인제 일진을 따져가지고 날짜가 무해무득한 날, 그런 날을 생기복덕 봐서 자기가 정한다. 개인마다 날짜가 똑같지 않고 틀렸다"고 다른 증언을 내놓기도 한다. 의항의 경우, 고사는 밤에 지내는데 개인별로 자기 어장에 혼자 조용히 간다. 갈 때는 목욕재계하고, 떡시루하고 해물을 지고 간다. 숭어나 민어 같은 것이 돌살에 들면 "이놈이 좋다고 하면 그놈으로 고사를 지낸다"고 했다. 육고기는 일절 쓰지 않았다. 떡시루는 백설기에 팥을 넣고 찐다. 독살고사 장소는 집집마다 정해져 있었다. 물 나가는 '수문' 근처에서 고사를 지냈다. 물 나가는 데는 큰 돌을 놓아 사람 한둘이 앉을 수 있다. 물 나가는 수문에서 '사둘'을 대고 고기를 잡으니까 중요한 위치이다. 그래서 수문을 택해 고사 지낸다. 옛날에는 초가 없으니까 등불을 켰다. 술은 집에서 만들어서 간 동동주를 택했다. 소지는 하지 않았다. 절은 두 번 했다. 제를 모두 지내고 나면 시루에서 고기나 떡을 떼서 버리면서, '물 아래 참봉, 물 위 참봉님, 잘 봐달라'고 하면서 빈다. 제보자들은 이런 증언도 내놓는다.

독살고사는 주로 그때 딴 집들은 어떻게 했는지 모르겠는데, 나도 저게 두개가 우리 독살인데, 학교 너머가. 이 사람(회장님)들 것하고. 고사를 나도 지냈어. 지냈는디, 범벅. 떡인디, 이렇기 주먹처럼 맨들어진 떡이여. 속은 쌀로 하고 겉은 팥이나 이런 걸로 고물을 입혀서. 그러케가지고 그놈을 동구리다가 싸가지고 가서 고사를 지내는디, 고사를 지내는 장소가 있어. 거기가 '수문뽕당'이라 그려. 고기에 앉어서 고기를 사둘로 떠는 시간이 있거든? 사람이 주로 앉어서 고기를 잡고 또 인제 물이 잘 빠져나가도록 하는 데가 수문뽕당이거든? 고기다가 잘 진열해놓고서는 물 위 참봉 물 아래 참봉 찾아사믄서 고기 좀 많이 좀 들게 해달라고. 나는 절은 안 했어. 그 해야 누가 받아줄 것 같잖애서. 거기서 제를 지내고 할 때는 객귀신들이 얻어먹고 싶어하는 것을 상상을 해가지고 음식을 이렇게 떼가지고 이쪽으로도 좀 던져주고 저쪽으로도 좀 돈져주고 '고수레' 해가면서 던져주고 했지.

🥜 안면도 젓개

물이 들어올 찰나, 즉 '들물'에 지낸다. 그 이유도, '하나의 미신'이라고 볼 수 있는데, 물이 나가면 복이 나간다는 형태이고, 물이 들어오면 복도 들어온다는 형태다. 고사는 저쪽에서 물이 '들물'이 되는 그 시점에 독살 중심부에다 제물을 놓고 지낸다. 제물은 어포, 술, 떡이다. 옛날에는 가난 할 때라 떡은 시루떡이며, 범벅도 하는 집이 있었다. 범벅은 도깨비가 좋 아한다고 바치기도 했다. 범벅은 수수에다 팥고물을 묻혀서 만든다. 범 벅을 땡감 크기만 하게 만들어 팥고물을 묻혀서 뿌린다. '참봉'도 해가면 서 한다. 도깨비를 홀리려고 "물 아래 참봉, 물 위 참봉" 하면서 떡을 던 진다.

🥜 태안반도 막골(천리포)

"고사 지냈죠. 그냥 뭐 시루에다 놓고 술 한 잔 부놓고 지냈죠 뭐. 개 인꺼니까 개인이 하는 거지. 밤에 여럿이 가지. 독살 임자가 가는 거여. 가족들은 안 가. 주인분들이 가서 그냥 가서 지내고 오는 거야. 떡시루, 질그릇에다 담아서 시루째 들고 가지. 팥떡이지 뭐. 팥시루떡. 시루하고 그냥 술 한 잔 부놓고 오는 거지 뭐. (조사자: 다른 데서는 범벅이라고 바치 던데……) 에이, 범벅은 안 해요. (조사자: 물 아래 참봉 물 위 참봉, 그건 뭐예요?) 그땐 다 그렇게 얘길 했으니까 알지 우리가 어떻게 알간? 제사 지낼 때 도와달라고. 잘 되게 해달라고 했을 테지 뭐. 참봉이 뭔지 모르 지 뭐. 우리들이 아나. 긍께 잘 되달라고 그냥 비는 거여. 교휘(교회)로 말하자면 잘 되게 해달라고 비는 식이지 뭐."

◑ 태안반도 방갈리

범벅해서 고사 지냈다. 범벅은 떡이 아니고 고사 지내기 위해 동그랗게 만든 음식이다. 쌀이 아니고 여러 가지 섞어서 팥 넣고 안에다 팥 삶아서 넣고 쪄서 범벅이라고 고사 지냈다. 독살 가서 고사 지낸다. 밤에 독살 임자 본인이 가서 지내는데 여자들은 안 가고 남자만 간다. 술은 올리지 않고 냉수만 올린다. 도깨비 물참봉 그런 것은 없었다. 참봉이라는 말의 뜻도 모른다. 그렇지만, '물 아래 참봉, 물 위의 참봉' 그런 말은 했다. 참봉이 도깨비란 것도 들어본 적이 없다. 참봉이 팥을 좋아해서 고사 때 범벅해서 바친 듯했다. 고사 지내고 나서는 범벅을 던지면서 독살에 고기 많이 들라고 외친다. 독살고사는 '서무날', 아니면 '열무날' 지냈다. 그 이유는 잘 모르겠는데, 서물이면 물이 '산짐한다'고 한다. 물이 '막 죽었다가 살아난다'는 뜻이다. '열물'은 '물이 죽을 때'를 말한다. 사람마다 제 마음에 드는 때를 정하는데 둘 중에 한번을 정한다. 일 년에 한 번만 지내는 것이다. 독살고사를 마지막으로 본 것은 제보자 조원호가 30대쯤이다. 앞이 딱 맥혀 가지고 딱 주저앉는 때도 있었다.

◑ 연평도

고가 많이 잡히는 시기는 음력 3, 4월과 9, 10월로서 고기를 많이 거두는 날을 연평도에서는 '대동'이라고 한다. 그 기간에 돌살 앞에서 고사를 지낸다. 막걸리와 고기를 가지고 임통 앞에서 제를 지내는데 용왕에게 많은 고기가 잡히기를 비손한다.[40]

◑ 서천 장포리 할미섬

'서마날'은 '서마날'부터 물이 갇혀 있던 놈이, 사리 때는 '서매날'은 물발이 너무 세니까. 고사를 일년에 대중없이 지냅니다. 정월 보름과 설달 보름에 주로 그렇게 하고 보통 때는 서매날. 할머니들이 주로 여자 어른들이 가서 빌어줬지요. 본인이 빌기도 하고, 우리는 남잔게. …… 주로 밥·나물·돼지머리·북어·막걸리·'요왕제'·'고사' 절하는 데는 제한 없지요. 소지 대신에 짚을 말아서 태워버렸지요. 고사 지내니까 우리집에 들어오지 마라고 황토를 뿌려놓기도 하고, 물 빠질 때 주로 합니다. 들어올 때 모래백사장에서 하는 사람들도 있지요. 우리 시댁 고모님 '임칠예', 그분이 많이 했어요. 고사는 지금은 단절.…… 지금은 배에 술 한잔 부어놓자고 해도 잘 안 됩니다(조사자: 도깨비가 옛날에는 고기를 다 몰아주기도 했다던데요). 수수떡을 좋아한다고 해서…….

Chapter 6

서해안의 돌살 Ⅰ

경기 · 충청 · 전라, 서해에서 보고하다

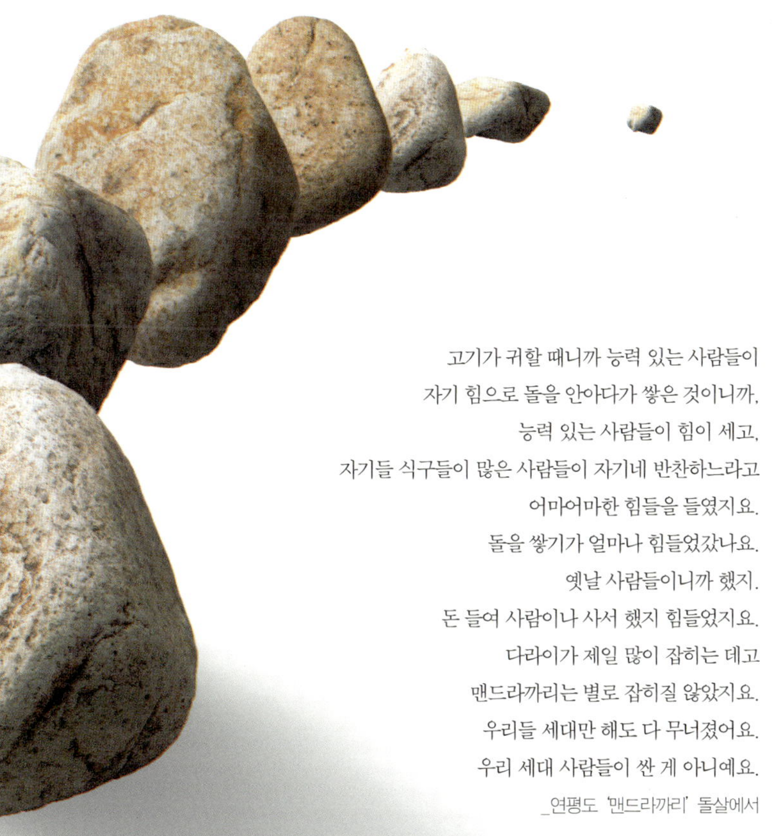

고기가 귀할 때니까 능력 있는 사람들이
자기 힘으로 돌을 안아다가 쌓은 것이니까,
능력 있는 사람들이 힘이 세고,
자기들 식구들이 많은 사람들이 자기네 반찬하느라고
어마어마한 힘들을 들였지요.
돌을 쌓기가 얼마나 힘들었잖나요.
옛날 사람들이니까 했지.
돈 들여 사람이나 사서 했지 힘들었지요.
다라이가 제일 많이 잡히는 데고
맨드라까리는 별로 잡히질 않았지요.
우리들 세대만 해도 다 무너졌어요.
우리 세대 사람들이 싼 게 아니예요.
_연평도 '맨드라까리' 돌살에서

서해안 돌살의 민속지리

서해안에서 돌살이 가장 집중적으로, 그리고 가장 밀도 높게 분포된 곳은 충청 해역이며, 특히 태안반도 일대이다.[1] 태안반도가 자리 잡은 서해 중부해역의 해안선 연장은 총 2,226.2km로 전국 해안선의 약 19.3%를 차지하며, 도서부 연장이 전국의 약 46.0%를 차지한다. 갯벌해안은 인천광역시와 경기도, 그리고 모래해안은 충남이 훨씬 길다. 돌살은 갯벌해안보다는 모래해안에 더 적합하다. 그런데 충남의 모래해안은 서해 중부 모래해안의 92.9%를 차지하고 전국의 18.5%나 된다. 태안반도 해안은 전형적인 사구와 모래장벌로 이루어진 곳이 있는 반면에, 그런 모래장벌도 리아스식으로 돌출을 거듭하여 산뿌리로 단절되는 곳이 많다. 가령, 안면도의 긴 모래장벌도 곳곳에 적절하게 산이 돌출하여 돌살을 설치하기에 용이한 지형을 만들고 있다. 게다가 돌이 풍부하다. 서해안에서 충청 해역은 돌이 가장 많은 곳이다. 이들 유리한 조건을 바탕으로 돌살이 대대적으로 확인되고 있다. 다만 이 책에서는 태안반도의 돌살은 별도의 장으로 설정, 표본조사를 해 한국 최대의 돌살 밀집지대에 관한 종합적인 보고로 다루기로 한다. 따라서 이 장에서는 태안반도를 제외한 서해안 주요 지역의 돌살만을 다룬다.

서해안의 이북지방, 즉 황해도나 평안도의 돌살에 관한 조사는 불가하며, 전근대사회의 자료밖에 없다. 『세종실록지리지』에 의하면, 15세기에 황해도 어량漁梁은 장련 1, 옹진 26, 은율 1, 강령 84, 풍천 7, 해주 4, 장연 2, 연안 2, 도합 127개소였다. 이들 주민들은 '以魚鹽爲先'이라 하여 어업을 전업으로 했다. 강령·해주·풍천 어량에서는 주로 청어를, 장연에서는 청어와 고도어(고등어)를 잡았다. 그리고 해주에서 연안에 이르는 어량에서는 석수어(조기)와 새우가 잡혔다. 황해도지역도 매우 활발한 어살어업지대였다. 『균역청사목均役廳事目』에 어전漁箭, 잡어전雜漁箭, 청어전靑漁箭과 같은 어전류와 온돌溫突, 방렴防廉 등의 어구가 보인다. 일반적 어전과 잡어를 잡던 잡어전, 그리고 수익률이 여타 어전에 비하여 월등히 높던 청어전이 두루 분포했다.

『균역청사목』에는 평안도의 어전도 등장하고 있다. 『한국수산지』에 의하면, 1900년대 초반에 평안도에서 어살이 널리 행해지고 있었다. 평북 철산군 가도假島의 경우, 어업은 어전이 주종이었으며 4개소였다. 모두 지역 어민이 소유하고 있으며 1개소에서 당시 기준으로 약 300원의 어획고를 올리고 있었다. 원도圓島의 경우, 심지어 내지인(일본인)에 의한 어살어업까지 행해질 정도로 어살 어획고가 높았다. 오른쪽 사진에 보이는 어살은 바로 원도에 있던 어살로, 활가지의 길이로 보아 그 규모가 상당히 컸음을 알 수 있다.

대규모 어살이 다량 존재함은 조간대의 돌살 역시 분포되었을 가능성을 던져준다. 그러나 현지조사가 불가능하므로 전모를 알 수는 없다. 한말에 조사된 『한국수산지』의 기록을 통해 편린이나마 그 정황을 알 수 있는 정도다. 이들 자료를 통해 이북지역에도 어살 및 돌살어업이 널리 행해졌음을 알 수 있다.

경기 서해는 산업화로 말미암아 조간대가 가장 먼저 파괴된 해역이다. 김포는 물론이고, 인천·시흥·화성·평택 등이 가장 먼저 간척되어 산

평안도 어전
평안북도 철산군 원도圓島에 있던 어살. 활가지의 길이로 볼 때
규모가 상당히 컸음을 짐작할 수 있다(「한국수산지」, 1908년).

업화·도시화지역으로 포함되었으며, 20세기 전반에 광활한 갯벌이 염
전지대로 일찍이 전환되었다. 그나마 해변이 남아 있던 화성 해역도 돌
살보다는 어살이 더 많이 분포되어 있었다.[2] 한신대박물관의 고고학적
발굴에 의하면 시화지구, 즉 시화호수 아래에서 돌살이 발굴된 적도 있
다. 이는 경기 해역의 원형이 급격하게 파괴되거나 사라진 정황을 상징
적으로 드러내준다. 그러나 경기 서해안은 충남 해안에 비한다면 돌살의
입지로서는 불리하다. 경기도 시흥과 화성, 김포, 강화도 등지를 조사해
본 결과에 따르면 광범위하게 어살이 펼쳐져 있다. 조수간만의 차이가
급격한 갯벌지대에 말뚝을 박고 그물을 두른 어살어업이 널리 행해지고
있었으나 상대적으로 돌살은 적다. 그나마 염전 개발 등으로 해안선의
본디 원형이 파괴되어 실체 파악조차 힘들다.

경기 해역에서 돌살 흔적이 그런 대로 남아 있는 곳은 도서지역으로, 그 중에서는 연평도 돌살이 주목된다. 연평도 근역의 덕적도와 그 바로 앞섬인 소야도 등에 돌살이 있었다. 현재는 고기가 들어오지 않아 방치된 상태이며, 덕적도 북리와 진리, 소야도 큰말과 나룻개 등지에 약간의 돌무더기 흔적이 남아 있다. 1980년대까지만 해도 어획량이 많아 그물을 보러간 다섯 사람이 도저히 다 잡을 수 없어 마을사람들을 동원하여 각자 잡아다 먹게 했다는 전설 같은 이야기가 전해지고 있다. 덕적도에서는 이처럼 고기가 많이 잡히는 것을 '대동났다'고 했다.[3] 이 책에서는 연평도의 돌살과 어살을 집중적으로 다룰 것이다. 연평파시와 더불어 어업사적으로 대단히 중요하기 때문이다.[4] 연평도에 발달한 천연적 '줄등'과 섬, 여, 그리고 안목 어살과 돌살들의 여러 관계는 매우 흥미롭다.

태안반도가 시작되는 당진 해역에도 돌살이 있었으나 한보철강 등의 대대적인 매립공사로 인해 흔적조차 사라졌다. 당진군 송악면에서 석문을 거쳐서 가로림만으로 빠지는 길목은 지도가 바뀐 상태이므로 돌살의 흔적조차 조사 불가능하다.

그러나 당진에서 서산의 가로림만 입구에 이르는 지역은 어살에는 적합해도 돌살에는 덜 적합한 지역이다.[5] 지리학 연구결과를 보아도, 당진 해역은 돌살 설치가 적합하지 않은 자연조건에서 어살이 발달했고 상대적으로 돌살은 제한적이었음을 알 수 있다. 당진군 석문면 삼화리와 초락도리 해안은 지세, 조류가 어살어업에 적합한 곳이다. 싸리나무, 나뭇가지, 억새, 대나무 등을 엮은 발을 결속시킨 다음 양 날개가 맞닿는 중앙부 또는 양 날개 쪽에 임통(들망)을 설치했다. 전통적으로 어살을 이용하여 민어 · 농어 · 숭어 · 준치 · 조기 · 갈치 · 황어 등 다양한 어종을 잡았는데, 돌살을 설치하기에는 우선 돌이 부족했고 지형적으로도 부적절했기 때문이다.[6]

반면에 가로림만을 넘어서 태안반도로 접어들면 사구가 발달하고 모래장벌이 즐비하게 늘어서 있으며 자그마한 만이 발달했다. 대개의 모래장벌은 급격한 산자락에 의해 끊겨진 상태로 만입灣入을 형성하는데 돌살은 그런 곳에 집중적으로 발달해 있다. 바깥 바다의 거친 파도를 직접 받는 곳이기 때문에 고기들도 돌살로 쉽게 들어온다. 반면에 같은 태안반도도 동쪽, 즉 가로림만이나 천수만으로 접어들면 모래사장이 사라지고 갯벌이 발달했으므로 아늑한 만에 어살이 발달했다. 오늘날의 천수만 간척지 AB지구, 즉 서산시 부석면과 안면도 사이, 홍성군 해변에도 어살이 집중적으로 확인될 뿐 돌살은 거의 없다. 천수만의 만입이라 고기들이 알을 낳는 천혜의 어장이지만 아늑한 만큼 돌살에는 적합하지 않다. 대규모 어살에 의존하던 곳이다.

보령 앞바다에서는 외장고도·효자도·원산도 등에 돌살 흔적이 일부 남아 있어 이 책에 보고한다. 먼 도서지역인데도 돌살은 오히려 육지 쪽보다 일찍 사라졌다. 현행 어업으로 존속하고 있는 곳은 태안반도의 굴혈 돌살과 더불어 서천의 돌살일 것이다.[7] 서천 비인만에는 다수의 돌살군이 존재하여 태안반도 다음으로 매우 중요한 밀집지역으로 확인된다. 아늑한 서천 비인만에 또 하나의 최대의 돌살군이 분포되어 있으며 비인만 바로 아래쪽 서천 장포리의 할미섬에는 현행 돌살이 2개 존재한다. 충남 해역에 '살아 있는 돌살'이 2개씩이나 현존함은 매우 특기할 만하다.

전라북도에는 예로부터 변산반도의 개목(궁항) 돌살이 유명했다. 이 지역도 새만금 간척 등으로 엄청난 변화를 겪고 있는 중이다. 개목 돌살 이외에 돌살어업이 성했던 곳으로 부안의 중복성 돌살, 할뀨미 돌살, 죽막동 돌살, 사자바위 돌살 등이 그 이름만 남기고 있다. 변산반도 아래쪽으로는 곰소만에 몇 개의 돌살이 확인되지만 뻘이 발달한 이들 해역은 일찍부터 어살지대였다. 대나무가 흔하여 대발을 이용한 죽살(竹箭)이 분포했던 죽살 북방한계선이기도 하다. 곰소만 일대는 예로부터 어살이 즐비하던 천혜의 어장이었으며 일찍이 지리학계에서 다수의 어살이 보고된 바 있다.[8] 칠산바다의 위도를 조사해보니 살막금 같은 지명이 존재하는데, 실제로 살을 먹였던 유력한 어장이었다. 다만 위도 역시 어살이 번창했고 돌살의 존재는 미미했다.

전라남도는 상대적으로 해변에 돌이 귀한 덕분에 돌살 분포가 충남에 비하면 매우 제한적이다. 대나무가 흔했기 때문에 대나무를 이용한 죽살이 가능했던 이유가 여기에 있다. 일찍이 학계에 보고된 신안군의 원복룡 돌살은 흔적만 남기고 있다.[9] 원복룡은 지반이 단단하고 전라도 서해안 여느 지역과 달리 돌들이 풍부하여 돌살의 자연적 입지조건이 훌륭하다. 외해로부터 깊숙이 들어온 이 지역을 '삼사골'이라 부르는데 갯벌의 발달과 더불어 돌이 많고 파도가 거의 직접적으로 들어오지 않는 해역이다. 원복룡에는 도합 4기의 돌살이 존재했다. 원복룡1구에 전해지는 1기는 김탁 씨의 부친이 개인적으로 운영하며 모치(숭어 새끼)와 숭어 등을 잡았다. 복룡5구의 우간도에는 3기가 있었는바, 전금조家, 박성필의 부친인 박인기, 전소자家, 도합 3기였다. 돌살이 폐장된 이후에는 돌을 다 집어가 간신히 흔적만 남기고 있다. 뻘로 뒤덮여 있으며 흔적이 조금 전해질 뿐이다.

그밖에 함평의 손불면 해은에서 운영되다가 1970년대 초반에 사라진 배동명家 돌살, 무안군 해제면 한아지마을에 1970년대 초반까지 이어지던 닭머리의 돌살 4기 등이 잔흔을 남기고 있다.[10]

신안군 자은도 돌살은 상태가 많이 망가지기는 했으나 1개는 원형에 가까운 모습을 보존하고 있어 이 책에서 보고한다. 자은도 돌살은 앞섬인 할미섬과 장군섬을 중심으로 매우 전형적인 모습으로 축조되었다. 그밖에 신안군에는 장산면 다산마을에 1기, 비진도와 고이도에 다수 있었다.[11]

이상의 실태로 보건대, 한반도에서 돌살이 가장 집중적으로 발달한 곳은 충남 서해 해역이다. 그러나 돌살이 워낙 일찍 소멸했고, 특히 경기도 지역은 염전 조성과 도시화 등으로 매우 일찍 해안선의 변화가 이루어졌던 점을 감안한다면 현 시점에서 더 이상의 총체적 연구는 불가능하다. 게다가 각 지방자치단체에서 해양문화유산에 대한 인식이 미천해 그나마 남아 있던 돌살 흔적도 거의 사라지고 있는 실정이다.

연평열도 대연평도의 돌살

연평도는 20세기 중반까지 조기잡이로 명성을 날렸다. 『세종실록지리지』에서, '토산土産은 조기(石首魚)가 주의 남쪽 연평평延平坪에서 나고, 봄과 여름에 여러 곳의 고깃배가 모두 이곳에 모이어 그물로 잡는데, 관에서 그 세금을 거두어 나라 비용에 쓴다'고 했으니 이미 조선 전기부터 조기떼가 대규모로 잡히고 있었음을 말해준다. 『신증동국여지승람』에도 영광의 파시평波市坪과 더불어 황해도 연평평의 조기잡이가 등장한다. 연평파시는 연평파시평(혹은 파수평), '연평작사'라고도 부른다.[12] 즉 지금은 조기가 사라져서 씨가 말랐지만, 불과 30~40년 전인 1960년대 후반까지만 해도 연평파시가 벌어져 수천 척의 배가 몰려오며 성황을 이루었던 천혜의 어장이었다. 이곳은 칠산파시와 더불어 최대의 조기어장을 형성하면서 수많은 이야깃거리를

건이 연평도를 최고의 어항으로 만들었을 것이다. 이밖에도 명칭은 불분명하나 조그마한 줄등들이 곳곳에 산재한다.

안목 어살은 밀물에는 매우 깊지만 썰물에는 줄등을 통해 걸어갈 수 있는 곳이다. 물이 빠질 때 조류가 소연평 쪽으로 나가기 때문에 조류를 따라서 줄등 쪽으로 오던 물고기들이 줄등 위에 설치된 안목 어살에 걸려들 수밖에 없다. 안목 어살은 '관터'라는 지명으로 보아 국가적으로 관장하던 어장이었음에 틀림없다. 다른 어살이 모두 소멸한 다음에도 지금까지 명맥을 유지하고 있으니 그만큼 '물보기'가 좋은 곳이다. 어살은 당섬과 모니섬 사이에 길이 50여 m의 큰 규모로 설치되어 있다. 말목을 박고 그물을 친 방식인데 수백여 년 동안 어민들을 먹여온 천혜의 장소다.

그런데 1987년에 조사했을 당시에는 새 그물이 걸쳐져 있었으나 2005년 재조사 때는 그물이 철거된 상태였다. 어살의 말목이 건재한 것으로 보아 아직도 사용되는 어살이기는 하나 그만큼 어업이 절단 난 상태임을 알 수 있었다. 안목 어살을 확인해보니 장대 높이 8m 정도, 굵기는 예상보다 가늘어 일반적 소나무 말목 수준을 넘지 못한다. 말목을 줄등의 돌밭에 박고서 나일론 줄을 앞뒤로 튕겨서 지탱했다. 안목 앞의 모니섬은 숲그늘이 좋다. 가파른 절벽으로 형성되어 있어 물고기들이 좋아할 만하다. 군도라이도 우뚝 선 암벽이 큰 그늘을 만든다. 고기들이 몰려들기 좋은 위치다.

지금도 토박이들 12명이 48간 크기의 어살을 경영하고 있으며, 대를 물리면서 세습하고 있다. 관행에 의해 어살을 팔고사기도 하며, 누대에 걸쳐 관행 어업으로 이어온다. 조기가 많이 들었을 때는 '조기 반, 물 반'으로 엄청난 양을 잡아들였으며, 1990년도까지만 해도 많이 잡힐 때는 농어 따위도 한 광주리씩 들었다. 조수간만의 빠르기가 심하고 물살이 가팔라 어살에 유리한 천혜의 지형이다.

다라이 돌살

안목 어살을 돌아나가면 돌살이 나타난다. 연평도에서는 일제히 돌살이라는 명칭이 있을 뿐 '독살' 같은 발음은 없다. 당섬에서 '군도라이여'의 안쪽으로도 줄등이 형성되어 있다. '줄등'은 상당히 커서 물이 빠지면 가운데가 '다라이'처럼 된다.[14] 다라이, 즉 함지박처럼 물이 고였다가 외해로 빠져나가는 곳에 다라이 돌살이 있다. 당섬으로 모여든, 즉 무성한 당섬의 그늘로 모여든 고기들이 물이 빠지면서 소연평 방향으로 나가다가 다라이 돌살에 걸려든다. 돌살의 위치는 안목의 어살이 조류를 받는 것과 같은 방식이다. 다만 안목 어살이 거친 물이 흘러가는 '줄등' 위에 설치되어 나가는 물고기들이 일시에 걸려들게끔 하는 지형적 조건을 십분 활용하고 있다면, 다라이 돌살은 움푹 다라이처럼 물이 고인 곳의 외곽으로 돌살을 설치했다.

　다라이의 지형은 약간 비스듬하게 물이 빠지는 곳에 모래와 약간의 뻘이 섞여 있다. 유의해야 할 점은 '검은여줄등'이 가로막고 있다는 점이다. 검은여줄등이 일종의 방파제 구실을 하여 물이 빠질 때 고기들은 어차피 돌살 쪽으로 향하지 않으면 안 된다. 매우 기가 막힌 위치에 설치되어 있다. 그 대신에 이곳의 돌살은 200여 m에 달하는 돌담뿐 아니라 그물도 써야 한다. 말굽형 돌살을 두르고 난 다음에 가운데 물이 빠지는 곳은 일정 정도 터놓아 물이 빠지게끔 했다. 그곳에 그물로 '불꼬리'를 만들어 고기들이 걸려들게 한다. 고기들이 불꼬리 쪽으로 나가지 않고는 바깥으로 도망칠 수 없도록 지형적 이점을 이용한 것이다. 1990년대 초반의 조사에서도 이 같은 모습이 확인된다.

| 다라이 돌살 주변의 등

| 다라이 돌살

최병희 씨(1919년생)는 과거 석방렴의 일반적 형태에 대하여 설명하기를 그것은 대체로 반월형으로 쌓은 것인데 그 중간 부분에는 돌담 대신에 발을 쳤다고 한다. 즉 중앙 부분을 1발 반 내지 2발 정도 틔워 그곳에 말목을 세우고 발을 쳤다는 것이다. 발은 싸리나무로 엮은 것을 사용했으며, 안강망鮟鱇網어업이 시작된 이후로는 쓰다 버린 안강망의 수해 및 암해로 만든 대발을 사용했다고 한다.[15]

다라이 돌살은 함유하고 있는 물의 면적이 매우 넓을뿐더러 물이 빠지더라도 일정 정도 물이 고여 있으므로 사둘 같은 것으로 간단하게 잡을 수 있는 곳이 아니다. 반드시 반두질을 하여 두 사람이 잡아낸다. 깊을 때는 가슴까지 들어차는 물 속에서 작업을 해야 한다. 그 대신에 고기들은 상당히 크고 좋다.

다라이 돌살은 김귀일家에서 운영해왔다. 가장 늦게까지 이루어지다가 자원 고갈과 더불어 1980년대 초반에 소멸하고 말았다. 연평도의 여타 돌살에 비해 그래도 최후까지 존속되었다는 것은 그만큼 터가 좋은 곳이기 때문이다. 지금도 돌이 흩어진 채 그대로 전해지고 있어 돌살터를 쉽게 확인할 수 있다. 앞의 1990년대 초반의 보고서에서 다음과 같이 서술하고 있다.

다라이 돌살은 들물 찬물이 들어오는 지형이에요. 큰 고기가 많이 당기던 데가 되어서 우럭, 놀래미, 삼치가 많이 들구, 조기 같은 것은 많이 안 잡히고 잡어가 많이 잡혔지요. 아마도 한 70년대까지 하고서 나일롱 생기고서 소득될 게 없으니까 없어졌지요. 고기가 귀할 때 잡아서 나누어주기도 하고 팔기도 하고…….

돌살에서는 봄부터 가을까지 잡았다. '조기의 고향'인데 돌살에는 의외로 조기가 들지 않았다. 항알치(학꽁치), 전어의 별종인 빈지미, 숭어 등이 걸려들었다. 상업적인 것은 아니었고 젓이나 담그고, 밴댕이·전어 등은 말렸다가 쪄먹거나 젓을 담가 김장에 썼다.

지금은 돌살터 밖으로 30여 m 떨어진 곳에 어살을 매었다. 돌살터가 사라진 대신 그 터전에 이를 대신할 그물발을 매어두었다는 점이 주목된다. 어살은 돌살터에서 조금 바깥으로 벗어나 상대적으로 물이 덜 빠지는

| 다라이 돌살 부근에 설치한 어살

곳에 위치한다. 물이 완전히 빠지는 시간에도 가운데 어살의 불꼬리 부분
에는 물이 그대로 고여 있다. V자 형태로 그물을 쳐서 불꼬리로 모이는
고기를 거둔다. 그런데 이 어살도 효능이 없어지자 그보다 더 바깥에 아
예 자망을 쳐두었다가 배를 타고 나가서 썰물의 물을 보곤한다. 아직도
썰물의 물을 본다는 것은 그만큼 이곳의 물이 좋다는 증거다.

맨드라까리 돌살

맨드라까리 돌살터는 가래칠기산뿌리가 바다로 나와 산그늘을 만든 곳에 위치한다. 산뿌리 반대편에는 돌밭이 형성되어 있다. 삼태기처럼 쌓인 상태에서 산그늘과 바위그늘이 형성되어 있고 돌살 복판으로는 산에서 민물이 내려온다. 연평도 등대가 있는 비교적 높은 산정의 계곡에서 내려오는 물이 맨드라까리 돌살로 흐르게끔 되어 있다. 지금은 해안도로가 돌아가는 지역이나 밑으로 흐르는 물줄기가 보인다. 산그늘과 바위그늘, 주위에 산재한 바위들, 그리고 산에서 내려오는 단물을 좋아하는 물고기의 습성, 게다가 앞쪽으로는 검은여를 비롯한 암석지대가 펼쳐져 있고 줄등이 방파제 구실을 하고 있어 고기들이 모여들기 안성맞춤이다. 돌살은 가래칠기산뿌리와 돌밭을 연결해 간단히 설치했다. 그렇지만 너무 일찍 사라져서 돌들만 흩어져 있을 뿐 확인이 어렵다.

그런데 그 돌살터에 어살을 놓았다. 어살이 놓인 곳은 바로 돌살이 있던 바로 그 자리다. 그렇지만 다라이 돌살에 비하면 센 물을 받기가 적당하지 않다. 그래서 고기들이 다라이에 비할 바가 못 되었다. "육지목에 붙어서 별로였다"는 증언이 있다.

고기가 귀할 때니까 능력 있는 사람들이 자기 힘으로 돌을 안아다가 쌓은 것이니까, 능력 있는 사람들이 힘이 세고, 자기들 식구들이 많은 사람들이 자기네 반찬하느라고 어마어마한 힘들을 들였지요. 돌을 쌓기가 얼마나 힘들었갔나요? 옛날 사람들이니까 했지. 돈 들여 사람이나 사서 했지 힘들었지요. 다라이가 제일 많이 잡히는 데고 맨드라까리는 별로 잡히질 않았지요. 우리들 세대만 해도 다 무너졌어요. 우리 세대 사람들이 싼 게 아니예요.

| 맨드라까리 돌살

개인이 쌓았다는 말이고, 한 세대 전인 증언자 조웅의 앞 세대, 즉 최소한 한말 이전에 쌓았다는 의미이다. 유문경(2005년 기준 85세)家에서 운영했던 맨드라까리 돌살은 1950년 무렵에 가장 먼저 소멸했다. 맨드라까리 돌살이 사라지고 난 다음 마을청년회에서 그곳을 체험어장 비슷하게 돌담을 쌓고 운영해볼 생각이라고 한다. 아직 실험되지는 않았으나 먹고살기 힘든 탓에 그네들의 생각은 상업주의적 '관광'으로만 내닫고 있다.

미기 돌살

미기 돌살은 본 마을에서 상당히 멀리 떨어진 곳에 설치되었
다. 산을 넘어가야 하는데 지금도 4륜구동 차량이 아니면 넘어가기 힘들
다. 구룬나루 해수욕장의 산을 넘어가면 미기가 나오는데 개모가지낭과
파상골 등 곳으로 형성된 암석지대다. 물이 강하게 굽이치는 곳의 살짝
꼬부라진 곳부터 '긴작시'라 부르는 비교적 아늑한 곳이 시작된다. 긴작
시는 모래밭이면서 자갈밭이 형성된 작시로 해주나 교동 쪽에서 흘러서
외해로 빠져나가는 물살을 받는 곳이다. 미기에서 보면 휴전선, 즉 이북
땅이 그대로 보인다. 그곳의 산그늘 언저리에 말굽형으로 돌살을 쌓았
다. 전형적인 산그늘 형국에 돌담을 쌓아 고기가 꼬이게 만들었다.

미기 돌살은 여기 사람들이 산 넘어가서, 예전에는 잡아먹는 방식이 없
어서 돌 쌓아서 잡아서, 거기 막아서 반찬하려고 햇답디요. 돈 벌려고
한 게 아니고, 긴작시에 자갈밭이 있는 곳에, 동글동글한 자갈이 있는
곳에, 미기 돌살은 그렇게 크지 않고 조그마했어요. 거기는 주로 우럭,
놀래미, 간재미도 있다가 잡히고……. 파도에 무너지면 보수하고 큰 파
도가 일어나야 하고 웬만해서는 부서지지 않았어요. 옛날 분들 힘도 세
서 돌을 갖다가 아름디리로 쌓았으니…….

반찬거리를 얻는 정도의 작은 돌살이었음이 분명하다. 미기 돌살은 워
낙 오래되어 기억하는 이들이 드물 정도다. 본 마을에서 거리가 떨어져
있기 때문에 아무래도 그곳으로 이동해 고기를 잡기에는 우선 순위에서
밀렸기 때문이다. 소멸 연대도 가장 빨라 이미 1950년대에 다 사라졌다.
지금도 돌밭은 그대로 남아 있다. 군사작전지역으로 민간인들이 들어가
지 못하는 곳이기도 하다.

보령 앞바다의 돌살

원산도는 1개의 유인도와 외죽, 대군관, 소군관, 중도, 율도 같은 5개의 무인도로 구성된다. 간척 농지가 많기에 반농반어가 이루어지며 육지보다도 수입이 높다. 선진포구에서 서쪽으로 가면 염전이 나오고 그 앞쪽으로 넓은 들이 펼쳐져 있어서 자급자족을 하고도 남는다. 선진에서 출장소 쪽으로 난 도로를 통해 고개를 넘으면 점촌이 나온다. 점촌도 포구마을이지만 선진포구보다 작으며, 길게 놓여진 저두로 가는 길목도 모두 천혜의 어업기지였다. 서쪽으로는 진촌과 초전에 이르는 길이 있다. 밑으로는 길게 원산도 해수욕장이 펼쳐진다. 선진의 어업도 험난한 과도기에 처해 있는 것으로 보인다. 1996년 당시, 어선은 안강망 17척(톤수는 5톤에서 8톤 미만짜리), 통발어선 5톤 1척, 소형 화물선 2척(8톤 짜리)을 보유하고 있었다.[16]

원산도 선진마을 독살

'독살'이라 부르며, 수십 년 전까지는 있었는데 중년에 사라지고 말았다. 돌살이 사라지고 난 다음에는 그물살을 많이 먹였다. 고기가 닿는 갯벌에 돌을 쌓아두는데 아무리 물이 들어와도 물이 돌을 넘지 않을 정도로 쌓는다. 다만 고기가 들어오는 길목만 약간 낮게 처리한다. 등 그렇게 돌살을 쌓고나면 물고기가 약간 낮게 쌓은 곳을 통해 돌살 안으로 들어온다. 물이 썰면 고기가 돌살을 빠져나가지 못하고 그 안에 갇히

| **보령 앞바다**(도엽번호: No.333, 국립해양조사원)

게 된다. 예전에는 굉장한 어획량을 보여주었다. 워낙 고기가 많아서 수십 명이 날라도 못 날랐을 정도다. 그러나 원산도에서 돌살이 널리 행해지지 않은 이유는 역으로 고기가 너무 흔했기 때문에 군이 힘들여 돌 쌓기를 할 필요가 없기 때문이다. 돌살을 한 번 하려면 보통 문제가 아니다. 동네에서 공동으로 하던 돌살을 개인에게 넘기게 되자 개인소유가 되었고, 그러다가 차츰 사라져버렸다.

돌살과 달리 어살은 각 동네의 갯벌에서 많이 했다. 살은 주로 말뚝을 세우고 그물을 씌운다. 칡줄기를 엮어서 칡그물을 만들어서 한다. 살은 아무데나 설치하는 것이 아니다. 갯벌에도 물줄기가 있다. 물이 썰 때 물줄기가 흘러가는 갯고랑에 살을 설치하면 물줄기를 따라서 나가던 물고기가 함정으로 유인되어 잡힌다. 갯고랑밖에는 나갈 곳이 없으므로 잡히고 마는 것이다. 선진에서는 선창 있는 곳에서 살을 많이 먹었다.

원산도 구치마을 독살

구치마을은 행정구역상으로 원산2리에 해당한다. 2리는 구치·점촌·개경·저두 등 4개 마을로 구성된다. 2리의 어업전진기지는 동쪽 끝에 자리 잡은 저두다. 성씨 분포는 김해김씨, 밀양박씨 다성 마을이다. 호구 수는 구치 42호, 저두 40호다. 그 전에는 저두의 인구가 적었으나 어업이 활성화되면서 지금은 늘었다. 구치는 농업을 많이 한다. 전업어업은 2명밖에 없으며 여성들의 채취어업이 가내 부업으로 이루어진다. 지역환경에 따라서 저두는 원산도에서도 어업이 가장 활성화된 곳이고, 거꾸로 구치는 농업이 활성화된 곳이다. 저두 어촌계는 계원 가입자만 68명으로 부촌이 되었다. 어업이 수익 산업이 됨에 따라 저두는 부촌

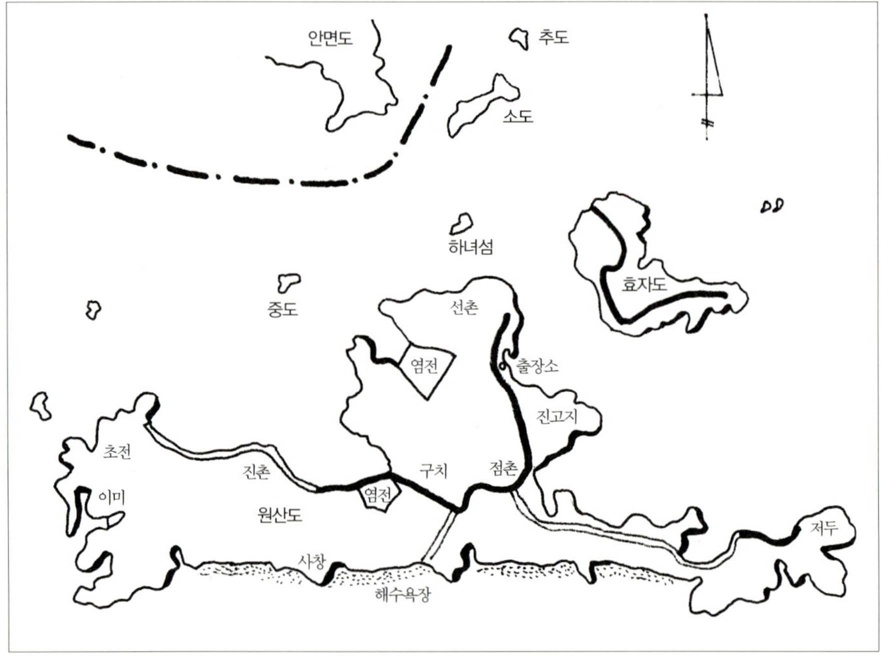

|원산도 마을 배치도

이 되고 구치는 빈촌이 된 셈이다. 같은 섬에서도 생산환경의 변화에 따라 생활상이 달라졌다. 예전에 이토정李土亭이 발전소 있는 고정리에서 돌배 타고서 용섬으로 바둑을 두러 다녔다는 이야기가 전해진다. 그만큼 고정리와 가까우며 어업생태의 영향도 많이 받았음을 알 수 있다.

예전에 노인네들이 '독살'이라고 물 내려오는 곳을 돌멩이로 막아서 잡았다. 물이 돌 틈으로 빠지고 난 다음에 그 안에 들은 고기를 잡는 방식이었다. 개인이 경영했으며 사람을 사서 돌을 쌓았다. 개인이 운영하면서 지게로 돌을 날라다 보수했다. 이곳의 돌살은 약 60여 년 전인 일제시대 말기에 사라졌다. 독살은 있었지만 대나무살은 없었다. 대나무 따위를 엮어 울타리를 만드는 살은 전혀 없었다.

효자도 독살

효자도는 1개 리로 구성되며, 4개 반으로 나뉜다. 자연마을은 배가 닿는 곳인 남촌(작은 마파지), 큰 마파지(가운뎃말, 중리), 웃말, 명덕리 도합 4개 마을이다. 남촌 16호, 중촌 19호, 웃말 12호, 명덕리 13호, 약 58호 정도가 모여 산다. 교회 1개, 초등학교 1개 정도가 공공시설이고 경찰과 전경 1명씩이 파견 나와 있다. 전기는 1978년도에 들어왔다. 초창기에는 개인사업으로 정기 연락선이 5일장에 맞추어 다니다가 수지타산이 맞지 않자 정부지정 명령항로로 다니고 있다. 고령신씨 집안이 많이 살고 있다. 농사는 밭농사 500마지기, 논농사 200마지기로 간석지가 3군데 있다. 물은 지하수가 조금씩 나올 정도이며 농사를 지을 만하다. 보령 관내에서 원산도와 더불어 자급자족이 되는 유일한 섬이다.

원산도와 마주 보고 있으며 천수만 길목에 자리 잡고 있어 천수만으로 들어가는 물고기들이 통과하는 길목이다. 섬 북쪽은 상당히 물살이 빠르며, 남쪽은 길게 돌밭이 형성되어 있다. 돌을 쌓아서 고기를 잡던 전통어법인 돌살이 전승되고 있었으나 지금은 흔적만 남아 있다. 여객선이 닿는 선착장에서 동쪽 해변으로 가다보면 산이 움푹 들어간 곳이 나온다. 일명 '집너머산'이라 부르는 산이다. 앞쪽에 크고 작은 돌들이 둥그렇게 흔적을 남기고 있는 곳이 바로 독살터다.

효자도에서는 독살이라 부른다. 효자도 독살은 상당히 컸으니 활가지가 모두 100여 m에 이른다. 지형을 보면 높은 산기슭으로 움푹 들어간 만의 좌우 양쪽에 바위가 돌출되어 있고 그 바위의 끝선을 따라서 독살이 배치되었다. 물이 들 때는 만에 그득 차고 물이 썰 때는 바위 끝선을 따라서 물이 빠져나가는 지형이다. 고기는 아무데서나 노는 것이 아니다. 큰 산그늘 밑에서 놀게 된다. 높은 산을 기준으로 하면 개울이 있는

효자도 독살
일직선으로 독살 흔적이 남아 있다.

부분으로 고기가 개울을 따라서 올라온다. 다른 데서 놀던 놈들도 모두 물줄기를 따라 올라온다.

돌 울타리 가운데를 '독문'이라 부르는데 약 4m 높이다. 다른 둑은 높이가 6m에 이른다. 약 2m 정도 차이가 나는데 독문 위에는 나뭇가지로 방벽을 쌓는다. 독문 안에는 둠벙이 2개 설치되어 있다. 독문 바로 앞과 그 둠벙 바로 앞에 또 다른 둠벙이 놓인다. 지금도 흔적이 남아 있어 옛 둠벙이 그대로 있다. 물고기는 물이 썰 때 빠져나가다가 1차 둠벙에서 놀게 되며 다른 둠벙으로 옮겨가서 놀다가 갇힌다. 둠벙에 갇힌 물고기는 사둘을 이용하여 퍼낸다.

독살에 잡히는 고기는 종류를 가리지 않는다. 예전에는 멸치·숭어·조기·민어 등 안 잡히는 것이 없었다. 당시만 해도 독살로 잡는 어획량이 상당했다. 그렇지만 '고기금이 없던 시절'이었기 때문에 먹고 싶은 고기만 고르고 나머지는 버리는 방식이었다. 그만큼 연안의 고기가 흔했다는 증거다.

마을의 최씨家에서 단독으로 가족노동으로 운영했다. 독살을 해온 역사는 매우 오래된 것으로 보인다. 독살이 무너지면 다시 손대서 보수해야 했기 때문에 일손이 많이 갔다. 독살의 큰 돌은 벗가마 크기만 했고, 자잘한 놈도 있었다. 독살은 1970년대 후반에 해태밭을 하면서 없앴다. 지금도 독살이 있던 곳에는 폐허가 된 해태밭이 남아 있다. 높게 쌓은 돌이 없어진 이유는 낭장망을 운영하면서 돌살의 돌을 가져다가 그물에 매다는 추로 썼기 때문이다. 그래서 현재는 자잘한 돌만 남아 있다. 지금도 돌살을 먹이던 자리는 뚜렷이 남아 있으며 둠벙도 그대로 남아 있다.

외장고도 독살

외장고라는 명칭은 현재 태안군으로 잡혀 있는 안면도 서쪽에 붙어 있는 자그마한 섬인 안장고에 비하여 밖에 있다는 밖장고라는 뜻에서 비롯되었다. 대천에서 아침 8시에 출발하는 배를 타고서 삽시도를 거쳐 장고도, 고대도, 안면도 영목으로 들어간다. 그 배는 다시 대천으로 회항하며 12시 무렵에 다시 장고도를 거쳐 저녁 무렵에 대천으로 회항한다. 마을은 현재 72호로 구성되며 집촌되어 있어 어업활동의 편리를 도모하고 있다. 해변을 따라 길게 형성된 마을은 서쪽의 아랫마을, 가운데의 가운뎃마을, 동쪽의 뒷말 3개로 구분한다. 내무부 발간의 『도서지』(1973년)는 당시를 기준으로 66호 423명의 인구를 기록하고 있다.

섬 서쪽에는 군부대가 주둔하고 있는 버섯산, 섬 중심부에는 개활지가 형성되어 염전이 있고, 바로 옆에 당산이 있다. 당산은 매년 정초에 당제를 지내는 신성한 곳으로 소나무숲으로 우거져 있다. 당산의 옆쪽에 소나무가 하나 있고 염전 위쪽으로 대동샘이 하나 있었는데 그 물로 지금껏 마을 주민이 살아왔다. 우물 1개로 모든 주민들이 해태를 씻고 식수를 조달하고 목욕물로 썼을 정도로 맑고 힘찬 물이다. 그 위쪽에 관정을 하면서 우물물이 그쳤다고 한다. 지금도 당제를 지낼 때면 '우물물이 솟아라'면서 반드시 그쪽으로 가서 풍장을 쳐준다. 당산에서 동쪽으로 오면 남쪽 바다 쪽에는 큰 당산이 있고, 북쪽에는 당너머가 있다. 동쪽에는 큰 방산과 청달산이 있는데 두 산 사이에는 당제 지낼 때 아기 낳은 여자가 피해 있는 해막解幕이 있었다. 동북쪽에는 테깨고랑이라 부르는 작은 계곡이 있으며, 그 끝에 마을의 공동묘지가 있다. 섬은 전반적으로 동북에서 서남으로 길게 누운 형상이며 북쪽과 남쪽, 중간 토막에 산이 솟아 있다. 중간 부위에 평탄한 평지가 펼쳐져 있어 염전이 형성되어 있다. 마을은 당산에 의지하여 개활지가 펼쳐져 있는 남쪽 바다에 면해 있으며, 마

외장고도 바다밭

여가 많은 것으로 보아 돌이 흔함을 알 수 있다(『도서지 島嶼誌』, 1997).

을 앞은 만처럼 들어간 곳이라 현재는 방파제(331m) 공사로 아늑한 만이 형성되었다. 방파제가 형성되기 전에는 배를 대기가 어려운 곳이기도 했다. 어업은 남쪽보다는 북쪽과 동서쪽에서 이루어지는 편이다.

『한국수산지』(1908년) 당시 섬 호구는 총 40호, 170명이었다. 현재의 72호에 비하면 작았음을 알 수 있다. 선업 2호, 염업 2호, 수막 2호, 운반업 2호 등이었다. 배를 이용한 어업보다는 여타 '주벅' 같은 연근해어업이 주종이었음을 알 수 있다. 수전 30두락, 밭 40두락으로 쌀과 보리를 생산하고 있었다. 당시 섬 교통은 주로 결성군에 속했던 광천시와 보령군에 속했던 대천시로 나다녔다. 매번 14~15명이 광천 사이의 소형 범선 2척을 이용했다. 매월 대형 범선이 2회 운영되고 있었다. 운임은 승객 왕복 10전, 식염 1가마에 2전 5리를 받았다. 당시 장고도에서는 갈치, 조기, 숭어, 농어, 방어 등이 잡혔다. 당시 어업기술은 일본식 연승어선 3척을 보유하고 있어 이미 일제의 어업자본이 침투했음을 알려준다.

외장고도는 안면도 남서쪽에 자리 잡고 있으며 섬 전체가 암초밭이다. 사방이 암초로 둘러싸였으며 이들 암초를 이용하여 독살이 발달했다. 이곳도 '독살', 혹은 '둑살'이란 명칭을 쓰고 있다. 돌이 흔한 곳이기 때문에 독살을 쌓기에 유리한 지형을 갖추고 있다. 주변의 수심은 불과 1~2m를 넘지 못한다.

외장고도의 독살은 돌을 쌓고나서 가운데에 수문을 만들어 성문같이 구축한다. 수문에는 '불꼬리'를 달아서 고기를 잡았다. 지금은 사라진 지 오래되어 노인층에서나 겨우 기억하는 정도다. 돌살은 고기가 흔할 때 하던 어법이라 오늘날에는 그 흔적만이 남아 있을 뿐이다. 장고도의 돌살은 모두 5틀이 있었던 것으로 확인된다.

소실녀 독살; 현재 방파제가 시작되는 서쪽의 여가 있는 곳.
집앞이 독살; 마을이 모여 있는 앞바다인 선착장 동쪽이다.
부녀 독살; 장고도 북동쪽의 앞바다 여가 있는 곳.
명장섬 독살; 장고도 북쪽의 큰 섬인 명장섬과 그 서쪽의 여인 지녀 사이. 그곳에는 독살이 2틀 있었음.

외장고도 독살의 특징은 모두 여가 있는 곳이어서 바위를 쉽게 구할 수 있는 장소들이다. 해변에 암초가 발달하여 돌이 많은 특징을 보여주고 있어 독살에 적합하다. 독살은 지형적으로 약간씩 들어간 곳이고 경사가 가파른 곳이다. 독살의 기본 원리는 물이 들어왔다가 독살 가장자리에서 노닐던 고기가 나갈 때 갈 곳이 없으므로 가운데로 몰리는 방식이다. 그래서 독살은 물 아래는 높이 쌓고, 물 위는 얕게 쌓는다. 물 아래를 기준으로 높이는 약 1.2m 정도다. 독살의 활가지 길이는 대략 50m 정도의 작은 규모다. 고기는 주로 봄·가을에 많이 들고, 여름·겨울에는 적게 든다. 조기·숭어 등이 많이 들었는데 한창때 고기가 흔할라치면 등짐으로 퍼나를 정도로 수확량이 많았다.

각 개인이 운영했다. 물이 나면 스스로 지게에 돌을 져나르면서 틈틈이 돌살을 관리하여 쌓아나가는 방식이었다. 고기가 많이 잡히기는 하지만 만만한 일이 아니었다. 방파제나 선착장 옆의 독살은 공사를 하면서 돌을 헐어다 썼기 때문에 그 당시에 이미 사라졌다. 다만 부녀 독살만큼은 흔적이나마 뚜렷하게 남아 있다. 제보자 편씨 집안에서도 표명순의 부친, 즉 현 어촌계장의 조부가 독살을 운영했다. 해방 전후에도 일정 기간 운영했으나 고기가 줄어들면서 독살 운영이 자연스럽게 폐지되었다.

독살이 5개씩이나 있던 것에 비하면 어살은 늦게야 시작되었는데, 그나마 곧바로 사라졌다. 섬 북쪽 명장섬과 그 서쪽의 바위여인 '지녀' 쪽을 막아서 살을 먹었는데 어느날 어장에 나가보니 큰 뱀이 걸렸다. 큰 뱀이 어장에 걸린 것을 보고 놀라서 그만 그대로 어살을 폐지했다고 한다. 이 마을 당산의 서낭도 짐대서낭인지라 뱀과 상극인 돼지고기를 먹지 않을 정도로 지성을 다하는 처지에 뱀이 어살에 걸리자 모두들 지성을 잘못 드린 탓으로 믿고 폐지하고 말았던 것이다. 전설 같은 이 실화는 외장고도가 독살에는 적합할지라도 대나무 어살에는 부적합한 곳임을 적극적으로 설명하고 있다. 참고로, 어살은 소나무 말목을 꽂는 일로부터 시작된다. 말장을 일정한 간격으로 세우고 나면 그 사이에 대나무를 촘촘하게 세운다. 나중에는 그물을 대나무발 위에 덧씌웠다. 돌살이 50m 규모라면 어살은 매우 커서 300m 규모를 자랑한다. 어살로는 온갖 종류를 다 잡았는데 가오리·농어·숭어 등이 많이 들었다. 돌살처럼 어살도 개인이 운영했다.

보령시는 대천해수욕장을 끼고 있는 등 베가만을 포함하여 광활한 해변을 지니고 있다. 이곳도 독살이라 부른다. 무창포와 독산리에는 섬과 여가 산재한 바위밭인 관계로 일찍이 독살어법이 발달했다. 무창포해수욕장이 있는 곳은 긴 모랫벌과 함께 넓은 범위의 여가 형성되었다. 1~3m의 얕은 바다로 해변이 이루어지고 있으며, 외해는 15m 내외에 이른다. 무창포와 독산리에서 십여 개의 독살이 확인되었으나 본격적인 조사로 더 많은 독살이 발견될 것으로 예상된다.

무창포는 진도의 영등제와 더불어 '모세의 기적', '바다가 갈라지는 축제'로 전국에 소문난 명소다. 무창포의 지형은 모랫벌에서 석대도까지 등으로 이어진다. 지형이 높은 '등'은 물이 썰 때면 가장 빨리 제 모습을 드러내며, 물이 들 때도 가장 늦게 모습을 감춘다. 그래서 바다가 갈라지는 것 같은 인상을 준다. 바다가 갈라지는 길목 입구에 잔돌 무더기가 있고 물이 고여 있는 곳이 있는데, 이것이 과거의 독살터다.

흙섬 독살

무창포 독살은 석대도와 해변 중간에 있는 흙섬이 중요하다. 석대도는 섬 전체가 바위로 둘러싸여 있으며 바위가 해변까지 고스란히 연결되면서 중간에 암초인 흙섬을 형성했다. 섬이랄 것도 없는 자그마한

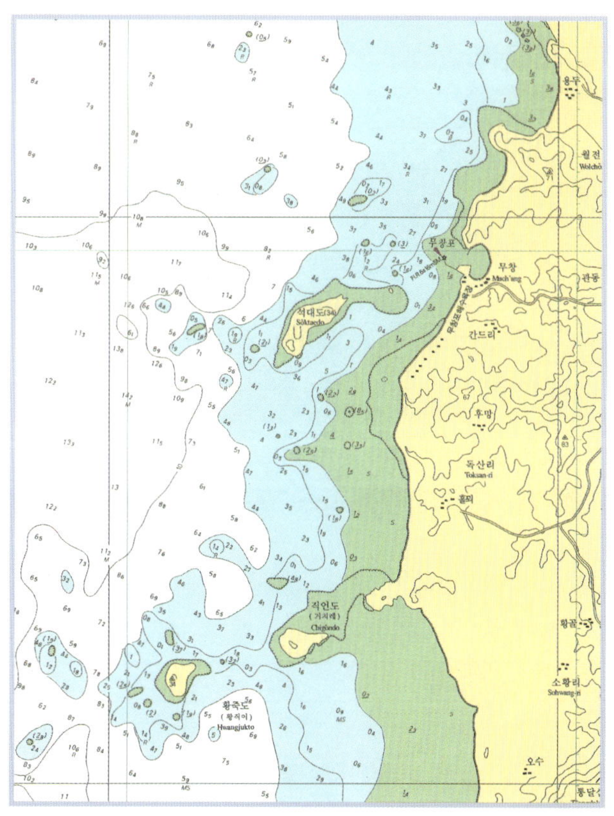

무창포 앞바다(도엽번호: No.333, 국립해양조사원)
석대도 주변의 작은 여들은 돌살터이기도 하다.

여에 불과한 흙섬 정상에는 소나무가 자라고 있어 흙섬이란 명칭이 붙었
다. 흙섬 주위는 무수하게 많은 바위들이 산재하고 있다. 무창포해수욕장
과 석대도 사이에 돌밭이 있는 셈이다. 독살은 ㄱ자 형태로 조성되어 있
다. 흙섬과 독살 사이의 바위밭에는 그물로 만든 자그마한 어살이 세워져
있어 이들 바위밭이 지금도 천혜의 어살터임을 말해준다.

시청에서 업자들을 동원하여 원래의 독살터에 새롭게 독살을 조성했

흙섬 독살

다. 돌살을 문화자원으로 만들기 위해 보존차원에서 새롭게 만들었는데 문제는 시청이 주민들에게 그 일의 권한을 주지 않고 지극히 행정적으로 처리하면서 업자에게만 권한을 주어 기이한 돌살이 만들어졌다.[17] 아마도 관광문화자원으로 돌살을 복원시킨 최초의 사례가 아닌가 한다. 그러나 주민들의 손으로 만든 소박한 독살이 아니라 중장비를 동원한 성벽 쌓기 방식의 독살이 만들어지게 되어 본래의 소박한 형식미는 사라졌다. 무창포는 지금은 유명한 해수욕장으로 알려져 있으나 기실 조그마한 마을에 지나지 않았다. 따라서 독살은 주민들에게 소중한 어법으로 근대까지도 이어져왔다. 그러나 지금은 관광 돌살로만 존재한다.

독대섬 독살

독대도는 남쪽으로 비인의 홍원항에 이르는 광활한 모래사장을 끼고 있으며, 북쪽으로는 무창포 해변에 이른다. 긴 백사장 중턱에 섬들이 모여 있는 셈이므로 풍부한 암초를 제공하여 독살을 만들기에 천혜의 조건을 갖추고 있다. 독대섬 자체가 바위산으로 넓은 암초가 해변에까지 이어지며 물고기가 모여들 수밖에 없는 지형을 만들고 있다(사진 4).

지금 독산리는 수십여 호의 작은 마을에 지나지 않으나 예전에는 무창포보다 큰 포구였다. 황죽도, 거치레(직언도), 독대로 이루어지는 바위산들이 천혜의 어장이었던 탓이다. 특히 황적도 바깥에서는 도미, 농어, 조기 따위의 큰 고기를 산멸치주낙으로 잡았다. 황죽도는 외해로 동떨어져서 형성된 탓으로 물고기가 해변으로 들어오는 길목에 위치했다. 그런 이유로 20여 척의 배가 모여든 제법 큰 포구였으나 한국전쟁 이후 해안경비 등을 이유로 무창포구로 배들을 집결시키면서 쇠락해졌다. 지금도 독대에는 해안초소가 자리 잡고 있다.

독산리의 독살은 4기가 있었다. 독대섬 북쪽의 암초밭에 의지하여 길이 70~80m에 이르는 독살이 지금도 형태가 남아 있다. 일명 섬너머 독살이 그것이다. 독대섬 남쪽에는 3기의 독살이 있었으니 큰 독살, 가운뎃독살, 작은 독살이 그것이다. 해방 직후에서 한국전쟁 이후까지는 성행했으나 수십여 년 전부터 고기가 줄면서 서서히 사라졌다. 지금부터 30여 년 전에 바지락·굴 양식을 하면서 마구 돌을 빼 쓰는 바람에 허물어져 흔적조차 찾기가 어렵다. 각각의 독살은 임자가 있었다.

섬너머 독살; 김능한家
큰 독살; 윤원선家
가운뎃독살; 김동우家
작은 독살; 김종기家

1
2
3

1 독산리 독살 전경
2 독산리 독살의 수구
3 무창포 신축 독살

이들은 모두 고인이 되었다. 당시에 독살은 쌀이나 보리를 주고, 혹은 돈을 주고 사고팔았다. 해방 당시를 기준으로 벼 10가마니 값을 주어야 독살을 샀다. 그렇지만 어떤 일정한 가격이 정해졌던 것은 아니고 쌍방간에 거래를 통해 가격을 정하여 사고팔았다. 독살에서 잡은 물고기는 이웃과 나누어 먹기도 했으나, 워낙 먹을거리가 귀한 시절인지라 인근에 내다 팔기도 했다.

독대의 독살은 야트막한 지형에 세운 것이라 높이를 무한정 높일 수가 없었다. 그래서 얕은 독살 위에 싸리나무 따위로 발을 쳐서 독살 높이를 높였다. 고기는 당연히 삼각형의 끝에 그물이나 발로 임통을 설치하고 고기를 모았다. 이곳에서 봄에는 조기와 갈치, 여름에는 멸치, 가을 찬바람이 불면 전어와 숭어를 잡았다. 숭어는 가을부터 겨울까지 내내 들었다. 새우 등은 별로 높게 치지 않았다. 당시에는 어획량이 풍부하여 몇 짐씩 잡았다. 굳이 바다로 나가지 않아도 될 정도로 많이 잡혔다. 지금은 고기 자체가 귀해져서 고작 자(작은 새우) 정도가 잡힐 정도고, 조개 캐기 정도가 이루어지는 어업단계다. 독대섬에서 할미섬 가는 해변가에 지금도 소나무가 자리 잡고 있는데 본디 옛 당산이었다. 한국전쟁 때까지만 해도 제의를 거행했으나 지금은 당산 소나무만 남아 있는 것이다. 어민들에게는 이곳 바닷가가 제의의 공간이자, 생산의 공간이었다.

참고로, 다음 도면은 독산리 독살이 문화관광적 가치를 인정받으면서 충남도 문화재(도지정민속문화재 15호)로 지정된 다음 2002년도에 복원공사를 하게 된 기초자료이다. 총 185m 중에서 63m를 복원했는바, 1,894만 원의 예산을 들여서 2개월여에 걸쳐서 복원했다. 이런 복원의 취지는 좋은 뜻에서 출발한 것임이 분명하지만 대개의 경우가 그렇듯이 포크레인 등을 이용한 획일적인 돌담 쌓기로 이루어져 돌 틈에 잔돌을 일일이 손으로 메꾸어나가는 전통적 축조방식과는 많은 차이가 난다.[18]

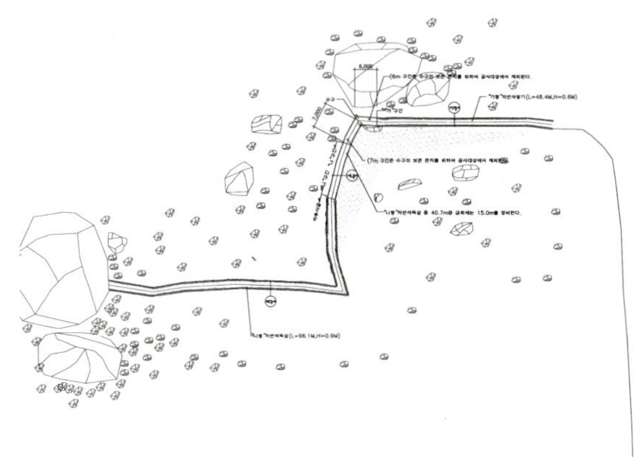

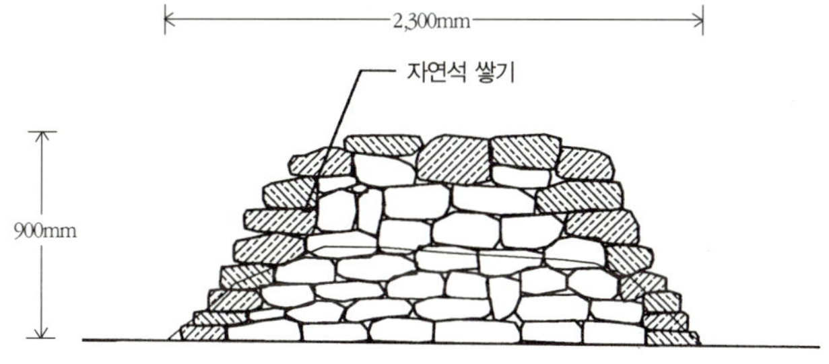

보령 독산리 독살 복원도
(「독산리 독살 보수 정비공사 설계도서」, 2002)

(위) 평면도
(아래) 단면도

할미섬 돌살

할미섬은 무창포와 독대섬 가운데에 자리 잡고 있다. 북쪽으로는 무창포 해변이 있고, 남쪽으로는 독산리 해변이 있는 가운데쯤에 넓은 여가 형성되어 있으며, 할미섬 주위는 수심이 불과 1~2m이다. 긴 모랫벌 가운데는 할미섬 외에도 '마여'라 부르는 우뚝 솟은 암초가 놓여져 있고 그 사이를 바위들이 채우고 있다. 풀 한 포기 나지 않는 여로 황

갈색 바위만 있을 뿐이다.

　방파제 공사를 하고 있는 곳의 남쪽에 독살이 있다. 방파제 때문에 절반쯤 허물어지기는 했으나 원형을 찾아볼 수는 있다. 모래사장 끝에 자리 잡은 전형적인 독살이다. 할미섬 정면에는 ㄱ자형으로 꺾여진 커다란 독살이 자리 잡고 있다. 바위밭에 그대로 설치해 물고기가 여로 달려들다가 잡히도록 설계되었다. 비교적 원형이 잘 보존된 편이다.

　북쪽에는 2개의 독살이 삼각형으로 뉘어져 있다. 모랫벌에 자잘한 돌멩이가 펼쳐져 있는 곳에 낮게 형성되었다. 이곳의 독살도 독산리 사람들이 운영했다. 무창포 자체는 예전에는 작은 마을이었기 때문에 주민이 별로 없었다. 독산리 사람들이 이곳까지 와서 독살어업을 행했다.

서천 비인만의 장포리 돌살

　비인만은 서해로 튀어나온 명승지 동백정에서 비인 해수욕장에 이르는 반원형의 반도를 형성하면서 천혜의 어장을 이룬다. 북상한 조류는 반도를 따라서 회류하게 된다. 동백정 바깥의 외해는 수심 10여 미터를 넘으며 서천화력발전소가 위치한 오력도 위쪽은 수심 22m에 달한다. 서해안 치고는 깊은 곳이다. 반면에 비인만은 깊이 1m를 넘지 못하는 천혜의 잔잔한 어장이다. 이곳에서도 '독살'이란 명칭을 사용한다. 독살은 아랫쪽 비인 해수욕장의 장벌리에

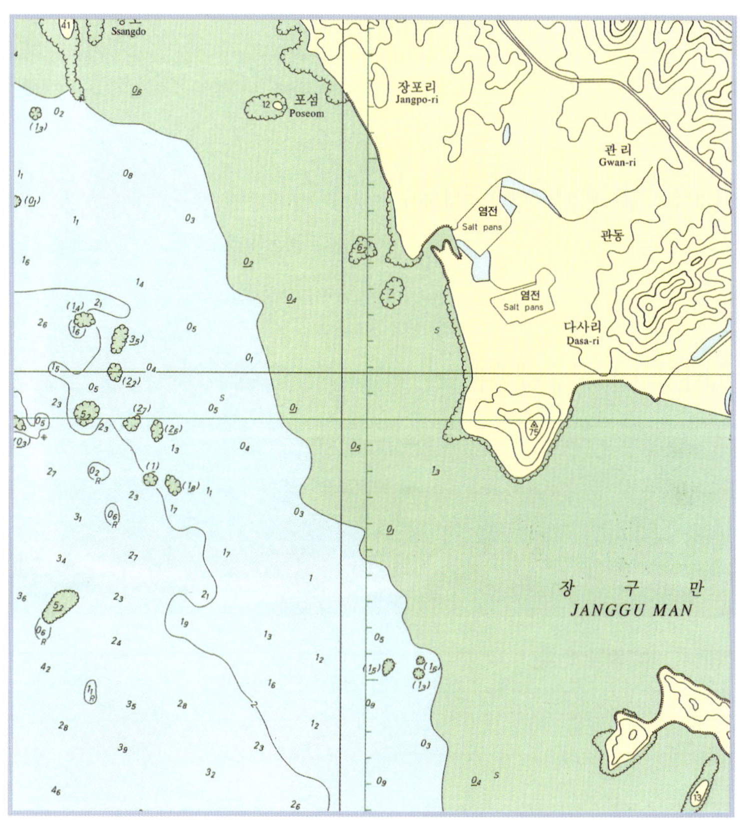

장포리 앞바다(도엽번호: No.349, 국립해양조사원)
해도의 윗부분에 '포섬'으로 명기된 여가 돌살이 분포된 '할미섬'이다.

2기, 도둔리 남촌에 1기, 안도둔에 2기, 마량에 1기 등이 전해진다. 특히 안도둔과 장포리에는 지금껏 독살이 원형 그대로 보존되고 있으며 조선 후기부터 이어지는 유서 깊은 독살이다. 안면도 굴업 독살과 더불어 현재까지 현행어업으로 이어지는 소중한 어업문화유산이다.

장포리 독살은 지금도 고기가 들고 있으며, 고집스럽게 지켜오는 어민에 의해 독살이 무너지지 않고 그대로 전승된다. 장포리는 비인만과 장

| **장포리 어살 풍경**(서천 할미섬 앞)

구만 사이에 위치한다. 홍원항이 있는 비인만의 반달형 돌출부가 북쪽을
아늑하게 막아주기 때문에 장포리 일대는 수심 1m를 넘지 않는 뻘과 모
래밭이 형성되어 있다. 원래는 사질이었는데 뻘이 겉에만 서서히 덮인
것으로 여겨지며 모래밭이 대부분이다. 장포리 위쪽으로는 비인 해수욕
장이 길게 이어진다.

장포리 독살은 해도상 포섬, 마을 주민들의 구전으로 할미섬이라 부르
는 자그마한 여를 중심으로 2기가 형성되어 있다. 이 마을의 중요한 어법
으로 긴 모래사장에 세워둔 장목에 그물을 깔아서 고기가 들 때 들어올
려 잡는 방식이 전해온다. 어획량이 상당하다고 한다. 그러나 가장 오래
된 전통어법은 독살이다.

할미섬은 해발 5m 정도의 암초인데 할미섬을 중심으로 넓게 바위가 흩어져 있어 독살을 설치하기에는 천혜의 여건을 가지고 있다. 수심이 1m를 넘지 않는 천해로서 모랫벌 가운데 유일하게 여가 형성되어 있기 때문에 물고기가 모여들기에 알맞다. 독살은 여를 중심으로 바다 쪽에 1기, 안쪽에 1기가 있다. 대부분의 독살이 사라진 것에 비하면 현행되고 있는 아주 독특한 사례다. 할미섬은 일 년에 한두 번 빼놓고는 결코 잠기는 경우가 없다. 물이 썰면 할미섬까지 가운데로 등이 나게 되며, 물이 들어올 때도 가운데 등이 가장 늦게 잠긴다.

장포리 독살은 원래는 다사리 쪽의 해변으로 내밀은 산봉우리 아래 산그늘에도 1기가 있었으나 지금은 사라졌다. 이로써 근역에 여러 기의 독살이 전승되다가 근래에 사라진 것으로 추측된다. 독살 훼손 원인의 하나가 새마을운동 때 독살의 돌을 이용해 투석식 굴 양식장을 만들었기 때문이다.[19]

임종호家 독살

장포리의 첫 번째 독살은 임종호家에서 운영한다. 할미섬 바깥으로 큰 바위들이 솟구친 곳에서부터 시작하여 비스듬히 독살이 뻗어나가며 바다 가운데서 직각으로 꺾여서 다시 할미섬 쪽으로 들어온다. 할미섬 주위의 크고 작은 돌을 적절히 이용했다. 독살이 시작되고 끝나는 곳인 할미섬 자락은 지대가 높기 때문에 얕게 쌓았으며 차츰 물로 들어갈수록 높게 쌓았다. 평균 높이 1.5m 정도이나 가장 깊은 곳은 3m에 이른다.

쌓는 방식은 테두리를 비교적 큰 돌로 쌓고 돌담 가운데를 작은 돌로 빈틈없이 차곡차곡 채워나가는 방식이다. 외해의 맞파도가 들이쳐서 독

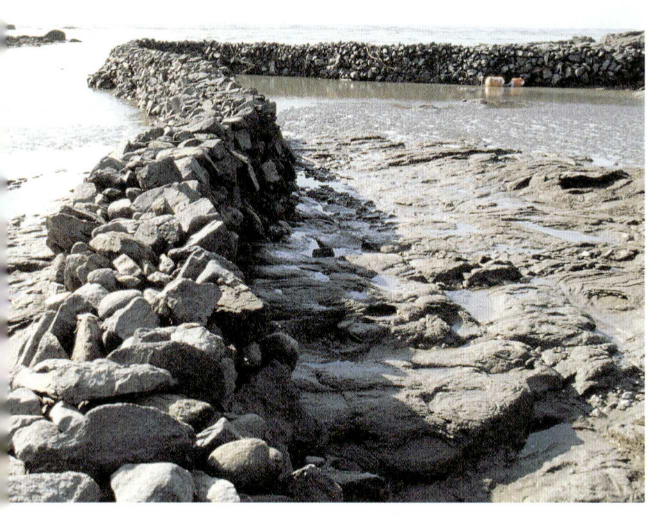

장포리 임종호家 독살

할미섬 바깥으로 큰 바위들이 솟구친 곳에서부터
시작하여 비스듬히 독살이 뻗어나갔다.
(위) 물이 들어찬 모습
(아래) 물이 빠진 모습

살의 외벽을 때리므로 상당히 견고하게 쌓았다. 축조기술상 일직선상으로 하기보다 약간 굽이지게 쌓으므로써 파도를 견디는 역할을 하게끔 돌담이 V자로 바다 쪽으로 돌출해 있다. 물이 빠지면 할미섬 위쪽에 걸쳐진 독살의 초입부터 빠지게끔 되어 있다.

독살의 가장 깊은 곳인 꺾이는 부분에는 임통이 설치되어 물이 빠지면서 그 임통 부분에 물이 고이게 했다. 조금같이 물이 덜 빠질 때는 물이 가득 고여 있게 마련이다. 임통에 고인 고기는 사둘로 건져낸다.

독살은 제보자 임종호의 조부 때부터 시작해서 부친이 이어받고, 제보자가 다시 이어받아서 유지 보수하고 있다. 즉, 3대째 운영하고 있으므로 근 100여 년 된 독살이다. 그 이전에도 있었는지는 확인되지 않고 있다. 이런 경우에 제보자의 집안으로만 본다면 100여 년으로 볼 수 있지만, 그 이전에 누군가 운영하던 독살터일 수도 있으므로 확실히 단언하기는 곤란하다.

옛날에는 누구나 독살에 대한 신경을 쓰지들 않았으니까. 그거는 낮던데. 그리고 크지 않았어요. 할미섬은 바위섬예요. 지금 잡는다면 바지락 돌쟁이죠. 게 종류, 게가 바위서만 사는 것, 돌 속에서만 살지요. 그 바위에는 우럭 새끼가 부화해서 독살이 보일라 그럴까보면, 손가락 크기 정도로 크면 다 나갑니다. 그곳에서 살다가 독살이 날름날름할 때 가보면, 살다가 물이 다 나가면 돌 속으로 들어가버리지요. 돌 틈에서 사는 것, 그게 지금 많이 살고 있지요. 낚시로 잡은 것이라서 굵지요(조사자; 할미섬은 왜? 그 전에 할머니가 어떻게 했다고 하던데……).
독살고사를 할미섬에서 지냈습니다. 서마날은 서마날부터 물이 갇혀 있던 놈이, 사리 때는 '서매날'은 물발이 너무 세니까. 고사를 일 년에 대중없이 지냅니다. 정월 보름과 섣달 보름에 주로 그렇게 하고 보통 때는 서매날. 할머니들이 주로 여자 어른들이 가서 빌어줬지요. 본인이 빌기도 하고, 우리는 남잔게……주로 밥·나물·돼지머리·북어·막걸리·'요왕제'·'고사' 절하는 데는 제한 없지요. 소지 대신에 짚을 말아서 태워버렸지요. 고사 지내니까 우리 집에 들어오지 마라고 황토를 뿌려놓기도 하고, 물 빠질 때 주로 합니다. 들어올 때 모래 백사장에서 하는 사람들도 있지요. 우리 시댁 고모님 '임칠예', 그분이 많이 했어요. 고사는 지금은 단절……지금은 배에 술 한잔 부어놓자고 해도 잘 안 됩니다(조사자; 도깨비가 옛날에는 고기를 다 몰아주기도 했다던데요). 수수떡을 좋아한다고 해서.

(마당에 놓인 쪽대를 조사하면서) 삼각형은 쪽대, '뜰채', '바자', 둥근거는 '뜰채'라고도 하고 '바자'라고도 하고요. 독살 안에서도 넓으니까 포망으로 끌기도 합니다. 큰 놈 잡을 때는 후리그물을 펼쳐놓고 싹 끌기도 합니다. 뜰채로 일일이 하기는 오래 걸리니까. '내상' 안이 둥그렇게 들어간 곳이 그곳에 다 몰리니까. ……조개 잡는 사람, 굴 따는 사람도 있고, 고막·바지락·굴, 할미도에 굴 양식이 허가되어 있지요.

지게는 짠물이 들어오면 물이 흐르지 않게끔 통나무의 가운데를 폭 파서 양쪽으로 흘러내릴 수 있도록 '홈대'를 만들어서 받쳤다. 예전에는 대나무를 촘촘하게 엮어서 만들었으나 제보자는 나일론 그물을 안에다 재단하여 넣고 고기를 뒤집어 틀면 되도록 고안했다. 다 포함해서 '조라기'라 불렀다. 끈은 예전에는 짚풀을 엮어서 만들었다.

전상복家 독살

장포리의 두 번째 독살은 전상복 집안에서 운영하고 있다. 할미섬 안쪽으로 독살이 직각으로 설치되어 있다. 할미섬은 뭍에서 섬까지 가는 길목이 높은 지형이기 때문에 물은 바깥뿐 아니라 양옆에서 들어온다. 할미섬 가는 길목이 가장 늦게 잠기고 가장 먼저 물이 빠진다. 따라서 전상복네 독살은 길목의 윗쪽, 할미섬의 안쪽에 설치했다.

임종호네 독살이 설치된 곳보다 지대가 낮으므로 얕게 쌓았다. 높이 0.5~1.5m로 시작되는 부분은 얕게, 가운데 꺾이는 부분은 차츰 높아지도록 쌓았다. 임종호家 독살이 큰바위에 의지하여 높은 둑을 쌓는 방식으로 쌓아나갔다면, 전상복家 독살은 야트막한 돌담을 쌓듯이 쌓아나갔다. 바깥쪽은 큰 돌로 쌓고 안쪽은 작은 돌을 채워나가는 방식은 임종호家 돌살과 동일하다.

이들 독살의 가장 중요한 특징은 할미섬이라는 섬을 중심으로 설치되었다는 점이다. 모래밭이 길게 펼쳐진 이곳에서 돌로 이루어진 할미섬은 천혜의 어장이다. 고기들이 돌그늘을 찾아서 들어오다가 잡히는 방식이다. 지형적으로 볼 때 독살 위쪽의 지대가 높으므로 독살을 얕게 시작하고, 반대로 바다 쪽은 지대가 낮으므로 독살을 높게 쌓았다. 따라서 썰물 시에 고기가 갇히게 마련이다.

전상복家 독살도 지금껏 운영되고 있다. 겨울에 큰 파도라도 치게 되면 간조 때는 늘 나가서 보수한다. 돌이 많아서 다행이기는 하나 늘 보수해주지 않으면 바깥 파도에 쓸려서 무너지고 만다. 자그마한 틈이 생기면 그대로 파도에 휩쓸린다. 그래서 독살은 아주 꼼꼼히 챙겨서 돌을 틈새에 집어넣어야 한다. 노인의 오랜 고집이 독살을 살려오고 있는 셈이다.

지금도 여름에는 자하, 망둥이, 숭어, 백조기 따위가 든다. 어획량이 대단하지는 않지만 관행대로 해오던 독살을 포기하지 않고 있다. 매일매일

장포리 전상복家 독살

할미섬 안쪽으로 독살이 직각으로 설치되어 있다.
(위) 물이 들어찬 모습
(아래) 물이 빠진 모습

바다에 나가 담을 보수하는 노력이 들지만 특별히 그물 따위를 사지 않아도 되기 때문에 지금껏 행해지고 있다. 이들 독살은 대물림으로 이어지고 있다는 데 특징이 있다. 철저하게 개인소유로 보존되고 있다. 다만 할미섬 주위는 마을에서 공동으로 관리하는 천혜의 자연 굴밭으로 어촌계 공동구역이다. 공동구역 안에 독자적인 개인의 독살이 관습적으로 이어지고 있는 것이다.

| 서천 비인만 도둔리의 독살군

비인만의 도둔리는 장벌, 남촌, 동리, 중리, 요치, 공암, 공정, 요포, 홍원 도합 아홉 개 마을로 이루어진다. 반도에 자리 잡아 북쪽과 남쪽이 모두 바다에 접해 있다. 본 마을은 남촌이며 북쪽에 홍원항이 외항으로 확장되어 어업전진기지로 자리 잡고 있다. 남촌, 내도둔, 홍원, 요포, 마량 등에 모두 독살이 있었다. 비인만은 활시위처럼 둥그렇게 굽은 만으로서 바깥쪽은 수심 10m를 넘는 외해다. 물살이 빠르게 지나치는 곳으로 반도의 끝인 마량에 유수의 명승지였던 동백정이 자리 잡고 있고, 그곳에 서천 화력발전소가 세워져 있다. 독살은 주로 남쪽의 아늑한 비인만을 중심으로 밀집되어 있다.

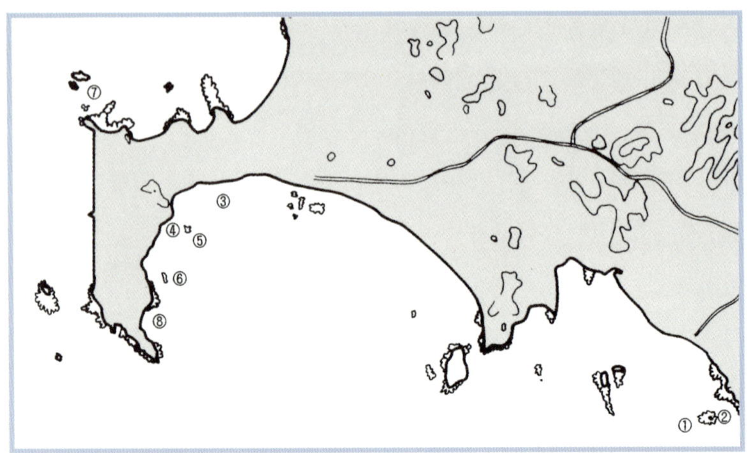

비인항 부근 돌살 분포도

① 장포리 임종호家 돌살
② 장포리 전상복家 돌살
③ 도둔리 남촌 이흥우家 돌살
④ 도둔리 김영환家 돌살
⑤ 도둔리 이두家 돌살
⑥ 도둔리 유태식家 돌살
⑦ 도둔리 이승우家 돌살
⑧ 마량의 이상무家 돌살

남촌 이흥우家 독살

남촌 마을 앞바다 모래톱에서 100여 m 떨어진 갯벌 복판에 작은 여가 하나 솟아 있다. 독살은 그 여를 중심으로 길게 펼쳐져서 조수를 막았다. 남촌에서 바라보면 왼쪽으로는 비인 해수욕장이 펼쳐지고, 오른쪽으로는 마량의 동백정이 보인다. 아늑한 만의 중심에 자리 잡았다. 긴 모래톱을 형성하고 있는데 모래와 자잘한 돌이 섞인 지질에 개흙이 덮였다. 일반 갯벌과 다르게 단단하여 발이 들어가지 않을 정도다.

이들 지형은 밀물 시에도 수심이 1m를 넘지 않을 정도다. 따라서 독살도 높게 쌓지 않았으며 여를 중심으로 1.5m 높이로 얕게 쌓았다. 독살에

드는 물고기도 자잘한 젓갈용 물고기였다. 이홍우(내도둔 거주) 집안에서
운영했다. 이원우는 면담 조사 결과, 나이는 어리지만 소년시절부터 독
살을 따라다니면서 어로활동에 종사했다. 독살은 이후에 같은 마을의 김
원배에게 팔았으며, 그럭저럭 유지되다가 고기가 사라지면서 그나마 없
어져버렸다. 지금은 그 근처에 말목을 박아 김을 양식하고 있다. 원래 남
촌에도 2기가 있었으나 1기만 확인된다.

내도둔 김영환家 독살

내도둔 앞에는 검은여라는 암초가 우뚝 서 있다. 높이는 불과
3m를 넘지 않는 얕은 바위산이지만 너른 암초밭을 형성하고 있다. 내도
둔의 독살은 검은여를 중심으로 가운데 1개, 바깥에 1개, 안쪽으로 1개
도합 3개가 설치되었다. 이들 독살은 기계유씨, 김해김씨, 경주이씨 세 집
안이 운영해왔다. 이들 집안은 내도둔의 다성을 차지하는 성씨들로 각각
의 성씨에서 한 명씩 운영해온 셈이다. 독살 운영은 모두 개인이 책임지
고 단독으로 운영했다. 무너질 때도 본인이 보수했다. 집안 대대로 물려
주다가 필요시 쌀 몇 십 가마를 주고 사고팔았다.

독살에는 자잘한 고기가 들었다. 새우가 가장 많이 들었는데 새우의
종류가 다양한 만큼 작은 새우는 거의 다 들었다. 작은 새우인 '자젓'을
뜻하는 고개미, 자젓 중에서 가장 큰 백화, 중치 새우로 대하보다 작은 중
하, 작은 대하인 숫대하(암대하는 들지 않았음), 그밖에 곤오리(황새개)가 많
이 들었다. 주로 젓갈용 물고기나 그 밖의 자잘한 고기새끼들이 잡혔다.

김씨네 독살은 가장 큰 독살로 검은여에 바짝 붙여서 만들었다. 몹시
단단하고 큰 돌을 써서 돌담을 쌓았다. 장정들이나 들 수 있는 큰 돌로 축
성했기 때문에 웬만한 파도에도 끄떡없을 정도였다. 돌이 상당히 크고

웅장했다. 독살이 폐장되면서 김영환네 돌담은 오히려 배가 드나드는 데 방해가 되고 말았다. 그래서 1970년대 말(제보자의 표현에 따르면 박정희시대 끝)에 돌을 탐낸 사람들이 사갔다. 돌은 모두 팔려나갔고 밑둥의 흔적만 남은 상태다.

내도둔 이두家 독살

일명 이씨네 독살이다. 안도둔의 검은여 바깥쪽으로 길게 세웠다. 김영환네 독살이 큰 돌을 썼다면 이 돌살은 작은 돌을 써서 축성했기 때문에 파도에 휩쓸리곤 했다. 지금도 흔적이 그대로 남아 있다. 이두 집안에서 했기 때문에 이씨네 독살이라고 불렀다.

내도둔 유태식家 독살

내도둔에서 마량 쪽으로 조금 가다보면 갯벌이 흩어진 곳에 작은 여가 흩어진 곳이 눈에 띤다. 동백정과 발전소 가는 방향과 달리 한남대학교 임해수련원 방향으로 비포장길로 접어들면 절벽 아래로 암초가 자잘하게 흩어진 상태에서 길게 100여 m의 독살이 이어진 모습이 보인다.

암초군이 시작하는 곳에 펼쳐져 있고 반대로 건너편에도 암초군이 있어 양쪽의 암초군에서 독살이 시작되는 셈이다. 시작하는 곳은 돌을 얇게 깔아놓았을 뿐, 높이가 불과 20여 cm를 넘지 못한다. 차츰 바윗돌을 높게 쌓아가다가 50여 m 정도부터는 약 1m 높이로 깊어지고, 마지막 단계에서는 1.5m를 넘는다. 돌담은 폭이 1.2~1.5m 정도다. 자잘한 중돌로 빈틈없이 쌓아올려 견고하게 축성되었다. 삼각형으로 100여 m의 독

도둔리 유태식家 독살

야트막한 곳에 돌담의 높이를 조정
하여 직각으로 독살을 축성했다.
(위) 근경
(아래) 원경

살이 모아져서 마침내 원추형의 각을 이룬다.

원추형의 우물처럼 생긴 것은 임통이다. 삼각형의 돌담 안에는 물이 빠지는 줄기가 골로 나 있으며 그 골은 자연스럽게 원추형의 돌담 안으로 이어진다. 돌담은 매우 견고하게 축성되었다. 돌담으로 물고기가 들어가는 길목은 불과 30cm를 넘지 못하며 지대가 낮아 늘 물이 고여 있게 마련이다. 물고기는 물이 빠질 때 골을 따라서 홈으로 진입하며, 일단 진입한 물고기는 좁은 홈을 거슬러 빠져나갈 수가 없다. 그때쯤이면 물은 완전히 독살 바깥으로 빠져나가기 때문이다. 크건 작건 물고기는 고스란히 우물 같은 임통에 사로잡힌다. 사둘을 이용하여 고기를 건지기만 하면 된다.

유태식 · 유갑식 · 유경식 씨의 팔순 모친이 지금껏 지켜오고 있다. 모친은 원래 마령사람인데 시집올 무렵에 시부모가 독살을 사들였다. 시부모가 하던 독살을 이어받아 수십 년을 한결같이 지켜왔다. 남편이 세상을 떠난 다음에도 혼자서 독살을 고집스럽게 보듬어왔다. 그러나 아들들은 모두 서울로 나가 살며, 노인 혼자서 돌살을 지킨다.

고기가 없어진 다음으로는 새우가 한 됫박 정도 들 정도고 망둥이가 들 정도지만 지금껏 이어온다. 일부 무너지기는 했지만 아직도 독살 상태는 양호한 편이다. 특히 임통 부분은 매우 견고하게 쌓아서 돌로 만든 임통 중에서 지금껏 전해지는 전통어법의 현장으로서 그 가치가 매우 높다. 그러나 발전소 건설 뒤로 고기가 없어지고 있기 때문에 겨우 명맥만 유지하고 있는 실정이다.

홍원 이승우家 독살

홍원항은 양쪽의 커다란 산봉우리를 축으로 가운데 동그랗게 자리잡은 어항이다. 가운데 축항을 하여 방파제가 양쪽에서 들어섰고 배들은 그 안에 있다. 방파제를 넘어가면 왼쪽으로 동구섬이 떠 있다. 오른쪽은 '너분여'가 있고 그 밖으로 망망대해가 펼쳐지고, 수심 7m의 '베가만'으로 가는 길목이라 배들은 너분여 방향으로 항로를 잡는다.

반면에 동구섬 쪽은 암초가 많고 산자락도 가파른 바위산 절벽을 이룬다. 수심은 불과 2~3m에 지나지 않으나 바깥쪽이 수심 10m를 넘는 외해이며, 북쪽의 베가만으로 흐르는 물살이 지나치는 길목이다. 조류는 어항 쪽에서 암초가 산재한 곳을 따라 흐른다. 조수간만에 의해 물이 암초 방향으로 오고간다. 독살은 바로 조류 방향을 차단하게끔 동구섬과 홍원의 왼쪽 봉우리에서 흘러나온 바위들을 연결하여 쌓았다. 돌이 흔한 곳이고 암초가 많아 독살을 쌓기에 용이한 곳이다. 동시에 가파른 산봉우리의 산그늘이 있고 아늑한 모래톱이 형성되어 있을뿐더러 섬까지 있어 고기가 몰려드는 길목이다. 독살 바깥쪽은 수심 20여 m를 넘는 깊은 바다를 형성하고 있어 고기들이 홍원의 아늑한 곳으로 들어왔다가 사로잡힌다.

길이 100여 m에 달하는 큰 독살이었으나 지금은 흔적만 남기고 있을 뿐이다. 마을의 이승우 집안에서 개인적으로 운영해오다가 김원규에게 팔았다. 그러나 고기가 잡히지 않으면서 자연스레 그만두게 되었다. 축항을 하면서 돌도 해체되었다. 원래 홍원의 독살은 2기가 있었으나 지금은 1기의 존재만 확인이 될 뿐이다.

마량의 독살

마량은 동백정에 이르는 반도의 끝이다. 지금은 서천화력발전소가 들어서면서 지형이 완전히 변했다. 마량은 비인만과 다르게 넓은 암초밭이 형성되어 있다. 예전에는 여러 기의 독살이 있었으나 지금은 1

| **마량의 독살**(권혁재 찍음, 1970년대)

기만이 확인된다.

마량마을에는 외항으로 방파제가 1개 있고, 그 안쪽으로 2개의 방파제가 도크를 형성한다. 독살은 안쪽 방파제의 옆으로 삼각형을 형성하면서 마을을 향한다. 물이 마을 쪽으로 들어왔다가 바깥으로 나가면 삼각형의 끝에 가서 고기가 잡히는 방식으로 어업이 이루어진다.

양변의 길이가 무려 100여 m나 될 정도로 길다. 지대가 워낙 얕은 지역이라 독살도 매우 낮게 깔았다. 마량에 위치하기는 하지만 내도둔의 이상무네가 운영했다. 마을 위치와 무관하게 예전부터 소유해오던 개인 독살인 탓이다. 독살의 상태가 좋지는 않지만 출어기가 오면 새롭게 보수하여 어업을 시작한다. '반찬거리'나 얻는 정도라고 한다.

지리학자 권혁재가 찍은 1970년대의 마량 독살 사진이 전해진다. 사진으로 보면 길게 일직선으로 가로지른 엄청난 길이의 독살이 있으며, 양쪽 끝은 돌멩이들이 산재한 해역이다. 해협처럼 가로지르는 거친 물발을 받는 곳으로 독살 가운데 삼각형으로 돌출한 부분이 임통으로 짐작된다. 사진으로 보아 대단히 유리한 지역에 위치한 독살임을 짐작할 수 있다.

변산반도 격포의 개목 돌살

변산반도에서도 충청도와 마찬가지로 독살이라 부른다. 격포 인근에는 채석강과 적벽강으로 이어지는 암석 해안이 수려하게 발달해 있다. 이 해안을 따라 남쪽으로 약 5~6km 내려가면 궁항마을(이곳 사람들은 '활가지'라 부른다)이 있다.[20] 마을민들은 궁항이라고 부르지 않고 '활목'이라고 부른다(인근의 모항도 띠목이라 부름). 봉화봉 아래에 위치하며 개섬·소리섬·뚝바위 등에서 돌을 쉽게 얻을 수 있었고, 산줄기로부터 흘러 내려온 적절한 높낮이 차이로 독살을 설치하기에는 적지다. 게다가 봉화봉과 뚝바위, 뚝바위와 개섬을 연결하면 3자의 만형灣形이 되고, 마을 앞을 막고 있는 소리섬·개섬·서당승섬 등의 섬이 강한 파도를 일차적으로 막아주는 포근한 지형이다. 따라서 독살이 덜 무너졌고, 그 주위에 독살이 집중적으로 분포될 수 있었다. 그러나 모든 독살이 똑같은 강도의 파도를 맞는 것은 아니었다. 파도에 대한 개방 정도가 이후 독살 폐지에도 큰 영향을 미치게 되었다.

한편, 이들 독살은 마을에서 도보로 7~8분 거리에 위치하므로 작업동선이 아주 좋은 편이다. 하섬과 적벽강의 암반지대에서도 독살의 흔적이 남아 있지만, 입지 조건이 불리하여 그다지 성행하지 않았다. 강한 파도에 그대로 노출되어 있었기 때문이다. 영너머치 독살은 바로 앞의 소리섬이 파도를 막아주니까, 4개의 독살 가운데서 가장 안전한 위치였다. 한편, 하섬은 사리 무렵에 물이 썰면 고사포 해수욕장까지 육계사주가 나타난다. 현대판 모세의 기적으로 알려진 바다 갈라짐(海割) 현상으로, 여

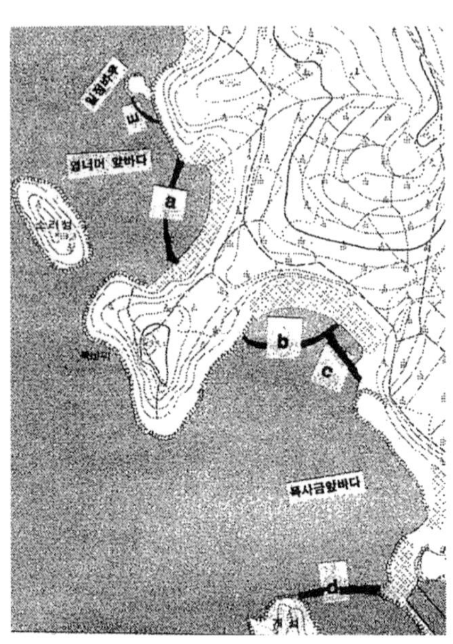

| 궁항 마을의 돌살 위치도

궁항마을 독살의 명칭과 형태

독살의 명칭	단절 전 소유주	축조 위치	형태	상태	크기比	단절 시기
a 영너머치	■→부령 신 씨扶寧 申氏 문중 에서 선산 지기에게 위임.	"높은산"(烽火峰)에서 이어 지는 "영넘산"(弓項峰) 아래 의 뻘밭(펄갯벌). 뚝바위 쪽 으로 있는 자갈밭은 아님.	⌒에 가 까운 일 자형	中	▲(3)	1970년대 후반
b 뚝바우치	신재욱	뚝바우와 당산 사이의 만입 부 왼쪽.	⌒형	中上	▲(2)	1970년대 초반
c 독사금 독살	김동현	뚝바위와 당산 사이의 만입 부의 오른쪽.	일자형	中下	▲(1)	1970년대 후반
d 목아래 독살	신영순의 조부	궁항마을 주 진입로와 개섬 사이.	일자형	中上	▲(4)	1970년대 후반
e 일정바우 독살	정만근 축조	일정바우에서 영너머치 쪽.	⌒형	中	▲(5)	일제 말

출전: 이기복, 「조석·조간대의 인식과 어업민속의 전개」, 고려대석사논문, 2002

름이면 하섬 일대는 수많은 관광객으로 붐빈다. 이로 인해 독살은 대부분 파괴되어 그 형태를 알아보기조차 힘들다.

수심과 조류 방향도 중요하다. 궁항 쪽의 평균 수심은 6~7m이고, 독살이 설치된 곳의 수심은 1m를 넘지 못한다. 조차가 약 5~6m이므로 간조 때는 물이 싹 빠져나가는 조간대의 상부지대에 독살이 위치하게 된다. 그리고 조류는 ↗방향의 위아래로 움직이므로, 어류의 이동이 활발한 길목에 궁항의 독살들이 자리하게 되었다.

궁항 독살은 돌로 둑(제방과 비슷한 모양을 이룸)을 만든 것인데, 두 부분으로 구성된다. 중심인 중앙 임통과 그 좌우 날개로 돌을 쌓아나간 날개 부분이 그것이다. 궁항에서는 임통 대신에 '수문水門'이라고 했으며, 날개는 '갓살'이라고 했다. 독살을 운영할 당시만 해도 수문의 재료로는 이렇다할 것이 없어서 일제시대 때까지는 싸리나무를 엮어서 고기가 빠져나가지 못하도록 발을 쳤는데, 일제 이후에는 대발을 쳤다.

독살 모양은 a독살(영너머치 독살)은 끝이 둥근 일자형이고, b독살(뚝바우치)은 완전히 둥근 반원형, c독살(독사금 독살)은 완전 일자형, d독살(목아래 독살)은 일자형에 아주 가깝지만 갓살의 끝부분이 살짝 굽은 형이다. b와 c독살은 해안이 육지 쪽으로 만입灣入해 있는 곳에 위치하므로, 입구가 좁지만 안으로 갈수록 그 폭이 넓어진다. 따라서 그곳을 가로지르고 b와 c를 붙여서 축조했다.

독살은 전적으로 개인소유였으며, 독살의 위치마다 소유주가 존재했다. 돌을 팔 수 있는지의 여부도 전적으로 개인에게 달려 있었다. 관행어업이지만 소유관계가 분명했고, 이를 관리하는 일에서부터 마지막으로 돌을 처리하는 일에 이르기까지 전적으로 개인의 판단에 따랐다. 그러나 궁항 독살은 목아래 독살 외에 거의 매매된 적이 없었다. 처음에는 관행으로 하다가 지금은 면허권을 어촌계(1999년 조사당시 김종표 어촌계장)에

| 개목의 독살들

서 가지고 있다. 하지만 독살에서의 어업은 1975년을 마지막으로 사실상 끝났다.

양철동 옹의 기억구술에 의하면, 독사금 독살이 목이 좋아 가장 먼저 생겼다. 그 다음은 목아래 독살, 뚝바우치, 영너머치 순으로 조성되었다. 이런 순서는 각 독살의 크기와 들어오는 고기의 양과 일치한다. 한편, 독살 운영의 개시 연도는 서로 다르지만, 어획량 감소로 중단된 시기는 거의 비슷하다. 이외에 영너머치 옆(영너머 앞바다)의 일정바우에도 독살이 하나 더 있었다. 신씨 선산先山을 돌보는 대가로 운영하던 영너머치 외에 정만근이 독살을 하나 더 만든 것이다. 그러나 크기도 아주 작고, 고기도 다른 독살의 1/10밖에 들지 않았던 탓에 일찍 중단되었다.

궁항은 주변에 돌들이 많은 해역이다. 돌담은 아주 큰 돌들이며 자연적으로 끼어넣어 좀처럼 빠지지 않는다. 독살 주인이 "멸치 줄 터이니 쌓아 달라"고 하여 품앗이로 밭일도 해주면서 쌓았다. 김봉수의 경우는 소로 밭갈이를 해주고 그 인건비로 독살을 쌓아달라고 했다. 독살의 크기는 뚝바위치는 300여 m, 영너머는 그보다 작고, 독사금은 300~500여 m, 섬 앞에 독살은 200m 이하이다.

궁항 독살 a. 영너머치 독살

처음 생긴 것은 '이씨장(조선시대)' 때였는데, 독살을 최초로 쌓은 사람과 연도는 정확히 모른다. 현재로서 밝힐 수 있는 가장 오래 전의 운영자는 정만근인데, 그는 일제 초기에 부안신씨네 선산지기로 들어왔다가 일제 말에 다시 나간 외지인이다. 영너머치는 신씨 선산인 '영넘산' 아래에 위치한 것으로서, 언제부턴가 신씨 문중의 소유가 되었다. 전에 하던 사람이 마을을 떠나면서 신씨들이 보수했기 때문이다. 그런데 문중

| 개목의 뚝바우치 독살

에서 외지인에게 선산 관리를 맡기면서, 그 대가로 독살 운영권을 넘겨주
었다. 전만근 후에는 신행순과 김종복이 선산지기로 들어오면서 운영권
을 차례로 넘겨받았다. 따라서 영너머치가 매매된 적은 없었다. 앞선 운
영자의 이출로 인해, 영너머치의 소유주는 모인某人→정만근→신행순→
김종복으로 계승되었음과 그 역사가 100년은 족히 넘었음을 알 수 있다.
1960~70년대 초반에 고기들이 가장 많이 잡혔으며 주로 멸치가 들었다.
영너머치는 건너편에 섬이 있어서 파도를 막아주므로 안정적인 위치이
다. 길이는 200여 m를 넘었다.

궁항 독살 b. 뚝바우치 독살

신상길家에서 운영했던 것이다. 증조부 신재욱이 처음으로
독살을 시작했고, 신민자(祖父)·신명철(父親) 대까지 이어져서 제보자 신

강길(1953년생)이 태어날 때까지 독살을 운영했다. 제보자의 부친 신명철이 생존해 있다면 74세이므로, 부친은 1928년생이다. 조부가 독살을 시작한 시점은 대략 1900년대 초에서 1910년대로 추산한다면, 증조부가 독살을 시작한 시점은 최소 100년을 훨씬 넘긴 1800년대로 보인다. 즉, 늦어도 19세기 초반에 뚝바우치가 시작되었다고 볼 수 있다. 조부가 남에게 사들인 것으로 본다면, 연대를 환산해볼 때 적어도 18세기 후반 무렵에는 독살이 존재했음이 분명하다. 18세기 후반까지 유추함은 어디까지나 뚝바우치의 경영을 중심으로 환산해본 결과일 뿐이며, 훨씬 이전부터 독살이 있었을 가능성을 배제할 수는 없다. 다만 어민의 생활사가 늘 그렇듯, 문헌기록이 전무하다는 점에서 관례적으로 3~4대에 걸친 역사만 추적할 수 있을 뿐이다.

신상길이 초등학생이 될 때는 이미 독살을 운영하지 않았다. 뚝바우치 독살은 신명철 때(1960년대 말)가 '피크'였고, 다른 독살은 뚝바우치 독살이 폐지되고 난 후 몇 년 동안이 절정이었다. 뚝바우 독살이 상대적으로 빨리 폐지된 이유는 다른 독살보다 파도에 많이 노출되어 있었기 때문이다. 돌을 쌓아놓아도 파도에 계속 무너지는 데다가, 다른 쪽에서 고기가 더 잘 잡히면서부터 폐지되었다고 한다. 그러나 어디서 먼저 독살어업이 시작되었는지는 확실치 않다.

궁항 독살 c. 독사금 독살

김종보의 조부인 김동현이 쌓았는데, 제보자 김종보의 부친인 김봉수 대까지만 운영했다. 1970년대 초반부터 보수를 하지 않고 있다. 길이는 300여 m를 훨씬 넘었다.

궁항 독살 d. 목아래 독살

신영순의 조부가 쌓았으며, 신영순이 운영하다가 신문석의 부친인 신이철에게 돈을 받고 팔았다. 신영순이 생존해 있다면 약 90세이므로, 2대의 추산 연령인 40세를 더하면 약 130세가 된다. 따라서 목아래 독살도 100년이 넘는 역사를 갖는다. 이 역시 1970년대 초에 폐지되었다.

궁항 독살 e. 섬 앞의 독살

섬 앞에 있다고 하여 섬 앞의 독살이란 명칭이 붙었다. 현재 생존한 신문석의 부친인 신이철(사망)이 운영하던 독살로 목아래 독살과 비슷한 연대인 1970년대 초반에 폐지되었다.

신안군 자은도의 돌살

조선시대의 자은도 역시 왜구로부터 안전하지 않았다. 공도空島정책으로 말미암아 자은도도 주민거주가 허락되지 않았다. 조선 전기에는 나주목 소속으로 소금을 생산하고 있었다. 또한 춥지 않고 수초가 풍부하여 목장을 설치하기에 적합했으며, 소나무를 배양하기 위해 송전松田이 설치되었다. 즉, 주민이 없는 조건에

| 자은도의 돌살 분포도(도엽번호: No.342, 국립해양조사원)

서 국가재정을 위한 용도로만 제한적으로 이용되던 섬이다. 입도가 활발해진 것은 여타 도서들과 마찬가지로 임진왜란 이후였으며, 17세기에 집중적으로 입도했다. 18세기 자은도는 6리 426호 1,335명으로 구성되어 있었다. 이런 자은도의 인적 구성은 조선 후기 나주목에 소속된 38개 섬 가운데 6위를 차지할 만큼 규모가 컸다.

입도 주민들이 선호한 마을 입지조건은 섬의 주요 포구였으며, 특히 바닷물이 만입하여 가늘고 긴 수로를 형성하고 있는 섬 중앙부를 선호했다. 1896년에 서남해의 섬을 단위로 하여 지도군이 신설되자 지도군의 부속도서로 재편되었으며, 1969년에 신안군이 신설되면서 오늘에 이른다.[21] 오늘날 자은도는 주로 마늘농사에 의존하며 전국 마늘생산의 1.8%를 차지한다. 2002년 기준, 마늘 554, 해태 222, 그리고 대파농사를 짓는다. 어업보다는 농업에 의존하고 있으며, 과거에도 반농반어일 뿐 어업이 절대적인 섬은 아니다.

섬의 절반은 모래장벌로 해수욕장으로 쓰이는 해변이 길게 펼쳐져 있으며, 그 절반은 뻘이다. 북서쪽은 수심이 깊은 반면에 뻘이 발달한 동쪽은 얕다. 섬에는 유갑·대일·영광염전이 있으며 나머지는 폐장되어 양식장 등으로 교체되었다. 한국전쟁 이후에 어업이 흥하면서 전국에서 부서를 잡으러 몰려왔다. 실제로 사월포에서 파시가 섰으며 1960~70년대까지만 해도 홍등가를 이루며 번성했다. 새우와 강달어, 부서가 많이 잡혔고, 그밖에 꼬막·짱뚱이·낙지·운저리 등이 잡히고 있다. 이전에는 섬에 배가 없었는데 부서가 몰려들면서 배 어업이 생겨났다. 배는 전국에서 몰려왔다. 지금은 연륙된 상장구지와 콧뱅이 사이에 3천여 척의 배가 연결되어 걸어다녔다. 사월포는 임자도 전장포항과 더불어 새우잡이가 주종을 이루던 포구였으며, 병어·부서·황석어·서대가 많이 잡혔다. 특히 한때 부서가 엄청나게 잡혀서 이른바 '부시파시'가 1970년대 초반까지만 해도 성황을 이루었다. 현재 돌살이 있는 할미섬까지도 배의 갑판 위를 걸어서 다녔다.

자은도에서도 '독살'이라 부른다. 이로써 독살이란 명칭이 충청도에서부터 전남 서해 해역까지 미치고 있다. 자은도 독살은 총 7기가 확인된다. 독살이 집중적으로 위치한 곳은 한운리 둔장마을 해변의 함미섬과 장군섬 주변의 4기, 옥섬 주변의 3기, 도합 7기다.[22] 할미섬과 옥도 주변은 지금도 양식장이 있을 정도로 어장 조건이 좋은 곳이다(옥도; 신안양식 제1018호, 할미섬; 제1종어장 2030호, 제3종어장 제2024호).

둔장 독살

한운리는 해발 150m 깃봉산을 중심으로 좌우로 펼쳐 내려오는 산세로 둘러싸여 있다. 둔장마을은 1447년 이행윤이 지도에서 살다가 처음으로 입도했다. 구전에 의하면, 460여 년 전에 충주석이 최초로 입도했다고 하나 후손은 없다. 조선 영조조에 진주강씨 강기삼이 영광군에서 옮겨왔으며, 그가 처음 정착했을 때는 해풍에 모래가 불어닥쳐 농사

가 불가했지만 공동노력으로 방풍림이 형성되면서 농사가 가능해졌다고
한다.[23] 둔장마을 서북쪽은 길이 4km에 달하는 사빈해변으로 시스택이
발달했는데, 이곳의 앞섬에 의지해 중층적으로 독살이 형성되어 있다.
주변의 암석해변 및 섬에서 풍부한 암석을 공급받을 수 있다.

물에서 바라보면 가운데 작은 여인 장군섬이 있고 왼쪽에 할미섬이 있
다. 할미섬과 장군섬 앞쪽으로 '등'이 바닷가 쪽으로 돌출해 있다. 그들
등 안쪽으로 섬에 의지하여 각각 10m, 50m에 달하는 독살이 있었으나
지금은 무너지고 흔적만 남았다. 장군섬에 이르는 해변에도 등이 있다.
장군섬과 오른쪽 산자락을 연결하는 길이 100여 미터에 달하는 독살이
있었으나 약간 무너졌다. 독살의 형태가 매우 온전하게 남아 있는 부분
이 많아서 물이 썰 때 보면 독살의 잔흔을 완연히 알아볼 수 있다. 육지
쪽으로도 독살 흔적이 보인다. 이와 같이 여와 등을 이용해 도합 4기의
독살이 운영되었다.

120여 년 전, 생계에 여유 있는 사람들이 부업을 목적으로 쌓은 것이라
고 전해진다. 하지만 독살들은 강한 외해의 파도와 바람에 의하여 거의
무니져내렸고 일부 흔적만 남기고 있다. 왜냐하면 거친 북서풍을 곧바로
받는 곳에 위치하고 있기 때문이다. 그러나 바로 이 같은 점들 때문에 모
래밭이 형성되었고 고기들이 몰려들었을 것이다. 둔장마을의 다성인 강
선수의 소유로 강서수의 아들인 강봉진이 운영해왔다. 독살을 운영하는
이들 강씨네가 영조조에 입도한 것으로 본다면 대략 조선 후기에 만들어
진 살로 여겨진다. 자은도 안에서 돌살을 사고파는 소유권 이전이 가능
했으나 둔장 돌살은 판 적이 없다는 제보로 미루어 강씨네가 입도 후에
건설한 독살을 지금껏 가업으로 이어온 것으로 유추할 수 있다. 독살은
할미도 독살, 옥섬 독살, 흰두리 독살 순서로 건설되었을 것으로 추정된
다. 축조의 노력동원은 "개인이 사람을 사서 보강하지요"란다. 남아 있는

자은도 둔장 독살

원형은 최고 높이 2m 정도였다. 고기를 잡는 부분은 '불뚝'이라 불렀다. 예전에는 짚으로 새끼를 엮어서 불뚝에 대었고 그물이 나오면서 그물로 막았다. 돌담에서는 각종 고기를 잡았지만, 농어·송어, 그밖에 여러 가지 새우를 잡았다. 물이 불뚝에 고이기 마련이기 때문에 '쪽바지'로 고기를 뜬다. 쪽바지는 약 30×50cm 크기인데 소나무로 만들었다.

소한운의 옥섬 독살

한운리 옆에는 소한운이 위치한다. 북풍이 몰아치는 곳이라 방풍림이 심어져 있다. 마을과 논의 염해를 줄이기 위한 방편이다. 마을에서 보자면 방풍림 사이로 옥섬이 그림처럼 떠 있다. 옥섬은 일종의 작은

| 자은도 소한운 독살

방파제 역할도 한다. 옥섬이 있어 상대적으로 파도가 덜 들이치는 만에서 해태 양식을 하고 있다. 자그마한 만으로 왼쪽은 흰머리로써 '만득이네 담밑의 산'이라 부르는 산줄기가 있다. 오른쪽은 '상장구지'다. 상장구지는 수심이 깊은 곳이라 농어 등 어족자원이 풍부하여 낚시꾼들이 즐겨 찾는 곳이다. 담밑산과 상장구지 사이에 옥섬이 있으며, 옥섬으로 가는 길에 등이 나 있다. 옥섬의 등을 중심으로 왼쪽은 큰 벌, 오른쪽은 작은 벌이라고 부르는데 큰 벌에 2기, 작은 벌에 1기가 있었다.

큰 벌이 펼쳐진 흰두리 쪽의 독살은 박오동이 운영하다가 1980년대 초반에 사라진 것으로 확인되며, 작은 벌 상장구지의 독살은 조금 늦게 소멸했다. 흰머리 쪽 독살은 만득이네 산자락에 의지하여 2개가 겹쳐진 상태의 말굽형 독살이다. 숲이 우거진 산자락 끝은 바위로 형성되어 있으

며 독살은 그들 바위에 연하여 1기가 설치되어 있고, 조금 떨어져서 1기가 뻘 쪽으로 형성되어 있다. 기본적으로 뻘 토양인데 독살 쪽만 모래와 뻘, 자갈이 섞여 있다. 산자락에서 내려오는 만의 양옆 경사를 적절하게 이용하여 말굽형으로 쌓았으며, 지금도 흔적은 완연하나 무너진 지는 오래되었다. 오른쪽 독살은 김동래가 운영해온 것인데 1990년대 초반에 사라졌다. 왼쪽 독살보다 오른쪽 것이 늦게 만들어졌다.

독살에서는 몬치(숭어 새끼), 새비(새우) 등이 주로 여름에 많이 잡히는데, 겨울에도 드는 고기는 몬치다. 독살의 담이 높았는데 뻘이 차면서 메어졌다고 한다. 보수는 파도가 강하게 들이칠 때 했다. 재미있는 것은 독살 안쪽 가운데 부분에 대나무 말장을 박아 그물을 쳐 가운데로 몰리는 고기를 잡을 수 있게 한 것이다. 독살의 기본적 원리와 어살의 원리가 결합된 방식이다.

　이곳 독살의 기본원리도 물이 들어왔다가 독살 가장자리에서 노닐던 고기가 나갈 때 마땅히 갈 곳이 없으니까 가운데로 몰리는 방식이다. 그래서 이곳 독살도 물 아래는 높이 쌓고 물 위는 얕게 쌓는다. 물 아래를 기준으로 높이는 약 1.2m 정도다. 길이는 대략 50m 정도의 작은 규모다. 고기는 주로 봄에 들었다.

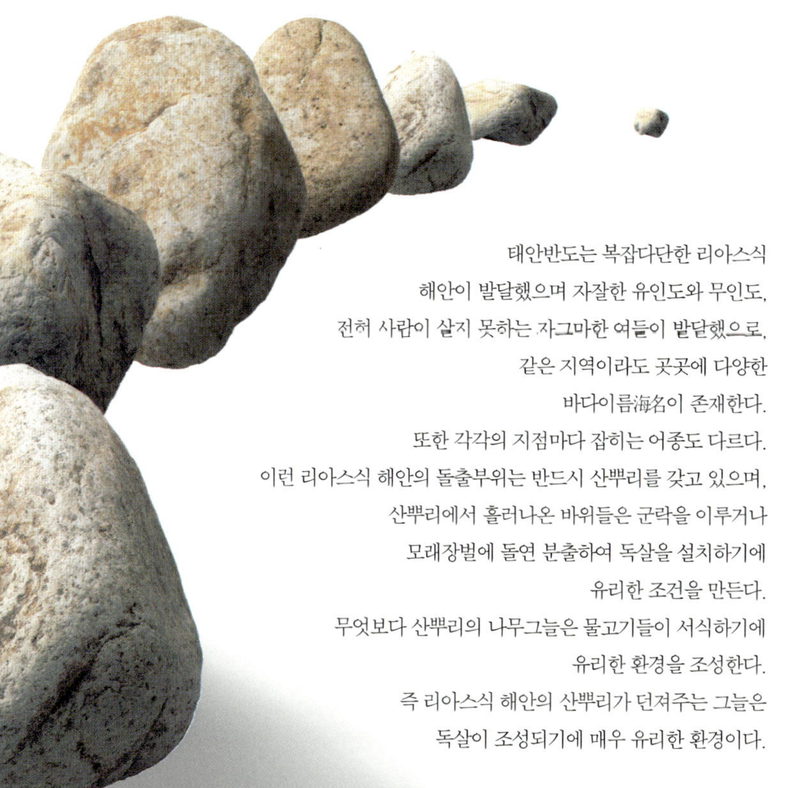

서해안의 돌살 Ⅱ

태안반도에서 보고하다;
한국 최대의 돌살군 표본조사

태안반도는 복잡다단한 리아스식
해안이 발달했으며 자잘한 유인도와 무인도,
전혀 사람이 살지 못하는 자그마한 여들이 발달했으로,
같은 지역이라도 곳곳에 다양한
바다이름海名이 존재한다.
또한 각각의 지점마다 잡히는 어종도 다르다.
이런 리아스식 해안의 돌출부위는 반드시 산뿌리를 갖고 있으며,
산뿌리에서 흘러나온 바위들은 군락을 이루거나
모래장벌에 돌연 분출하여 독살을 설치하기에
유리한 조건을 만든다.
무엇보다 산뿌리의 나무그늘은 물고기들이 서식하기에
유리한 환경을 조성한다.
즉 리아스식 해안의 산뿌리가 던져주는 그늘은
독살이 조성되기에 매우 유리한 환경이다.

| 태안반도 돌살의 민속지리

태안반도에서는 돌살을 '독살'이라고 부른다. 따라서 문화 종다양성이란 입장에서 태안반도의 돌살을 서술함에 있어 각 현장에서 확인된 돌살을 호칭할 때는 주민들이 부르는 명칭 그대로 '독살'이란 명칭을 쓰기로 한다. 다만 통상명칭은 돌살로 통일하여 부르기로 한다.

태안반도의 독살은 바깥(外海) 해변에 위치한다. 태안반도는 현재까지 확인된 바로는 한반도 최대의 독살군群으로 인정되며, 실제로 전국의 바닷가를 거의 대부분 구석구석 다녀본 결론에 따르자면 태안반도만큼 밀집하여 나타나는 곳이 없다. 물론 제주도 역시 용암지대의 득성상 곳곳에 '갯담'들이 존재하는 특수성을 보여주지만, 단위지역의 밀도상 태안반도만 한 곳은 없다는 결론이다. 태안반도에 위치하는 확인된 독살은 뒤쪽의 분포도와 같다.

태안반도는 복잡다단한 리아스식 해안이 발달했으며 자잘한 유인도와 무인도, 전혀 사람이 살지 못하는 자그마한 여들이 발달했으므로, 같은 지역이라도 곳곳에 다양한 바다이름(海名)이 존재한다. 또한 각각의 지점마다 잡히는 어종도 다르다. 이런 리아스식 해안의 돌출부위는 반드시 산뿌리를 갖고 있으며, 산뿌리에서 흘러나온 바위들은 군락을 이루거나 모래장벌에 돌연 분출하여 독살을 설치하기에 유리한 조건을 만든다. 무

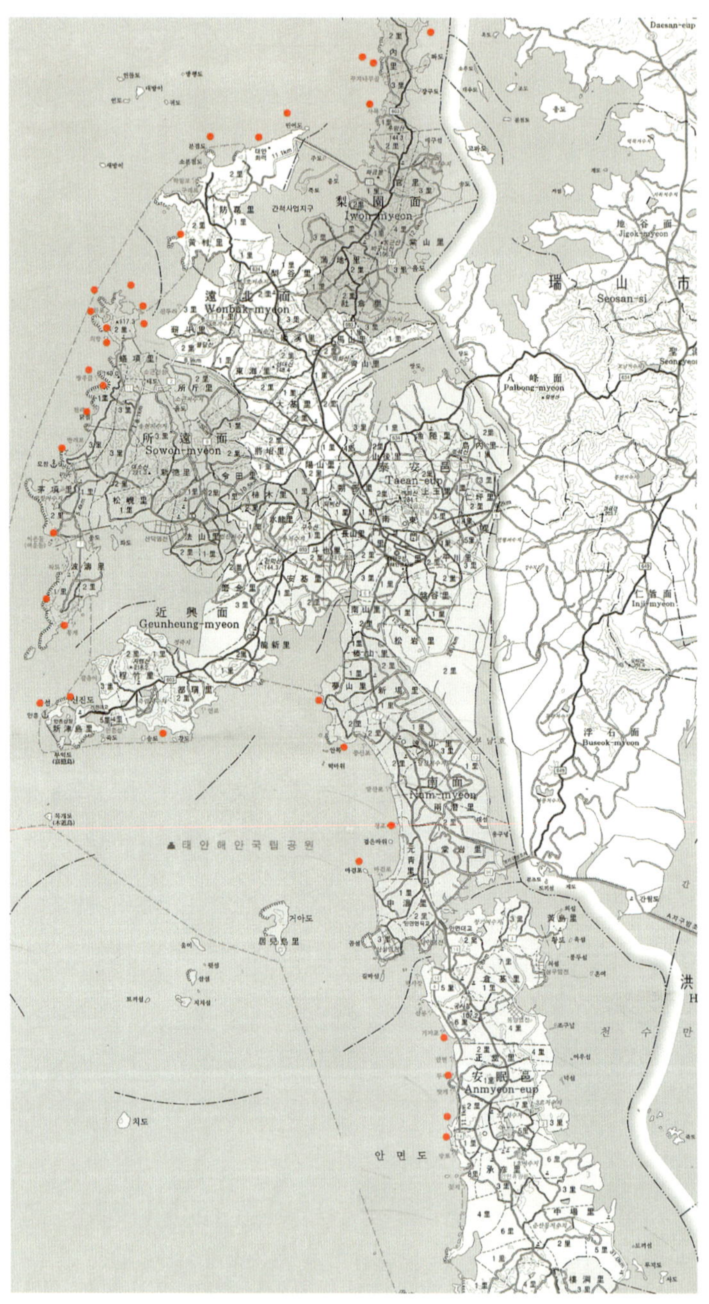

| 태안반도 돌살 분포도

엇보다 산뿌리의 나무그늘은 물고기들이 서식하기에 유리한 환경을 조성한다. 즉 리아스식 해안의 산뿌리가 던져주는 그늘은 독살이 조성되기에 매우 유리한 환경이다.

독살은 돌만 많다고만 이루어질 수 없다. 태안군 소원면의 경우처럼 돌밭에도 독살이 더러 이루어지기도 하지만, 독살은 대개 돌이 많되 모래장벌, 혹은 단단한 펄이 있는 위치에서 만들어지게 마련이다. 마침 충청남도 해안은 사빈과 사구가 대표적인 지형이다. 태안국립공원에는 사빈이 많으며, 이들 사빈은 대부분 해수욕장으로 이용된다. 만리포, 학암포, 연포, 몽산포, 청포대, 백사장, 삼봉, 방포 해수욕장 등이 대표적인 해수욕장이다.[1] 학암포, 구례포, 십리포, 천리포, 만리포, 모항, 황골, 몽산포, 청포대, 마검포, 밧개, 방포, 바람아래 등에는 모두 독살이 위치한다. 모래사장이 독살을 만드는 데 최적의 환경을 만들어내고 있음을 암시한다.

독살을 보장하는 돌뿌리에 관한 현황 통계는 잡을 수 없으나 대개의 돌뿌리는 바다로 돌출한 산에서 흘러 내려온다. 해안의 돌출된 산들은 대개가 바위산으로 존재하며, 해면과 맞닿는 부분은 오랜 침식작용으로 바위만이 남아 있을 뿐이다. 그들 바위들은 단독으로 굴러다니기도 하고, 경우에 따라서는 모래톱까지 일렬로 줄지은 암초를 형성하기도 한다.

독살을 아무데나 설치할 수는 없으며 비교적 까다로운 지형조건을 요구한다. 그런 면에서 볼 때, 서해안 태안반도는 전형적인 리아스식 해안답게 현재 확인할 수 있는 범위에서 전국에서 가장 밀도가 높은 독살밀집지역이다. 태안반도 독살은 지역마다 조금씩 다른 특성을 보여준다. 전체적으로는 비슷한 원리로 작동되고 있으나 태안반도의 복잡다단한 해안조건은 그만큼 다양한 독살문화를 만들어냈다.

소원면 해안

　소원면의 남단인 파도리의 남쪽과 서쪽에 독살이 위치한다. 이들 지역은 산이 있고 아주 소규모의 만을 형성한 지역이다. 소원면 서쪽 해안은 만리포, 천리포 등 해수욕장이 펼쳐진다. 이들 해수욕장은 모두 과거의 독살터였음이 확인되었으나 개발로 인하여 원형이 파괴되었다. 독살은 해수욕장 양끝에 돌출한 산자락에 의지하여 형성되었다. 소원면 북단인 의항리 일대에서 전국 최대라 할 만한 독살 밀집지대가 고

| 태안군 소원면 파도리 돌살 분포도

스란히 확인되었다. 의항리의 지형조건은 복잡다단한 산으로 이루어졌으며 산뿌리가 뻗어나가 만이 형성된 곳에서는 예외없이 독살이 위치한다. 뒷개 독살처럼 비교적 넓은 모래장벌에 형성된 경우도 있으나 이는 예외인 경우다. 의항 동쪽 해변은 모래와 뻘이 섞인 갯벌이 형성되어 있어 동쪽과 북쪽의 모래장벌 독살과는 환경조건이 전혀 다르다.

원북면 · 이원면 해안

원북면의 황촌리 독살처럼 만의 산뿌리에 의지하여 형성된 곳도 있으나 학암포의 분점도 독살은 전형적인 모래장벌 독살이다. 그러나 황촌리 간척지개발과 민어도의 화력발전소건설로 말미암아 독살의 현존 조건은 매우 안 좋으며 흔적도 거의 사라졌다.

만대에 이르는 이원면은 잘룩한 반도를 이루며 동서쪽의 환경조건이 다르다. 동쪽은 산악지대로 가파르게 산뿌리가 바다로 흘러가는데, 그 산줄기 사이의 작은 만에 모래장벌이 형성되었으며 꾸지나무해수욕장과 사목해수욕장의 독살이 위치한다. 서쪽은 가로림만의 갯벌지대로 일찍이 농경지대로 간척이 이루어져 원형이 많이 망가졌다. 서쪽에도 독살이 있었으나 사라지고 말았다. 의항의 동쪽과 서쪽이 다른 것처럼 동서해안의 차이가 엿보인다.

근흥면 해안

근흥에는 신진도와 마도가 독살의 근거지다. 신진도와 마도가 마주 보이는 해변에 독살이 집중되어 있다. 즉 신진도의 서쪽 해안과 마도의 남쪽 해안이다. 마도의 남쪽은 만이 형성되고 모래장벌이 있어 독

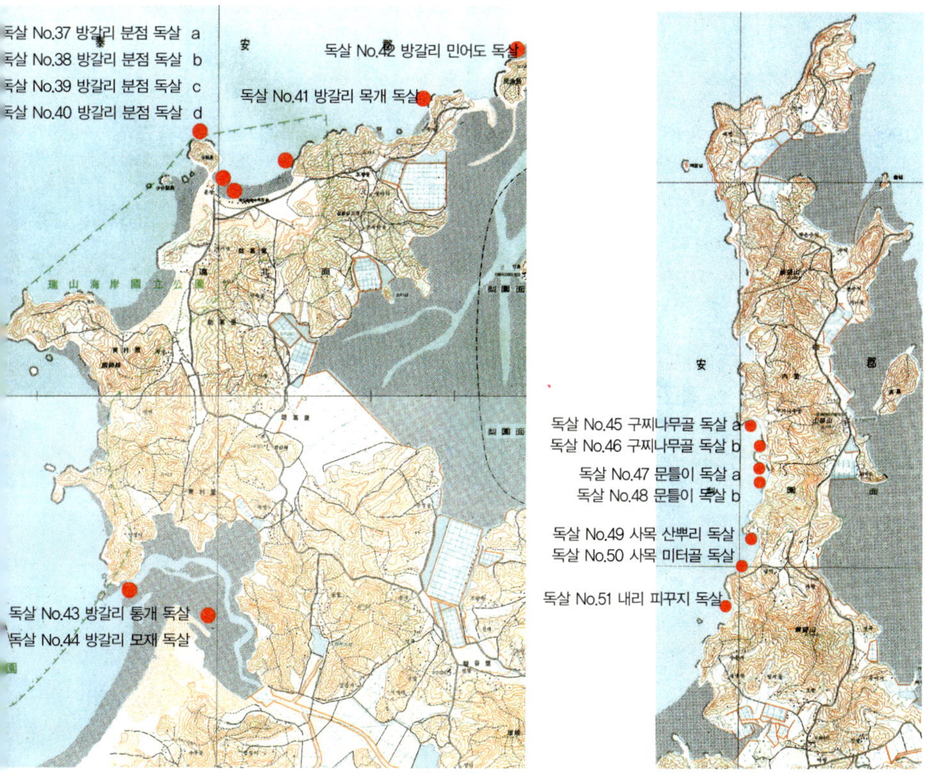

| 태안군 원북면 돌살 분포도

| 태안군 이원면 돌살 분포도

| 태안군 근흥면 돌살 분포도

살의 위치에 적당하다. 신진도 서쪽은 마도 사이로 조류가 급히 흐르는 곳으로 여를 이용하여 독살이 자리 잡았다. 신항 개발로 간척이 이루어 졌으며 마도 역시 환경의 급격한 변화로 흔적만 확인할 수 있는 정도이 다. 마도 독살도 여에 의지하여 여러 개가 큰 모습으로 남아 있다. 근흥면 의 남쪽인 도황리 역시 만과 모래장벌이 형성된 곳이나 군부대 사격장이 들어서면서 일찍이 조업이 중단되었다.

남면 해안

남면의 몽산리에는 서해안 전체에서 아주 드물게 현행 독살이 잔존한다. 모래장벌과 산뿌리를 이용한 독살이다. 노루미(청포대)의 독살 은 여에 의지하여 형성되었으며, 산뿌리와는 무관하게 드넓은 해변에 설 치되었다. 마검포 독살은 방파제 건설로 흔적만 남은 상태이다. 곰섬 독 살은 만에 위치하며 산뿌리를 이용하여 설치되었다.

안면도 · 천수만 해안

안면읍의 서쪽 해안, 고남면의 남쪽 해안에 독살이 위치한다. 안면도의 동쪽인 천수만 해안은 대개 갯벌지대로 농경지간척 등이 이루 어져 독살이 거의 없다. 반면에 서쪽은 해수욕장지역으로 빠른 조류와 드넓은 모래장벌이 형성되어 있다. 이들 모래장벌에 산뿌리를 이용하여 독살을 설치하거나, 아니면 여를 이용하여 독살이 설치되었다. 안면도 해수욕장 일대의 독살들은 의항의 산악형 해변의 것과는 차이가 난다.

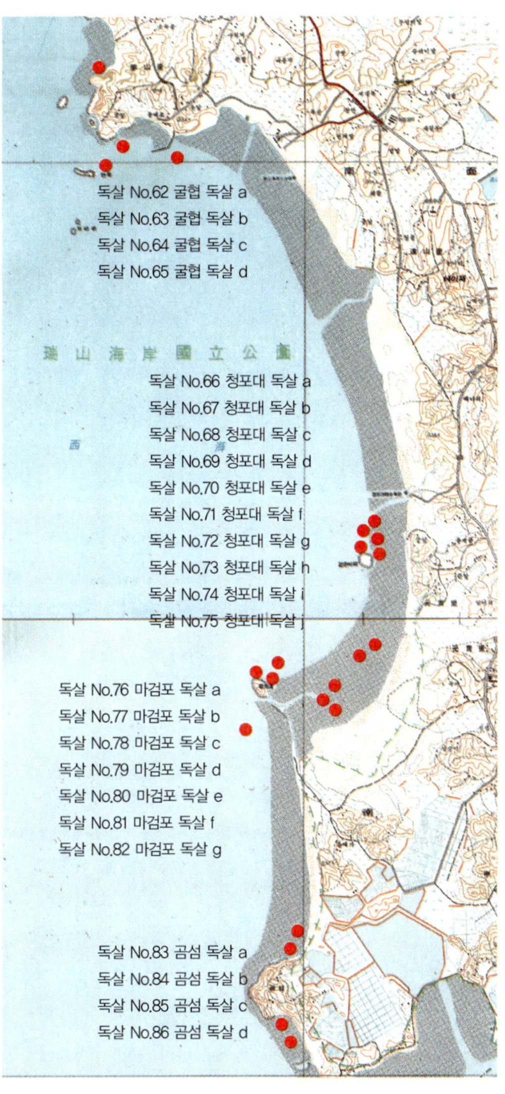

| 태안군 남면 돌살 분포도

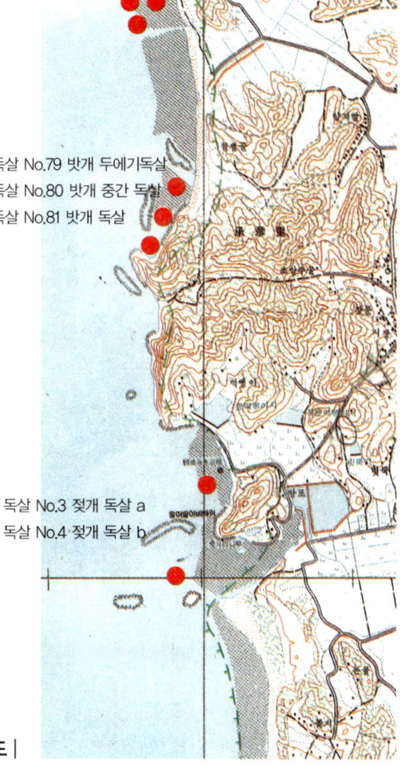

태안군 안면읍 고남면 돌살 분포도 |

천수만 · 가로림만 해안

안면도 동쪽, 즉 오늘날에 서산시에 속하는 천수만은 뻘이 형성되고 강력한 파도의 영향을 덜 받는 잔잔한 곳이라 독살 형성 조건에 알맞지 않는다. 따라서 간월도의 간월암 정도에 독살 흔적이 남아 있을 뿐이다. 그 대신이 드넓은 지역에서 어살이 매우 번창했던 지역이다. 태안반도 외해의 독살권역과 천수만의 어살권역이 대비되는 자연조건을 보여준다.

가로림만은 이원면의 동쪽, 즉 오늘날의 서산시에 속하는 해안이다. 가로림만 복판에 자리 잡은 고파도 북쪽에는 모래장벌이 발달했으며 그곳에 독살이 존재했다. 조류가 엄청나게 빠른 서산시 독곶의 일명 '터진목'에도 독살이 위치했다. 그러나 독살이 사라진 조건에서 어살이 남아 있으며 대규모의 어살이 지금도 행해지는 유력한 길목이다.

소원면의 독살

파도리 독살

No.1 **재비렁이 독살**(故 안편경 운영)

No.2 **후치 독살**(성문한 부친이 운영)

파도리는 아치내 · 아랫말 · 웃말 · 큰말 · 샘너머 · 샘기미 · 중간말 · 고모배 등의 자연마을로 이루어진다. 독살 위치는 파도리의 남쪽과 남서쪽으로 독살 1은 아랫말, 독살 2는 아치내에 속한다. 파도리 지형은 남단 끝자락이 볼록 튀어나왔으며, 숨꼬챙이섬이 있고 반도의 남단도 꼬챙이처럼 튀어나왔다고 하여 꼬챙이라고 부른다. 외해의 거친 조류는 고챙이 쪽을 치면서 한 가닥은 북쪽으로 가고 한 가닥은 근소만 안쪽으로 흘러간다. 독살은 꼬챙이를 중심으로 근소만 안쪽과 외해 쪽에 각기 1기씩 자리 잡았다.

독살 1은 현재 파도리의 통개항(2종어항)이 자리 잡고 있는 방파제 바로 옆이다. '재비렁이'는 바다로 돌출한 산뿌리와 그 앞의 여로 형성된다 (여 명칭도 재비렁이임). 가의도 방향 외해에서 근소만으로 오고가는 조류가 나다니는 통로에 위치하며, 산뿌리와 여로 말미암아 아늑한 지형을 형성한다. 고기가 빠져나가지 못하게끔 오목한 지형으로 자연적인 위치가 그만이다. 파도도 덜 받고 외해바다보다는 막혀 있으므로 독살설치에 유리한 곳이다. 파도리의 다른 곳에 독살이 없음에 반하여 이곳에만 특별히 독살이 설치된 지형적인 이유가 있다.

잡히는 주어종은 매우 다양했다. 농어·숭어·광어·우럭·복어 등을 '지게로 져왔다'고 한다. 그만큼 어획량이 많았다. 봄부터 가을까지 잡히는 어종은 대략 같으나 약간씩 차이가 났다. 봄에는 우럭·놀래미·오징어·광어·도다리 같이 '좋은 생선'이 들었다. 여름에도 비슷했으며, 가을에는 삼숙이·광어·농어가 들었다. 예전에는 조기·민어도 들어왔다. 조기는 '6월 조기'라고 하여 여름에 잡히고, 민어는 초가을에 잡혔다. 이들 어종은 많이 사라졌으며 현행 어업은 통발과 아나고연승, 그리고 바지락양식에 기대고 있는 중이다.

근소만은 '알 낳는 어장'이다. 외해에서 들어온 물고기들이 근소만 파도리 앞의 진죽밭에서 알을 낳는다. 푸른 해초로 우거진 진죽밭은 우럭·놀래미 등이 서식하기 좋은 곳이다. 근소만에서 물이 썰 때, 근흥면 북쪽이나 마금리 쪽은 갯벌이 드러나지만 파도리 아래의 진죽밭은 드러나지 않는다. 백중사리에 물이 세게 내려갈 때나 진죽밭이 드러나는데 푸른 해초들이 우거진 모습을 볼 수 있다. 만조 시 수심이 7~8m로 깊은 편이다. 현재도 이 어장에서는 우럭·도다리 같은 어종이 잡힌다.

독살에서 고기가 들면 주민들에게 팔기도 했다. 무너지면 독살 소유자가 알아서 보수하는데 동네 인력을 '돈으로 사서' 보수를 했다. 현재는 흔적만 남아 있다. 제보자가 어렸을 때도 그렇게 운영하는 모습을 지켜보았는데 대략 중학시절 정도(1970년대 초반)에 안편경 옹이 죽고 나서 소멸했다.

독살 2는 재비렁이 독살과는 반대로 파도리 바깥쪽 외해다. 아치내 마을에서 군사도로가 개설된 쪽으로 내려가다가 바깥바다 쪽의 움푹 들어간 곳에 자리 잡고 있다. 외해이지만 개미허리처럼 잘록하게 들어간 곳이라 파도를 심하게 받지 않는 아늑한 곳이다.

후치 독살은 한 개이나 안쪽에 한 개를 쌓고 바깥쪽으로 한 개를 둘러서 실제로는 두 개처럼 보인다. 현재도 독살 흔적이 그대로 남아 있다. 독살 조업이 끊긴 시점은 재비렁이와 비슷한 30여 년 전이다. 잡히는 어종도 독살 2와 비슷한데 아무래도 재비렁이 독살만은 못하다.

참고로, 제보자들은 파도리 북쪽 모항리 2구의 어은돌에도 독살이 1기 존재하고 있었음을 제보했다. 어은돌 모래장벌이 시작되는 망미산 산부리에 의지하여 1기가 있었다. 모항 쪽의 외해에서 산뿌리가 막아주는 비교적 아늑한 위치에 자리 잡고 있었다고 하며, 희미하나마 지금도 흔적은 남아 있다.

만리포 · 천리포 · 백리포 독살군

No.3 만리장얼(만리포) 선창 독살(故 구웅소 운영)

No.4 만리장벌(만리포) 모항 독살(故 지승학 운영)

만리포라고 불리게 된 것은 해수욕장이 생기면서 그렇게 붙여졌다. 지금 만리포해수욕장은 지옹이 군에서 제대하고 와서 생긴 것이다. 지금 한 50년 되었다. 그때 만리포에는 한두 집밖에 안 살았다. 주민이 원래 마을에 없었다. 천리포에는 주민이 있었지만 만리포가 생긴 지는 얼마 안 된다. 만리포는 원래 있던 마을이 아니다. 천리포는 농촌으로 농사지을 때가 있어서 배후리의 독살을 부업으로 했지만, 만리장벌은 만리포가 생기면서 집을 지은 것이지 그 전에는 사람이 살지 않았다.

만리장벌이란 말은 사구가 '만리처럼 뻗어 있다'는 데서 비롯되었다. 만리장벌 북쪽에는 천리포 주민인 지승학 씨가 하나를 했고, 모항 쪽 만리포의 독살은 구웅소 씨가 했다. 지금 선창 쌓은 곳. 독살이 없어진 뒤로 선창을 쌓은 것이다. 독살 자리인 셈. 독살의 돌로는 신창 쌓는데 별 도움도 못 되었을 것이라는 지옹의 말씀. 독살의 규모보다 선창의 규모가 훨씬 크다는 반증이면서 동시에 독살에 대한 그의 인식은 '형편없이 원시적인 어법이었다'는 평가이다.

구웅소 씨가 하던 그쪽의 지명은 만리포가 되기 전에 '마릿장벌'이라고 했다. 마릿장벌이란 것이 바로 만리장벌이라는 것인데 해수욕장이 생기면서 만리포가 된 것이다. 구웅소 씨 독살은 선착장으로 변해 가봐도 사진을 찍을 수 없다.

No.5 막골(천리포) 뭍닭섬 독살(故 지용옥 운영)

No.6 막골(천리포) 닭섬 독살 a(故 지우상 운영)

No.7 막골(천리포) 닭섬 독살 b(故 지활달 운영)

No.8 막골(천리포) 닭섬 독살 c(故 지용상 운영)

만리포에서 등을 넘어가면 천리포로 이어진다. 오늘날 천리포는 행정구역상 의항1구에 속한다. 그러나 옛날에는 천리포라 부르지 않고 '막골'이라 불렀다. 제보자가 어렸을 때 막골에는 54호 정도가 살았다. 막골의 주거지는 오늘날의 해변가가 아니었다. 해변에서 조금 떨어진 산자락에 의지하여 살다가 관광지로 개발되면서 서서히 산자락을 벗어나 해변에 정착했다.

바람이 거세고 파도가 심하여 해변에는 사구가 형성되었다. 모래 채취로 사구의 상당 부분을 파먹으면서 일부 잔존하고 있으나 높은 사구가 이어져서 해당화가 우거졌던 곳이다. 지금은 모래유실 등을 막기 위하여 콘크리트로 해안방축을 쌓아 거주지를 보호하고 있다.

막골은 주로 지씨네 집안이 터를 잡았다. 주민의 70% 정도가 지씨였다. 독살의 주인들 모두가 지씨인 것으로 봐서 지씨가 막골의 가장 유력한 성씨였다.

"누가 먼저 들어왔는 그건 모르지, 양씨가 먼저 들어왔는지……."

그렇다면 '양씨배판에 지씨'로 볼 수 있겠다. 제보자도 지씨였는데, 몇 대조 때 막골로 들어왔는지는 알지 못했다.

막골의 해변에서 바라보자면 정중앙에 닭섬이 있다. 닭섬 오른쪽으로 방파제가 형성되어 있어 배가 닿는 선착장이 마련되었으며, 닭섬 왼쪽으로는 뭍닭섬(뭇닭섬, 무딱섬)이라고 하여 바다로 돌출한 산자락이 있다. 독살은 닭섬과 뭍닭섬을 중심으로 형성되어 있다(사진 1·2). 닭섬을 에워

닭섬과 닭섬 왼쪽의 뭍닭섬 독살

(위) 사진 1 닭섬을 중심으로 섬의 앞과
　　좌우에 독살이 펼쳐져 있다.
(아래) 사진 2 뭍닭섬 독살

싸는 조수의 흐름이 독살의 조건을 만들고 있다. 닭섬은 바위섬으로 충분한 돌을 제공했으며, 그 돌들을 이용하여 독살어업이 이루어졌다.

바다의 해저 지질은 '저 밖으로 나가면 뻘이고 이 앞은 모래다'고 한다. 모래가 많기는 하지만 조개류는 별로 없었고 근년에 선창 쌓으면서 바지락이 조금씩 들어온다. 옛날에는 일체 바지락이 없었다고 한다. 이 지역은 바람이 매우 센 지역이다.

이 지역의 물때는 최고로 만조되었을 때를 '참'이라고 했으며, 물이 최고로 나갔을 때는 간조인데 옛날에 뭐라고 했는지는 모르겠다고 했다. 당시에는 어업으로 작은 배로 노 저어 다니며 독살을 했다. 기계배는 없었다.

여기의 농사는 논농사이다. 논이 많지는 않지만 다소 있었다. 그때 당시만 해도 간척지 같은 것은 한군데도 없었다. 논농사나 밭농사는 비슷

(왼쪽) 사진 3 닭섬 앞의 모래사장에 형성된 독살
(오른쪽) 사진 4 물닭섬 쪽의 독살

한 비율이다. 식량은 자기가 알아서 구해 먹었다. 후리를 한 곳은, 만리포 밑으로 파도리 같은 곳은 하지 않았다.

지재영의 제보에 따르면, 막골에는 독살이 4개 있었다고 한다(사진 3·4). 현재는 실질적으로 3개밖에 볼 수 없다. 지우상·지한달·지용상 씨가 3개의 독살을 운영을 했었다고 하는데, 나머지 1개는 확인이 되질 않는다. 이에 대해 지재준은, "용상이네 것은 지금은 묻혀서 없다"고 했다. 이로써 4개의 독살이 위치했으나 현행 흔적은 3개로 확인된다.

독살로도 고기를 많이 잡았는데 까나리가 거의 모두였다. 봄에는 까나리를 많이 잡았다. 독살에서 삼치·고등어도 잡혔다. 독살은 지씨가 어려서도 봤다. 독살이 무너지면 본인이 가서 보수를 하는데 마을 주민들이 가서 무보수로 도와주기도 했다. 입만 살리고, 즉 먹여는 주고. 겨울에 무너진 독살의 보수는 주로 봄에 한다. 순 인력으로 쌓은 것이다.

독살에 잡히는 양은 지금과 비교하면 별볼일 없을 수도 있겠지만 그 때 당시로는 많이 잡히는 편이었다. 논농사 짓는 것보다 나았기 때문이다. 독살을 사고 파는 경우는 못 봤다. 그냥 그걸로서 끝이었다. 각자 자기 위치에 임자는 있었지만 그냥 돌을 갖다가 쌓고 하다가 고기가 들지 않으니까 그만둔 것이다. 독살을 팔지를 못하고 그냥 관행적으로 해왔다.

천리포 독살 가운데 고기가 가장 많이 들었던 독살은 지우상씨네 독살이었다. 가운데 있는 이 독살이 가장 컸고 고기도 많이 들었는데 그 이유는 아무래도 물 조수가 맞기 때문이라고 제보자는 말한다.

이곳의 조수는 지금 방파제가 생겨서 어떻게 흐르는지 잘 모른다. 방파제 전에는 지우상 씨 독살 쪽으로 조수가 가장 많이 왔다갔다했다. 그때만 해도 조수가 세서 사람이 죽기도 했다. 조수가 닭섬을 중심으로 좌우로 왔다갔다했다.

독살은 지재준 옹이 군대 갔다 오니까 없어졌다고 한다. 지금으로부터 한 50년 전에 사라졌다. 상당히 오래 전에 단절된 것으로 봐야 하는데 고기가 없으니까 자연히 없어지게 마련이었다고 할아버지는 보고 있었다. 그때 당시는 독살 보수하고 쌓을 인력에게 줄 밥도 없어서 꽁보리밥에 근근히 입에 풀칠하고 살 판이었다. 독살 주인들은 독살에서 고기가 안 들어서 인건비도 안 나오니까 자연히 그냥 묵히고 말았다.

가장 먼저 생긴 독살이 어떤 것인지 지웅은 모른다. 할아버지가 아주 어렸을 때도 그의 아버지, 할아버지가 했고 오래된 일이라 모른다. 독살 고사에 관해서는 다음과 같이 제보했다.

고사지냈죠. 그냥 뭐 시루에다 놓고 술 한 잔 부놓고 지냈죠 뭐. 개인꺼니까 개인이 하는 거지. 밤에 여럿이 가지. 독살 임자가 가는 거여. 가족

들은 안 가. 주인분들이 가서 그냥 가서 지내고 오는 거야. 떡시루, 질그
릇에다 담아서 시루째 들고 가지. 팥떡이지 뭐. 팥시루떡. 시루하고 그
냥 술 한 잔 부 놓고 오는거지 뭐.(다른 데서는 범벅이라고 바치던데……)
에이, 범벅은 안 해요. (물아래 참봉 물위 참봉 그건 뭐예요?) 그땐 다 그렇
게 얘길 했으니까 알지 우리가 어떻게 알간? 제사 지낼 때 도와달라고.
잘 되게 해달라고 했을 테지 뭐. 참봉이 뭔지 모르지 뭐. 우리들이 아나.
긍께 잘 되달라고 그냥 비는거여. 교휘(교회)로 말하자면 잘 되게 해달
라고 비는 식이지 뭐.

No.9 백리포 독살 a(운영자 미상)

No.10 백리포 독살 b(운영자 미상)

천리포에서 산굽이를 돌아가면 이른바 백리포가 나타나며 독살 9 · 10

이 나타난다. 독살 9·10의 지형은 좌우로 산봉우리를 거느린 조그만 만으로 각각의 산봉우리 그늘을 향하여 길이 20여m의 작은 독살이 남아 있다. 남쪽의 큰댕골산(93.9m), 북쪽의 작은 댕골산 산그늘에 각각 1개씩 독살이 있다. 모래사장 위에 무너진 독살의 흔적이 분명하다(사진 5). 모래사장이 기울어지면서 불과 4m의 수심을 형성하기 때문에 고기들이 좁은 만으로 들어와 살기에 적당한 지형이다.

의항리 독살군

No.11 의항리 논골 독살 a(故 김영기 운영)

No.12 의항리 논골 독살 b(故 이달춘 운영)

백리포에서 작은댕골산을 돌아가면 작은 모래장벌이 나온다. 독살은 작은댕골산의 해변으로 둘출한 산자락과 건너편 바른쟁이 뿌리 사이에 형성된 모래장벌에 좌우로 한 개씩 벌려 있다. 백리포 독살과 지형 조건이 흡사하다. 논골이란 명칭은 모래사장 안쪽으로 작은 논이 있는 데서 비롯된다(사진 6, 독살 No.7).

No.13 의항리 소떨어진낭 독살(이상규의 조부 故 이용준 운영)

논골에서 바른쟁이뿌리(40m)를 돌아가면 바른쟁이뿌리와 소떨어진낭 사이에 작은 장벌이 나온다. 독살 1기가 그곳에 흔적을 남기고 있다. 논골에 비한다면 매우 협소한 지형으로 가파른 산세가 바다로 흐르고 있으며 바른쟁이뿌리에 의지하여 독살이 있다(사진 7·8).

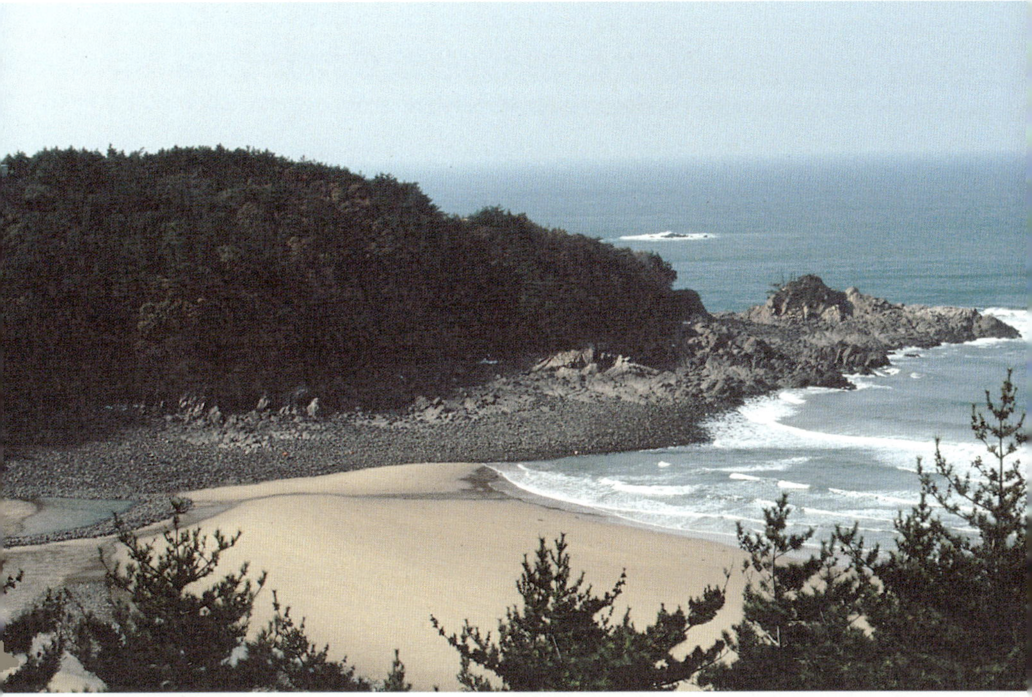

사진 6 의항리 논골 독살
산뿌리 양쪽의 모래사장에 독살이 세워져 있다.

사진 7 의항리 소떨어진낭 독살
산뿌리 양쪽의 모래사장에 독살이 세워져 있다.

사진 8 의항리 소떨어진낭 독살
산정에서 찍은 사진에 양측으로 벌어진 독살 2기가 모두 잡힌다.

'소떨어진낭' 쪽을 돌아가면 뒷개너머 독살이 나타난다. 이른바 십리포해수욕장, 혹은 의항초등학교 건너편에 있기 때문에 의항해수욕장이라고 부른다. 마을에서 뒷개너머 언덕배기를 넘어야 하기 때문에 뒷개너머 독살이라고 부른다. 1km의 작은 모래사장이지만 모래결이 곱고 적당한 경사를 지고 있다. 해수욕장 가운데에 암초가 흩어져 있으며 그 끝에 청운대라고 부르는 봉우리가 솟아 있다. 지금은 철수했으나 군부대 초소가 있던 높은 곳이다. 청운대는 마을에서는 '환영섬'이라고 부른다.

독살 14는 해발 20여m의 소떨어진낭에 의지하여 산뿌리에서 흘러나온 암초들에 이어져서 반원형을 짓고 있다. 길이는 약 30여m다. 산그늘에 의지하여 모래밭에 만들었다.

독살 15는 의항리에서 가장 큰 독살로 풍광 자체가 매우 아름답다(사진 9~13). 인근 일대에서 고기가 가장 많이 들던 독살로 소문났다. 의항초등학교에서 곧바로 내려다보이는 독살이다. 가운데 청운대라고 부르는 돌멩이가 퍼진 곳까지 독살이 이어진다. 독살은 가운데에 담을 둘러서 2개의 공간으로 나누어진다.

독살 16은 위쪽에 별도로 설치되어 있다. 바깥 독살이 독살 가운데보다 높기 때문에 물이 나가도 독살 가운데에 늘 물이 고여 있다. 고인 물에서 고기를 잡는 방식이다. 같은 위치지만 바깥쪽의 큰 독살인 독살 15가 안쪽의 독살 16보다 훨씬 고기가 많이 들었다. 독살의 흔적은 매우 분명하게 드러나며, 상당한 양의 잡석들이 줄지어 산재한 것으로 보아 독살의 높이와 크기가 상당했다. 지금은 천연굴밭으로 되어 있다. 매우 아름다운 풍광을 자랑하는 곳이다. 2005년도에 독살을 체험관광지역으로 조성하기 위하여 군 예산으로 재축성하여 과거와 똑같은 모습은 아니지만 독살의 원형을 현장에서 볼 수 있다.

독살 17은 청운대 북쪽인데 순전한 돌밭이다. 지금은 흔적조차 없이 무너졌으며 가운데의 고인물로 보아 독살이 있었을 것으로 추정된다. 이들 독살은 깊이 2m의 얕은 모래사장에 연해 있으나 조금만 바깥으로 나가면 수심 7~18m를 이루며, 바깥바다는 깊이 25m에 이른다.

No.18 의항리 구르미 독살 a(이장규 운영, 2003년 현재 67세)
No.19 의항리 구르미 독살 b(김화진 운영)

구리미산을 돌아가면 일명 구름포(구르미뿌리, 구림뿌리)를 왼쪽에 두고 독살이 2기 있다. 구름포해수욕장이라고 부르는 곳으로 사구가 형성되어 있다. 일명 '구르미뿌리'(구림뿌리)를 돌아서면 독살 18·19가 산그늘에 반달형으로 형성되어 있다.

두 개의 독살은 방향을 달리하여 좌우로 멀리 떨어져 있으며 만의 좌우축을 차지하고 있다. 만은 가파른 모래사장으로 이루어져 있다. 독살만 벗어나면 곧바로 수심 8~16m의 깊은 바다다. 구리미산이 아래쪽을 받쳐주고 위쪽으로 길게 가르미끝산이 외해로 뻗어 있어 독살이 위치하기에 최적이다. 독살 18은 본디 이장열 소유였는데 이장규에게 팔았다고 한다. 독살의 위치가 좋아서 의항에서 고기가 두 번째로 많이 들던 독살이다.

9	12
10
11	13

의항리 뒷개너머 돌살

사진 9 근경(복원 후)
사진 10 물이 수문으로 들어오는 모습(복원 후)
사진 11 물이 들어찬 모습(복원 후)
사진 12 복원 전의 모습
사진 13 물이 빠진 모습(복원 후)

No.20 의항리 중막 독살(김동운 운영, 2003년 현재 60세)

가림뿌리(가르미끝산, 42m)를 돌아가면 장벌이 나온다. 장벌은 모래사장이 없으므로 독살이 없다. 장벌에서 오른쪽을 보면 북쪽으로 삐죽 솟아나온 봉우리가 태백뿌리다. 태백뿌리에 오르면 좌우로 180도 이상을 볼 수 있을 정도로 시야가 넓어 군부대 초소가 있었다. 초소 자리에서 굽어보면 왼쪽 아래로 암초가 빠져나와 외해로부터 파도를 막아주어 아늑한 곳이 형성된다. 수심도 불과 2m를 넘지 못한다. 암초 바깥은 수심 20여m로 뚝 떨어진다. 독살 20은 아늑한 암초에 의지하여 자리 잡고 있다. 모래사장이 없어도 천혜의 지형을 이용하여 독살을 운영했던 곳이다.

No.21 의항리 태백뿌리 독살 a(김영재 운영, 2003년 현재 66세)

No.22 의항리 태백뿌리 독살 b(김하문 운영, 2003년 현재 56세)

No.23 의항리 태백뿌리 독살 c(김종선 운영)

태백뿌리, 일명 '태배'라고 부른다. '이 태백, 그 양반이 와서 거기서 풍류를 하고 놀던 곳'이라고 해서 산 밑에 보면 지금은 없지만 옛날에는 붓으로 시를 지어놓은 것이 있었다. 물이 들어왔다가 나가면 민물이 나는 곳도 있었다. 옛날에는 한학이 성행해서 이 근방에 있는 글방에서 그곳으로 많이 소풍을 와서 답사도 했다고 전해진다. 태백뿌리를 돌아서자마자 신노루까지 완만한 해안이 형성된다. 태백뿌리까지는 외해에 접해 있어 해류가 곧바로 북상하나 일단 태백뿌리를 돌아서 만으로 접어들면 지극히 아늑하다. 수심도 0.9~3m에 불과하고 특히 연안은 지극히 얕고 물이 잔잔하여 굴양식도 이루어진다. 본디 의항에서 첫 번째로 마을이 만들어졌던 곳으로 오늘날 적현마을이 있는 곳이다.

의항리 태백뿌리 독살

(위) 사진 14
(아래) 사진 15

　　독살 21은 태백뿌리에 의존하여 물살이 들어오는 길목의 자잘한 바위가 펼쳐진 곳에 20여m로 형성되었다. 독살 22와 23은 만으로 쑥 들어와서 지극히 아늑한 곳에 형성되었는데 모랫벌이면서도 개흙이 약간 섞인 상태다(사진 14·15).

　　No.24 의항리 신노루 독살 a(김병한 운영, 2003년 현재 52세)
　　No.25 의항리 신노루 독살 b(이태인 운영, 2003년 현재 55세)
　　No.26 의항리 신노루 독살 c(김용화 운영, 2003년 현재 74세)

| 사진 16 태안군 소원면 의항리 신노루 독살

신노루와 가매뿌리 사이에는 매우 넓은 어장이 펼쳐져 있으며 그곳에 집중적으로 3개의 독살이 있다. 독살 24는 신노루뿌리 위쪽에 있으며 25와 26은 신노루뿌리 바깥쪽 바다에 있다(사진 16).

No.27 의항리 상봉 독살 b(김일수 운영, 2003년 현재 50세)
No.28 의항리 상봉 독살 a(문문배 운영, 2003년 현재 65세)
No.29 의항리 상봉 독살 b(故 김영남 운영)

일명 호랑이모가지에서 보자면 앞쪽으로 작은 돌섬이 하나 있다. 돌섬이기는 하지만 실제로는 호랑이모가지에서 흘러나온 돌로 연결되어 있어 섬이랄 것도 못 된다. 호랑이모가지의 돌뿌리가 상봉과 만나는 지점에 독살을 만들었다. 조류가 아래에서 북쪽으로 거칠게 빠져나가는 물목에 독살을 만들었다. 상봉은 실제로 2개의 바위섬으로 구성된다. 상봉으로 다가가면 No.27 · 28 독살이 상봉 남쪽에 의지하여 설치되어 있다. No.29는 상봉의 바깥쪽에 설치되어 있다. 뭍에서 떨어진 곳이라 물이 썰어도 늘 일정한 양의 물이 고여 있으며 지금은 낚시꾼들이 둠벙에 들어가 낚시질을 하곤 한다. 이 일대는 상봉을 중심으로 전반적으로 크고 작은 잡석으로 형성되어 있어 모래가 없으며 만으로 들어온 조류가 급격히 빠져나가는 길목으로 고기떼가 나다니는 물목에 해당된다.

No.30 의항리 호랑이모가지 독살 a(김관수 운영, 2003년 현재 52세)

No.31 의항리 호랑이모가지 독살 b(김생곤 운영, 2003년 현재 44세)

No.32 의항리 호랑이모가지 독살 c(김동설 운영, 2003년 현재 46세)

No.33 의항리 호랑이모가지 독살 d(김동곤 운영, 2003년 현재 56세)

호랑이 목처럼 목이 바닷가로 비쭉 튀어나온 데서 비롯된 지명으로 상봉에 이르기까지 잡석으로 형성되어 있다. 고기떼는 이 근역을 지나쳐야 외해로 빠져나갈 수 있다. 독살 30은 일명 '보리쟁이'라고 부르며, 김관수네 독살인 바, '어르신대. 우리 할아버지 때의 애기. 그 윗대 김대현 증조할아버지 때도 독살을 했고 그 윗대로도 독살을 했었다고 들었다'고 한다. 축조연대가 올라감을 알 수 있다. 30번 독살은 위치가 좋아서 '할아버지 때만이 아니라 우리들이 커갈 때까지도 독살에 고기가 많이 들었다. 그때가 67년도 69년도다'고 한다. 같은 위치에서도 고기가 들고남에 있어 차이가 남을 말해준다. 인근 일대에서 3번째로 고기가 많이 들던 독살이다. 독살 31은 30에 이어져 있으며 물이 빠졌을 때 사둘로 고기를 건져올릴 수 있게끔 설치했던 둠벙 흔적이 완연하다.

독살 32는 의항 독살 중에서 그 형태가 가장 완벽하게 남아 있다(사진 17·18). 호랑이뿌리를 향하여 한쪽 활가지가 연결되고, 다른 쪽은 마을 안쪽 방향으로 포물선을 그리면서 흘러간다. 독살의 길이는 100여m에 이르는 대규모로 가운데에 수문이 남아 있다. 일부 무너지기는 했으나 그런 대로 축조된 형태가 전해진다. 지금도 물이 수문으로 빠져나간다. 활가지의 끝자락은 돌밭이나 수문쪽, 즉 독살의 안쪽은 일부 갯벌이 섞인 모래밭이다. 사진은 물이 썰 때의 독살과 물이 들어올 때 일부만 남은 모습을 보여주고 있다. 독살 33은 독살 32의 바깥쪽으로 형성되어 있어 북쪽으로 흘러나가는 조류가 걸치게 되어 있으며, 규모는 작은 편으로

태안군 소원면 의항리 호랑이
모가지 독살

(위) 사진 17 썰물
(아래) 사진 18 밀물

독살 33의 보조적 성격을 지닌다.

No.34 의항리 월촌 독살(김형수 운영, 2003년 현재 63세)

월촌에서 큰마을로 방축을 따라서 오다보면 갯가에 긴 독살이 보인다. 자연스럽게 형성된 돌밭인 지뚱을 지나면 독살 32가 길이 1백여m로 비교적 길게 형성되어 있다. 호랑이모가지 남쪽으로는 해변가 돌밭을 제외하고는 그런 대로 모래가 많이 섞인 뻘밭이 형성되어 있으며, 중간에 길게 잡석이 쌓인 지뚱이 형성되어 흡사 독살 흔적으로 착각되기도 한다.

사진 19 태안군 소원면 의항리 월촌 독살
1백여m의 매우 긴 독살이 갯벌 위에 형성되어 있다.

이 곳은 수심이 불과 1m를 넘지 못하며, 조금 물때에는 독살이 잠기지 않을 정도로 야트마한 곳이다. 깊숙한 만으로 의항리 양식업이 대개 이 곳에서 이루어진다. 독살 34는 매우 길어서 50여m를 넘으며 북쪽끝은 마을을 향하고 남쪽끝은 방파제를 향하여 갈고리 형태로 만 안에서 나가는 물을 받게끔 되어 있다(사진 19).

No.35 의항리 큰말 독살(김갑재 운영, 2003년 현재 60세)

의항의 본 마을인 큰마을 앞에 길게 방파제가 있다. 굴 작업 등을 마친 경운기 등이 오고가는 길목이다. 독살 35는 방파제 바로 옆에 위치하며 34보다는 남쪽에 위치한다. 형태는 남아 있으되 거의 무너졌고 방파제를 향하여 삼태기 형태로 아랫물을 받게끔 만들어져 있다.

No.36 의항리 소둘 독살(이병래 운영, 2003년 현재 62세)

큰말 남쪽에는 이씨네가 살고 있는 소둘이 있다. 소둘을 가자면 의항 초등학교 앞쪽으로 접어들어 간석지를 옆에 끼고 남쪽으로 내려가야 한다. 간석지들이 크게 형성되어 있으나 예전에는 당연히 갯벌이었다. 수망산(140m)에서 내려온 산줄기가 북쪽으로 뻗었으며 안쪽으로 아늑한 갯벌을 형성하여 보기에도 평안한 지역이다. 소둘 독살은 100여m 크기로 갯벌에 의지하여 가운데 수문은 갯골에 걸쳐져 있다. 안쪽으로 들어온 조류가 갯골로 흘러가면서 수문에서 고기를 몰아넣는 방식이다. 지금도 형태는 일부나마 남아 있다(사진 20).

원북면·이원면의 독살

방갈리 독살

독살 No.37 방갈리 분점 돌살 a(故 말 못하는 할머니·할아버지네 운영)

독살 No.38 방갈리 분점 돌살 b(故 김국태 운영)

독살 No.39 방갈리 분점 돌살 c(故 김국태 운영)

독살 No.40 방갈리 분점 돌살 d(故 김흥만 운영)

원북면은 비교적 높은 산들이 펼쳐져 있어 약 70% 정도가 산지이다. 원북면 북단에는 분점도, 민어도 등이 있으며, 서쪽에는 신두리사구가 있다. 지금은 이곳을 학암포라 하지만 옛날에는 '분점盆店'이라고 불렀다. 역사적으로 볼 때, 분점은 분점포가 있던 곳으로 조선시대에 대중국 무역항이기도 했다. 질그릇이 수출되던 곳으로 약 70여 년 전만 해도 질그릇을 굽던 가마터의 흔적이 남아 있었다. 분점의 학암 부근에는 봄철 진달래꽃이 필 적에는 인근의 명소로 꽃놀이 오는 이들이 많았다. 분점도는 학암포해수욕장과 연결된 섬으로 큰분점도라 부르며 그 옆에 작은 분점도가 있다. 조석에 의해 뭍과 이어졌다 떨어졌다 하며, 거리가 30여 m 떨어져 있을 뿐이다. 지금은 큰분점도와 육지 사이에 방파제가 건설되어 있어 자동차가 드나들 수 있다. 작은분점도는 모래사장으로 연결되어 간조에만 걸어다닌다. 반도의 북쪽 끝자락에 위치하여 바람이 심하고 파도가 격하여 모래가 밀려와 오늘날의 해수욕장을 이루었다. 참고로, 방갈리에는 무인도들이 산재하여 민어도 · 분점도 외에도 대도 · 차도 · 연돌도 · 구도 · 안도 · 방행도 · 신도 · 고갈섬 등이 있다.

발전소 방향으로 긴 사구가 형성되어 있다. 지금은 사구의 모래를 퍼날러 매우 얇아졌으며 집들이 들어서 있다. 발전소 쪽에 여전히 사구 일부가 남아 있는 가운데 사구 위에 나무들이 자라고 있어 일정한 방풍림 구실을 한다. 학암포를 벗어나면 고개를 넘어가게 되며, 고갯목에서 발전소를 마주하게 된다. 발전소를 돌아가는 길이 비포장도로로 나 있으며, 발전소 뒤쪽에서는 목개가 보인다. 목개는 민어도로 가기 전에 허리가 잘룩한 좁은 목으로 작은 바위섬이 앞바다에 있는 돌밭과 모래사장을 간직하고 있다. 발전소 덕분에 출입이 봉쇄되고 있다. 발전소에서부터 건너편으로 이원방조제가 건설되어 아스팔트 포장도로로 이원면 북단에 당도할 수 있다. 그 안에 주민 몇 호가 살고 있는 죽도가 남아 있으며, 주

사진 21 태안군 학암동 분점 독살터

사진에서 보이는 검은여는 '주락개'라 부르며, 독
살이 있던 곳인데 지금은 방파제 공사로 사라졌다.

변부터 일부 간척이 이루어지고 있는 중이다. 예전에는 학암포를 돌아서
서 오늘날의 이원방조제가 있는 만 깊숙이 고기들이 산란하러 들어오는
길목이었는데 지형 변화와 더불어 생태적 조건이 완벽하게 변했다.

원북면 서쪽은 산이 발달한 황촌리와 모래사구가 발달한 신두리로 이
루어진다. 신두리는 기왕에 천연기념물보호구역으로 지정되었을 만큼
사구의 중요성이 돋보이는 곳이다. 따라서 신두리에서는 독살어업이 이
루어지지 않았고 대신에 어살이 상당히 많이 이루어졌다. 반면에 신두리
북쪽의 황촌리는 가파른 산이 많으며 협곡을 이용하여 독살이 다수 이루
어졌다(사진 21).

독살은 큰분점 너머에 1개(독살 No.37), 모래사장에 2개(독살 No.38·39), 발전소 밑 봉우리에 1개(독살 No.40) 있었다. 결국 학암포 독살은 세 군데에 4개가 있었다고 할 수 있다. 여기 독살은 제보자 강복순이 시집와서 보니까 이미 하고 있었다. 조원호의 증조부도 이곳과 관계가 있는 것으로 보아 대략 조선후기까지는 거슬러 올라갈 수 있을 것이다.

독살 No.37은 큰분점과 연결되는 방파제 북쪽에 위치하는데 흔적이 없다. 큰분점의 돌부리가 흘러나온 곳으로 모래가 쌓여 있는데, 작은분점과 큰분점 사이로 흘러들어 오고가는 조류를 받는 위치이다. 지금은 방파제가 막혀 있으며 독살은 간 데 없다. '말 못하는 할머니·할아버니네'(박씨네)가 운영했으며 성명 미상이다.

독살 No.38·39는 제보자의 집 앞으로 바로 펼쳐진 모래사장 앞쪽에 있었다던 독살로 두 개가 연결된 것이었다. 물이 썰면 완전히 드러나는 바위가 독살 있던 자리의 돌이다. 거기서 고기도 갖다 말리며, 통칭 '주락개'라고 한다. 주락개 밑으로 독살이 하나 있었는데 김국태 씨네 것으로 그도 죽었다. 조원호의 증언으로는 2개가 붙어 있었다고 한다. 그 중 왼편(분점도 쪽) 독살의 돌은 물이 들어와도 그 흔적이 보인다. 모래사장 위로 돌출한 바위톱이 있으며 그 바위톱을 중심으로 좌우로 독살이 자리잡아 남북으로 오고가는 조류를 받던 독살이다. 그러나 이 독살들 역시 흔적 없이 사라지고 약간의 독만 산재할 뿐이라 외견상으로는 독살터인지 확인이 어려운 곳이다.

독살 No.40은 발전소 쪽의 독살로 김흥만 씨가 했는데, 그 역시 죽었다. 발전소 굴뚝이 바라보이는 학암포해수욕장의 동쪽 산뿌리에 위치한다. 날카로운 검은돌이 해면으로 돌출한 것으로 바위그늘이 짙고 산그늘이 퍼지는 곳이다. 파도가 심하여 사구가 형성되어 있다. 독살은 그 바위그늘에 의지하여 형성되었으며 지금도 제법 큰 돌이 산재하여 흔적을 알려주고는 있으나 분명한 흔적들은 대개 사라졌다.

독살은 대략 1970년대에 소멸한 것으로 추측된다. 고기가 안 들고 하니까 독살이 없어진 것이다. 독살이 폐지되면서 돌들도 함께 사라졌다. 방파제 둑을 쌓을 때 발전소 쪽 독살도 가져와서 쌓았다. 선창에 바람불면 파도치고 배가 파손되고 하니까 배를 조금이라도 바람막이하려고 방파제를 쌓았다. 배부리는 사람들이 독살에 있던 돌들을 등으로 져다가 어민들이 쌓았는데, 조금 바깥쪽으로는 '면에선가 군에선가 나중에 세멘해주고 했다'고 한다. 처음에는 시멘트도 없고 해서 마을 주민들이 일일이 돌을 옮겨다 방파제를 쌓은 것이었다. 물론 돌은 독살을 쌓았던 그 돌이었다. 방파제를 쌓을 때에도 독살은 이미 제 기능을 잃은 지 오래였다. 독살에 돌이 자꾸 무너지고 고기도 안 들고 자꾸 모래 속에 파묻히고 하니까 주민들이 모래 파내고 돌을 일일이 옮겨서 방파제 둑을 쌓은 것이다. 그렇게 하고도 또 모자라서 바다에서 돌을 주워다가도 둑을 쌓기도 했다. 그 다음에는 관계기관에서 보강해준 것이다. 현존 방파제의 콘크리트 밑에 예전의 독살 돌들이 잠겨져 있는 셈이다.

그 당시 독살에서 주로 잡는 것은 숭어, 열치 같은 것이다. 주로 젓갈을 담갔다. 그때만 해도 숭어 같은 것도 많이 잡고, '열치'(멸보다 아주 큰 것)도 들어서 독살에 가서 바구니에다 마구 퍼담아 '다라이'에 이어 오기도 했다. 저 너머에는(독살 No.37) 독살 매가지고 말짱 꽂고 그물 드리워 놓곤 했다. 고기가 들어오면 나가지 못하게 돌멩이로 싸놓고 거기에 살을 친 것이다. 고기가 흔할 때라서 독살에서 갈치도 숱하게 잡아내고, 발 쳐서 '살'을 매기도 했는데 독살 안에다 살을 쳤다. 돌멩이가 얕아지니까 고기가 못 들어오므로 높게 하느라고 발을 쳐서 만들었다. 발은 소나무로 말짱 박고 했다. 세 군데 다 해먹었다.

독살에 고기가 많이 들면 독살 임자가 혼자 가서 물이 들어오기 전에 고기를 전부 잡아내기 어려우므로 주민들이 가서 도와주고 나눠 받는다. 개인소유이므로 주민들이 가서 '내 자유로 가서' 해오지는 못한다. 임자가 있으니까 가서 일해주고 나눠주면 가져다 얻어먹곤 했다. 그때는 고기를 사고 팔고 하는 것은 없었다. 옛날엔 인심이 좋았다. 반 딱 나눠서 독살 주인이 반 가지고, 그 나머지 반은 '이거는 당신들이 나눠 가시오' 하면, 또 그걸 가지고 열이면 열, 다섯이면 다섯 똑같이 나누어 가졌다. 독살을 운영하다가 무너지고 하면 본인이 보수하는데 사람 사서 하거나 그렇지 않으면 본인이 돌을 가져다 보수했다. 여기는 주민도 없어서 도와줄 수도 없었다.

독살의 고기는 '바주'로 건졌다. 바주는 테두리를 대어서 자루 만들어서 한 것이 있는데 둥글게도 생기고 네모나게도 생겼다. 옛날에는 나무로 집에서 만드니까 둥글게 생겼다. 지금은 '승냥간'에 가서 쇠로 용접해서 제대로 만들지만 옛날에는 나무 해다가 말랑말랑 한 것으로 불로 구워서 휘어가지고 자루 매달아 썼다. 나일론이 등장하기 전인지라 '마다리'라고 누런 푸대로 그물을 많이 만들어썼다.

절기별로 봄에는 독살에서 별거 못 잡고 좀 늦어지면 별거별거 다 잡았다. 가을 정도에 많이 잡았다. 그때는 안 잡히는 것 없이 숭어, 열치, 갈치, 전어 등 살 안으로 안 들어오는 게 없었다. 물이 쫙 써니까 그거 퍼 담으려고 해도 다 퍼 담을 수 없던 적도 많았다. '바주' 가지고 가서 옛날 벗가마에다 하나씩 퍼 담아가지고 마차에다 싣고서 끌고 다니곤 했다. 할아버지도 독살 고기로 소금 들여서 젓 담아 놨다가 팔아먹고 그랬다. 제보자가 아들을 낳기 전에 독살로 고기가 엄청나게 많이 들었었다고 한다. 그 이후로는 고기가 조금씩 줄기 시작했다.

고기가 들어올 때는 주로 가을에는 '이물'이 들어왔다가 '밤물'에 가서 많이 잡았다. 작업은 밤에 물보러 간다. 낮에는 들어도 그렇게 많이 안 들었다. 그 이유는 잘 모르지만 대개 낮물에는 별로 안 들고 밤물에 많이 잡았다.

독살고사도 지냈다. 그때는 범벅해서 고사 지냈다. 범벅은 떡이 아니고 동그랗게 빚은 음식인데 그거 갖다가 고사 지냈다. 쌀이 아니고 여러 가지 섞어서 안에다 팥 삶아서 넣고 쪄서 범벅이라고 고사지냈다. 독살 가서 고사 지낸다. 밤에 독살 임자 본인이 가서 지내는데 여자들은 안 가고 남자만 간다. 술은 올리지 않고 냉수만 올린다. 도깨비 물참봉 그런 것은 없었다. 참봉이라는 말의 뜻도 모른다. 그렇지만 '물아래 참봉, 물위의 참봉' 그런 말은 했다. 참봉이 도깨비란 것도 들어본 적이 없다. 참봉이 팥을 좋아해서 고사 때 범벅해서 바친 듯했다. 고사지내고 나서는 범벅을 던지면서 독살에 고기 많이 들라고 외친다. 독살고사는 서무날 아니면 열무날 지냈다. 그 이유는 잘 모르겠는데, 서물이면 물이 '산짐한다'고 한다. 물이 막 죽었다가 살아난다는 뜻이다. 열물은 물이 죽을 때를 말한다. 사람마다 제 마음에 드는 때를 정하는데 둘 중에 한 번을 정한다. 일 년에 한 번만 지내는 것이다. 독살고사를 마지막으로 본 것은 제보자 조원호가 30대쯤이다.

독살 No.41 원북면 방갈리 목개 독살(운영자 성명 미상)

목개는 학암포에서 민어도로 넘어가는 곳이다. 도량골을 지나서 과거에 임홍수염전이 있던 곳을 지나다보면 좁은 목개가 나타나며 북단에 독살이 위치했다. 현재는 태안화력발전소가 들어선 곳이다. 독살을 운영했던 사람이 누군지는 정확히 모른다. 분점에 독살이 있을 당시에 목개에도 독살이 있었다. 목개는 당시에 주민이 몇 호 안 되었으며 대략 4~5호 정도 되었다. 발전소와 더불어 주민들이 살 수 없는 곳이며, 현재는 일체의 외지인들이 들어설 수 없는 곳이 되었다.

독살 No.42 원북면 방갈리 민어도 독살(운영자 성명 미상)

목개를 넘어서면 민어도가 동쪽에 위치한다. 민어도까지는 물이 썰면 차가 들어간다. 지금은 건너편 이원면 쪽으로 이원간척지를 막아서 민어도와 이원면이 연결된다. 그 안의 죽도에는 지금도 3가구 정도가 살고 있다. 민어도에도 독살이 있었는데 누가 했었는지는 확실히 모른다. 독살하던 양반들은 다 돌아가고 누가 독살을 했었느냐 하는 것은 거기 살던 사람한테 물어봐야 정확히 알 수 있는데 현재 민어도에는 사람이 살지 않는다. 태안화력발전소 때문에 길을 막아서 민간인들이 들어갈 수 없다. 지금도 민어도로 굴 따러 다니는 사람은 오간다.

민어도에 제보자의 시고모들이 살았었다. 집이 두세 가구 정도밖에 없었다. 민어도의 어의語義는 민어가 많이 잡혔다는 얘기인지 아니면 또 다른 의미인지는 아무도 모른다. 민어도에 사람이 안 살게 된 지는 오래되었다. 어른들이 돌아가고 나가고 하면서 사람들이 안 살고 있다.

민어도에는 독살보다는 '살'이 더 많았다. 고기도 살에서 훨씬 많이 잡았다. 김근태씨가 살에서 고기를 많이 잡았는데 갈치도 많이 잡았다. 그 양반은 지금은 죽었다. 살의 길이도 넓었다. 말짱은 소나무로 박고, 그물이 아니고 대를 쪼개가지고 발쳐서 잡았다. '죽살'이라 하지 않고 그냥 '살'이라고 했다. 대나무로 발을 쳤는데 대나무는 자기가 없으면 대나무 있는 집 가서 사다 썼다. 여기서도 왕대가 많이 났다.

황촌리 독살

독살 No.43 원북면 황촌리 통개 독살(운영자 성명 미상)

독살 No.44 원북면 황촌리 모재 독살(운영자 성명 미상)

원북면 서북쪽에 위치하며 오늘날은 구례포라 부르는데 원 지명은 황촌, 혹은 황골이다. 황촌은 국사봉으로 접어드는 길목과 목말로 접어드는 길목이 있다. 도기산倒旗山 줄기가 뻗어내려 성주산聖住山을 이루고, 여기서 다시 갈래가 퍼져내려 윤봉輪峰이 형성되고, 윤봉 줄기가 북쪽으로 뻗어가다가 황촌리에서 목말재(項村峴)를 이루었으며, 다시 북상하여 방갈리의 국사봉을 이루었다. 즉 황촌리는 산이 험한 바닷가다. 황촌은 1구의 경우에 100여 호가 거주하던 큰 마을이었는데 지금은 쇠락했다. 간척지가 곳곳에 만들어지면서 어업은 오래 전에 끝난 상태이며, 현재 너른 들판이 있는 곳은 매우 일찍이 일제시대에 일본인들이 간척하여 논으로 만들었다. 신두리쪽에서 조류가 오고가던 만을 10여 년 전에 막으면서 양식장 등으로 변했으며, 대개의 조간대는 아직 버려진 상태로 방치되어 있다.

국도변에서 목말로 들어가 산자락을 내려가면 간척지가 나타난다. 황촌1구에 집이 몇 채 있는 곳에서 바닷가로 나가면 염습지가 육지로 천이해가는 단계이다. 독살 43은 간척지 제방 안쪽의 통개라는 곳에 위치하며, 산뿌리가 있는 아래쪽에 위치했으나 갈대밭이 우거진 상태라 더 이상 바다의 흔적을 찾을 수 없다. 신두리에서 황촌리 쪽으로 조류가 오고가던 길목에 위치했으나 지형조건이 완전히 변했다. 제보자가 어렸을 적에도 이미 독살은 흔적만 남기고 실제 조업은 이루어지지 않은 상태였으므로 매우 일찍이 소멸한 것으로 추정된다.

독살 44는 통개 반대방향이다. 염습지를 따라서 가다보면 방죽 쌓은 곳의 끝자락에 위치한다. 신두리 사구쪽에서 보자면 만의 외해로 돌출한 양쟁이 산뿌리 밑에 모개 독살이 위치한다. 간척지 둑 바깥에 위치하기는 하나 방죽을 쌓으면서 잡석이 흘러내렸으며, 다만 산뿌리는 고스란히 남아 있다. 독살은 산뿌리에 안겨서 1개 흔적만 존재한다. 산자락 앞에는 길쭉한 여가 자리 잡고 있으며 고기들이 오고가는 좋은 조건의 뿌리에 의지하여 형성되었다. 산뿌리는 암벽으로 이루어져 돌들이 많으며, 이들 돌을 활용하여 독살을 쌓았다. 통개와 마찬가지로 매우 일찍이 사라졌다.

내리 독살

독살 No.45 구찌나무골 독살(故 김용주 운영, 생존시 97~8세)
독살 No.46 구찌나무골 독살(故 김일거 운영, 생존시 100여 살)

지금은 '구찌나무 해수욕장', 혹은 '꾸지포 해수욕장'으로 알려진 곳에 독살 2기가 존재한다. 해송이 우거진 곳으로 작지만 아늑한 만을 형성했고 파도에 밀린 사구가 쌓여 있다. 구찌나무골에는 예전에는 가시가 돋힌 구찌나무가 많은데서 비롯되었다. 구찌나무는 구찌나무라고도 부르며 느릅나무과에 속한다(학명 *Broussonetia papyrifera ventenat*). 약재로 알려지면서 껍질과 뿌리 등을 캐가면서 거의 사라져서 작은 나무 몇 그루만이 있을 뿐이다. 이 일대의 구찌나무는 잘 보존되고 있었으나 빨간 열매가 '천병에 만약'이라고 약용으로 쓰이면서 사라졌다고 제보자는 말한다. 그 이전에도 장작용으로 베어다가 멸종시켰다.

꾸지나무골은 모래장벌 죄측 방향으로 딴바우라는 여가 돌출되어 있다. '저 혼자 별도로 떨어져 있다'는 뜻에서 붙여진 이름인데 큰 바위와 작은 바위들이 바위톱을 형성하며 모래장벌 가운데에서 바다 쪽으로 돌출되어 있다. 꾸지나무골의 앞에는 물이 썰어야 보이는 한강여가 있다.

독살 45는 모래장벌 북쪽에 돌출된 산뿌리 밑에 형성되었다. 돌밭이 산뿌리 밑으로 흘러나와 있으며, 독살은 흘러나온 돌들을 이용하여 모래장벌 위에 축조했다. 제보자의 집안네인 김용주 옹이 운영했다. 구찌나무골에는 본디 2가구만이 있었다. 1970년대에 간첩 출몰 때문에 주민소개가 이루어지면서 거주자들은 이주시켰다. 독살 45의 소유자 김진의의 부친 김용주 옹도 이때 서산시로 보상을 받고 이주했다. 김진의는 60살이 넘었으며, 그의 부친은 생존시 97~98세다(사진 22).

독살 46은 딴바위여 남쪽에 안긴 상태로 형성되어 있다. 독살 45의 소유자인 김용주의 작은 아버지 김일거 옹이 운영하던 독살이며, 김옹의 자손인 김상규도 사망했으며, 물려받았던 그의 동생 김대원도 사망했다. 일제시대에 '구믈이 없으니까' 그 집안에서 돌을 쌓아서 고기를 잡다가 잘 안 팔리므로 '구워서 팔기도 했다'고 한다.

봄이 오면 '꽃바래기'라고 원구가 들어온다. 잔달래꽃이 필무렵이면 원구들이 바다 속에 있다가 나온다. 독살에서는 원구(숭어 사촌)도 잡고 숭어도 잡았다. 원구와 숭어는 비슷하게 생겼는데 숭어는 눈이 노랗고 원구는 눈이 허옇고 크다. 그래서 원구는 '눈먼고기'라고 제상에도 올리지않는데 맛은 원구가 더 좋고 육질도 굳은 편이다. 여름에는 열치·깔대기

가 잡혔다. 열치가 떼로 몰려왔는데 멸치와 열치는 다른 어종이다. 간혹
깔때기도 잡혔는데 생기기는 농어처럼 생겼지만 농어는 점이 없고 깔대
기는 점이 있다. 가을에는 우럭 잔놈, 놀래미 등이 잡혔다.

'심심해서 하는 거지, 영업적으로 하는 것은 아니다'고 제보자는 말한
다. 고기는 '다람쥐'로 하나도(하나 가득) 잡히지 않고 자기가 먹는 정도로
잡혔다. 옛날에는 고기가 흔하므로 여남은 씩 잡게 되면 배를 따서 가공

해서 손쉽게 팔려고 말려가지고 다녔다.

독살들은 여름에 말복 지내고 나서 서풍·북풍이 심하므로 많이 무너진다. 초봄 지나면 독살을 보수하는데 개인소유이므로 개인이 혼자서 해야한다. '자기 살려고 하는데 도와주긴 누가 도와줘'라고 한다.

제보자는 생태어법상의 재미있는 견해를 들려주었다. 구찌나무골은 산골짜기가 길어서 물이 많다. '고기가 육수를 좋아하니까, 그 물이 내려오므로' 고기가 잡혔다고 한다. '육수가 많이 내려오면(산에서 물이 내려오면) 고기는 햇물을 빨아먹고산다'고 한다. 육지가 가물면 바다도 가물어서 고기가 움직이질 않고, 장마비에 산골에서 바다로 물이 흘러들어가면 그만큼 고기도 몰려든다고 한다.

꾸지나무골의 관행어법은 독살과 더불어 일반적인 살도 존재했다. 살은 200여m에 달하는 살과 여나믄 발 길이의 금발로 나뉜다. 그물이 없으므로 산에서 싸리나무를 베다가 엮어서 그물을 만들어 모래장벌에 박았다. 살은 덩치가 컸기 때문에 고정체로 붙박이로 조업했으며, 반면에 금발은 지게에 짊머지고 이동하면서 조업했다. 살을 매어두는 위치에 그대로 두면 고기가 잡히지 않으므로 이동하면서 고기를 잡았다. 그때만 해도(일제시대) '시국도 어수룩하고 고기도 어수룩하고 고기도 흔하니까' 금발로 고기를 잡을 수 있었으나, 지금은 '고기도 약아서' 잡히지 않는다. 금발의 위치에는 굴 양식장이 들어서서 현재는 사라졌으며, 대략 40여 년 전인 1960년대 초반에 소멸했다.

No.47 이원면 내리 문틀이 독살 a(김선권 옹 운영, 생존시 100세)

No.48 이원면 내리 문틀이 독살 b(김선권 옹 운영)

구찌나무골로 넘어가기 직전, 현재 태평양연수원이 있는 곳에서 왼쪽으로 내려가면 해송민박집이 바닷가에 단독으로 위치한다. 가파른 산줄기를 내려가는데 해송민박집을 중심으로 남쪽으로 문틀이라고 부르는 옴폭 들어간 만이 존재한다. 모래장벌이 짧게 펼쳐져 있으며 양쪽으로 바위들이 군립한다. 독살은 모래장벌 위에 2기가 설치되었다.

운영자는 제보자의 집안네로 대부(10촌 넘는 할아버지) 김선권 옹이 운영했다. 장남이 2살 이후로 벙어리가 되어 살다가 죽고 동생도 술 먹고 죽고, 손이 끊겼다. 대략 40여 년 전인 1960년대 초반에 독살어업이 중단되었다. 지금도 그 흔적만큼은 남아 있다. 참고로, 문틀이가 속해 있는 본 마을은 '장구섬'이다. 남서쪽으로 딸린 섬이 장구처럼 생겼다고 하여 장구섬이 되었는데 모두 연륙되어 섬의 흔적만 남아 있다. 본 마을은 그 섬을 앞에 두고 양지바른 산자락에 의지하여 집촌으로 형성되었으며, 구지나무골과 문틀이는 이들 집촌의 어장이기도 하다.

No.49 이원면 내리 산뿌리 독살(故 안강순 운영, 생존시 100여 살)
No.50 이원면 내리 밑터골 독살(故 안익순 운영, 생존시 150여 살)

내리에서 만대 쪽으로 북상하다보면 산 능선 위로 뚫린 도로변 왼쪽으로 마을이 형성되어 있다. 사목은 사항(沙項)을 뜻한다. 양쪽 바다 사이에 끼여 있어 폭은 좁고 길어 장구목같이 잘록한데다 양쪽 바닷가에는 모래가 쌓여 있는 데서 붙여진 명칭이다. 오랜 세월 퇴적되어 약 500㎡ 넓이의 농경지로 변했으나 마을 안을 흐르는 하천이 백사장 허리를 관통함으로써 자연히 모래목이 되었다는 지명의 유래도 있다. 산자락에서 조그만 물줄기가 서쪽으로 내려가고 사구가 크게 형성되어 있는데, 그 사구의 입구(모가지)라는 뜻에서 사목이란 명칭이 붙었다. 마을은 순흥안씨 세거터로 400여 년 순흥안씨 묘가 전해진다. 조선후기에 입도하여 현재는 약

20여 가구가 거주한다. 주민들은 어업과 밭농사를 주로하는 농업에 종사
하며, 마을입지가 넓지 않아 산자락에 의지하여 형성되어 있으며 경사를
이룬 쪽으로 해송과 사구가 있어 일명 사목해수욕장으로 알려졌다.

독살은 해수욕장 모래장벌 양측의 산뿌리에 의지하여 2기가 위치한다.
북쪽의 독살 49는 산뿌리 독살이라고 부르며 안강순옹이 운영했다. 산뿌
리에서 흘러내려온 바위들이 바다로 돌출한 가운데 그 안쪽으로 삼태기
모양의 독살이 형성되어 있다. 독살 바탕은 모래장벌이며 30여m의 작은
독살 흔적이 완연하다. 산뿌리 안으로 움푹 들어간 위치인지라 산그늘이
지고 있으며 물고기들이 만조 시에 산그늘로 몰려왔다가 나가면서 독살
에 걸렸다(사진 23).

남쪽 산뿌리는 미터골(밑터골)이라 부르는데, 독살 50이 있으며 안익순
옹이 운영했다. 독살은 49와 마찬가지로 산뿌리에서 흘러내려온 바위톱
에 의지하여 바위톱 안쪽으로 모래장벌에 축성을 하여 쌓아올린 20여m
의 작은 독살로 독살 49보다는 규모가 조금 작다(사진 24).

두 독살 모두 동네의 안씨네가 운영했다. 안강순이 생존시에 100여
살, 안익순이 생존시에 150여 살이므로 모두 오래 전에 운영되던 것으
로 일찍이 사라졌다. 제보자 안길순 자신이 80여 세로 이미 어렸을 적
에 흔적만 남은 상태였다고 하므로 소멸 연대는 일제시대였을 것으로
추측된다.

No.51 이원면 내리 피꾸지 독살(故 문형삼 운영, 생존시 100여 살)

피꾸지는 독살 50 밑터골이 있는 산뿌리 뒤편, 즉 남쪽의 작은 만에 위
치한다. 교통이 매우 불편한 곳이라 사목마을에서는 직접 갈 수 없다. 남
쪽 관리쪽에서 돌아서 들어가야 하는데, 움푹 들어간 위치에 존재한다.

(위) **사진 23 태안군 원북 산뿌리 독살**

(아래) **사진 24 태안군 원북 밑터골 독살**
오른쪽 산뿌리에 의지한 독살이다.

모래장벌이 작게 펼쳐져 있으며 작은 독살이 위치하는데 흔적만 남았다.

외해는 수심 5m의 비교적 깊은 곳이며 강한 조류가 북상하는 길목이라 늘 파도가 심하고 모래가 몰려들어 모래장벌과 사구를 만드는 곳이다. 바람이 심한 곳에서 조금 안쪽으로 만이 형성되어 돌밭을 이용하여 자연적인 독살이 운영되었다. 소소한 고기를 잡는 규모로 운영되었으나 앞의 사목 독살과 마찬가지로 일찍이 소멸했다. 제보자 연령과 운영자 연령으로 미루어 해방 이전까지만 운영되던 것으로 비정되지만 정확한 소멸연대는 알 수 없다.

근흥면의 독살

신진도의 독살군

No.52 신진도 독살 a

No.53 신진도 독살 b

No.54 신진도 독살 c

No.55 신진도 독살 d

신진도에는 여러 곳에 독살이 전해진다. 4군데 중에서 1군데는 매립지로 들어가버리고 나머지 세 군데만 전해진다. 고기가 많이 노는 장소를 선택하여 돌을 지게로 져다가 하나씩 차근차근 담 쌓듯이 쌓는다. 돌로

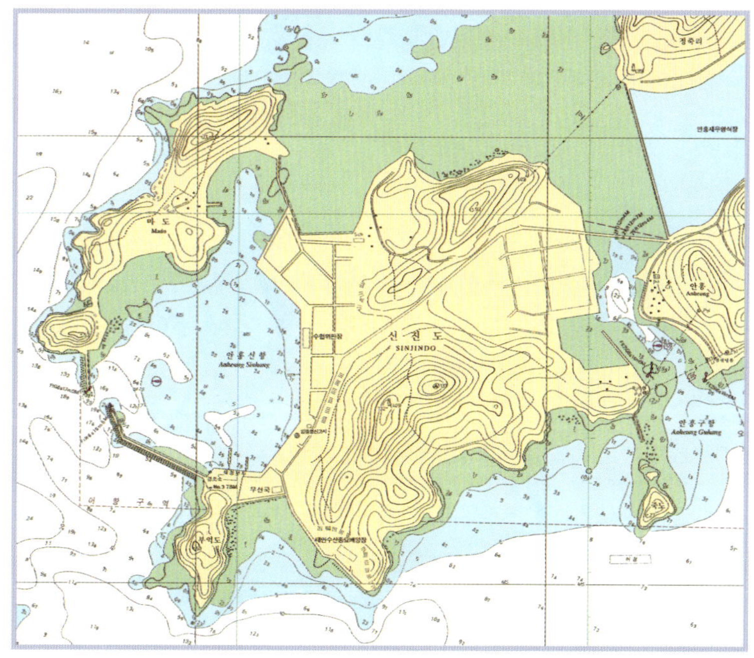

| **신진도 · 마도 해도**(도엽번호 No. 355, 국립해양조사원)

그물처럼 만들어놓고 물이 들어왔다가 나가면 고기가 갇히게 된다.

대개 돌 높이는 평균 4자(120cm), 높은 것은 5자(150cm) 정도다. 동그랗게 막고 가운데를 불뚝(또는 수문통)이라고 대나무로 발을 엮어서 두어 발 막는다. 물이 썰 때, 지대가 높은 가생이부터 나가므로 수심이 깊은 가운데 물줄기로 고기들이 모인다. 물이 어지간히 빠져나갔을 때 고기들은 갈 곳이 없어 가운데의 불뚝으로 몰려든다. 발을 바위에 걸쳐놓았기 때문에 틈새로 고기가 빠져나갈 수 없게 되어 있다. 그렇지 않으면 바윗돌 사이로 고기가 빠져나가고 만다.

이들 돌살은 전부 개인이 운영한다. 돌살을 설치할 때, 워낙 중노동을 들여서 쌓아야 하니까 동네사람들이 하루씩 무료 봉사를 해줄 때도 있

다. 동네사람들은 돌살 쌓는 것을 도와주는 대신에 반찬거리 정도는 얻어먹는다. 예전에 돌살이 한창일 때는 참으로 고기가 많이 들었다. 고기가 고이게되면 사둘을 이용하여 고기를 담아올리는데 워낙 많아서 지게로 고기를 퍼서 나를 정도로 흔하게 농어·조기·갈치·멸치·쭈꾸미·숭어 등이 무지하게 들었다.

독살은 일 년 내내 하게 된다. 일정한 시절을 타는 것이 아니라 연중 작업이 가능한 어법이다. 여기에 드는 고기는 대개 회유성 어족인데 고기가 사라지면서 제일 먼저 회유성 어족들부터 사라진 탓으로 돌살도 사라지게 되었다. 고작 숭어 같이 근해에서 사는 어종들이나 잡게 되었다. 근년까지 돌살을 하다가 사라졌다.

현재 가장 눈에 뜨이는 대표적인 돌살은 신진도에서 마도 들어가는 연륙교 옆에 있는 돌살이다(사진 25·26). 지금은 연륙된 도로가 지나가는 바람에 전체적인 지형을 살펴보기 어렵게 되어 있지만 예전에는 조금 들어간 만灣 같은 곳이었다. '용오기'라는 작은 돌섬이 있던 곳이다. 이무기

| 사진 25 · 26 태안군 신진도 독살

가 용이 되어 하늘로 올라가다가 여의주를 놓쳐서 여의주가 떨어지면서 섬이 되었다는 전설이 전해진다. 축항공사가 시작되기 전의 옛 해도를 보면 신진도와 마도 사이에 여가 2개 나타난다. 그 중에서 신진도 쪽에 딸린 큰 여가 용오기다. 물이 남북으로 썰기 때문에 물이 나갈 때 용오기 암초 옆을 통과하여 북쪽으로 향하게 되어 있다. 따라서 돌살은 그 용오기 옆의 갯벌 위 물줄기에 설치한 것으로 보인다. 지금은 축항으로 인하여 암초 바로 위로 연륙교가 지나가고 그 앞에 있던 돌살만 흔적이 남은 것이다.

용오기에 의지하여 일종의 만을 형성하고 있는 지형이다. 돌살을 만에 설치하는 것은 물이 잔잔하므로 고기가 자유롭게 노닐면서 살 수 있는 곳이기 때문이다. 신진도에서 내려오는 물줄기가 바다로 들어가는 길목이며, 지금도 물이 썰 때는 갯물이 돌살 쪽으로 흐른다. 돌살을 벗어난 물줄기가 바다로 흐르는 가운데에 통발을 놓았을 정도로 고기가 나다니는 길목이라 할 수 있다. 바지락 같은 조개류, 굴 따위도 많이 잡히는 곳이며, 물살 흐르는 곳을 좋아하는 고기의 생리를 적절하게 이용한 위치다. 현존 돌살은 약 50m 정도로 작지만 아담한 크기다. 돌살은 무너져서 그 자리에 잔돌만 남기고 있지만 흔적이 분명하여 무너진 지 얼마되지 않음을 알 수 있다. 1960년대 중반까지는 독살을 매었으나 폐지되었다고 한다.

참고로, 독살에서는 독살고사를 올렸다고 한다. 현존 독살이 자리 잡은 곳의 앞바다는 함정바탕으로 불리며 독살 앞에서 '함정고사', 혹은 유황님(용왕님)제사를 올렸다. 물참봉을 달래는 고사인데 도깨비는 물참봉, 물아래참봉은 물 밑에 사는 도깨비를 뜻한다

마도의 독살군

No.56 마도 독살 a

No.57 마도 독살 b

No.58 마도 독살 c

No.59 마도 독살 d

No.60 마도 독살 e

신진도 바로 옆 섬인 마도 독살은 주로 남쪽의 만에서 발견된다. 마도 북쪽은 바깥바다로 열려진 상태일 뿐더러 넓은 만이 없고 수심도 급작스럽게 깊어져서 2~3m를 형성하다가 곧바로 5~19m를 형성한다. 반면에 마도 남쪽은 신진도를 마주보면서 그 자체가 아늑한 만을 형성한다. 특히 신진도와 마도의 연륙교 부근은 연륙 이전에도 물이 썰면 갯벌로 이

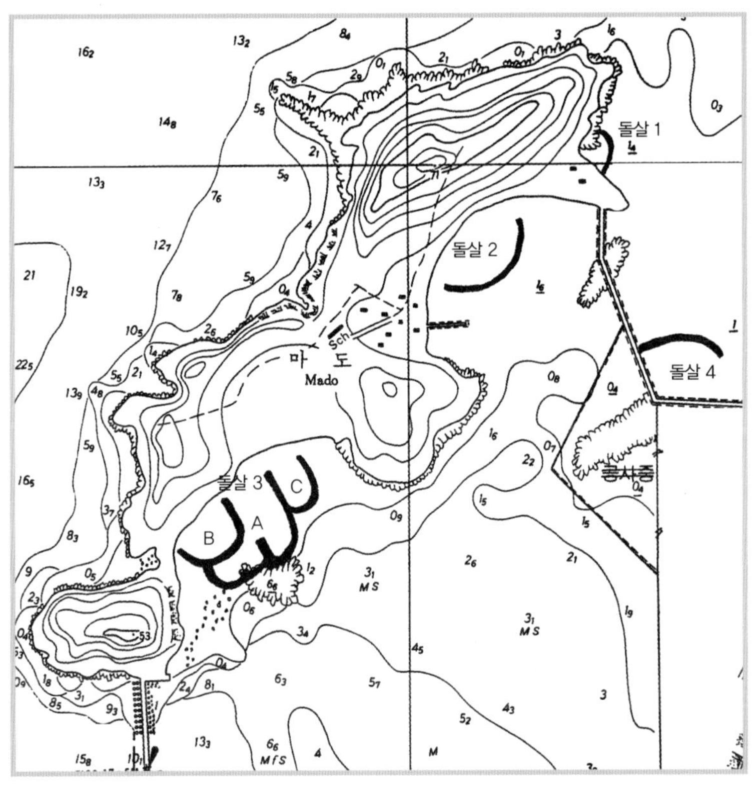

신진도 · 마도의 해도와 독살 설치도

돌살 1 마도 술뚝 독살
돌살 2 마도 왕대굴 독살
돌살 3 마도 A · B · C 독살
돌살 4 신진도 용오기 독살

어질 정도로 수심 1m에 지나지 않는 넓은 개활지다. 따라서 마도와 신진
도 사이에는 자연스럽게 만이 형성된 느낌이다. 이 같은 자연조건은 마
도 남쪽에 너른 갯벌이 있는 천혜의 만을 조성했고 이들 공간에 독살이
들어서게 된 것이다. 마도와 신진도는 외해에서 물고기가 들어오는 길목
에 자리 잡아 물고기 집결처로서 더할 나위 없는 좋은 조건을 갖추고 있

503

다(사진 27 · 28).

마도 독살 a: 연륙교를 건너면 왼쪽으로 배가 정박해 있는 '술뚝'이라고 부르는 아늑한 만이 있고, 오른쪽으로는 횟집이 있다. 횟집 뒤쪽으로 바다가 있는데 거기에 무너진 독살 흔적이 보인다. 이른바 '술뚝암품이'라는 지명이 붙은 곳이다. 흔적이 선명하지는 않으나 돌이 일정하게 흐트러진 상태가 드러난다. 산줄기가 바다로 흘러서 돌출된 지형이기 때문에 비교적 경사를 이룬다. 술뚝 옆은 자잘한 바위들이 암초를 이루고 있으며 일종의 만을 형성하고 있다. 수심이 불과 1m를 넘는 얕은 바다.

마도 독살 b: 술뚝에서 왼쪽으로 200여m 가면 마도의 본 마을인 왕대굴이 나온다. 길목에는 실제로 왕대가 우거져서 예로부터 대나무자생지였

사진 27 태안군 신진도 독살

독살을 찾아온 답사회원들(1997년 여름 풍경). 여러 개의 독살이 연이어 있으며 상당히 큰 규모의 독살로, 그 흔적도 분명하게 보인다.

사진 28 태안군 마도 독살
형태가 거의 그대로 전하고 있다.

다. 마을 앞으로 방파제가 하나 나와 있고 배들이 정박해 있다. 배들이 정박하고 있는 갯벌이 독살이 있던 곳이다. 상당히 컸을 것으로 짐작이 되나 돌이 흐트러진 상태가 보일 뿐 정확한 규모는 확인이 되지 않는다. 연륙교 쪽이 돌출되고 방파제 쪽이 돌출된 상태에서 안으로 들어간 아늑한 만에 설치되었다. 지금은 연륙되어 있지만 연륙교 중간에 암초가 있어 자연스럽게 동쪽을 막아주는 방파제 구실을 하며 서쪽으로는 바위산이 돌출되어 만을 형성한다. 완만하지만 상대적으로 급한 경사를 이루면서 위쪽이 높고 아래쪽은 낮기 때문에 물이 밀 때 고기가 높은 지대로 올라왔다가 썰 때 물이 나가면서 독살에 갇히게 되는 지형이다.

마도 독살 c, d, e: 왕대골에서 초등학교분교를 지나 10여 분을 걸어가면 독살이 나온다. 지역적으로는 마도 독살 b와 인접한 만이다. 현재까지 발견된 서해안 최대의 독살로 보인다. 지프 정도가 지나갈 수 있는 신도로가 해변으로 나 있고 길목에 폐선 한 척이 뉘여져 있는 곳이다. 전체적으로 산줄기가 병풍처럼 흐르고 왼쪽에는 마도봉우리가 있고 오른쪽에는 바위산줄기가 해변으로 돌출되어 있는 커다란 만이다. 만 가운데에 6m 높이의 암초가 솟아 있어 돌살을 설치하기에 천혜의 조건을 갖추고 있다. 돌살이 설치된 곳은 수심 1m를 넘으며, 돌살 밖은 3~6m를 형성하고 있다. 바다밭은 뻘과 모래가 섞인 땅이다. 독살은 3개로 구성된다 (각각 독살 c, 독살 d, 독살 e로 부름).

가운데의 독살 c는 중앙에 자리 잡고 있으며 면적이 대단히 넓다. 세로변 75m에 이르며 가로변 55m에 달한다. 가운데에 암초가 튀어나온 부분이 있어 그 암초를 중심으로 2개로 독살이 나뉜 듯한 인상을 주나 사실은 한 개의 독살이다. 암초 튀어나온 부분에 약 5m 직경으로 길이 20여 m의 돌담을 돌출시켜 쌓았다. 결과적으로 좌우로 각각 20m, 30m의 담이 갈라진 양상이다. 물고기가 독살로 들어왔다가 물이 나갈 때 좌우로 갈라진 돌담에 갇혀서 잡히게 된다. 독살 윗부분이 높고 밑부분이 낮은 지형으로 되어 있기 때문에 돌담에 갇히게 된다.

독살 d는 독살 c의 윗쪽에 자리 잡고 있다. 가로변 15m, 세로변 50m에 달하며 세로변 아래에 비교적 얕게 쌓은 3m 길이의 문이 있어 고기를 유도하고 있다. 물이 밀 때 들어온 고기는 일단 독살 b에서 갇히거나, 아니면 문을 통하여 독살 a로 들어왔다가 결국 잡히게 된다. 독살 d는 독살 c 지형보다 낮다. 따라서 일단 독살 b에 들어온 고기는 모두 안에 갇히게 되어 있다. 그래도 튀어나가는 고기도 결국은 독살 c의 마지막 함정에 갇히게 된다. 이처럼 독살 c와 d는 상호 연관을 지니고 있는 것으로 보인다. 재미있는 것은 독살 c와 독살 d의 바깥에 보조적 성격의 독살이 1개 더 있었던 것으로 추측된다. 잔돌이 흐트러진 상태로 보인다.

독살 e는 세로변 45m, 가로변 25m 길이의 돌담이다. 모래땅으로 가운

| 사진 29 생태관광의 효시 마도 독살(1998년 여름)

데 독살 c보다 작은 편이다. 독살 d와는 다르게 독자적인 영역을 확보하고 있다.

이들 지형들은 대개 산에서 내려오는 비교적 급한 경사지대에 자리 잡고 있다. 마도 독살의 일반적인 특징을 반영하고 있다. 경사가 가파르고 지형이 높은 곳을 선택했다. 이는 수위를 조절하려는 의도에서 비롯된 것이다. 독살은 지대가 높은 위는 낮게 쌓고 아래는 높게 쌓는다. 결과적으로 위 아래의 높이가 어느 정도는 일정하게 된다. 현재 남아 있는 독살은 1.2m 높이다. 문을 여는 곳은 약간 낮게 쌓고 그 위에 대발을 얹었다. 대발은 고기가 빠져나가지 못하게 하는 구실을 한다. 대발 부위는 다른

507

곳보다 대나무를 높게 세워야 튀어나가는 놈을 막을 수 있다. 독살의 핵심은 늘 수위가 같아야만 한다는 점이다. 그래야만 물이 썰 때도 고기가 안심하고 놀다가 잡히게 되는 것이다. 지금은 축항공사로 인하여 갯벌이 덮고 있으나 예전에는 모래땅이었던 것으로 보인다. 보존상태가 양호한 것으로 보아 독살이 끊긴 지 얼마되지 않았음을 알 수 있다. 지금까지 확인된 범위에서 규모로는 서해안 최대의 독살로 보이며 중층적으로 이루어졌다는 점에서 단연 돋보인다.

남면의 독살

몽산리 굴혈(굴업) 독살

No.62 굴혈 독살 a(김의배 운영)

No.63 굴혈 독살 b(문병희, 2003년 현재 55세, 조부 운영)

No.64 굴혈 독살 c(김옹배, 2003년 현재 63세 운영)

No.65 굴혈 독살 d(故 문흥모 운영)

원래는 거북구龜자와 피혈血자를 쓰는 '구혈龜血마을'이었다가 후에 발음이 힘들다는 이유로 '굴혈마을'로 칭하게 되었다고 한다. 그래서 지금 '굴혈포'라고 부른다. 몽산리는 1구, 2구의 구별이 없다. 굴혈 위쪽은 몽산 1구에 속하고. 몽산포해수욕장은 신장리에 속한다. 몽산포해수욕장은 예부터 몽산포라 했다. 지도상에만 신장리로 구획하고 있지만 실제로는 해안선이 몽산포구에 속해 있기 때문이다. 몽산리 쪽에는 옛날부터 사람들이 살았다. '오십기'라고 천막을 치고 정치망 어장막을 쳐놓았던 곳이다.

몽산리의 가구 수는 약 100호 정도 되는데 토박이 비율이 거의 80~90% 다. 성씨 분포는 남평문씨, 김해김씨, 인동장씨가 다성이다. 가장 먼저 들어온 것이 어느 성씨인지는 구분이 안 된다. 남평문씨인 문재양 이장은 조상이 들어온 지 이장이 3대째라고 한다. 몽산 2구에는 12대조 묘가 있다. 그 전에 살던 사람도 있었는데 박씨들이 제일 먼저 들어왔다. 밀양박씨가 제일 먼저 들어왔다고 하는데 지금은 마을에 박씨가 한집도 없다. 세 성씨 말고 다른 성씨는 2~3집밖에 안 된다. 그 중 남평문씨가 가장 많이 살고 있다. 이장의 말에 의하면, 남평문씨는 나주 쪽에서 올라왔는데 여러 곳을 거치면서 몽산리에 정착하게 되었다고 한다. 전라도에서 우선 군산(舊 옥구)을 거치고 내륙인 홍북면 홍성을 지나 태안으로 들어온 것이다. 군산에도 선조들의 묘가 있다.

● 독살의 연대 및 소유관계

독살 운영은 개인이 했다. 보수도 개인들이 했는데 주민들이 도와주기도 했다. 독살은 아무나 할 수 있는 것이 아니라 다른 사람들은 못했다. 독살은 자연지형을 잘 이용해서 돌을 쌓은 것이기 때문에 지형이 어느 정도 그렇게 할 수 있는 지역에다 하는 것이다. 바위가 길게 늘어져 있는 곳에 돌을 몇 개 가져다 놓고 쌓은 것이고 보통 고기가 잘 돌아다니는 길목이다. 굴혈 독살들은 옛날에 고기를 많이 잡았다. 파도가 잘 안 닿고 잔잔한 지역이었다. 큰 태풍이 아니고서는 거의 매일 잔잔한 지역이다. 그래서 그 독살을 운영해서 돈을 많이 벌었다고 한다. 독살은 4기가 확인되며 모두 여를 중심으로 자리 잡았다. 1기는 현재도 운영중이며, 3기는 파손되어 흔적만 남아 있다.

독살 62는 굴혈, 혹은 '구들장벌 독살이'라고 부른다. 몽산리1구, 인하대학교 해양연구소 건물에서 곧바로 바다로 내려가면 길이 200여m에 이르는 자그마한 모래사장이 나타난다. 몽산포해수욕장과는 돌산과 암초로 끊긴 지점이다.

독살 63과 64는 독살 59에서 남쪽으로 돌아가는 산줄기 아래에 있다. 모퉁이를 돌아서면 산모퉁이를 돌아갔다고 하여 '너머 독살'이라고 2개의 작은 독살이 있었다. 관광어촌으로 변해가고 있는 몽산리 포구에서 바라보면 안목이라 부리는 작은 섬이 있으며 그 섬 안쪽으로 흐르는 조류를 받는 독살이 있었다. 안목 위에는 비암목이라고 여들이 있는데 안목 위의 자잘한 여들이다. 물이 썰면 걸어다닐 수 있으며, 그 바위 쪽으로 양식허가가 나 있다. 비안목~안목 사이의 여를 바라보는 움푹 들어간 쪽의 '망미산' 아래에 독살이 하나 있고, 위쪽으로 군부대 초소 바로 밑에도 하나 있었다. 이것은 완전히 자연을 이용해서 쌓은 것이다. 마을의 다성인 김씨네와 문씨네가 운영하던 독살인데 지금은 파괴되었다. '너머파도'가 많이 치고 맞바람을 받는 지역이기는 하지만 돌출된 산과 암초로 아늑한 조건이 형성되어 있는 탓으로 독살이 가능했다. 독살의 길이는 몇 십m를 넘지 않는 자그마한 것들인데 돌담 흔적만 존재한다.

독살 65는 일명 '수해'라고 부르는 지명에 위치한다. 횟집이 들어서고 방파제가 건설된 바닷가의 산뿌리에 의지하여 존재했다. 그렇지만 방파제 건설 등으로 인하여 모두 파괴되어 흔적도 없다. 산에서 흘러내린 돌부리가 산재한 곳이다. 예전에는 독살 61부터 60까지 아늑한 포구를 형성했던 곳이나 지금은 대규모로 개발되어 지형이 변화였다.

굴혈 독살의 백미는 역시 독살 62 구들장벌이다(사진 30~33). 모래사장 구석의 산자락에 가깝게 의지하여 조성되어 있는 탓으로 바람과 파도를 막아주는 천혜의 조건을 갖추고 있다. 물살은 돌산을 굽이돌아서 독살 방향으로 비껴가면서 흘러들기에 독살은 늘 아늑한 위치에 머물 수 있다. 그래서 고기가 많이 들었고, 지금까지도 전국에서 드물게 독살이 현재도 운영되고 있다. 얼마 전까지 김의배 옹(2004년 사망)이 현업으로 운영하고 있는데, 독살을 운영해온 집안의 계보를 족보를 근거로 따져보면 다음과 같다.

고조: 金周鉉(순조 12년 壬申生) → 1812년생

증조: 金濟文(헌종 5년 己亥生) → 1839년생

조부: 金廷植(고종 8년 己巳生) → 1869년생

친부: 金顯默(고종 22년 丙申生) → 1896년생

본인: 金義培(乙丑生) → 1925년생

현재까지 5대에 걸쳐서 독살을 한 장소에서 운영하여왔음을 말해주며, 200여 년에 걸쳐서 독살이 전승되었음을 말해준다. 김해김씨네는 조선 후기에 이곳으로 이사온 것으로 말해지며, 이로써 이곳에 민촌이 형성되고 문씨네와 더불어 다성을 이루며 살아왔음을 알 수 있다. 김씨네 집은 바다에서 약간 올라온 언덕에 자리 잡고 있으니, 비교적 가까운 바닷가에 독살터를 정하고 대대손손 독살에서 고기를 잡아왔다. 현행으로 독살이 운영되기는 하나 삼마이(삼중망) 같은 '싹쓸이어법'이 출현하면서 근해의 밑바닥부터 훑어냄으로써 이곳 독살까지 근접할 고기가 사라진 탓에 어획량은 형편이 없다. '제대로 된 그물이 없던 시절'에 많이 잡던 어법이라고 증언한다.

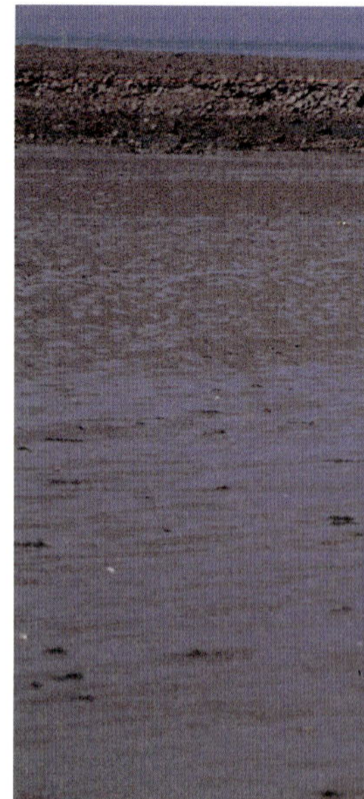

<table>
<tr><td>30</td><td>31</td></tr>
<tr><td>32</td><td>33</td></tr>
</table>

태안군 몽산리 굴혈(굴업) 독살

사진 30 반쯤 모습을 드러내고 있는 독살
사진 31 물이 빠지면서 조금씩 모습을 드러낸다.
사진 32 굴혈 독살의 임통
사진 33 물이 완전히 빠진 모습

● 독살 운영

독살이 위치한 곳은 전형적인 모랫벌이다. 모래사장 길이가 짧은 탓으로 해수욕장으로는 알려져 있지 않아 그런 대로 자연환경이 잘 보존되어 있다. 산모퉁이에서 흘러내린 바윗돌을 이용하여 삼각형으로 독살을 설치했다. 해변가는 불과 30cm 이하의 조그마한 돌로 깔았으며 차츰 임통 쪽으로 내려가면서 깊어지게끔 돌담을 쌓았다.

썰물이 시작되면 조금씩 돌담이 보이기 시작하는데 이를 '꽂난다'고 표현한다. 꽂이 나면 쪽바지를 들고 독살로 들어선다. 살에 든 고기는 얕은 물을 빙빙 돌아다니므로 쪽바지로 건져낸다. 쪽바지는 소나무를 둥그렇게 말아서 잠자리채처럼 그물을 매달아 손수 만들어 쓴다. 고기가 많이 들 때는 양쪽으로 펼친 넓은 그물인 사둘을 가지고 잡는다. 사둘도 만들어 쓴다. 사둘이나 쪽바지로 건져지지 않는 작은 고기들은 임통으로 흘러 들어가게끔 되어 있으며, 임통에 들어간 고기를 바가지 따위로 일일이 건져낸다.

예전에는 조기와 갈치잡이가 가장 중요했으며, 그 같은 어종이 실제로 많이 들었다. 그러나 차츰 조기와 갈치는 종자도 남기지 않고 독살에서 사라졌다. 숭어, 까나리, 멸치, 새우, 열치(젓갈 담그는 멸치의 일종)도 많이 들어오는 어종이다. 까나리는 봄, 백새우는 가을에 많이 든다. 봄부터 가을까지는 게장 담그는데 많이 쓰는 박하지, 여름부터 가을까지는 망둥이 등이 많이 잡히며, 큰 숭어는 사라졌으나 숭어새끼가 자주 잡힌다.

잡히는 양은 자급자족 수준으로 동네 사람들이 조금 달라면 나누어줄 정도지 팔 정도의 양은 안 된다. 잘 잡혀야 새우 댓사발, 혹은 여나믄 사발 드는 정도다. 김옹이 열댓 살 먹던 시절(대략 1940년 무렵)까지만 해도 엄청난 양의 고기가 들었다. 갈치나 조기를 부게(대나무로 만든 들통)로 그득 실어날렀다. 1970년대까지는 독살에서 갈치도 잡았다. 독살에서 잡은 고기는 다 먹을 수가 없으니까 팔았다. 가장 많이 잡은 것은 열치, 멸치인데 주로 젓 담아서 팔았다.

물이 썰면 물 보러 가니까 하루에 두 번 간다. 물이 나갈려고 할 때에 편리한 대로 보는데 물이 다 나가면 안 된다. 사리 때도 물이 조금 덜 빠진 상태에서 사둘로 막고 고기를 건진다. 수문은 대나무로 막아야 하는데 지금은 그걸 고치는 시간에 집에서 일을 하는 것이 타산이 맞으니까 대나무를 막지 않는다. '독살에서 돈이 뭐라도 나올 정도는 되어야 관리를 하고 하는 것이지 돈도 안 되는데 관리를 하겠느냐'고 말한다.

독살뿐 아니라 고기잡이는 예상을 못한다. 떼로 다니는 습성이라 어느 날은 전혀 고기가 들지 않다가 어느날에는 한꺼번에 밀어닥치는 식이다. 1999년 경우, 멸치가 허옇게 들어서 온 동네사람들이 경운기로 멸치를 퍼냈을 정도다. 고기가 귀한 시절인데도 경우에 따라서는 몰려드는 수가 있는 것이다. 물고기가 많이 잡히는 경우는 거의 없어졌지만, 그래도 이런 저런 종류들이 조금씩은 들기 때문에 지금도 '시늉은 한다'고 제보자는 말한다.

물심이 대단하기 때문에 독살은 늘 보수를 해주어야만 한다. 연간 3~4회는 대대적인 보수를 한다. 맞파도에 허물어지면 사람들을 사다가 둑을 쌓았다. 주로 이웃주민들을 품삯을 주고 쌓았는데 노인들만 남고 청년층이 떠나간 현실인지라 독살을 보수하는데 어려움이 많다. 지금 있는 독살을 옛날과 비교하면 많이 무너진 것이다. 수문 있는 곳은 워낙 돌멩이가 큰 것이고 돌을 더 정성껏 쌓아서 잘 안 무너진다. 그런데 중간쯤 오면서부터는 사람이 갖다 돌을 끼워서 일일이 맞추기가 힘들어서 포크레인으로 하니까 더 잘 무너졌다. 담을 쌓는 일은 손으로 구멍에다 일일이 끼워야 하는 것이다. 포크레인으로 하면 엉성하게 되니까 손으로 하는 것이 더욱 견실하다. 실제로 김의배 옹 독살은 몇 년 전에 태안군청의 지원금을 받아서 포크레인을 이용해서 보수한 적이 있다. 독살 보존을 위하여 포크레인비를 지원받았던 것 같다.

근래까지 고기를 잡은 것이 김의배 씨네 독살이다. 자리가 제일 좋아서 그랬는지 독살 자체도 바람을 덜 받아 붕괴도 덜 됐다. 많이 무너지면 삯을 사서 하기보다는 본인이 고기 잡으러 올 때마다 하나 둘 쌓았다. 한겨울에도 그렇게 많이 무너지는 것은 아니고, 큰 태풍이나 오면 많이 무너진다. 옛날에는 참 견고하게 쌓았다.

독살의 소유자인 김옹은 지금도 의연하게 독살을 운영하고 있으며, 조금씩이나마 고기가 잡힘으로써 독살어법도 이어져나갈 것으로 여겨진다. 그러나 생태환경의 급격한 변화는 그나마 남은 고기마저 씨를 말리는 지경이고, 김옹의 뒤를 이어 독살을 수행해나갈 사람이 없는 관계로 서해안에 드물게 남아 있는 이 독살어법은 위기에 처해 있다고 보여진다. 아들이 대를 이어 독살을 운영하고 있기는 하나 환경의 변화, 어획물의 급격한 감소 등으로 명맥만 간신히 유지하고 있다.

김의배 옹의 건강이 좋지 않자 아들(김종권)이 맥을 이어 보려고 노력을 하고 있다(2004년 사망). '일에 바쁘고, 독살에서 돈이 안나오니까 힘들다. 잡아서 유지비라도 나오고 하면 누가 안 하겠는가. 돈이 안 나오는데 뭐하러……'라 말하고 있다. 아들의 말로 미루어보아 정상적인 대물림은 어려울 것 같다.

청포대(노루미)의 독살군

일명 청포대해수욕장으로 알려진다. 청포대는 원래 영광김씨 집성촌이다. 전라북도에서 왔다는 얘기가 되며, 원청리로 옮겨온 지 600여 년 된다고 한다. 옛날에는 영광김씨가 70~80%를 차지했다. 외지로 나가고 해서 숫자가 줄었지만 여전히 많은 편이다. 원청리는 궁합, 용산

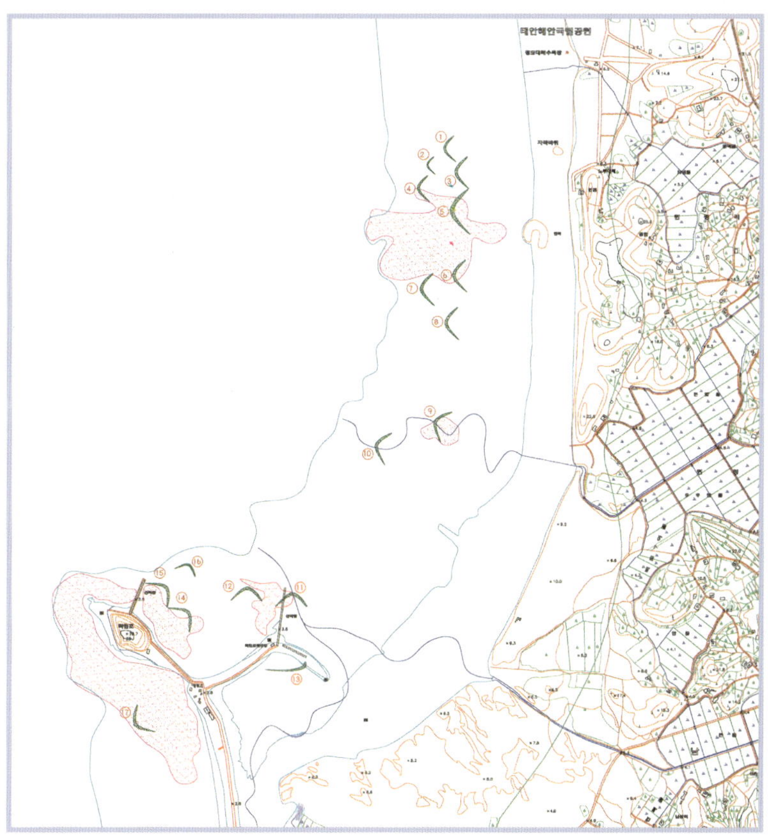

독살 No.66 노루미 독살 a. 일명 윗장벌 독살(故 최정한, 최성우 부친 운영)

독살 No.67 노루미 독살 b(故 김준균 운영)

독살 No.68 노루미 독살 c. 일명 가운데 독살(故 정정근, 정용환 부친)

독살 No.69 노루미 독살 d. 일명 밑구녕 독살(故 가동안, 가재준 부친 운영)

독살 No.70 노루미 독살 e. 일명 큰 독살(김종목 운영, 2004년 현재 84세, 마을 거주)

독살 No.71 노루미 독살 f. 일명 안여 독살(故 김문우 운영)

독살 No.72 노루미 독살 g. 일명 밑 독살(故 김성모 운영)

독살 No.73 노루미 독살 h. 일명 갓 독살(故 김연균, 김종국 부친 운영, 2004년 현 58세, 마을 거주)

독살 No.74 노루미 독살 i. 일명 배암지위 독살(故 김종오, 김재우 부친 운영)

독살 No.75 노루미 독살 j. 일명 배암지아래 독살(김종오가 故 오병섭, 오세학 부친에게 팔았고, 다시 김행인에게 넘어감)

말, 큰말, 안머리, 매아골 등이 있다. 해변가는 지금은 청포대라 부르지만 예전에는 '덕바위'라고도 했었다. 청포대 앞에는 검은 여, 즉 덕바위라고 하는 아름다운 암초가 솟아 있으며 이를 덕바위라 부른다. 별주부전에서 토끼가 간을 말린 곳이란 전설이 전해지는 곳이기도 하다. 고로들은 노루미라고 부른다. 즉, 노루미 독살을 보러 간다고 했다고 구술된다.

오늘날의 청포대해수욕장이 펼쳐진 일명 노루미 해변은 대략 덕바위와 모래장벌에 솟아 있는 안여를 중심으로 한 윗장벌, 민물이 흘러나오는 배암지, 마검포쪽으로 이어지는 아래쪽의 아랫장벌 등으로 이어진다. 즉 노루미해안은 덕바위에서 배암지 직전까지의 해변을 말하며, 배암지는 민물이 흘러내려오는 부근을 말한다(사진 34 · 35).

태안해안국립공원의 몽산리해수욕장에서 남쪽으로 연속적으로 이어지는 광활한 모래사장에 위치한다. 따라서 바람이 매우 심하고 모래가 날려서 사구를 형성했으며, 사구에는 나무들이 자라고 있다. 본디 원청리 일대의 해변에는 매우 드넓고 큰 사구들이 형성되어 있어 신두리 사구 이상의 큰사구 지형이었으나 모래광산업자가 들어와 건축용으로 모두 파내어 평지가 되었으며, 해변에 일부 사구 흔적을 남기고 있다. 바람이 심했기 때문에 덕바위 해변에 옛날에는 마을이 형성되지 않았었다. 덕바위에 홀로 살고 있는 현 어촌계장의 집터에는 예전에는 다른 사람이 살았었다. 어촌계장의 증조부부터 여기서 살고 있다. 증조대 이전에는 큰말에 살다가 증조대부터 여기 덕바위로 옮겨와 살고 있다. 그때는 덕바위에 지금 살고 있는 집뿐이었다. 즉 어촌계장 자택은 소나무숲에 집을 짓고 해변을 지켜온 셈이다.

어촌계장 집에서 바라보자면 정면에 낮은 바위들이 펼쳐진 안여라는 여가 있다. 안여는 바람막이도 되며, 안여 안쪽은 지금도 '맛밭'이라 맛이 많이 잡힌다. 그 안여를 중심으로 오른쪽으로 5개, 왼쪽으로 3개가 있

안면도 청포대 독살

7개의 독살이 군집을 이루며 안여에
안겨서 모래장벌에 형성되어 있다.
(위) 사진 34 원경
(아래) 사진 35 근경

다. 배암지에 민물에 걸쳐서 작은 독살 2개가 있다. 즉, 10개의 독살이 존재했다. 정중앙에 있는 큰 독살이 이름 그대로 가장 크며 좌우 것은 보다 작다. 외해에서 밀려온 파도들이 일단 여에 걸려서 잠시 숨을 고르며, 간조에 물이 썰면서 고기가 걸려들게끔 설치되어 있다. 돌들의 흔적이 아직도 완연하게 남아 있다.

독살 70을 운영하던 김종목 옹은 현존 85세(1920년생)로 태안 일대에서 독살을 고증할 수 있는 최고령층이다. 자신이 운영하던 독살은 예전부터 큰 독살로 불려왔으며, 부친 김세환, 조부 김병연에게서 이어온 독살이다. 김옹은 "아버지가 청어를 잡았다"고 여러 번 말하고 있다. 이로 미루어보아 예전에 청어가 많이 들던 당시에 청어 독살로 이름을 날렸음을 알 수 있다. 청어는 동지섣달에 들었다고 했다. 큰 독살은 아웃 마검포의 안주안밑 독살과 더불어 '세금을 내던 독살'이다. 독살 명칭에 관하여, 김옹은 '석전'이라고도 불렀으며 '石田'이라고 했는바, 이는 '石箭'의 오기인 듯 싶다. 큰 독살은 본디 2개의 독살이 하나로 통합된 것으로 35여 년 전에 석축쟁이를 데려다가 쌓았다.

큰집·작은집이 합하여 공동으로 쌓고 공동으로 운영했다. 독살을 쌓을 때는 지게로 돌을 날랐다. 독살이 워낙 높을뿐더러 안여 때문에 바람막이가 되어 그 독살 안에서 바람을 피할 수 있을 정도였다. 독살을 쌓을 때 김옹도 노력봉사를 했던 추억이 있다. 40여 년 전에 그 큰 독살에서 짚가마니로 21가마에 달하는 고기를 잡아나른 기억이 있다. 독살에서 꽃게도 작살로 잡아보았다. 최고의 독살로 이름을 날렸다. 김옹이 70살 넘어서까지(약 십 수년 전, 즉 1990년대 초반) 독살을 운영했다. 새마을운동이 시작되면서 돌들이 사라지기 시작했다.

독살은 소유와 무관하게 인근의 사람들도 이용했다. 사둘을 가지고 와서 고기를 잡아가도 무어라 하지 않았다. 그렇지만 자주 올 경우에는 그만 오라고 말리는 정도였다. 열댓 명이 사둘을 들고 오기도 했으며, 처음 오는 이에게는 잡은 고기를 모두 나누어준 적도 있다.

75번 배암지 독살은 본디 74번 독살을 운영하던 김종오가 오병섭에게 팔았으며, 오병섭은 다시 김행인에게 물려주었다. 배암지 독살에서는 열치를 많이 잡았다. 봄에 4월 20일~5월 10일 안으로 '댓짐도 잡고, 댓사발도 잡았다'고 한다. '댓짐'이란 표현은 상당히 많은 양이 잡혔음을 말해준다.

청포대의 독살은 대략 20여 년 전에 단절되었다. 그때까지는 고기를 많이 잡아들였다. 독살조업이 끝난 지금도 보면 멸치 같은 게 많이 들 때가 있다. 그런데 독살은 복원하기가 힘든다. 겨울에 파도치면 다 무너진다.

독살이 많이 무너지면 봄에 사람들이 가서 쌓아주기도 했다. 보수는 이른 봄에 많이 한다. 정월이나 2월 초에 마을 사람들이 이틀이나 사흘씩 보수를 도와준다. 그때는 마을 사람들이 돈 받고 쌓아주는 것이 아니고 하루씩 이틀씩 나눠가지고 쌓아주고 고기 들면 나눠먹고 그랬다. 독살을 주민들이 다 쌓아주는 대신에 고기가 많이 들었을 때는 주인이 알려준다. 고기가 많이 들었으니 와서 잡아가라고 하거나 잡아다가 나눠주기도 했다. 그러다가 고기가 들지 않게 되자 한 20년 전부터 안 한다.

그전에 제보자도 독살에 많이 다녔는데 '별거별거 다 들었다'고 한다. 봄이면 꽃게도 들고, 갱개미·숭어, 그리고 제일 많이 드는 어종은 송어 새끼하고 멸치가 들었다. 멸치떼는 지금도 몰려오곤 한다. 멸치가 많이 들면 100여 가마씩 들 때도 있었다. 물보다 고기가 많아서 독살이 빡빡했던 적도 있다. 여름에는 그렇게 많이 드는 것은 없고 그냥 잔멸치 정도가 들었다. 가을에는 멸치와 숭어가 든다. 겨울에는 '숭어가 철'이라 숭어가 든다. 그러나 독살은 봄·여름·가을에 주로 하고 겨울에는 적극적으로 하지는 않았다. 겨울에는 파도가 세서 독살이 많이 무너지기 때문이다. 독살이 끝날 무렵에도 그렇게 고기가 많이 들었다. 전어도 많이 들었다. 지금도 독살을 보수해서 만들면 확실히 고기가 든다. 보수를 안 하고 있는 지금도 독살에 멸치·열치 같은 것은 많이 들고 있다.

물은 하루에 두 번씩 본다. 밤에도 나간다. 조금 때는 독살의 물이 나가기는 하는데 완전히 안 나가고 물이 남아 있을 때가 있다. 이런 때는 수문 앞에서 '사둘'을 받치고 있으면 고기가 빙빙 돌다가 사둘로 들면 채로 떠 담는다. 물이 빠져나가는 곳을 '이문통'이라고 부르며, 이문통은 왕대를 잘라 대나무발을 쳐서 고기가 못 빠져 나가도록 수문식으로 만들었다. 운반은 대나무로 만든 '부게'에 담는다. 부게가 꽉 차면 가마니에 옮겨 지게로 져 나른다. 계속 지어 나르다가 물 들어오면 해변에다 버리고, 고기는 젓갈로 담는다. 거름으로는 안 쓴다. 송어로도 젓갈 담으면 맛있다고 했다. 태안장으로 팔러 다니기도 했다. 여기서 태안장(3·8장)까지는 약 40리 길이었다. 남면장이나 달산장(4·9장)은 예전에는 없다가 근래에 생겼다. 안면 쪽으로는 안 내려갔다.

제보자가 간직하고 있는 어로도구는 사둘과 쪽대, 부게 등이다. 고기를 뜨는 도구 중에서 큰 것은 사둘이며, 독살 주인네가 큰 사둘을 가지고 다닌다. 큰 사둘은 삼각형으로 길이 5m에 달하며 가운데를 나무로 가로 질러서 몸에 밀착시킨 상태로 고기를 뜨게끔 만들었다. 반면에 주인이 아닌 마을사람들은 작은 것인 '쪽받이', 혹은 '쪽대'를 가지고 다녔다. 제보자가 보유하고 있는 운반도구 부게는 다른 지역과 달리 바깥쪽 벽이 위로 10cm 정도 높다. 바가지로 고기를 떠서 등 뒤의 부게로 담을 때 고기가 바닥으로 떨어지지 않도록 하기 위한 배려이다. 부게의 크기는 길이 70cm, 높이 40cm 정도이다. 대나무쪽대를 엮어서 만들었으며 멜빵처럼 어깨에 걸치게끔 만들어져 있다. 2004년도 들어오면서 원청리를 독살체험어장으로 관광화시키자는 노력이 시작되면서 주민들과 태안군청의 지원으로 무너진 독살을 일부 복원했다.

마검포의 독살군

독살 No.76 마검포 독살 a. 일명 안주안밑 독살(故 김종만, 김화준 조부 운영)

독살 No.77 마검포 독살 b. 일명 기성이 독살(故 박석연 운영)

독살 No.78 마검포 독살 c. 일명 악캉영감 독살(故 김용기 운영)

독살 No.79 마검포 독살 d(故 가대흔, 가태현 부친 운영)

독살 No.80 마검포 독살 e. 일명 관우네 독살(故 김성문 운영)

독살 No.81 마검포 독살 f. 일명 꽝영감 독살(故 김사용 운영)

독살 No.82 마검포 독살 f.(故 김억 운영)

남면 신온리 마검포는 서북쪽으로 길게 뻗어나간 자연적 사구로 이루어진 포구이다. 지형적으로 포구로서의 모든 조건이 잘 이루어져 있다. 제보자의 견해로는, 마검포가 남면지역 내에서도 가장 먼저 시작된 포구일 가능성이 크다고 한다. 모래톱이라고 하더라도 여기는 남풍이 불어도 바람막이가 되어 피난처로 좋은 곳이다. 인근의 몽대나 곰섬은 남풍이 불면 당해낼 수가 없는데 마검포는 남풍 같은 큰바람이 불 때 진가를 발휘한다. 마파람이 불면 배를 댈만한 '뱃석'이 없으므로 외지에서 몰려들었다. 지금도 남면에서 80여 척의 가장 많은 배들이 정박하며, 예로부터 중선배어업이 활발했던 곳이다. 1990년대 말에 안강망 배들이 이웃 신진도로 옮겨갔다.

마검포는 옛날부터 사람들이 살고 있었다. 제보자 어촌계장의 경우, 선조대부터 마검포 입구인 신온1구(자연마을 '한익담')에서 살다가 마검포로 왔다. 마검포 주위를 감싸고 있는 지역은 '월매기' 자연부락이다. 반경 한 3㎞ 이내에 들어 있는 지역이 '월매기'다. 어업은 '한익담' 사람들보다는 '월매기' 사람들이 많이 했다. 지금 현재도 월매기 사람들이 많이 한다. 외지인보다 토착민 비율이 높은 곳으로 어민의 대부분이 토착민들이다.

마검포는 배가 많이 입출항을 했다. 제보자가 어렸을 때도 그랬고 선조들도 마검포항을 상당히 아끼고 여기서 많은 어업을 했다. 여기에서 배들은 '거아도' 바깥으로 좀 멀리 나간다. "어렸을 적에, 지금 어른들 얘기로는 큰 배들이 많이 있었다고 하지, 지금 몇 척이고 이렇게는 말할 수 없는데, 기억이 어렵지. 어른들이 대신에, 옛날에 중선배라든가 좀 큰배들이 많이 드나들었다는 것, 그때 당시에도 외지에서 많은 분들이 여기 생계수단으로 마검포로 드나들면서 고기를 많이 잡았다"고 한다. 지금은 마검포도 관광단지라든지 레저용으로 사람들이 많이 찾고 있는데, 그때 당시는 형편이 어려운 때니까 먹고 살기 위해서 배를 부렸다. 지금 방파제를 쌓은 찻길은 옛날에 모래톱이 있던 곳이다. 1990년대 초반에 태풍 불어서 저 건너 쪽으로 유실된 것을 보수했다.

제보자 박순자는 마검포 인근에서 시집와서 내내 살아온 토박이다. 예전에 마검포 산밑에 5가구가 살다가 나중에 4가구가 살았다. 이상수, 김갑성(현재 서산 거주), 강수권, 그리고 제보자 박순자, 이상 4가구가 토박이들이다. 마검포의 지형이 완전히 변했다고 한다. 시멘트길이 나기 전에 밭도 있었으나 차츰 무너지면서 산 밑에서 현재 위치로 옮겨왔다.

예전에 배들이 많았기 때문에 술집도 2집 있었으며, 원청리에서 술을 지고 와서 여기서 팔았다. 40여 년 전까지 술집 각시들도 있었다. 동네의 '병태엄마'도 아가씨를 놓고 장사를 했다. 꼬막배, 중선배들이 장항·인천, 그리고 아랫녘 경상도·전라도에서 왔다. '그 사람들이 고기잡는 법을 가르쳐주었다'는 중요한 증언이 나왔다. '게불 먹는 법도 몰랐는데', 그 사람들이 가르쳐주었다. 남쪽으로부터의 어업기술확산을 엿보이게 한다. '그 사람들이 와서 먹으면서 여기도 먹기 시작했다'고 한다.

당시 이곳의 집들은 주로 흙과 돌을 이용한 초가집들이었다. 지금 초소가 있는 위치에 밭이 있었으며 펌프도 있었다. 원둑 너머의 샘에서 지게로 져왔다. 그래서 '술은 주어도 물은 주지 못했다'고 한다. 나중에 면에서 펌프를 파주었는데 건수가 나왔다. 바닷물이 오면 짠 물이 되는데 그나마 산이 있어서 그 물이 나왔을 것이다. 나중에 경운기가 등장하면서 육지에 지하수를 파고 경운기로 실어날랐다. 이웃 신온리 신성마을도 어업을 많이 했다. 그러나 외지인들이 들어왔으며 토박이들이 죽고 난 다음에는 어업이 없어졌다. 신온리 쪽 사람들은 모래둑길로 나다녔으며, 원청리 사람들은 바다로 나다녔다. 즉, 중요한 포구였기에 신온리나 원청리 사람들이 모두 이용했으며, 독살 운영도 양 동네에서 했다.

재미있는 것은 해방전후에 이곳에 '왜놈들이 많이 죽어서 시체를 처리하느라 고생했다'는 증언이 많다. 많은 일본인 시신들이 묻힌 구덩이가 마검포 산밑에 있었다고 한다. 이곳에는 도깨비불도 많았다. 바위 위에 도깨비불 하나가 '딱 서면' 쫙 갈라지면서 퍼졌다.

현재의 어촌계사무실 바깥으로 보이는 바다를 '마검포 앞바다', 방파제 안쪽으로 독살 흔적이 남아 있는 지역을 '주안안', 방파제 건너편으로 소나무가 우거진 곳을 '안짱벌', 안짱벌을 넘어 마을로 들어오기 전을 '백구지', 횟집이 늘어서 있는 바깥바다의 바위산을 '마검포산'이라고 부른다.

파도가 심한 곳인데 다행히 사구방파제로 인하여 거친 물줄기가 잠시 숨을 고를만한 곳인지라 독살 설치가 용이했을 것이다. 반면에 마검포산이 있는 곳은 아무런 방어막이 없는 관계로 모래장벌과 산뿌리가 있음에도 불구하고 독살이 운영되지 않았다고 한다. 지형적으로는 독살이 있을 법하지만, 파도의 힘에 의하여 독살은 사실상 설치 불가했음을 알 수 있으며, 장소 선정에서 파도의 강약이 의미를 가짐을 말해준다.

독살은 5개 있었는데 어촌계사무실 바깥쪽으로 하나 있었고, 방파제 옆으로 하나 더 있었다. 콘크리트 방파제를 쌓았는데 그 방파제 안쪽으로 독살 70이 있으며, 배가 닿는 방파제 안쪽의 갯골에 독살의 흔적이 매우 분명하다. 일명 안주안밑 독살은 원청리의 고령의 김종목옹이 잘 알고 있는 것으로 미루어 일찍부터 원청리 사람들이 운영했다. 즉, 마검포 앞바다 쪽, 즉 어촌계 사무실 바로 앞의 방파제 근처에 있던 독살로 원청리에 살던 사람이 운영했다. 재미있는 것은 김옹이 '그 옆에 괴기 넘어간다고 살을 맸다. 거기는 세금을 물었다. 김종만 씨네서 예전에 세금을 물었다'는 대목이다. 세금을 물 정도로 등록이 된, '잘 나가는 독살'이었던 셈이다(사진 36 · 37).

독살 81은 방파제 바깥쪽, 즉 청포대 방향의 모래톱쪽에 독살이 위치한다. 이 독살은 신온리의 김억 할아버지(사망)가 관리했었다. 이로써 일부는 원청리 사람들, 일부는 신온리 사람들이 운영했음을 알 수 있다.

독살 80, 일명 관우네 독살은 마검포에서 가장 큰 독살이었다고 김종목 옹이 증언했지만, 방파제를 쌓으면서 흔적이 거의 사라졌다. 독살 81은 마검포 바로 앞에 있던 독살인데 이 역시 사라졌다. 독살 82는 외해쪽으로 위치하며, 현재 횟집이 있는 곳 바깥바다 쪽에 흔적을 분명히 남기고 있다.

제보자 어촌계장이 초등학교 저학년 다닐 때까지만 해도 어렴풋이 독살을 봤다. 그 뒤로는 고기 잡는 기술이 발달되고 연근해 고기가 없어지면서 자연적으로 생산성이 없으니까 자연히 관리를 안 하니까 폐쇄될 수밖에 없었다. 약 50년 전에 이미 제 구실을 못했다. 제보자가 어렸을 때도 독살이 제구실을 못하고 있었다. 초등학교 다닐 때는 돌담이 어느 정도 남아 있어서, 학교 오가면서 독살에 조그마한 고기가 모이는 것도 보았던 기억이 있다. 독살의 원형이 완전히 사라진 것은 한 40년 전이다.

태안 안면도 마검포 독살

(위) 사진 36 방파제 안쪽에 흔적
　　이 분명하게 남아 있다.
(아래) 사진 37 근경

독살에서 봄에는 쭈꾸미, 그때 당시는 게도 풍부했다. '멸'은 그때 당시만 해도 세밀해서 독살 밖으로 나갔다. 독살이니까 길이가 4~5cm 정도는 되어야 잡을 수 있다. 연안에도 자원이 풍부했기 때문에 그때 당시에는 조기도 들었다.

이들 독살은 개인이 운영했다고 들었다. 독살 보수는 직접 본 적이 없어서 잘 모른다. 독살고사는 직접 본 적은 없지만 옛날에는 있었을 것이다. 물참봉이란 말은 못들어 봤다. 범벅이란 말도 모른다. 대신에 뱃고사는 남아 있어 '그저 가정에서 제사지내는 것 보다 좀 간소하게 차려 가지고 바다에서 배에다 싣고 나가서' 제사 올린다. 마검포산은 민간신앙처로 보이지만 정작 거기서 당을 모시고 한 적도 없다.

곰섬 독살

독살 No.83 곰섬 독살 a

독살 No.84 곰섬 독살 b

독살 No.85 곰섬 독살 c

독살 No.86 곰섬 독살 d

곰섬은 남면의 서남쪽에 위치하며, 지금은 연륙되어 섬이 아니다(사진 38). 안면교 북단인 드르니(지금은 드르니항이 들어섰음)에서 폐염전 방파제

를 지나면 닿는다. 곰섬은 1907년 지도를 보면 내웅과 외웅으로 구분된다. 오늘날과 같이 방파제를 통하여 들어오는 방식이 아니라 북쪽에서 남쪽으로 내려와야 했다. 즉, 외따로 떨어진 좁고 긴 협로로 연결되어 있는 작은 섬인데, 오늘날은 지형이 완전히 변했다. 모래가 밀려오면서 섬이 연륙된 것이다. 멸치어장이 주업이었는데 지금은 많이 약해졌다. 지

금도 낭장망 같은 것은 한다. 독살 83은 곰섬의 본 마을이 위치한 산뿌리에 위치한다. 독살 84는 본 마을 넘어서서 고개를 넘으면 작은 방파제가 위치한 해변에 있다.

두여 독살

독살 No.87 두여 독살 a('이기선-이재원-이용복'으로 3대째 내려옴)

독살 No.88 두여 독살 b(故 김계룡 부친 운영)

독살 No.89 두여 독살 c(김창선 운영, 소유가 몇 번 바뀌었음)

두여(도여)는 해안도로가 지나가는 길목이다. 두여는 주민분포가 15호 정도로 성씨는 전주이씨가 많다. 토착성씨로 지금도 이씨가 다성이다. 바닷가 두여 쪽으로는 마을이 없고 해안도로 쪽으로 나와 있는 마을을 두여라고 했다. 주업은 농사를 지으면서 조개를 잡는 반농반어다. 바다 진입로 오른편의 팽나무 있는 쪽까지는 '회목'(정당리 1구)이고, 진입로 왼편으로는 '도여'다. 두여는 원래 길 '도道', 마을 '여閭'자, 도여이다. 두여 오른편에 있는 마을은 승사('중죽은골')라 한다. 중 죽은 골은 예전에 숲이 아주 우거져서 도 닦는 사람들이 살았다고 전해진다. 엄청나게 많던 소나무를 베어내서 많이 줄었다. 안면도 다리가 생기면서 창기리 쪽으로 일부

가져가고, 그 다음에는 두산과 야쿠르트가 목장 개발한다고 베어 가고, 그러다 보니까 안면도 전체가 소나무밭이었는데 급격히 절단났다. 고기는 AB지구 막으면서 절단났다고 보면 된다. 고기가 진짜 엄청 났었다.

회목 길가에 두여해수욕장이란 간판이 보이며, 바닷길로 가파르게 내려가자마자 해안에 닿는다. 해안에는 관광객들이 바다를 조망할 수 있도록 간단한 조망시설이 갖추어져 있으며 해안도로건설을 저지하면서 어민들이 세운 장승 2기가 모래톱에 서 있다. 모래장벌이 길게 형성되어 있으며, 남쪽은 산뿌리가 돌출되어 있고 북쪽은 삼봉해수욕장 쪽이다. 전망대에서 바라보자면 남쪽으로 작은 바위섬 두개가 삐죽 돌출해 있는데 조수간만에 의해 섬이 되었다가 육지로 연결되곤 한다. 이를 '종주녀'라 부른다. 지도에는 도여로 등장하며, 여가 2개이므로 두여에서 비롯되었다는 가설도 가능하다. 종주녀는 바다로 돌출한 종주산의 산뿌리에서 흘

사진 39 안면도 두여 독살
두여에 안겨서 내만에 형성된 독살

러나와 2개의 크고 작은 여로 우뚝 솟아 있어 풍경이 그만이다(사진 39).

독살 87·88은 종주산 산뿌리에 안겨서 형성되어 있으며, 독살 78은 종주녀에 안겨서 형성되어 있다. 독살 88은 여와 뭍을 연결하는 방파제 구실을 하는 길목에 길게 가로막는 방식으로 형성되어 있고, 독살 87은 독살 88의 바깥쪽에 형성되어 있다. 즉, 해변을 바라볼 때, 종주녀 오른쪽의 독살은 87과 88로 이중으로 쳐져 있었다.

지금은 방파제를 쌓는다고 여기 돌을 다 가져가 버려 독살의 형태가 많이 없어졌다. 종주녀와 산뿌리를 가로지르는 독살 88에 가장 많이 들었다. 물이 내려가면 고기가 이 언덕(종주녀 뿌리에 이어진 등)을 넘는다. 고기가 물이 썰 때 언덕을 넘는 습성이 있기 때문에 독살 77로 내려가 박힌다. 김계룡의 부친이 운영했는데 청어가 많이 잡혔다.

반면에 바깥에 있는 독살 87은 조금 깊은 데 위치하여 물이 적게 써는 조금 때는 작업할 수가 없다. 제보자 이용복의 조부 때부터 했다. 이기선-이재원-이용복으로 이어진다. 방파제공사로 돌이 사라져서 형체가 거의 없어졌다. 큰돌이 많던 곳이라 큰돌을 파가느라고 모두 실어가버렸다.

독살 89는 반대로 종주녀에 의지하여 안쪽에 형성되어 있다. 바위섬에 안겨서 조그마한 독살이 앙증맞게 위치하며, 나중에 안쪽으로 독살 89를 쌓은 것이다. 독살 흔적이 매우 정확하게 드러나며 경관적으로 볼 때 매우 아름다운 독살이다. '독살의 미학'이라 할만한 아름다운 풍광을 연출하곤 한다. 독살 주인이 몇 번인가를 거쳐서 김창선에게 넘어갔으며, 이 독살은 흔적이 그나마 남아 있는 편이다.

독살은 팔고 사기도 했다. 돈으로 직접 바꾸지는 않고 주로 물건이나 논으로 바꿨다. 제보자 판단으로는, 독살을 가진 집은 동네에서 그런대로 살던 집이다. 독살이라도 가진 집은 그런대로 먹고사는 데 별로 지장이 없었다. 일단 고기는 잡으니까 사는 데는 지장이 없었던 탓이다. 독살

88과 89는 모두 소유자가 바뀐 경우이며, 이용복네의 87번 독살만 오랫동안 그대로 이어져왔다. 독살이 무너지면 동네 사람들을 동원해서 쌓고 고기를 잡으면 조금씩 나눠주었다. 처음에는 품삯을 주지 않았으나 나중에는 가끔 품삯을 주기도 했다.

계절별로 봄에는 오징어도 들었고, 멸치, 심지어는 농어·삼치도 들고 '별거 다' 들었다. 종주녀와 산뿌리 사이를 못넘어 가는 것은 다 들었다. 여름 초반에는 전어와 가오리, 그리고 지금은 사라졌지만 옛날에는 토착 어종인 '밥주걱'도 많이 들었다. 가을에는 전어·오징어가 들고, 겨울에는 잘 안 했다. 많이 잡히는 경우에는 멸치를 30가마 이상도 잡고, '국시래미'라 부르는 실치를 잡아가지고 다 나눠주고, 그래도 남으면 다른 동네에 팔기도 했다.

독살은 바깥쪽 독살 87이 가장 먼저 소멸했다. 물이 깊은 쪽이라 물보는 것이 번거롭고 작업일도 적기 때문에 포기를 했기 때문이다. 고기도 얼마 들지 않아던 탓이다. 제보자가 중학교 다닐 때까지는(1970년대 중반) 독살을 보러 갔었다. 제보자 이용복도 직접 독살에 물 보러 다녔다.

독살에서의 조업에는 '삼발이 사둘'이 쓰였는데, '쪽'으로 되었다고 해서 '쪽받이'라고도 한다. 크기는 대략 1.5m ~ 1.8m 정도다. 손잡이가 달린 쪽받이를 들고 독살 안에 물이 고여 있으니까 그냥 뜬다. 독살 89는 물이 완전히 빠지지만 독살 87은 일정부분 물이 고여 있어 완전히 빠지지는 않는다. 독살에서 물이 빠지는 데를 '우물통'이라고 한다. 나무로 발을 엮는데, 대나무는 속이 비어서 약하니까 보통 밤나무 얇은 걸 엮어서 꼬았다. 큰 돌로 양쪽을 세워놓고 앞 턱에 발을 촘촘하게 치고 그 위에는 돌로 눌러놓는다. 그러면 그 앞에는 물이 일정량 고여 있다. 그러면 거기서 쪽받이로 뜬다. 쪽받이는 좀 작은 것을 말하고, 사둘은 좀 큰 것을 말한다. 고기는 떠가지고 부게에 담았다. 사둘은 밀고 다니다가, 손잡이로 들고서 바가지로 떠서 부게에 퍼담았다.

밧개의 독살군

독살 No.90 밧개 두에기 독살(성명 미상 소유-정모에게 넘어감, 소유주 여
러 번 교체)

독살 No.91 밧개 중간 독살(ʻ집너머 사람' 오영근 씨가 누군가에게 논을 주고
샀으며, ʻ오영근-오종석-오성용' 3대로 이어지다가 폐장된 이후에
약 4~5년 전에 정당리 정봉한이 복원하여 잠시 운영)

독살 No.92 밧개 독살(편옥자의 부친 편경-참새골의 오용진-탑골의 방봉남
부친 방희순)

일명 밧개해수욕장을 말한다. 바람이 거센 곳이라 민가는 없던 곳이며
횟집 같은 위락시설이 몇 집 들어서 있을 뿐이다. 매우 긴 모래장벌에 거
침없이 몰려드는 파도로 인하여 매우 거친 환경이 조성되는 곳으로 바람
막이를 할만한 곳이 거의 없다. 밧개는 ʻ마당터'라고 하는 해변에서 조금
떨어진 곳에 마을이 형성되어 있었다. 마당터에는 옛날에도 사람이 많이
살았었는데 약 70~80호 정도 된다. 승언리 해변 바짝 붙은 마을 사람들만
어업을 한 것은 아니고 조금 안쪽에 있던 마을 사람들도 어업을 했었다.

독살이 위치한 곳은 그나마 산자락에서 가깝고 바위톱이 즐비하게 형
성된 곳에 국한된다. 밧개에는 3개의 독살이 위치한다. 그러나 독살이 좀
더 있었던 것으로 추측되며, 일찍이 소멸하면서 운영 실태가 확인되지
않을 뿐이다. 해변을 바라보고 섰을 때, 가장 왼편에서부터 독살 90·
91·92가 있다(사진 40).

　독살 90은 '두에기' 독살로 산뿌리 돌아가기 직전에 위치한다. 바위가 펼쳐 있는 끄트머리에 작은 독살이 하나 있었다. 방포 방향, 즉 남쪽 방향의 산자락에 의지한 전형적인 산뿌리형 독살이다. 거칠게 해수면으로 돌출한 돌부리를 이용하여 독살을 삼태기형으로 만들었는 바, 아주 일찍 사라졌는데 터는 남아 있다. 개인이 운영하다가 누구한테 넘겨주고 하다가 마지막에 정모씨에게 넘어갔다. 소유주가 여러 사람을 거쳐갔다.

　독살 91은 '중간독살'로 독살 90의 산뿌리에서 흘러나온, 즉 모래장벌

에 산재한 돌부리에 의지하여 육지쪽을 향하여 길게 누워 있는 형상이
다. 이 지역은 이상할 정도로 바위들이 모래장벌 위에 길게 형성되어 있
다. 돌들은 바다를 향하여 줄지어 달려가는 형상이며, 해수면과 일직선
으로 길게 바위톱이 누워 있다. 독살은 남쪽에서 형성되어 바위톱에 걸
쳐 있으며, 다시 끊긴 부분은 돌을 쌓고 북쪽의 바위톱에 걸쳐놓았다. 즉,
자연적인 바위톱을 적절하에 이용하여 중간 중간에 돌무더기를 쌓아놓
은 방식이다. 바위톱은 옆으로 길게 늘어선 양상이라거나 1.5m를 넘지
않는 적절한 높이 등으로 독살 건조에 매우 유리한 환경을 제공하고 있
다. 따라서 평평한 모래장벌에 그대로 돌을 쌓아올린 다른 독살과 달리
돌을 쌓는 방식도 잡석을 바위톱 위에 포갠 양상으로 드러난다. 가운데
에 수문도 남아 있어 물이 오고간다.

'집너머 사람' 오영근 씨가 누군가에게 논을 주고 샀다. 그 뒤로 '오영
근 - 오종석 - 오성용' 3대로 이어지다가 약 4~5년 전(1999년)에 정봉한
씨(정당리 거주)가 다시 복원한다고 독살을 많이 고쳤다. 최근에 관리를
해본다고 하다가 그만두었다. 지금도 하면 고기가 든다. 정봉한 씨는 독
살을 재건하겠다는 일념으로 복원했다고 한다. 실제로 당시에 쓰던 그물
등이 독살 위에 그대로 방치되어 있는 것으로 보아 매우 근년까지 조업
이 이루어졌음을 알려준다. 그러나 워낙 해수가 심하여 무너져내리므로
포기한 것 같다고 전한다. 복원된 시점에 근년이므로 TV 등에서 독살에
관한 새로운 인식이 홍보되면서 이루어진 시도가 아닐까 하는 유추를 가
능케 한다. 독살의 입지조건에서 볼 때 매우 기능성이 뛰어난 독살로 인
정되며, 문화적 가치가 높다고 볼 수 있다.

독살 92는 중간독살 옆쪽으로 작게 위치한다. 독살 90만큼은 어획실적
이 못하다. 편옥자의 부친 편경 씨가 하다가 오용진('참새골' 인근에 거주)
에게 넘어갔으며, 비교적 멀리 떨어진 승언2구 탑골의 방봉남 부친 방희

순에게 넘어갔다. 독살이 폐장되고 난 다음에 정봉한이 잠시 재건을 시
도해보았다.

독살에는 학꽁치, 갱개미, 놀래미, 우럭 등이 잡힌다. 독살을 안 하게
된 시점은 그물이 많이 들어오면서부터이며, 그때부터 독살에 고기가 덜
들었다. 1970년대까지만 해도 고기가 많이 들었다. 이곳 독살에는 그물
을 치는 경우도 있어 그물을 높이 1.5m 정도로 치면 고기가 엄청 많이 들
었다. 그리고 독살 있는 곳에 대합 조개양식을 했었다.

방포리 독살

독살 No.93 **젓개 독살 a**(박능내 부친 운영, 중간에 故 노병섭 재운영)

독살 No.94 **젓개 독살 b**(박수일 조부 운영)

방포의 본디말은 젓개다. 젓개란 지명에 대해 여러 가지로 해석을 하
는데, 제보자 채상기 씨기 생각히기로는 한문으로 '젓 방자, 포구 개자'
로 생각하고 있었다. 그런데 또 다른 사람들이 해석하기로는 여기에 절
이 하나 있었다고 해서 '절개'라고도 한다는 얘기를 들었단다. 그런데 제
보자는 젓개라고 확신했다. '방포'라고 부르게 된 것은 방포해수욕장을
방포라고 하면서부터이다. 원래 해수욕장 앞동네 이름은 '먹뱅이'였다.
먹뱅이 쪽에는 원래 몇 가구 살지 않았다. 거의 사람이 안 살았다.

그 당시에 젓개에도 10가구가 안 되었다. 초가집으로 5~6가구도 안 살
았다. 채상식 씨도 '딴뚝'에서 이곳으로 이사온 지 한 50년 되는데, 이
사 오기 전에 젓개에는 몇 집 안 살고 있었다. 그러다 이사올 때는 10가구
넘게 살았다. 여기가 선창이었지만 옛날에는 배가 몇 대 없었다. 마을이

537

영세하고 어려웠기 때문에 배 부리는 사람은 5~6집밖에 안 되었다. 풍선으로 할 때는 다섯 척 정도였으며, 나머지는 '동사'로 온 사람들 뿐이었다. 채상식 씨보다 어린 라창화 씨의 기억으로는, 그가 어렸을 때는 젓개에 대략 15호 정도 살았다. 지금은 상당히 많다. 행정구역상 승언8구로 120~130가구 되고, 젓개 포구마을에 있는 것은 50가구 정도 된다.

젓개는 전형적인 어촌이었다. 농업은 안면도가 많이 했는데 젓개 쪽은 어민들이 농지를 경작한 사람들이 별로 없었다. 지금도 그렇다. 젓개 쪽은 순수 어촌으로 봐야 한다. 옛날에 이곳은 간이포구였기 때문에 '젓방자＋포구포자' 의미인 개자가 붙은 것이라고 생각하고 있다. 옛날에는 배들이 포구 안에까지 배가 닿았다. 지금도 그 위치는 그대로 있다. 현재 방포수산 앞까지 움푹 들어오는 곳이다. 옛날에는 돛단배라서 파도가 드센 밖에는 배를 댈 수 없었다. 지금이니까 저쪽 멀리에다가 방파제 쌓고 배를 정박시키지만 예전에는 안에 들어와서 동네 앞에다 배를 대었다. 마을 앞 갯고랑은 특별한 이름은 없다. 현재 제방을 쌓고 터를 다진 '꽃 박람회장'까지 옛날에는 다 바다였다. 거기까지 갯골이 흘러갔다. 채상기 선친이 '왜놈들과 싸워 가면서' 소화 13년(1938)에 제방을 막았었다.

인근 꽃지해수욕장의 '꽃박람회'와 더불어 관광형어촌으로 둔갑했다. 젓개는 해수가 올라오는 아늑한 만이 형성되어 예로부터 오랜 포구로 기능해왔다. 지금도 포구의 기능이 살아남아 만의 안쪽에 배들이 정박하고 있다. 한가한 어촌이 관광형어촌으로 둔갑하여 젓개 일대는 음식점과 숙박업소 등이 즐비하다. 특히 새로 신설된 다리를 통하여 꽃지로 연결되므로 많은 관광객이 모여드는 명소이다. 중국에서 떠밀려온 씨앗에 의해 형성되었다고 전해지는 모감주나무군락이 있어 천연기념물지구로 지정되어 있기도 하다. 군락은 예나 지금이나 그대로이며 방품림으로 심은 것은 아니고 옛날부터 자연적으로 있었다. 방파제를 만들면서 예전 지형에서

이른바 방포의 할머니 · 할아버지 바위 주변에도 독살이 존재했다.

상당히 변했으나 수심 깊은 만의 하구 모습에서 옛모습이 유추된다.

젓개에는 독살이 두 군데 있었다. 독살 No.93은 할미바위 · 할아버지 바위에 의지해 있다(사진 41). 횟집이나 펜션 등의 민박집이 즐비하고 서 있는 곳을 지나면 관광지로 이름높은 할미바위 · 할아버지바위에 다다른다. 간조에만 나다닐 수 있는 곳이다. 독살은 할아버지바위에 이어져서 꽃지해수욕장 모래사장 쪽으로 형성되어 있었다. 할아버지바위 앞은 '꽃지바다'라고 한다. 꽃지 쪽은 원래 마을이 없었다. 지금은 개발이 된 것이고, 앞에 물흐르는 곳은 '갯고랑'이라 한다. 전에는 갯고랑이 깊었다고 한다. 방포수산 앞쪽은 수심 20여m에 달했다. 옛날 분들은 몇 m라는 개념이 없이 명주실 한 꾸러미 두 꾸러미 그러는데, 명주실 한 꾸러미가 다

539

들어갔다고 전해진다. 지금은 농사짓고 비가 많이 오고 하면 그 물이 갯골로 빠진다. 갯골은 할아버지·할머니바위 옆으로 흘러간다. 할머니바위 쪽으로 뒤에 등대가 있는데, 거기도 등이 있는데, 그 뒤에는 '잠운여'라고 물이 들면 자연스럽게 잠긴다고 붙여진 이름이다. 어류가 풍부하여 해삼, 전복이 많이 잡히고 활어로는 우럭, 노래미, 그리고 시기에 따라서 광어, 농어가 들어온다. 봄에는 해삼, 전복이 제일 많이 나오고 다음이 우럭, 농어, 노래미 등 서해안에서 나오는 것은 거의 다 나온다. 어종이 풍부한 편이다.

이런 자연조건을 이용했으나, 지금은 흔적만이 간신히 남아 있을 뿐이다. 모래장벌 위에 돌무더기 흔적을 조금 남길 뿐 독살의 원형은 모두 사라진 것으로 여겨진다. 외해에서 몰려든 만조의 조류는 젓개의 만 깊숙이 들어가게 되며, 간조 시에 할머니·할아버지 바위 바깥 쪽으로 빠져나간다. 할머니 바위 쪽으로는 바위뿌리가 이어져서 자연적인 등을 이루며 그 끝에 무인등대가 서 있다. 만으로 들어가는 입구인지라 장어를 비롯한 물고기의 내왕이 많은 곳이므로 독살을 설치하기에 적당한 곳이다. 독살은 할아버지바위에서 내려온 돌부리를 적절하게 이용하여 모래장벌 위에 축조했던 것이다. 중간에 마을의 노병섭씨가 독살에서 드는 고기를 대바구니 메고 다니면서 잡아오고 그랬는데 돌아가셨다.

독살 No.94는 방포해수욕장에 위치한다. 할머니·할아버지 바위를 굽어볼 수 있는 신축방파제에서 보자면 북쪽 방향으로 산모퉁이가 보이며, 그 모퉁이 자락에 안겨서 독살 94가 위치한다. 방포해수욕장으로 들어가자면, 여관촌을 거쳐서 해변에 당도하여 왼쪽에 해면으로 돌출한, 멀리 바라다보이는 산뿌리에 안겨서 위치한다. 산자락의 돌부리를 이용하여 산그늘에 모여드는 물고기를 집어했던 전형적인 산뿌리형 독살이다. 군부대쪽으로 수년 전까지 흔적이 있었는데 지금은 밑돌조차 사라졌다. 독살을 하지 않으니까 돌 같은 것을 치웠다. 방파제공사에 돌들이 들어갔을 것이다. 독살에서 고기를 잡았던 것은 '겁나게 오래되었다'고 한다. 제보자가 어촌계장 할 때만해도 상당히 오래되었는데 그때도 독살은 안 했다. 인근 '딴뚝'에서 젓개로 이사와서는 제보자 자신도 양쪽의 독살을 보러 다녔다. 해수욕장이 개발되면서 독살이 없어졌다. 제보자가 방포번영회 장 할 때만 해도 10년이 넘었는데 그때는 이미 해수욕장을 하고 있었다.

독살에서는 열치, 잡어가 들었다. 고기가 흔해서 꽃게도 들고 여러 가 지 다 들었다. 철에 따라 고기가 차이가 난다. 봄에 고기가 많이 올라오는 데 주로 열치가 들며, 열치는 가을에는 독살에 잘 안 들었다. 가을에는 전 어가 많이 들었다. 옛날에는 바다에 고기가 흔했는데 그때는 독살로 돈 을 많이 벌었다. 고기를 잡아도 돈은 안 되었지만 쌀이나 보리 같은 곡식 하고 바꿨다. 독살에 고기가 많이 들면 동네 사람들하고 나눠 먹기도 하 고 개인들이 잡아서 주고 또 얻어오기도 했다.

독살에서 물 빠지는 곳은 '독살문'이라고 하는데, 싸리나무로 엮었다. 지금은 그물이 흔해서 그물로 하지만, 옛날에는 산싸리나무 엮어가지고 물을 빠지게 했다. 독살에서는 항상 물이 빠지는 것이 아니다. 언제나 보 면 어느 정도 물이 남아 있으며 사둘로 뜬다. 사둘은 혼자도 할 수 있게 만들었다. 대개는 삼각형의 사둘과 둥글게 생긴 조그만 쪽받이를 사용했 다. 옛날에는 큰 사둘을 많이 사용했다. 사둘은 대나무로 만들었고 쪽받 이는 산에 있는 박달나무를 불로 거슬려서 쉽게 오그려 만든다. 쪽받이 는 나중에 철사로 둥글게 만들었다. 새우 같은 것을 뜰 때는 '체'를 사용 했다. 그물은 나일론 그물이 나오기 전에 목그물을 사용했다. 옛날부터 큰 배하는 곳은 그물을 쓰고 있었으니, '일중선'들은 목그물을 사용하고 있었다. 목그물도 나오기 전에는 칡그물이나 새끼그물 같은 말은 들어보 지 못했으며, 제보자가 어렸을 때도 이미 목그물이 있었다.

조간대에서의 운반도구로는 다람쥐와 구럭이 있다. '다람쥐'는 대바구니처럼 만들어서 메고 다니는 것을 말한다. 구럭은 새끼줄로 망같이 엮은 것으로, 여성들의 '백' 같은 격이다.

독살고사를 지냈다. 제보자가 실제로 고사 지내는 것을 보았다. 고사는 들물에 지낸다. 물이 들어올 찰나에 지낸다. 그 이유도, '하나의 미신'인데, 물이 나가면 복이 나간다는 형태고 물이 들어오면 복도 들어온다는 형태이다. 고사는 저쪽에서 물이 들물이 되는 그 시점에서 독살 중심부에다 제물을 놓고 지낸다. 제물은 어포, 술, 떡이다. 옛날에는 가난할 때라 떡은 시루떡이며, 범벅도 하는 집이 있었다. 범벅은 도깨비가 좋아한다고 바치기도 했다. 범벅은 수수에다 팥고물을 묻힌다. 도깨비는 범벅을 좋아한다고 하더라. 범벅을 땡감 크기만 하게 해서 팥고물을 묻혀서 뿌린다. '참봉'도 해가면서 한다. 도깨비를 홀릴라고 '물아래 참봉, 물위 참봉' 하면서 떡을 던진다. 조사자의 '참봉이 뭐예요?'라는 질문에,

참봉이라는 것은 이제 도깨비를 홀리는 하나의 저거 같어. 나도 내용은 모르는데, 참봉이라고 해대니믄서 고기를 많이 잡게 해달라고. 독살이가. 독살에 고기가 많이 들으라 이 얘기지. 다 미신이지. 옛날에는 고기를, 도깨비가 몰어 와서 독살이 많이 좀 갇혀달라는 뜻이여, 그게. 도깨비들이 고기를 몰어서. (조사자: 도깨비들이 왜 고기를 몰고 다닐까요?) 그런께, 물은 원래 도깨비들이 많이 있었어. 물가에는. 옛날이는 여기, 하나의 천지조환데, 여기 안면도가 옛날에는 삼림이 우찌나 많은가, 사람이 낮에 대녀도 컴컴할 정도로 소나무가 많앴었다고. 안면도 전체가. 그, 그때는 낮이도 무서워가 못 대녔다고. 흔히 오래된 나무가, 나무가 오래되면 그 인으로 인해서 바람이나 불으믄 날아 다닌다고 번쩍번쩍하고 그랬어. 나도 도깨비불 한 번 봤었어. (조사자: 언제 보셨어요?) 그

전에 어렸을 적에, 황도 바닷가에서 도깨비들이 여기서 이렇게 서면, 오줌똥 갈기듯이 이리로 쪽 간다고. 불이 다 보여요. 여기서 생겨가꼬 저리로 쪽 따라가요. 그래서 나는 어렸을 때, 열대여섯 살 먹었을 때, 도깨비가 흔히 많이 대니는 데가 있대야. 바닷가 쪽으로다. 물 나가믄은. 물 들어왔다 나가믄은. 내가 언젠가 한번은 내가 문틈으로 한번은 보니까 도깨비들이 바다에서 도깨비불이 이렇게 쫑쫑쫑쫑 가더라고. 물 나갔을 때야. 나 자신이, 지금 생각해도 무서운 것이, 도깨비가 나를 문으로 보는 것 같애가꼬 이불 속으로 막 숨고 그러는 적이 있었어. 도깨비가 여기서 불을 서면은 저짝으로 쫑쫑쫑쫑 막 갔어. 실제 봤어요. (조사자: 혹시 물고기 아니예요?) 아니요. 그런게 있대요. 도깨비불이. (조사자: 색깔은요?) 이런 불 색깔 같은 이런 색깔. 횃불 쓰면 나는 색깔. 주황색. 줄줄줄줄 막 똥 싼 것처럼. 나이 먹은 사람은 도깨비불 많이 봤지요. 다들 봤지요. (조사자: 도깨비불 보면 좋다고 해요?) 좋다고도 하고. 그게 이제 모어다 준게. 좋은지 뭔지 뭐. (조사자: 도깨비가 물참봉 맞어요?) 물참봉하고는 좀 차이가 있는데, 그게 이상하게 어른들이 도깨비불 보고 나간다 나간다 하더라고. 나도 이상하게 한번 딱 봤어. 도깨비불이라고. (조사자: 물참봉이 도깨비라는 얘기는 들어보셨어요?) 몰라. 그런 소리는 못 듣고, 그 전에 어르신들, 우리 옛날에 할머니들이 도깨비한테 씌어서 밤새 돌아다니고. (조사자: 바닷가에서 씐 적도 있어요?) 나는 우리 친정 큰어머니 말씀이여. 옛날에는 이렇게 옹댕이, 이렇게 물댕이 이고서 물을 이어다 먹잖었소? 황도 이 섬에. 우리 아버지 고향이 황도예요. 우리는 서울 살다가 6·25때 황도로 피란왔었어. 이제, 피란오기 전에 우리 큰어머니가 겪었던 얘기야. 새벽에 여자들이 밤중에 물을 날르러 가. 물을 길러 갔다가 도깨비 홀려가지고서 밤새 씌어 대녔대요. 밤새. 그래도 이런 데 다치지도 않는대. 날 새면 놔준대. 도깨비 홀려서 밤새 씌어 대닌대요. 옛날에는 그런 게 많았대요. (조사자: 그런데 왜 없어졌을까요?) 근래와서 이제 전기도 생기고 인제 이렇게 해서 그런지 근래는 그런게 없어. 우들은 생각이, 옛날이는 인가가 드문드문 있고 소나무가 막 울창하고 이, 정신적인 거 뭐 아닌가 몰라. 모깨비한테 홀려서 막 쏘 대닌대요. 그 전이는 집이 없고 나무만 울창하고 그래가지고. 또 어른들한테 들은 전설이 도깨비 나오네 뭐하네 하니까 신경적으로. 어느 지점이 난다 이러면 고 근방 가믄은 막 소름이 끼치는 거여. 어떤 때는 앞이 딱 맥혀 가지고 딱 주저 앉는 때도 있었어.

 **고남리 독살**

독살 No.95 바람아래 독살(이모 씨 운영, 운영자 성명 미상, 고남4구 웃점 거주)

일명 바람아래해수욕장으로 알려져 있다. 안면도의 최남단 서쪽에 위치한 돌출된 모래사장으로 바람을 피하기 유리하다고 하여 바람아래로 알려졌다. 소나무숲길로 접어들면 YMCA어린이갯벌체험장이란 간판이 등장한다. 그곳에서 길게 모래톱이 남서쪽으로 뻗어 있으며 주민들의 바지락 양식장이 있는 작업장이 있다. 잠술은 어촌계가 장곡리1구와 3구가 하나로 묶여 있다. 여기는 간사라고 부락마다 책임자가 하나씩 있어서 안면수협한테 지시를 받는다.

바지락 채취를 하는 모래톱에서 바다 쪽으로 길게 할미바위라 부르는 바위톱이 내밀고 있으며 그곳에 독살 흔적이 남아있다. 지금도 흔적이 남아 있으며 제법 큰 독살이었다. 앞으로 장고도·고대도가 바라보이며 조류는

안면도 남단과 두 섬 사이를 흘러간다. 해수이동으로 인하여 모래장벌이 매우 길게 뻗어 있는 매우 아름다운 곳이다. 이 독살은 본디 멀리 떨어진 옷점(고남4구)의 이모 씨가 운영해왔다고 전해진다. 대숙밭 앞바다 '운여'라는 곳도 모래벌과 돌들이 흩어져 있어 외관상으로는 독살이 있을 것 같지만, 주민들의 증언으로는 파도가 심하여 독살을 설치할 수 없다고 했다. 따라서 안면도 남단에 다른 곳에 비하여 독살이 거의 형성되지 않은 이유로 심한 파도를 들 수 있을 것이다. 그런 점에서 독살 95가 위치한 곳은 모래톱에 의하여 일단 조류의 심한 저항을 덜 받는 곳으로 여겨지며 모래톱에 조성된 바위톱을 적절하게 이용하여 독살을 설치했을 것이다(사진 42).

안면도 남단에 독살이 별로 없는 것은 파도 말고도 돌 때문이다. 가령,

545

황포(고남면 신야2리 한내)의 경우, 갯골이 흘러가고 뻘기가 약간 썩여 자동차가 나다닐 수 있을 정도로 단단한 모래밭이 크게 형성되어 있지만 큰돌이 없어 독살이 없다. 잡석더미가 산재하여 그런 돌로는 독살을 축조할 수 없었기 때문이다. 재미있는 것은 인근에 '숭어덤벙'이란 지명이 있다. '숭어덤벙'에서는 말 그대로 옛날에 숭어가 많이 잡혔다. 원을 막기 전에는 숭어가 많이 올라다녔는데 지금은 원을 막아서 숭어가 없다고 한다.

천수만과 가로림만의 독살

천수만의 독살

No.96 간월암 독살(운영자 미상)

간월도는 서산시 부석면의 창리포구 쪽을 향하여 위치한다. 천수만 내에서는 안면도에 딸린 황도와 더불어 가장 큰 섬으로 삼각형 모양이다. 본디 서산군 소속으로 고종 32년(1895년) 지방관제 개정에 의하여 태안군 안상면에 편입되었다. 1914년 행정구역 통폐합에 따라 간월도리로 지칭하고 서산군 부석면에 편입했다. 자연마을은 큰말, 벗말, 아랫말, 갱말 등 4개다.

간월도에 나일론그물이 들어온 연대는 대략 1975년 무렵이다. 그 전에는 목그물을 손으로 직접 짜서 썼다. 간월암 바로 앞에 독살이 있었으며

지금도 흔적이 남아 있다. 제보자가 초등학교 다닐 시절(대략 1970년대 초반)까지만 해도 허리춤 높이의 돌담이 완연히 존재했다. 독살에서는 오징어, 낙지, 전어 등을 잡았다. 독살은 1개 있었으며 제보자의 기억으로는 여타 지역에는 독살이 존재하지 않았다.

어살은 제보자의 조부인 유황학(대략 1919년 생)이 운영했다. 벗 앞바다에 1개, 줄메기 바다 쪽에 2개 운영했다. 말짱을 박고서 대나무를 틈새에 박았다. 간월도에는 대나무가 잘 자랐으며 왕대뿐 아니라 시누대도 이용했다(사진 43). 1968년 무렵에 사라진 것으로 제보자는 기억한다. 그런데 제보자가 기억하는 지극히 전통적인 살과 달리 그물을 이용한 개량식 살도 눈에 뜨인다. 아주 최근 1994년까지 했으며 주로 전어잡이에 쓰였다.

가로림만의 독살

No.97 독곶 터진목 독살(운영자 미상)

독곶은 서산 태안반도 최북단에 돌출된 곶串으로 가로림만의 초입에 위치하며 맞은편 이북면의 최북단인 만대와 마주하는 마을로서, 곶에 황금산黃金山이 있다. 본디 조선시대에 목장이 있던 곳들이다. 큰들, 작은들, 논골, 벚꽃네, 수등말, 샘말, 안질, 목벗 등 8개 자연마을로 구성된다. 독곶은 삼면이 바다로 둘러싸여 바람이 심하다. 독곶에 사구가 발달한 것은 바닷바람 때문이다. 대산읍 독곶리와 오지리 해안에는 육계사주(tombolo)와 육계도(land-tied island)가 잘 발달되어 있다. 이곳은 외해에서 불어오는 북서계절풍의 직접적 영향을 받는 곳이다.

제보자 조선수의 부친 조덕환은 생존시 80세로 대대로 살을 해왔다. 조씨네는 논골 출신으로 당시에 10여 집이 살고 있었는데 11대째 살아오고 있다. 살은 마을에서 네 집이 있었다. 현재 공장터가 살매는 곳이다. 지금은 안쪽으로 오지리가 보이는 만에만 2개가 남았다. 만의 것도 본디 4개였는데 2개로 줄었다. 그 2개라는 것도 뱃길을 터주기 위하여 가운데 뱃길을 갈라서 두 토막이 되었다. 관행어법으로 인정되는 바 허가는 없다.

독살은 조선수네 살 바로 밑에 흔적을 남기고 있다. 지금도 흔적은 있다. 제보자는 옛날에 독살 썼던 자리에 어살이 마련된 것으로 믿는다. 독살은 삐죽 튀어나온 '터진목'을 막는 방식이다. 터진목을 막아서 독살을 했고, 독살이 없어지면서 목그물이 나왔다. 조기·갈치 등을 독살에서 잡았는데 이미 일제시대에 사라졌다. '제가 어려서도 못보고 독살터만 보았으니 60~70년 되지 않았는가 싶다'고 했다. 독살이 사라지고 난 다음에도 독살터 안에 작은 말뚝을 2m 정도 박았고 길이는 200~300m 정도로 그물을 둘러서 고기를 잡았다. 예전에는 이곳이 엄청나게 조기들이 많았던 곳이다. 지금 70살 이상의 노인들은 조기잡이를 모두 기억하고 있다. 제보자 말로는 '황룡 안 죽이고 청룡을 죽여서 청나라로 갔다'고 변형된 박활량전설을 말한다. 당시에는 조기를 모두 살로 잡았으며 여기 독살로도 많이 잡았다. 많이 잡아도 판로가 없으니까 팔 데가 없었다. 지금도 '언구 숭어'가 5월에 많이 잡히는데 숭어도 판로가 없어 그대로 둔다. 참고로 지리학 쪽에서 조사된 바에 따르면, 독곶이 공업단지로 변하기 전에 다음과 같은 정황이 엿보인다. 물론 이들 돌살은 지금은 흔적도 없이 사라졌다.

독곶리 황금산 일대와 오지리 벌말 일대의 헤드랜드에 강한 조류에 의해 파쇄된 암석이 풍부하여 이것으로 만든 독살이 지금도 썰물 시에 그

| 사진 44 독곶 터진목 어살

지금은 사라진 독곶리 독살(지명준, 「大山半島의 地域性과 景觀變化」, 고려대학교 석사학위논문, 1992)

자취가 나타난다. 이 독살을 이용하여 해안에 조류를 따라 들어온 갈치 · 우럭 · 도미 · 숭어 · 노래미 · 전어 등과 같은 잡어들이 많이 걸려들어 연안어족이 풍부할 때에는 어획량이 많았다.[2]

No.98 고파도 저울대섬 독살(운영자 미상)

No.99 고파도 고깔섬 독살(오상기 운영)

No.100 고파도 고깔섬 앞불 독살(故 김재순→충권-박진권 계승운영)

고파도는 가로림만 초입에 위치한다. 가로림만은 외해로 빠져나가는 '터진목' 쪽에 자리 잡아 조수 움직임이 대단히 강하다. 고파도의 위치는 대략적으로 태안 쪽에 가깝게 붙어 있는 형세다. 서쪽인 태안 쪽은 태안

| 고파도 지명분포

편, 동쪽인 서산 쪽은 서산편이라 부른다. 염전 등의 간척으로 말미암아 지형변화가 일어났으나 본디 개미허리처럼 잘록한 섬이다. 태안편이 좁기 때문에 그리로 물살이 빠르게 흘러가므로 모래가 쌓인다. 바람 때문에 쌓인 모래가 아니다. 깊이는 서산편이 태안편보다 깊다. 태안 쪽으로는 물이 많이 나가는 사리 때는 걸어다닐 수도 있다. 그렇게 수심이 얕다. 수심 얕고 물이 빠르므로 물모래가 쌓인 곳인데 돌을 걸쳐놓으면 모래가 걸쳐지는 식이다. 그 쪽으로 큰 배는 못 다닌다. 이곳에서는 모래톱을 '모래톱'이라 부른다. 모래톱은 약 1km는 족히 나간다. 사리 때는 많아 나가는 모습이 적실하게 보인다. 모래는 가재미 등이 서식하는 곳으로 섬에서 중히 여긴다.

독살은 섬 북쪽 뱃사장이 있는 곳에 3군데 있었다. 뱃사장 쪽은 일명 저울대섬이라고 하여 가운데에 모래사장을 놓고 양쪽 끝에 뾰족한 산봉

우리가 솟아 있다. 1기는 동쪽의 산봉우리인 '사마래' 동쪽에 위치하며 (No.98), 다른 1기는 서쪽 꼬갈섬 북쪽에 위치하며(No.99), 나머지 1기는 고갈섬 아래쪽의 일명 '앞불'이라고 부르는 곳에 위치했다(No.100). 섬의 북단 모퉁이에 위치하여 조류가 매우 빠르게 흘러가는 길목에 위치했다. 산봉우리의 산그늘에 의지하고 돌을 이용하여 돌살을 설치했던 것이며 전형적인 위치이다. 지금은 흔적도 없이 사라졌다.

고갈섬 것은 고 김재순씨가 했고 오상기, 그리고 충권네가 하다가 박진 권에게 팔아먹었습니다. 살은 힘이 많이 들므로 팔기도 했지요. 그 당시 는 사람 사서는 못하고 자기 인력으로 했지요. 그 근처에 돌이 많았지 요. 당시에 독살에서 민어는 들지 않았지만 갈치·숭어·가재미 같은 것이 많이 들었습니다. 주로 가을에 많이 들고 봄에는 별스럽지 않았고 돌로 쌓은 것이 별수 있겠어요. 돌로 쌓은 것은 다 보수를 해야하니까, 만일 무너지니까 겨울에 파도치니까, 많이 무너지니까, 보수를 해야했죠. 아무래도 100여m 이상으로 빙 둘러 원형으로 하니까. 독살을 어렸을 때도 보았고 마지막으로 사라진 것은 약 30여 년 정도 되었지요.

Chapter 8

남해안의 돌살

경상·전라, 남해에서 보고하다

남해안은 서해안에 비하여 상대으로
돌살이 적다. 특히 섬진강을
기점으로 경상도에는 남해군 정도에서 돌살이 확인될 뿐,
부산 방향으로는 확인되지 않고 있다.
그나마 경상 남해안에서 돌살이 집중적으로 분포된 곳은
남해군의 돌살군群일 것이다.
남해군을 기점으로 동쪽, 즉 마산·진해·부산 등에는
돌살이 확인되지 않고 있다. 이는 돌살 설치에 불리한 지형적 조건,
수심, 물때 등 여러 요인이 있을 것이다.
그 대신에 빠른 물살을 이용한 죽방렴 따위가 발달했다.
오늘날은 죽방렴이 삼천포 앞바다에서 남해군 창선도에
이르는 길목에 집중되고 있으나
예전에는 우해牛海, 즉 현금의 진해·마산 근역에도
엄청나게 많았다.

남해안 돌살의 민속지리

남해안은 서해안에 비하여 상대적으로 돌살이 적다. 특히 섬진강을 기점으로 경상도에는 남해군 정도에서 돌살이 확인될 뿐, 부산 방향으로는 확인되지 않고 있다. 그나마 경상 남해안에서 돌살이 집중적으로 분포된 곳은 남해군의 돌살군群일 것이다. 남해군을 기점으로 동쪽, 즉 마산·진해·부산 등에는 돌살이 확인되지 않고 있다. 이는 돌살 설치에 불리한 지형적 조건, 수심, 물때 등 여러 요인이 있을 것이다. 그 대신에 빠른 물살을 이용한 죽방렴 따위가 발달했다. 오늘날은 죽방렴이 삼천포 앞바다에서 남해군 창선도에 이르는 길목에 집중되고 있으나 예전에는 우해牛海, 즉 현금의 진해·마산 근역에도 엄청나게 많았다. 조선 후기에 우해로 귀양간 김려는 한국 최초의 어보인 『우해이어보牛海異魚譜』에서 다음과 같이 묘사한 바 있다. 여기서 '올'은 오늘날의 죽방렴과 일치한다.

양타는 바다 가운데에 있어서 잡기가 어려워 어뢰魚牢 안에 들어온 후에야 잡을 수 있다. 바닷가 사람들은 바닷물이 여울져서 고기가 모이는 곳을 올兀이라고 하는데, 올은 방언으로는 조條라고 한다. 그래서 어조魚條라고하면 길에도 경로經路가 있는 것처럼 고기들을 쫓아가서 찾을 수 있는 곳이다.……진해 바닷가에는 어뢰가 수십 곳이 있어, 마치 바둑판처

1 | 2 | 3
4

남해 창선도의 죽방렴

1 죽방렴
2 실란동 죽방렴 활가지
3 죽방렴의 쪽대
4 죽방렴 원경

| 지금은 사라진 여수 돌산도의 죽렴(박광순, 『韓國漁業經濟史硏究』, 1981)

럼 어뢰를 두고 있다. 이들은 모두 자신의 이름과 표식을 가지고 있다.[1]

어뢰에는 각각의 주인이 있고, 고기가 많이 잡히고, 적게 잡히는 것도 해마다 변한다고 했다. 오늘날로 치면 죽방렴이 즐비하게 늘어서 있었음을 묘사하고 있다. 이처럼 남해군의 남쪽해안은 가파르고 험준하여 어뢰는 몰라도 돌살이 들어설 곳이 드물다. 반면에 북쪽의 설천면 해변은 아늑한 곳으로 흡사 서해안의 도서지방에 와 있는 듯한 느낌이다. 설천면 문항마을 돌살은 최근까지도 박봉렬 옹이라는 '돌발의 장인'에 의하여 어업이 이어져왔으며. 이에 표본지역으로 이 책에서 집중 서술했다.[2]

전라도 쪽의 남해안에서는 완도군과 해남군의 돌살이 주목된다. 완도에서는 돌살을 '쑤기담'·'독장'이라 불렀다. 주요 어획물은 숭어였으며 그 외에 문절망둑(*Acanthogobius flavimanus*)·게 등도 많이 잡혔다고 한다. 완도지방의 돌살에서는 독장 안에 갇힌 고기를 잡을 때 주로 가래를 사용했는데 이는 대나무를 망태기처럼 새끼로 엮어 만들어 썼다. 그러나

해태양식이 성행하면서 독장을 매립하여 해태 가공시설이나 미역처리장
으로 활용하고 있어 흔적조차 거의 사라졌다. 돌살이 번성하던 당시에는
문전옥답처럼 소중히 여겼으며 개인의 중요한 재산으로 취급되었다.[3]
1972년도에 보고된 완도군 당인리의 돌살은 대단히 넓게 반원을 그리며
해안을 감싸고 있다(사진).[4] 길이는 수백m가 족히 넘었으나 지금은 흔적
만 남기고 사라졌다.

　해남군에서도 '쑤기담'이라 부르며 현재도 어업이 이어진다는 점에서
주목을 요한다. 말하자면, '살아 있는 돌살'인 셈이다. 같은 해남군 북평
면 남창리, 즉 완도와 접경을 이루고 있는 좁은 목에서도 박현준 씨네 집
안에서 대대로 돌살이 이루어졌으나 지금은 소멸하고 말았다.[5] 해남군
송지면 중리에는 여러 개의 돌살이 집중적으로 확인되고 있다. 무엇보다

| **지금은 사라진 완도 당인리 돌살**(1972년 2월. 박광순, 앞의 책)

중리 앞섬인 증도를 중심으로 2개의 돌살이 지금도 현행어업으로 존재하고 있다는 사실이 주목된다. 전국적으로 몇 개 안 남은 현행 돌살이다. 중리에는 이밖에도 여러 개의 돌살이 존재했으나 흔적만 남기고 있으며 앞섬의 돌살만 남아 있다. 중리 인근의 송정리에도 4개의 돌살이 존재했으나 일찍이 사라졌다.

이상에서 보듯이 남해안에는 밝혀진 것 이외에도 더 많은 돌살이 있었을 것이다. 상대적으로 서해안에 비하여 분포도가 낮은 데 반하여 해남과 남해군에서 현행어법으로 이어지고 있는 돌살이 관심을 끈다. 그리고 두 지역의 돌살 모두다 앞섬에 의지하여 설치되었고, '등'에 걸쳐서 축조했다는 전형적인 모습을 보여주고 있다. 따라서 이 책에서는 현행어법으로 살아 있는 남해와 해남군의 돌살을 중점적으로 다루기로 한다.

참고로, 돌살에 관한 명칭문제를 정리할 필요가 있다. 이상에서 살펴본 바대로 남해군에서는 돌살을 '돌발'이라고 부른다. 이 지역의 돌발을 '석방렴'이라고 적기하고 있기도 하나, 박봉렬 옹은 '대학에서 조사 와서 석방렴이라고 해서 그런 줄 안다'고 답했다. 마을 해변에 서 있는 '어촌체험마을' 입간판에도 '돌발'이라고 명기되어 있다. 그런데 전남 남해안 일부에서는 '쑤기담'이라는 독특한 명칭이 쓰이고 있다. 적어도 해남이나 노화도에서는 현지조사결과 '쑤기담'이 '독살'과 같이 쓰이고 있다. 재미있는 것은 해남 북평면 남창리에서는 '쑤기담'이라는 명칭을 모르고 있었으며 그 대신에 '독살'을 쓰고 있었다. 해남 송지면과 노화도에서는 '쑤기담'을 쓰고 있었으며, '독살은 근자에 쓰기 시작했다'고 하면서 현재는 '독살'이라는 명칭도 두루 쓰고 있었다. 노화도에서 자라다가 해남군 남창리로 이사와서 거주하는 강영복(2004년 조사당시 64세)는 이런 증언을 내놓았다.

노화도 도청리 장포리에 독살이, 그게 하나가 논골에 하나 있었지라. 오막하니 그런 곳이었어요. 자갈밭. 거기서는 고기를 짐으로 져서, 내가 알기는 우리 처갓집에서 했지라. 거기는 정말 고기를 짐으로 지어 날랐지라. 내가 20대 때 사라졌는데, 거기서는 쑤기땀이라 했지라. 독살이란 말은 처음 들었지라.

"학설적으로 독살이라고 나왔나보지요. 여기는 쑤기담이라고 부르지요"라고 한다. 그러나 '쑤기담'은 매우 한정적인 지역에서 통용되는 민속 용례로 인정된다. 따라서 이 책의 기본적인 입장, 즉 각 지역용어(folk term)를 인정하되 전체적으로는 통일시켜 '돌살'로 부르기로 한 입장에서, 전체적인 통칭명을 쓸 때는 돌살을 쓸 것이며, 지역적 용례로 경남 남해군의 돌살은 원어명인 '돌발'을, 전남 해남군 돌살은 원어명인 '쑤기담'을 씀이 옳을 것이다.

남해군의 돌살

 ### 강진만 문항리의 자연환경 입지 및 사회적 배경

남해군 설천면 해역은 크고 작은 섬과 반도, 그리고 만입이 발달하여 해안선 굴곡이 심한 전형적인 리아스식 해안이다. 문항이 자리잡은 강진만江津灣은 진주만이라고도 부른다. 해도에는 만의 아래쪽만 명기하여 강진해라고 표기하기도 한다. 남해도 및 창선도와 본토에 둘러싸

인 만으로서 남북의 길이가 18km나 되는 비교적 큰 만이나 수심이 최대 6m 이하여서 선박의 정박지로서는 부적당하다. 그만큼 잔잔한 만을 이루어 돌발, 굴양식 따위의 조업을 하기에 유리한 지형이다. 만의 북동부는 삼천포수도를 거쳐 동도만에 연결되고 북서부는 광양만에 이어진다. 즉 삼천포에서 창선도 북쪽으로 오가는 해류가 진주만에서 노량수도로 빠진다. 노량수도는 일시에 빠져나가는 해류로 말미암아 깊은 곳은 수심 33m에 이르므로 돌살이 불가하다.

강진해 평균 수심은 2~3m에 불과하다. 그러나 설천면 일대는 남해읍에 딸린 바다 쪽에 비하면 훨씬 수심이 깊은 편이다. 문항에서 바다가 보이는 하돈도 북쪽은 수심 14m에 달하며, 차츰 낮아져서 문항의 진섬에 이르면 11m에 이른다. 문항의 진섬 바깥은 상대적으로 깊은 편이라 물고기가 많이 꾀는 곳이다. 말하자면 외해와 내해의 장점을 두루 갖춘 문항해변이다.

강진만 동북 해안에 위치한 문항마을의 호구수는 76호, 총인구 330여 명의 진양정씨 다성 마을이다. 진양정씨 입도 전에 '김씨배판'이었는데 김씨네가 자손이 귀했으며, 근년까지도 한집이 살고 있었는데 종내 사라졌다. 진양정씨는 임란 전에 들어왔으므로 대략 400여 년 정도 이 마을에서 살아온 것으로 비정된다. 남해군 역시 왜구의 빈번한 침입을 받았기 때문에 공도정책이 실시되었으며 그 결과 여러 차례 폐현을 거듭했다. 따라서 현주민의 입도주들도 이 같은 출입·퇴거과정을 거치면서 변화를 거듭해온 것으로 여겨진다. 참고로 남해군의 성분포에서 다성은 김·이, 박·정·최씨다. 진양정씨는 남해면 심천리, 서면 노구리·정포리, 고현면 남치리, 설천면 문항리, 창선면 당항리에 다수가 집성으로 몰려 산다. 문항은 예로부터 어촌이기는 하지만 학자가 많이 배출된 곳으로 국문학자 고 정병욱 선생도 이곳 출신이다.

남해는 육지부에서 가까울뿐더러 기후가 온화하고 어류가 풍부하다. 게다가 산과 들, 바다가 조화를 이루는 곳이어서 일찍부터 사람들이 모여 살았다. 문항마을에서 가까운 도마리 삼봉산 줄기로 이루어진 곳에서 발견된 패총은 설촌면 일대의 어업이 선사시대로 소급됨을 말해준다. 도마리 패총에서는 토기편도 출토되었는데 김해 패총시기와 동일하다.

마을 앞에 '아랫진섬'과 '웃진섬'이 붙어 있다. 문항 마을에서 보면 동서로 누워 있는 형국이다. 육지 쪽으로 작은 섬인 웃진섬, 바다 쪽으로 큰 섬인 아랫진섬이 있다(사진). 마을 입간판에는 웃진섬은 상장도, 아랫진섬은 하장도로 되어 있는바, 웃진과 아랫진의 한문식 표기인 '上長 · 下長'이리라. 모두 '길게 누운 섬'이란 뜻을 지닌다. '진'은 '길'의 방언이다. 진섬의 위쪽, 즉 북쪽은 '진섬음지', 아래쪽인 남쪽은 '진섬양지'라 부른다. 음지쪽은 길게 모래와 바위가 연결된 비교적 잔잔한 해변이지만, 양지쪽

| 문항 마을의 아랫진섬

| 해변가의 어촌체험관 입간판

은 해류 영향을 많아 받아서 가파르고 순전히 바위로만 이루어진 해변이다. 자그마한 2개의 섬은 이곳 어업의 핵심을 차지하는 중요한 곳이다.

진섬은 바위섬으로 해송을 비롯한 다양한 나무가 숲을 이루고 있으나 식수가 나지 않아 살 수 없는 무인도다. 평시에는 육지와 떨어져 있는 섬인데 물이 썰면 '등'이 드러나서 연륙된다. 진섬 일대의 해변가는 자잘한 돌멩이와 모래, 뻘이 섞여 있다. 쪽·바지락·굴 따위의 패류 성장에 적합한 해변이다. 조류는 썰물에는 남쪽에서 삼천포 쪽으로 빠지고, 일부는 노량 쪽으로 빠진다. 들물도 마찬가지로 두 갈래로 갈라져서 들어온다. 즉, 진섬 일대는 조류가 갈라지는 길목으로 조류를 따라서 이동하는 물고기를 잡는 돌발에 유리하다.

북쪽으로 설천면 봉우리의 마개만, 금음리의 함옥개, 문항리의 높은들개와 뒤강치, 문권리의 집앞개 같은 자잘한 만이 형성되어 외풍을 막아주는 자연입지를 갖추고 있다. 물론 2개의 섬이 바람과 파도를 막아준다.

기온은 매우 온화한 편이다. 유순한 기후를 배경으로 유자농사가 많이 이루어졌으나 '반짝 경기'였으며 지금은 논농사, 밭농사가 유지될 뿐이다. 마늘, 보리, 쌀이 주업이다. 2000년대에 들어와 '어촌체험마을'로 지정되면서 진섬 들어가는 길목에 체험관을 정부 지원으로 지었다. 입장료를 받고 바지락잡이, 쏙잡기 등의 체험을 시키며 마을의 돌살도 관광객 유치에 활용된다.

마을 간척은 소소한 방식으로 이루어졌을 뿐이고 대규모 간척이 이루어질 입지가 못 된다. 반면에 윗쪽 함옥개 방향은 큰 들이 만들어졌다. 문항마을에는 높은 들이 있어 매우 드넓은 논이 바다 쪽을 향하여 펼쳐져 있다. 논에서 흘러나온 단물이 그대로 돌살로 흘러든다. 어업이 전면적인 지족해협과 달리 반농반어, 혹은 전업농이 주축을 이루는 환경 속에서 문항의 어업은 상대적으로 전통성을 간직할 수 있었을 것이다. 남해에는 일찍이 일본인 어업 및 제염업자가 많이 진출한 상태였다. 삼동면 미조리에 미조어업조합, 지족리에 지족어업조합이 있었다. 이에 반하여 문항은 전통적 어법에 의존하여 소경영체제의 어업을 해왔으며, 덕분에 일본어법의 영향을 상대적으로 덜 받은 지역이다. 워낙 수심이 얕아 돌발 같은 함정어법은 가능할지 몰라도 선단에 의한 대규모어업은 불가하다.

농업을 제외한 마을경제는 진섬 일대의 바지락 캐기, 그리고 겨울철 굴 따기다. 바지락은 1월부터 6월까지가 집중적 조업이며 남녀 모두가 채취에 나선다. 1일 평균 3~4톤 채취하는데 전량 일본으로 수출한다. 이곳 바지락은 맛 좋기로 소문났기 때문에 국내시판은 거의 이루어지지 않는다. 2001년 조사 시점에서 Kg당 4,000원을 받고 있었다. 연간 바지락 총수입이 2~3억에 달하는데 과거 피조개양식이 이루어졌을 당시에는 마을공동수입이 5억여 원에 달했다. 피조개는 해변이 오염되면서 사라졌다. 남해군의 어업은 양식업에 절대적으로 의존하는 편향성을 보여준다. 피조개 양식장, 굴수하식 양식장, 굴 및 홍합 살포식 양식장이 다수를 차지하는 편향된 구조이며 문항도 상황은 거의 같다.

2001년 기준, 비법인 어촌계인 문항어촌계는 24명의 조합원을 거느리며, 어촌계장(정상병, 조사 당시 39세)과 감사로 이루어진다. 별도의 어촌계 규약은 없으며 일반적 관행에 따르고 있다. 전체 동민 가운데 대부분 농업에 종사하며 일부가 어업에 관여하지만 실제로는 동민 전체가 공동의 이익을 위하여 참여하고 있다. 양식허가권 170ha를 갖고 있으며, 북쪽으로는 뱀섬에서 남쪽으로 망늘끝, 동쪽으로 긴섬에 이르는 사각형을 이루는 해역이다.

마을공동시설로는 집하장과 마을회관, 방파제 등이 있다. 집하장은 도로변의 마을중앙에 위치하며 가건물로 세워졌다. 아낙들이 마늘까기 같은 일을 함께하면서 마을의 대소사를 전달하는 의견통로의 장이기도 하다. 진섬은 원래 공동소유였으나 마을공동기금을 마련하기 위하여 마을민에게 팔았으며, 20여년 전에 건축한 마을회관 자금을 마련하는 데 도움이 되었다. 마을회관은 당시로는 매우 잘 지은 건축물로 경남도지사 집부실에 모범회관으로 사신이 걸렸을 정도였다. 쇠락해가는 어업현실을 만회하는 방편으로 체험어장을 도입하고 체험관을 신축했으니 두 건물이 대조적이다.

마을에는 방파제가 3개다. 육지 쪽에 가까운 웃진섬에 방파제를 만들어서 배가 닿게끔 했다. 원래는 불미끝과 외막등에 2개의 방파제가 있으나 해변이 낮아지면서 배가 바닥에 닿는 위험성이 생겨나서 웃진섬에 40여m 길이의 방파제를 건설한 것이다. 마을의 배는 14척으로 모두 1.5~2t 규모의 작은 배에 불과하다. 개인적으로 낚시에 나선다거나 간단한 어로작업에 임할 뿐 선단어업이 차지하는 비중은 미미하다. 낮은 수심은 웬만한 배가 출입하지 못하게 만들고 있다. 참고로, 이 해역의 돌발을 이해하기 위해 연관된 지명을 살펴본다.

도랫섬: 일명 돌섬

돗섬: 옥동 동쪽 1km 지점에 있는 섬으로 웃돗섬, 아랫돗섬이 있음. 도
　　야지 형국이라 지명에 돈을 붙여 하돈도·상돈도라 부른다.

봉우개: 봉우 앞에 있는 개

조금덜: 마개만을 굽어보는 모퉁이

함옥개: 회룡마을 앞에 있는 개. 함옥포라고도 부른다.

가무여: 문항마을 동남쪽에 있는 여.

골안목개: 문항 앞에 있는 개. 문항의 본래 동명이 골안모였다.

높은들개: 문항의 동쪽 해변에 있는 높은들(고평) 바로 앞에 펼쳐진 개.

망얼등(밤얼등): 문항 동쪽 해변에 있는 등성이.

묘도: 모천 동쪽에 있는 섬. 살개섬(일명 沙江島)을 이룸

뱀섬: 문항 동북쪽에 있는 섬.

염막: 모천 남쪽에 있는 개. 염전(염막)이 있었다 함.

외막蛙幕등: 문항의 선착장이 있는 화룡천을 굽어보는 산

진섬: 장도라고도 부름

뒤강치: 화룡천이 흘러내리는 앞 개.

집앞개: 문항 앞의 개.

망늘끝: 모천리 북쪽의 삐죽 튀어나온 곳

문항리 돌발의 분포와 현황

설촌면을 비롯한 남해군 해역에서는 '돌발'이라는 명칭을 쓰고
있다. 문항에서 오랫동안 돌발을 지켜온 박봉렬의 증언에 의하면, "부산 수

산대생들이 찾아와서 석방렴이라 부르길래 그렇게도 부른다"고 했다. 마을주민들 수십 명에서 물어본 결과, 일제히 '돌발'로 부르고 있으며 '석방렴'은 노인들이 어릴 적에도 들어본 이름이 아니다. 따라서 일부 학계에서 부르는 '석방렴'이란 명칭은 학자들의 명칭일 뿐 현지 명칭은 아니다. 또한 서해안의 '독살' 명칭도 모르고 있다. 따라서 남해 일대에서는 '돌발', 혹은 '발'로 호칭함이 타당할 것이다. 이 같은 오류는 남해와 삼천포 일대에 퍼져 있는 이른바 죽방렴에서도 나타난다. 원래의 명칭은 덤장이라고 불렀던 것인데 근년에 와서 죽방렴으로 호칭되고 있다는 증언이 채록된다.

강진만 돌발은 입지 조건상 문항리를 중심으로 형성되어 있다. 그러나 문항리와 해안의 조건이 비슷한, 노량 쪽으로 연한 북쪽 해안의 문의리 왕지마을, 남쪽의 고현면 도마리에도 돌발이 확인되는 것으로 보아 강진만 일대 넓은 지역이 모두 돌발문화권이라고 할 수 있다. 다만 돌의 유무, 입지조건의 타당성 등에 따라서 집중도의 차이가 날 뿐이다. 그렇다면 왜 문항리에 무려 20여 개의 돌발이 집중적으로 이루어졌을까?

첫째, 입지조건으로서 무엇보다 돌의 유무이다. 문항은 바위섬과 등, 자잘한 자연석 등이 어우러져 있고, 섬과 산줄기로부터 흘러내려온 적절한 높낮이 차이로 인하여 돌발을 설치하기에 유리한 지형이 많다. 실제로 육지부에서 웃진섬에 이르는 등을 중심으로 돌발이 펼쳐져 있으며 섬 주위에도 돌발이 경사지게 설치되어 있다. 2개의 진섬은 그 자체 바위섬으로 단단한 바위톱이 해변까지 내려와서 돌발을 설치하기에 유리한 조건을 마련해주고 있다.

둘째, 뱀섬으로부터 외막등, 물미끝, 그리고 망늘끝으로 연속적인 만이 형성되게끔 지형이 이루어졌다. 거센 파도를 받지 않아 돌발이 덜 무너지는 지형조건이다. 무엇보다 2개의 진섬이 조류를 막아주는 탓으로 일단 강한 파도는 일차적으로 걸러지는 방파제 구실을 한다. 작은 섬이지만 북쪽의 도래섬, 남쪽의 '가무여' 등이 있는 탓으로 이들도 파도를 막아주는 구실을 한다. 상돈도, 하돈도도 북쪽에 위치하여 노량수도로 빠지는 물줄기의 수압을 차단시켜주는 역할을 한다. 말하자면 상돈과 하돈도가 일차적인 방어벽을 친다면, 도래섬에서 다시 한 번 걸러지고, 마지막으로 진섬에서 차단시키는 효과를 가진다. 그 결과 진섬을 중심으로 매우 아늑한 바다가 형성되는 것이다.

셋째, 강진해 수심은 전반적으로 낮지만 문항리는 상대적으로 깊은 편이다. 문항마을의 어업에서 중요한 의미를 지니는 진섬 바깥인 진섬 음지쪽은 수심 11m에 달한다. 조류가 위 아래로 움직이므로 물고기 이동이 활발한 길목에 문항의 웃진섬·아랫진섬이 자리 잡고 있기 때문에 함정어법인 돌발에 유리하다. 그러면서도 돌발이 설치된 곳은 모두 수심 1m를 넘지 못한다. 따라서 돌발을 설치하기에 유리할 수밖에 없다. 따라서 완만한 경사를 이루게 하면서 돌발을 설치하는 축조방식이 일반화된 지역이다.

돌발은 전적으로 개인소유였다. 돌발어업이 사라진 지금에도 돌발 위치마다 임자가 존재한다. 돌을 팔 수 있는가 여부도 전적으로 개인에게 달려 있다. 관행어법이지만 소유관계가 분명하고 이를 관리하는 일에서부터 마지막으로 돌을 처리하는 일에 이르기까지 개인의 판단에 따른다.

가까운 해변의 돌발은 주변의 돌을 날라다가 축조했다. 그러나 진섬같이 먼 곳은 돌이 마땅치 않았기 때문에 평평한 떼배에 돌을 싣고 가서 아예 배를 뒤엎어버려 돌을 바닥에 떨구고 이를 다시 쌓는 방식으로 축조하기도 했다. 그만큼 돌발에서 돌이 중요하다. 이곳의 돌은 매우 강한 양질의 돌로서 비교적 큰돌도 있지만 사람 손으로 쉽게 들 수 있는 크기의 돌이 많으며, 이들 돌을 차곡차곡 쌓아서 돌발을 축조한 것이다. 돌발 쌓을 때, 가장 중요한 것은 두 가지다.

첫째, 얼마나 돌을 빼곡하게 축조했는가 하는 문제다. 돌을 성기게 쌓으면 파도와 바람에 이내 씻겨나간다. 특히 임통 부분은 물이 잘 빠져나가면서도 고기가 동시에 빠지지 않게끔 조밀하면서도 물이 빠질 정도로 기술적으로 축조하는 기술이 요구된다.

둘째, 육지부와 마지막 임통까지의 높낮이가 기술적으로 조절되어야 한다. 물이 빠지는 마지막 부분까지 양쪽 활가지가 비스듬히 흘러내리도록 한다. 따라서 활가지가 시작될 때는 10여cm에 불과할 정도로 낮게 시작하여 임통 부분에 와서 가장 높아진다. 물이 빠지는 방향물이 높게 넘나들기 때문에 고기가 들어와도 쉽게 돌담 위로 빠져나갈 수밖에 없다. 그러나 중간물에서는 물이 빠지는 높이보다 활가지가 약간 높아서 고기는 종내 임통으로 모여들 수밖에 없는 것이다.

돌발에서는 멸치와 꼬시래기(망둥어), 갈치 등을 많이 잡았다. 큰 어종은 잡히지 않으며, 주로 멸치어업에 유리하다. 물론 숭어 같은 연해 접근성 어종은 모두 잡혔다. 어획량은 시기에 따라 차이가 나며 일제시대에는 엄청난 양의 물고기가 들었다. 환경오염과 연안 어종의 급격한 감소로 인하여 돌발의 비중이 급격히 낮아졌고, 종내는 아예 물고기가 들지 않는 황폐해진 어상으로 변모했다. 환경의 오염과 돌발의 소멸은 완벽하게 일치한다.

돌발은 거의 사라지고 돌발 1에서만 원형을 남기고 있을 뿐이다. 돌발이 사라지는 과정에서 2번 돌발, 6번 돌발, 8번 돌발, 17번 돌발, 18번 돌발은 모두 돌을 외지에 팔았다. 4번 돌발은 논을 만들기 위해서 매립하면서 돌을 가져다가 썼다. 돌을 전면적으로 팔거나 가져다쓴 돌발은 원형이 완벽히 사라진 상태이며 자연적으로 무너진 돌발만이 흔적을 그나마 보여주고 있다. 가령 6, 7, 9번 돌발은 파도와 바람에 휩쓸려 자연적으로 돌발이 사라진 형태이다. 문항리를 중심으로 일련번호를 시계방향으로 매겨나가고 난 다음에 북쪽의 다른 마을인 함옥개의 돌발 3개를 설명하기로 한다.

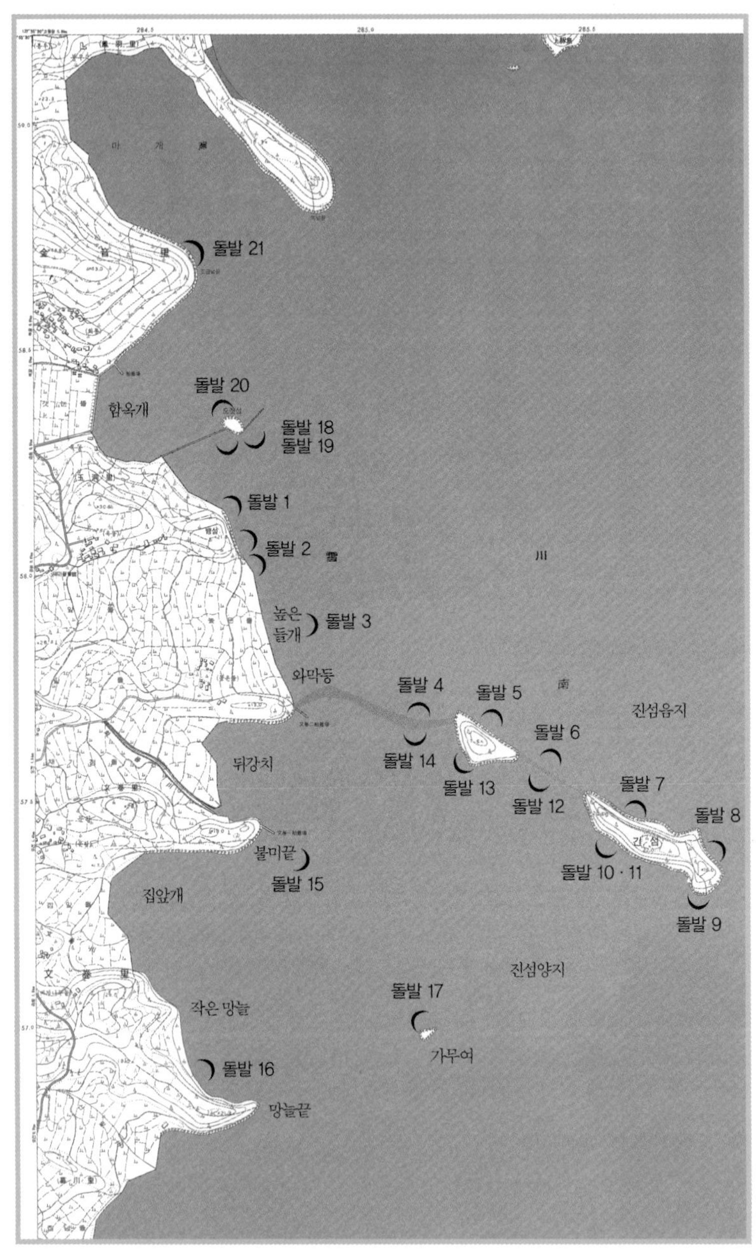

| 문항마을 돌살 분포도(도엽번호 NI52-6-04-038, 1995, 국토지리원, 1:5000 축소)

● 돌발 1

일명 뱀섬 돌발. 박봉렬 소유. 뱀 같이 길게 흘러가는 형국에 놓여 있기 때문에 붙은 명칭이다. 지도에도 뱀섬으로 명기되어 있으나 실제로는 섬이 아니다. 뱀섬은 돌발을 굽어보는 바위산 봉우리로 산에서 흘러내린 거대한 바윗돌이 돌발까지 연장되며 ┌형이다. 북쪽에 근접해 있는 도래섬에는 뱀과 돌발에 관련된 재미있는 설화가 전해지는 것으로 보아 근역의 섬들에 뱀이 많았을 것으로 추정된다. 또한 문항리 자체가 구룡九龍이라 불리기도 했다. 산줄기가 구렁이처럼 생긴 데서 비롯된 지명인데 뱀과 지명연관성이 강한 곳이다.

● 돌발 2

일명 조개돌발. 유갑영 소유. 바지락 같은 조개가 많이 나는 곳에 있는 돌발이기 때문에 붙은 명칭이다. 뱀섬으로부터 선착장이 있는 와막 등까지는 일직선의 해변이다. 육지 부로는 논이 펼쳐져 있고 완만한 경

(위) 돌발 1 윗진섬의 방파제에서 육지 쪽에 있는 유성인家 돌발
(아래) 돌발 2 일명 조개 돌발

사를 그리면서 해변이 펼쳐진다. 논에서 흘러나온 민물이 그대로 돌발로 흘러내린다. 현재는 굴양식장이 설치되어 있는 곳에 돌발이 있었다. 2번 돌발(2-1, 2-2)은 3자형으로 만들어진 돌발로 실제로는 2개다. 3자형의 끝부분에 임통이 각각 1개씩 2개 설치되어 있기 때문이다. 소유자의 부모가 사망하면서 아이들이 관리하기 어려워지면서 돌을 팔았다. 현재는 돌발의 밑뿌리만 남아 있는 상태이다.

● 돌발 3

일명 조개돌발. 정갑근 소유. 2번 돌발과 똑같이 조개발에 위치하므로 조개돌발이라 부른다. 와막등 바로 북쪽인 높은들개에 위치하며 원형이 비교적 잘 남아 있다. 와막등에서 바라보자면 ㄴ 자형으로 보인다. 길이 30여m 정도다.

● 돌발 4

유성인의 조부 소유. 윗진섬에 들어가자면 높다란 '등'을 지나치게 되며, 윗진섬에 새로 만들어진 방파제 바로 옆으로 돌발이 남아 있다. 흔적만 남아 있으나 비교적 돌무더기가 많이 남아 있고 임통의 흔적도 눈에 띈다.

● 돌발 5

정상병의 조부 소유. 돌발 3과 같이 3자형의 돌발이다. 윗진섬의 선착장 바로 옆에 2개의 돌발이 붙어 있다. 임통도 2개였으므로 실제적으로는 2개의 돌발이었다.

돌발 5

(위) 대단히 낮게 시작되는 돌발의 시작 부분

(아래) 뱀섬 돌발의 임통에서 육지 쪽을 바라본 풍경. 돌출한 뱀섬이 보인다(왼쪽: 썰물 때, 오른쪽: 밀물 때).

● 돌발 6

정인수의 증조부 정훈도 소유. 돌발1의 소유자인 박봉렬 옹의 부친 박재권과 동갑(생존시 2006년 기준 103세)이므로 이 돌발도 적어도 100여 년의 역사를 지닌다. 윗진섬과 아랫진섬 사이는 바위로 연결된 등이 있다. 두 섬은 떨어진 별도의 섬이기는 하나 거대한 바위와 모래톱이 낮게 흐르면서 상호 연결된다. 바윗날 양쪽으로 비스듬히 해변이 흐르면서 모래와 돌밭이 펼쳐진 곳에 말굽형 돌발이 있었다. 흔적이 지금도 전해지고 있으나 돌들 대부분이 흩어진 상태이다.

● 돌발 7

임자를 모른다. 아랫진섬의 북쪽인 진섬 음지에 말굽형 돌발이 위치한다. 워낙 오래 전에 사라졌기 때문에 임자를 기억하는 이가 없다. 아마도 오랜 역사를 지니는 돌발로 미루어 짐작된다. 현재도 흔적은 남아 있다.

● 돌발 8

정철우 소유. 아랫진섬 동쪽 해변은 가파른 바위만으로 이루어진 비교적 깊은 곳이다. 큰 바위덩어리에 의지하여 돌발이 말굽형으로 붙어 있었다. 돌발의 돌을 모두 외지에 팔아넘김으로써 흔적도 거의 없다.

● 돌발 9

정갑권의 조부 소유. 아랫진섬 동남쪽으로 돌발 8과 같은 지형이다. 낚시꾼들이 몰려드는 포인트로서 긴섬 일대에서는 물살과 바람이 제일 강한 곳이기도 하다.

● 돌발 10

임자를 모름. 진섬 아래쪽인 서북쪽 해변에 위치한다. 가파른 바위투성이 해역이다.

● 돌발 11

임자를 모름. 돌발 10과 붙어 있다.

● 돌발 12

박봉한의 부친인 박종수 소유. 작은진섬의 남쪽 모퉁이에 위치하며 돌밭이 살짝 들어간 곳에 의지하여 말굽형으로 만들었다.

● 돌발 13

정형권의 소유. 윗진섬과 등이 연결되는 위치로 직각처럼 들어간 위치에 자리 잡고 있다. 돌발 14와 근접한 위치로 말굽형이다.

● 돌발 14

정재석의 소유. '등'의 남쪽에 위치한다. 비교적 완만한 수준으로 내려가는 해역으로 돌발의 원형은 사라졌으나 흔적은 완연하게 보인다. 말굽형이다. 원래의 소유자는 부산으로 이사를 갔다.

● 돌발 15

박일규의 조부 소유. 문항마을 2선착장이 있는 불미 끝의 아래쪽에 위치한다. 집앞개 쪽으로 바라보면서 말굽형으로 축조되었다. 돌발 14보다 비교적 큰 형태이다.

돌발 14 윗진섬의 방파제에서 아랫진섬 쪽으로 있는 정상병家 돌발

● 돌발 16

정찬근 소유. '작은망늘끝'과 '큰망늘끝' 사이의 해변에 비스듬한 등에 의지하여 3자형 돌발이 위치한다. 3자형이기는 하나 실제로는 2개의 돌발이다. 크기는 작은 편이다. 행정구역상으로 문항리 것이 아니며 문권리에 속한다.

● 돌발 17

유동규의 증조부 소유. 망늘 끝에서 바라보면 작은 무인도인 '가무여'가 보인다. 해송이 자라는 돌섬으로 주변의 돌밭을 이용하여 돌발이 위치한다. '가무여'는 긴섬과 다르게 '등'이 없어서 물이 썰어도 걸어갈 수가 없는 곳이다.

● 돌발 18 · 19 · 20

돌발 18 · 19는 정홍석, 김권범 소유. 돌발 18은 정득권 소유. 도래섬은 뱀섬 바로 위쪽에 붙어 있는 작은 바위섬이다. '함옥개' 앞에 떠 있는 무인도로 '옥동'에서 걸어 들어갈 수 있다. 거대한 호박돌 같은 자연석이 섬을 둘러싸고 수백 년 묵은 목백일홍을 비롯한 나무들이 우거져서 작은 섬인데도 선경 같은 느낌을 주는 아름다운 곳이다. '도래섬'에는 3개의 돌발이 있었다.

섬 남동쪽으로 '함옥개' 갯가 방향으로 2개의 돌발(18 · 19)이 있었다. '도래섬'으로 걸어 들어가는 갯가에 흔적만 남아 있다. 섬 북쪽에는 정득권의 조부가 운영하는 돌발(돌발 20)이 있었는데 숭어가 많이 들었다. 그 자리에 자연석으로 방파제를 쌓으면서 돌을 빼어낸 덕분에 흔적이 없다. 이 돌발에는 재미있는 설화가 전해지고 있어 바로 남쪽의 박봉렬 옹이 운영하는 뱀섬 돌발과 일정한 전설상의 연관성이 있는 것으로 여겨진다(정택권 증언).

도래섬에는 섬에만 있는 큰 뱀이 살고 있었다. 돌발로 내려와 잡힌 고기를 잡아먹는데 쌔미라고 부르는 '쏘는 물고기'가 뱀을 공격했다. 쌔미에게 쏘인 뱀은 도래섬으로 쫓겨 올라와 찔레꽃을 먹고 살아났다. 지금도 독초에 쏘이면 찔레를 먹는데 뱀도 그런 상식을 알고 있었던 것 같다.

🌑 돌발 21

소유자 모름. '함옥개'에서 북쪽해변도로를 돌아가다보면 '조금널음' 위치에서 '마개만'이 보인다. 굴양식장으로 변한 '마개만' 남쪽으로 말굽형 돌발이 완연하게 보인다. 매우 작은 만에 갯벌이 펼쳐진 곳으로 돌발은 기역자(ㄱ)형으로 위쪽에서 들어온 물이 다시 위쪽으로 빠져나갈 때 고기가 잡히는 구조로 축조되었다. 이 같은 축조는 문항의 육지부에 붙은 돌발들이 취하는 방향성이다. 행정구역상으로 금음리에 속한다.

🌑 기타

문항마을에서 남쪽으로 훨씬 내려간 고현면 도마리에도 돌발이 있었는데 지금은 모래밭이 되었다. 1940년대까지 존재했으며 소규모 돌발 1개가 있었다.

문항마을에서 북쪽으로 올라가다보면 노량 쪽으로 문의리가 나타나고 바닷가에 연한 왕지마을이 있다. 관광단지로 조성되어 해변도로가 새롭게 건설되었으며 횟집이 있는 곳으로 가파른 절벽 같은 단애와 노량수로로 거센 조류가 흐르는 위치에 돌발이 2개 있었다. 돌이 흔한 지역이다. 조류가 거세기는 하지만 왕지의 서쪽은 반도로 돌출되어 다소 아늑한 만을 형성하고 있는 입지다.

박봉렬 집안의 돌발

박봉렬은 남해 설촌면 문항 출신(2006년 기준, 86세)이다. 1999년에 부인(장마라, 1920년생)이 사망하고 홀로 집을 지키면서 살아나간다. 디스크를 앓으면서 거동이 불편하지만 15년 전부터 지금까지 오토바이를 타고 읍내를 다닌다. 그렇지만 정작 걷기가 힘들어서 먼길을 걸을 수는 없다. 4남 1녀를 두었는데 큰아들은 미국으로 건너가 의사를 하고 있고, 나머지 자제들은 부산에 살고 있다. 간혹 아이들이 찾아오기는 하지만 바닷가 외딴 집에서 외롭게 살고 있다.

제보자의 집은 문항마을에서 외따로 떨어진 바닷가인 '배암설'에 위치한다. 육지부에서 긴섬까지 뱀처럼 지나갔다고 하여 '배암설'이란 지명

| 박봉렬 집안의 돌살

이 생겼다. 문항과는 한 마을이며 생활권도 같다. 행정구역상으로는 금음리金音里 옥동마을에 속한다. 일제초기까지 같은 마을이었는데 본 마을과 이 외딴 마을의 한학자 간에 경쟁관계가 심한 것을 빌미로 옥당과 문항으로 경계선을 그었다. 그 결과, 박옹의 집은 옥당에 속하고, 마당을 경계선으로 문항과 접하고 있다. 마을 경계선이 집의 중간을 지나가고 있는 셈이다.

제보자의 집 마루에서 보면 곧바로 진섬이 한눈에 굽어보인다. 박씨네 집에서 운영하는 돌발은 불과 5분여 거리에 있는 해안에 바짝 붙어 있다. 박옹의 돌발은 2001년 현재로서는 운영되지 않고 있다. 그러나 1999년까지만 해도 고기를 잡았으며, 현재는 운영하지 않고 있으나 고기가 잡히기를 바라면서 여전히 보수를 거듭하고 있다. 덕분에 돌발의 보존상태는 거

의 완벽하며 문항의 돌발 중에서 원형을 유지하는 유일한 돌발이다. 그로부터 5년 뒤인 2006년 1월에 다시 돌발을 찾았다. 다행히 박옹은 고령에도 불구하고 비교적 건강하게 동네를 걸어다니고 있었으며, 돌발도 현행을 유지했다. 다만 예전보다 무너진 상태가 심하여 조만간 사라질 운명이다. 박옹의 부산 사는 아들이 어쩌다와서 돌발에서 고기를 잡는 경우가 있다고 한다. 명맥은 유지하고 있으나 1999년 이래로 근 7년째 본디 어업으로서의 기능은 제대로 못하고 있다.

제보자 집에서 조부 박영문이 처음 돌발을 시작했다. 제보자의 증조모, 즉 조부 박영문의 모친이 큰마을인 문항 본마을에서 현재의 이

곳 외진 바닷가로 아들 박영문을 데리고 이사왔다. 그때 돌발을 사들여서 운영하기 시작한 것이다. 원래부터 이곳에는 돌발이 있었으나 본 마을에서는 거리가 떨어져 있으므로 조업에 불편한 관계로 본 마을이 정씨네가 박씨네에게 전매한 것이다.

돌발의 역사를 추적하기 위하여 소급하여 역으로 계산해본다. 제보자의 부친 박재권이 생존해 있다면, 2001년 기준으로 98세이므로, 부친은 대략 1903년생이다. 조부가 돌발을 사들인 시점은 1890년대 말로부터 1900년대 초반으로 짐작된다. 즉 19세기 말부터 20세기 초반에 박씨네의 돌발어업이 시작되었다. 조부가 남에게 사들인 것으로 본다면, 연대를 환산해볼 때 적어도 19세기 후반쯤에는 돌발이 존재했음이 분명하다. 19세기 후반까지 유추해봄은 어디까지나 박씨네의 돌발경영을 중심으로 환산해본 결과일 뿐이며, 훨씬 이전부터 돌발이 있었을 가능성을 배제할 수 없다. 21세기까지 원형이 그대로 전승되고 있는 박씨네 돌발은 적어도 100년 이상의 역사를 지니고 있음이 확실하다. 다만 어민생활사가 늘 그러하듯이 문헌기록이 전무하다는 점에서 관례적으로 3대에 걸친 역사만이 분명히 드러날 뿐이다.

제보자의 기억으로 30원 정도에 샀다고 들었다. 당시로서는 매우 큰돈이었다. 돌발을 팔아버린 이유는 본 마을에서 멀리 떨어져 있는 탓에 지나가는 행인이 고기를 퍼가도 몰랐기 때문에 '애가 터지니까' 관리가 되질 않아서 팔아치웠다. 박씨네는 배암설 바닷가에 바짝 연해 있는 지정학적 이유로 이 돌발을 사들여서 근 100년을 조업해온 셈이다.

돌발 위치는 뱀섬의 바위가 흘러내린 경사도를 십분 이용하면서 자연석을 활용하여 축조될 수 있는 절묘한 장소다. 도랫섬 쪽으로 비교적 깊은 물이 있어 고기 이동에도 유리한 위치다. 지금은 사라졌으나 뱀섬에는 소나무가 울창했다. 고기는 나무 그늘을 좋아하기 때문에 고기가 몰려드는 천혜의 장소이기도 하다. 돌발 위치 바로 앞에 지금은 석화양식장이 연해 있지만 예전에는 멸치잡이 덤장이 있었다. 멸치덤장과 돌발이 병존하고 있었다는 사실은 이곳이 멸치잡이의 좋은 터전이었음을 말해준다.

돌발의 조업은 절기마다 차이가 난다. 여름철과 겨울에는 더위와 혹한 때문에 당연히 조업이 안 된다. 봄에는 멸치와 삐다오(뼈만 붙어 있는 고기)가 들었다. 가을에는 까자메기(가자미), 꽁치, 게(반장게)가 들었다. 멸치가 들면 반드시 갈치가 따라온다. 멸치떼를 쫓아다니는 갈치가 함께 드는 것이다. 30~40여 년 전에는 큰 갈치가 제법 많이 들었다. '옛날 옛적'에는 '돌발이 넘어갈 정도로' 들었다. 높이 1.5m를 넘는 돌발에 고기가 가득 차서 퍼낼 수가 없을 정도로 들었던 적도 있었다. 부친 박재권이 경영하던 시절에도 '모치'가 잔뜩 들었던 기억을 간직하고 있다.

돌발에 좋은 바람은 남풍, 남동풍이다. 물론 최악의 경우는 북풍이 불 때인데 이때는 절기상으로 겨울인 탓에 실상 돌발조업과는 사실상 관계가 없다. 고기잡이는 '중간사리'에 유리하다. 물때는 조금인 8일과 23일을 기준으로 계산한다. 이 중에서 5~12물까지 고기를 잡았다. 조금에는 조수 변동이 거의 없는 탓으로 고기가 들어왔더라도 물이 빠지지 않아 조업이 불가하다. 이른 물때에는 물이 너무 조금 들어오는 관계로 물고기가 이동하기를 꺼려하여 이 역시 조업에는 좋지 않다. 그래서 돌발어업에는 어느 곳이고 중간물이 좋은 편인데 대개 열한 물이 가장 좋다. 조업시간은 물때에 따라 다르다. 5, 6, 7물은 12시, 10~12물은 오후 3~4시에 나간다. 참고로, 문항의 물때는 다음과 같이 이루어진다.

9일-첫물, 10일-두물, 11일-세물, 12일-네물, 13일-다섯물, 14일-여섯물, 15일-일곱물, 16일-여덟물, 17일-아홉물, 18일-열물, 19일-열한물, 20일-열두물, 21일-열세물, 22일-열네물, 23일-조금 임통에 고기가 모여들면 '쪽지'로 건졌다. 쪽지작업은 불과 5분여면 끝난다. 몇 번 건지고 나면 대개 고기가 건져진다. 고기가 많이 들면 10여 분 정도 소요되었다. 쪽지는 개인이 만들어 썼다. 박옹이 소유하고 있는 쪽지는 대형과 소형이 각각 1개다. 대형은 창고에 보관하고 있으며, 작은 것만 벽에 걸어놓았다. 가죽나무로 Y자형 손잡이를 만들고 윗부분을 철사로 가로질러서 그물을 매달았다. 면그물로 만들어 쓰다가 나일론이 등장하면서 바뀌었다. 면그물은 60여 년 전, 즉 일제 말기에 등장했다. 지금은 시장에 나가 촘촘한 그물을 만드는데 고기가 워낙 없다보니 작은 치어 수준까지도 잡아올리게끔 좁은 그물을 쓰는 것이다. 물론 박옹이 소유한 큰 쪽지는 큰 고기를 잡는 것으로 그물코가 넓으나 실제로 쓸모가 없어 창고에 보관해 두었다. 쪽지를 만들었음은 '수공업시대'의 마지막 잔흔으로 여겨진다. 이들 세대가 죽고 나면 더 이상 '수공업시대'는 막을 내릴 것이다.

잡은 고기는 둥어리(둥저리)에 담아서 어깨에 매거나 지게에 지고온다. 둥저리는 대나무로 만든 장방형으로 시장에서 구입해온다. 대나무바구니이므로 물이 잘 빠진다. 바닥에 나무를 덧대어서 바닥에 놓기 좋다. 오래 쓸 수 있도록 바닥을 덧댄 셈이다. 질빵끈을 매달아 들고다니는데 돌발뿐 아니라 어업일에 두루 쓰인다. 지금도 시장에서 판매한다. 박옹은 대소 2개의 둥저리를 보유하고 있다. 작은 둥저리는 직경 40, 길이 50, 높이 45cm이다.

잡은 고기는 팔아본 적이 없다. 집에서 소비하며 남는 것은 이웃이나 친척에게 나누어주고 일부는 젓갈을 담아서 저장한다. 돌발의 고기는 경우에 따라서는 '훔쳐가는' 사람도 있다. 신경을 쓰지 않으면 행인들이 지나가다가 잡아가기도 하는 것이다.

돌발 축조는 육지부에서 보면 U자형이기는 하지만 ㄱ형에 가깝다. 뱀

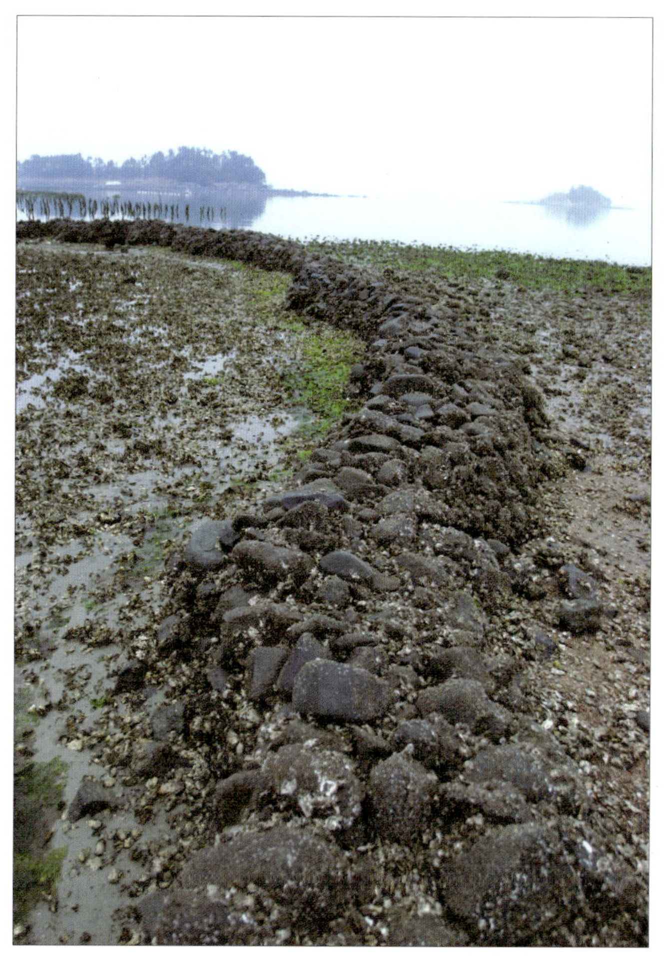

뱀섬 돌발의 축조 방식
안쪽은 거의 직각, 바깥쪽
이 완만하게 쌓았다.

섬에서 흘러내린 거대한 바위톱이 해변까지 길게 경사를 그리면서 흐른
다. 돌발의 왼쪽은 그 경사면이 끝나는 지점부터 큰돌과 작은 돌을
30cm 정도씩 쌓아가면서 출발한다. 돌발의 오른쪽은 돌밭에서부터 똑
같은 방식으로 출발한다. 그렇게 해서 오른쪽 돌발 활가지와 왼쪽 돌발
활가지가 이루어진다. 중간쯤, 정확하게 말한다면 왼쪽 돌발 활가지로
치우쳐진 ㄱ형이 꺾여지는 곳에 임통이 있다.

임통은 정확하게 ㄷ형이다. 활가지의 돌도 차곡차곡 쌓아올린 방식이

| **직각형으로 쌓은 임통과 임통 바닥에 고인 물**(뱀섬 돌발)

지만 기단석 위의 돌들은 불균형으로 축조되어 있음에 반하여 임통의 돌은 정방형으로 차곡차곡 쌓아올려 빈틈의 여지가 없다. 지형적으로 볼 때 임통쪽이 가장 깊다. 따라서 물이 썰 때 최후까지 물이 남아 있는 곳이다. 임통 쪽은 높이 2m였으나 풍랑이 심하게 일 때 무너지면서 현재로서는 160cm 정도이다. 임통의 수구, 즉 물구멍은 물이 '솔솔 빠지게' 설계되었다. 별도로 그물을 설치하는 방식이 아니라 벽돌처럼 쌓아올린 자연석 틈바구니에 작은 돌을 끼워넣어 자연 방수가 되게끔 축조되었다. 그

렇지만 물이 잘 배수되게끔 설계되어 있으며 마지막 단계에서 물이 고인 상태에서 쪽지로 건져서 잡는다.

돌발은 자주 보수한다. 태풍이 오면 모래와 뻘이 뒤집히면서 임통 쪽으로 몰려든다. 그대로 방치하면 물이 빠지지 않는다. 삽으로 모래와 뻘을 긁어내어 정리를 한다. 주로 음력 7~8월에 태풍이 많이 오기 때문에 돌발보수에 신경을 쓴다. '싹쓸이'는 아닐지라도 그때는 돌발의 윗부분은 다수가 훼손된다. 떨어져나간 돌들은 멀리 가질 않고 주변에 흩어져 있기 때문에 그대로 주워서 쌓아올리지만 때로는 모래에 처박혀서 증발되기도 한다. 태풍이 올 때의 보수는 3명이 3일은 쌓아야 할 정도로 큰 작업이다.

평소에도 매일 나가서 돌발을 정리한다. 돌발은 대충 쌓으면 안 된다. 자연석의 이가 맞게 꽉 조여져서 스스로 무너지지 않게끔 상호간에 압력을 가하는 축조방식이 요구된다. 돌발보수는 박씨네 집안의 가족경영으로 해결한다. 온 가족이 나가서 힘을 합쳐서 돌발을 다시 쌓아올린다. 그러나 1999년 이래로 박옹의 부인이 죽고, 박옹 자신도 노쇠하면서 돌발을 제대로 돌보지 못하여 임통에는 모래가 쌓이고 방치된 실정이다.

돌을 구하기 쉬운 곳이 아니면 돌발경영이 어려운 것이다. 원래는 돌이 그런 대로 많은 곳이었지만 돌을 주워다가 돌담쌓기 등에 쓰면서 귀해졌다. 근래에 들어와서는 경운기나 트럭을 이용하여 돌을 실어갔고, 방조제 축조에서 가져다 쓰면서 돌이 귀한 곳이 되었다. 돌발이 연해 있는 뱀섬 해변가는 무너지지 말라고 자연석으로 성처럼 견고하게 축대를 쌓았으며 밀물에 작은 배가 닿기도 한다. 현재는 논으로 변해 있으나 예전에는 그 논자리에서 멸치 말리는 작업을 했던 공간이다. 오늘날은 사용되지 않는 돌발과 논만이 있으나 예전에는 어업작업이 활발하게 벌어졌던 공간이다.

멸치덤장에서 잡아올린 멸치를 돌발 바로 위쪽의 작업공간에서 찌고 말렸던 것이다. 멸치덤장은 오늘날 '죽방렴'이라고 부르는 것과 똑같이 생겼다. 1988년 무렵에 덤장이 사라졌다. 석화양식이 시작되고서도 여전히 이루어지다가 멸치가 사라지면서 덤장도 함께 소멸했다. 덤장 주인은 수시로 바뀌었다. 대개 덤장은 봄에 말장을 박아서 시작했다가 가을이 끝나면 철거했다. 덤장은 봄·가을의 고기잡이에 쓰였다. 덤장 말장은 '접'이라 불렀으며 반드시 바닷물에 덜 썩는 소나무·참나무로 박았다. 접의 활가지는 7~80여m에 달했으며 길면 길수록 유리했다. 멸치덤장이 돌발과 같은 공간에 병존했던 것이다.

돌발은 진섬에서부터 사라지기 시작했다. 약 20여 년 전부터 소멸이 시작되었다. 소멸이유는 무엇보다 효용성이 떨어지면서부터다. 객지로 이사를 가거나 관리자가 없어지면서 서서히 사라졌다. 돌발의 돌을 다른 용도로 쓰면서 아예 흔적도 없이 사라지게 된 곳이 많다. 일부 돌발은 아예 돌을 팔아넘기면서 밑뿌리를 제외하고는 완벽하게 사라졌다.

돌발이 폐업지경에 이른 것은 굴양식 때문이다. 문항 앞바다는 천연적인 바지락과 굴이 자생하는 보고이다. 약 1980년대부터 투망식 굴양식이 시작되었는데 굴양식이 거듭되면서 바다 밑이 썩어나기 시작했다. 그 전에는 청정해역으로 소문난 곳이었는데 급격한 수질오염이 시작된 것이다. 박옹의 뱀섬 돌발은 뱀섬의 나무가 사라지면서 더욱 악화되었다. 뱀섬의 무성한 숲그늘을 쫓아서 몰려들었으나 나무를 베어내고 논으로 만들면서 고기그늘이 사라진 것이다.

현재는 바다가 아예 황폐해져서 박옹은 '아예 바다를 가지 않는다'고 표현한다. 1999년부터 돌발을 방치해두었다. 그렇지만 박옹은 '하도 서분하니까' 가끔씩 돌발 보수에 나선다. 디스크로 허리가 굽은 상태여서 거동이 불편하지만 부산의 자제들이 올 때면 아이들과 함께 돌발보수에 나선다. 본인이 '하두 섭하고, 더러 외지에서 연구한다고 찾아오니까 연구자료라도 될까 해서' 돌발을 그대로 두고 있다. 돌이 귀하므로 트럭 한 대에 10만 원씩 가지만 팔 수 없는 마음이다. 조사자가 문화재지정에 관한 관심을 나타내자 박옹은 다음과 같이 털어놓는다.

"나라에서 조금 유지비도 주고 하면 그대로 놔둘 것이다. 아이들에게 죽기 전에 유언이라도 하면 아이들이 그대로 놔둘 것이다."

박옹은 현재로서는 경제적 효용성을 완전히 잃은 돌발이지만 집안에서 오랜 동안 지속시켜온 돌발에 대한 강한 애착심을 드러내고 있다. 천만 다행은 부산에 사는 그의 아들이 가끔이나마 찾아와서 돌발을 돌보고 있다.

해남군의 돌살

해남군 송지면 송호리 중리마을의 쑤기담

전라남도 남단이자 한반도의 최남단인 해남의 송지면은 완만한 리아스식 해안이다. 수로지대를 제외하고는 수심 20m를 넘지 않는 수역으로 대부분 완경사 지대를 이루고 있으며 바다 밑은 평탄하고 주로 사니질沙泥質, 니질泥質로 조성되어 있다. 송호리 앞에서 흑일도, 백일도에 이르는 해저는 매우 불규칙하여 요철을 이루는 곳이 다수 분포되어 있는데 5~50m의 수심변화를 이룬다. 송지면은 해남의 남단에 위치하여 진도의 조도군도와 완도 쪽의 조류들이 부딪치면서 갈라지는 반도이다.

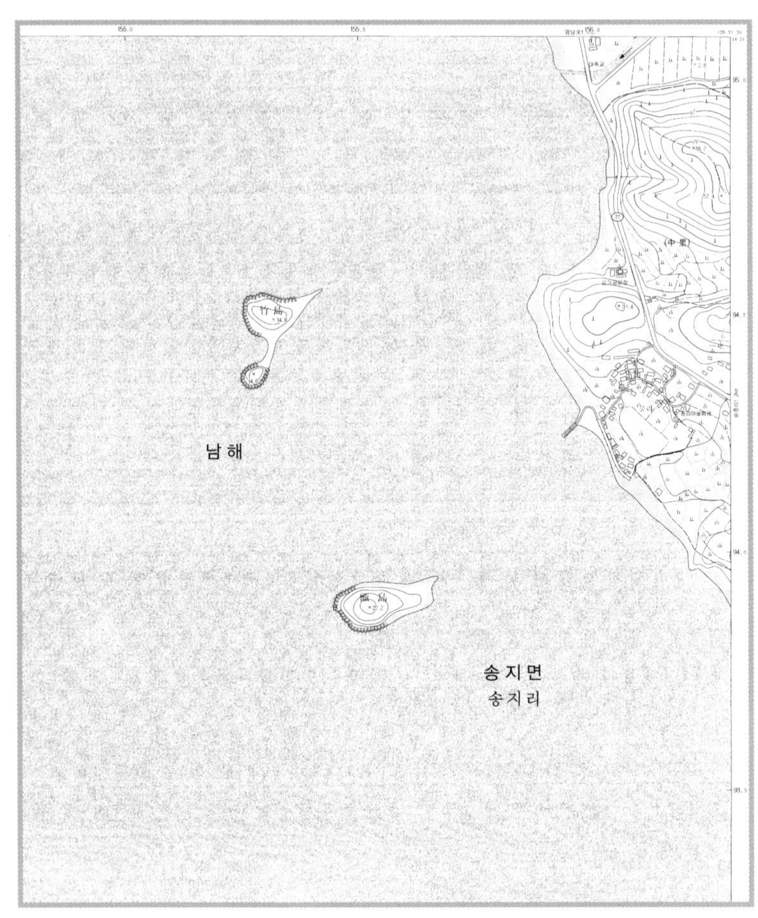

송지면 앞바다 지도(도엽번호 No.061)
돌살은 증도에 설치되어 있다.

중리마을은 아늑한 만을 형성하고 있는데다가 앞섬인 증도가 떠 있어 방파제 역할을 하며 돌살은 증도의 안쪽, 즉 육지 쪽으로 안겨 있다.

송지면의 어황은 1991년의 경우, 제1종 양식어업으로 김, 바지락, 고막, 새고막, 굴, 미역 등이 이루어지고 있었으며, 제2종양식으로 어류축양이 일부 있었다.[6] 1991년의 어촌계 현황과 어촌계원수는 송지면에 외

장 23, 내장 78, 동현 77, 어란 162, 어불 80, 학가 127, 우군 34, 가차(송암) 34, 사구 53, 통호 108, 송정 77, 중리 36, 소죽 40, 엄남 35, 산정 94, 내학 47, 갈두 43, 송호 81 등 도합 1,229명이다.

중리마을은 행정구역상으로는 송호리松湖里에 속한다. 송호리는 본래 영암군 송지종면 지역으로 바닷가에 소나무가 무성하므로 송호라 했다. 광무 10년(1906년) 해남군에 편입되고, 1914년 일제의 행정구역 폐합에 따라 중리, 신풍리, 송종리, 내동리, 갈두리를 병합하여 송호리라 하여 송지면에 편입했다. 인구 45호인 중리는 원래 배나무골이라 불렸으니 이화목동梨花木洞이 그것이다. 송호리 안에 자연마을인 송정리·갈두리·중리가 속하며, 송정리가 가장 오래된 마을이다. 중리는 지금은 각 성받이 마을이나 김해김씨네가 다성이다.

이곳에서는 돌살을 '쑤기담'이라 부르며, 근자에 '독살'이라는 명칭도 쓰고 있으나 어디까지나 '근자에 생긴 말'이다. '쑤기담', 혹은 '쑤기보러 간다' 같은 용례가 널리 통용되고 있다. '쑤기담'은 중리에 8기, 송정에 4기가 존재했으며, 갈두는 수심이 깊고 물살이 빨라서 돌살 조건에 맞지 않았다. 송지면 일대는 대개 뻘 밭인데 가생이만 모래이고 물이 빠지면 멀리까지 모두 펄이다. 중리는 해안선이 매우 긴 편인데 이에 관하여 재미있는 해석을 내놓았다.

우리 마을이 굉장히 넓어요. 해안선이 제일 길거든요. 어찌 그렇냐 물어 보면, 생각을 해보면. 옛날에는 풍선을 띄어서 많이 죽었거든요. 죽은 사람이 밀리면은, 그게 밀리면 그걸 의무적으로 해당 어촌에서 처지해야 하는데 장례가 여간 힘든게 아니네요. 그래서 예전에는 힘이 없는 마을이 해안이 더 길어요. 지선이 길어요, 그게 힘이 없어서. 중리가 길어요.

중리의 쑤기담에 관해서는 김동식의 증언이 중요하다.[7] '예전에 우리 집안이 고조 때 정착해서요, 증조 땐가 고조 땐가, 증조할아버지가 시작했다고 합디다'고 한다. 그의 할아버지 김유성과 큰할아버지 김재성, 두 형제가 쑤기담 2개를 가지고 있었다. 하나는 지금도 살을 운영하고 있는 앞섬의 것으로 친할아버지가 운영했다. 이곳은 일 년 내내 운영하며 큰할아버지 것은 가을에만 했다. '가을살이'라고 해서 동어(숭어새끼) '짠 것'(작은 것)을 훨씬 많이 잡아들여 지게에 져서 오기도 했다. 큰할아버지가 살아 있을 때까지만 해도 운영되다가 그의 사망 이후에 가을살이는 소멸했다. 소멸 사유는 '어장이 발달하면서 더 이상 수익성이 없어졌기 때문'이다. 할아버지가 하던 쑤기담은 부친 김명옥에게 이어졌으며, 본인에게 계승되었다. 근자까지 활발하게 쑤기를 보러 다녔지만 본인이 몸이 아프면서 방치하게 되어 많이 망가진 상태이다.

이상의 증언으로 미루어, 중리 돌살이 설치된 역사는 매우 명료하게 나타난다. 그 이전에도 돌살이 존재했을 가능성을 완전히 배제할 수는 없지만 증조라고 명확히 증언하는 것으로 미루어 150여 년이 채 안 되는, 조선 후기 축조설이 설득력 있다. 그 이후에 설치된 것들은 대부분 일제시대, 혹은 해방 이후의 것들이다. '요것은 내가 듣기로는, 할아버지들이 만든 것이니까, 유산이다'는 발언에서, 그 연대가 미루어 짐작된다.

중리 본마을에서 바라보자면 정면에 '증도'가 떠 있으며 우측에는 섬 2개가 떠 있다. 좌측에는 '각시여'가 떠 있다. 증도는 모래가 밀려서 쌓인 '등'으로 연결되어 있으며, 물이 썰면 등이 먼저 나서 길을 만들기 때문에 어민들은 물이 썰자마자 등을 걸어서 섬으로 들어간다. 마을 앞의 비교적 큰 섬이기 때문에 '큰섬'이라고도 부르며, 반면에 오른쪽의 쌍둥이같이 생긴 섬 2개는 '작은섬'이라 부른다. 작은섬은 대나무(시누대)가 많아서 '죽도'라고도 부르며 '재릿등'이라 불리는 '등'이 존재한다. '작은섬'은 행정구역상으로 소죽리에 속한다. 그래서 지명에서도 큰섬 쪽은 '큰섬안', 작은섬 쪽은 '작은섬안'이라 한다. 증도 바깥의 '각시여'는 간조에만 모습을 드러내며 행정구역이 갈라지는 경계선이기도 한데 '각시여'는 중리에 속한다. 이웃 송정마을 앞에는 돌섬이 있으며 거기도 갈라지는 '등'이 있다. '등'이라는 것은 '올라가 있는 것'인데 흔히 '칡등'이라고 했다.

중리의 '쑤기담'은 증도의 '등'을 기준으로 등의 안쪽 좌측에 김동식家, 이덕준家, '등'의 우측에 강길수家, 그리고 방파제 우측에 용대흥家, 도합 4기가 있다. 김동식家와 이덕준家의 쑤기담은 겹그물 형식으로 2개가 연결되어 설치되어 있다. 바깥에서 들어온 물이 섬 주위를 감싸면서 고기들이 섬 주변으로 배회하다가 지대가 높은 섬 주면이 가장 먼저 물이 빠지면서 잡히게 되는 말굽형이다. 외해의 강한 파도를 상대적으로

해남 중리 독살과 등

썰물에 드러난 중리의
증도 등을 걸어가는
어민

덜 받는 안정적 위치에 자리 잡고 있다. 강길수家의 것은 일찍이 폐장되어 흔적만 남아 있으며 방파제 바로 옆의 용대홍家 쑤기담도 그러하다. 용대홍家의 쑤기담은 그이 부친 때부터 하던 것이므로 역사가 50여 년 정도를 넘지 못한다.

현재 TV드라마 〈허준〉의 촬영 세트장이 남아 있는 모퉁이를 돌아가면 박상기, 김동익, 김동익, 김기철家의 쑤기담이 연이어 있다. 김동왕은 주제보자 김동식의 큰아버지, 김기철은 사촌형님이다. 김기철이 하던 것은 흔적이 남아 있으나, 김동왕의 것은 '중간에 시작한 것'으로 흔적도 없이

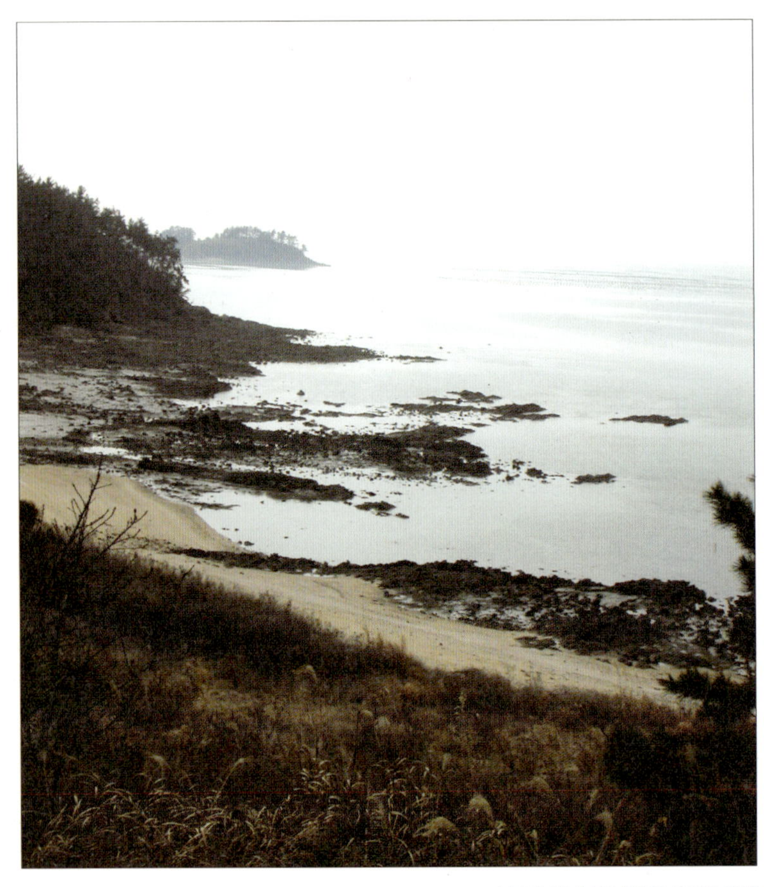

사라졌다. 박상기 가의 쑤기담은 이사를 가면서 '예전에 품앗이 빚진 것'을 탕감하고 술 2독인가를 받고서 팔고 떠났다.

중리 옆의 송정마을에도 4기의 쑤기담이 존재했다. 박봉영家, 서남조家, 백희인家, 김승율家에서 운영하던 것들인데 모두 '중간에 만든 것'들이다. 이들은 '제자그물'이라고 불렀으니, 늦게 생긴 두레를 '제자두레'라 호칭하는 것과 일치한다. '제자그물'이란 명칭은 매우 흥미롭다. '쏙기담'에서의 고기잡이는 역시 물때가 모든 노동의 기준이다.

> 몇 십 년이 지나도 똑같지라. 왜 그러니까, 고기가, 사리발 때를 알아부러. 가자미물때, 그 놈은 물때를 몰라. 물이 빠져도 그대로 있어서 가자미물때란 말이 나왔지라. 고기잡이는 밤에도 하지라. 낮에는, 물이 맑아서 다 보이니께, 쏙기담은 돌밭이가 물이 언제나 깨끗한께, 아주 어두운 그믐 때, 게들도 달이 밝은면 안 걸려들어요. 십여 년 전에는 여기가 가오리가 많이 들었지라. 그라고 고기는 민물 내려오는 곳에 많지라. 숭어가 여기서 완전히 성장해서 나가는디, 물고기가 산란을, 민물 있는데서 산란하지라. 장마때 고기가 훨씬 많아요. 홍수때 물이 많이 내려올 때 가보믄 고기가 훨씬 많아요. 비가 살짝 오고 살짝 새파람이 불었을 때도 고기가 많지라. 이상하게 북서풍이 불면, 그날 수온이 차가와져서 고기가 줄고, 서풍이 불면 따스해서 많아지는 것 같지라. 고기가 날씨를 다 알어뿌러.

이상의 증언은 고기의 생활사와 인간의 기술, 즉 어로·생태·물고기·인간 간의 적절한 관계와 민속지식의 체계를 고스란히 알려준다. 물이 완전히 들어올 때는 '감물돈다'고 한다. 물이 완전히 들어왔을 때는 평상시에 '입빠이'라고 일본말을 흔히들 쓴다.

물이 센 것은 역시 사리발이며, '쏙기담'은 사리발에 좋다. 조금발에는 물이 나가지를 않는다. 조금발은 쪽사리, 사리는 대사리라 부른다. 산짐은 보통 서무셋날이며, '무수'(무시)라고 했다.

봄에는 숭어, 여름에는 잡어를 잡는다. 가을에는 주로 농어를 잡는데, 농어가 멸치 따라 들어가니까 덩달아 잡힌다. 물론 멸치도 많이 잡히며

1	3
	4
2	5

해남 중리 돌살

증도의 임동식·이덕준家의 2개의
돌살이 섬에 의지하고 있다.
1·3 밀물 때
2 등에서 바라본 돌살
4 섬에서 마을쪽으로 바라본 돌살
5 2개가 겹쳐 있음이 드러난다.

숭어는 4계절 든다. 그러나 '어장이 발달하면서 가생이에 고기가 없어요'라고 한다. 찬물이 도는 겨울에는 어족이 가생이로 오질 않으며 여름에도 '온도가 높고 하니까 모든 어종이 그렇지요'라고 한다. 가장 많이 잡히는 어종 중의 하나인 숭어는 생활공간 자체가 천해淺海이기 때문이다. 이런 증언까지 나오고 있다.

> 잡히는 숭어가 굉장히 큰 놈들이 있어요. 고기가 크니까 숭어 머리 위에 굴이 자라요. 바닷 것은 안 그런데 섬 가생이에 있는 것은, 석화가 번성할 때는 굴이 잘되면 숭어 머리에 굴이 자라지요. 가에서 산다는 말이에요. 안 떨어져요. 그게 안 떨어져요. 가생이에 굴물이 들 때, 조개들도 물때가 있거든요. 굴 산란기에 숭어가 들어올 때, 굴이 숭어 머리에 실리는 거지요. 보통 7~8kg짜리지요.

많이 들 때는 지게로 져올릴 때도 자주 있었다. 증도의 '쏘기담'은 지대가 높아서 물이 쫙 빠지는 편이다. 건질 때는 '쪽바지'를 썼는데, '뜰채'라는 말도 더러 썼다. 그러나 본디 오래된 말은 '쪽바지'이며, 지금은 '쪽바지'란 말이 사라지고 '웨니'라고 하는데 일본말인 것 같다. 쏘기담에 물이 빠지는 데가 있는데, 임통이라고 부르며 고기가 모이는 곳이다. '고기가 그리로 모여요. 물이 거기밖에 없으니까. 거기에 맞추어서 쪽바지를 만들지요'라고 한다.

물이 완전히 빠질 때 물 보러 간다. 옛날에는 밤에 해달이가 많이 든다. 고기를 포식하려고 쏘기담으로 '해달이'가 들어온다. 그러니까 일찍 가서 지키는 수도 있다. 새들도 쏘기담의 고기들을 노리고 있다. '날이 조금 뭐하면은 두루미·황새가 굉장히 모여들거든요. 사람보다 더 잘 알지요. 물 나고 많이 와요. 옛날에는 기러기도 많았거든요.' 물이 완전히 빠지면서 임통 쪽으로 고이면 거기서 건지게 된다. 여기는 사둘을 '사다리'라고 불렀는데, 밀고 다니는 것을 지칭하며 사다리는 쑤기담에서는 쓰지 않았다. 상식적으로 볼 때도 증도의 높은 지대에서 물이 쫙 빠지고 나면 간단한 손도구로 채취하면 될 것이지 '사둘'을 밀 까닭이 없기 때문이다.

쪽바지에서 고기를 퍼서 짚으로 가방처럼 엮은 '망태'에 담았다. 고기는 이미 쪽바지에 담으면서 물이 모두 빠진 상태이기 때문에 망태에서 물이 흐를 이유가 없었다. 멸치가 많이 들면 동네사람도 몰려가서 바구리(바구니)에 담아 지게에 얹어서 운반한다.

많이 잡으면 팔기도 하지만 워낙 판로가 없었다. 중리사람들은 '송지장'이라고 송지면 월송리(4·9장) 30리 길을 걸어다녔다. 월송장이 해남장에서 제일 컸다. 북평면 남창에서도 올라오고 매우 장이 컸다. 산촌에서 나오는 것, 해물, 그리고 소장牛場이 매우 컸다. '송지장 세금 올라간다'는 말은 물가가 올라간다는 지역 토속어이기도 하다.

쑤기담은 제대로 축조해놓으면 쉽게 무너지지 않는다. 예전에는 고동이 쑤기담 안에서 많이 잡혔는데 석화가 퍼지면서 돌담에 굴 껍질이 붙어버렸나. 본니 이곳은 파도가 임청나게 쎈 곳인데 석화가 고정시기는 시멘트 역할을 해준 셈이다. 실제로 돌담의 돌틈에 석화가 붙어서 하나의 콘크리트 축대처럼 여겨진다.

중리의 어업에서 가장 중요한 것은 연승이다. 예전에는 연승잡이를 추자도 쪽에서 많이 했다. '뗏마' 같은 작은 배에 돛을 달아서 어룡도 쪽, 그 밑으로 보길도·노화도 위쪽의 섬들로 가면 고급고기가 많이 났다. 도미, 그리고 가을에는 삼치잡이다. 가을 삼치는 매우 엄청나게 많이 잡혔으니 쿠로시오 해류를 타고 올라온 가을 삼치를 잡아들이는 것이다.

가을에는 낙지통발로 낙지를 잡았는데 낙지통발에는 게도 들었다. 중리에서는 그물을 이각망을 쓴다. 삼마이는 주로 감성돔을 잡는 데 쓰이는데 감성돔은 낚시로는 불가하다. 정치망으로는 바다에 말목을 박고서 그물을 치는 '아구리'를 많이 쓴다. 아구리란 입구 정치망 어장으로 물살이 빠르고 수심이 깊은 땅끝 갈두리에서는 많이 행해지고 있다. 말장을 박지 않고 시멘트 덩어리에 쇠고달이(쇠고리)를 매달아 던지고, 쇠고리에 그물을 매달아 부이를 띄워둔다. 인근 완도에서는 멸치잡이용 죽방렴이 대단히 번성했으나 지금은 사라졌다.

그 밖의 중요 어법으로는 휘리(후리)가 있었다. 휘리는 개막이식으로 막아서 가생이에서 당기는데, 바위 있는 곳은 불가하다. 보통 7~8명의 젊은이들이 조직하며, 그물이 무거우므로 2~3명이 그물을 들고 들어가서 풀어놓는다. 배는 이용하지 않으며 휘리는 지금도 행해지고 있다. 말장 박아서 매는 잘 걸린다고 '걸구믈', 가생이라고 '갓그물'이라 부르는 어살류가 존재한다. 상당히 많이 잡히는데 지금도 하고 있다. '여기 사람들은 고기들이 다니는 곳을 잘 알기 때문에 그런 곳에 설치하지요'라고 한다.

마을의 그물 역사는 나일론줄이 등장하기 전에는 면그물이 쓰여졌다. 제보자들의 기억 속에는 명주그물이 남아 있다. 명주그물은 약 40년 전(1960년대 초반) 쓰여졌던 것을 분명히 기억한다. '명주그물을 쓰다가 나일론 쓴 지 40년 다 돼가지요. 명주그물은 기간이 짧았던 것 같아요'라고 한다.

해남군 북평면 서흥리 묵동의 독살

남창포구는 글자 그대로 완도를 정면에서 바라보는 남쪽포구 마을이다. 남창리 일대는 자연마을이 3개로 신기·남창·차경이다. 이 중에서 해안은 남창南倉이다. 옛날 임진왜란 때 보급창이 있던 곳인데 광무 10년(1906년)에 해남군에 편입되고 1914년에 이진리 일부를 병합하여 남창리라 하여 북평면에 편입되었다. 마을 앞에는 달도가 있는데, 완도를 연결하는 대교를 만들기 전에 우선 달도로 연륙했다. 달도 연륙교는 한국에서 처음 만든 연륙교 중의 하나였다. 달도를 연결하여 다시 완도와 개통되었다. 달도는 옛날에는 고달도, 혹은 달양진이라 부른다.

돌살이 있는 곳은 남창에서 6km 떨어진 묵동이다. 독살을 운영하는 박현준은 현재는 남창포구에 살고 있지만 본디 독살은 묵동이 존재한다. 묵동은 북평면 서홍리에 속하는데 본디 80여 호 살다가 현재는 35호 정도가 사는 작은 포구이다. 묵동은 먹동이라고도 부르며 서홍리 서쪽에 자리 잡고 있으며, 반농반어촌이고, 성씨는 밀양박씨 집성촌이다. 재미있는 것은 이곳에서는 '쑤기담' 명칭보다는 오히려 '독살'이란 명칭을 강조했다. '수기땀이라는 것은 처음 듣는 이야기'라고도 했다.

독살어업은 주로 제보자 박현준의 고조 때부터 해왔다고 한다. 제보자의 선조들로부터 12대째 살고 있으므로 조선후기에 설촌한 마을이다. 제보자 박현준의 고조부는 박경선, 증조부는 박창순, 조부는 박금안, 부친 박생기로 독살이 유전되었다. 당시에는 독살이라는 것이 '문접(전)옥답'이라고 불렀으며, '그리 소득이 좋으니까' 붙여진 별칭이다. 묵동에는 독살이 총2기 있었으니 다른 하나는 오현식家 독살이었다. 밀양박씨와 더불어 최초 설촌자인 화순 동복오씨네 오현식 집안에서도 독살을 몇 대째 했는데 타지로 출항하면서 독살도 같이 소멸했다.

독살은 제보자 박현준의 할아버지가 운영하는 것을 지켜보았으며, 그러다가 고기가 잡히지 않자 폐장되었다.[8] 독살에서의 고기잡이는 '쪼라기'라고 대바구니같이 생긴 것에 퍼담았고 지게에 쪼라기를 올려서 운반했다. 숭어, 숭어새끼인 동어가 많이 들었으며, 농어새끼도 많이 들고 자잘한 새우새끼 같은 것도 들었으나, 고급 어종은 잡히지 않는 편이다.

'아구사리'라고 멸치 치어 같은 것인데 그것이 그렇게 맛이 있었다고 한다. 여름에는 멸치, 동어새끼, 여름부터 가을까지는 '되미'라고 전어새끼 등이 많이 들었다.

겨울에 물이 차지면서 고기들이 외해로 나가며, 그래서 '독살이 제일 먼저 계절을 타요'라고 한다. 찬바람 불면 일체 고기가 들지 않았다. 독살의 보수는 일꾼을 데리고 나가기도 하고 매일매일 독살주가 보살펴야 한다. '밥술이나 먹고 살 때만 해도 일꾼을 부렸으므로' 머슴들도 독살 보수에 참여했다.

현재 독살은 파괴되어 형태만 남았다. 그나마 돌담이 전해지고 있으며 말굽형으로 굽어진 형태가 완연하다. 물이 들면 수문이 얕으니까 모두 그리로 고기들이 모여든다. 수문을 이곳에서는 '물통'이라 부른다. 대나무를 잘게 쪼개어 이를 엮어서 대발을 만들고 물통에 설치한다. 물통의 물이 빠지는 부분에는 큰돌을 괴어서 자연스럽게 구멍으로 물이 빠질 수 있게 하며 거기에 대발을 설치하여 고기가 고이게 만든다. 이들 구멍 부위는 지금도 완형을 간직하고 있다. 물이 싹 빠지면 여기는 전부 뻘만 드러나게 되며, '조랭이'라 부르는 뜰채를 가지고 고기를 떠낸다. 조랭이는 직경 30cm 정도의 둥근 것이다. 산에서 나무를 잘라다가 조랭이 형태로 불에 그을려 구부려서 만든다.

묵동에는 나일론그물이 비교적 일찍 들어온 것 같다. 제보자가 어릴 적에도 나일론그물이 쓰여졌으며, 그 전에는 당연히 목그물을 썼다. '개맥이'라고 물 나가면 갯벌에 그물을 묻었다가 고기를 잡았는데 득특하게 '철그물'이라 불렀다. 독살에서 아무리 고기가 많이 들어도 판로가 없어서 나누어 먹을 수밖에 없었으며 고급어종이 없어 상업적 이득은 별로였던 반면에 철그물은 상당히 상업성이 높았다. 인근 일대 진도·해남·완도·장흥까지도 묵동의 철그물이 소문났다. 당시에는 철그물에서 숭어가 엄청 들었는데 상고선이 와서 생물을 그대로 싣고 나갔다. '그때는 숭어가 그렇게 맛이 있던데 지금은 맛이 없어. 숭어 없으면 제사지내지 못했거든'이라고 숭어에 대한 변화된 가치를 평가한다. 독살에서 실려간 숭어는 남창포구에서 염장하여 대처로 나갔다. 제보자는 그 개맥이 철그물 덕분에 대학도 나왔다고 생각할 정도로 숭어잡이의 환금성이 당시에는 매우 좋았다.

현재 남창 일대는 어업이 절단난 상태이다. 완도에서 김양식을 하면서 염산을 대거 뿌리는데 그 물이 이곳 좁은 목으로 흘러든다. 염산 덕분에 여타 어족자원이 살아남을 재간이 없다. 게다가 고데구리들이 설치는데 해경에서 출동해도 핸드폰으로 연락하여 사라지기 때문에 단속도 쉽지 않다. 그래서 어민들이 조금이라도 고기를 잡으려면 조그마한 배를 이끌고 소안도 · 보길도로 나아가야 한 마리라도 잡는다. '어민들이 자기 살을 자기가 깎아먹지요'라고 한다. 예전에는 고달도와 남창 포구 사이의 좁은 물목은 '진줄'이라는 해초가 엄청 자라고 있어 배가 걸려서 못 다닐 정도였는데 하나도 없이 사라졌다. 그 진줄에 수많은 고기들이 살았는데 물고기들의 집이 사라진 셈이다.

묵동 가다보면 나타나는 서홍리 선창 바로 앞에도 독살이 있었다. 서홍리 독살은 강정진 씨 조부가 운영했으며 40~50년 전, 즉 1960년대 초반까지 운영했다. 남아 있던 돌담을 석화양식을 한다고 배에 싣고서 투석식 석화 양식장에 부리면서 흔적이 사라졌다.

Chapter 9

제주도의 돌살

제주에서 보고하다

제주도는 유난히도 돌 많은 '석다 石多의 섬' 이다. 이형상은 '섬 주위가 온통 뾰족 뾰족하고 괴상한 돌로 되어 있다' 라고 '돌 많음'을 기록했다.

제주도인들은 요람에서 무덤까지 돌과 인연을 갖기에 '돌에서 왔다가 돌로 돌아가는 사람들이다' 라고 말할 수 있다. 태어나길 돌 구들 위에서 태어나고 죽어서는 산담에 둘러싸인 작지왓(자갈밭)의 묘 속에 묻힌다. 사는 집의 벽체가 돌이며, 또 울타리와 올래, 그리고 수시로 밟고 다니는 잇돌(디딤돌)이 모두 돌이다. 신앙의 대상인 산과 바닷가의 신체 자체가 돌이요, 또 그 당터를 둘러싸는 것도 제주섬에서만은 돌이다.

또한 생산활동의 현장인 밭도 돌밭이요, 그것을 둘러싸는 울타리 재료 역시 돌이다. 여기에 바다밭인 어장에는 한반도의 갯벌과 같은 것은 어디에도 볼 수 없고 온통 돌뿐이며 오가는 어장길 역시 검은 돌길이다. 육지에서 시작된 돌담은 깊숙이 바다 속으로 들어가 원담, 갯담이라 불리는 제주도의 돌살이 되었으니 포구마다 다양한 원들이 자리 잡아 전통적 어로현장을 증명해주고 있다.

제주도 돌살의 민속지리

바람이 강하게 분다. 곳곳에 돌들이 지천이다. 푸른 파도는 일상적으로 해변을 물어뜯고 격동의 세월을 증언한다. 제주도는 유난히도 돌 많은 '석다石多의 섬'이다. 이형상은 '섬 주위가 온통 뾰족뾰족하고 괴상한 돌로 되어 있다'고 '돌 많음'을 기록했다. 제주도인들은 요람에서 무덤까지 돌과 인연을 갖기에 '돌에서 왔다가 돌로 돌아가는 사람들이다'라고 말할 수 있다. 돌 구들 위에서 태어나고 죽어서는 산담에 둘러싸인 작지왓(자갈밭)의 묘 속에 묻힌다. 사

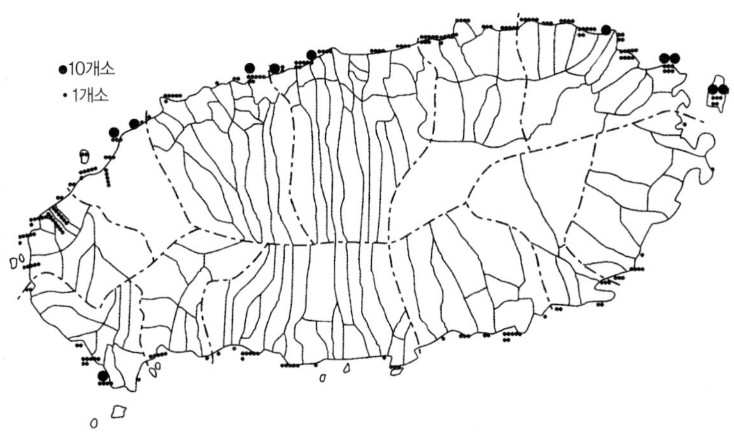

| 제주도 원 분포도(『제주의 돌문화』, 제주돌문화공원, 2006)

는 집의 벽체가 돌이며, 또 울타리와 올래, 그리고 수시로 밟고 다니는 잇돌(디딤돌)이 모두 돌이다. 신앙의 대상인 산과 바닷가의 신체 자체가 돌이요, 또 그 당터를 둘러싸는 것도 제주섬에서만은 돌이다. 또한 생산활동의 현장인 밭도 돌밭이요, 그것을 둘러싸는 울타리 재료 역시 돌이다. 여기에 바다밭인 어장에도 한반도의 갯벌과 같은 것은 어디에도 볼 수 없고 온통 돌뿐이며 오가는 어장길 역시 검은 돌길이다.[1] 육지에서 시작된 돌담은 깊숙이 바다 속으로 들어가 원담, 갯담이라 불리는 제주도의 돌살이 되었으니 포구마다 다양한 원들이 자리 잡고서 전통적 어로현장을 증명해주고 있다. 참고로, 제주도의 암석해안은 총길이 229.7km로 제주도 전체 해안의 무려 75%를 차지한다.[2]

제주도의 바다밭은 넷으로 나뉜다. 먼저, 제주도 사람들은 '갯ㄱ'에 나가서 삶을 영위한다. '갯ㄱ'은 육지인들이 '갯가'라 부르는 곳으로 조간대를 의미한다. '갯ㄱ'에 원이나 개가 설치되어 육지부의 돌살과 똑같은

	1	
2	3	

1 금녕 해초 채취

2 하도마을 바닷가

3 제주시 연대마을 환해장성

역할을 하고 있다. 갯곳은 해초가 자라나고 보말 같은 조개를 잡고 원을 설치하여 멸치 같은 고기들을 잡으며 해녀들이 불턱에 불을 놓아 몸을 덥히는 곳이기도 하고, 신당이 자리 잡아 마을의 안녕과 어로의 풍요를 기원하는 곳이기도 하다. 다 같은 갯곳이라도 똑같은 것은 아니다. 물때에 따라서 상층부에 자리 잡아 용천수가 솟구쳐서 우물이나 목욕탕으로 쓰이는 곳이 있는 반면에 사리 같은 썰물에나 물이 빠지는 갯곳도 있다. 어민들은 이들 갯곳의 층위를 잘 이용해 원담을 설치하고 고기를 잡아왔

으니 이 장에서 다룰 곳은 바로 이들 갯곳들이다.

두 번째는 '걸바다'로 바닷가에서 수심 20~40m의 암반이나 돌무더기, 모래로 이루어진 바다이다. 걸바다의 모래들은 파도가 심하게 들이치면 갯곳으로 밀려나와 쌓이기도 하고 그곳에 원담을 쌓게 되면 목매기 그물 같은 것으로 돌챙이에 걸리지 않고 고기를 잡을 수 있게끔 하기도 한다. 깊은 곳의 모래는 강력한 파도에 의하여 갯곳으로 밀려오는 경우가 있으며 함덕해수욕장이나 협재해수욕장 같은 곳은 이런 모래들이 모여든 곳이다. 그들 모래는 더러 갯곳으로 쌓여서 돌살에도 모여든다. 셋째는 '걸바다'를 지나서 온통 뻘로 이루어진 '걸곰'이 나오며, 넷째로 수심 100m까지 뻘이나 모래가 깔린 깊은 바다인 '펄바다'가 나온다.[3]

제주도에서는 돌살을 '원'이나 '개' 등으로 부르고 있다. 오키나와에서 원垣이 쓰여지고 있는데, 이 역시 바다에 두른 돌담이라는 뜻이니 같은 뜻이리라. 다만, 제주도의 원은 인공적인 돌들만 쓰이는 것이 아니라 천연적인 웅덩이 등도 자연스럽게 쓰이고 있으므로 주로 인공적인 돌담을 두른 오키나와의 것과는 대비된다. 물론 오키나와의 석회암과 제주도의 현무암이 창조하는 느낌도 다를 것이다.

제주도에 원담이 발달한 것은 용암바위 때문에 바닷가가 그물질에는 험악하기 이를 데 없었기 때문이다. 이원진이 일찍이 지적한 대로,[4] 제주도는 '산과 바다는 험악하니 그물을 쓸 수가 없어 고기는 낚고 들짐승은 쏘아 잡는다(山險海惡 不用網 魚則釣 獸則射)'고 한 데서 알 수 있듯이 함덕 같은 모래장벌에서 후리그물 이외에는 그물을 쓸 수가 없다. 그물이 돌챙이에 걸려 찢어지기 때문이다. 그런즉, 원이나 개에서 잡아들이는 멸치 등의 어획량은 양도 양이지만 손쉽게 '채취'에 가깝게 잡아들일 수 있으므로 제주민에게는 절대적으로 요긴한 돌그물인 셈이다.

제주도 돌살의 원형은 일찍이 한말에 일본인들이 조사한 자료(『한국수산지』3집)에 잘 나와 있다. 조사에 임했던 일본인들도 제주도의 원담을 매우 유심히 관찰했으며 깊은 관심을 표명했다. 지난 20세기에 제주도 멸치어업의 주종은 후리그물이지만 사실 후리그물 이전에 돌살이 가장 오랜 전통적 멸치잡이였다. 사실 제주도 연안어업의 주종은 멸치잡이라고 할 수 있으니 '원'이나 '개'가 연안으로 몰려드는 멸치를 잡는 결정적인 장치였다. 가령, 오늘날도 '원'이 전승되고 있는 서귀포시 보목동의 경우, 100여 년 전에는 인구 180여 호에 어선이 불과 2~3척이었으며, 원담을 축조하여 가을철에 멸치를 어획했다고 보고하고 있다.[5] 선단어업의 토대가 대단히 빈약했던 조건에서 원담의 멸치어업이 대단히 중요했음을 말해준다. 물론 선박 2~3척이라는 것은 자리잡이 테우(떼)의 존재는 간과한 잘못된 계산법이리라. 기록은 이렇게 이어지고 있다.

> 멸치어업은 본도 수산업에서 가장 중요한 것이다. 원래 연안에 석제石堤를 축조하여 만조 때에 조수를 따라 내유한 멸치가 퇴조 때에 제내堤內에 잔류한 것을 사둘로 떠내는데 불과했으나 일본인이 마른 멸치 매집을 위하여 도래하는 자가 증가함에 따라 도민이 서로 다투어 예망曳網과 기타의 망구網具를 사용하여 열심히 어획하게 되었다. 그리하여 천연의 사빈은 도처가 지예망地曳網어장이 아닌 곳이 없고, 그중에는 석제를 붕괴하거나 암석을 파쇄하여 새로이 어장을 조성하는 자가 있다. 현금 행하여지는 중요 어구는 후릿그물, 방진망, 장망 등이다.[6]

위의 석제는 두말할 것 없이 제주도 돌살, 즉 '원'이나 '갯담'이다. 이와 같이 제주도에서는 본디 멸치를 '원'에서 돌담을 이용해 잡았던 것으로 확인되며 가장 오래된 전통어법임이 드러난다. 아예 '원'에서의 어업을 아래와 같이 상세하게 설명하고 있다.

돌담은 현금 크게 쇠퇴했으나 모슬포에서는 아직도 성행하고 있다. 그 구조는 지름 1척 정도의 둥근 석괴石塊를 높이 5~6척(1.5~1.8m), 너비 2~3척(60~90cm)으로 쌓아올려 연안의 어류가 내유하는 곳을 둘러쌓았다. 모슬포에서는 만내에 돌출한 암초를 측벽으로 하여 종횡으로 석제를 쌓아 마치 수 개의 웅덩이가 상접한 것과 같은 것이 있다. 어류가 돌담 안으로 들어왔을 때는 주야를 가리지 않고 부근의 촌락에서 남녀노소가 바구니를 들고 어망을 어깨에 메고 이곳에 군집하여 2명씩 짝지워 돌단 안에 걸어들어가 1명은 지름 12척, 깊이 5~6척, 자루 길이 6척 정도의 사둘로 어류를 떠 올리고, 또 1명은 박을 절반으로 잘라서 국자처럼 만든 바가지로 망중의 고기를 떠내어 휴대한 바구니에 투입한다. 이 돌담은 각각 3, 4명이 공동으로 축조하여 소유한 것으로 돌담 안의 어류가 아주 많을 때에는 소유자 자신이 어획하나 평시에는 대개 타인이 자유롭게 어획하게 하여 그 어획고의 1/3을 징수한다. 즉, 바구니 3개에 대하여 1개분을 소유자에게 제공한다. 그러나 어획자는 실제로 이 비율로 제공하지 않으며, 심한 경우에는 소유자가 징수하기 위하여 오기 전에 도망가 버리는 자가 있다. 돌담 한쪽에 소출구를 터놓거나 암석이 돌출하여 소만을 형성한 곳에는 멸치가 들어오는 때를 짐작하여 그 출구에 어망을 쳐서 이를 막고 사둘로 잡는데 그 방법은 전기 돌담에서와 같다. 어망은 면사로 만들며 너비가 5, 6발이고 길이는 장소에 따라 일정하기 않다. 돌담 안에 암초가 많은 장소에서는 대개 그러한 어법이 행해지고 있으며 모슬포가 특히 성하여 그 어장이 7개 처에 있다.[7]

실제로 100여 년 전 당시의 모슬포 인구는 총 호수 130여 호로 포구 안에서는 원담을 이용하여 멸치를 주로 잡고 있었다. 항구 바깥의 모래 해안에서는 후리를 이용하여 잡고 있었으니 도처에 무려 12통의 후리어업이 성행하고 있었다. 전통적인 원담에서의 어업에 더하여 본격적인 후리어법이 도입되는 정황을 잘 말해준다.[8] 오늘날도 모슬포를 중심으로 상모리, 하모리, 동일리, 일과리 등의 인근 일대에는 대단히 많은 원담들이 흩어져서 그 흔적이나마 전해지고 있으니 위의 기록은 그런 모습들을 일정 반영하고 있는 것이다. 이것은 적어도 다음의 몇 가지를 증언해주고 있어 100여 년 전의 전통어법이 어떻게 이루어지고 있었는지 말해준다.

첫째, 원담이 제주도에서 가장 중요한 어법 중의 하나였음을 재확인할 수 있다. 그러나 당시에도 이미 원이 쇠퇴하고 있었음은 확연히 드러난다. 그물이 적극적으로 도입되면서 소극적·방어적 어법인 원이 쇠퇴하고 있음을 증언한다. 특히 포구에 선창의 돌담과 더불어 같이 운영되던 다수의 원들은 현대적인 콘크리트 방파제가 만들어지면서 다수 사라졌으며, 물양장 등의 새로운 시설로 인해 사라진 경우도 있다. 현대적인 방파제가 들어서면서 주요 포구의 원담들은 대개 소멸했다.

둘째, 석축 쌓는 방식은 오늘날과 다를 바 없으며, 겹으로 쌓아 물웅덩이를 이용하는 것도 비슷하다. 전통적인 방식으로 쌓아올린 인공적인 돌담(사진 동귀리 원담, 화북포구 원담)이 있는 반면에 자연상태 그대로의 돌담을 그대로 두고 약간의 인공적인 돌담을 가미한 혼합형 돌담(사진 하도리 토끼섬 입구의 돌담)도 있다. 아니면 대정읍 동일리 일대에서 많이 나타나듯이 순전히 자연적인 돌을 이용하고 웅덩이에 고인 상태에서 고기를 잡는 자연적 원도 있으며 아예 갯가의 웅덩이에 일시 고이는 고기를 잡는 방식도 있다(연대마을의 숨통). 육지부에 비하여 자연적인 돌을 그대로 이용하는 방식이 많음은 그 자체 제주도의 특징이랄 수 있다. 육지부에 비하여 제주도는 바람과 파도가 더 강한 곳이고 특히 태풍이 심한 곳이라 자연적인 돌들을 적절하게 이용하지 않으면 원담이 불가하다. 순전히 높

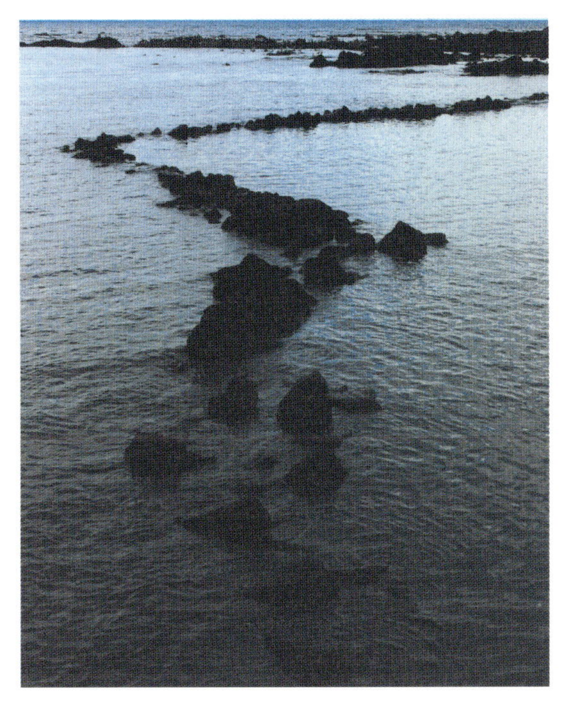

(위) **동귀리 원담**
(아래) **화북포구 원담**

하도리 토끼섬 입구의 돌담

자연적인 돌과 인공적인 돌담
을 모두 이용했다.
(위) 원경
(아래) 근경

게 쌓은 인공적인 돌담만 가지고
는 조업이 불가하기에 쉽게 발견
할 수 있는 자연적인 여와 바위들
을 이용하여 돌담을 쌓는다. 현무
암이 바다로 흘러들면서 곳곳에
여를 형성하고 넓은 빌레를 마련
하여 손쉽게 자연적인 돌담이 형
성되어 있는 천혜의 조건들은 하
늘이 내려준 은혜일 것이다.

셋째, 조간대의 층위, 즉 물때
깊이를 적절하게 이용하여 상·
중·하층으로 나누어 조업이 가
능하다. 그래서 조금같이 물이 빠
지지 않는 경우에는 아예 조업이

| 제주도 원담 사둘

불가한 원담들도 다수 존재한다. 적절하게 물높이를 이용하기 때문에 육
지부처럼 높게 돌담을 쌓을 필요가 없다. 그래서 육지부에 비하면 돌담의
높이가 낮다. 높은 상층부에 얕게 쌓고, 그 아래쪽으로 중물을 보는 담을
쌓고, 그것 가지고도 부족하면 아주 깊은 곳에 사리 때만 물이 빠지는 하
층의 담을 쌓는 방식이다. 또한, 물 빠지는 상태에 따라 잡아들이는 손도
구도 바뀐다.

넷째, 어로도구는 대형 사둘이 사용되었으며, 아니면 자그마한 쪽바지
를 이용하여 간단하게 멸치 등을 건졌다. 바닥이 모래인 경우, 동시에 물
이 벙벙하게 들이찬 경우에는 목맥이그물을 이용하여 한꺼번에 잡아들
이기도 한다. 목맥이그물을 이용하는 방식은 육지에서 더러 후리그물을
이용하는 것과 비슷하다. 제주도 동북해변에서는 둘이 사용하는 맞잽이

| **선창가의 멜구덕**(북제주군 신흥리, 1960년대)

그물이란 명칭도 전해진다. 잡은 고기는 구덕에 담아서 운반했는데, 지금은 플라스틱상자도 많이 이용한다.

다섯째, 잡히는 어종은 멜(멸치)이 가장 중요하다. 멜이 많이 들 때는 우마차로 실어 나를 경우도 있었다. 예전에는 멜을 그대로 밭의 비료로 쓰기도 했다. 그러나 돔 같은 큰 물고기도 제법 들며, 멜 등을 잡아먹기 위해 뒤따라 들어온 큰 고기들도 잡힌다. 쪽바지 같은 도구로 간단하게 잡아들일 수 있는 뜬 물고기들이 있는가 하면, 보목포구에서처럼 돌 틈에 숨은 큰 물고기들을 손으로 잡아들이는 방식도 있다. 손으로 큰 물고기를 잡아들임은 오키나와나 아마미오시마奄美諸島에서 널리 이루어지는 관행과 비슷하다.

여섯째, 공동으로 축조하고 소유했음을 알려주며 이용관행에 있어서 육지부에 비하여 공동체성이 강하게 살아 있다. 개별적 이용관행 및 사고 파는 관행이 강한 육지부에 비하면 대개의 어장들이 공동체적 소유이며 공동 이용이었다. 공동체적 관행이 강함은 제주도의 어로관행이 더 오래된 것임을 말해준다.

일곱째, 원이나 갯담 명칭은 지역에 따라서 다르다. 대정읍이나 제주시 일원에서는 '원담'이 많이 쓰이는 반면에 북제주군 조천·구좌·성산 등 동북일대에서는 '갯담'이 많이 쓰인다. 본 조사보고에 실린 대정읍의 동일리, 제주시의 연대마을과 삼양동 등은 원담이 보편적인데 반하여 동북 성산포 쪽으로 나아가는 하도리, 세화리, 종달리 등에서는 갯담이 많이 쓰이고 있었다. 같은 제주도인데도 약간씩 지역에 따라 명칭의 차이가 난다.

자연적인 돌들을 그대로 이용한 웅덩이 형태의 원들을 '늪'(대정읍 동일리의 히는늪·큰늪)이라고 부르기도 하고, 물통을 뜻하는 '통'이라 부르기도 한다(제주시 연대마을의 작은 숨통·큰 숨통, 남제주군 표선면 토산리의 멜통, 우도면 천진리 죽통, 남제주군 대정읍 마라리 고래미통 등). 원의 명칭은 용천수(우물) 명칭, 많이 잡히는 물고기 명칭, 여나 개의 명칭, 물이 써는 정도에 따른 명칭(남제주군 성산읍 신풍리의 물썬원), 처음에 축조한 사람의 이름 따위에 따라서 정해진다(남제주군 표선면 하선리의 하르방원). 남제주군 대정읍 신도리의 '멜케원', 대정읍 하모리 '머리부리코지'와 '수눌코지' 사이에 있는 '멜케원' 등은 모두 멸치를 많이 잡은 데서 비롯된다. 대정읍 동일리의 '모도리늪'은 제주도 '돌묵상어'의 방언에서, 제주시 도두동의 '우럭원'은 우럭이 많이 잡힌 데서 비롯되었다. 대정읍 동일리의 '산이물원'은 '산이물'이라는 물이 솟구치는 데서 비롯되었다. 여가 넓어서 '너븐여원', 넓은 바위를 뜻하는 '빌레원', 개가 커서 '큰 개원', 개가 작아서 '작은 개원', 앞에 있는 개이기 때문에 '앞 개', 돌이 많아서 웅덩이를 만든 '돌쿠먹', 모래가 수북히 쌓였다고 하여 '모살원', 새로 만들어서 '새원', 사이에 있다고 하여 '새원', 성창(포구)을 이용했다는 뜻에서 '성창원', 검은 바위란 뜻에서 '검은여원' 등 어민들이 쉽게 인식할 수 있고 쉽게 작명할 수 있는 명칭으로 정해졌다.

봄이 지나면서 완연한 여름이 오면 멸치떼는 어김없이 원담으로 달려온다. 그렇지만 어느 누구하나 단독으로 들어가서 잡아들이는 법은 없다. 공동체적 질서는 제주도 원담어로의 필수적인 덕목이다. 제주도사람들도 육지부와 마찬가지로 참봉, 혹은 도깨비를 모시고 산다. 함덕에서 조사해보니 이런 증언이 채보되었다.

참봉이란 게 도깨비지요. 우리가 어렸을 때는 파란불이 인이 발산한다고 했는데, 그게 이상한 현상이 일어나요. '멜굿'을 하면, 저 산에서 불이 켜지는데 인이라면 작은 불빛일 텐에 불이 크거든요. 우리가 초등학교 다닐 적에 3, 4학년 때도 보면 그게 요리 가고 저리 가고 하다가 불이 저 산 위로 가면 멜이 덜 들고, 산 아래로 내려가면 멜이 더든다고 하데요. 참봉 멜고사는 여름에 했지요. 참봉이 전부 자기 담당한 부서가 있다라고 하데요. '가시지기참봉'이 비늘이 돋아가지고 가시가 돋아 있는 물고기담당이라면, '깍지지기참봉'은 전복이나 소라를 담당하고, '물풀지기참봉'은 해초를 담당하고, '참발기지참봉'은 문어·해파리, 연체동물을 관리한다고 하거든요.

제주도 원(개)에 관한 전반적인 통계는 현지조사를 통하여 대체로 밝혀진 바 있다.[9] 제주도의 사람이 모여 사는 어떤 포구라도 원은 존재한다. 돌이 흔하고 적절하게 바위조간대가 발전했기 때문에 아주 불리한 조건만 아니라면 어느 곳이든 원이 가능했기 때문이다. 굳이 인공적인 돌담이 아니더라도 자연적인 바위들을 이용하여 쉽게 원을 이용할 수 있었을 뿐더러 예전에는 조업의 어획량도 상당했기 때문에 '사람 사는 곳은 어디에나' 원이 있다고 생각하는 것이 옳을 것이다. 그러나 각각의 지역마다 원의 분포밀도는 다를 수밖에 없으며, 소멸시기도 다르다. 관광지, 대형항구 등이 만들어진 곳은 그만큼 일찍이 사라졌으며 흔적조차 없는 경우가 많다. 반면에 조천읍의 하도리나 제주시의 연대마을, 대정읍의 동일리같이 관광지와 무관하게 살아가는 곳에서는 그런 대로 소멸시기도 늦을 뿐 아니라 아직도 현행어업으로 행해지는 곳이 있다. 현행어업은 아니더라도 돌담의 원형이 그런 대로 보존된 것도 더러 남아 있다. 아래의 것은 그 중에서 중요하다고 생각되는 것들을 여러 조사문헌을 종합해 정리한 것이다.

- 제주시 삼양동 서흘개마을: 새배, 도고리
- 제주시 외도2동 연대마을: 멜케, 독수, 망알, 연대, 족은신통, 큰신통
- 북제주군 한림읍 금릉마을: (섯동네) 집알물원 · 심방물원 · 양구물원 · 주루기원, (동동네) 굼원 · 모살원 · 무른원 · 소원
- 북제주군 애월읍 구엄마을: 산밧월원, 소로기원
- 북제주군 구좌읍 행원마을: 아친개, 조랑개, 중툭굴개, 새개, 한와진소, 아홈개, 홍건이개
- 북제주군 구좌읍 하도마을: 무두망개, 버렝이밧알, 알주억개, 웃주억개, 엉숙개
- 북제주군 조천읍 신흥마을: 마농개, 새배개, 큰개, 알뎅개, 드릿개
- 남제주군 남원읍 태흥리: 조랑개원, 원산이원[10]
- 제주시 이호동: 모살원, 물쌀원, 물깊은원, 신원
- 북제주군 애월읍 동귀리[11]

· 서귀포시 대포동: 배튼개원, 제배낭개원, 큰엿도원, 큰개물원, 코지,
  드릿발

· 서귀포시 중문: 싱거물원

· 서귀포시 색달동: 큰주에원, 족은주에원

· 북제주군 우도: (서천진동) 죽통, (하우목동) 큰원 · 족은원,(주흥동) 족
  은원 · 청년원, (전흘동) 족은원 · 큰원 · 몰썬원, (삼양동) 답다니원 ·
  자락원(상하고수동), 엥목개원 · 큰개원 · 박하르방개, (비양동) 서뚱머
  흘원 · 동뚱머흘원 · 모살비양원 · 볼래낭알원 · 한와지원, (영일동) 너
  른구미원 · 석은구미원 · 모살개원[12]

· 남제주군 대정읍 신도리: 멜케원, 모살원

· 남제주군 대정읍 일과리: 장수원, 큰늪

· 남제주군 대정읍 동일리: 산이물원 . 모도리수눌늪, 히는늪, 너븐늪,
  돌쿠먹, 비린대원

· 남제주군 대정읍 하모리: 여백이원, 큰개창원, 족은개창원, 멜케원,실
  레목원. 광대원, 몰썬원, 솔박원, 고참봉원, 셍치원, 운진이원, 가막수
  리원, 뭇술원, 새원

· 남제주군 대정읍 상모리: 산이물구석원

· 남제주군 안덕면 사계리: 설쿰원, 빌레원, 성창둑강원, 앞원

· 남제주군 안덕면 대평리: 오짓개원

· 남제주군 남원읍 하례리: 망젱이

· 남제주군 남원읍 위미리: 해만운개통, 벌러니원, 물쏨원

· 남제주군 남원읍 남원리: 모살원, 셍이부리안원

· 남제주군 남원읍 태흥리: 조랑개원, 원산이원, 노린할미개원, 송목원,
  양목원, 신남머흘원

· 남제주군 남원읍 신흥리: 신흥리원

1 하도 서문동

2 금릉

3 금녕 가는 길에 있는 원

· 남제주군 표선면 토산리: 멜통, 산여리통, 논알원, 갯늪

· 남제주군 표선면 하천리: 하르방원, 큰너패원, 새개원

· 남제주군 성산읍 신천리: 새개미원, 뒷머흘원, 배튼개원

· 남제주군 성산읍 신풍리: 물썬원, 동산원, 검은덱이멜통, 몰렝이멜통

· 남제주군 성산읍 삼달리: 분들원

· 남제주군 성산읍 신양리: 질너리원[13]

남제주군 동일리

동일리東日里는 본래 대정군 서중면 지역이다. 날외(일과리)의 동쪽이 되므로 '동날외'라 했는데 1914년 행정구역 통폐합에 따라 동일리라 하여 대정읍에 편입되었다가 1946년에 남주제군에 편입되었다. 하모리와 일과리 사이에 자리 잡은 동일리 해변은 암반으로 이루어진 조간대가 드넓게 펼쳐져 있고 곳곳에 자잘한 만도 있어 원담이 발달할 수 있는 천혜의 지형조건을 지니고 있다. 하모리 북쪽으로 신창리에서 차귀도까지 이르는 해변이 가파른 침식해안으로 형성되어 조간대의 넓이가 좁고 수심이 갑작스레 깊어지는데 반하여 동일리는 썰물에 후퇴하는 조간대의 넓이가 만만치 않기 때문에 곳곳에 원담이 설치되었다.

동일리에는 '텟개'란 물목이 있다.[14] 바위톱 사이로 물이 빠지는 고랑

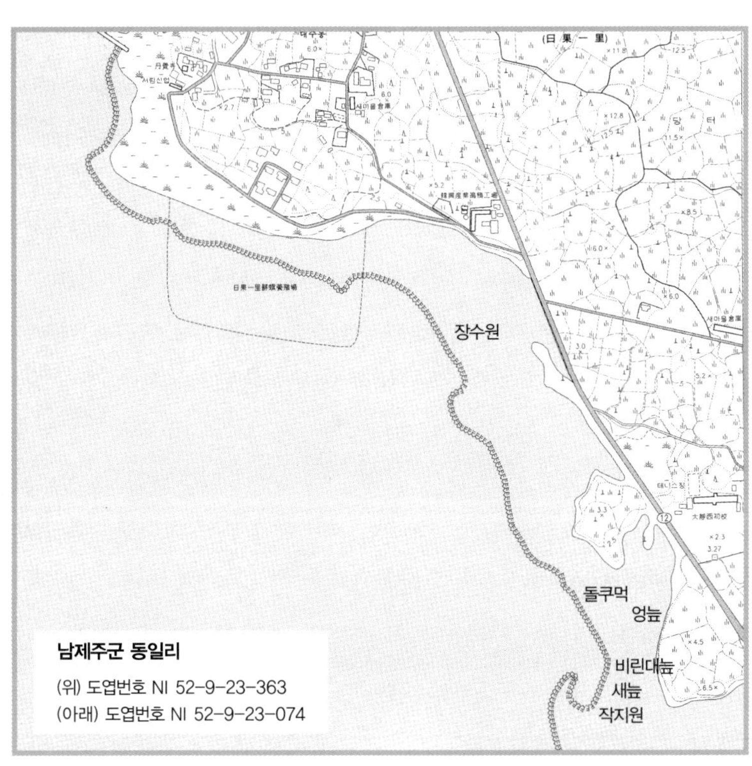

남제주군 동일리

(위) 도엽번호 NI 52-9-23-363
(아래) 도엽번호 NI 52-9-23-074

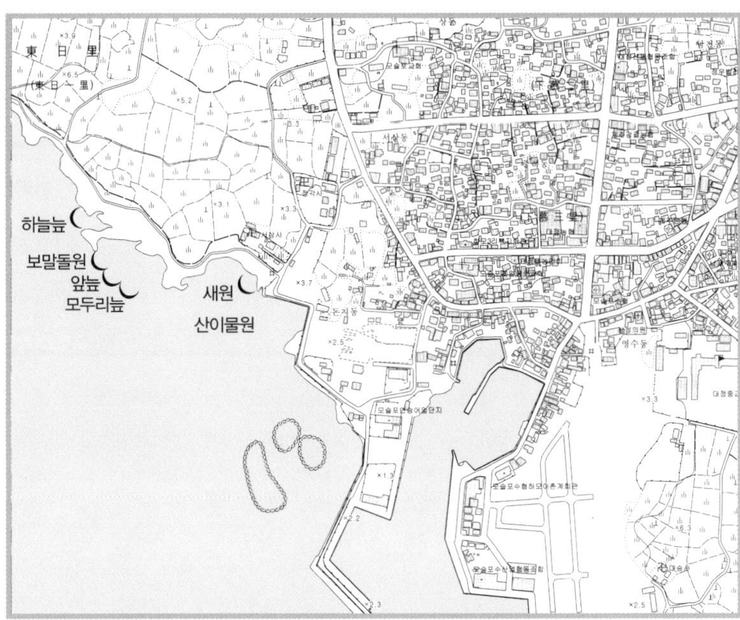

이 있으며 고랑 끝에 아늑하게 배를 정박할 만한 곳이라 지금도 작은 배를 묶어둔다. 이곳은 과거에 동일리의 선조들이 처음으로 입촌했을 때 '테우'를 매어두었다가 고기잡이를 나갔다고 하는 유서 깊은 전설을 지닌다. 설촌 역사와 생업의 현장이다. 대정지역에는 고부이씨나 제비강씨처럼 일찍이 귀양왔던 사람들의 후손들이 많다. 이들 동일리 선조들은 이처럼 테우로 고기잡이를 하면서 드넓은 암반조간대에 자연스럽게 고이는 웅덩이를 주목했을 것이고 약간의 인공을 가하여 원을 조성했을 것이다. 그래서 동일리의 원들은 지극히 자연적인 원들이 많고 일부 인공적인 가미를 하여 원 어로를 해오고 있는 중이다. 물론 동일리의 원도 어법의 발달과 자원의 고갈로 인하여 대부분 쇠퇴하고 말았으나 지금도 멸치 등이 들어온다고 한다. 예전에는 여름밤에 해변에서 자면서 멸(멸치)이 몰려오면 자다가도 벌떡 일어나 멸을 잡으러 원으로 뛰어들었다고 한다.

동일리는 어업 이외에도 예로부터 소금밭으로 유명했으며 북쪽의 협제에서도 여기 소금을 가져다 먹었다. 한경면 저지리, 동광, 산방산, 사계리, 모슬포 등에서 모두 이곳의 소금을 가져다 먹었을 만큼 소금을 만들어낼 수 있는 빌레들이 흔한 곳이다. 그들 빌레의 끝자락쯤에 원담들이 즐비한 것이니 빌레는 조간대 상층 쪽을, 원담은 조금 아래쪽을 이용했다. 이곳의 소금은 '날리소금'이라고 했으며 어렸을 때는 '날리 소금졸래기'라고 놀림도 당했다고 한다. 대정읍 영락리에서도 빌레소금이 나왔으며, 종달리의 날리소금 맛은 이곳과 달랐다고 한다. 육지소금은 '부들소금'이라고 불렀으며 한국전쟁 때부터 다량 도입되기 시작했다. 육지에서 소금이 다량 들어오면서 소금밭은 곧 사라지고 말았다.

동일리에서는 음력 3월 보름날, 전 주민이 동원되어 원담을 보수한다. 개인소유는 있을 수 없으며 공동소유, 공동관리, 공동이용의 원칙이 지켜진다. 가장 먼저 봄멜이 들어오며 멜이 들어올 때는 '변자리'가 잘 들어온다. 여름에는 여름멜, 가을에는 가을멜이 들어온다. 들어오는 양은 말할 수 없이 많았기 때문에 다 못 건져서 썩어가곤 한다. 자연적으로 만들어진 웅덩이처럼 생긴 거대한 원은 그 자체 거대한 돌그물이었기 때문에 잡히는 양이 만만치 않았다. 주로 보리밭 농사에 비료로 나갔다. 썩혀서 내기도 하고, 말려서 건멸치를 부수어 내기도 하고, 아니면 바짝 말려서 중산간마을 쪽으로 내다 팔기도 했다. 요즈음은 끓여서 며르치를 만들지만, 예전에는 그대로 말렸다. 원담에 나가서 구덕을 놓고 멸치를 떠서 물을 흘러보내고 담아온다.

산이물원 · 새원[15]

하모리와 동일리 경계선은 용천수인 '산이물'을 경계로 나뉜다. 동일리 남쪽 해안, 즉 하모리 넘어가는 경계선에 '산이물'이 솟고 있다. 동일리에서 '홍물' 다음으로 물이 많이 솟구치는 우물이다. 돌담을 쌓아서 반듯한 우물을 만들어 사용했으나 오염이 되어 현재는 사용하지 않는다. 물량이 풍부한 '산이물'이 흐르는 가운데 그 뒤편으로 '산이물원'과 '새원'이 있다. '산이물원'은 '산이물'이라는 용천수에서 빌려온 명칭이며 행정구역상 하모리 소속이다. 그 옆의 새원은 '새로 만들었다는 뜻'에서 '새원'이란 명칭이 붙었으며 '산이물원'보다 훨씬 후대인 1950년대에 축조되었다. '산이물원'과 '새원'은 가운데 경계선으로 갈리는데 '산이물원' 쪽으로 방파제가 쌓이면서 무너졌다. 원 동쪽으로 '등둑돌', 서쪽으로 '망알코지'가 형성되어 지극히 자연스럽게 2개의 원을 품에 안는다. 원 바깥은 '족은검은여' · '큰검은여'가 위치하며 돌들이 자연스럽게 에워싸고 있다. 그 안에 안정적으로 2개의 원이 위치한다. 바닥에 크

| 산이물원

| 새원

고 작은 돌들이 흩어진 상태에서 모래 바닥이 보인다. 주로 멸치를 많이 잡던 원이다. '조금' 물때에 찍은 사진에서 보듯이 오른쪽 '새원'은 비교적 높은 곳이라 일부는 모습을 드러내고 있지만 왼쪽의 '산이물원'은 물에 잠긴 상태이다.

보말돌원 · 알늪 · 모두리늪

'산이물'에서 북쪽으로 조금 걸어오면 해변에 '칠성당'이 위치하며, 비교적 높은 위치인 '칠성당'에서 보자면 남쪽으로 '산이물원', 북쪽으로 '모도리늪' · '새늪' · '보말돌원(보물동원)'이 보인다. 북쪽의 이들 3개의 원은 광활한 바위 조간대의 해변에 길게 늘어서 있다. 보말돌원(보물동원) 서쪽에 있는 개를 알놈(알늪)이라고 부르며, 보물동원은 동동네 서남쪽에 있는 개를 지칭한다. '산이물원'이 있는 쪽의 '망알코지'와 북쪽의 '모도리수눌코지' 사이에 돌들이 띠를 이루며 길게 늘어서 있어 자연스럽게 원을 형성한다. 수천 평은 족히 넘을 만한 드넓은 면적이 얕게 가라앉아 있어 자연스럽게 물을 가두어둔다. 원담이라는 명칭보다 '늪'이라는 명칭을 쓰고 있으며, 이는 자연적인 웅덩이를 지칭하는 뜻이다.

육지에서 해변을 바라보자면, 왼쪽에 '보말돌원', 가운데의 '알늪', 오른쪽의 '모두리늪'이 차례대로 이어져 있어 언뜻 보기에는 하나로 연결되어 있는 것처럼 보인다. '보말돌원'은 자연적인 암반을 이용하여 축성된 자그마한 원이다. 자연적인 암반에 의지하여 비교적 아늑하게 들어가 있다. 반면에 '알늪'은 가장 깊은 곳에 위치하여 사리 때를 제외하고는 물이 좀처럼 나지 않는 곳이며 사진에서 보듯이 거친 외해의 파도를 그대로 받고 있다. '알늪'은 일부만 물 밖으로 돌출된 상태이며, 오른쪽의 '모두리늪'은 물 위로 돌출되어 있다. '알늪'과 '모두리늪' 사이에 가로지

1 2
3
4

1 보말돌원

2 알늪(왼쪽)과 모두리늪(오른쪽) 원경

3 물이 들어차서 빠지지 않는 앞늪과 모두리늪

4 알늪과 모두리늪의 경계가 보임

르는 담을 축조하여 높은 물이 '모두리늪'에서 빠져나가면 '알늪'으로 가게 되며, 물고기도 이런 조간대의 층위를 이용하여 층층이 잡게 된다. '모도리'는 '돌묵상어'를 뜻하며 멸치를 쫓아 해변까지 달려왔던 '돌묵상어'가 빠져나가지 못하고 잡히는 곳이라 '모두리수눌'이라 했다.

히는늪

'모두리늪'에서 북쪽으로 가다보면 드넓은 바위조간대가 펼쳐지며 이곳들은 모두 소금빌레였다. 제주도 서남쪽에서 소금을 만들던 곳으로 유명한 지역이며 멀리 애월에서도 이곳의 소금을 가져다 먹었다. 소금빌레에서 조금 걸어가면 '홍물'이라는 단물이 솟는다. 조간대 상층에 자연적으로 솟는 우물인데 홍물은 워낙 수량이 많아서 마을주민들 식수는 물론이고 여성들 목욕장소로 이용되었다. 직경 12×5m 크기의 커다란 돌담 안에 홍물이 지금도 맹렬히 솟구치는데 워낙 풍부한 곳이라 가뭄에도 마를 날이 없다. '홍물'은 '넓을 弘'에서 비롯되었으며 '넓은 우물'이라는 뜻이다. 타일을 붙여서 목욕에 간편하게 만들어두었으나 지금은 쓰지 않고 있다. '홍물'보다 조간대 조금 위쪽에 자리 잡은 '생이물'이 있는데 '홍물'에 비하면 크기도 작고 물량도 적다. '생이물'은 주

로 남성들이 목욕하던 곳으로 남녀가 유별했음을 알려준다. 이들 '홍물'
과 '생이물' 바깥으로 원이 하나 보이는바, 이를 '히는늪'이라 부른다.
'히는'은 '하얗다'는 뜻으로 하얀 모래가 깔려 있어 검은 돌과 대조를 이
룬다. 천연적인 풀장 같은 곳이라 여름철에는 아이들의 수영장 구실도
했다. '홍물'과 '생이물' 아래로 돌들이 쌓여 있으며 자연적인 못을 이루
어 간조에는 물이 고여 있다.

| 홍물

엉늪 · 돌쿠먹

'엉늪'은 조간대에 형성된 드넓은 만에 형성되어 있다. 모래로 형성된 드넓은 곳이라 '너븐늪'이라고도 부르는데, 사진에서 보는 건너 편에 마을이 보이며 해마다 포제酺祭를 지내던 포제동산도 있다. 조간대 상층이라 조금에도 물이 멀리 나가서 멸치 등을 잡기 좋게 되어 있는 지형이다. 넓은 원에 모래사장이 형성되어 있으며 탄탄한 평지인지라 맨발로도 걸어다닐 수 있는 곳이다. 왼쪽에 마을이 형성되어 있다. '엉늪' 바깥은 외해와 차단되는 자연스러운 바위방파제가 있으며 그 사이에 커다란 돌덩이들이 쌓여 있는 천연적인 바닷물늪이 있는데 '돌쿠먹'이라 했다. '돌쿠먹'은 외해를 막아주는 커다란 돌들이 물늪을 만드는 곳이라 붙여진 명칭이다.

엉늪 · 돌쿠리늪

1 돌쿠리늪
2 건너편 마을에서 바라본 엉늪. 엉늪의 오른쪽이 돌쿠리늪이다.
3 바다 쪽에서 바라본 엉늪

비린대늪 · 새늪 · 작지원

동일리 북쪽에 자리 잡은 원들이다. 서쪽으로 뻗어나간 '섯코지'의 2중 원담이다. 대정서초등학교에서 바라보자면 해변으로 자그마한 비석이 있는데, 조난한 어부들을 기리는 비석이다. 이들 지형은 돌담에 해당되는 곳을 제외하고는 모두 모래바닥이다. 조금에 찍은 아래 사진에서 보듯이 왼쪽의 '비린대늪'과 오른쪽의 '작지원'은 돌담 윗부분이 그대로 드러나고 있다. 하지만 그 가운데의 '새늪'은 조간대의 좀더 깊은 쪽에 위치하여 물에 잠긴 상태이다. '새늪'은 중간에 위치한 데서 비롯된 명칭이기도 하다.

비린대늪 · 새늪 · 작지원
왼쪽 부분이 비린내늪, 보이지 않지만
가운뎃부분이 새늪, 오른쪽 부분이 작지원

| 비린대늪

일과리의 장수원

　동일리 북쪽에 인접한 일과리는 일명 '날외'라 부른다. 장수원은 연대煙臺 옆에 있는 개로 동일리에서 조금 벗어난 경계선 북쪽에 위치한 일과리에 위치한다. 드넓은 바위조간대인데 위쪽에는 마늘밭 같은 농경지도 위치한다. 곳곳에서 민물이 솟구치고 있어 무려 12곳에서 단물이 솟는다. 그들 물줄기가 길게 솟고 있어 장수長水라는 명칭이 붙었다. 외해 쪽으로 일직선으로 자연적인 돌담이 늘어서 있는데 무너진 지 오래되어 헝클어진 모습이다. 외해에서 들어오는 파도를 직접 받는 곳이며 고기들이 들어왔다가 사진에서처럼 연못 같은 소에 고이게 마련이다. 원의 규모가 상당히 크다.

신도리의 모살물원

동일리에서 북쪽으로 가다보면 해변가의 성창동네 동남쪽에 있는 마을을 모살물동네라 부르며, 해변도로 상에 최근에 다시 보수를 한 방사탑이 서 있다. 그 아래쪽에 '모살물원'이 위치한다. 움푹 들어간 만에 해안도로를 만들면서 콘크리트방벽을 쌓았는데, 예전에는 사람이 걸어다닐 정도로 소로가 있던 해변이다. 1990년대에 해변도로가 건설되면서 '모살물원' 경관이 파괴되었다. 대단히 풍부하게 물이 솟구치는 곳이며 '모살물'이 있던 자리이기 때문에 '모살물원'이란 명칭이 붙여졌다. 옛날부터 물이 많이 내려오는 곳으로 이름난 곳이다. 그러나 도로를 건설하면서 물줄기가 끊어져 예전만 못하다. 여타 지형과 다르게 모래사장이 드넓게 형성되어 있으며 바깥쪽 외해를 따라 자연적인 돌담이 둥그렇게 원을 형성한다. 왼쪽의 '도고리알코지'와 오른쪽의 '가물코지'가 만나

<table>
<tr><td>1</td><td colspan="2">2</td></tr>
<tr><td></td><td>3</td></tr>
</table>

1 일과리의 장수원

2·3 신도리의 모살물원

서 자연적 돌담을 형성한다. 이곳에서는 '원담'이라고 부르고 있으며 '구루치'라는 물고기를 많이 잡았다. 지금은 여름 휴가철에 피서객들이 놀러 오는 자그마한 해수욕장으로 활용되고 있을 뿐, 원담의 기능은 상실했다. 그래도 멜이 많이 들 때는 어쩌다 멜들이 원담으로 고이는 경우가 아직도 있다.

신도리에는 현재 등대가 신축된 주변, 즉 신도리에서 으뜸 되는 마을인 도원(돈개, 돈포, 된개) 서쪽에 있는 갯곳인 '멜캐'에 '멜캐원'이 별도로 존재했다. '구넝물'이라는 단물이 솟구치는 곳인데 멸치가 많이 몰려들었기 때문에 붙여진 지명이다. 축항 건설 등으로 인하여 파괴되었다.

제주시 외도동 연대마을

조선시대 연대煙臺가 있던 데서 비롯된 지명이다. '제주삼읍지도'를 보면,[16] 외도연대는 도근포都近浦와 조부포藻腐浦 사이다. 그런데 『탐라지초본耽羅誌抄本』에는 조부藻腐연대라고 기록하고 있다. 연대못, 또는 연대포 등이 존재하며, 마을 이름 자체도 연대라고 부르므로 조부연대는 외도2동의 연대마을에 있는 연대, 즉 외도연대를 뜻할 것이다. 외도연대는 바닷가에 세워져서 해안 고지대의 봉수대와 수근연대, 남두연대와 교신할 수 있게 되었다.

연대는 전통소금 소금빌레로 유명한 곳이기도 하다. 소금빌레들이 펼

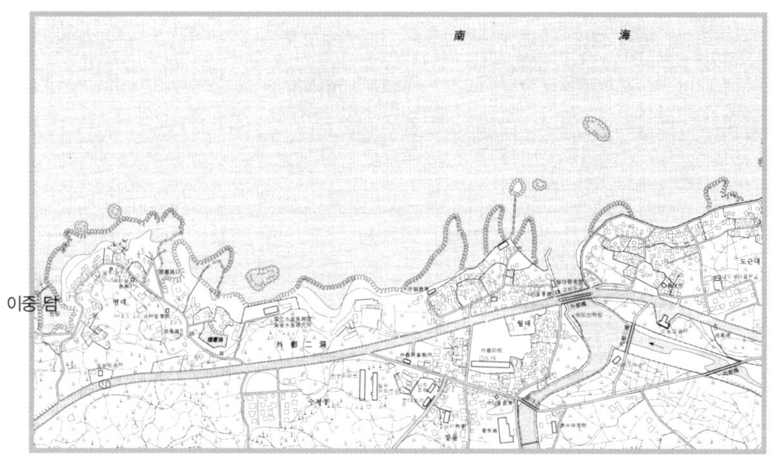

| 제주시 외연동 연대마을

쳐진 조간대 해안에 원담도 같이 존재한다. 마을에는 멜케원, 망알원, 연대원, 그리고 사실상 원 역할을 하는 물웅덩이인 여러 개의 산통 등이 산재한다. 큰 원들은 모두 마을 공동소유이며 공동적으로 관리·운영해왔다. 개인소유는 인정되지 않으며 지금도 마찬가지다. 연대마을의 원들은 모두 마을 서쪽에 위치한다. 현재 신축된 포구가 위치한 곳에서 서쪽으로 조금 가면 집이 끝나는 곳이 있으며 드넓은 암반지대가 형성되어 있어 소금빌레로 이용하던 곳이다. 원은 아무나 가서 '먼저 잡는 이가 임자'다. 개인소유가 아니고 마을공동소유이기 때문이다. 많이 들면 이웃사람들에게 주기도 하고 멸치는 삶아서 팔기도 했다. 원을 사고 파는 소유 행위는 없었다. 어획량은 많이 잡힐 때는 하루에 밀감 담는 손수레로 10개쯤 뜨는 사람도 있고, 5개 뜨는 사람, 하나 뜨는 사람도 있고 그랬다. 물이 하루에 두 번 들고나지만, 하루에 한 번만 잡으러 갔다. 멜은 잡아다가 삶아서 멸치를 만들었다.

　원에서 쓰는 도구는 '쪽바지'와 '멜참대'가 있다. '쪽바지'는 원에 가서

멜 같은 것을 뜰 때 사용한다. 어차피 큰 놈들은 안 들어오니까 이것으로도 다 뜰 수 있었다. '멜참대'는 '쪽받이'로 멜이 들어오도록 그물을 벌리고 있으면 멜이 빨리 들어오라고 '참대'로 밀어줘야 한다. '쪽받이'는 2년마다 한 번씩 직접 만든다. 대가 부러지기도 하므로 비 안 맞게 잘 관리해야 한다. 보통 대로는 스기나무를 이용하는데 가벼울 뿐만 아니라 물에 들어가도 잘 썩지 않는다는 장점 때문이다. 나무색은 흰색 계통이지만, "이런 하얀색으로는 그냥 물에 담그면 멸치도 들어오다가 알아채고 다 도망간다 말이지"라고 인식한다. 멸치도 밝은 색은 다 알아채고 도망간다고 한다. 제보자 박승규 씨는 그래서 멸치에게 정신적 충격을 덜 주기 위해 '쪽받이'의 대를 비롯한 그물까지도 모두 검은 계열의 색으로 페인트칠을 해둔 상태이며, 그물도 흰색은 안 되고 불그레한 망을 이용하고

| 연대마을의 소금빌레

나무는 검은색으로 직접 페인트칠했다. '쪽받이'를 하나 만드는데 빠르면 하루 걸리고 보통은 2~3일 정도 걸린다. 집집마다 대개 하나씩은 있다. 박승규 소유의 쪽받이 중 대大자가 마을에서 가장 큰 것이다. 보통은 반 크기도 있고 더 작은 것도 있다. 제보자는 상·중·하 셋다 소유하고 있어 작은 것은 주로 물이 빠졌을 때 큰 것이 안 들어가니까 작은 것을 넣어서 조금씩 조금씩 떠낸다. 그물도 성기면 작은 멸치들이 다 빠져 나가버리고 하나도 안 남으니까 언제든 조밀하게 짠 것으로 해서 큰 것도 되고 작은 것도 잡을 수 있도록 한다. 다만 그물코 간격이 촘촘한 이유로 물이 빨리 빠지지 않는다는 단점이 있기도 하다. 그물코가 촘촘하면 반생태적이라는 말을 할 수도 있을 것이나 실제로는 그렇지 않다. 이곳의 원담들은 주로 자잘한 멜을 잡는 데 이용되기 때문이다.

지형적으로 볼 때 조간대 문화권의 소금생산문화와 고기잡이문화가 거의 비슷한 수준의 위치에 입지한다. 그런데 대략적으로 소금생산의 문화권(소금생산지)은 조간대 중에서도 비교적 윗층이다. 해수가 만조가 될지언정 '소금빌레'를 침투하지는 않는 위치에 자리 잡았다. 그러면서도 조간대문화의 전형적인 생활상을 잘 보여준다. 특히 연대마을은 사진에서 보듯이 굉장히 넓은 '너럭바위' 형태의 빌레가 잘 형성되어 있다. 이런 조건은 제주도의 다른 마을에도 분포할 수 있지만, 이곳은 타 마을보다도 조금 더 유리한 조건이기 때문에 마을이 처음으로 이곳에 입지하게 된 이유가 소금과 밀접한 관계가 깊었다는 제보자의 말은 수산업생산과 소금의 생산이나 다양한 활용에 유리하기 때문에 이렇게 바람이 심하고 파도가 심한 입지상의 불리한 조건의 동네임에도 불구하고 마을이 입지하게 된 원인이었던 것 같다. 마을에는 지금도 소금생산현장은 매우 잘 보존되어 있고 시멘트라거나 빌레를 막은 흔적을 통해서 이 지역 소금생산의 원형이 잘 남아 있어서 과거의 유추에 많은 정보를 제공한다. 그러나 현재, 집이 들어서면서 그 원형이 조금씩 훼손되고 있다.

마을에는 옛날에 못의 형상이 '말의 귀'와 같다고 붙여진 마이馬耳못이 전해지고 있다. 마르지 않는 '가막샘'의 민물과 밀물 때에 들어오는 바닷물이 섞이는 못으로, 물고기가 알을 부화시키고 성장하는 데 좋은 조건을 갖추고 있다. 이런 못은 제주도 내에 서너 곳밖에 없으며 마을의 천연 양어장인데, 하와이에 산재한 바닷물이 용암석을 투과하여 만들어진 물고기 못(Fish pond)과 거의 같은 원리이다.

멜케원

'멜케원'은 '도그내'마을과 경계를 이루게 한다. 마을공동소유이다. 언뜻 보기에는 소(웅덩이)로 여겨질 만큼 1천여 평의 큰 물웅덩이를 이룬다. 외해에서 들어온 바닷물이 모래밭의 큰 웅덩이에 고여 있는 상태이다. 썰물이라도 물이 벙벙하게 고여 있으며, 조금에는 상당히 물이 많다. 바닷물이 들어오는 암반 쪽에 15m쯤 되는 돌담을 쌓아 원을 만들었다. 자연적인 입지를 십분 이용하여 약간의 돌담을 가하여 만든 원인데 주로 멜(멸치)들이 몰려들어와 잡던 곳이기 때문에 '멜케원'이란 명칭이 붙었다. 멜케원이 한창 이용되던 시절에는 엄청나게 많은 양이 원에 들어와 마을민들이 공동어로에 나섰다. 멜케원의 소유는 공동이지만 원을 보수·관리하는 차원에서도 동참해야 한다.

망알

'망알원'은 연대 바로 밑에 있어 붙여진 이름으로 '멀원'이라고도 부른다. 밀물에 웅덩이가 가득 차버리는 곳인데 물이 썰면 모두 나가버리므로 오히려 썰물보다도 밀물에 멜을 잡을 수 있다.

연대원

2개로 나누어져 있어 이중 원으로 되어 있다. 사진 하나는 물이 썰었을 때 앞쪽의 돌담은 드러난 상태에서 외해의 돌담은 아직 모습을 드러내지 않은 상태를 보여준다. 다른 사진은 원들이 물에 잠긴 상태를 설명해준다. 즉, 지형적으로 움푹 들어간 만에 위치하며 동쪽은 민가가 있고 서쪽은 바위들뿐이다. 서쪽의 암반이 살짝 솟구친 곳을 '벙것여'

1 | 2
3

연대원

1 이중 원이 드러난 모습
2 물에 잠긴 모습
3 만입을 가로질러 돌을 쌓았다.

라 부르는데 거기에서 돌담이 흘러나온다. 바깥에 자리 잡은 넓적한 바위를 넓다는 뜻에서 '넙대기'라 부르는데 그런 암초로 인하여 외해의 거친 파도를 막아준다. 서북풍을 직접 받는 곳이라 바람이 강하게 몰아닥치는 지형이다. 물이 빠지면 매우 넓은 지형이 드러나며 모래바닥에 돌들이 흩어진 모습을 보여준다.

큰 신통 · 작은 신통

'신통'은 원과 같은 역할을 하고 있는데, 이것은 항상 물이 고여 있는 연못(沼)과 같은 곳이다. 연대마을 서쪽에 위치하고 있다. '큰 신통'과 '작은 신통'이 있으며, '큰 신통'과 '작은 신통' 외에도 다수의 신통이 존재한다. '작은 신통'은 하나가 아니라 몇 개씩 되는데, 가장 서쪽(바다 쪽에서 봐서 왼쪽)에 있는 '작은 신통'에서 고기가 많이 들어온다고 한다. 암석이 자연적으로 둘러쳐져 있어서 꼭 인공적으로 돌을 쌓은 원과 같다. 넓적한 바위들이 존재하는 곳에서 사진처럼 자연스럽게 연못 같은 소를 형성하게 되는데 물이 깊은 곳인지라 물이 중간 정도만 들어도 그 모습은 사라지고 없다. 일반적인 원담에 비해 조간대 중층에 위치하기 때문이다. 상대적으로 높이가 낮은 돌밭이기 때문에 물이 들어오면 물에 잠겨서 보이지 않고 물이 썰어버려야 보인다. 물고기가 갇혀서 못 나가는 자연적인 소沼로서 원과 비슷하다. 고기든 멸이든 소라든 모두 놀다가 걸린다. 꼭 일반적으로 우리가 알고 있는 원이 아니더라도 자연적인 지형조건으로 인해 이 일대에 소 같은 원들이 오밀조밀 퍼져 있다.

지형적인 입지가 돌의 돌출부위가 많고 만조가 되었을 때 물이 잠기는 부위가 높다는 얘기는 물고기가 멍청하게 따라 들어올 확률이 높다는 얘기도 된다. 또 물이 갑자기 빠질 수밖에 없는, 즉 지형적 격차가 심한 지역

큰 신통

작은 신통

이다. 만조 때는 신통과 비슷해 보이는 암반지대라도 간조 때보면 그 형태
가 다르다. 즉 낮은 높이의 돌이 자리하지 않는다. 그래서 고기가 들어왔
다가 나갈 때 걸리는 곳이 없다. 사이가 '뻥' 비어 있다는 것이다. 물이 썰
때 오면 여기서 개인이 소라도 잡아먹고 보말(우렁쉥이)도 직접 잡을 수 있
다. 그러므로 천연적인 소로도 원의 역할을 수행할 수 있는 지역이다.

제주시 삼양동 서흘개 · 버렁

제주시 삼양동은 보통 '설개'(서흘개, 서울개, 서흘포)라 부
른다. 1914년 행정구역 통폐합에 따라 삼양리로 제주면에
편입되었다가 1955년 제주시에 편입되는 동시에 삼양1동 · 2
동 · 3동으로 나뉘었다. 제주읍지에는 '동쪽 15리에 위치하는데 민호는
91호, 남자가 207명, 여자가 307명'이라고 했다. 삼양동은 제주도 역사에
서도 가장 오래된 포구의 하나다. 삼양동 들어가는 길목에 자리 잡은 선
사유적공원은 이곳 일대가 적어도 기원전 100년 무렵부터 집단주거지였
음을 알려준다. 이는 삼양동의 옛사람들이 적절한 만이 형성된 이들 포
구에 안착하여 어로를 하면서 살아갔음을 말해준다. 삼양동은 오늘날은
제주시에 포함되어 있으나 전형적인 포구마을로 이어져왔으며 원담어로
도 그들 생업의 하나이다.

　삼양1동 '설개'의 본향당은 '물머리 엉덕웃방'에 있는 '감남하르방 ·

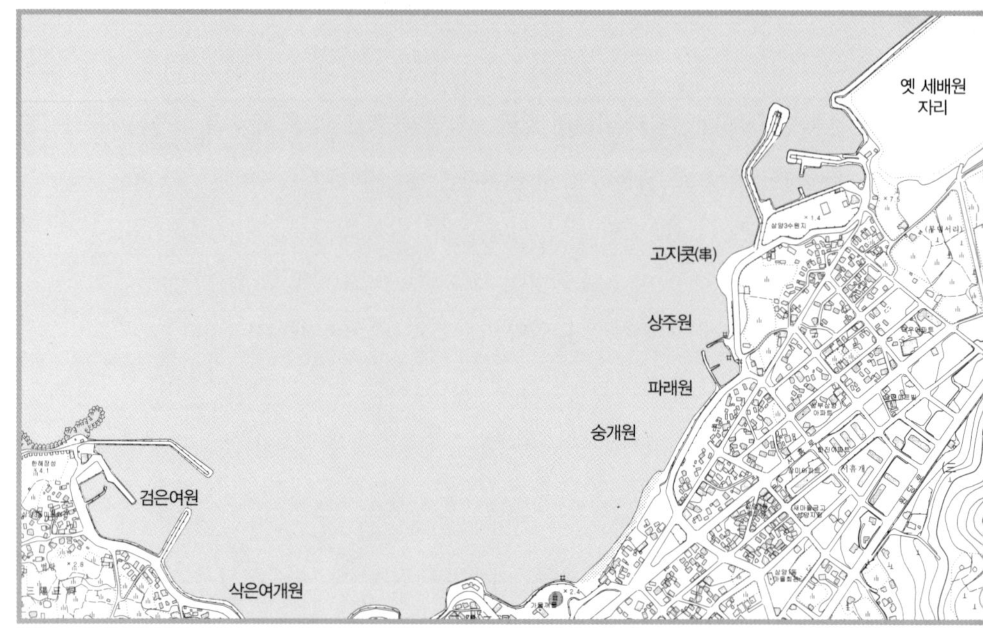

| 제주 삼양동 앞 원 분포도(도엽번호 NI 59-9-17-044)

감낭할망당'이다. '감남'은 '강남'으로 멀리 중국에서 온 신이며, 어부들에게 고기잡이의 풍어를 가져다주는 신이다.[17]

그러니까 '감남하르방'은 어부의 신(＝船王神)이며, '감남할망'은 해녀의 신(＝龍王神)이다. 즉, 설개본향신은 '일만 잠수, 일만 어부를 차지한 신'으로 해변에 존재하는 해신당이다. 본풀이에는 이르길,

설개에 좌정한 감남하르방은 칠월 열나흘 날 백중날로
괴기 낚으는 보제기들이 메를 ㅎ영 정승들이레 가는 토지관
ㅁ을 ᄎ지ᄒ 신당 한집님

이와 같이 삼양동은 어업이 성했던 마을이다. 삼양1동인 서흘개마을의 공동어로집단은 둘로 나뉜다. 하나는 '앞개성창城滄'을 중심으로 생활하

는 섯(西)동네인 '서카름'(서흘개마을의 서쪽편)이고, 다른 하나는 '동가름 성창'을 중심으로 생활하는 동東동네인 '동카름'(동도네)이다. 조사단이 조사한 곳은 섯동네이다. 섯동네의 경우 마을이 조간대 상층부에 자리 잡고 있어서 물이 썰면 포구(성창) 밑바닥까지 그대로 드러나기 때문에 물이 썰기 전에 배를 수심이 좀 깊은 '우무수'(고지콧; 앞개성창 오른쪽에 있 는 곳부리)의 오른편으로 배를 옮겨둬야 한다. 그리고 성창 안에서도 '오 늘 하루 배를 운행하지 않겠다'고 하면, 성창의 안쪽(안개: 內浦)으로 배를 옮겨 대야 한다.

서흘개의 숭애원 · 파래원 · 상주원

서흘개에는 '숭애원'과 '파래원', 그리고 '상주원'이라는 3개 의 원이 있었다. 그리고 '동카름성창' 가는 길로 가다보면 한전 있는데, 바로 그 밑에 '새배원'(새비원)이 있었다. 비교적 깊은 물을 받는 '새배원' 이 큰 것이었는데, 그 자리에 한전공사(삼양화력발전소)를 하면서 지금은 흔적도 없이 사라졌다. '새배원'은 조간대 중간쯤에 자리 잡아 물이 반만 썰어도 물일이 가능했다. '숭애원'은 동쪽 '코지콧' 안에 숭어를 잡던 원 이다. '숭애'는 숭어의 사투리로서 '숭어가 많이 난다'고 하여 붙여진 이 름이고, 지금의 수원지 자리에 있었는데, 1999년에 수원지 만들면서 사 라졌다. 밤에 숭어들이 들어왔다가 간조에 잡혔다. '상주원'은 '앞개성 창'에서 왼편에서 수원지 쪽을 향해 '일一'자에 가깝게 쌓은 것으로 중간 까지도 흔적이 있었는데, 모래가 마구 올라오고 나서는 없어졌다. 수원 지 만들면서 모래가 자꾸 밀려오니까 모래 밑에 깔려버렸다고 한다. '파 래원'은 파래가 많이 나서 '파래원'이란다. '앞개성창'의 오른편에서 시 작해 '고지콧'과의 만을 형성하는 그곳에 위치한다.[18]

| 서흘개 선창

　‘숭애원’, ‘파래원’, ‘새배원’은 모두 끝이 약간 휘어진 ‘ㅡ’형이었으니 완전한 ‘ㅡ’형은 아니었다. 본디 원의 소유주는 없었다. 개인소유는 아니고, 마을공동으로 돌을 쌓아서 원을 만들었다. ‘돌성’을 만들어서 ‘숭어가 들어왔다 나가지 못한 것 잡아먹으라고’ 쌓았다. 원담 보수는 동네서 나가서 공동보수한다. 무너지면 한 번씩 나가서 보수하지 꼭 언제 보수

한다고 정해놓고 하지는 않았다. 대체로 무너지면 정월(양력 2~3월)에 보수한다. "우리 옷을 걷고, 옷이 물에 젖어서 춥지 않을 정도가 되믄 보수한다"고 한다. 소유와 관리운영에서 마을공동체성이 강하게 남아 있던 원들이다.

어획량은 상당했다. 계절별로, "원에 들어오는 고기는 한없어요. 원에 들어온 다음에는 잡지만 안 들어오믄 안 잡으니까요"라고 한다. 육지와 달리 한여름에도 똑같이 멜(멸치) 같은 고기가 많다. 여름·가을·겨울에도 마찬가지이므로, "아무 때도 마찬가지요. 여기는 별 변동이 없어요"라고 한다. 그렇지만 역시 고기잡이 제철은 봄철이며, 봄에 더 많이 어획된다. "잡탕 막 들어와서 놀다가 물이 빠져블만 거기가 뒈지거든요. 거기서 나가지 못한 고기만 잡는거지. 쪽바지로 건져 잡지요. 숭애 잡고, 딴 잡고기는 구리돔(돔), 다찌, 그런 것 잡고, 그런데 이제는, 예, 고기가 없어서 잡지도 못해요"라고 한다. 원에 관해서 이런 말들을 하고 있다.

~ 성城이라고들 하지요.
~ 성 쌓을꺼 아니우까. 성 쌓으믄 사리 때는 물이 많이 들어오니까 고기가 여그서 놀다가 물이 싸믈믄 잡게 되는 거지.

～ 지금 여기에 모래가 많은데, 그 전에는 여기가 전부 이런 돌들이 많 았었는데, 지금 쩌기 저 수원지라고 해서 여기 물을 끌어다가 시내사람 들 물 다 내보내 주는데, 그 뒤 막아버리니까 모래가 저쪽으껼 끌어다가 이쪽으로 밀려든거요.지금 모래로 고기 사는 집을 다 메꿔버리니까…… 돌틈에 모래가 와가지고 고기가 사라졌지요. 그 전에는 저그가 없었을 적에는 모래가 없었는데, 돌이 많았었는데…….

고기를 잡을 때는 '조금'이 좋다. 여기는 물이 약할 때가 파도가 잔잔 하고 물발이 세지 않으니까 좋다. 원과 관련하여 '목맥이그물'이 있다. "지금은 잘 안 하지만, 가끔씩 고기가 들었으면 하기도 하죠. 나일론실로 그물(약 50m) 짜가지고 성창 입구에다 깔아놓고, 숭어나 고기 들어오는 지를 봐가지고 있으면 잡는데 원이랑 거의 같은 이치지요. 성창이 원과 같은 돌성 구실을 하지요"란다. 바닥이 모래밭이기 때문에 물밑이 훤히 들여다보일 정도로 물이 엷은 초록빛으로 깨끗하다. 그러기에 가능한 어 법일 것이다. 물이 들어온 다음에, 원담에 고기가 모여들면 '목맥이'를 친다. 치고 나서 물이 나가면, 물이 워낙 깨끗해서 물밑이 다 보인다. 물 이 싸가면서 그물에 걸리는데, 그러면 '쪽바지'로 뜬다.

숭어가 들어오면 '쪽바지'로 잡는다. 쪽바지는 집에서 직접 만들었다. 쪽바지의 장대(쪽바지대)가 아주 긴 것이 특징이다. 그물(혹은 망사라 부름) 은 나일론 그물인데, 깊이가 73cm, 상하의 폭이 72cm, 좌우의 폭이 65cm, 그물을 에워싸고 있는 '어음'은 재질이 철사이고 약 0.5cm 두께이 다. 장대(쪽바지대)는 재질이 대나무(너비: 약 3cm)이고 길이가 4.75m이다.

버렁의 삭은여원 · 검은여원

삼양3동은 '버렁'(버랑, 버랑개, 벌랑포, 벌랑동)이라고 부른다.
서흘개에서 만을 끼고서 서쪽으로 걸어가면 포구가 나타난다. 외해로 튀
어나온 '상두코지'의 하르비코지(串), 즉 오늘날은 방파제가 있고 선박수
리소가 있는 곳이 외해의 거친 파도를 일차적으로 막아준다.

'검은여'가 있는 곳에 돌담을 둘러 선창으로 쓰던 곳인데 현대적인 방
파제가 들어서면서 옛 모습은 모두 사라지고 말았다. 그곳 돌담의 아랫

| 검은여원이 있던 현재의 검은여개

쪽에 '검은여원'이 있었는데 흔적이 사라졌다. '검은여원'이 사라지기 이전에 조사한 보고에 의하면, 당시에도 이미 형태는 헝클어진 상태였다. 모래바닥에 인공으로 60m 정도의 돌담을 쌓았으며 길게 바다를 향하여 늘어선 형태였다.

반면에 '검은여원' 밑으로 '삭은여개'가 아직도 원형을 간직하고 있다. 방파제를 신설하면서 '삭은여개'는 그대로 두었다. 돌담 바깥에 원이 있으니 선창 역할과 원의 역할이 두루 결합된 상태이다. 원형이 비교적 분명하게 살아 있다. 사진에서 보듯이 배를 끌어넣을 수 있는 돌담 선창이 있고 바깥으로 막혀진 돌담이 별도로 있음이 확인된다.

'상두코지'에서 빙 돌아가면 '버렁포구'가 나온다. 서북풍의 거친 파도를 직접 받는 곳인데 환해장성環海長城이 바람을 막아주고 있다. 환해장

성은 제주도 연안에 빙 둘러서 있는 긴 성으로 길이 300여 리에 이르며 고려조에 쌓았는데, 버렁포구 가는 해변의 장성은 보존상태가 좋다. 만으로 들어간 버렁포구 위쪽에 '버렁원'이 흔적을 남기고 있다. 사용된 지 오래되어 기능을 잃고 흔적만 남기고 있다. 이들 원의 바닥은 자잘한 돌들이 있기는 하지만 대개 모래밭이기 때문에 멸치 등을 잡을때 '쪽바지' 뿐 아니라 '목맥이그물'이 가능하다. 즉, 물이 빠졌을 때는 '쪽바지'로 간단하게 건지기도 하고, 물이 벙벙하게 많이 고여 있을 때는 '목맥이그물'로 잡는 방식이다.

제주에서 보고하다

삼양동 인근의 원

버렁포구에서 조금만 언덕을 돌아가면 곧바로 화북포구가 나온다. 예로부터 항해의 안전과 어업의 풍요를 빌던 해신사海神祠가 서 있고 비석거리가 있다. 방파제를 확장하면서 지형이 상당히 변했으며, 자그마한 포구가 번화한 항구로 확대되었다. 그렇지만 동쪽 방파제 아래에 예전부터 이어지던 원담이 그대로 전해지고 있다. 사진에서처럼 V자형으로 돌담을 쌓고 나가는 물을 받아 고기를 잡는 곳이다.

북제주군 구좌읍 하도리

구좌읍의 세화, 행원, 상도, 하도, 종달, 동금녕, 서금녕 등 제주도 동북 해안을 따라서 형성된 마을들마다 갯담들이 즐비하다. 그 중에서 하도리는 일곱 동네로 명수동·서동(섯동)·서문동·신동新洞(새동)·물동·동동·창동으로 구성된다. 하도리는 하도려, 하도, 별방소, 별방이라고도 부르는데 과거에 별방소別防所가 있던 곳이다. 별방은 중종 5년(1510년) 제주목사 장임이 이웃 소섬(牛島)에 잘 숨는 왜적을 막기 위하여 이곳에 돌로 성을 쌓고 동남북 삼문을 내고 성 안에 객사, 군기고 등을 지었던 곳이다. 조사는 면수동을 선택하여 집중 조사했다. 면수동은 하도리와 세화리의 경계선인 서문동 서남쪽에 위치하며 눗물동이라 불렀다. 각각의 일곱 마을마다 모두 갯담이 존재했다. 여기서는 '개'라 부른다. 원담이란 빙 둘러싼 것이고 개도 비슷한 것인데 이곳에서는 원담보다는 전부 갯담이라고 부른다.

갯담의 고기잡이는 여름철이 주종이다. 겨울에는 날씨 탓에 가생이에 고기가 들어오지 않는다. 특히 멸치는 여름밤에는 들어오지 않는다. 5월부터 음력 8월, 그러니까 가을 초입까지 잡았다. 멸치 외에도 더러 큰 물고기들도 들어오는데 역시 주종은 멸치다. 북풍에 그대로 노출되는 북방해변인지라 겨울에 바람이 심하면 돌담들이 쉽게 무너질 수밖에 없게끔 외해의 파도가 거친 곳들이다. 그래서 자연적으로 형성되어 있는 여를 효과적으로 이용하여 자잘한 만을 막고 여를 연결하는 방식으로 갯담을 조성했다.

갯담은 마을소유이다. "옛날엔 거기서 멜이 많이 들어올 때에 한 사람이 보구 서 있다가 자기 혼자만 잡지 않고 마을에 달려와서 마을에 알렸지요. 동네에 와서 어느 개에 멜이 들었다고 알리고 잡아야지 혼자 잡으면 절대로 안 되지요"라고 한다. 마을공동체의 엄격한 질서와 통제에 놓여져 있어 혼자서 몰래 잡는 방식은 결코 허락되지 않았다. 반드시 여러 사람이 함께 잡아야 하며 자기 혼자만 잡으면 혼이 난다. 잡힌 멜은 말려서 그대로 거름으로 썼다. 먹기도 하지만 워낙 많으니까 거름으로 주로 들어갔다. 화산토라 푸석푸석하기 때문에 거름기가 전혀 없어서 멜이 없으면 농사를 지을 수 없었다.

갯담에 가면 물때에 따라서 갯담에 물이 완전히 빠져나가는 수도 있고, 조금 남아 있는 수도 있다. 잡는 도구로는, "큰 쪽바지하고 산들로 잡지요. 쪽바지는 조그마한 것이고 산들은 큰 것인데 맞잽이라도 하지요. 양쪽에서 잡으니까. 맞잽이 한 번 하면 잘 들어오면 서너 말도 잡았지요. 남자 있는 데는 산들을 쓰고 남자 없이 부인들 있는 데는 조그만 쪽바지를 써서 잡지요"라고 한다.

갯담의 어로가 멈춘 것은 1990년대 초반이다. 멸치가 안 들어오니까 자연스레 갯담도 멈추었다. 멸치가 갯가로 들어와야 갯담에서 잡히는데 불배가 들어오면서 멸치들이 미리 바다에서 잡혀버리므로 이곳 갯담까지 들어올 고기가 없어졌기 때문이다.

일곱 동네마다 모두 갯담이 있었기 때문에 워낙 많은 숫자의 갯담이 존재했던 곳이다. 하도리의 서문동과 굴동의 경우를 보면,[19] 서문동은 무두망개, 버렝이밧알, 알주억개, 웃주억개, 엉숙개, 굴동은 중통굴첨, 도리원개, 불턱개, 다찌개, 새개, 멜튼개, 큰광애통, 족은광애통 등이 확인된다. 면수동에는 희무살개 · 펄랑개 · 재댕이개가 있으며, 그 밖의 다른 네 동네에도 갯담들이 즐비하다. 다행히 이곳의 갯담들은 제주도 전역을 통해서 볼 때 흔적이 원형에 가깝고 문화재적 보존가치가 높다. 그 중에서 비교적 중요한 것만 몇 개 추려본다.[20]

| **하도마을 서문동개 분포도**(『제주민속유적』, 제주도, 1997, p.30)

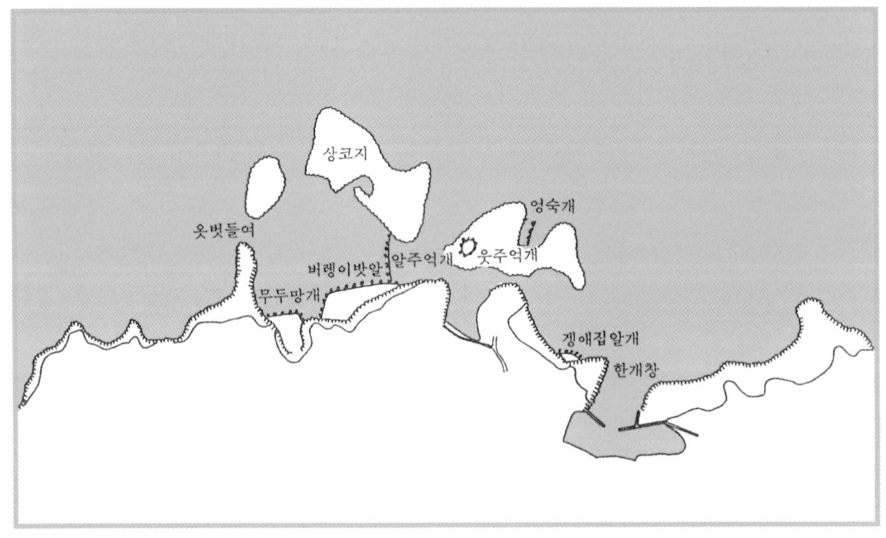

| 알주억개로 가는 바닷길
물때에 따라서 여들이 육지와 끊겼다, 연결되었다 한다.

서문동의 무두망개

무두망개라 부르는 바다밭에 위치하며 동서로 간조 때에 그 모습을 드러내는 암반에 의지하여 담을 'ㄱ'자형으로 축조했다. 개의 동쪽바다로 흘러 뻗은 암반은 '옷 벗은 개'라 하고, 서쪽 암반은 '넙은빌레'라 한다. 바닥에는 모래가 깔렸다.

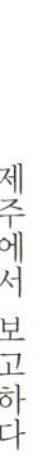

서문동의 버렝이밧알

개가 있는 뭍쪽 밭이름을 따라서 붙여진 명칭이며 이 일대에
서 가장 큰 개이다. 조간대 중층의 질펀한 모래밭에 있다.

1 물이 빠지고 있는 모습(무두망개)
2 완만한 타원형으로 연결된다.
3 왼쪽의 일직선과 오른쪽의 말굽형(버렝이밧알)이 보인다.
4 일직선으로 가로지른 원담

굴동의 새개 · 멜튼개

해안도로변에서 굽어보자면 아래쪽으로 서쪽에 새개, 동쪽에 멜튼개가 보인다. 새로 설치했다고 하여 '새개', 멸치가 많이 든다고 하여 '멜튼개' 등으로 불린다. 평평한 지형에 여가 형성되어 있고 시원스럽게 뻗은 갯담이 가로질러가고 있다.

굴동의 큰광애통 · 족은광애통

서동 동쪽에 문주란이 자생하는 천연기념물 182호 토끼섬(蘭島, 난두루미)이 있다. 해안도로에서 토끼섬을 보자면 여 남쪽에 2개의 크고 작은 갯담이 보인다. 자연적인 바위톱을 이용하여 살짝 연결하여 만든 큰 갯담이 있고 바깥쪽, 즉 수심이 보다 깊은 곳으로 다른 갯담이 있다. 높은 물과 낮은 물을 받게끔 되어 있다. '통'이란 명칭을 쓰고 있음은

| 하도리 굴동포구와 원

인공적이기보다 자연적인 갯담임을 말해준다. 광어가 많이 들었던 곳이라서 '광애'라는 말이 붙여졌다.

굴동의 다찌개

'다찌'는 '독가시치'의 제주도 방언으로 유난히 다찌가 많이 몰려들었다고 하여 붙여진 명칭이다.

굴동의 불턱개

아래쪽 사진에서 보듯이 성창이 보이며 이를 굴동포구(원개성창)이라 부른다. 성창 바로 서쪽에 해녀들이 물을 쬐던 '불턱개'가 있으니 갯담 명칭도 '불턱개'라 정해졌다.

Chapter 1

1 Tom Garrison, *"Oceanography"*, Brooks Cole, 1999(강효진 외 역, 『해양학』, 시그마프레스, 2002).

2 Arnold L. Liebe, 박희준 역, 『재미있는 달 이야기』, 책세상, 1996, p.25.

3 김수암 · 장창익, 『어류생태학-산란 및 초기 생활사를 중심으로』, 서울프레스, 1994, p.53.

4 Andrew Byatt · Alastair Forthergill · Martha Holmes, *"The Blue Planet; a natural history of the ocean"* (김웅서 · 정인희 역, 『아름다운 바다』, 사이언스북스, 2002).

5 秋道智彌, *"Maritime Peoples of the Pacific An Anthropological Study"* (이선애 역, 『해양인류학; 해양의 박물학자들』, 민속원, 2005, pp.93~96).

6 이하, 조간대와 조류, 물때와 어업 민속에 대해서는 다음의 논문을 재인용. 이기복, 「潮汐 · 潮間帶의 認識과 漁業民俗의 展開」, 고려대학교 문화재학과 석사학위논문, 2002. 6.

7 『道路考』, 卷之四 附潮汐.

8 이기복, 앞의 논문 재인용.

9 제보 이병운(남, 2003년 조사 당시 72세, 어업, 태안군 소원만 의항 소둘 거주).

10 Andrew Byatt · Alastair Forthergill · Martha Holmes, 앞의 책, p.44.

11 Andrew Byatt, 앞의 책, pp.68~71.

12 『바다의 세계 (1)』, 전파과학사, 1993, p.9.

13 이기복, 「潮汐 · 潮間帶와 어업생산풍습」, 『역사민속학』 16집, 한국역사민속학회, 민속원, 2003, p.293.

14 제주도교육청, 『제주의 전통문화』, 1996, p.238.

15 秋道智彌, 앞의 책, p.13.

16 『青莊館全書』 55권, 像葉記 2.

17 한국민속연구소 · 태안군, 『태안군의 독살문화』, 2004, p.25.

18 Andres von Brandt, *Fish Catching Methods of the World*, Fishing News Books Ltd., England, 1971.

19 이상고, 「세계 각국의 토속 고기잡이에 대한 어업사적 이해」, 『수산업사연구』 8권, 수산업사연구소, 2001, pp.12~13.

20 「'세계화'의 타파를 위하여 - 데이비드 코튼과의 대화」, 『녹색평론』 39호, 1998, 3 · 4월호.

21 E. Paul Durrenberger & Thomas D. King Edit., *State and Community in Fisheries Managemen-Power, Policy, and Prctice*, Bergin & Garvey, Connecticut, London, 2000, p.8.

22 Pinkerton, Evelyn W., *Cooperative Management of Local Fisheries: New Directions for Improving Management and Community Development*, Vancouver, Univ. of British Columbia Press, 1989, p.235.

23 이도원 편, 『한국의 전통생태학』, 사이언스북스, 2004.

24 주강현, 『21세기 우리문화』, 한겨레신문사, 1999, p.35.

25 C. Lévi-Strauss, *La Pansee Sauvage* (안정남 역, 『야생의 사고』, 한길사, 1996).

26 Niles Eldredge, *Life in the balance; Humanity and the biodiversity crisis* (김동광 역, 『오카방고-흔들리는 생명』, 세종서적, 2002, p.243).

27 Vandana Shiva, 『자연과 지식의 약탈자들』, 한재각 역, 당대, 2000, pp.127~134.

Chapter 2

1 Amundsen, Roald, *The North West Passage* (2vols), London, 1908.

2 Rasmussen, Kund, *Intellectual Culture of the Iglulik Eskimos*, Report of the Fifth Thule Expedition, Vol.VII, No.2. Copenhagen, 1940.

3 Birket-Smith, Kaj, *Anthropological Observations on the Central Eskimos*, Report of the Fifth Thule Expedition, Vol.III, No.2. Copenhagen, 1940.

4 발리치는 스위스, 프랑스, 그리고 미국에서 교육을 받았으며 1962년에 컬럼비아 대학에서 인류학 박사학위를 취득했다. 1954년부터 1961년까지 국립 캐나다박물관에 근무했으며, 그때부터 몬트리올 대학에서 인류학을 가르쳤는데 특히 사회조직과 문화생태, 지역연

구, 그리고 민족지 영화에 관심을 가졌던 것 같다.

5　Asen Balikci, *"The Netsilik Eskimo"*, The Natural History Press, New York, 1970.

6　시마연어(송어)는 한국의 동해안으로 흐르는 하천에서 서식하고 있었으나 지금은 백두대
　　간 서쪽 강계에서도 확인된 20~30cm 크기의 아름다운 종이다. 몸에 검은색 타원형 무늬
　　를 일생 동안 갖고 있는 것이 특징이다(명정구, 『우리바다 어류도감』, 다락원, 2002,
　　p.55). 모두 연어과에 속하는 것들이므로 Salmon trout는 연어로 개괄 번역함이 옳을 것
　　이다. 따라서 본문에서 Salmon trout를 학명상의 우리식 명칭인 '산천어'라고 하지 않고
　　모두 연어로 명기했으며, 실제 산천어 자체가 연어과이므로 아무런 문제가 없을 것이다.
　　한국의 경우, 산천어는 시마연어(송어)와 같은 종으로 바다에서 자란 것이 시마연어이고,
　　민물에서 자란 것이 산천어이다. 'Salmon trout'는 산천어를 뜻하며 한국의 경우에
　　'Salmon trout'는 송어(시마연어)의 육봉[陸峰]형이다.
　　　· 학명: *Oncorhynchus masou*
　　　· 영어명: Salmon trout
　　　· 일어명: ヤマナ(Yamame)
　　　· 방언: 송어

7　아센 발리치는 넷실릭의 돌살을 'Stone weirs'로 표기했는바, 이 책에서는 돌살로 번역하
　　고자 한다. 원주민들은 '사퍼티트(Saputit)'라고 부른다.

8　'아직은 확인되지 않았다'는 말은 더 이상 없다는 뜻은 아니다. 더 많은 민족지를 분석할
　　경우, 어딘가에서 비슷한 돌살이 나타날 가능성은 있다. 그러나 적어도 북극권에서 여타
　　돌살들은 확인되지 않았으며 자료의 한계라는 측면이 있다. 넷실릭의 돌살도 필자가 찾아
　　낸 자료에 의해 한국에 처음 소개되는 것이다.

9　Andres von Brandt, *"Fish Catching Methods of the World"*, Fishing News Book Ltd.,
　　England, 1972.

10　Asen Balikci, 앞의 책, pp.127~128.

11　Asen Balikci, *"Shamanistic Behavior Among the Netsilik Eskimos"*, Southwestern
　　Journal of Anthropology, No.19, 1963, pp.380~396.

12　Asen Balikci, 앞의 책, p.220.

13　구장회, 『알래스카의 민속』, 밀알, 1995, p.140.

14　과거에는 지역에 따라서(주로 충청도 해안) 해막, 혹은 피막이라 하여 해산할 여자의 임
　　시 거처를 마련했다. 비단 당제 기간뿐 아니라 평상시에도 아예 아기를 낳는 일 자체를 해
　　막에 가서 해야 하는 경우도 있었으며, '해막논'이라 하여 해막에 딸린 토지까지 준비해둔
　　곳도 있었다. 이는 '피부정'을 가리는 금기의 정도가 대단했음을 반증한다(주강현, 『굿의
　　사회사』, 웅진출판사, 1992, p.176).

15　Claude Lévi-Strauss, 김진욱 역, 『구조인류학』, 종로서적, 1983, pp.231~254.

16 주강현, 『왼손과 오른손-좌우상징, 억압과 금기의 문화사』, 시공사, pp.185~217.

17 이로써 돌살이 여러 곳에 산재함을 설명해준다.

18 초보적인 통발의 일종으로 여겨짐.

19 Carl Waldman, *"Atlas of The North American Indian"*, Checkmark Books, New York, 2000, pp.27~29.

20 William W. Fitzhugh and Aron Crowell, *"Crossroads of Continents : Cultures of Siberia and Alaska"*, Smithsonian Institution Press, New York, 1988, p.153.

21 한국문화를 공부하기 위해 필자의 연구실에 반 년여 동안 와 있던 버클리대 출신의 시애틀 거주 전진영이 직접 그녀를 찾아다닌 결과였다. 그래서 그녀를 만나 돌살현지조사를 직접 수행하려는 계획은 일단 수포로 돌아갔다. 그녀는 평생을 인디언문화연구에 바친 연구자답게 다수의 인디언들이 살고 있는 밴쿠버로 옮긴 것이다.

22 Hilary Stewart, *"Looking at Totem Poles"*, Seattle, Univ. of Washington Press, 1993.

23 Hilary Stewart, *"CEDAR : Tree of to the Northwest Coast Indians"*, Seattle, Univ. of Washington Press, 1984.

24 Hilary Stewart, *"INDIAN FISHING : Early Methods on the Northwest Coast"*, Seattle, Univ. of Washington Press, 1982.

25 콰기우틀은 대략 북미 태평양의 다음 연안에 살고 있다(Carl Waldman, 앞의 책, p.273).

   1. Wakashan(undetermined phylum)

   2. North Coast Cultural Area

   3. Queen Charlotte Sound and northern Vancouver Island in western British Columbia

   4. British Columbia

26 하와이가 침탈당하기 전의 오랜 역사에 관해서는 포네이더(Abraham Fornader)가 구술사로 연작 집필하고 하와이국제대학의 글랜트(Glen Grant)가 해제를 붙인 다음의 책자를 권고할 만하다. *"Ancient History of the HAWAIIAN People to the times of KAMEHAMEHA"*, Mutual Publishing, Hawaii, 1996.

27 K. R. Howe, Robert C. Kiste, Briji V. Lal, editors, *"TIDES of HISTORY: The Pacific Islands in The Twentieth Century"*, Univ. of Hawaii Press, Honolulu, 1994.

28 하와이 사탕수수재배협회(Hawaiian Sugar Planter's Association)에서 당시의 미국공사 알렌(H. N. Allen)에게 도움을 청하자, 알렌은 친구인 데쉴러(David W. Deshler)로 하여금 인천에 동서개발회사(East West Development Co.)를 차리게 하고 인천 내리교회 같은 선교사교회를 움직여서 이민자를 모집한다. 그리하여 1902년 12월 22일 121명이 제물포 포항에서 출발하여 1905년까지 무려 7,200여 명이 하와이로 간다. 한국인들의 하와이 도착은 미국의 하와이 병합 10주년도 채 못 되는 시점이었다(인천시 역사자료관 역사문화

연구실 편,『근대의 이민과 인천』, 2004, pp.23~28).

29 Patrick Vinton Kirch, *"LEGACY of the LANDSCAPE ; An Illustrated Guide to Hawaiian Archaeological Sites"*, Univ. of Hawaii Press, Honolulu, 1995.

30 『바다의 세계(2)』, 전파과학사, 1987, p.9.

31 Glen Grant, 앞의 책, p.71.

32 Glen Grant, 앞의 책, p.269.

33 Patrick Vinton Kirch, 앞의 책, p.25.

34 태평양과 인도양의 따스한 수온에 분포하는 매우 활동적인 열대성 초식 물고기로 은빛이 아름다우며 요긴한 식량으로 쓰인다. 학명은 *Chanos chanos*.

35 Patrick Vinton Kirch, *"on the ROAD of the WIND ; An Archaeological History of the Pacific Islands before European Contact"*, Univ. of California Press, 2000, pp.290~298.

36 1819~44년까지 하와이를 지배했음.

37 주강현,『제국의 바다 식민의 바다』, 웅진출판사, 2005.

38 石毛直道 編,『民族探險の旅』, 學習研究社, 東京, 1976, pp.134~137.

39 石毛直道 編, 앞의 책, pp.124~127, pp.134~137.

40 *"ATLAS OF THE OCEANS"*, Mitchell Beazley Limited, London, 1977.

41 大島襄二 編,『魚と人と海』, 일본방송출판협회, 1997

42 大島襄二 編, 앞의 책, p.67.

43 茶圓正明·市川 洋,『黑潮』(かごしま文庫 71), 春庭堂出版, 鹿兒島市, 2005.

44 日高 旺,『黑潮の文化誌』, 南方新社, 鹿兒島市, 2005

45 池田榮史,「물질문화상으로 본 한국제주도와 류큐열도의 교류」,『탐라문화』19호, 제주대 탐라문화연구소, 1998, p.91.

46 西村 朝日太郎 著, 小川 博 編,『海洋民族學論考』, 2003.

47 秋道智彌·田和正孝,「石干見漁業に關する覺え書き」,『海人たちの自然誌』, 關西學院大學出版會, 1998.

48 水野紀一,「北西九州沿海および奄美·沖繩の石干見勞動」(국립민족학박물관 연구회 발표, 2002. 7. 13); 失野敬生,「沖繩の石干見調査からみえてきたこと-小浜島の石干見を中心として」(국립민족학박물관 연구회 발표, 2002. 7. 13).

49 龜山慶一,『漁民文化の民俗研究』, 弘文閣, 1986, pp.4~7.

50 아라아케 해변만 해도 200여 개의 돌살이 존재했다. 이 자료는 필자가 확실하게 확인할 수 있는 지역에 한해 통계를 뽑았으며, 이 책에서 설명이 이루어진 돌살만 정리했음을 밝혀둔다. 따라서 전면적인 통계치는 일본학자들의 몫일 것이고, 그네들에 의해 연구가 이

루어졌을 것으로 짐작된다.

51 2006. 1. 25. 오키나와 현립박물관 인터뷰.

52 『金武村誌』제4권 자료편 Ⅱ, 제6장「近代の統計資料」.

53 上江州 均,『沖繩の民具と生活』, 榕樹書林, 沖繩縣 宜野灣市, 2005, pp.219~220.

54 仲村昌尙,「久米島의 海岸·海中地名」,『탐라문화』23집, 제주대 탐라문화연구소, 2003, pp.173~183.

55 이 도구를 '자디(ザディ)'라고 부름.

56 西村 朝日太郞 著, 小川 博 編, 앞의 책, 2003.

57 西村 朝日太郞,「生きている漁具の化石 - 沖繩宮古群島におけKakiの硏究」

58 齊藤潤,『沖繩·奄美《島旅》紀行』. 光文社, 2005, pp.92~100.

59 齊藤潤, 앞의 책, p.176.

60 沖繩大百科事典刊行事務局 編,『沖繩大百科事典』下券, 沖繩タイムス社, 1983, p.8.

61 龜山慶一,『漁民文化の民俗硏究』, 弘文閣, 1986, pp.4~7.

62 『圖說 鄕土のくらしと文化』上, 圖書出版 新星, 1966.

63 『かごしまの民具 ; 鹿兒島民具博物誌』, 鹿兒島民具學會 偏, 慶友社, 1991.

64 瀨戶內町敎育委員會,『瀨戶內町文化財』(改訂版), 2001.

65 笠利町敎育委員會·鄕土は博物館,『家族で訪ねる奄美·笠利町の文化財』, 2003.

66 田村勇,『海の文化誌』, 雄山閣出版社, 1996, pp.12~14.

67 田村勇, 앞의 책, pp.15~17.

68 Andres von Brandt, *"Fish Catching Methods of the World"*, Fishing News Books Ltd., England, 1971.

69 Andres von Brandt, 앞의 책, p.205. 도판 383 참조(Sahrhage, 1961년 찍음).

Chapter 3

1 고려대민족문화연구소,『한국문화사대계 6』(과학기술사 下), 1981, p.879.

2 von Brandt, 앞의 책, pp.345.

3 이춘녕·채영암,『韓國의 물레방아』, 서울대출판부, 1986, pp.5~7.

4 왕정,『農書』권12.

5 神農氏之遺制也 其田器鼻祖乎.

6 황철산,「15세기 이후의 조선 농구에 대하여」,『문화유산』, 사회과학원, 평양, 1959년 제5호.

7 『대전시사』, 대전시사편찬위원회, 1992.

8 주강현,「조선후기 牛二耕과 농민생활풍습」,『전통과학기술』3-1, 전통과학기술학회, 1996.

9 주강현,『주강현의 우리문화기행』, 해냄, 1997, p.35, 따비 사진 참조.

10 Niles Eldredge, *Life in the balance : Humanity and the biodiversity crisis* (김동광 역,『오카방고-흔들리는 생명』, 세종서적, 2002, p.151 재인용).

11 주강현,『우리문화의 수수께끼』 개정판 2권, 한겨레신문사, 2004, pp.221~237.

12 김건수는 '빗창 · 瘀網錘 · 낚시 · 刺突具' 이상의 4가지 어구가 한반도에서 주로 출토된다고 정리했다(김건수,『한국 원시 · 고대의 어로문화』, 학연문화사, 1999, p.121).

13 배기동,「민족지고고학과 전망-한국고고학 방법론 확장 가능성에 대하여」,『한국상고사학보』9, 1992, pp.7~24.

14 김건수, 앞의 책, pp.177~181.

15 Edited by Geoff Bailey & John Parkington, *The Archaeology of Prehistoric Coastlines*, Camgridge University Press, 1988, pp.1~10.

16 Tom Garrison, *Oceanography*, Brooks Cole, 1999(강효진 외 역,『해양학』, 시그마프레스, 2002, p.279).

17 박용안 · 공우석,『한국의 제4기 환경』, 서울대출판부, 2001, p.3, p.378.

18 추연식,「고고학 추론에 있어서 문화특수성 상관유추의 활용」,『한국상고사학보』10, 1992, pp.439~501.

19 Hodder, Ian, *The Present Past : an Introduction to Anthropology for Archaeologists*, Batsford, London, 1982, pp.28~46.

20 Binford, Lewis R., *Bones: Ancient Men and Modern Myths*, Academic Press, Orlando, 1981, pp.21~34.

21 1964년에 브란트가 함부르크에서 개최된 FAO 제1회 국제어구회의(1958년)에서 채택된 어구분류안을 수정하여 「세계의 물고기잡이」를 발간하고, 1972년에 개정함으로써 세계적으로 그의 어구분류법이 널리 이용되고 있다(Andres von Brandt, *Fish Catching Methods of the world*, Fishing News Books Ltd. England, 1984).

22 류정곤 · 강병무,「한국어전어업의 어업사적 연구」,『수산업사연구』(2), 수산업사연구소, 1995, p.112.

23 수협중앙회 수산정책연구원,『한국의 어구어법』, 2004, p.11.

24 근년의 한국 현대어법에서는 '상업성이 전혀 없는' 돌살은 제외하고 있다. 함정어구류 안에 ①은신함정류, ②울타리류, ③가두리그물류, ④기계적 함정류, ⑤통발류, ⑥고리테그물류,

⑦어살류, ⑧낙말류 등으로 구분했다. ⑦어살류(Weirs) 안에는 참나무 말목과 그물을 이용한 어전, 그리고 남해안의 죽방렴을 포함했다(국립수산과학원, 『한국어구도감』, 2002).

25 『詩經』「國風」邶風 谷風條. "毋逝我梁毋發我笱."

26 『詩經』「國風」齊風 敝條. "敝笱在梁基魚魴鰥"·"敝笱在梁基魚魴鱮"·"敝笱在梁基魚唯唯."

27 『詩經集傳』권2 邶風 谷風條. "梁壩石障水面空其中以通魚之往來者也 以竹爲器而承梁之空以取魚者也."

28 이기복, 앞 논문 참조.

29 『東國李相國集』;『世宗實錄』권154 地理志 平安道條.

30 『三國史記』권20「高句麗本紀」第八.「李丙燾 校勘,『三國史記 原文篇』, 一八六, 乙酉文化社, 1993(9판)」.

31 『三國史記』권20 고구려본기 제8, 62 영양왕.

32 『東國李相國集』,「東明王篇」并序 古律詩條;『世宗實錄』권154 地理志 平安道條.

33 『高麗史』권4 현종 7년 5월 乙巳條.

34 『世宗實錄』권77 세종 19년 7월 壬午條.

35 『成宗實錄』권3 성종 원년 2월 壬戌條.

36 Andres von Brandt, 앞의 책, pp.205~206.

37 張明洙,「新石器時代 漁具의 形式分類와 編年 硏究」, 중앙대학교 석사학위논문, 1991, pp.2~5.

38 『한국수산지』제1집, 1908.

39 필자 조사, 화성군 독지리 · 매향리 · 지화리 조사, 1987년 7~8월(『화성군의 역사와 민속』, 화성군 · 경희대 중앙박물관, 1999, p.143).

40 朴九秉,「韓國漁業技術史」,『韓國文化史大系』Ⅲ (科學 · 技術史), 고려대민족문화연구소, 1968.

41 이기복, 앞의 논문.

42 주강현 엮음,『북한의 민속학-재래농법과 농기구』, 역사비평사, 1989.

43 과학백과사전출판사,『조선의 민속전통』(4), 평양, 1994, p.233.

44 민속학연구소,「청천강 상류의 어로에 대한 보고서」(1955. 11. 1~2).

45 박구병 · 이상고 · 유정곤,「곡성 살뿌리漁箭에 관한 조사」,『수산업사연구』, 수산업사연구소, 1994, pp.111~133.

46 최성민,『강마을에 살고싶다』, 한겨레신문사, 1996, p.25.

47 경기 도서지방인 대부도, 연평도, 어도 등에서는 '돌살', 충남 해안의 대천, 서천 지역과

전북의 부안, 전남 함평군의 해안과 안좌도, 돌산도에서는 '독살', 경남 남해도와 거제도에서는 '돌발'이라 부른다. 제주도에서는 '원담' 또는 '돌성', 평북 강계군 독로강 일대의 주민들은 '살막이'라 한다.

48 실제로 남해 강진만의 경우는 독살을 '돌발'로 불러왔다. 그런데 부산의 모 대학교 학생들이 와서 석방렴이라 부르길래, 이후부터는 그렇게도 부른다. 박봉렬(남, 80세, 남해군 설천면 금음리 옥동마을 거주), 정택권(남, 63세, 문항마을 거주), 정관표(남, 61세, 문항마을 거주)씨의 제보. 물론 『실록』에 방렴防簾·방구렴防口簾 등이 등장하므로 거기에 石을 붙여서 석방렴이라고 지칭할 수도 있겠으나 막상 어업에 종사하는 어민들은 전혀 이해하지 못하는 용어다. 따라서 현지민의 보편적 용례를 인정한다는 차원에서 돌살, 독살, 돌발 등이 타당한 명칭일 것이다(한국민속연구소 주강현·이기복 2001년 8월 현지조사).

49 朝鮮總督府 農商工部水産局, 『韓國水産誌』第一輯(附錄編 圖解 第七圖), 明治四十一年(1908).

50 위의 책, 第三輯, 17쪽, 明治四十三年(1910).

51 『韓國民俗綜合調査報告書』(漁業用具編), 396쪽, 文化財管理局, 1992; 朝鮮漁業令 施行規則 第9條 및 第15條 第2項, 〈漁業의 名稱〉에서 石箭이라고 했다.

52 2002년 1월 현지조사. 제주시 삼양1동 서흘개 마을에 거주하는 김용필(남, 64세), 이용기(남, 70세), 이승희(남, 65세) 씨의 제보. 이곳에서는 "원담"이라 부르기도 하고, "돌성"이라 부르기도 한다(공동조사원 이기복 채록).

53 주강현, 『제국의 바다 식민의 바다』, 웅진지식하우스, 2005, pp.50~51.; 『東輿備考』, 1682, 경북대 소장; 『독도자료실 자료해제집』, 해양수산부, 2004, pp.75~76.

54 『三國史記』卷之二十「高句麗本紀」第八.「李丙燾 校勘, 『三國史記 原文篇』, 一八六, 乙酉文化社, 1993(9판)」.

55 『高麗史』 현종 7년 5월.

56 『萬機要覽』 財用편.

57 『太祖實錄』 권1, 태조 원년 7월 丁未.

58 『太祖實錄』 권5, 태조 6년 정월 戊午.

59 『太宗實錄』 권26, 태조 13년 11월 戊戌.

60 『世宗實錄』 권77, 세종 19년 6월.

61 『世宗實錄』 권52, 세종 13년 4월.

62 『新增東國輿地勝覽』 권7, 여주목 古跡.

63 『成宗實錄』 권149, 성종 13년 12월.

64 『成宗實錄』 권267, 성종 23년 7월 19일 丁亥.

65 『燕山君日記』 권5, 연산군 1년 5월 1일 癸未.

66 『顯宗實錄』권4, 현종 2년 1월.

67 『肅宗實錄』권11, 숙종 7년 1월 12일 丙寅.

68 『英祖實錄』권82, 영조 30년 7월 23일.

69 『正祖實錄』권6, 정조 2년 7월 20일 丁未.

70 『正祖實錄』권36, 정조 16년 12월 24일 戊子.

71 『燕山君日記』권4, 연산군 4년 7월.

72 『燕山君日記』권42, 연산군 8년 1월.

73 『燕山君日記』권43, 연산군 8년 3월.

74 『燕山君日記』4권, 연산군 7년 4월.

75 『中宗實錄』권8, 중종 4년 4월.

76 『中宗實錄』권8, 중종 4년 5월.

77 『中宗實錄』권8, 중종 4년 5월.

78 『中宗實錄』권8, 중종 4년 5월.

79 『明宗實錄』권1, 명종 원년 8월 6일.

80 『湖山錄』海浦.

81 판교천과 용유천은 같은 천을 지명에 따라서 달리 병기한 것으로 여겨진다.

82 『中宗實錄』권13, 중종 6년 정월조.

Chapter 4

1 Fritjof Capra, *"The Web of Life"*(김용정 · 김동광 역, 『생명의 그물』, 범양사출판부, 1996, p.19).

2 정연학은 돌살을 형태에 따라서 반달형, 젖꼭지형, 일자형, 앞 트인 반달형, ㅁ자형, 꺽쇠 (V)형 등으로 나누었다. 젖꼭지형의 경우, 멸치 · 새우 등을 잡기 위한 꼭지부분이라고 해 석한바, 이는 서천 장포리 등의 돌출한 임통 부위를 지적한 표현일 것이다(정연학, 「돌살 (石箭) 考」, 인하대 교육대학원 석사논문, p.11).

3 남제주군 · 제주대박물관, 『남제주군의 문화유적』, 1996, pp.262~263.

4 이상고 · 허성회, 「석방렴어업에 관한 조사연구」, 『수산업사연구』 4권, 1997, p.33.

5 이상고 · 허성회, 앞의 논문, p.34.

6 이기복, 앞의 논문, p.105.

7 제주도, 앞의 책, p.279.

8 『제주민속유적』, 제주도, 1997, pp.299~306.

9 고광민, 「원(개)에 대한 一考」, 『심전김홍식교수화갑기념논총』, 1990, p.252.

10 제주도, 앞의 책, p.286.

11 Jacques Bross, *"Mythologie des arbres"* (주향은 역, 『나무의 신화』, 이학사, 1998, p.13).

12 小沼 勇 編, 『魚つき林と漁民の森』, 創造書房, 2000, pp.3~57.

13 小沼 勇, 위의 책, p.121.

14 김학범·장동수, 『마을숲-한전통부락의 堂숲과 水口막이』, 열화당, 1994, p.176.

15 2004. 7. 10. 이효명(조사 당시 74세, 물건리 거주) 제보.

16 박용후, 『제주도 옛 땅이름연구』, 제주문화, 1992, pp.122~123.

17 고철환 외, 『해양생물학』, 서울대출판부, 1997, pp.443~440.

18 해양수산부, 『바다의 세계』, 2003, p.98.

19 박건섭(1944년생, 어촌계장). 조희준(1928년생, 노인회장).

20 『산지천의 물과 생태』, 제주시, 2004, p.69.

21 제주도, 앞의 책, p.303.

22 제주도, 앞의 책, p.307.

23 남제주군·제주대 박물관, 앞의 책, 1996, pp.254~256.

24 블라디미르 클라우디에비치 아르세니에프, *"Dersu uzala"*, 1928 (『데르수 우잘라-극동
    시베리아 탐사기행』, 도서출판 칼라파고스, 2005)

Chapter 5

1 박광순, 『한국어업경제사연구: 어업공동체론』, 유풍출판사, 1981.

2 이기복, 「潮汐·潮間帶와 漁業生産風習」, 『역사민속학』 16집, 한국역사민속학회, 민속
    원, 2003, p.305.

3 공동체적 운영을 하고 있지만, 정작 멜이 몰려들어 일제히 잡아야 할 때는 좋은 목을 차지
    하기 위하여 선점하는 다툼이 벌어진다. 그래서 '멜밧디서 상투잡듯이 싸운다'는 속담이
    전해진다(『한국의 해양문화(제주해역 편)』, 해양수산부, 2002, p.367, 서귀포시 중문 대

포동 사례).

4 이상고 · 허성회, 앞의 논문, 1997, pp.45~46.

5 『한국의 해양문화(서남해역)』, 해양수산부, 2002, p.275.

6 이기복, 앞의 논문(주강현 · 이기복, 2001년 공동조사).

7 2001년 9월, 앞의 신상길 씨 제보. 2001년 8월, 앞의 박봉렬 · 정택권 씨 제보.

8 2001년 3월, 앞의 金儀培 씨 제보. 2000년 5월, 효자도에서 이상필 씨 제보.

9 정조 18년(1794) 11월 2일.

10 전재경 · 이종길, 『어촌사회의 법률관계』, 한국법제연구원, 1997, p.33.

11 『經世遺表』均役事目追議一, 藿稅條.

12 고광민, 「원(개)에 대한 一考」, 『심전김홍식교수화갑기념논총』, 1990, p.255.

13 위도에서는 살구꽃 필 무렵에 조기가 들었다.

14 주강현, 『조기에 관한 명상』, 한겨레신문사, 1998, pp.89~90.

15 秋道智彌, "*Maritime Peoples of the Pacific An Anthropological Study*"(이선애 역, 『해양인류학: 해양의 박물학자들』, 민속원, 2005, p.365).

16 제주도, 앞의 책, p.287.

17 문화재연구소, 앞의 책, p.402.

18 고려대민족문화연구소, 『한국문화사대계 5』(과학 · 기술사 上), 1981, p.79.

19 『만농 홍정표선생 사진집』, 제주대학교박물관, 1995.

20 고광민, 『한국의 바구니』, 제주대출판부, 2000, p.11.

21 「청천강 상류의 어로에 대한 보고서」(1955년 11월 1~2일), 북한 민속학연구소 소장 자료(미발간 자료).

22 필자 조사, 화성군 송산면 독지리 돌내 조사, 1987년 7월(『화성군의 역사와 민속』, 화성군 · 경희대박물관, 1999, p.143).

23 沖繩大百科事典刊行事務局 編, 『沖繩大百科事典』下券, 沖繩タイムス社, 1983, p.8.

24 龜山慶一, 『漁民文化の民俗研究』, 弘文閣, 1986, p.6.

25 김종대, 「해안지방 도깨비신앙의 전승양상에 대한 고찰」, 『한국민속학』25집, 1993.

26 김종대, 「어업과 도깨비譚의 관련양상」, 『민속학연구』2호, 국립민속박물관, 1995, p.139.

27 박구병 · 이상고 · 유정곤, 「곡성 살뿌리漁箭에 관한 조사」, 『수산업사연구』, 수산업사연구소, 1994, pp.131~133.

28 주강현, 『우리문화의 수수께끼』2, 한겨레신문사, 1997, pp.36~39.

29 김종대, 『한국 도깨비譚 연구』, 중대대학원 박사학위논문, 1993, pp.143~149.

30 문무병, 『제주민속극』, 도서출판 각, 2003, pp.104~166.

31 문무병, 「제주도 도깨비당 연구」, 『탐라문화』 10집, 제주대탐라문화연구소, 1990, p.194.

32 제주대학교 국어국문 · 국어교육과, 『학술조사보고서』 8집, 1984, p.120.

33 마을 당산.

34 제부도 건너편 해안인 송산면 마산포의 올라가는 골.

35 아산만 방향인 도리도의 서낭.

36 제보자 최동균(남, 1987년 당시 70세, 농업, 제부도 거주). 화성군 · 경희대중앙박물관, 『화성군의 역사와 민속』, 1989, p.277.

37 전자는 의항리 번영회장의 제보이며, 후자는 이병운의 제보이다.

38 목아래 독살(前 신영순 씨 소유)의 사례. 앞의 신상길 씨 제보.

39 이기복, 앞의 논문, pp.111~113.

40 『서해도서 종합학술조사보고서』, 인천시립박물관, 2003, pp.391~393.

Chapter 6

1 『島嶼誌』 下, 충청남도 · 한남대, 1997.

2 주강현, 「西海岸 조기잡이와 漁業生産風習 - 漁業生産力과 林慶業 神格化 問題를 中心으로」, 『歷史民俗學』 창간호, 한국역사민속학회, 이론과 실천, 1991.

3 『덕적군도종합학술조사』, 인천시립박물관, 2002, p.141.

4 주강현, 「연평도 조기잡이와 어살」, 『생활용구』 5호, 짚풀문화연구회, 1998, 『조기에 관한 명상』, 한겨레신문사, 1998.

5 서산문화원, 『서산의 해양민속과 민중생활사』, 2005.

6 김영권, 「당진군의 간척사업이 주민생활에 미친 영향 - 석문 간척지구를 중심으로」, 고려대 교육대학원 석사논문, 1998, p.8.

7 주강현, 「충남 서해안의 독살「石箭」분포와 특징」, 『考古와 民俗』 創刊號, 韓南大學校博物館, 1998.

8 김일기, 「곰소만의 어업과 어촌연구」, 서울대 지리학논총 5호, 1988.

9 이상고 · 허성회, 「석방렴어업에 관한 조사연구」, 『수산업사연구』 4권, 1997.

10 『한국의 해양문화(서남해역)』, 해양수산부, p.247.

11 이상고·허성회의 앞 논문에서 원복룡에 2기가 있었다고 했으나, 현지조사 결과 4기로 확인된다.

12 吉田敬市, 「波市坪考」, 『人文地理』 4권 5호, 京都大學, 1954, pp.6~9.

13 주강현, 「연평도 어살의 해양문화사적 의의」, 『水産業史研究』 第6卷, 水産業史研究所, 1999.

14 정확하지는 않지만 '다라이'란 명칭은 일제시대 때 붙여진 명칭 같다.

15 문화재관리국, 『한국민속종합조사보고서』(어업용구편), 1992, p.405.

16 충남도청·한남대, 『충남도서지』 하, 1997, pp.25~59.

17 중장비를 동원하여 거대한 독살을 만들었으며, 그나마 3천만 원의 예산을 쓰고 난 다음에 예산부족으로 절반밖에 막지 못했다. 나머지 반은 어살형태로 그물을 둘러서 연결지었으며, 가운데 임통을 그물로 설치하여 실제로 고기가 들게끔 만들었다.

18 보령시청, 「설계승인요청서」(2002년) 참조.

19 2002년 여름의 재조사에서 현장까지 안내한 서천군청 공보실 직원의 말이었다.

20 2001년 9월, 12월, 2월의 현지조사(주강현·이기복 등 한국민속연구소 공동조사). 이기복, 「潮汐·潮間帶의 인식과 어업민속의 전개: 부안연안지역을 중심으로」, 고려대학원 문화재학과 석사논문, 2002.

21 『도서문화』 21집, 목포대 도서문화연구소, 2003, pp.11~37.

22 목포대학교 도서문화연구소의 신안군 자은도 조사연구에 필자가 동행하게 되어 자은도를 방문 조사했던바(2001. 7. 25.), 필자가 둔장마을과 옥섬 독살을 발견했다. 조사 당시에 같이 있던 지리학자 류제현에 의하여 앞 『도서문화』 21집에 '최초 발견자 각주 없이' 간략 소개된 바 있다.

23 『도서문화』 21집, p.123.

Chapter 7

1 국립공원관리공단 태안해안관리사무소, 앞의 책, pp.18~19.

2 조사자가 1991년에 조사할 당시에 제보자(여, 이숙례)는 90세였으므로 근 100여 년 전에도 존재했던 독살이다(지명관, 「대산반도의 지역성과 경관변화」, 고려대 교육대학원, 1992, p15).

Chapter 8

1 『牛海異魚譜』.

2 주강현, 「남해 강진만의 돌발」, 『해양과 문화』 7호, 해양수산부 해양문화재단, 2001.

3 이상고 · 허성회, 앞의 논문, p.48.

4 박광순, 『한국어업경제사연구-어업공동체론』, 유풍출판사, 1981.

5 『한국의 해양문화(서남해역)』, 해양수산부, 2002. p.276.

6 해남군청 수산과 자료, 1991. 8. 26(『해남군사』, 1995, p.1135).

7 김동식(남, 돌살 경영, 1939년생), 박준표(남, 이장, 1951년생).

8 제보자 박현준은 시골에서 대학까지 나와 자유당 때 서울에서 세무서에 근무하다가 5 · 16쿠데타가 터지면서 공직에서 쫓겨나 고향으로 낙향했다.

Chapter 9

1 송성대, 『제주인의 海民情神: 문화의 원류와 그 이해』, 파피루스, p.241.

2 김태호, 「제주도의 해안지형」, 『탐라문화』 18집, 제주대 탐라문화연구소, 1997, pp. 381~391.

3 『제주의 전통문화』, 제주도교육청, 1996, p.236.

4 『耽羅志』.

5 『한국수산지』 3권, 1908, p.466.

6 『한국수산지』 3권, 1908, p.408.

7 『한국수산지』 3권, 1908, p.409.

8 『한국수산지』 3권, 1908, pp.459~460.

9 고광민, 『제주도 포구연구』, 제주대 탐라문화연구소, 2003, pp.341~351.

10 이상의 원과 개는 다음 자료를 참조. 『제주민속유적』, 제주도, 1997, pp.273~335.

11 이상의 원은 다음 자료를 참조. 이상고 · 허성회, 「석방렴어업에 관한 조사연구」, 『수산업사연구』 4권, 1997, pp.13~21.

12 이상의 원은 다음 자료를 참조. 제주도, 『제주의 민속』 Ⅱ, 1994, pp.125~129.

13 이상의 원은 다음 자료를 참조. 남제주군·제주대학교박물관, 『남제주군의 문화유적』, 1994, pp.253~279.

14 이와 비슷한 명칭은 제주도 곳곳에서 발견된다. 남제주군 남원읍 위미리 정종동 해안가의 '테웃개', 남제주군 표선면 한지동 '터웃개'도 테우를 정박시키던 포구이다.

15 남제주군·제주대박물관, 『남제주군의 문화유적』, 1996, pp.253~257.

16 규장각 도서번호 10482.

17 현용준, 『제주무속사전』, 신구문화사, 1980, p.582.

18 가끔 조사자와 제보자들 사이에 이해의 차이, 혹은 기술의 착오는 있기 마련이다. 주민들은 제주대박물관에서 기 보고한 바 있는 '도고리원'의 실체를 모르고 있었다. 다만 우무숫물 옆에 있던 것을 '쌍둥이네집 아랫 것', 혹은 '동가름성창의 언덕 아랫것' 정도로만 알고 있었다. 여기서는 '도고리원'이라고 하지 않았단다. 그러면서 그들은 '도고리'(매함지)의 의미를 두고 한동안 실강이를 벌였다. 대체적으로 '도고리원'은 없던 것으로 여겨진다.

19 『제주민속유적』, pp.309~321.

20 『제주민속유적』, 참조.

『經世遺表』

『高麗史』

『蘭湖漁牧志』

『東國李相國集』

『東輿備考』

『萬機要覽』

『三國史記』

『詩經集傳』

『新增東國輿地勝覽』

『輿地圖書』

『牛海異魚譜』

『林園十六志』

『靑莊館全書』

『韓國水産誌』

『韓海通漁指針』

『玆山魚譜』

『湖山錄』

「세계화의 타파를 위하여-데이비드 코튼과의 대화」, 『녹색평론』 39호, 1998년 3·4월호.

「청천강 상류의 어로에 대한 보고서」(1955년 11월 1일~2일), 북한 민속학연구소 소장자료
    (미발간 자료).

『남해군지』, 남해군지편찬위원회, 1994.

『대전시사』, 대전시사편찬위원회, 1992.

『덕적군도종합학술조사』, 인천시립박물관, 2002.

『도서문화』21집, 목포대 도서문화연구소, 2003.

『島嶼誌』上·下, 충청남도·한남대, 1997.

『독도자료실 자료해제집』, 해양수산부, 2004.

『만농 홍정표선생 사진집』, 제주대학교박물관, 1995.

『바다의 세계(1)(2)』, 전파과학사, 1993.

『산지천의 물과 생태』, 제주시, 2004.

『서해도서 종합학술조사보고서』, 인천시립박물관, 2003.

『제주민속유적』, 제주도, 1997.

『제주의 전통문화』, 제주도교육청, 1996.

『한국의 해양문화(서남해역)』, 해양수산부, 2002.

『한국의 해양문화(서해해역)』, 해양수산부, 2002.

『한국의 해양문화(제주해역)』, 해양수산부, 2002.

『해남군사』, 해남군사편찬위원회, 1995.

고광민, 『한국의 바구니』, 제주대출판부, 2000.

———, 「원(개)에 대한 一考」, 『心田 김홍식교수화갑기념논총』, 1990.

———, 『제주도 포구연구』, 제주대 탐라문화연구소, 2003.

고철환 외, 『해양생물학』, 서울대출판부, 1997.

과학백과사전출판사, 『조선의 민속전통』(4), 평양, 1994.

구장회, 『알래스카의 민속』, 밀알, 1995.

국립민속박물관, 「어촌민속지-경기도·충청남도편」, 국립민속박물관 학술총서 17, 1996.

국립수산과학원, 『한국어구도감』, 2002.

김건수, 『한국 원시·고대의 어로문화』, 학연문화사, 1999.

김광언, 「한국재래어업방법 및 도구」(민속자료조사보고서 37호), 문화재관리국, 1971.

김내창·선희창, 『조선의 민속』, 평양:사회과학출판사, 1986.

김수암·장창익, 『어류생태학-산란 및 초기 생활사를 중심으로』, 서울프레스, 1994.

김영권, 「당진군의 간척사업이 주민생활에 미친 영향-석문 간척지구를 중심으로」, 고려대교
　　육대학원 석사논문, 1998.

김일기, 「곰소灣의 漁業과 漁村硏究」, 서울대학교 박사학위논문, 1988.

김재원, 『韓國西海島嶼調査報告』, 을유문화사, 1957.

김종대, 「어업과 도깨비譚의 관련양상」, 『민속학연구』 2호, 국립민속박물관, 1995.

———, 「해안지방 도깨비신앙의 전승양상에 대한 고찰」, 『한국민속학』 25집, 1993.

———, 「한국 도깨비譚 연구」, 중대대학원 박사학위논문, 1993.

김태호, 「제주도의 해안지형」, 『탐라문화』 18집, 제주대 탐라문화연구소, 1997.

김학범 · 장동수, 『마을숲-한전통부락의 堂숲과 水口막이』, 열화당, 1994.

남제주군 · 제주대박물관, 『남제주군의 문화유적』, 1996.

류정곤 · 강병무, 「한국어전어업의 어업사적 연구」, 『수산업사연구』 (2), 수산업사연구소, 1995.

명정구, 『우리바다 어류도감』, 다락원, 2002.

문무병, 『제주민속극』, 도서출판 각, 2003.

———, 「제주도 도깨비당 연구」, 『탐라문화』 10집, 제주대탐라문화연구소, 1990.

문화재관리국 문화재연구소, 「한국민속종합조사보고서 제23책(어업용구편)」, 1992.

문화재관리국 문화재연구소, 「한국민속종합조사보고서 제2책(전라북도편)」, 1971.

박광순, 『한국어업경제사연구』, 유풍출판사, 1982.

박구병, 「한국어업기술사」, 『한국문화사대계』 Ⅲ (과학 · 기술사), 고려대민족문화연구소, 1968.

박용안 · 공우석, 『한국의 제4기 환경』, 서울대출판부, 2001.

박용후, 『제주도 옛 땅이름연구』, 제주문화, 1992.

배기동, 「민족지고고학과 전망-한국고고학 방법론 확장 가능성에 대하여」, 『한국상고사학보』 9, 1992.

북제주군 · 제주대학교, 「북제주군의 문화유적(II)-민속」, 1998.

서산문화원, 『서산의 해양민속과 민중생활사』, 2005.

송성대, 『제주인의 海民情神: 문화의 원류와 그 이해』, 파피루스, 1996.

수협중앙회 수산정책연구원, 『한국의 어구어법』, 2004.

신석봉 편, 「定置漁業權의 史的 考察과 定置漁業權制度論」, 경남 定置水産業協同組合, 1984.

안병직, 『오늘의 역사학』, 한겨레신문사, 1998.

이광규, 『문화인류학개론』, 일조각, 1980.

이기복, 「潮汐 · 潮間帶의 인식과 어업민속의 전개: 부안연안지역을 중심으로」, 고려대학원 문화재학과 석사논문, 2002.

———, 「물때를 통해본 '민속과학'의 장기지속성」, 『민속학연구』 12호, 국립민속박물관, 2003.

———, 「潮汐 · 潮間帶와 漁業生産風習」, 『역사민속학』 16호, 한국역사민속학회, 2003.

이도원 편, 『한국의 전통생태학』, 사이언스북스, 2004.

이상고, 「세계 각국의 토속 고기잡이에 대한 어업사적 이해」, 『수산업사연구』 8권, 수산업사연구소, 2001.

이상고·허성회, 「석방렴어업에 관한 조사연구」, 『수산업사연구』 4권, 1997.

이석우, 『한국근해해상지』, 집문당, 1992.

이춘녕·채영암, 『한국의 물레방아』, 서울대출판부, 1986.

인천시 역사자료관 역사문화연구실 편, 『근대의 이민과 인천』, 2004.

장국종, 「리조후반기의 수산업발전」, 『력사과학논문집』 13집, 1988.

장명수, 「신석기시대 漁具의 形式分類와 編年 硏究」, 중앙대학교 석사학위논문, 1991.

전재경·이종길, 『어촌사회의 법률관계』, 한국법제연구원, 1997.

정연학, 「돌살(石箭) 考」, 인하대교육대학원 석사논문, 1994.

———, 「전통 漁獵 ‘돌살’에 대하여」, 『비교민속학』 11집, 비교민속학회, 1994.

제주대학교 국어국문·국어교육과, 『학술조사보고서』 8집, 1984.

제주도, 『제주의 민속』 Ⅱ, 1994.

주강현 편, 「독로강의 어로민속」, 『북한의 민속학-재래농법과 농기구』, 역사비평사, 1989.

주강현, 「민속과 생산」, 『韓國史論』 29집, 國史編纂委員會, 1999.

———, 「남해 강진만의 돌발」, 『해양과 문화』 7호, 해양수산부 해양문화재단, 2001.

———, 「서해안 대동굿지」, 『민족과 굿』, 학민사, 1987.

———, 「서해안 조기잡이와 漁業生産風習-漁業生産力과 林慶業 神格化 문제를 중심으로」, 『역사민속학』 창간호, 한국역사민속학회, 1991.

———, 「조선후기 牛二耕과 농민생활풍습」, 『전통과학기술』 3-1, 전통과학기술학회, 1996.

———, 「충청서해안의 살」, 『생활용구』 2호, 짚풀문화연구회, 1997.

———, 『우리문화의 수수께끼』 2, 한겨레신문사, 1997.

———, 『주강현의 우리문화기행』, 해냄, 1997.

———, 「연평도 조기잡이와 어살」, 『생활용구』 5호, 짚풀문화연구회, 1998.

———, 『조기에 관한 명상』, 한겨레신문사, 1998.

———, 「충남서해안의 독살분포와 특징」, 『고고와 민속』 1집, 한남대학교박물관, 1998.

———, 「연평도 어살의 해양문화사적 의의」, 『水産業史硏究』 第6卷, 水産業史硏究所, 1999.

———, 黑澤眞彌 譯, 『黃金の海 イシモチの海』, 法政大, 2003.

———, 『제국의 바다 식민의 바다』, 웅진지식하우스, 2005.

주강현·이기복, 『태안군의 독살문화』, 태안군, 2004.

주강현 · 이기복, 『The South-Korea Saemangeum Studies : Focused on the Buan people's use of the ebb and flow in the aspect of its time and space』, 독일 등대재단 FASS 연구기금지원, 2003~2004년.

지명관, 「대산반도의 지역성과 경관변화」, 고려대 교육대학원, 1992.

추연식, 「고고학 추론에 있어서 문화특수성 상관유추의 활용」, 『한국상고사학보』 10, 1992.

해양문화재단 편, 『우리나라 해양문화』(서해편), 실천문학사, 2000.

해양수산부, 『바다의 세계』, 2003.

현용준, 『제주무속사전』, 신구문화사, 1980.

화성군 · 경희대중앙박물관, 『화성군의 역사 · 민속 학술종합조사보고서』, 1989.

황철산, 「15세기 이후의 조선 농구에 대하여」, 『문화유산』, 사회과학원, 1959년 제5호.

『圖說 鄕土のくらしと文化』上, 圖書出版 新星, 1966.

『かごしまの民具 ; 鹿兒島民具博物誌』, 鹿兒島民具學會 偏, 慶友社, 1991.

國立民族學博物館, 水野紀一, 「北西九州沿海および奄美 · 沖繩の石干見勞動」(국립민족학박물관 연구회 발표, 2002. 7. 13).

國立民族學博物館, 失野敬生, 「沖繩の石干見調査からみえてきたこと-小病島の石干見を中心として」(국립민족학박물관 연구회 발표, 2002. 7. 13).

吉田敬市, 「波市坪考」, 『人文地理』 4권5호, 京都大學, 1954.

茶圓正明 · 市川 洋, 『黑潮』(かごしま文庫71), 春庭堂出版, 鹿兒島市, 2005.

大島襄二 編, 『魚と人と海』, 日本放送出版協會, 1997.

瀨戶內町敎育委員會, 『瀨戶內町文化財』(改訂版), 2001.

笠利町敎育委員會 · 鄕土は博物館, 『家族で訪ねる奄美 · 笠利町の文化財』, 2003.

上江州 均, 『沖繩の民具と生活』, 榕樹書林, 沖繩縣 宜野灣市, 2005.

西村 朝日太郎 著 · 小川 博 編, 『海洋民族學論考』, 2003.

石毛直道 編, 『民族探險の旅』, 學習研究社, 東京, 1976.

小沼 勇 編, 『魚つき林と漁民の森』, 創造書房, 2000.

日高 旺, 『黑潮の文化誌』, 南方新社, 鹿兒島市, 2005.

田村勇, 『海の文化誌』, 雄山閣出版社, 1996.

朝鮮總督府 農商工部水産局, 『韓國水産誌』 1권, 1908.

仲村 昌尙, 「久米島の海岸 · 海中地名」, 『탐라문화』 23집, 제주대 탐라문화연구소, 2003.

池田 榮史, 「물질문화상으로 본 한국제주도와 류큐열도의 교류」, 『탐라문화』 19호, 제주대 탐라문화연구소, 1998.

秋道智彌, "*Maritime Peoples of the Pacific An Anthropological Study*" (이선애 역, 『해양인류학; 해양의 박물학자들』, 민속원, 2005).

秋道智彌 · 田和正孝, 「石干見漁業に關する覺え書き」, 『海人たちの自然誌』, 關西學院大學出版會, 1998.

沖繩大百科事典刊行事務局 編, 『沖繩大百科事典』下券, 沖繩タイムス社, 1983.

龜山慶一, 『漁民文化の民俗硏究』, 弘文閣, 1986.

Amunsen, Roald, "*The North West Passage*" (2vols), London, 1908.

Andres von Brandt, "*Fish Catching Methods of the World*", Fishing News Books Ltd., England, 1971.

Andrew Byatt · Alastair Forthergill · Martha Holmes, "*The Blue Planet : a natural history of the ocean*" (김웅서 · 정인희 역, 『아름다운 바다』, 사이언스 북스, 2002).

Arnold L. Liebe, 『재미있는 달 이야기』, 책세상, 1996.

Asen Balikci, "*Shamanistic Behavior Among the Netsilik Eskimos*", Southwestern Jonal of Anthropology, No.19, 1963.

──────────, "*The Netsilik Eskimo*", The Natural History Press, New York, 1970.

"*ATLAS OF THE OCEANS*", Mitchell Beazley Limited, London, 1977.

Binford, Lewis R, "*Bones: Ancient Men and Modern Myths*", Academic Press, Orlando, 1981.

Birket-Smith, Kaj, "*Anthropological Observation on the Central Eskimos*", Report of the Fifth Thule Expedition, Vol.Ⅲ, No.2. Copenhagen, 1940.

Carl Waldman, "*Atlas of The North American Indian*", Checkmark Books, New York, 2000.

C. Levi-Strauss, "*La Pansee Sauvage*" (안정남 역, 『야생의 사고』, 한길사, 1996).

──────────, 김진욱 역, 『구조인류학』, 종로서적, 1983.

E. Paul Durrenberger & Thomas D. King Edit., "*State and Community in Fisheries Management-Power, Policy, and Prctice*", Bergin & Garvey, Connecticut London, 2000.

Fornader, "*Ancient History of the HAWAIIAN People to the times of KAMEHAMEHA*", Mutual Publishing, Hawaii, 1996.

Hilary Stewart, "*Looking at Totem Poles*", seattle, Univ. of Washington Press, 1993.

──────────, "*INDIAN FISHING : Early Methods on the Nortewest Coast*", seattle, Univ. of Washington Press, 1982 Hilary Stewart, "CEDAR : Tree of to the Northwest Coast Indians", Seattle, Univ. of Washington Press, 1984.

Hodder, Ian, "*The Present Past : an Introduction to Anthropology for Archaeologists*", Batsford, London, 1982.

Jacques Bross, "*Mythologie des arbres*" (주향은 역, 『나무의 신화』, 이학사, 1998).

K. R. Howe, Robert C. Kiste, Briji V. Lal, editors, "*TIDES of HISTORY: The Pacific Islands in The Twentieth Century*", Univ. of Hawai'i Press, Honolulu, 1994.

Niles Eldredge, "*Life in the balance : Humanity and the biodiversity crisis*" (김동광 역, 『오카방고-흔들리는 생명』, 세종서적, 2002).

Patrick Vinton Kirch, "*LEGACY of the LANDSCAPE : An Illustrated Guide to Hawaiian Archaeological Sites*", Univ. of Hawai'i Press, Honolulu, 1995.

─────────────, "*on the ROAD of the WIND : An Archaeological History of the Pacific Islands before European Contact*", Univ. of California Press, 2000.

Pinkerton, Evelyn W, "*Cooperative Management of Local Fisheries: New Directions for Improving Management and Community Develoment*", Vancouver, Univ. of British Columbia Press, 1989.

Rasmussen, Kund, "*Intellectual Culture of the Iglulik Eskimos*", Report of the Fifth Thule Expedition, Vol.Ⅶ, No.2. Copenhagen, 1940.

Tom Garrison, "*Oceanography*", Brooks Cole, 1999(강효진 외 역, 『해양학』, 시그마프레스, 2002).

William W. Fitzhugh and Aron Crowell, "*Crossroads of Continents : Cultures of Siberia and Alaska*", Smithsonian Institition Press, New York, 1988.

20여 년이 넘는 모든 현지조사표를 모두 기억하지는 못한
다. 무엇보다 성실하게 기록하려고 했지만 그렇지 못한
대목이 너무도 많다. 소중한 조사노트, 심지어 노트북을
잃어버린 경우도 있다. 수십 년 다니다 보면 온갖 일이 다
생긴다. 그래서 가장 중요한 조사만 발췌·기록한다. 누
락된 것들이 많을 터인데 후회한들 무엇하랴. 연구사 자
료로서, 제보자들에게 대한 경의의 표시로, 구술증언의
동시대적 엄밀성을 위해 개략적이나마 저자의 연구진척
과정과 제보자 및 현지조사표를 중심으로 돌살의 연대기
를 제시한다.

1984년 7월, 경기만에서

옹진군의 덕적도·풍도·울도·대부도 등을 돌아다니다. 故 김태곤 교수를 따라서 섬들을 답사했다. 7월 16일 어느 포구에서 만난 도깨비 물참봉나무가 지금껏 기억에 남는다. 물참봉이 돌살고사와도 관련 있음을 깨닫게 된 것은 훨씬 뒷날의 일이다. 뱃전에서 임경업 장군이 연평도를 거쳐가면서 구찌나무로 고기를 잡아 병사들을 배불리 먹인 신화를 듣게 된다. 그 구찌나무가 어살(漁箭)어법이었고, 특히 연평도 안목 어살과 긴밀한 관계 있음을 3년 뒤에 밝힌다.

경기도 옹진군 덕적도 진리 조사

· 조사일시 : 1984. 7. 16.
· 주요 제보자 : 이창국(남, 조사 당시 72세, 이장)
　물참봉에 관한 이야기를 처음 듣다(민족굿회, 『민족과 굿』, 1987, p.263 참조).

1985년 2월, 태안반도에서

1985년 2월 3일부터 2월 6일까지 태안반도를 누비고 있었다. 차편이 없던 시절이라 불과 며칠을 다니는 것조차도 쉬운 일이 아니었다. 신진도·가의도·고파도·안면도, 그리고 독곶의 황금산 등을 조사했다. 신진도에서 '독살'을 처음 구경한다. '독살'이란 말도 처음 듣는다. 그 독살이 어살과 연관되어 있음을 알고 뒷날 돌살을 연구해야겠다는 것을 막연히 깨닫는다. 그 해 여름, 석사학위를 마친다.

충남 서산군 부석면 창리 조사

· 조사일시
　1차 조사 : 1985. 2. 3~6. 가로림만·천수만 일대를 조사하다.
　2차 조사 : 1985·86·87년 정초. 창리의 영신제를 참여관찰하다.
· 주요 제보자
　김수억(남, 1985년 당시 72세, 어업) : 17세 때부터 서해안 일대를 중선배를 타고 다

넌 그에게 연평도의 살과 조기잡이, 그 밖의 다양한 어업경험을 듣다(민족굿회 편, 『민족과 굿』, 1987, p.259).

충남 서산시 대산면 독곶리 조사

· 조사일시
　1차 조사 : 1985. 2. 3. 가로림만·천수만 일대를 조사하다.
　2차 조사 : 2005. 3. 12. 「서산의 해양민속」(서산문화원) 일환으로 조사하다.
· 주요 제보자
　이해영(남, 1985년 당시 60세, 농업)
　조선수(남, 2005년 당시 47세, 어업)
　김덕수(남, 2005년 당시 47세, 어업)

충남 서산시 고파도 조사

· 조사일시
　1차 조사 : 1985. 2. 3~6(가로림만 일대 종합조사 일환)
　2차 조사 : 2005. 3. 12('서산의 해양민속' 조사 일환)
· 주요 제보자
　이병의(남, 2005년 당시 68세, 어업)
　김기운(남, 2005년 당시 61세, 어업, 이장)
　최정희(여, 2005년 당시 54세, 김기운의 처)

1986년 태안반도의 섬들을 찾아다니다

충남 태안군 근흥면 신진도와 마도 조사

· 조사일시
　1차 조사 : 1986. 2. 19~23. 최주연(조사 당시 58세, 유자망어업), 이수정(조사 당시 49세, 어업). 신진도 신항이 만들어지기 이전의 돌살 잔해를 구경하다. 본디 조사목적은 당제조사에 있었다(『민족과 굿』, 1987, p.225).
　2차 조사 : 1993. 6. 2. 최해연(남, 조사 당시 58세, 어업). 어업 전반에 걸쳐 조사하다. 수년 전 만났던 최주연과 같은 집안. 서해안 최대의 어살이 마도에 잔재를 남기고 있음을 확인하다.

3차 조사 : 1996. 7(일자 미상). 최해연을 다시 만나 돌살을 안내받다. 신항이 건설되어 모두 파괴되고 용오름돌살만이 잔존하여 사진을 찍다.
4차 조사 : 1997. 8. 우리문화 기행문을 책으로 펴내고 독자들과 함께 마도 돌살을 찾아 고사를 지내다. 그 책에서 태안반도 일대의 돌살들을 개괄적으로 소개하다(『주강현의 우리문화기행』, 해냄, 1997 p.126).
5차 조사 : 2003. 10. 26. 태안군 독살 종합조사의 일환으로 다시 들려서 사진을 다시 찍다. 처음으로 디지털 카메라를 사용하다(『태안군의 독살문화』, 2004, pp.149~151).

1986년, 창리에서 인사동까지

'민족굿회' 이름으로 발간된 『민족과 굿』을 책임편집하면서 보론으로 「서해안 대동굿의 어업생산력-조기잡이와 임경업 장군에 관련하여」를 간략 서술한다. 이 짧은 글에 기초하여 1991년의 논문과 10여 년 뒤에 단행본 『조기에 관한 명상』(1998)이 출간된다. 여기서 문제가 되는 어법이 바로 어살이다. 김춘복 어촌계장 등 서산 창리의 어민을 초청하여 인사동 '그림마당 민'에서 '서해바다 널린 조기' 배치기 시연을 갖는다.

1986년부터 1989년, 화성 바닷가에서

서울에서 수원까지 버스를 타고 가서, 다시 버스를 갈아타고 송산면·서신면·우정면 등을 두루 다닌다. 시화호가 개발되기 직전 마지막 풍경을 기록으로 남긴다. 음도와 형도, 어도를 방문한다. 매향리 등에서 조간대의 살과 건강망어법을 조사하고 그림으로 그린다. 시화호가 망가지기 이전의 최후의 기록들이 축적된다.

경기도 화성군 지화리 조사

· 조사일시 : 1989. 7. 2.
· 주요 제보자 : 이정용(남, 조사 당시 58세

어업).

'숭어잡이그물'을 조사하다. 구술을 토대로 그림을 그림(경희대박물관 · 화성군, 『화성군의 역사 · 민속 학술종합조사보고서』, 1989, p.146, 그림 6)

경기도 화성군 송산면 독지리 조사

· 조사일시 : 1988. 7. 10.
· 주요 제보자 : 이상철(남, 조사 당시 59세, 어촌계장)
싸리나무어살을 조사하다. 구술을 토대로 그림(『화성군의 역사 · 민속 학술종합조사보고서』, p.145)

경기도 화성군 송산면 매향리 조사

· 조사일시 : 1989. 7. 11.
· 주요 제보자 : 황용재(남, 조사 당시 56세, 어업)
'주걱망'을 조사하다.

경기도 화성군 송산면 제부도 조사

· 조사일시 : 1987. 7. 12.
· 주요 제보자 : 최동균(남, 조사 당시 70세, 농업)
도깨비물참봉 및 참봉고사를 조사하다 (『화성군의 역사 · 민속 학술종합조사보고서』, p.277).

1991년, 한편의 논문으로 총정리하면서

한국역사민속학회 창립을 주도하면서 학회지 『역사민속학』 창간호에 「서해안 조기잡이와 어업생산력」이란, 민속학 분야에서 본격적인 해양민속연구의 출발을 알리는 장문의 논문(320매)을 발표한다. 그 논문 안에 서해안 어살어법이 임경업 신화의 탄생과 밀접한 관련을 맺고 있음을 밝힌다.

1992년, 한보철강 공사장에서

한보철강이 들어서면서 이 마을 역사에서

마지막이 될 마을굿이 열렸다(후에 '문화재굿'으로 다시 이어지게 됨). 풍어제를 조사하면서 안섬 근처 석문과 시살금의 살을 조사하다(『도서지』 下, 1997, p.115).

충남 당진군 송악면 내도(안섬) 조사

· 조사일시 : 1992. 12. 9.
· 주요 제보자
김기운(남, 조사 당시 69세, 전 어촌계장)
이장복(남, 조사 당시 71세, 어업)
박태원(남, 조사 당시 72세, 어업)
이개복(남, 조사 당시 72세, 어업)
하헌서(남, 조사 당시 44세, 어업)
지운기(남, 조사 당시 56세, 어업)
김성찬(남, 조사 당시 35세, 어업)

1993년, 제주도에서

문무병 선생의 안내로 제주도를 답사하면서 10여 일 동안 조사하고 사진을 찍는다. 그런데 불행히도 제주동문 사거리 골목에서 노트를 잃어버리고 사진만 남는다. 이런 일은 이후에 한번 더 있었으니, 현장을 누비다보니 아예 노트북을 도둑맞는 일도 벌어진다.

제주도 보목 · 삼양동 · 동일리 조사

· 조사일시 : 1993. 7. 18~19.
제주도 원담에 관한 전반적인 모습들을 사진에 기록하다. 가족들이 동행하다(고광민 · 문무병 안내).

1996년, 충남과 연평도 바닷가에서

『충남도서지』 편찬에서 물질문화편을 맡게 된다. 멀리 외연도 · 효자도 · 녹도 · 호도 · 원산도 · 삽시도 · 효자도, 그리고 비인만 무창포 등 곳곳에서 대대적으로 독살을 찾아낸다. 조사결과는 『도서지』 下(한남대충청문화연구소 · 충남도청, 1997)에 수록 · 발표되며, 이듬해 「충남 서해안의 독살분포와 특징」(『고고와 민속』 1집, 한남대박물관, 1998)이란 논문으로 발표된다.

충남 서천시 장포리 조사

· 조사일시
1차 조사 : 1996. 1. 19. 충남도서지 조사의 일환으로 종합조사하다가 장포리를 조사하다.
2차 조사 : 1998. 7. 4. 서천군청을 방문하고 공보실의 협조를 받아 재조사를 실시하다.
3차 조사 : 2000. 5. 1. 돌살현장뿐 아니라 임종호의 집을 방문하여 부게 등을 조사하다. 등짐을 지고 있는 모습을 사진 찍다.
· 주요 제보자
임종호(남, 1996년 당시 48세, 어업, 돌살 소유주)
전상복(남, 1996년 당시 46세, 어업, 돌살 소유주)

충남 보령시 무창포 조사

· 조사 일시
1차 조사 : 1996. 3. 24. 무창포 일원에서 광범위한 돌살군을 찾아내다.
2차 조사 : 1999. 1. 2. 신년 연초에 사진 촬영을 겸하여 재 방문조사하다.
· 주요 제보자
조희준(남, 조사 당시 68세)

충남 서천시 비인면 도둔리와 마량 조사

· 조사 일시
1차 조사 : 1996. 3. 36. 비인만 도둔리와 마량 일대에서 돌살군을 찾아내다.
2차 조사 : 1997. 1. 음력 정월 대보름에 도둔리의 굿을 참관할 겸 재조사하다.
· 주요 제보자
이원우(남, 1996년 당시 39세, 어업) : 본토박이로 어릴 적부터 어업에 종사했으며 유씨네 집안의 독살일을 실제로 도와준 경험을 지니고 있다.

충남 서천시 독산리 조사

· 조사 일시
1차 조사 : 1996. 8. 27. 독산리 일대에서 돌살군을 발견하다.

2차 조사 : 2000. 5. 충남도청의 요청으로
문화재지정조사차 무창포를 포함하여 방
문조사하다.
· 주요 제보자
김영규(남, 1996년 당시 71세, 어업)

충남 보령시 오촌면 원산도 선진마을 조사

· 조사일시 : 1996. 8.
· 주요 제보자
박영제(남, 조사 당시 50세, 어촌계장) : 어
촌계와 어로 전반에 걸쳐서 제보하다. 부
친 박용길이 선진에서 유일하게 중선배
를 부려서 어업을 잘 알고 있어 많은 도움
이 되다.
김용욱(남, 조사 당시 70세) : 어로기술에
관한 너무도 해박한 민속지식을 지니다
(훗날 재조사를 하려고 연락했으나 아쉽게
도 사망하고 말았다).
돌살과 어살 제보(『도서지』 下, p.30)

충남 보령시 오촌면 원산도 선진마을 조사

· 조사일시 : 1996. 8.
· 주요 제보자
이동남(남, 조사 당시 68세)
일제 말기의 돌살을 증언하다(『도서지』
下, p.41.).

충남 보령시 오촌면 효자도 조사

· 조사일시 : 1996. 8.
· 주요 제보자
김대식(남, 조사 당시 45세, 어촌계장)
이은옥(남, 조사 당시 59세)
집너머산 아래의 돌살로 안내(『도서지』
下, p.46)

충남 보령시 오촌면 외장고도 조사

· 조사일시 : 1996년 8월
· 주요 제보자
편삼범(남, 조사 당시 39세, 어촌계장) : 노
련한 어부인 그의 부친(편명순, 68세)과
함께 면담하고 근 100여 년을 어업에 종
사해온 집안임을 확인하다.
소실녀돌살, 집앞이돌살, 부녀돌살, 명장

섬돌살 조사(『도서지』 下, p.53)

충남 보령시 오촌면 녹도 조사

· 조사일시 : 1996년 8월
· 주요 제보자
이규인(남, 조사 당시 72세). 해박한 어로
지식을 지니고 있다.
전옥진(남, 조사 당시 68세).
마침 어촌계에서 공동으로 연안안강망
그물보수를 하고 있어서 그물 관계 전반
을 조사할 수 있었다. 백 몇 십 년 전으로
구전되는 청어어살과 주목망을 조사하다
(『도서지』 下, p.63).

충남 보령시 오촌면 외연도 조사

· 조사일시 : 1996년 8월
· 주요 제보자
김양웅(남, 조사 당시 62세)
편무향(남, 조사 당시 51세, 어촌계장)
최창식(남, 조사 당시 46세, 인천여인숙 경영)
오씨(여, 조사당시 59세, 오명상회 경영)
청어덤장과 주목망을 조사하다. 이름 밝
히기를 거부한 해녀 출신 오씨에게 출가
해녀에 관한 많은 이야기를 듣다(『도서지』
下, p.45).

충남 서산시 부석면 간월도 조사

· 조사일시
1차 조사 : 1996년 8월
2차 조사 : 2004년 10월(간월도 어리굴젓
조사시 동시 조사)
· 주요 제보자
노희진(남, 조사 당시 48세)
노영준(남, 조사 당시 58세, 이장)
안도근(남, 조사 당시 48세, 어촌계장)
노상덕(남, 조사 당시 70세)
전어잡이살을 조사하다(『도서지』 下,
p.109).

1997년, 태안반도에서

이전에 의항 등지에서 찾아냈던 돌살이 집

단적으로 형성된 것임을 확인하게 된다.
『조기에 관한 명상』이 출간된다. 연평도를
다시 방문하게 되며, 조사결과는 「연평도
어살의 해양문화사적 의의」(『수산업사연구』
6권, 수산업사연구소, 부산, 1999)로 발표된
다. 그 해 여름에 동경을 방문하고 간다神田
에서 어업 관련 책자를 구입한다.

태안군 소원면 조사

· 조사일시
1차 조사 : 1997. 3. 20~23. 1986년부터
시작된 신진도조사를 기반으로 소원면
전체에 걸쳐서 집중 조사를 실시하다. 소
원면일대에 걸쳐서 독살군이 넓게 분포
되어있음을 최초로 '발견'하다.
2차 조사 : 1997. 5. 10. 소원면 독살군에
관하여 재조사를 실시하다.
3차 조사 : 1998. 1. 12. 소원면 독살군에
관한 사진 재촬영이 이루어지다.
4차 조사 : 1998. 방송국에서 태안 의항
돌살 등을 중심으로 다큐멘터리 방송 출
연요청으로 리포터와 함께 출연하다.
5차 조사 : 2003. 10. 26~27. 태안군의
종합조사 의뢰로 저인망식 조사에 의해,
만리포 · 천리포 일대에도 독살이 존재하
였음을 확인하다.
6차 조사 : 2003. 12. 21. 파도리 독살을
조사하다. 파도리는 외진 곳이라 처음으
로 방문하다.
· 주요 제보자
김인식(남, 2003년 당시 57세, 의항 큰마을
거주) : 1997년 조사 당시에 독살 현지를
안내하였음.
문용배(남, 2003년 당시 62세, 의항 큰마을
거주) : 이장으로서 상당히 호의적이며
마을에 대한 애착이 강함.
이생규(남, 2003년 당시 56세, 의항 큰마을
거주) : 돌살의 소유주를 어촌계사무실에
서 연구자들이 면담할 수 있도록 적극적
인 지원을 아끼지 않았다.
김석수(남, 2003년 당시 56세, 의항 큰마을
거주) : 2003년 당시 어촌계장
김동설(남, 2003년 당시 45세, 의항 큰마을

거주) : 독살주

김관수(남, 2003년 당시 52세, 의항 큰마을 거주) : 독살주, 마을 교회장로

문문배(남, 2003년 당시 64세, 의항 큰마을 거주) : 독살주

문흥배(남, 2003년 당시 50세, 의항 큰마을 거주) : 마을주민

이병운(남, 2003년 당시 72세, 의항 소둘 거주) : 의항의 남쪽 마을인 소둘에서 나서 쭉 살아온 본토박이. 민속지식을 풍부하게 간직한 제보자로 의항의 역사 및 어업 전반에 걸친 좋은 제보를 하다.

지재준(남, 2003년 당시 70세, 막골 거주) : 천리포(막골) 독살을 제보하였으며, 함께 만리포의 돌살에 관한 제보도 듣다. 선창의 가게에서 만나 조사에 응했음.

지재영(남, 2003년 당시 70세, 막골 거주) : 선창에서 우연히 만나 천리포(막골) 독살의 기초적인 정보를 제공하다.

김필문(남, 2003년 당시 47세, 파도리 거주, 어촌계장) : 어촌계사무실에서 만나 파도리 및 어은리의 돌살과 어업 일반에 관하여 제보를 듣다.

성문한(남, 2003년 당시 47세, 파도리 거주) : 파도리 어촌계장과 같이 만나 조사하였으며, 그의 조부가 파도리 후치 돌살을 실제 운영하였다.

경기도 옹진군 연평도 조사

· 조사일자

1차 조사 : 1997. 8(『조기에 관한 명상』 집필을 위한 자료조사차 재방문)

2차 조사 ; 2005. 10. 2~3(『돌살-신이 내린 황금그물』 사진촬영차 재방문)

· 주요 제보자

유봉인(남, 1997년 당시 64세, 안목 어살 소유자)

김수홍(남, 조사 당시 76세, 노인회장)

박건석(남, 조사 당시 55세, 어촌계간사)

신승원(남, 조사 당시 61세, 연평도 선주협회장)

이정호(남, 조사 당시 67세, 어업)

연평도의 어업전반에 관하여 조사하고

특히 어살어업을 중점 조사하다.

충남 태안군 남면 굴혈 조사

· 조사일자

1차 조사 : 1997. 10. 26. 굴업 돌살을 조사하다.

2차 조사 : 1998. 1. 21. 굴업 돌살을 재조사하다.

3차 조사 : 1999. 1. 2. 신년 연초에 사진촬영을 겸하여 남면 일대를 개괄 방문조사하다.

4차 조사 : 2000. 5. 20. 한남대 대학원 '물질민속학' 수업의 일환으로 학생들과 현지조사수업

5차 조사 : 2001. 6. 19. 태안군에서 중요민속문화재 지정 신청을 문화재청에 올리면서 주강현 · 김광언 · 류정곤 3명, 문화재청 류재걸 사무관 및 태안군청 문화담당자와 함께 굴혈 돌살을 실사하다.

6차 조사 : 2003. 11. 10~11. 남면 전반에 걸쳐서 태안군청의 요청으로 조사에 임하다. 청포대에 사는 김종양 어촌계장의 사둘을 찍다.

· 주요 제보자

김의배(남, 2003년 당시 78세) : 굴혈에서 독살을 경영하고 있으며, 전국에서 드물게 현행어업으로 독살을 지켜오다(이듬해 2004년 1월에 세상을 떠나다).

장성기(남, 2003년 당시 53세, 몽산리 어촌계장)

문재양(남, 2003년 당시 56세, 몽산리 이장)

김종양(남, 2003년 당시 54세, 남면 원청리 청포대 어촌계장) : 비가 부슬부슬 내리고 바람이 심하게 붊에도 불구하고 일일이 안내해주다.

박훈교(남, 2003년 당시 55세, 남면 마검포 어촌계장 겸 이장) : 마검포 인근에서 쭉 살아오다. 어촌계 사무실에서 조사를 수행, 조사에 협조적이다.

1998년, 해양문화재단을 창설하며

그 해 겨울, 해양문화재단을 창설하려는 본

격적인 민간운동이 벌어지다. 반년간지 『해양과 문화』를 창간하면서 편집주간을 맡다. 해양수산부의 출발과 더불어 본격적인 해양문화연구의 지평을 예고하는 해였다. 그해 남해군 설천면으로 돌발을 찾아나서고, 제주도에서 보름여를 체류하면서 원담을 정리한다.

경남 남해군 설천면 문항리 조사

· 조사일시

1차 조사 : 1998. 7. 2~5. 남해 일대를 종합조사하면서 물건리의 어부림을 조사하고 문항리를 구술조사하다. 불행히도 물때를 맞추지 못해 구술면담만 하고 사진을 찍지 못하다.

2차 조사 : 2001. 8. 9~10. 이틀에 걸쳐 한국민속연구소 이기복 연구원과 공동조사하다. 군청에서 여러 가지로 안내 · 협조하다.

3차 조사 : 2006. 1. 16. 남해 방풍림을 조사하면서 사진 재촬영차 방문조사하다.

· 주요 제보자

정택권(1998년 당시 60세, 문항 거주) : 2001년 조사에도 협조해주었으며, 설천면 일대의 돌발 전반에 관한 해박한 지식을 지니고 있다.

박봉렬(2001년 당시 80세, 옥동 거주) : 문항과 옥동마을의 경계지점에 거주하며, 대물림하면서 뱀섬돌발을 지켜온 지킴이다.

2000년, 고고학을 공부하며

고려대에서 문화재학 연계전공, 특히 고고학을 공부하게 된 것은 분명 즐거운 일이었다. 추연식 선생을 통하여 고고학 이론을 2년여 동안 공부하다. 그해 2월 13~14일 장흥 대포리 당산제를 조사하고 순천만 일대를 조사하다. 2월 23일 제주도 입춘굿을 참관하고 제주도 북서부권 해안을 조사하다. 7월 28일에 보령 무창포 돌살을 방문하여 충남도 문화재지정 조사를 수행하다. 지방문화재로 돌살이 지정된 최초의 사례일 것이다.

2001년, 서해안과 동해안에서

해양수산부 주관으로 '한국의 해양문화'란 조사사업에 착수한다. 서해안과 동해안의 책임자로서 어업문화 전반을 조사하면서 돌살에 관한 사실상의 전국적인 기초조사를 완료한다. 그 해 가을에 『한국수산지』(1908년)를 근 100여 년 만에 영인 · 재간행할 것을 결정하고 해제를 쓰다. 『한국수산지』에서 돌살 관계 기사를 모두 검색 · 정리한다.

전남 신안군 자은도조사

· 조사일시

1차 조사 : 2001. 7. 25. 목포대학교 도서문화연구소의 자은도 조사연구에 동행하게 되어 자은도를 방문조사했는데, 둔장마을과 옥섬 독살을 우연히 발견하다.

2차 조사 : 2002. 8. 26. 흑산도 가는 길에 자은도를 다시 방문하여 조사를 완료하다.

· 주요 제보자

문규석(남, 2001년 당시 36세, 어업)

정병업(남, 2001년 당시 68세, 어업)

2002년, 새만금에서

새만금 문제로 수경 스님을 비롯하여 연일 바쁘게 돌아가다. 연구실에서 마지막 조사란 입장에서 조간대의 물때와 조간대문화 전반에 걸친 연구에 착수하다. 이기복 연구원에 의해 부안의 조간대와 물때 및 어업생산풍습을 다룬 조간대문화에 관한 본격적인 역사민속학적 연구가 출현한다. 4월 11~13일, 부안과 서천을 방문한다. 6월 13~15일, 경기만 도서, 즉 울도 · 덕적도 · 굴업도 · 백아도 등을 조사하고 특히 덕적도에서 돌살을 확인하다. 8월 9~12일 볼음도 · 주문도 · 교동도 · 석모도 · 강화도를 조사하다.

제주시 삼양동 서흘개 조사

· 조사일자 : 2002년 2월 4일. 서흘개의 원담 및 어업실태 전반에 걸쳐 조사하다.

· 주요 제보자

김용필(남, 2002년 당시 64세)

이용기(남, 2002년 당시 70세)

이승희(남, 2002년 당시 65세)

제주시 외도동 연대마을 조사

· 조사일시 : 2002년 2월 5일

· 주요 제보자

박승규(남, 2002년 당시 67세) : 직접 원담을 안내하면서 대단히 자상하게 설명해 주다. 문주란 열매를 십여 개 얻다.

2003년, 동경 간다에서 태안반도까지

세계적인 차원에서의 국제적 비교연구가 마무리되어야 했다. 여름(7월 25~30일), 일본 동경으로 가서 간다神田 고서점거리 근처에 숙소를 정하고 매일 출근하다시피 샅샅이 뒤진다. 무려 100여 권의 책을 구한다. 일본 국회도서관을 들러서 어업사 관련 자료를 복사하다. 20년 지우 쿠로사와 신지黑澤眞爾가 규슈 아리아케有名海 돌살에 관한 복사물과 가나가와대학神奈川大學 상민문화연구소에서 전달한 해양문화 관련 책자들을 넘겨주다. 그 해 7월에 바이칼을 방문하여 자료관에서 호수의 어법을 유심히 관찰하다. 일본 호세이대法政大에서 일본어판 『黃金の海-イシモチの海』를 얻다. 그 해에 1년여를 태안 바닷가에서 보내다. 안면읍장 출신으로 안면도 꽃축제를 성공시킨 고종남 과장을 만나다. 태안반도의 독살 전체를 샅샅이 뒤져내서 완결판을 내줄 것을 권유한다. 그 결과, 무려 100여 개의 돌살이 정리된다. 많은 줄은 알았지만, 세계 최대의 돌살군임을 재확인하게 된다. 정초(2월 2일) 위도 띠배굿을 참관하면서 '살막금' 등의 어살을 조사하다. 입춘(2월 20~22일)에 전남 완도의 중리 돌살을 재조사하고, 제주도 입춘굿을 참관한 다음에 연도 등의 원담을 사진 찍다.

충남 태안군 원북면의 돌살 조사

· 조사일자

1차 조사 : 2003년 10월 26일

2차 조사 : 2003년 11월 12일

3차 조사 : 2003년 12월 21일

· 주요 제보자

조원호(남, 2003년 당시 70세, 학암포 거주) : 이곳에서 나고 자란 토박이. 해변가에 바짝 붙어살고 있으며 백중사리 때는 밀물이 집까지 밀려들곤 한다. 민박집을 겸한 '황금수산'을 운영하고 있다.

강복순(여, 2003년 당시 70세, 학암포 거주) : 조원호의 부인으로 말수가 많은 편으로 남편과 더불어 조사에 적극 협조하다.

조규원(남, 2003년 당시 61세, 황촌리 육골마을 거주, 마을이장) : 통개 독살과 모재 독살에 관하여 제보하다.

충남 태안군 이원면 조사

· 조사일자

1차 조사 : 2003. 10. 26.

2차 조사 : 2003. 12. 21.

· 주요 제보자

안길순(남, 2003년 당시 80세, 내리1구 사목) : 산뿌리 독살과 밑터골 · 피꾸지 독살을 제보하다.

김택규(남, 200년 당시 80세, 내리3구 장구섬마을) : 꾸지나무골 독살들과 문틀이골 독살들을 제보하다.

충남 태안군 안면도 조사

· 조사일자

1차 조사 : 2003. 10. 26.

2차 조사 : 2004. 1. 24.

· 주요 제보자

이용복(남, 2003년 당시 47세, 안면읍 승언2리 두여마을, 어촌계장 겸 마을이장) : '어촌지식인'으로 안면도 관광도로 문제를 제기한 바 있으며, 생태에 관심이 많다.

라창화(남, 2003년 당시 49세, 승언리 젓개 거주) : 젓개에서 가장 큰 〈방포수산〉에 근무.

채상기(남, 2003년 당시 68세, 승언리 젓개 거주) : 젓개에서 쭉 살아왔으며 조사에

적극 협조하다. 젓개의 역사와 독살에 관
해 제보하다.

김순례(여, 2003년 당시 68세, 승언리 젓개
거주) : 채상기 씨의 부인으로 안면도 황
도 출신으로 고사를 비롯한 전반적 현황
을 제보하다. 물참봉과 도깨비에 관해 제
보하다.

강동기(남, 2003년 당시 55세, 고남면 장곡3
구 잠술) : 마을회관 앞에서 우연히 만남.

이상규(남, 2003년 당시 64세, 고남면 장곡3
구 잠술) : 마을회관 앞에서 우연히 만남.

2004년, 시모노세키에서 가고시마까지

가고시마현鹿兒島縣의 레이메이칸尙古集成
館에 농기구 및 어로도구를 전시한 작은방
이 있는데 거기에 거대한 돌살사진이 걸려
있다. 우리 것과 너무도 똑같은 돌살인데
반가움이란 이루 말할 수 없었다. 이브스키
指宿까지 내려가 사스마薩摩문화권을 확인
하고 가고시마대학의 민속보고서를 구입한
다. 가고시마, 나가사키, 후쿠오카, 시모노
세키 등을 돌아다니면서 자료를 수집한다.
이들 결과는 이듬해 『제국의 바다 식민의
바다』로 수렴되는바, 어업에 관한 자료도
부지런히 수집한다. 야마구치대학山口大學
에서 논문을 발표하고, 그 기회에 야마구치
대학박물관과 야마구치 현립박물관 등에서
조슈번長州藩 일대의 문화를 연구한다. 그
해 선거가 있었고, 바다의 벗들인 제종길
박사가 국회로 들어가고 전재경 박사 등 우
리들의 일은 국회 바다포럼으로 넓혀지면
서 지나칠 정도로 바다가 넓어진다. 그러나
역시 연구는 연구실의 '고독' 속에서 꾸려
질 수밖에 없는 일이었으니 늘 바닷가 외진
구석에서 사진을 찍고 녹음기를 돌리는 일
이 일상처럼 굴러간다.

전남 해남군 북평면 남창리 조사

· 조사일시 : 2004. 1. 25. 남창리 읍내 다방
에서 인터뷰를 하고 난 다음에 현지를 방
문조사하다.

· 주요 제보자

박현준(2004년 당시 73세, 묵동 거주) : '쑤
기담'을 실제로 운영하고 있어 풍부한 제
보를 들을 수 있었다. 대를 이어서 쑤기담
을 운영해오고 있다.

강영복(2004년 조사 당시 64세, 남창리 거주)

전남 해남군 송지면 송호리 중리 조사

· 조사일시 : 2004. 1. 31. 한국민속연구소
의 이기복 연구원이 공동연구하다.

· 주요 제보자

김유성(남, 1939년생) : 대를 이어서 돌살
을 운영해오고 있으며 조부, 부친은 물론
이고 백부도 돌살을 운영하고 있다. 즉 중
리의 돌살을 소유하고 있던 사람들의 이
름을 전부 기억하다.

박준표(남, 1955년생) : 조사 당시의 이장
이다.

제주도 대정읍 하도리 조사

· 조사일시
1차 조사 2004년 2월 2일
2차 조사 2006년 2월 5일

· 주요 제보자 : 박영주(남, 2004년 당시 83
세), 강영생(남, 2004년 당시 78세), 이창수
(남, 2004년 당시 65세), 백군삼(남, 2004년
당시 66세)
마을의 노인당에서 새해를 맞이하여 모두
모여 있었다. 너무도 적극적으로 조사에
응해주었으며 특히 강영생, 이창수의 제
보가 중요했다.

제주시 함덕리 조사

· 조사일시 : 2004년 2월 4일(입춘일)

· 주요 제보자

김병섭(남, 2004년 조사 당시 75세) : 마을
회관에서 인터뷰를 하였으며 식자로서
마을 정황을 샅샅이 알고 있었다.

제주도 구좌읍 하도리 면수동 조사

· 조사일시 : 2004년 2월 5일

· 주요 제보자

강영민(남, 2004년 조사 당시 75세) : 현지
로 안내하여 갯담의 현주소를 일일이 안
내하다.

한태홍(남, 2004년 조사 당시 59세)

제주도 북제주군 우도 조사

· 조사일시 : 2004년 8월 26일

· 주요 제보자 : 홍무자(여, 조사 당시 64세,
해녀)
우도면사무소 옆의 노인정에서 여러 다
중의 노인들을 상대로 면담조사에 임하
다. 특히 해녀회에서 운영하던 여름철 식
당에 나가 오랫동안 물일에 종사하던 홍
무자 해녀를 만나 장시간 우도바다에 관
하여 조사하다.

2005년, 미크로네시아∼다네가시마

서산문화원에서 「서산의 해양문화」 보고서
가 출간되다. 팔라우(Palau)의 맹그로브 조
간대를 관찰하다. 그곳에도 돌살이 있었음을
확인하다. 3월에는 다네가시마種子島와 야
쿠시마屋久島를 방문한다. 6월에 쓰시마와
이키壹岐를 다니면서 이키향토관 등 박물관
을 중심으로 한 어업자료로 한반도와의 비교
사적 관점에서 현지를 관찰한다. 그 해 4월
에 버클리대 입구의 고서점 모아(Moor)에서
다양한 책들을 골라내다. 스탠포드대의 고서
점에서 이 책에 실린 넷실릭(Netsilik) 에스키
모에 관한 보고서를 구하다.

태안반도 일원 조사
2005년 9월 11∼12일. 서울신문사 연재
물 〈관해기〉를 취재하면서 돌살들을 디지
털카메라로 재촬영하다.

2006년, 오키나와에서

오키나와 나하시那覇市에 체류하면서 자료
를 수집하다. 토카시키지마 등 섬을 다니면
서 큐로시오 돌살문화권임을 재확인하다.
아마미奄美 제도의 어업 관련 책자들도 다
수 구입하다. 책의 집필에 몰두하다.

■ 일반

미즈노 키케水野紀一 133
민속 용례(Folk term) 155
민속과학 302, 369
민속적 경영(Folk management) 56
민속지식(Folk knowledge) 30, 32, 41,
　　42, 81, 82, 174, 190, 216, 242,
　　599
민족지학(Ethnography) 71
민속학 130, 162
민어(*Nibea imbricata*) 225, 324, 327,
　　328, 342, 370, 380, 401, 454, 459,
　　483, 488, 489, 552
민족지적(Ethnoarchaeological) 유추
　　193, 197
민중생활사 46
밀크피시(milkfish) 111, 113, 116

방풍防風 280
밴댕이(*Harengula zunasi*) 328, 391
범벅 307, 366, 369~372, 467, 488,
　　528, 542
벤사둘 342
변소전邊小箭 238
별방소別防所 662
부게 329, 337, 340, 349, 350, 351,
　　354, 514, 522, 533
부망류(Lift Nets) 203
북극곰 63, 64, 85, 296
북극솜(arctic cotton) 83
브란트(Andres von Brandt) 52, 68, 123,
　　131, 162, 163, 165, 168, 172~174,
　　181, 183, 199, 203
빙하기 86, 195
뽕돌 338

[ㅂ]

바구니함정류 204
바깥담(外垣) 145
바다연어(*Salmon trout*) 67, 72, 74~76,
　　80
바이오 타이드 이론(The Lunar Effect
　　Biological and human emotions) 27
박지원朴趾源 186
반일주조(semidiurnal tides) 25, 26
방렴防簾 208, 215, 218, 226, 238,
　　240, 378
방조防潮 280

[ㅅ]

사구 377, 381, 452, 461, 462, 471,
　　483~485, 491, 495, 496, 498,
　　518, 523, 525, 548, 593
사둘 69, 90, 96, 142, 146, 150, 172,
　　193, 208, 260, 318, 319, 329, 331,
　　333, 334, 335~338, 340~343,
　　345, 354, 370, 391, 401, 419, 428,
　　478, 500, 514, 515, 520~522, 533,
　　541, 603, 616, 617, 621
사재감司宰監 219, 228

347, 350, 443, 514, 602, 603, 621,
　　622, 645, 657, 658, 661, 663
쪽지　139, 312, 336, 337, 343, 344,
　　586, 589
찌르개　71, 194, 195

[ㅊ]

차아천황嵯峨天皇　21, 43
참돔(*Pagrus major*)　328
참봉　307, 358~362, 364~366, 370~
　　372, 467, 488, 542, 624
참서대(*Cynoglossus joyneri*)　328
참조기(*Pseudoscidena polyactis*)　328
청석어살青石魚箭　238
청어(*Clupea pallasii*)　88, 225, 226, 238,
　　328, 378, 520, 532
청어목(*Clupeida*)　66
『청장관전서青莊館全書』　21, 43
촌락공동체 아리(アツ)　134
츠카사파아(つかさばあ)　144
칡그물(葛網)　180, 397, 541
침상용암枕狀溶岩　105

[ㅋ]

카누어업　54
칼로코(Kaloko) 못　118
칼로코 자연사공원　119
캐나다 국립필름보관소(National Film
Board)　65
코숭어(*Liza macrolepis*)　28
코프라(Copra)　121
콰기우틀(Kwagiutl) 인디언　86, 309
쿠로시오黑潮　128, 129, 131, 132, 135,
　　136, 154, 603
쿨리(苦力, coolie)　103

[ㅌ]

타마우-키(タマウ-キ)　136
『탐라지초본耽羅誌抄本』　644
태평양 에스키모인　87
테레사 바비뉴(Therese I. Babineau)　104
테우리고사　364
토전土箭　208, 209, 238, 315
툰드라　72
틀링깃(Tlingit) 인디언　75, 87, 96
티탄　27, 28

[ㅍ]

패트릭 빈톤 커치(Patrick Vinton Kirch)
　　103, 104, 162
포망　340, 420
포세이돈　180, 189
포에베박물관(Phoebe Anthropology
Museum)　104
풍조風潮　275, 243
피막避幕　70